JN241918

外壁接合部の水密設計および施工に関する技術指針・同解説

Recommendation for Design of Joints and Jointing for
Control of Water and Air Penetration in External Walls

2000 制 定
2025 改 定

日本建築学会

「外壁接合部の水密設計および施工に関する技術指針」
改定の趣旨と経緯について

－2025年3月改定－

　本指針は2000年に第1版，2008年に第2版が刊行され，その後，2022年に「建築工事標準仕様書・同解説　JASS 8　防水工事」が改定された経緯もあり，外壁接合部の水密設計等における性能規定化への対応や各技術の最新情報への更新が必要となり，17年ぶりに第3版として改定されることとなった．

　本指針の改定作業については，2021年に外壁接合部水密設計指針改定小委員会を設置し，本委員会傘下に次に示す3つのワーキンググループを編成して進めた．設計方針WGでは本指針1〜3章，シーリングジョイントWGでは4章，そしてガスケット・オープンジョイントWGでは5，6章を担当した．また，外壁接合部シール技術の高度化小委員会およびその傘下に設置されたシーリング材耐久性評価技術WGの協力を得て，付録の改定を行った．

　改定版の章立てについては，性能規定化に向けて2章と3章の章構成を大きく変更した．旧版では，「2章　設計方針」で設計の手順と水密接合構法に要求される性能項目および水密接合構法の種類について解説し，「3章　要求性能の設定」で考慮すべき要求性能の具体的な性能値の設定に関する考え方を解説したが，要求性能の内容が繰返し記述されているなど，理解しにくい部分があるとの指摘もあった．これらにより，改定版では，2章を「水密の原理と水密接合構法」として水密の原理に基づく水密接合構法の種類と外壁材における水密接合構法の概要を解説し，3章を「設計方針と要求性能」として設計の手順と要求性能の設定の考え方をまとめて解説する章立てに変更した．

　各章の主な改定点は次のとおりである．
（1）1章　総　則
　適用対象が建築物全般の外壁における部材間の接合部に設けられた目地の水密性を確保する目地防水工事であることを明記し，対象とする接合部や目地の種類と構法を整理した．用語ではムーブメントに関する用語の「JASS 8　防水工事」との整合とその定義の見直し，また，止水ラインがシール材の位置であることを明記するなどの見直しなどを行った．
（2）2章　水密の原理と水密接合構法
　本章の節立てを「2.1　水密の原理」，「2.2　水密接合構法の種類」，「2.3　外壁材の種類と水密接合構法」として内容の整理・改訂を行った．主な改定点は次のとおりである．
　水密接合構法の分類をフィルドジョイント構法とオープンジョイント構法別に接合部と目地の種類ごとのシール材の組合せで整理した．水密接合構法の種類のうち，フィルドジョイント構法のダブルシールジョイント構法の一つとして，長期水密信頼性は低いが1次シールと2次シールを屋外

側から連続して配置する構法も含めることとした.

　また,水密接合構法を適用する外壁材として,カーテンウォールのほかに外壁パネル（金属パネル,金属断熱サンドイッチパネル,ALCパネル,GRCパネル,押出成形セメント板,窯業系サイディングパネル）と鉄筋コンクリート壁における水密接合構法の概要を解説した.

（3）3章　設計方針と要求性能

　本章の節立てを「3.1　設計手順」,「3.2　要求性能」の設定とした.主な改定点は次のとおりである.

　要求性能の種類では,ムーブメント追従性として風によるムーブメント追従性と炭酸化収縮ムーブメント追従性・硬化収縮ムーブメント追従性を追加した.また,オープンジョイント構法で考慮する気密性と,シーリングジョイント構法のガラス回り目地とガスケットジョイント構法のグレイジングガスケット構法や構造ガスケット構法においてガラスが受ける風圧力として考慮する耐風圧性を追加した.なお,水密性の長期信頼性は長期水密信頼性に言い換えることとし,水密性能値を設定する際の基本風速の再現期間は,水密設計の実情を考慮して20年,50年および100年とした.

（4）4章　シーリングジョイント構法の設計および施工

　本章の節立ては,旧版に引き続き,「4.1　総則」,「4.2　設計」,「4.3　材料」,「4.4　施工」,「4.5　維持管理」としている.主な改定点は次のとおりである.

　最新の日本産業規格JISの反映,2021年に刊行された本会編「建築保全標準・同解説　JAMS 1-RC　一般共通事項―鉄筋コンクリート造建築物」の引用,2022年に改定された本会編「建築工事標準仕様書・同解説　JASS 8　防水工事」との整合など,先行で改定された規格や仕様書等に基づいた情報の更新を実施した.また,2章の水密接合構法の分類に応じて使用する目地構成材の用語の見直しを行ったほか,代表的な目地の納まり例の追加など,各解説図表の更新を行った.目地設計においては,ムーブメントの算定における説明の追加,窯業系サイディングにおける説明の追加などを実施した.さらに,「シーリング材と構法,部位,外壁材との適切な組合せ」や耐用年数算定における「Factor A：被着体・材料係数」など,材料に関わる情報を最新動向に応じて見直した.

（5）5章　ガスケットジョイント構法の設計および施工

　本章の節立ては,旧版に引き続き「5.1　総則」,「5.2　設計」,「5.3　材料」,「5.4　施工」とした.主な改定点は次のとおりである.

　押出成形セメント板外壁に関する内容を追加した.窯業系サイディング外壁に関しては,現状シーリングジョイント構法が主流となっている在来構法に関する記述を削除し,工業化住宅に範囲を限定した.また,2025年に改正予定の最新版JISの情報をできる限り反映した.

（6）6章　オープンジョイント構法の設計および施工

　本章の節立ては,旧版に引き続き「6.1　総則」,「6.2　設計」,「6.3　材料」,「6.4　施工」とした.主な改定点は以下のとおりである.

　等圧設計ではウインドバリアの隙間幅と隙間長さの再調査を実施し,最新情報を追加した.さらに,今回初めてガラスグレージング部の隙間幅と隙間長さの調査を実施しその結果を盛り込んだ.

性能確認試験では，オープンジョイント構法固有の試験法として強制漏気試験を追加した．また，現場散水試験についての解説を充実させるとともに，参考資料として実施事例を追加した．オープンジョイントの納まりについて，理解しやすいように関連する解説図の見直しを行った．

（7）付録

シーリング材を要求性能に応じて選択する性能設計という考え方をまとめた「付録1　シーリング材を使用した目地防水における性能設計指針（案)」を示した．この性能設計指針（案）においては，性能を満足することができれば，1成分形のシーリング材であってもワーキングジョイントに適用しうるという考え方も導入している．「付録2　シーリング材に関連する性能評価試験方法」では，温水伸長試験によるシーリング材の接着性評価試験，硬化途上における耐ムーブメント性評価試験，層間変位ムーブメントに対するせん断耐疲労性試験，および応力緩和型シーリング材の耐疲労性試験を追加した．シーリング材による石材の汚染性評価に関しては，試験条件や方法に応じて2つの試験に見直した．

以上のように今般の改定では性能規定化に向けて章構成および内容を再構築し，「3章　設計方針と要求性能」において技術指針の共通事項として概説した後，「4章　シーリングジョイント構法」，「5章　ガスケットジョイント構法」，「6章　オープンジョイント構法」の設計および施工における最新情報を記載し，付録では目地防水における性能設計指針（案）を提示した．

今回の改定版により，外壁接合部の水密構法が建築物全体の耐久性向上に寄与し，継続的に発展していくことを期待したい．

2025年3月

日本建築学会

－2008 年 2 月改定の序－

当技術指針が新刊として刊行されたのは，8 年前の 2000 年である．この技術指針は広い分野で使われており様々な形で貢献しているが，一部には社会的要請の変化に伴い設計条件の見直しが必要，あるいはフィルドジョイント構法の章にシーリングジョイントとガスケットジョイント構法が入り混じっているので使い難いなどの指摘があった．

一方，2000 年に改定・発行された「JASS 8　防水工事」が改定の時期を迎え，防水工事運営委員会では，2004 年 4 月に同運営委員会傘下に「JASS 8　改定小委員会」を組織し検討に入った．改定作業に際しては，同技術指針も JASS と同時に改定することが望ましいとの判断に至り，同改定小委員会傘下のシーリング WG が技術指針の改定も担当することになった．改定作業では，性能 SWG，シーリングジョイント SWG およびガスケット・オープンジョイント SWG の 3 つのサブワーキンググループを編成し，改定作業を進めた．また，2001 年に組織した「接合部防水小委員会　耐久設計検討 WG」は，耐久設計のための性能評価方法について研究を開始し，その研究の流れは 2004 年から「シーリング耐久性能試験方法 WG」に受け継がれ，シーリング材の耐疲労性，接着性および目地周辺汚れ性，ならびにガスケットの圧縮永久ひずみの定量的評価に係わる試験法の標準化に取り組んできた．

以上の状況を鑑みて改定作業では，まず指針全体の構成を見直し，下記のように従来の防水機構による構法分類からシール材・防水機構による構法分類によって下記のように章立てを変更した．

　旧　版　　4 章　フィルドジョイント構法の設計および施工

　改定版　　4 章　シーリングジョイント構法の設計および施工

　　　　　　5 章　ガスケットジョイント構法の設計および施工

その上で，指針の内容の改定作業と付録の性能評価試験方法（案）の新規作成の作業を進めた．主な改定点を示せば以下のとおりである．

（1）1 章　総則

適用対象が一般建築物と戸建住宅，新築と改修であることを明記し，用語の見直しでは接合部と目地の違いを図示して解説した．

（2）2 章　設計方針

要求性能を適切に把握して接合部設計を進められるように，章の節立てを見直した．設計手順では，特に要求性能について水密性，長期信頼性，汚染防止性，ムーブメントに対する追従性，施工性・保全性，環境負荷低減性の 6 項目に増やして整理した．さらに雨仕舞における信頼性の評価尺度として，損傷許容性の概念を解説した．また，RC 壁でしばしば採用されている構造スリットの目地についても記述した．さらに，様々なジョイント構法やカーテンウォール構法の詳細を見直し，関連する表などを改定・整理した．

（3）3 章　要求性能の設定

章の節立ては 2 章の要求性能に対応させて見直し，特に水密性とその長期耐久性については抜本的に見直しわかりやすく改定した．すなわち水密性については，建築基準法平成 12 年告示第 1458

号と 2004 年版建築物荷重指針・同解説の方法に変更した．また，カーテンウォール・防火開口部協会の水密性能値の調査結果の引用や再現期間 20 年，50 年，100 年および 200 年で降雨を伴う基本風速を設定する場合には，1 時間降水量 3，7 および 10mm を選択できるようにした．長期信頼性グレードについては，接合部の損傷許容性を考慮して接合部の水密信頼性の優劣を評価できるようにした．さらに，新たに環境負荷低減性についても記述した．

（4）4 章　シーリングジョイント構法の設計および施工

　今回の改定で分離独立した章であり，本章の節立てを 4.1 総則，4.2 設計，4.3 材料，4.4 施工，4.5 維持管理とし内容の整理・改定を行った．その主な改定点は，ムーブメントの種類と主な目地の図解，実務に則した層間変位ムーブメントや温度ムーブメントの算定例，ガラス回り目地幅・目地深さの見直し，各種シーリング材の特性に関する記述等を充足した．また，現状におけるシーリング材の各種性能，使用実態および研究成果などを勘案し，「シーリング材と構法，部位，構成材との適切な組合せ」を見直すとともに，施工管理では，施工計画において施工品質を確保するのに必要な「施工の体制」を明確にした．さらに維持管理では，調査・診断および評価・判定手法や推定耐用年数などに関する事項を最新の情報に基づいて見直した．なお，環境問題への対応として清掃溶剤の脱トルエン，GHS，廃棄物処理法，PCB 対応等についても言及した．

（5）5 章　ガスケットジョイント構法の設計および施工

　今回の改定で分離独立した章であり，本章の節立てを 5.1 総則，5.2 設計，5.3 材料，5.4 施工とし内容の整理・改定を行った．主な改定点としては，水密性能の見直し，グレージングガスケット構法の納まり図の修正，複層ガラス用構造ガスケットの最近の事例紹介，目地ガスケットの断面形状例の見直し，実大耐風試験結果とガラス保持力試験結果の相互関係図を示した．

（6）6 章　オープンジョイント構法の設計および施工

　本章については，節立てを他の章に合わせて改定を行った．当構法では設計の上流段階で検討すべきことが多いので設計の基本条件を新設し，水密性，施工性，改修性などに絡む基本的事項を整理した．等圧設計では，基本は同じだが，ウインドバリアのすき間の現状調査を実施して盛り込み，さらに等圧設計事例も最近の実情を考慮して修正した．性能確認試験では，オープンジョイント固有の試験方法を加筆した．また，材料を新設し関連材料の要点を示した．さらに，施工の節を新設し，施工計画，バリア材の取付け，運搬，揚重・取付けについて，記述した．

（7）付録　建築用シールの性能評価試験方法（案）

　シーリング材は接着性，目地周囲汚染，耐疲労性に着目し，ガスケットは圧縮永久ひずみに着目した評価試験を標準化して示した．

　以上のように，今般の改定では，全体構成の見直しとともに，「建築用シールの性能評価試験（案）」を作成し付録に掲載した．

　今回の改定版が住宅から高層・超高層建築物の様々な外壁の性能向上や健全な発展に結びつくことを期待したい．

　2008 年 2 月

日本建築学会

序

　外壁接合部の水密性に対する要求は，建築構法の変遷に伴って変わってきた．昭和40年代以前ではRC造またはSRC造が主流であったため，目地の水密構法にはさほど高度な性能が要求されなかったが，40年代初期に建設省住宅局で発表した「プレファブリケーション構法の推進化構想」以後，ビル建築ではカーテンウォール構法が，住宅でもプレファブリケーション構法が急速に普及し，これに伴って外壁接合部の水密性に対する要求性能が高まり，現在に至っている．外壁接合部の水密構法は，開口部以外は最近までシーリング材構法が主流であり，また開口部でも中低層建築および住宅を除くと概ねシーリング材構法に頼っていた．しかし，建設業界は工事のコストアップ，専門技術者・技能士の減少など環境条件の変化に伴って工事全体の合理化が求められ，構法の乾式化，工程の省力化，作業の簡略化が要求されてきた．水密接合構法の分野でも，高性能の材料の開発や新しい構法の開発が進行し，高層ビル建築などでも従来のシーリング材による湿式構法に加えて，ガスケットによる乾式構法，シーリング材とガスケットの併用構法，さらにはオープンジョイント構法も盛んに採用されるようになってきた．このような構法の多様化が進む一方，技術的にも十分対応できる情況ができつつあり，将来もこの乾式化への傾倒が続くことが予想される．

　外壁接合部の水密構法は，シーリング材構法に関してはJASS 8（防水工事）の制定・改訂に伴って検討を続けてきた結果，同JASSの解説に設計・施工の技術指針的内容が盛り込まれ，ビル建築では有効に機能している．しかし，ガスケット構法，併用構法およびオープンジョイント構法は，JASS 14（カーテンウオール工事）やJASS 17（ガラス工事）において関連するポイントだけが示されている程度であり，十分とはいえない．将来を踏まえて考えると，シーリング材構法，ガスケット構法，併用構法およびオープンジョイント構法を網羅し，高層ビル建築から住宅に至るまでの建築を対象とした設計・施工に関する技術指針の作成が必要と考えた．

　このような状況を踏まえて，平成6年4月に防水工事運営委員会のもとに「外壁水密接合構法小委員会」を設け，6年間にわたって検討を続けてきた．前半の3年間は，基礎段階として位置づけ，まず水密接合構法における現状の把握，問題点や研究課題の抽出を目的として活動した．後半の3年間は，技術指針の作成に当たってきた．なお，「水密接合構法」とは，ボルト接合，溶接や接着など強度，耐力を負担する「力学的接合」に対して，部材と部材の接合部（隙間）に水密性，気密性を付与する接合構法を想定して名付けたものである．

　本指針は，将来の性能設計やライフサイクル設計を踏まえて，水密性能の設定，材料および接合部の耐用年数の明確化，外壁構成材と水密材料の耐用期間の違いに伴なう材料の交換を指向したが，現状では材料だけではなく設計面でも困難な問題が多く，考え方を主体に記述した．今後の課題である．

　また，建築学会ではとかく忘れがちな戸建住宅についても検討を行い，窯業サイディング外壁の水密接合構法について記述している．

　本書が適切に運用され，外壁接合部の水密構法が健全に発展することを期待したい．なお，本指

針の刊行にあたっては，関連委員会の委員各位の御尽力もさることながら，御支援御協力をいただいた会員各位，関連業界に対して，ここに深甚なる感謝の意を表する．

2000 年 6 月

日本建築学会

指針（第3次改定版）作成関係委員　（2025年3月）

材料施工委員会本委員会

委　員　長	野口貴文	
幹　　　事	岡本　肇　兼松　学　竹本喜昭　永井香織	
委　　　員	（略）	

防水工事運営委員会

主　　　査	竹本喜昭
幹　　　事	梶田秀幸　宮内博之
委　　　員	石原沙織　岩崎隼人　岡本　肇　古賀純子
	輿石直幸　佐々木正治　志村重顕　添田智美
	田中享二　田辺幹夫　塚越雅幸　二宮正道
	福井　宏　堀　長生　松尾隆士　三谷一房
	山田人司　山宮輝夫　横堀龍司　（八田泰志）

外壁接合部水密設計指針改定小委員会

主　　　査	宮内博之
幹　　　事	添田智美　八田泰志　松尾隆士
委　　　員	井原健史　大塚　徹　小野清人　佐々木哲也
	多賀　洋　千葉文彦　中島　亨　野口　修
	福井　宏　三谷一房　山田人司　（伊藤彰彦）

設計方針ワーキンググループ

主　　　査	山田人司
幹　　　事	井原健史　千葉文彦　松尾隆士
委　　　員	小野清人　佐々木哲也　添田智美　多賀　洋
	中島　亨　八田泰志　三谷一房　宮内博之

シーリングジョイントワーキンググループ

主　　　査	添田智美
幹　　　事	野口　修　八田泰志
委　　　員	石丸謙吾　太田真司　奥田章子　小野清人
	片山大樹　金澤光明　佐々木哲也　多田健夫

中　島　　　亨　福　井　　　宏　三　浦　且　義　南　　　正　敏
（朝　内　文　博）（木　村　広　洋）（田　邊　幸　治）

ガスケット・オープンジョイントワーキンググループ

主　　　査　松　尾　隆　士
幹　　　事　大　塚　　　徹　小　野　清　人　佐々木　哲　也
委　　　員　石　丸　謙　吾　太　田　真　司　金　澤　光　明　川　端　芳　英
　　　　　　古　城　雄　一　多　賀　　　洋　高　木　建　治　千　葉　文　彦
　　　　　　野　口　　　修　南　　　正　敏　山　田　人　司　（木　村　広　洋）
　　　　　　（田　邊　幸　治）

解説執筆委員

1章　総　　　則
　　井　原　健　史　　添　田　智　美　　千　葉　文　彦　　松　尾　隆　士
　　三　谷　一　房　　宮　内　博　之　　山　田　人　司　　（伊　藤　彰　彦）

2章　水密の原理と水密接合構法
　　井　原　健　史　　小　野　清　人　　佐々木　哲　也　　添　田　智　美
　　多　賀　　　洋　　千　葉　文　彦　　中　島　　　亨　　松　尾　隆　士
　　三　谷　一　房　　山　田　人　司

3章　設計方針と要求性能
　　井　原　健　史　　大　塚　　　徹　　小　野　清　人　　佐々木　哲　也
　　添　田　智　美　　多　賀　　　洋　　千　葉　文　彦　　中　島　　　亨
　　八　田　泰　志　　松　尾　隆　士　　三　谷　一　房　　宮　内　博　之
　　山　田　人　司

4章　シーリングジョイント構法の設計および施工
　　石　丸　謙　吾　　奥　田　章　子　　小　野　清　人　　片　山　大　樹
　　金　澤　光　明　　佐々木　哲　也　　添　田　智　美　　中　島　　　亨
　　野　口　　　修　　八　田　泰　志　　福　井　　　宏　　三　浦　且　義
　　南　　　正　敏　　山　田　人　司　　（朝　内　文　博）　（木　村　広　洋）
　　（田　邊　幸　治）

5章　ガスケットジョイント構法の設計および施工
　　石　丸　謙　吾　　太　田　真　司　　大　塚　　　徹　　小　野　清　人
　　金　澤　光　明　　川　端　芳　英　　古　城　雄　一　　佐々木　哲　也
　　高　木　建　治　　多　賀　　　洋　　千　葉　文　彦　　野　口　　　修
　　南　　　正　敏　　松　尾　隆　士　　山　田　人　司　　（木　村　広　洋）
　　（田　邊　幸　治）

6章　オープンジョイント構法の設計および施工
　　石　丸　謙　吾　　太　田　真　司　　大　塚　　　徹　　小　野　清　人
　　金　澤　光　明　　川　端　芳　英　　古　城　雄　一　　佐々木　哲　也
　　高　木　建　治　　多　賀　　　洋　　千　葉　文　彦　　野　口　　　修

南　　正　敏　　松　尾　隆　士　　山　田　人　司　　（木　村　広　洋）
（田　邊　幸　治）

付　　録
1. シーリング材を使用した目地防水における性能設計指針（案）
　　　井　原　健　史　　小　野　清　人　　菊　地　裕　介　　川　端　芳　英
　　　佐々木　哲　也　　添　田　智　美　　塚　越　雅　幸　　中　島　　　亨
　　　野　口　　　修　　八　田　泰　志　　福　井　　　宏　　松　尾　隆　士
　　　宮　内　博　之　　山　田　人　司　　（伊　藤　彰　彦）（高　橋　愛　枝）

2. シーリング材に関連する性能評価試験方法
　S1. シーリング材と外壁材との接着性評価試験
　　　片　山　大　樹　　添　田　智　美　　中　島　　　亨　　八　田　泰　志
　　　福　井　　　宏　　宮　内　博　之　　山　田　人　司　　（伊　藤　彰　彦）

　S2. 温水伸長試験によるシーリング材の接着性評価試験
　　　片　山　大　樹　　添　田　智　美　　中　島　　　亨　　八　田　泰　志
　　　福　井　　　宏　　宮　内　博　之　　山　田　人　司　　（伊　藤　彰　彦）

　S3. 屋外暴露によるシーリング材の成分による外壁材目地周囲の汚染性評価試験
　　　片　山　大　樹　　添　田　智　美　　八　田　泰　志　　福　井　　　宏
　　　山　田　人　司　　（伊　藤　彰　彦）

　S4. マーキング法によるシーリング材の成分による外壁材目地周囲の汚染性評価試験
　　　片　山　大　樹　　添　田　智　美　　八　田　泰　志　　福　井　　　宏
　　　山　田　人　司　　（伊　藤　彰　彦）

　S5. 石材の可塑剤移行による汚染性評価試験（石材汚染Ⅰ法）
　　　片　山　大　樹　　添　田　智　美　　八　田　泰　志　　福　井　　　宏
　　　山　田　人　司　　（伊　藤　彰　彦）

S6. 石材目地におけるシーリング材の成分による汚染性評価試験（石材汚染Ⅱ法）
　　片　山　大　樹　　添　田　智　美　　八　田　泰　志　　福　井　　　宏
　　山　田　人　司　（伊　藤　彰　彦）

S7. シーリング材の硬化途上における耐ムーブメント性評価試験（案）
　　猪　股　慎太郎　　片　山　大　樹　　桐　林　　　亨　　國　岡　千　裕
　　坂　田　智　康　　鈴　木　裕　之　　添　田　智　美　　高　橋　愛　枝
　　塚　越　雅　幸　　中　島　　　亨　　名　取　健太郎　　根　本　かおり
　　八　田　泰　志　　日　村　みのり　　福　井　　　宏　　道　信　貴　雄
　　宮　内　博　之　　山　下　浩　平　　山　田　人　司　（伊　藤　彰　彦）
　（牛　尼　伸　也）（大　谷　和　弘）（小　倉　寛　之）（楠　木　孝　治）
　（坪　田　篤　侍）（西　谷　　　久）

S8. 層間変位ムーブメントに対するシーリング材のせん断耐疲労性試験（案）
　　片　山　大　樹　　添　田　智　美　　中　島　　　亨　　八　田　泰　志
　　福　井　　　宏　　宮　内　博　之　　山　田　人　司

S9. 応力緩和型シーリング材の耐疲労性試験（案）
　　片　山　大　樹　　添　田　智　美　　中　島　　　亨　　八　田　泰　志
　　福　井　　　宏　　宮　内　博　之　　山　田　人　司

3. ガスケットに関連する性能評価試験方法
　G1. 目地のムーブメントを考慮したガスケットの圧縮永久ひずみ試験
　　　大　塚　　　徹　　川　端　芳　英　　宮　内　博　之　　山　田　人　司
　　（　　　）は元委員

外壁接合部の水密設計および施工に関する技術指針・同解説

目　　　次

本 文　解 説
ページ　ページ

1章　総　　則

1.1　適 用 範 囲 ……………………………………………………… 1 …… 29

1.2　用　　　語 ……………………………………………………… 1 …… 31

2章　水密の原理と水密接合構法

2.1　水 密 の 原 理 …………………………………………………… 3 …… 34

2.2　水密接合構法の種類 …………………………………………… 3 …… 37

2.3　外壁材の種類と水密接合構法 ………………………………… 3 …… 44

3章　設計方針と要求性能

3.1　設 計 手 順 ……………………………………………………… 4 …… 59

3.2　要求性能の設定 ………………………………………………… 5 …… 62

　3.2.1　水 　密　 性 ………………………………………………… 5 …… 62

　3.2.2　長期水密信頼性 …………………………………………… 5 …… 85

　3.2.3　ムーブメント追従性 ……………………………………… 6 …… 90

　3.2.4　気 　密　 性 ………………………………………………… 7 …… 94

　3.2.5　耐 風 圧 性 ………………………………………………… 7 …… 95

　3.2.6　汚染防止性 ………………………………………………… 7 …… 96

　3.2.7　施 　工　 性 ………………………………………………… 7 …… 99

　3.2.8　保 　全　 性 ………………………………………………… 8 …… 100

　3.2.9　環境負荷低減性 …………………………………………… 8 …… 101

4章　シーリングジョイント構法の設計および施工

4.1　総　　　則 ……………………………………………………… 8 …… 103

　4.1.1　適 用 範 囲 ………………………………………………… 8 …… 103

　4.1.2　用　　　語 ………………………………………………… 8 …… 103

4.2　設　　　計 ……………………………………………………… 10 …… 104

　4.2.1　基 本 事 項 ………………………………………………… 10 …… 104

　4.2.2　シーリングジョイントの種類 …………………………… 10 …… 105

  4.2.3 外壁目地の設計 ……………………………………………………………… 10 ……114

  4.2.4 ガラス回り目地の設計 …………………………………………………… 12 ……153

 4.3 材   料 …………………………………………………………………… 12 ……162

  4.3.1 シーリング材 ……………………………………………………………… 12 ……162

  4.3.2 プライマー ………………………………………………………………… 13 ……198

  4.3.3 バックアップ材およびボンドブレーカー ……………………………… 13 ……198

  4.3.4 その他の材料 ……………………………………………………………… 13 ……200

  4.3.5 シーリング材と構法，部位，外装材との適切な組合せ ……………… 13 ……201

 4.4 施   工 …………………………………………………………………… 13 ……209

  4.4.1 施 工 法 …………………………………………………………… 13 ……209

  4.4.2 施 工 管 理 ……………………………………………………… 15 ……220

 4.5 維 持 管 理 …………………………………………………………… 16 ……228

  4.5.1 劣化現象の種類と特徴 …………………………………………………… 16 ……228

  4.5.2 調査・診断および評価・判定 …………………………………………… 16 ……233

  4.5.3 補修・改修の材料・工法 ………………………………………………… 16 ……240

  4.5.4 施   工 ………………………………………………………… 17 ……245

  4.5.5 推定耐用年数 ……………………………………………………………… 17 ……248

5章 ガスケットジョイント構法の設計および施工

 5.1 総   則 …………………………………………………………………… 17 ……257

  5.1.1 適 用 範 囲 ……………………………………………………… 17 ……257

  5.1.2 用   語 ………………………………………………………… 18 ……258

 5.2 設   計 …………………………………………………………………… 19 ……259

  5.2.1 基 本 事 項 ……………………………………………………… 19 ……259

  5.2.2 目地ガスケット構法の設計 ……………………………………………… 19 ……261

  5.2.3 グレイジングガスケット構法の設計 …………………………………… 21 ……270

  5.2.4 構造ガスケット構法の設計 ……………………………………………… 21 ……275

  5.2.5 性能確認試験 ……………………………………………………………… 22 ……283

 5.3 材   料 …………………………………………………………………… 22 ……285

  5.3.1 ガスケットの種類 ………………………………………………………… 22 ……285

  5.3.2 目地ガスケット …………………………………………………………… 22 ……290

  5.3.3 グレイジングガスケット ………………………………………………… 23 ……296

  5.3.4 構造ガスケット …………………………………………………………… 23 ……296

  5.3.5 その他の材料 ……………………………………………………………… 23 ……297

 5.4 施   工 …………………………………………………………………… 23 ……298

  5.4.1 目地ガスケットの施工 …………………………………………………… 23 ……298

　　　　5.4.2　グレイジングガスケットの施工 ………………………………… 24 …… 304
　　　　5.4.3　構造ガスケットの施工 ……………………………………………… 25 …… 307

6章　オープンジョイント構法の設計および施工
　　6.1　総　　　則 ………………………………………………………………… 25 …… 316
　　　　6.1.1　適 用 範 囲 ……………………………………………………………… 25 …… 316
　　　　6.1.2　用　　　語 ……………………………………………………………… 25 …… 316
　　6.2　設　　　計 ………………………………………………………………… 25 …… 316
　　　　6.2.1　設計の基本事項 ………………………………………………………… 25 …… 316
　　　　6.2.2　水密設計の条件 ………………………………………………………… 26 …… 319
　　　　6.2.3　等 圧 設 計 ……………………………………………………………… 26 …… 324
　　　　6.2.4　性能確認試験 …………………………………………………………… 26 …… 335
　　6.3　材　　　料 ………………………………………………………………… 26 …… 341
　　　　6.3.1　レインバリア …………………………………………………………… 26 …… 341
　　　　6.3.2　バ リ ア 材 ……………………………………………………………… 26 …… 341
　　　　6.3.3　その他の材料 …………………………………………………………… 27 …… 343
　　6.4　施　　　工 ………………………………………………………………… 27 …… 346
　　　　6.4.1　施 工 計 画 ……………………………………………………………… 27 …… 346
　　　　6.4.2　バリア材の施工 ………………………………………………………… 27 …… 347
　　　　6.4.3　運　　　搬 ……………………………………………………………… 27 …… 350
　　　　6.4.4　揚重・取付け ………………………………………………………… 27 …… 351

付　　録
　　付録1　シーリング材を使用した目地防水における性能設計指針（案）………… 357
　　付録2　シーリング材に関連する性能評価試験方法 …………………………… 390
　　　S1　シーリング材と外壁材との接着性評価試験 ……………………………… 390
　　　S2　温水伸長試験によるシーリング材の接着性評価試験 …………………… 395
　　　S3　屋外暴露によるシーリング材の成分による外壁材目地周囲の汚染性評価試験 …… 400
　　　S4　マーキング法によるシーリング材の成分による外壁材目地周囲の汚染性評価試験 … 406
　　　S5　石材の可塑剤移行による汚染性評価試験（石材汚染Ⅰ法）……………… 409
　　　S6　石材目地におけるシーリング材の成分による汚染性評価試験（石材汚染Ⅱ法）… 413
　　　S7　シーリング材の硬化途上における耐ムーブメント性評価試験（案）……… 427
　　　S8　層間変位ムーブメントに対するシーリング材のせん断耐疲労性試験（案）……… 432
　　　S9　応力緩和型シーリング材の耐疲労性試験（案）………………………… 437
　　付録3　ガスケットに関連する性能評価試験方法 ……………………………… 439
　　　G1　目地のムーブメントを考慮したガスケットの圧縮永久ひずみ試験 ……… 439

外壁接合部の水密設計および施工に
関する技術指針

外壁接合部の水密設計および施工に関する技術指針

1章　総　　　則

1.1　適　用　範　囲

　本指針は，建築物の外壁を構成する部材間の接合部に設けられた目地の水密性を確保する目地防水工事において，目地に設置される水密接合構法の設計および施工に適用する．対象とする水密接合構法は，フィルドジョイント構法とオープンジョイント構法とし，新築および改修工事に適用する．

1.2　用　　　語

　本指針で使用する用語を次のように定義する．

（1）水密性　　　　　　　：圧力差，重力，毛細管現象，気流などによって生じる室内側への雨水の浸入を防止する性能．

（2）気密性　　　　　　　：圧力差によって生じる空気の透過に対して抵抗する性能．

（3）水密接合構法　　　　：水密性を確保するための設計を行った外壁を構成する部材の接合構法．

（4）フィルドジョイント　：雨水の浸入口をシーリング材またはガスケットで塞いで水密性と気密性を確保する接合部．フィルドジョイントを用いた水密接合構法をフィルドジョイント構法という．

（5）オープンジョイント　：屋外側を開放または半開放とし，室内側のウインドバリアに気密性の機能をもたせ，等圧原理により水密性と気密性を確保する接合部．オープンジョイントを用いた水密接合構法をオープンジョイント構法という．

（6）シングルシール　　　：水密性と気密性を一つのシール材で確保する方法．浸入した雨水を水受けや水抜き孔などにより室内側に達しにくくする排水機構を持つ構法と，排水機構のない構法がある．シングルシールを用いた水密接合構法をシングルシールジョイント構法という．

（7）ダブルシール　　　　：水密性と気密性を1次シールと2次シールの二つのシール材で確保する方法．浸入した雨水が減圧空間や水位差などにより2次シールまで達しにくくする排水機構を持つ構法と，排水機構

のない構法がある．ダブルシールを用いた水密接合構法をダブルシールジョイント構法という．

（8）等圧原理 ：目地内部の圧力を屋外側の圧力と差圧が生じないようにすることにより，目地内部への雨水の浸入を軽減する仕組み．

（9）接合部 ：外壁を構成する部材と部材をつなぎ合わせた部分で，部材間の隙間を含む部分．

（10）目　地 ：外壁を構成する部材や接合部に設けた隙間の部分．

（11）シールする ：接合部や目地からの水の浸入や空気の通過を防止するために目地にシール材を施すこと．

（12）シール材 ：シーリング材やガスケットなどの水密性と気密性を確保する材料の総称．

（13）シーリング材 ：目地に充填し，硬化後部材に接着して水密性と気密性を確保する不定形材料．

（14）ガスケット ：目地に装着し，水密性と気密性を確保する定形材料．

（15）シーリングジョイント ：シーリング材を充填することにより水密性と気密性を確保する接合部．シーリングジョイントを用いた水密接合構法をシーリングジョイント構法という．

（16）ガスケットジョイント ：ガスケットを装着することにより水密性と気密性を確保する接合部．ガスケットジョイントを用いた水密接合構法をガスケットジョイント構法という．

（17）1次シール ：ダブルシールジョイント構法における接合部の構成要素で，屋外側のシールの総称．

（18）2次シール ：ダブルシールジョイント構法における接合部の構成要素で，1次シールより室内側のシールの総称．

（19）ウインドバリア ：オープンジョイント構法の，気密性を確保するために室内側に設けるシーリング材やガスケットの気密材の総称．

（20）レインバリア ：オープンジョイント構法において，目地内部への雨水の浸入を防止するために屋外側に設けるガスケットや金属製の雨水浸入阻止部材の総称．

（21）止水ライン ：構成要素の故障が室内側への漏水につながるシール材の位置のこと．

（22）ムーブメント ：接合部や目地に生じる挙動またはその量．

（23）ワーキングジョイント ：ムーブメントの大きい目地．

（24）ノンワーキングジョイント：ムーブメントを生じないか，またはムーブメントが非常に小さい目地．

（25）温度ムーブメント ：目地構成部材の温度変化によって接合部や目地に生じる挙動ま

たはその量.

(26) 層間変位ムーブメント	：	地震時における構成部材の層間変位によって接合部や目地に生じる挙動またはその量.
(27) 風によるムーブメント	：	風圧を受けた構成部材の面外変形によって接合部や目地に生じる挙動またはその量.
(28) 湿気ムーブメント	：	目地構成部材の含水率の変化に起因する伸縮によって接合部や目地に生じる挙動またはその量.
(29) 硬化収縮ムーブメント	：	目地構成部材の材料の硬化に伴う収縮によって接合部や目地に生じる挙動またはその量.
(30) 炭酸化収縮ムーブメント	：	目地構成部材の材料の炭酸化に伴う収縮によって接合部や目地に生じる挙動またはその量.

2章　水密の原理と水密接合構法

2.1　水密の原理

　水密設計の基本は，雨水が室内に浸入する条件を排除し，さらに接合部や目地の内部に雨水を浸入させる諸因子に対して対策を講じることにある.

2.2　水密接合構法の種類

　a．水密接合構法の分類

　水密接合構法は，水密の機構や原理の違いによりフィルドジョイント構法とオープンジョイント構法に分類される.

　b．フィルドジョイント構法

　フィルドジョイント構法は，雨水の浸入口をシール材で塞ぐことにより雨水の浸入を防止する水密接合構法である. シール材の種類によりシーリングジョイント構法とガスケットジョイント構法に分類される. また，シール材の数によりシングルシールジョイント構法とダブルシールジョイント構法に分類し，それぞれに排水機構のある構法とない構法がある.

　c．オープンジョイント構法

　オープンジョイント構法は，屋外側を開放または半開放とし，室内側を気密処理して，等圧原理により水密性と気密性を確保する水密接合構法である.

2.3　外壁材の種類と水密接合構法

　a．水密接合構法の選定

　本指針では，外壁を構成する部材である外壁材の種類として，カーテンウォール，外装パネル

および鉄筋コンクリート壁を対象とする．水密接合構法の選定においては，水密機構や原理，3.2に示す要求性能および外壁を構成する部材の種類，取付け方法や組立て方を考慮しなければならない．

b．カーテンウォール

　本指針は，メタルカーテンウォールとプレキャストコンクリートカーテンウォールを対象とし，それぞれ次の工法に分類する．

　①メタルカーテンウォール

　　取付け方法によりユニット工法，スパンドレルユニット工法，ノックダウン工法に分類する．

　②プレキャストコンクリートカーテンウォール

　　パネル（層間）工法，スパンドレル（横連窓）工法，柱型（縦連窓）工法，柱型・はり型工法に分類する．

c．外装パネル

　本指針は，材質および取付け方法が異なる次の外装パネルを対象とする．

　①金属パネル

　②金属断熱サンドイッチパネル

　③ALC パネル

　④GRC パネル

　⑤押出成形セメント板

　⑥窯業系サイディングパネル

d．鉄筋コンクリート壁

　ムーブメントの大きさによって，ワーキングジョイントに分類される構造スリットとノンワーキングジョイントに分類される次の目地を対象とする．

　①プレキャスト鉄筋コンクリート部材間目地

　②打継ぎ目地

　③ひび割れ誘発目地

　④窓枠回り目地

3章　設計方針と要求性能

3.1　設 計 手 順

　水密接合構法の設計手順は次を標準とする．

（1）与条件の整理

（2）要求性能の整理と設定

　　・水密性

　・長期水密信頼性

　・ムーブメント追従性

　・気密性

　・耐風圧性

　・汚染防止性

　・施工性

　・保全性

　・環境負荷低減性

（3）水密接合構法の選定

（4）水密接合構法の詳細設計

（5）施工手順とその方法の確認

（6）仕様の決定

3.2　要求性能の設定

3.2.1　水　密　性

　ａ．水　密　性　能

　試験による水密性能の確認は，JIS A 1414-3：2010（建築用パネルの性能試験方法—第3部：温湿度・水分に対する試験）に定める水密試験方法，または JIS A 1517：2020（建具の水密性試験方法）に準じた試験を行い，水密性能は室内側に漏水を生じない圧力差で表示する.

　ｂ．水密性能値の設定

（1）水密性能値を算定する高さ

　外壁の接合部における水密設計のために設定する水密性能値は，建物の最高高さで算定する.

（2）水密性能値の算定方法

　水密性能値の算定は，次のいずれかの方法を標準とする.

　（ⅰ）外壁の設計風圧力（正圧）の最大値に対して一定の係数を用いる方法

　（ⅱ）建設地における過去の気象観測データに基づいた降雨を伴う風速から算定する方法

3.2.2　長期水密信頼性

　ａ．長期水密信頼性グレード

（1）グレードの設定

　外壁接合部の設計において，水密接合構法の水密信頼性と使用するシール材の耐久性の組合せから長期水密信頼性グレードを設定する.

（2）対象とする材料，構法

　水密接合構法の長期水密信頼性グレードは，標準的な材料，構法を適用した水密接合構法を対象とする.

　ｂ．接合構法の水密信頼性

接合構法の水密信頼性は，フィルドジョイント構法では，水密の機構とシール構成の数や浸入した水の排水機構の有無により決まる水密の確実さで設定する．また，オープンジョイント構法では，ウインドバリアに一定の隙間が生じても漏水に至らない設計圧力差（水滴飛散限界圧力差）で設定することとし，それを補う適切なディテールとの組合せで決定される．

c．材料の耐久性

シール材の耐久性は，熱，紫外線，疲労性状などによる材料の劣化を考慮して設定する．

3.2.3 ムーブメント追従性

a．ムーブメントの種類

ワーキングジョイントの水密接合の設計においては，温度ムーブメント，層間変位ムーブメント，風によるムーブメント，湿気ムーブメント，硬化収縮ムーブメントおよび炭酸化収縮ムーブメントに対する追従性を要求性能として設定する．

b．各種ムーブメントを考慮した目地設計

1）温度ムーブメント

（1）温度ムーブメントを考慮して，水密性やその他の性能に有害な影響を及ぼさない設計を行う．

（2）温度変化により外壁を構成する部材に発生する熱変形は，各部材の材質，形状寸法，取付け方法などを考慮して，目地により吸収できるように設計する．

（3）目地の温度ムーブメントの算定は，「4.2.3　外壁目地の設計」の解説および「4.2.4　ガラス回り目地の設計」の解説による．

2）層間変位ムーブメント

（1）層間変位ムーブメントに対して水密性能の低下をきたすような損傷がなく，十分に追従できるように設計する．

（2）層間変位ムーブメントの算定および目地幅の算定は，「4.2.3　外壁目地の設計」の解説および「4.2.4　ガラス回り目地の設計」の解説による．

3）風によるムーブメント

（1）外壁を構成する部材が風圧力を受けて面外に変形を生じる目地は，風によるムーブメントを考慮して，水密性やその他の性能に有害な影響を及ぼさない設計を行う．

（2）風圧力により発生する変形は，風圧力，部材間の変形量の差，風圧力を受ける面積，形状寸法，取付け方法などを目地幅の算定において考慮し，目地により吸収できるように設計する．

4）湿気ムーブメント

（1）外壁接合部を構成する部材の含水率変化により変形を生じる目地は，湿気ムーブメントを考慮して，水密性やその他の性能に有害な影響を及ぼさない設計を行う．

（2）部材内の含水率変化により発生する変形は，各部材の材質，形状寸法，取付け方法などを目地幅の算定において考慮し，目地により吸収できるように設計する．

（3）目地の湿気ムーブメントの算定は，「4.2.3　b. 窯業系サイディング外壁の目地設計」の解説による.

5）硬化収縮ムーブメント，炭酸化収縮ムーブメント

（1）長期的に収縮するセメント系外壁材の接合部に構成される目地は，硬化収縮ムーブメントや炭酸化収縮ムーブメントを考慮して，水密性やその他の性能に有害な影響を及ぼさない設計を行う.

（2）硬化収縮や炭酸化収縮により発生する変形は，各部材の材質，形状寸法，取付け方法などを考慮して，目地により吸収できるように設計する.

（3）目地の硬化収縮ムーブメントと炭酸化収縮ムーブメントの算定は，「4.2.3　b. 窯業系サイディング外壁の目地設計」の解説による.

3.2.4　気　密　性

オープンジョイント構法では，等圧空間内の圧力が外部圧力に比べ低下しないようにウインドバリアの気密性能を確保する.

3.2.5　耐　風　圧　性

a. 耐風圧性能

水密接合構法を構成する部材が風により有害な変形や損傷を受けないように，耐風圧性能を確保する. 水密性能値に関わる風圧力については，「3.2.1　水密性能」による.

b. 耐風圧性能値の設定

耐風圧性能値は設計風圧力で表示し，建築基準法平成 12 年建設省告示第 1458 号または日本建築学会「建築物荷重指針・同解説」（2015）に基づいて設定し，設定条件の指定は特記による.

3.2.6　汚染防止性

a. シール材に起因する汚染の防止

シール材に起因する目地および目地周辺の汚染防止性に配慮する.

b. 汚染を防止する設計

汚染の防止は，使用環境に適合したシール材の選定，目地のディテール，目地構成材の表面処理などを考慮して設計する.

3.2.7　施　工　性

a. 長期水密信頼性の確保

設定した水密性能と水密接合構法の長期水密信頼性を確保するために適した施工性を有する水密接合構法を検討する.

b. 施工性

施工性は，外部作業足場の有無，構成部材の揚重方法，取付け精度，施工の難易，工期，作業

時の安全性などのほか，実績などを考慮する．

3.2.8 保 全 性

a．維持保全の計画

接合部の設計においては，建物の目標耐用年数とシール材の耐久性を考慮して，目地の構成材料の清掃や補修などの維持保全のあり方について計画する．

b．竣工後の保全方法

建物竣工後，清掃や補修が必要と予想される接合部の構成材料は，設計段階からそれらの種類，方法，頻度などを検討しておくとともに，これらの作業が安全かつ容易に行えるように配慮する．

3.2.9 環境負荷低減性

a．シール材

シール材は，施工段階，供用段階，解体・処理段階において，環境負荷の少ないものを選定する．

b．耐用年数

水密接合構法およびシール材は，完成した建物の耐用年数の低下をきたさない品質・性能のものを選定する．

c．補助材料

施工において用いる補助材料について，使用時および使用後の処理において環境影響の少ないものを選定する．

d．廃棄物処理と再生利用

梱包材，容器，端材，養生材，既存建物の解体発生物など，建設時に発生する副産物については，関連法規に従って適切な方法で処理する．また，可能な限り再生利用に努め，建設現場からの廃棄物を低減する．

4章　シーリングジョイント構法の設計および施工

4.1　総　　則

4.1.1　適 用 範 囲

本章は，建築物の新築および改修工事において，外壁材料・部材により構成される接合部の目地の水密性を確保するシーリングジョイント構法の設計，施工および維持管理に適用する．

4.1.2　用　　語

本指針で使用する用語を次のように定義する．

（1）1成分形シーリング材：あらかじめ施工に供する状態に調整されているシーリング材.

（2）2成分形シーリング材：施工直前に基剤と硬化剤を調合し，練り混ぜて使用するシーリング材.

（3）基剤　　　　　　：2成分形シーリング材のうち，主成分を含んでいるもの.

（4）硬化剤　　　　　：2成分形シーリング材のうち，基剤と混合して硬化させるもの.

（5）プライマー　　　：被着面とシーリング材との接着性を良好にするために，あらかじめ被着面に塗布する材料.

（6）バックアップ材　：シーリング材の目地深さを所定の寸法に保持するために，目地に装填する成型材料.

（7）ボンドブレーカー：シーリング材を接着させない目的で，目地底に張り付けるテープ状材料.

（8）マスキングテープ：施工中，構成材の汚染防止と目地縁の線を通りよく仕上げるために使用する保護テープ.

（9）2面接着　　　　：目地に充填されたシーリング材が構成材と相対する2面で接着している状態.

（10）3面接着　　　　：目地に充填されたシーリング材が構成材と相対する2面と目地底との3面で接着している状態.

（11）打継ぎ　　　　　：シーリング材を仕上げた後，時間を経てから続けてシーリング材を施工すること，またはその接合部分.

（12）耐用年数　　　　：材料が使用に耐えられなくなるまでの年数.

（13）補修　　　　　　：部分的（局部的）に劣化したシーリング材の性能や機能を実用上支障のない状態まで回復させること.

（14）改修　　　　　　：劣化したシーリング材の性能や機能を初期の水準以上に改善すること．全面的な補修も含む.

（15）再充填工法　　　：既設のシーリング材を除去の上，シーリング材を再び充填する補修または改修の工法.

（16）拡幅再充填工法　：目地形状，被着体強度あるいは被着面の状態の改善を要する場合に，目地の幅または深さを拡幅した後，シーリング材を再充填する補修または改修の工法.

（17）ブリッジ工法　　：目地形状が不備で，既設のシーリング材が劣化により破損して再充填のみでは故障の再発が懸念され，加えて拡幅再充填工法が採用できない場合に用いる工法で，被着体間に橋を架けた状態にシーリング材を重ねて施す補修または改修の工法.

4.2　設　　計

4.2.1　基 本 事 項

ａ．基本的な考え方

　シーリングジョイントの設計の基本は，設計条件に対して構法，接合部，材料などの特徴を検討し，適切な接合部の納まり，シーリング材を選定することである．

ｂ．接合部の納まりの選定

　接合部の納まりは，シーリング材が確実に充填でき，水密性能および耐久性能を確保できるものを選定する．

ｃ．シーリング材の選定

　シーリング材は，水密性能および耐久性グレードを満足し，汚染の低減を図るものを選定する．

4.2.2　シーリングジョイントの種類

ａ．対象とするシーリングジョイント

（１）外壁目地

　（ⅰ）カーテンウォール

　（ⅱ）外装パネル

　（ⅲ）鉄筋コンクリート

（２）ガラス回り目地

ｂ．シーリングジョイントの分類

　シーリングジョイントは，ムーブメントの大きさによりワーキングジョイントか，ノンワーキングジョイントかを判断する．

ｃ．シーリングジョイント構法の種類

　ワーキングジョイント，ノンワーキングジョイントのシーリングジョイント構法の種類は図4.2.1を標準とし，その種類は要求される水密信頼性のグレードにより選定する．

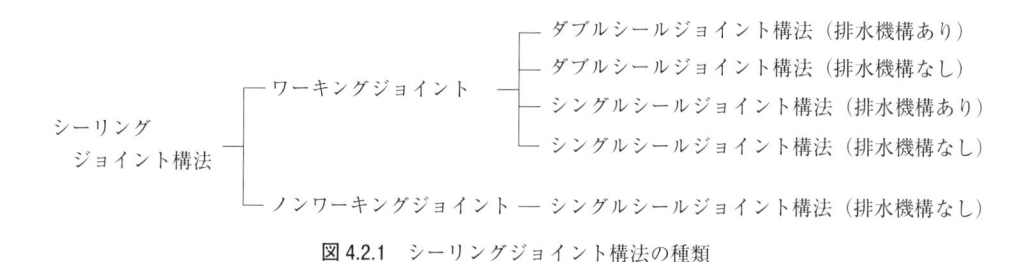

図 4.2.1　シーリングジョイント構法の種類

4.2.3　外壁目地の設計

ａ．外壁目地の設計（窯業系サイディング外壁を除く）

　シーリングジョイントの設計は，次を標準とする．

（１）目地の形状・寸法

目地は，シーリング材を確実に充填できる形状とし，目地形状・寸法は，目地のムーブメントによる分類，シーリング材の耐久性，施工性を考慮して決める．

（ⅰ）ワーキングジョイントの目地設計

1）目地幅 W の算定

目地幅は，各種のムーブメントに対する追従性を確保できる寸法とする．

2）目地深さ D の算定

目地深さは，接着性や耐久性を十分に確保でき，硬化阻害を起こさない寸法とする．

（ⅱ）ノンワーキングジョイントの目地設計

1）目地幅 W の設定

目地幅は，所定の範囲に納まる寸法とする．

2）目地深さ D の設定

目地深さは，接着性や耐久性を十分に確保でき，硬化阻害を起こさない寸法とする．

（2）目地の構造

（ⅰ）ワーキングジョイント

①長期水密信頼性向上のための構造検討

長期水密信頼性向上のため，ダブルシールジョイント構法の採用および排水機構の設置を検討する．

②目地深さの調整

目地深さが所定の寸法より深い場合は，バックアップ材などにより目地底を設け，所定の目地深さを確保する．

③目地底の設定

目地底に接着させない2面接着の目地構造とする．

（ⅱ）ノンワーキングジョイント

3面接着の目地構造を標準とする．

（ⅲ）接着性の確保

目地の構成材およびその被着面は，シーリング材との接着性を確実に確保する．

（3）目地の状態

目地の状態は次を標準とする．

（ⅰ）目地は，目違い・段差が許容差以内とする．

（ⅱ）目地の被着面は，欠損や突起物がなく平たんで，かつ脆弱部をなくす．

（ⅲ）被着面は，シーリング材の接着性を阻害するおそれのある水分・油分・さび・ほこりなどが付着していない状態とする．

b．窯業系サイディング外壁の目地設計

（1）設計の基本的な考え方

窯業系サイディング外壁における目地の設計は，水密性能や耐久性グレードを満足するように，適正な目地深さ，目地の構造およびシーリング材を選定することとする．

（2）シーリングジョイントの構法

シーリングジョイントの構法は，シングルシールジョイントまたはダブルシールジョイントとする．

（3）目地深さ

目地深さは，接着性および耐候性が長期にわたって確保できる寸法とする．

（4）目地の構造

目地底に接着させない2面接着の目地構造とする．

（5）シーリング材の選定

シーリング材は，窯業系サイディング材の特性を考慮して適切なものを選定する．

4.2.4　ガラス回り目地の設計

ａ．設計の基本的な考え方

ガラス回り目地は，温度ムーブメント，層間変位ムーブメント，ガラスに発生する風によるムーブメントなどに対して，耐久性，美観，施工性および維持管理に適した目地形状，目地寸法，目地構造および目地材料とする．

ｂ．目地の納まり，形状および寸法

（1）目地幅は，温度ムーブメントや層間変位ムーブメントに対する追従性を確保できる寸法であり，かつシーリング材を確実に充填できる形状および寸法とする．

（2）目地深さは，シーリング材の接着性や耐久性を十分に確保できるとともに，シーリング材を確実に充填でき，かつ硬化阻害を起こさない寸法とする．

ｃ．バックアップ材の納まり，形状および寸法

（1）バックアップ材は，シーリング材に悪影響を与えないもので，かつシーリング材が所定の形状および寸法を確保できるものとする．

（2）バックアップ材は，ガラスの受ける風荷重を伝えることができる材質，形状および寸法であることが望ましい．

4.3　材　　　料

4.3.1　シーリング材

ａ．品　　　質

シーリング材は，JIS A 5758：2022（建築用シーリング材）に適合するもの，または同等の性能を有するものを使用する．

ｂ．使 用 期 限

シーリング材は，製造所の指定する有効期間を過ぎたものを使用してはならない．

ｃ．性 能 確 認

シーリング材は，性能をシーリング材製造所などの試験報告書，あるいは試験の実施によって確認する．

4.3.2 プライマー

a. 品質および性能確認

プライマーは，使用するシーリング材の製造所が指定するものを使用する．

b. 使用期限

プライマーは，有効期間を過ぎたもの，開封時に異常が認められるものは使用しない．

4.3.3 バックアップ材およびボンドブレーカー

a. 選 定

バックアップ材およびボンドブレーカーは，シーリング材と接着せず，シーリング材の性能を低下させないものを選定する．

b. 形状および寸法

バックアップ材およびボンドブレーカーは，適切な形状寸法のものを使用する．

4.3.4 その他の材料

a. マスキングテープ

シーリング材の仕上だけでなく，シーリング材やプライマーの性能に悪影響を及ぼさない適切なものを使用する．

b. 清掃溶剤

清掃としての機能だけでなく，シーリング材やプライマーの性能に悪影響を及ぼさない適切なものを使用する．

c. ナイロン研磨布

接着阻害因子の除去および，接着性能向上に有効である．

4.3.5 シーリング材と構法，部位，外壁材との適切な組合せ

a. シーリング材選定の基本的な考え方

シーリングジョイントを構成する構法，部位，外壁材に応じた目地の特性を十分に把握し，その特性に対して適したシーリング材を選定する．

b. ワーキングジョイント

構法，部位，外壁材および目地のムーブメントに適したシーリング材を選定する．

c. ノンワーキングジョイント

構法，部位，および外壁材に適したシーリング材を選定する．

4.4 施 工

4.4.1 施工法

a. 施工順序

施工順序は，下記を原則とする．

（1）材料および施工機器の確認

（2）被着面の確認

（3）被着面の清掃

（4）バックアップ材の装填またはボンドブレーカー張り

（5）マスキングテープ張り

（6）プライマーの塗布

（7）シーリング材の調製，シーリングガンの準備

（8）シーリング材の充填

（9）へら仕上げ

（10）マスキングテープはがし

（11）充填後の清掃

（12）汚染・損傷防止のための養生

b．施　　工

（1）材料および施工機器の確認

　（ i ）材料の種類，製造所，製造年月日，有効期間，色などを確認する．

　（ ii ）施工機器に異常のないことを確認する．

（2）被着面の確認

　被着面の欠け，汚れおよび湿潤の程度を点検し，施工に支障のないことを確認する．

（3）被着面の清掃

　シーリング材の施工に支障を生じないよう被着面の清掃を行う．

（4）バックアップ材の装填またはボンドブレーカー張り

　バックアップ材は，目地深さが所定の深さになるように装填する．また，ボンドブレーカーは，目地底に一様に張り付ける．

（5）マスキングテープ張り

　目地周辺の構成材の汚れを防止し，かつシーリング材が通りよく仕上がるようにマスキングテープを張り付ける．

（6）プライマー塗布

　被着面にプライマーをはけなどで均一に塗布する．

（7）シーリング材の調製，シーリングガンの準備

　（ i ）2成分形シーリング材

　1）基剤および硬化剤の組合せおよび混合比は，シーリング材製造所の指定による．

　2）練混ぜは機械練りとし，気泡やそのほかの異物が入らないようにし，かつ均質になるまで十分に行う．練混ぜ機械の種類は，特記による．

　3）調製されたシーリング材は，気泡を混入しないようにシーリングガンに詰める．

　（ ii ）1成分形シーリング材

　1）シーリング材に硬化，分離などの異常のないことを確認する．異常のあるものは使用し

ない．

2）シーリング材の製品形態に応じ，適切なシーリングガンを選択し準備する．

（8）シーリング材の充填

（i）シーリング材の充填は，シーリング材製造所の指定するプライマーの乾燥時間を経過した後，隙間や打残しがなく，気泡が入らないように行う．

（ii）打継ぎ箇所は，目地の交差部およびコーナー部を避け，斜めに打ち継ぐ．

（9）へら仕上げ

充填されたシーリング材が被着面によく密着するようにへらで押さえ，表面を平滑に仕上げる．

（10）マスキングテープはがし

へら仕上げ終了後，すみやかにマスキングテープをはがす．

（11）充填後の清掃

充填箇所以外に付着したシーリング材などは，構成材およびシーリング材に影響のない方法で清掃する．

（12）汚染・損傷防止のための養生

シーリング材の表面が汚れたり，損傷したりするおそれがある場合は，施工計画書に基づき適切に養生する．

4.4.2　施工管理

a．施工計画

（1）施工計画書の作成

施工計画書を作成し監理者の承認を受ける．また，施工要領書を専門工事業者に作成させ，監理者から請求されたときは，これを提出する．

（2）施工図の作成

シーリング工事の施工および管理を行うために，他工事との関連などを含んだ施工図を作成し，監理者の承認を受ける．

（3）施工管理の実施

所定の品質が確保できるように，施工計画書および施工図のとおりに工事が進捗していることを確認し，検査結果を施工記録として整備する．監理者から請求されたときは，これらの資料を提出または提示する．

（4）施工の体制

施工品質を確保するために，材料に関する知識および施工技量を持つ者による適切な施工の体制をとる．シーリング施工業者を指定する場合は，特記による．

b．使用材料・施工機器の保管および取扱い

施工者は，シーリング施工業者に次のことを指示する．

（1）使用材料・施工機器の保管および取扱いにあたっては，消防法・労働安全衛生法など関

係法規に従って安全を確保する.

（2）使用材料は，雨露や直射日光の当たらない場所で，凍結しないように注意して保管する.

（3）施工機器および工具は，常に使用できる状態にしておく.

　c．作 業 環 境

（1）降雨・降雪時または降雨・降雪が予想される場合，あるいは強風の場合は，施工してはならない.

（2）気温が著しく低い，あるいは高い場合には，品質低下のないように施工に注意する.

（3）必要に応じて換気・照明設備を設ける.

　d．シーリング材充填後の検査

　シーリング材充填後に，施工者は目視・指触によって接着性および硬化状態などの検査を行う.

4.5　維 持 管 理

4.5.1　劣化現象の種類と特徴

　シーリングジョイントの維持管理は，シーリング材による目地防水の機能・性能を初期のレベルで確保し，建物の的確な保全に資することを目的として行う．点検・調査・診断によりシーリング材の劣化度を判定し，劣化度に応じた維持保全，あるいは補修や改修を実施する.

　シーリング材の劣化現象は，目地の防水性を損なう防水機能関連の劣化と目地の意匠性を損なう意匠・外観関連の劣化との2種類に分けられる.

4.5.2　調査・診断および評価・判定

　a．調査・診断

　調査・診断は，経過年数などに応じて1次，2次および3次調査・診断に区分けして実施する．なお，その手法は，目視観察・指触などとする.

　b．評価・判定

　評価・判定において，調査・診断の結果から劣化度をⅠ，ⅡおよびⅢに分類する．また，劣化度に応じて，維持保全の程度（点検の継続，補修（局部的な補修）または改修（全面的な補修を含む））を判定する.

　c．補修・改修の規模

　補修・改修の規模は，劣化度および劣化状況に応じて部分的（局部的）とするか，全面的（大規模）とするかを選定する.

4.5.3　補修・改修の材料・工法

　a．補修・改修の材料

　補修・改修の材料は，シーリング材の適切な組合せなどを考慮して選定する.

　b．補修・改修の工法

補修・改修の工法は，再充填工法，拡幅再充填工法およびブリッジ工法から選定する．

4.5.4　施　　　工

a．施　工　法

施工計画書に従って施工要領書を作成し，施工要領書に従って施工を行う．

b．施　工　管　理

（1）施工計画は，施工計画書の作成，施工図の作成，施工管理の実施などについて行う．また，施工計画は監理者の承認を受ける．

（2）使用材料・施工機器の保管および取扱いは，消防法・労働安全衛生法など関係法規に従って安全を確保するとともに，使用材料が変質しないように保管し取り扱う．

（3）作業環境は，シーリング材の性能が確保できる範囲とする．また，換気・照明は必要に応じて設ける．

（4）充填後の検査は，目視・指触によって接着性および硬化状態について行う．

c．撤去シーリング材の取り扱い

目地より撤去したシーリング材は，廃棄物処理法等に基づき適切に処理を行う．

4.5.5　推定耐用年数

シーリング材の適用部位および選定シーリング材の種類等により求められる推定耐用年数を，維持管理計画に反映させる．

5章　ガスケットジョイント構法の設計および施工

5.1　総　　　則

5.1.1　適　用　範　囲

a．適　用　範　囲

（1）建築物（戸建住宅を含む）の外壁におけるガスケットジョイント構法の水密設計および施工に適用する．なお，本章のガスケットジョイント構法は，目地ガスケットおよび開口部用ガスケット（グレイジングガスケットと構造ガスケット）を用いた場合を対象としており，気密ガスケットを用いた場合は，対象としない．

（2）目地ガスケット構法は，カーテンウォール，押出成形セメント板外壁および工業化住宅の窯業系サイディング外壁を対象とする．

（3）グレイジングガスケット構法は，ガラスを組み込むサッシおよびカーテンウォールにはめ込まれたガラス回りを対象とする．

（4）構造ガスケット構法は，開口部を対象とする．

5.1.2 用　語

b．用　語

本章で使用する用語は，次のように定義する．

（1）目地ガスケット

パネル，ユニット，その他構成材の接合部に装着し，水密性，気密性を確保するためのガスケット．

（2）開口部用ガスケット

グレイジングガスケットと構造ガスケットの総称．

（3）グレイジングガスケット

サッシやカーテンウォールのガラス回りの接合部に装着し，水密性，気密性を確保するためのガスケット．

（4）構造ガスケット

ガラスの支持機能と水密性を併せ持ったガスケット．形状により Y 型，H 型，C 型に分類される．

（5）軟質系ガスケット

硬さが A56〜A85 までの加硫ゴムおよび固さが A51〜A93 までの熱可塑性樹脂で発泡していないものを成形したガスケット．通常，ソリッドと言われる．

（6）発泡系ガスケット

全体に分散した気泡をもたせて成形したガスケット．スポンジと言われる．

（7）硬質系ガスケット

ポリ塩化ビニル系（PVC 系）の熱可塑性樹脂を意図的に添加剤（可塑剤など）で柔らかくしないもの．

（8）中空ガスケット

断面がリング状で，内部に空隙のある断面形状のガスケット．

（9）環状ガスケット

構成部材に装着する形にガスケットの長手方向を繋ぎ，繋ぎ目のない状態に加工したガスケット．

（10）目地ガスケット構法

目地ガスケットを用いて接合部をシールする水密接合構法．この構法の接合部を目地ガスケットジョイントという．

（11）グレイジングガスケット構法

グレイジングガスケットを用いてガラス回りの接合部をシールするグレイジング構法．この構法の接合部をグレイジングガスケットジョイントという．

（12）構造ガスケット構法

構造ガスケットを用いてガラスを支持し，併せてシールするグレイジング構法．この構法の接合部を構造ガスケットジョイントという．

(13) シングルタイプ

　構成部材の2辺に目地ガスケットを装着し，構成部材相互の接合部を一つの目地ガスケットでシールする形式.

(14) ダブルタイプ

　構成部材の四周に目地ガスケットを装着し，構成部材相互の接合部を二つの目地ガスケットでシールする形式.

(15) 工 場 施 工

　ガスケットの装着を構成部材の製作工場で行う施工方式.

(16) 現 場 施 工

　ガスケットの装着を現場で行う施工方式.

5.2 設　　　計

5.2.1 基 本 事 項

a. ガスケット構法

　目地ガスケット構法，グレイジングガスケット構法および構造ガスケット構法に区分する.

b. ガスケット構法の設計

　水密性能および耐久性グレードの設計条件に対して，適切な目地形状・寸法，シーリング材・ガスケットの組合せおよび装着方法を選定する.

c. ガスケットの選定

　ガスケットは，水密性能および耐久性グレードを満足するように，ガスケットの種類，主成分および形状・寸法を選定する.

d. ガスケットの装着方法の選定

(1) ガスケットの構成部材への装着方法は，嵌合方式または接着方式を標準とし，水密性，耐久性，施工性，経済性などを考慮して適切なものを選定する.

(2) ガスケットは，施工時および使用期間中に外れたり剥離したりしないことを事前に検討する.

5.2.2 目地ガスケット構法の設計

a. カーテンウォール

(1) 目地ガスケット構法は，1次シールがシーリング材，2次シールが目地ガスケットのダブルシールジョイント構法・排水機構ありを標準とする.

(2) 1次シール（シーリング材）は，「4章　シーリングジョイント構法の設計および施工」により設計する.

(3) ダブルシールジョイント構法・排水機構ありの排水機構や立上りは，有効に機能するものでなければならない.

(4) 2次シールの目地ガスケットは，水密性能，耐久性，目地のムーブメント，施工性およ

び経済性などを考慮して下記の事項について検討し，適切なものを選定する．

（ⅰ）シングルタイプまたはダブルタイプ

（ⅱ）軟質系（ソリッド）ガスケットまたは発泡系（スポンジ）ガスケット

（ⅲ）主成分の種類

（ⅳ）使用温度範囲区分

（ⅴ）形状および寸法

（ⅵ）圧縮率

（ⅶ）メタルカーテンウォールの場合は反発弾性力

（5）目地ガスケットの装着方法

（ⅰ）メタルカーテンウォールの場合は，嵌合方式を標準とする．ただし，アルミニウム鋳物カーテンウォールの場合は接着方式を標準とする．

（ⅱ）プレキャストコンクリートカーテンウォールの場合は，嵌合方式と接着方式のいずれか適切なものを選定する．

（ⅲ）嵌合方式の嵌合溝は，目地ガスケットが外れないような適切な形状および寸法とする．

（ⅳ）接着方式の接着溝は，所定の位置に適切な形状および寸法で設ける．

b．押出成形セメント板外壁

（1）目地ガスケット構法は，1次シールがシーリング材，2次シールがガスケットの，ダブルシールジョイント構法・排水機構ありを標準とする．

（2）1次シールのシーリング材は，「4章　シーリングジョイント構法の設計および施工」により設計する．ガスケットの隙間には，相性の良い材質のシーリング材を選ぶ．

（3）2次シールの目地ガスケットは，押出成形セメント板専用品を使用し，汎用品は使用しない．また，ガスケットの隙間には，相性の良い材質のシーリング材を選ぶ．

（4）2次シールの目地ガスケットの装着方法は接着方式または挿入方式とし，接着溝は必要としない．

c．窯業系サイディング外壁

（1）2階建以上の場合は，壁体を伝って流下する雨水を階ごとに排水処理し，下階へは伝えない雨仕舞とする．

（2）外壁の接合部を目地ガスケットにする場合は，壁体内部に防水層を設けるか，または目地部に2次止水層を設け，目地ガスケットから雨水が構造体に浸入しない壁構造とする．

（3）目地設計は，下記を標準とする．

（ⅰ）目地の形状や納まりは，目地ガスケットが適切に装着でき，所定の水密性能および耐久性グレードを発揮できる仕様とする．

（ⅱ）目地ガスケットは目地の施工精度を確保できる仕様とする．

（ⅲ）窯業系サイディングの小口面は，適切な吸水防止処置を施す仕様とする．

（4）目地ガスケットは，水密性能，耐久性，目地のムーブメント，施工性および経済性などを考慮して種類，形状および寸法など適切なものを選定する．

5.2.3　グレイジングガスケット構法の設計

a．水密接合構法

　グレイジングガスケット構法は，ダブルシールジョイント構法を標準とする．

b．水　密　性　能

　水密性能は，「3.2.1　水密性」に基づいて設定する．

c．排　水　機　構

　グレイジングガスケットを適用するカーテンウォールおよびサッシは，有効に機能する排水機構を備えたものとする．

d．グレイジングガスケットの選定

　（1）グレイジングガスケット構法は，水密性能，耐久性，施工性および経済性などを考慮して適切なガスケットと納まりを検討する．

　（2）グレイジングガスケットは，構法と納まりに適した主成分別の種類，使用温度範囲区分，形状および寸法のものを選定する．

　（3）グレイジングチャンネルを用いて複層ガラスをはめ込む場合は，有効な排水機能を備えた専用のガスケットを選定する．

e．構成部材のガスケット嵌合溝

　ガスケットを装着する構成部材の嵌合溝は，グレイジングガスケットが外れないように，適切な形状および寸法でなければならない．

5.2.4　構造ガスケット構法の設計

a．水　密　性　能

　水密性能は，「3.2.1　水密性」に基づいて設定する．所定の条件で，室内側に漏水を生じない限界の圧力差 Pa で表示し，脈動の中央値を圧力差とし脈動上限圧力を併記する．または，リップシール圧で表示する．

b．耐風圧性能

　耐風圧性能は，建築基準法または荷重指針に基づいて設定する．所定の条件で，ガスケットの変位量が規定値内である限界の正および負圧力で表示する．または，ガラス保持力で表示する．

c．構造ガスケット構法の選定

　構造ガスケット構法は，水密性能，耐風圧性能，耐久性，施工性および経済性などを考慮して，適切な構造ガスケットと納まりを検討する．

　（1）構造ガスケットは，要求性能に適した主成分の種類，使用温度範囲区分，形状および寸法のものを選定する．

　（2）構造ガスケットを用いて複層ガラスを施工する場合は，有効な排水機能を備えた専用のものを選定する．

d．支持部材のガスケット嵌合溝

　ガスケットを装着する支持部材の嵌合溝は，構造ガスケットが外れないように，適切な形状お

よび寸法でなければならない.

5.2.5 性能確認試験

目地ガスケット, グレイジングガスケットおよび構造ガスケットの品質, およびそれらを用いたガスケット構法の性能を試験する場合には, 下記を標準とする.

a. 目地ガスケット, グレイジングガスケットおよび構造ガスケットの品質試験

（1）軟質系, 発泡系, 硬質系とも JIS A 5756：2025（建築用ガスケット）により行う.

（2）構造ガスケットの場合は JIS A 5760：2025（建築用構造ガスケット）および ASTM C542-2017（Standard Specification for Lock-Strip Gaskets）により行う.

b. 外壁としての水密性能試験

外壁としての水密性能試験は, JIS A 1517：2020（建具の水密性試験方法）および JIS A 1414-3：2010（建築用パネルの性能試験方法—第3部：温湿度・水分に対する試験）に規定する水密試験により行う.

5.3 材 料

5.3.1 ガスケットの種類

a. 目地ガスケット, グレイジングガスケットおよび構造ガスケットの材料

目地ガスケットおよびグレイジングガスケットは JIS A 5756：2025（建築用ガスケット）に適合するものを, 使用部位, 部材, 要求性能などに応じて,（1）性状による区分,（2）形態による区分,（3）主成分による区分および（4）使用温度範囲による区分から適切に選択して使用する.

構造ガスケットは JIS A 5760：2025（建築用構造ガスケット）に適合するものを, 使用部位, 形状, 要求性能などに応じて,（4）使用温度範囲による区分から適切に選択して使用する.

b. 押出成形セメント板外壁の目地ガスケットの材料

押出成形セメント板専用ガスケット（ECP専用ガスケット）は, JIS A 5756：2025（建築用ガスケット）に適合するものおよびポリウレタン系（U系）を選択して使用する.

c. 工業化住宅の窯業系サイディングガスケットの材料

目地ガスケットは, JIS A 5756：2025（建築用ガスケット）に適合するものを使用部位, 部材, 要求性能などに応じて,（1）性状による区分,（2）形態による区分,（3）主成分による区分および（4）使用温度範囲による区分から適切に選択して使用する. または, これに準じるものを使用する.

5.3.2 目地ガスケット

a. カーテンウォール

目地ガスケットは, JIS A 5756：2025（建築用ガスケット）に適合するもので, 水密性能および使用温度区分を満足するものを使用する.

ｂ．押出成形セメント板外壁

（１）主成分には SR 系，EPDM 系，U 系を使用する．

（２）形状は，小口部目地（突付目地）用と嵌合部目地（凹凸目地）用があり，目地幅に応じ
た製品を使用する．

（３）ガスケット単体の性能は，JIS A 5756：2025（建築用ガスケット）に準拠することとし，
目地の水密性能は，押出成形セメント板協会（ECP 協会）が定める性能とする．

ｃ．工業化住宅の窯業系サイディング外壁

目地ガスケットは，JIS A 5756：2025（建築用ガスケット）に適合するもの，またはこれに準
じるものを使用する．

5.3.3　グレイジングガスケット

グレイジングガスケットは，JIS A 5756：2025（建築用ガスケット）に適合するもの，またはこ
れに準ずるものを使用する．

5.3.4　構造ガスケット

構造ガスケットは，JIS A 5760：2025（建築用構造ガスケット）に適合するものを使用する．

5.3.5　その他の材料

接着方式に用いる接着剤は，ガスケット製造所の指定するものとし，有効期限を過ぎたものを使
用してはならない．

5.4　施　　工

5.4.1　目地ガスケットの施工

ａ．カーテンウォール

（１）目地ガスケットの構成部材への装着は，工場施工を原則とし，構成部材の製作要領書・
施工要領書における，目地ガスケットの装着に関する記載事項を確認し，それらを遵守し
て取り付ける．

（２）目地ガスケットは，設計仕様どおりの主成分，形状・寸法および装着方法であることを
確認する．

（３）目地ガスケットを装着する構成部材の表面は，水密性能上支障のない状態であることを
確認する．

（４）目地ガスケットの構成部材への装着は，適切なる作業環境のもとで行う．

（５）目地ガスケットを装着した構成部材の運搬，吊り込み，躯体への取付けにあたっては，
ガスケットに損傷を与えたり，所定の位置から外れたりしないように行う．

（６）構成部材を躯体に取り付けた後，所定の目地寸法に納まっていることを確認する．

（７）構成部材の取付け後，目視，指触などにより目地ガスケットの装着状況の確認を行い，

不具合のある場合にはすみやかに修正する.

b．押出成形セメント板外壁

（1）目地ガスケットのECPへの装着は，接着方式と挿入方式があり，現場施工と工場施工の場合がある．ダブルシールジョイント構法の技術資料・施工要領書における目地ガスケットの装着に関する記載事項を確認し，それらを遵守して取り付ける.

（2）目地ガスケットは，ECP専用品であることを確認する.

（3）目地ガスケットの装着は，ECP小口に水分やほこりがないことを確認して行う．雨天や強風時などの場合は，作業を中止する.

（4）ECPの施工は，縦張り工法・横張り工法ともにダブルシールジョイント構法に基づき行い，ガスケットに損傷を与えたり，隙間が発生したりしないように行う.

（5）ECP建込み後，所定の目地寸法に納まっていることを確認するとともに，目地ガスケットの装着状況を目視，指触などにより確認し，不具合がある場合はすみやかに修正する.

（6）足場つなぎ等でガスケットに欠損部が生じた場合は，シーリング材を充填するなどして，止水ラインを連結させる.

c．窯業系サイディング外壁

（1）工業化住宅の目地ガスケットの施工にあたっては，装着作業要領を記載した施工要領書を作成し，それらを遵守して取り付ける.

（2）目地ガスケットが設計仕様どおりの材質，形状，寸法であることを確認する.

（3）窯業系サイディング外壁の小口，目地幅および面外段差等の状態が設計仕様どおりであることを確認する.

（4）目地ガスケットの装着作業は，工場または現場で行い，適切な作業環境を確保する.

（5）目地ガスケットの装着完了後，納まり状況の検査を行い，不具合のある場合には，すみやかに修正する.

5.4.2　グレイジングガスケットの施工

（1）ガラス工事施工要領書に記述されているグレイジングガスケット装着要領を確認し，それを遵守して取り付け，品質を確保する.

（2）グレイジングガスケットが，設計仕様どおりの主成分，形状・寸法および装着方法であることを確認する.

（3）サッシの断面形状，ガラスの種類は，設計で定められたとおりであることを確認する.

（4）ガラス回りの面クリアランスが設計図どおりであることを確認する.

（5）グレイジングガスケットの装着は，適切な作業環境のもとで行う.

（6）施工完了後，目視，指触などにより納まり状況の確認・検査を行い，不具合のある場合には，すみやかに修正する.

5.4.3　構造ガスケットの施工

（1）ガラス工事施工要領書に記述されている構造ガスケット装着要領を確認し，それを遵守して取り付け，品質を確保する．

（2）構造ガスケットは，設計仕様どおりの主成分，形状・寸法および装着方法であることを確認し，必要な工具を準備する．

（3）構造ガスケットが装着される支持部材の断面形状，ガラスの種類が設計どおりであることを確認する．

（4）構造ガスケットの装着は，適切な作業環境のもとで行う．

（5）装着完了後，目視，指触などにより納まり状況の確認および検査を行い，不具合のある場合には，すみやかに修正する．

6章　オープンジョイント構法の設計および施工

6.1　総　　　則

6.1.1　適用範囲

カーテンウォールのオープンジョイント構法の設計および施工に適用する．

6.1.2　用　　　語

本章における用語の定義は，次のように定義する．

（1）等圧空間：レインバリアとウインドバリアに挟まれた圧力制御用の空間であり，外気圧とほぼ等しい圧力空間にすることにより，気流による雨水の移動を抑えている．

（2）外気導入口：等圧区画内の等圧空間に外気を導入するための開口．

（3）スプラッシュバリア：目地内部に浸入する雨水の運動エネルギーを減少させるとともに，外気導入部より等圧空間へ雨水の浸入を防止する機能を持ち，必要により装着される部品．

（4）等圧区画：外気圧と等圧空間内気圧をバランスさせるために区画材で仕切られた等圧空間．

（5）水滴飛散限界圧力差：気流による雨滴の横移動を抑えることができる圧力差．外気圧と等圧空間内圧との差を指す．

（6）隙間面積：等圧区画内のウインドバリアに生ずる隙間の総面積．

（7）隙間比：等圧区画内の外気導入口面積 A_0 とウインドバリアの隙間面積 A_i との比 $K=A_i/A_0$.

6.2　設　　　計

6.2.1　設計の基本事項

オープンジョイント構法の設計は，設計条件の整理・検討，耐久性，等圧設計および施工性につ

いて行う.

6.2.2 水密設計の条件

a. 設計条件

水密性能値と改修の考え方を明らかにして設計を行う.

b. 接合部の設計

接合部は，重力，表面張力，毛細管現象，運動エネルギー，気流および気圧差などによって，室内に雨水が浸入しないで，所要の水密性能を確保できるディテールとする.

6.2.3 等圧設計

a. 等圧設計の原理

圧力差による水の浸入を防ぐために，目地内部の等圧空間の圧力と外気圧を近づけて，有害な圧力差を生じないようにする.

b. 等圧区画の設定

等圧空間は，変動する外気圧とバランスさせて水密性能を確保するために適切に区画する. 外気圧の変動が大きい部位（コーナー部など）は区画を考慮する.

c. 漏気条件，隙間比，外気導入口の設定

設定された水密性能において水滴飛散限界差圧を超えないように，漏気条件，隙間比，外気導入口を設定する.

d. 等圧空間面積の設定

等圧空間の隅々まで瞬時に外気がゆきわたるように，等圧経路の有効断面積を確保する.

6.2.4 性能確認試験

a. 水密性能の確認が必要な場合は，JIS A 1414-3：2010（建築用パネルの性能試験方法—第3部：温湿度・水分に対する試験）に準じて水密試験を行う.

b. 水密試験では，等圧空間部の水の浸入状況の観察，外気圧と等圧空間内気圧との圧力差の測定を行う.

6.3 材　　料
6.3.1 レインバリア

レインバリアは JIS A 5756：2025（建築用ガスケット）に適合するもの，またはこれに準ずる品質のガスケットや金属などとする.

6.3.2 バリア材

シーリング系ウインドバリアとしては，耐久性グレード SA および SB の材料を使用する.

ガスケット系ウインドバリアとレインバリアは，JIS A 5756：2025（建築用ガスケット）に適合

する材料を使用する.

6.3.3　その他の材料

ａ．バリア材用接着剤

高分子系バリア材（レインバリア，スプラッシュバリア，ウインドバリア等）の固定に用いる接着材は，ガスケット製造者の指定するものとし，あらかじめ接着強度が確認されているものを選定する．また，有効期限を過ぎたものを使用してはならない．

ｂ．区　画　材

区画材は，等圧空間を適切に区画できるような形状をしたもので，その品質は，JIS A 5756：2025（建築用ガスケット）に適するものを使用する．

6.4　施　　　工

6.4.1　施 工 計 画

施工に先立って，施工図・施工要領書を作成し，それに基づいてガスケットの施工および構成部材の施工を行う．

6.4.2　バリア材の施工

ａ．新築時の施工

ウインドバリアの施工は，支障なくできて監理者が施工状況を確認できるものとする．

ｂ．改修時の施工

改修時のバリア材の施工は，改修計画に基づいて適切な止水方法にて改修を行う．

6.4.3　運　　　搬

部材の運搬にあたっては，部材各部に損傷を与えないように行う必要があり，必要に応じて保護養生を行い，専用の輸送機材を使用する．

6.4.4　揚重・取付け

部材の揚重・取付けは施工計画書に準じた手順・取付け方法で行い，損傷が生じない方法で行う．

外壁接合部の水密設計および施工に関する技術指針
解　説

外壁接合部の水密設計および施工に
関する技術指針　解説

1章　総　　則

1.1　適用範囲

> 　本指針は，建築物の外壁を構成する部材間の接合部に設けられた目地の水密性を確保する目地防水工事におい
> て，目地に設置される水密接合構法の設計および施工に適用する．対象とする水密接合構法は，フィルドジョイ
> ント構法とオープンジョイント構法とし，新築および改修工事に適用する．

　本指針で規定する目地防水工事とは，外壁を構成する部材（外壁材）間の接合部に適切な目地を
設けて，その目地に水密接合構法を適用して防水性能を付与する工事の総称である．

　水密性は，圧力差，重力，毛細管現象，気流などによって生じる室内側への雨水の浸入を，目地
を含む接合部全体で防止する性能である．水密接合構法は，水密性を確保するための設計が行われ，
接合部内に水密性や気密性を受け持つシール材が適切に設置され，接合部全体で水密性を確保する
構法を指す．この意味から，接合部内への雨水の浸入はあるが，接合部全体で室内側への漏水を防
止するオープンジョイント構法も水密接合構法に位置づけられる．

　雨水の浸入口をシール材で塞いで水密性を確保するフィルドジョイント構法は，外壁材の接合部
や目地の多くに適用される．また，屋外側を開放または半開放とし，等圧原理により水密性と気密
性を確保するオープンジョイント構法は，メタルカーテンウォールやプレキャストコンクリート
カーテンウォールなどの接合部ほか，GRCパネル間目地，ガラス回り目地で適用されている．

　フィルドジョイント構法やオープンジョイント構法に用いるシール材にはシーリング材とガス
ケットがあり，それぞれを用いたフィルドジョイントは，シーリングジョイントとガスケットジョ
イントに分類される．本指針は，新築および改修工事におけるこれらの水密接合構法の設計と施工
に適用する．

　目地は，ムーブメントの大きさにより，ワーキングジョイントとノンワーキングジョイントに大
別される．両者をムーブメント量により厳密に分類することは困難であるが，ワーキングジョイン
トは，カーテンウォールの目地に代表されるムーブメントが比較的大きい目地のことを言い，ノン
ワーキングジョイントはムーブメントが小さいか，または生じない目地のことを言う．

　本指針が対象とする代表的な接合部や目地のワーキングジョイントおよびノンワーキングジョイ
ントの区分，種類および構法を解説表1.1.1に示す．なお，気密を目的とした金属建具内の接合部
は適用外とする．

解説表 1.1.1　対象とする接合部や目地の種類と構法

目地の区分	外壁材の種類	主な接合部・目地の種類	フィルドジョイント構法	オープンジョイント構法
ワーキングジョイント	メタルカーテンウォール	ノックダウン工法の方立・無目ジョイント	○	○
		ユニット工法のパネル間目地	○	○
		異種部材間目地※1	○	△
		ガラス回り目地	○	○
	プレキャストコンクリートカーテンウォール	パネル間目地	○	○
		窓枠回り目地（先付け，後付け）※2	○	—
		異種部材間目地※1	○	△
	外装パネル	金属パネル間目地※3	○	—
		金属断熱サンドイッチパネル間目地※3	○	—
		ALC 厚形パネル間目地	○	—
		ALC 薄形パネル隅部等目地		—
		GRC パネル間目地	○	○
		押出成形セメント板間目地	○	—
		窯業系サイディングパネル間目地	○	—
		異種部材間目地※1	○	△
		窓枠回り目地	○	—
	金属建具	ガラス回り目地	○	○
		ガラス間目地	○	—
		建具用部材間目地※4	○	—
		建具回り目地	○	—
		水切・皿板目地	○	—
	笠木	金属笠木目地	○	—
		石材笠木目地	○	—
		プレキャスト鉄筋コンクリート笠木目地	○	—
	鉄筋コンクリート壁	構造スリット	○	—
ノンワーキングジョイント	鉄筋コンクリート壁※5	プレキャスト鉄筋コンクリート部材間目地	○	—
		ひび割れ誘発目地	○	—
		打継ぎ目地	○	—
		窓枠回り目地	○	—
	外装パネル	ALC 薄形パネル間目地	○	—

［凡例］　○：適用される　　　△：構法によって適用されることもある　　　—：一般的に適用されない

［注］
※1　カーテンウォール部材や外装パネル部材が異なる種類の部材や構造躯体などと取合う接合部や目地.
※2　先付けは金属建具を取付け後にコンクリートを打設する工法で，後付けは金属建具をプレキャストコンクリート部材製作後に取り付ける工法.両工法とも金属建具の熱による変形を考慮する.
※3　一般的な部材の横張りでは縦目地をシールし，横目地をかん合とする.部材の縦張りの場合は横目地をシールする.
※4　連窓形式の方立構法などの接合部や目地.
※5　伸縮調整目地，タイル間目地，石材間目地などは一般に防水性能が要求されない目地であるため，水密接合構法の接合部や目地の種類として扱っていない.

外壁の接合部や目地に関連する次の JASS などがあるので，本指針に記載ない事項については，これらを参照されたい．

- 建築工事標準仕様書・同解説　JASS 8　防水工事
- 建築工事標準仕様書・同解説　JASS 14　カーテンウォール工事
- 建築工事標準仕様書・同解説　JASS 17　ガラス工事
- 建築工事標準仕様書・同解説　JASS 21　ALC パネル工事
- 建築工事標準仕様書・同解説　JASS 27　乾式外壁工事　　　　　など

1.2　用　　語

本指針で使用する用語を次のように定義する．

（1）水密性　　　　　　　　：圧力差，重力，毛細管現象，気流などによって生じる室内側への雨水の浸入を防止する性能．

（2）気密性　　　　　　　　：圧力差によって生じる空気の透過に対して抵抗する性能．

（3）水密接合構法　　　　　：水密性を確保するための設計を行った外壁を構成する部材の接合構法．

（4）フィルドジョイント　　：雨水の浸入口をシーリング材またはガスケットで塞いで水密性と気密性を確保する接合部．フィルドジョイントを用いた水密接合構法をフィルドジョイント構法という．

（5）オープンジョイント　　：屋外側を開放または半開放とし，室内側のウインドバリアに気密性の機能をもたせ，等圧原理により水密性と気密性を確保する接合部．オープンジョイントを用いた水密接合構法をオープンジョイント構法という．

（6）シングルシール　　　　：水密性と気密性を一つのシール材で確保する方法．浸入した雨水を水受けや水抜き孔などにより室内側に達しにくくする排水機構を持つ構法と，排水機構のない構法がある．シングルシールを用いた水密接合構法をシングルシールジョイント構法という．

（7）ダブルシール　　　　　：水密性と気密性を1次シールと2次シールの二つのシール材で確保する方法．浸入した雨水が減圧空間や水位差などにより2次シールまで達しにくくする排水機構を持つ構法と，排水機構のない構法がある．ダブルシールを用いた水密接合構法をダブルシールジョイント構法という．

（8）等圧原理　　　　　　　：目地内部の圧力を屋外側の圧力と差圧が生じないようにすることにより，目地内部への雨水の浸入を軽減する仕組み．

（9）接合部　　　　　　　　：外壁を構成する部材と部材をつなぎ合わせた部分で，部材間の隙間を含む部分．

（10）目　地　　　　　　　　：外壁を構成する部材や接合部に設けた隙間の部分．

（11）シールする　　　　　　：接合部や目地からの水の浸入や空気の通過を防止するために目地にシール材を施すこと．

（12）シール材　　　　　　　：シーリング材やガスケットなどの水密性と気密性を確保する材料の総称．

（13）シーリング材　　　　　：目地に充填し，硬化後部材に接着して水密性と気密性を確保する不定形材料．

（14）ガスケット　　　　　　：目地に装着し，水密性と気密性を確保する定形材料．

（15）シーリングジョイント　：シーリング材を充填することにより水密性と気密性を確保する接合部．シーリングジョイントを用いた水密接合構法をシーリングジョイント構法という．

（16）ガスケットジョイント　：ガスケットを装着することにより水密性と気密性を確保する接合部．ガスケットジョイントを用いた水密接合構法をガスケットジョイント構法という．

（17）1次シール　　　　　　：ダブルシールジョイント構法における接合部の構成要素で，屋外側のシールの総称．

(18) 2次シール	：ダブルシールジョイント構法における接合部の構成要素で，1次シールより室内側のシールの総称.
(19) ウインドバリア	：オープンジョイント構法の，気密性を確保するために室内側に設けるシーリング材やガスケットの気密材の総称.
(20) レインバリア	：オープンジョイント構法において，目地内部への雨水の浸入を防止するために屋外側に設けるガスケットや金属製の雨水浸入阻止部材の総称.
(21) 止水ライン	：構成要素の故障が室内側への漏水につながるシール材の位置のこと.
(22) ムーブメント	：接合部や目地に生じる挙動またはその量.
(23) ワーキングジョイント	：ムーブメントの大きい目地.
(24) ノンワーキングジョイント	：ムーブメントを生じないか，またはムーブメントが非常に小さい目地.
(25) 温度ムーブメント	：目地構成部材の温度変化によって接合部や目地に生じる挙動またはその量.
(26) 層間変位ムーブメント	：地震時における構成部材の層間変位によって接合部や目地に生じる挙動またはその量.
(27) 風によるムーブメント	：風圧を受けた構成部材の面外変形によって接合部や目地に生じる挙動またはその量.
(28) 湿気ムーブメント	：目地構成部材の含水率の変化に起因する伸縮によって接合部や目地に生じる挙動またはその量.
(29) 硬化収縮ムーブメント	：目地構成部材の材料の硬化に伴う収縮によって接合部や目地に生じる挙動またはその量.
(30) 炭酸化収縮ムーブメント	：目地構成部材の材料の炭酸化に伴う収縮によって接合部や目地に生じる挙動またはその量.

　接合部における水密性の確保は，重力，表面張力，毛細管現象のように水の物性に起因する要素と，運動エネルギー，気流，気圧差のように外的要因に起因する要素によって移動する雨水に対して対策を講じることにある．本指針で扱う気密性は，これらの雨水を移動させる要因のうち，水密性を確保するための対策に関わる気密性を対象としている.

（1）構法に関する用語

　水密接合構法は，水密機構の違いによりフィルドジョイント構法とオープンジョイント構法に分類され，フィルドジョイント構法ではシール材の構成数によりさらに分類される.

　フィルドジョイント構法では一つのシール材で構成されるシングルシールと二つのシール材で構成されるダブルシールの方法があり，それぞれシングルシールジョイント構法，ダブルシールジョイント構法に区別した.

　シングルシールジョイント構法は，接合部や目地を一つのシール材で塞ぎ，水密性と気密性の機能を一つのシール材にもたせる構法である．さらに，水受けや水抜き孔などにより室内側に達しにくくする排水機構の有無により区別される.

　ダブルシールジョイント構法は，接合部や目地を二つのシール材で塞ぎ，シール材で水密性と気密性を確保する構法である．さらに，両者の間に水位差や減圧空間などの排水のための有効な機構を持つ構法と持たない構法で区別される.

　オープンジョイント構法は，排水機構だけではなく等圧原理に基づいた機構によって接合部内への雨水の浸入を制御し，水密性を確保する構法である．ダブルシールジョイント構法に比べシール材の機能が明確に分担されていて，屋外側のレインバリアは止水を，室内側のウインドバリアは気密の機能を負担している.

（2）接合部や目地に関する用語

　外壁を構成する部材間の構成部材と部材間の隙間を含む部分を接合部と定義し，接合部や部材内に所定の間隔をあけて設けた隙間の部分を目地と定義する．接合部と目地の模式図を解説図 1.2.1 に示す．接合部には部材と部材が突付けで隙間なく結合する接合部 A と所定の間隔の隙間を有して結合する接合部 B があり，接合部 B の隙間部分（目地 a）を目地と呼ぶ．また，接合部ではなく部材の中に隙間を設置（部材③の目地 b）することもあるが，これも目地と呼ぶ．

　カーテンウォールのパネル間の取付け部は接合部で，この接合部にシール材を設置する隙間を目地とする．鉄筋コンクリート壁の打継ぎ部分やひび割れを誘発するために設置する隙間，タイル間や石材間などの隙間などは目地とする．なお，タイル間や石材間などの仕上材のみに設けられる伸縮調整目地や化粧目地は防水性が要求されない目地であるため，本指針の対象外としている．

　また，接合部の目地に使用するシール材の違いにより，シーリングジョイントとガスケットジョイントに分類する．

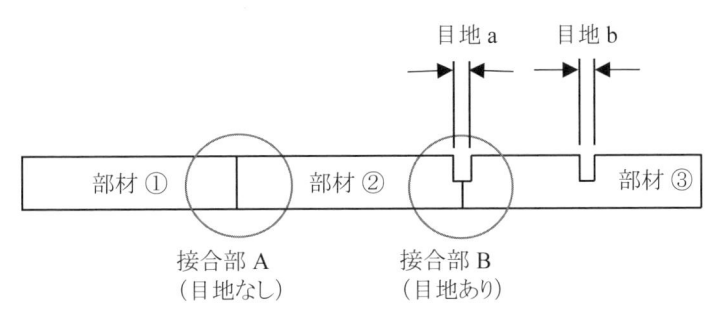

解説図 1.2.1　接合部と目地

（3）ムーブメントに関する用語

　設計で配慮しなければならない接合部や目地の挙動として，温度ムーブメントと層間変位ムーブメントのほか，風圧力によって外壁材が変形することに伴う風によるムーブメント，主にセメント系材料で考慮しなければならない湿気ムーブメント，硬化収縮ムーブメントおよび炭酸化収縮ムーブメントが挙げられる．

2章　水密の原理と水密接合構法

2.1　水密の原理

> 水密設計の基本は，雨水が室内に浸入する条件を排除し，さらに接合部や目地の内部に雨水を浸入させる諸因子に対して対策を講じることにある．

　水密設計の基本は，雨水が室内に浸入する条件を取り除き，さらに接合部や目地に浸入した雨水を移動させる因子に対して対策を講じることにある．これらの対策を設計段階から十分に検討することにより，外壁の接合部や目地の水密が確保できる．

　雨水が建築物の壁面を通り抜けて室内に浸入するには，次の3条件が必要である．

　ⅰ）壁面に水が存在すること（水）

　ⅱ）壁面に水が通り抜ける隙間があること（隙間）

　ⅲ）雨水に移動させる因子が作用すること（移動）

　この3条件が同時に満たされない限り，水は建築物内に浸入することはできない．すなわち，どれか1つの条件を積極的に取り除くようにすれば，雨水の浸入を防止することができる．

　ⅰ）は，雨水が壁に到達しないように，深い庇や軒，水切りなどを設置することで取り除くことができる．ⅱ）は，接合部や目地にシール材を充填することで水の浸入口を塞いでしまうことで取り除くことができる．この対策を講じた水密接合構法を「フィールドジョイント構法」という．ⅲ）は，雨水を移動させる因子をコントロールすることで，取り除くことができる．この対策を講じた水密接合構法を「オープンジョイント構法」という．

　ⅲ）の雨水を移動させる因子には，水の物性に起因する重力，表面張力および毛細管現象と，外的要因に起因する運動エネルギー，気流および圧力差の6つの要素がある．特にオープンジョイント構法においては，これらに適切に対応する必要がある．6つの要素とその対策の概略を解説図2.1.1に示す．

　①重力

　　目地に室内に通じる下方に向かう経路があると，雨水自身の自重で浸入する．室内に向かう経路を上り勾配にすることで防止できる．

　②表面張力

　　表面張力により，雨水が部材の表面を伝わって目地内部に回り込む．接合部の外部側に水切り（溝，板）を付けたり，部材を上り勾配にすることで防止できる．

　③毛細管現象

　　目地の幅が狭いと毛細管現象が起こり，重力に逆らって雨水が内部に浸入し，上方に移動する．目地の幅を広げたり，減圧空間を設けることで防止できる．

④運動エネルギー

　風によって雨滴が横方向に向かう運動エネルギーを持つと，雨滴が目地内部まで浸入する．接合部に，水返しや迷路などのレインバリアを設けることで防止できる．

⑤気流

　目地の隙間が室内側に通じていると，風を伴った降雨時に目地に気流が生じ，ある流速以上の気流では水滴が横飛びして室内に浸入する．接合部の室内側にウインドバリアを設けて気密性を上げ，気流の発生を抑えることで防止できる．また，レインバリアにより雨滴の浸入を阻止する．

⑥圧力差

　目地の隙間が水封されている時に建物の内外に圧力差が生じると，雨水が浸入する．外気を等圧空間内に導入し，等圧空間と外気との間の圧力差を生じさせないことで防止できる．

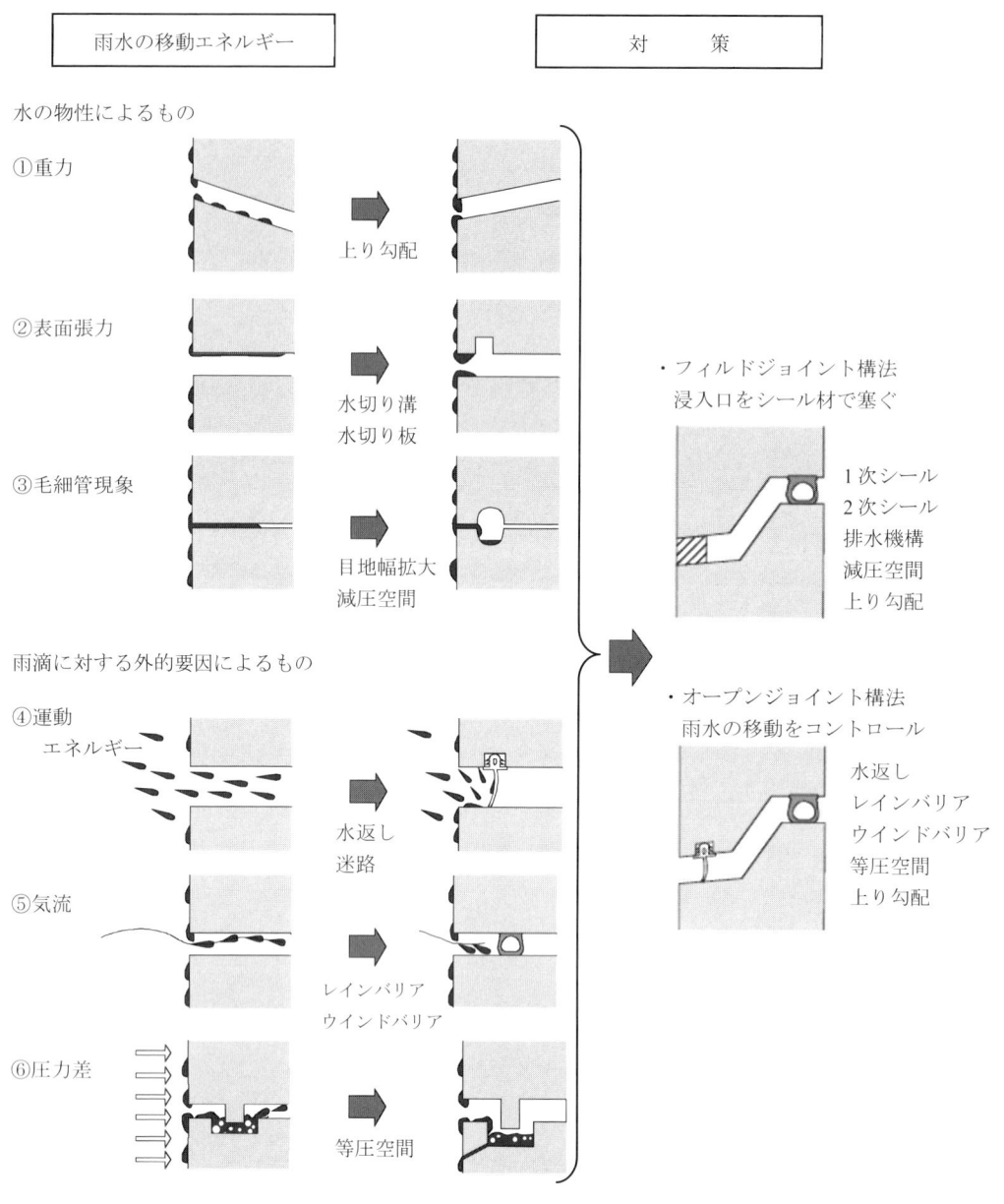

解説図 2.1.1　雨水の移動とその対策

2.2　水密接合構法の種類

---

　a．水密接合構法の分類
　　水密接合構法は，水密の機構や原理の違いによりフィルドジョイント構法とオープンジョイント構法に分類される．
　b．フィルドジョイント構法
　　フィルドジョイント構法は，雨水の浸入口をシール材で塞ぐことにより雨水の浸入を防止する水密接合構法である．シール材の種類によりシーリングジョイント構法とガスケットジョイント構法に分類される．また，シール材の数によりシングルシールジョイント構法とダブルシールジョイント構法に分類し，それぞれに排水機構のある構法とない構法がある．
　c．オープンジョイント構法
　　オープンジョイント構法は，屋外側を開放または半開放とし，室内側を気密処理して，等圧原理により水密性と気密性を確保する水密接合構法である．

---

　a．水密接合構法の分類

　水密接合構法は，水密の原理からフィルドジョイント構法とオープンジョイント構法に分類される．それぞれの構法において，本指針が対象とする代表的な接合部や目地の水密接合構法の区分，および代表的なシール材の組合せを，解説表2.2.1，2.2.2に示す．また，フィルドジョイント構法とオープンジョイント構法の特徴を解説表2.2.3に示す．なお，特徴として比較している項目のうち，長期水密信頼性とムーブメント追従性の詳細は，それぞれ後述の「3.2.2　長期水密信頼性」と「3.2.3　ムーブメント追従性」を参照されたい．

解説表 2.2.1　フィルドジョイント構法における各種接合部・目地の種類とシール材の組合せ

目地の区分	外壁材の種類	主な接合部・目地の種類	シングルシールジョイント構法 シーリング材	シングルシールジョイント構法 ガスケット	ダブルシール 1次シール：シーリング材 / 2次シール：シーリング材	ダブルシール 1次シール：シーリング材 / 2次シール：ガスケット	ダブルシール 1次シール：ガスケット / 2次シール：シーリング材	ダブルシール 1次シール：ガスケット / 2次シール：ガスケット
ワーキングジョイント	メタルカーテンウォール	ノックダウン工法の方立・無目ジョイント	○	—	○	—	—	—
		ユニット工法のパネル間目地	○	—	○	—	—	—
		異種部材間目地※1	○	—	○	○	—	—
		ガラス回り目地	○	—	○	○	—	—
	プレキャストコンクリートカーテンウォール	パネル間目地	—	—	○	○	—	—
		窓枠回り目地（先付け，後付け）※2	○	—	○	○	—	—
		異種部材間目地※1	○	—	○	△	—	—
	外装パネル	金属パネル間目地※3	○	—	—	—	—	—
		金属断熱サンドイッチパネル間目地※3	○	—	—	—	—	—
		ALC 厚形パネル間目地 ALC 薄形パネル隅部等目地	○	—	—	—	—	—
		GRC パネル間目地	○	—	○	—	—	—
		押出成形セメント板間目地	○	—	—	—	—	—
		窯業系サイディングパネル間目地	○	○	—	—	—	○
		異種部材間目地※1	○	—	○	—	—	—
		窓枠回り目地	○	—	○	—	—	—
	金属建具	ガラス回り目地	○	—	○	○	○	○
		ガラス間目地	○	—	—	—	—	—
		建具用部材間目地※4	○	—	○	—	—	—
		建具回り目地	○	—	○	○	—	—
		水切・皿板目地	○	—	—	—	—	—
	笠木	金属笠木目地	○	—	—	—	—	—
		石材笠木目地	○	—	—	—	—	—
		プレキャスト鉄筋コンクリート笠木目地	○	—	○	—	—	—
	鉄筋コンクリート壁	構造スリット	○	—	—	—	—	—
ノンワーキングジョイント	鉄筋コンクリート壁※5	プレキャスト鉄筋コンクリート部材間目地	○	—	—	—	—	—
		ひび割れ誘発目地	○	—	—	—	—	—
		打継ぎ目地	○	—	—	—	—	—
		窓枠回り目地	○	—	—	—	—	—
	外装パネル	ALC 薄形パネル間目地	○	—	—	—	—	—

［凡例］　○：適用される　　△：構法によって適用されることもある　　—：一般的に適用されない

［注］　※1〜※5　解説表 1.1.1 と同じ

解説表 2.2.2　オープンジョイント構法における各種接合部・目地の種類とシール材の組合せ

目地の区分	外壁材の種類	主な接合部・目地の種類	シール材			
			レインバリア：シーリング材		レインバリア：ガスケット	
			ウインドバリア：		ウインドバリア：	
			シーリング材	ガスケット	シーリング材	ガスケット
ワーキングジョイント	メタルカーテンウォール	ノックダウン工法の方立・無目ジョイント	○	○	○	○
		ユニット工法のパネル間目地	○	○	○	○
		異種部材間目地[※1]	○	○	○	○
		ガラス回り目地	○	○	○	○
	プレキャストコンクリートカーテンウォール	パネル間目地	—	—	○	○
		異種部材間目地[※1]	—	—	○	○
	外装パネル	GRC パネル間目地	—	—	—	○
		異種部材間目地[※1]	○	○	—	○
	金属建具	ガラス回り目地	○	○	○	○

［凡例］　○：適用される　　—：一般的に適用されない

［注］　※1　解説表 1.1.1 と同じ

解説表 2.2.3 水密接合構法の特徴

構法 項目	フィルドジョイント構法	オープンジョイント構法
代表的な 構法の略図	屋外　　　　　　　　室内 1次シール──□──　□──2次シール （ダブルシールジョイント構法の例）	屋外　　　　　　　　室内 レインバリア──　　◎──ウインドバリア
水密の原理	・シール材で接合部の目地の隙間を閉塞する.	・接合部の内部を外気圧と等圧にすることにより，圧力差による雨水の浸入を制御する.
種　類	・シングルシールジョイント構法（排水機構の有無），ダブルシールジョイント構法（排水機構の有無）がある. ・シール材にはシーリング材とガスケットが使われる. 2次シールはパネルの交差部などで併用される場合もある.	・レインバリア，等圧空間およびウインドバリアにより構成される. バリア材は，シーリング材とガスケットがある. ウインドバリアのパネルの交差部などで併用される場合もある.
長期水密 信頼性	・シングルシールジョイント構法では，1次シール材の劣化が接合部の水密性の低下につながる. ・ダブルシールジョイント構法は，2次シールの劣化が接合部の水密性の低下につながるが，室内側のために長寿命が期待される.	・ウインドバリアの長期的な信頼性が接合部の寿命となるが，室内側のため，紫外線，熱による劣化は少ない.
ムーブメン ト追従性	・温度差および層間変位により発生するムーブメントを目地で吸収するため，シーリング材の選定，目地幅の設計が重要である.	・ウインドバリアにガスケットを使用した場合は，ムーブメントに対する追従性は極めてよいが，元の位置に必ず戻ることが重要である. また，温度ムーブメントによる目地の拡大時に隙間が生じないように，目地幅，部材長さの検討が重要である.
目地回りの 汚れ	・シーリング材の種類によっては，目地回りを汚すことがある.	・屋外側がガスケットの場合は，汚れの発生は少ない.
施工条件	・屋外部の目地防水工事は，足場，ゴンドラによる外部作業を伴うため，天候の影響を受けやすく，安全性にも十分な配慮が必要である. ・2次シールにシーリング材を用いる場合は，柱，梁の位置により施工できないことがある.	・レインバリアにガスケットを用いる場合は，外部作業がないため，施工効率が良く安全性が高い. ・ウインドバリアにシーリング材を用いる場合は，柱，梁の位置により施工できないことがある.
カーテン ウォール構 法との関連	・ノックダウン工法のカーテンウォールの部材接合部やガラス回り目地に採用されるケースが多い. また，中低層建築物の外装パネル（プレキャストコンクリートカーテンウォールパネル，ALCパネル，GRCパネル，押出成形セメント板など）の接合部に用いられる.	・メタルカーテンウォールのユニット工法や，プレキャストコンクリートカーテンウォールの接合部に採用されるケースが多い. また，ノックダウン工法のカーテンウォールの場合においても，ガラス回り目地に用いられることがある.
コスト	・シール材施工が現場で行われるため足場，ゴンドラなどの仮設が必要となるが製品コストも含めイニシャルコストは一般的に低い. ・定期的な補修が必要であり，ランニングコストが高価となる.	・ガスケットを用いる場合は，レインバリア，ウインドバリアを工場で取り付けるため，製品コストも含め，イニシャルコストは一般的に高くなる. ・メンテナンスフリーを基本とする構法なので，ランニングコストが安価となる.

b．フィルドジョイント構法　filled joint system

フィルドジョイント構法は，雨水の浸入口となる接合部にシール材を充填または装着することで浸入口を塞いで雨水の浸入を防止する水密接合構法である．フィルドジョイントを構成するシール材として，シーリング材，ガスケットおよびその併用があり，シール材の数によりシングルシールジョイント構法とダブルシールジョイント構法に大別される．シングルシールジョイント構法とダブルシールジョイント構法には，それぞれに排水機構のある構法とない構法がある．これらフィルドジョイント構法の特徴を解説表 2.2.4 に示す．

（ⅰ）シングルシールジョイント構法　single sealed joint system

雨水の浸入口となる接合部を一つのシール材で塞ぐ方法である．

排水機構がない場合には，シール材が破損すると容易に漏水につながる．ガラス相互間の接合部，外壁材の接合部間，鉄筋コンクリート壁の目地に設けられるシーリングジョイントなどがこの構法である．一方，排水機構がある場合には，シール材が破損すると接合部内部に雨水が浸入するが，水受けや水抜き孔により排水するため室内への漏水につながりにくい．金属笠木や建具の接合部で使われる．

（ⅱ）ダブルシールジョイント構法　double sealed joint system

屋外側の 1 次シールと室内側の 2 次シールで接合部を塞ぐ方法と，屋外側に 1 次シールと 2 次シールを配置して接合部を塞ぐ方法がある．

前者の場合は，1 次シール側をシーリングジョイントとし，2 次シール側の接合部をシーリングジョイントやガスケットジョイントあるいは併用する場合が多い．ガラス回り目地では，1 次シール側をガスケットジョイントとし，2 次シール側をシーリングジョイトやガスケットジョイントとする場合もある．排水機構がある場合には，1 次シールと 2 次シールとの間に減圧空間や水位差を設けて，1 次シールに欠陥が生じた場合に雨水が 2 次シールに達しないように有効な排水処置が講じられている．外装パネルの接合部などで使う場合は 2 次シールの設計には十分に注意する．

一般的には，浸入した雨水を 2 次シールに至る前で集め，最下階へ導き外部へ排出したり，各階ごとの水抜き孔を通して外部へ排出する方法で対応している．カーテンウォール構法での一般的な水密接合構法である．一方，排水機構がない場合には，浸入した雨水が 2 次シールの隙間や故障個所から室内側に浸入しやすくなる．

後者は，1 次シールと 2 次シールを屋外側から連続して配置することにより，1 次シールに欠陥が生じた場合でも，2 次シールの水密性が期待できるため，ただちに室内への漏水につながりにくい構法である．外装パネルや建具の接合部などで使われることが多い．一般的には排水機構がなく，1 次シールと 2 次シールが連続しているため，損傷許容性があまり期待できず，長期水密信頼性はダブルシールジョイント構法の中でも低く評価される．

なお，一番外側のシール材が化粧を主目的としたシール材や内部のシール材の保護のためのシール材の場合などは，ダブルシールジョイント構法とはみなされない．

c．オープンジョイント構法　open joint system

　オープンジョイント構法は，屋外側を開放または半開放とし，室内側を気密処理して，等圧原理により水密性と気密性を確保する水密接合構法である．

　室内側のウインドバリアには，耐久性に優れるガスケットやシーリング材を使用していることから長期的な水密信頼性が期待でき，設計方法によっては，メンテナンスフリーな外壁を実現できる．このため，高層建築物のカーテンウォール構法で使われることが多い水密接合構法である．このほか，異種部材間目地（カーテンウォール部材や外装パネル部材が異なる種類の部材や構造躯体などと取り合う接合部と目地），GRC パネル間目地，ガラス回り目地などで使われている．

解説表 2.2.4　フィルドジョイント構法の特徴

項目 ＼ 構法	シングルシールジョイント構法《排水機構なし》	シングルシールジョイント構法《排水機構あり》	ダブルシールジョイント構法《排水機構なし》	ダブルシールジョイント構法《排水機構あり》
代表的な目地の略図	屋外　室内　シール	屋外　シール　室内　排水	屋外　室内　1次シール　2次シール	屋外　室内　1次シール　2次シール　排水
適用される目地・接合部	建具回り目地笠木目地外装パネル目地鉄筋コンクリート壁の目地など	笠木目地建具回り目地ガラス回り目地など	外装パネル目地建具回り目地ガラス回り目地など	カーテンウォールの目地GRC パネルの目地など
長期水密信頼性	シール材の故障がすぐ漏水につながる.	シールから漏水した水は水受けや水抜き孔から排水し，すぐに漏水につながらない.	1次シールから漏水した水は2次シールに達しやすいが，2次シールが故障しなければ漏水につながらない. 2次シールの設計には十分注意する.	1次シールから浸入した水は2次シールに達しにくい. 2次シールが故障してもすぐに漏水につながらない.
排水機構	なし	水受けや水抜き孔により排水されるが，重力による排水であり信頼性はやや低い.	水抜き孔が設置されている場合もあるが，排水の信頼性は低い.	減圧空間や水返しのための立上りなど積極的な排水機構がある.
止水ライン	シールの位置	シールの位置	2次シールの位置	2次シールの位置
施工性	現場施工	現場施工	1次シールは現場施工，2次シールがガスケットジョイントの場合は工場施工	1次シールは現場施工，2次シールがガスケットジョイントの場合は工場施工
経済性	イニシャルコストは低い定期的な補修が必要でランニングコストが高い	イニシャルコストはやや高い1次シールの寿命まで放置でき，ランニングコストはやや低い	イニシャルコストはやや高い1次シールの寿命まで放置でき，ランニングコストはやや低い	イニシャルコストは比較的高いランニングコストは低い
保全性	容易	容易	1次シールはメンテナンスが容易，2次シールは困難	1次シールはメンテナンスが容易，2次シールは困難
ジョイントの構成	シーリングジョイントまたはガスケットジョイント	シーリングジョイントまたはガスケットジョイント	シーリングジョイントまたはガスケットジョイント	シーリングジョイントまたはガスケットジョイント

2.3 外壁材の種類と水密接合構法

---

　a．水密接合構法の選定

　　本指針では，外壁を構成する部材である外壁材の種類として，カーテンウォール，外装パネルおよび鉄筋コンクリート壁を対象とする．水密接合構法の選定においては，水密機構や原理，3.2 に示す要求性能および外壁を構成する部材の種類，取付け方法や組立て方を考慮しなければならない．

　b．カーテンウォール

　　本指針は，メタルカーテンウォールとプレキャストコンクリートカーテンウォールを対象とし，それぞれ次の工法に分類する．

　　①メタルカーテンウォール

　　　取付け方法によりユニット工法，スパンドレルユニット工法，ノックダウン工法に分類する．

　　②プレキャストコンクリートカーテンウォール

　　　パネル（層間）工法，スパンドレル（横連窓）工法，柱型（縦連窓）工法，柱型・はり型工法に分類する．

　c．外装パネル

　　本指針は，材質および取付け方法が異なる次の外装パネルを対象とする．

　　①金属パネル

　　②金属断熱サンドイッチパネル

　　③ALC パネル

　　④GRC パネル

　　⑤押出成形セメント板

　　⑥窯業系サイディングパネル

　d．鉄筋コンクリート壁

　　ムーブメントの大きさによって，ワーキングジョイントに分類される構造スリットとノンワーキングジョイントに分類される次の目地を対象とする．

　　①プレキャスト鉄筋コンクリート部材間目地

　　②打継ぎ目地

　　③ひび割れ誘発目地

　　④窓枠回り目地

---

　a．水密接合構法の選定

　水密接合構法の選定にあたっては，前述の水密機構の違いのほか，後述の要求性能および実績などを考慮し，建物の立地条件と設計条件を満足する構法を選定しなければならない．さらには，外壁材の種類，取付け方法や組立て方は多様であるため，外壁材ごとの特徴を十分に考慮して水密接合構法を選定しなければならない．なお，各要求性能については，「3.2　要求性能の設定」を参照されたい．

　本指針では，外壁を構成する部材の種類として，カーテンウォール（メタルカーテンウォールとプレキャストコンクリートカーテンウォール），外装パネル（金属パネル，金属断熱サンドイッチパネル，ALC パネル，GRC パネル，押出成形セメント板，窯業系サイディングパネル）および鉄筋コンクリート壁を対象とする．

　各外壁材の特徴や水密接合構法の留意点などは次のとおりである．

　b．カーテンウォール

　カーテンウォール構法は，主要構成部材の材質によって，メタルカーテンウォールとプレキャストコンクリートカーテンウォールに大きく分類され，さらに部材の構成方式により細かく分類されている．また，取付け方法による分類としては，メタルカーテンウォールはユニット工法，スパン

ドレルユニット工法，ノックダウン工法などがあり，プレキャストコンクリートカーテンウォールはパネル（層間）工法，スパンドレル（横連窓）工法，柱型（縦連窓）工法，柱型・はり型工法などがある．水密接合構法の選定にあたっては，これらの特徴を十分に理解しなければならない．

①メタルカーテンウォール

　本指針では，接合部の水密性という観点から，現場における接合部や目地の構成を重点に，メタルカーテンウォールの取付け方法をユニット工法，スパンドレルユニット工法，ノックダウン工法に分類する．現場施工でシールする接合部は動きが大きいことなど，工場施工でシールした接合部よりも水密性の確保により注意が必要となる．ユニット工法は，現場施工のシールが単純で最も少なく，ノックダウン工法は現場施工のシールが最も多い工法である．メタルカーテンウォール構法の特徴を解説表 2.3.1 に示す．

（1）ユニット工法

　ユニット工法は，工場で階高分の枠材と面材を組み立ててパネル状にユニット化し，これを現場で構造躯体にファスナーで取り付ける工法である．現場でのシール材の施工は，パネル回りや窓枠回りが主体となる．

（2）スパンドレルユニット工法

　スパンドレルユニット工法は，階高分の枠材と面材を腰部と開口部に分割し，腰部分はパネル化し，現場で床版と梁などの構造体に取り付ける．これに窓枠などの開口部材を現場で取り付ける工法である．ユニット工法より現場でのシール材施工が多くなる．

（3）ノックダウン工法

　ノックダウン工法は，外壁，窓枠，ガラス，方立，無目などの部材のほとんどを現場で取付ける工法である．したがって，接合部が多く，シール材の施工のほとんどが現場施工となる．

解説表 2.3.1　メタルカーテンウォール構法の特徴

主要構成部材の分類		メタルカーテンウォール		
工法項目		ユニット工法	スパンドレルユニット工法	ノックダウン工法
略　　図				
概　　要		部材，ガラス，耐火材などのカーテンウォール構成材料の大部分を工場で組立てた大型ユニットを現場で取り付ける工法	室内側からの作業が困難な腰部分をパネル化し構造体に取り付け，そのパネルに開口部材を取り付ける工法	工場では組立ては行われず方立，無目，ガラス，シール材などの構成材料のほとんどを現場で取り付ける工法
建物の規模	大	◎	○	△
	中	△	◎	◎
	小	×	△	◎
カーテンウォールの外観	全面	◎	◎	◎
	横連窓	○	◎	◎
	縦連窓	○	△	◎
形状とデザイン	凹凸を付ける	△	△	○
	現場組立部材種類が少ない	◎	○	△
構成部材の仕上げ	素地／表面処理	◎	◎	◎
	塗装	◎	◎	◎
	石材／タイル	△	△	×
要求性能	水密性能	水密性能上重要な現場接合部が少ない	ユニット工法より現場接合部が多い	現場接合部が多い
	層間変位追従性能	スライドおよびロッキング方式	腰部は固定，開口部は，変形・スライド方式	ガラスのスライド方式とロッキング方式
施工条件	作業効率	◎	◎	△（外部作業あり）
	揚重負荷	△（大型・重量化のため検討必要）	○	◎
水密接合構法との関連	フィルドジョイント構法	○	○	◎
	オープンジョイント構法	◎	ガラス間◎ 部材間△	ガラス間◎ 部材間△

［凡例］　◎：最適　　○：適する　　△：適用やや難　　×：適用難

②プレキャストコンクリートカーテンウォール

　本指針では，接合部の水密性という観点から，現場における接合部や目地の構成を重点に，プレキャストコンクリートカーテンウォールは，パネル（層間）工法，スパンドレル（横連窓）工法，柱型（縦連窓）工法，柱型・はり型工法に分類した．現場施工でシールする接合部は動きが大きいことなど，工場施工でシールした接合部より水密性の確保により注意が必要となる．パネル（層間）工法は現場施工のシールが単純で最も少なく，柱型・はり型工法は現場施工のシールが最も多い工法である．プレキャストコンクリートカーテンウォール構法の特徴を解説表 2.3.2 に示す．

（1）パネル（層間）工法

　パネル（層間）工法は，工場で階高分のパネルを製造し，このユニットを現場で構造躯体のファスナーなどに取り付ける工法である．開口部は単窓の窓枠がパネルの中に組み込まれ，ガラスも含め窓枠回りのシール材は，プレキャストコンクリートカーテンウォール工場で施工されることが多い．

（2）スパンドレル（横連窓）工法

　スパンドレル（横連窓）工法は，腰部分のパネルをプレキャストコンクリート化し，各階の梁等の構造躯体へ取り付ける工法である．プレキャストコンクリートカーテンウォール部材の上下の開口部にはプレキャストコンクリートカーテンウォール部材に固定する形で窓枠が後施工され，ほとんどのシール材は現場施工となる．

（3）柱型（縦連窓）工法

　柱型（縦連窓）工法は，階高分の長さとなる柱型部材をプレキャストコンクリート化し，左右の開口部に窓枠を後施工する工法である．ほとんどのシール材は現場施工となる．

（4）柱型・はり型工法

　柱型・はり型工法は，腰部分のパネルと柱型部材との複数の部材で構成する工法である．プレキャストコンクリートカーテンウォール部材間の取合いが多くなり，開口部に施工される窓枠も現場で後施工となるので，現場施工されるシール材は最も複雑となる．

解説表 2.3.2　プレキャストコンクリートカーテンウォール構法の特徴

主要構成部材の分類／工法 項目	プレキャストコンクリートカーテンウォール			
	パネル（層間）工法	スパンドレル（横連窓）工法	柱型（縦連窓）工法	柱型・はり型工法
略　図				
概　要	層間にまたがってパネルを取り付け，上下階の層間変位を直接受ける工法	パネルは躯体の梁に直接固定され，層間変位は開口部分に集中する工法	層間にまたがってパネルを取り付けるが，躯体の柱に取り付けた場合と，梁に取り付けた場合で，層間変位の吸収方法が異なる工法	柱型を通すタイプと，はり型を通すタイプの2通りある工法

建物の規模	大	◎			
	中	◎			
	小	△			

カーテンウォールの外観	全面	◎	○	○	○
	横連窓	△	◎	△	◎
	縦連窓	○	△	◎	◎

形状とデザイン	凹凸を付ける	◎	○	○	◎
	現場組立部材種類が少ない	◎	○	○	△

構成部材の仕上げ	素地／表面処理	△			
	塗装	○			
	石材／タイル	◎			

要求性能	水密性能	層間変位時のムーブメントは，ロッキング方式では縦目地のせん断，スライド方式では横目時のせん断挙動で吸収する	パネルの接合目地は少ない（パネルの縦目地と窓枠取合い部の止水方法に注意が必要である）	パネルの接合目地は少ない（プレキャストコンクリート部材と，縦連窓カーテンウォール部分の排水経路を分けて考える）	パネルの接合目地は多くなり，納まりも複雑になる傾向がある
	層間変位追従性能	ロッキング方式またはスライド方式	固定方式	ロッキング方式	柱型はロッキング方式，はり型は固定方式

施工条件	作業効率	◎	○	○	△
	揚重負荷	△（大型・複雑化のため検討必要）	△（大型・複雑化のため検討必要）	◎	○

水密接合構法との関連	フィルドジョイント構法	◎	◎〜○	◎〜○	△
	オープンジョイント構法	◎	◎〜○	◎〜○	△

［凡例］　◎：最適　　○：適する　　△：適用やや難　　×：適用難

ｃ．外装パネル

外装パネルとしては，種々の材質のものが用いられているが，代表的な部材である金属パネル，金属断熱サンドイッチパネル，ALC パネル，GRC パネル，押出成形セメント板および窯業系サイディングパネルの６つのパネル類を対象とする．これらの外装パネルの現場における接合部や目地の構成および特徴を次に示す．

①金属パネル（曲げ加工パネル）

金属パネルとは，四周を L 型または Z 型に折曲げ加工された板材で構成されたパネルである．素材はアルミニウム合金板，鋼板，ステンレス鋼板などがあり，仕上げは耐食性や意匠性の観点から塗装されることが多い．

本指針では，切板で製作されるようなカットパネルは対象外とし，一般的な曲げ加工パネルについて記述した．

また，これらパネルの裏面には，防露や断熱，吸音，耐火などを目的としたさまざまな材料が吹付けまたは取付けされることがある．金属パネルの製作寸法は，板材を切断加工して製作されるため，板取り可能な寸法に制限される．また，目地幅は防水性能上必要な寸法に加え，曲げ加工限度の制約を受ける．

建物への取付けは，あらかじめ外周部に取り付けられた鋼製下地材と，目地部に設けられたパネル折曲げ部とをねじ留めにより固定することが多い．固定用ねじは，最終的にはシーリング材により隠れることになるため，露出固定と比べ，耐久性や意匠性が向上する．

防水性能は基本的に，四周の目地部をシングルシールジョイント構法にて，シーリング材を充填することにより確保されるが，シーリング材切れの際の排水機構は備えられていない場合が多いため，定期的な点検，メンテナンスが重要となる．代表的な納まりを解説図 2.3.1 に示す．

温度ムーブメントについては，パネル構成部材の線膨張係数とパネルの大きさが影響し，層間変位ムーブメントについては，下地材の構成やパネル取付け方法が影響する．いずれも，ねじ留め部にルーズ孔などをあらかじめ設けることにより吸収できる構造とする場合が多い．

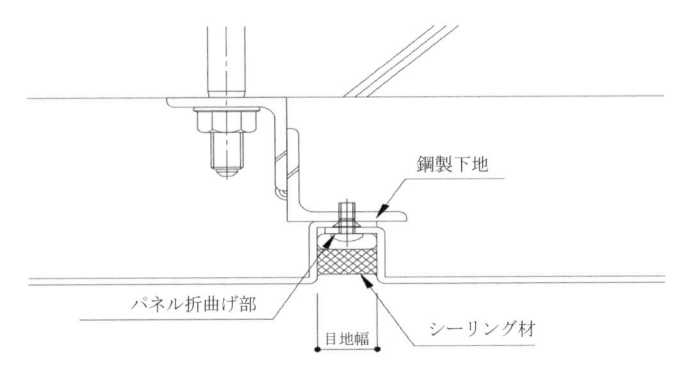

解説図 2.3.1　金属パネルの代表的な取付け方法の例

②金属断熱サンドイッチパネル

　本指針では，2枚の塗装鋼板で芯材となる断熱材を挟み込んで成形された外装パネルを金属断熱サンドイッチパネルと呼ぶこととする．芯材となる断熱材としては，耐火性に優れたロックウールや高い断熱性を有するポリイソシアヌレートフォームなどが多く用いられている．パネルの長辺は，かん合によって凹部と凸部が重なり合う形式となっている．

　金属断熱サンドイッチパネルの寸法については，働き幅（有効幅ともいい，重なる部分を除いた実際に露出している部分の幅）が600～1000 mm程度，厚さが25～90 mm程度であり，要求される断熱性能や耐火性能に応じて適した仕様のものが選定される．長さは，最大9 m程度まで製造可能である．

　物流施設や生産施設などの大型の建築物に用いられる場合，パネルの長辺を水平方向として取り付ける横張り構法が多く用いられている．建物へ横張り構法で取り付ける際，建物外周部に胴縁と呼ばれる鉄骨部材を所定の間隔以内で鉛直方向にあらかじめ取り付けておき，その胴縁にパネルの上端に近い部分を止水ゴム付きのビスを用いて固定する．上部のパネルは下部のパネルにかん合され，下部パネルの留め付け用ビスはかん合内部に隠蔽される．

　金属断熱サンドイッチパネルの水密性を確保する機構として，水平目地については，長辺のかん合内部に定型の防水用パッキンが配置され，上下間のパネルかん合時に鋼板間で圧縮されて防水機能を発揮する．水平目地のかん合端部では，吹き上げられた雨水が端部から室内側に回り込まないよう，端部用の防水パッキンが配置されるとともに，パネル取付けに合わせて先行シーリング材が充填され，水密性が高められる．

　鉛直目地はパネルの短辺により構成されるが，パネル外皮鋼板の端部が室内側に折曲げ加工された鋼板間にシーリング材を2面接着で充填したシーリングジョイント構法とする場合が多い．縦目地の別な構成手法としては，縦目地部にカバープレートを取り付け，パネル表面とカバープレート間でシールする方法もある．

　縦目地に温度ムーブメントが生じた際，シーリングジョイントの場合にはシーリング材に伸縮ムーブメントが作用し，カバープレートを取り付ける場合には，シール材にせん断変形ムーブメントが作用する．特に金属断熱サンドイッチパネルは，長尺であること，内部に断熱材を有すことから熱挙動が速く大きいため，温度ムーブメントに対して十分な注意が必要である．このため，シーリング材のプライマーの選定においては，シーリング材製造所に確認が必要である．

　層間変位ムーブメントが生じた際には，胴縁の変形に従って上下パネルがスライドしてずれるように変形する．この時，縦目地のシーリングジョイントにはそれほど大きなムーブメントは生じない．

　解説図2.3.2に金属断熱サンドイッチパネルの取付け方法（横張り構法）の概念図を示す．縦目地部では，室内側の胴縁との間にフラッシングと呼ばれるめっき鋼板を配置し，パネル間にシール材を配置するなどして室内側への漏水を2次的に防止する措置がなされていることが多い．なお，納まりの詳細は，各製造所の仕様に従う必要がある．

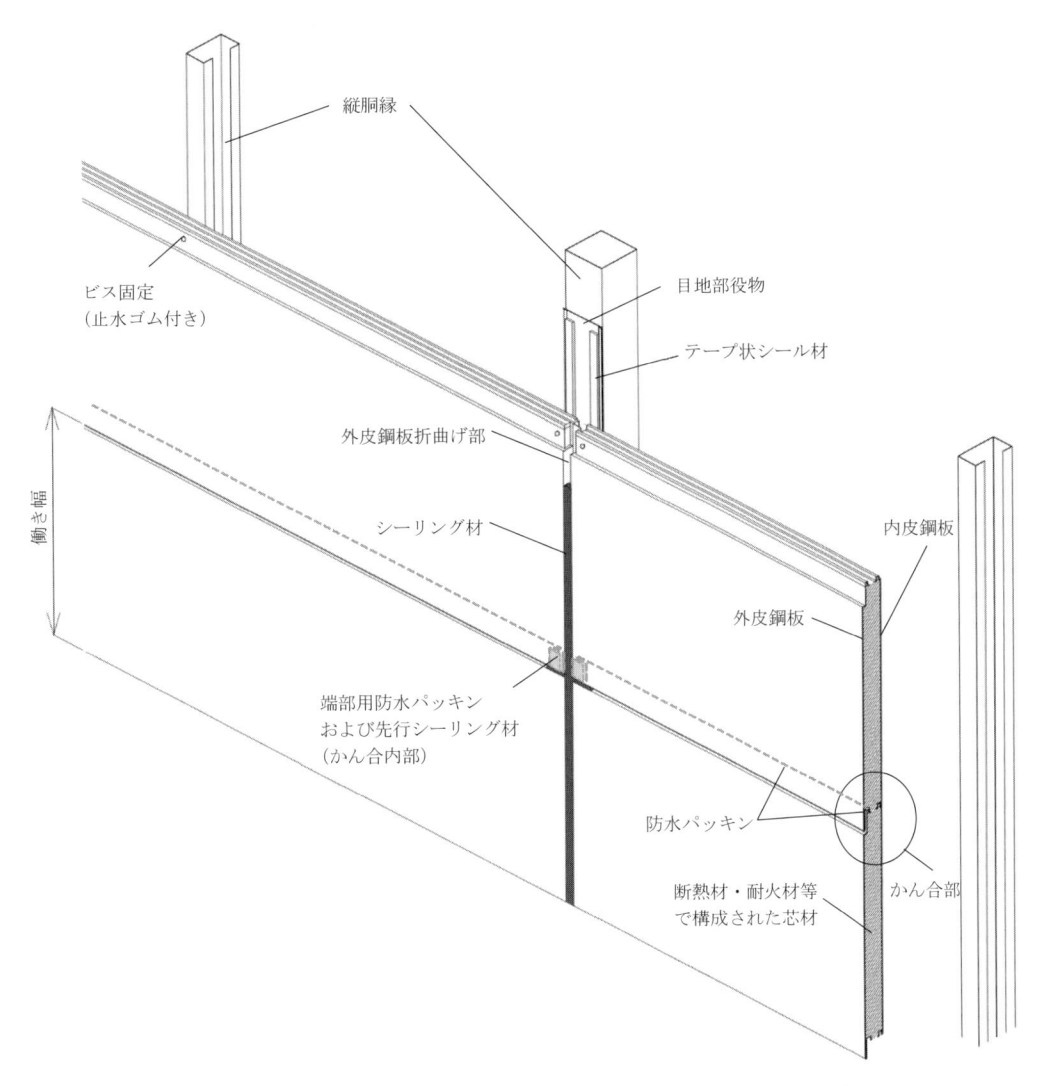

解説図 2.3.2　金属断熱サンドイッチパネルの取付け概念図（横張り構法）

③ALC パネル

ALC パネルは，JIS A 5416：2016（軽量気泡コンクリートパネル（ALC パネル））に適合した製品で，セメント，石灰質原料およびけい酸質原料を主原料とする高温高圧蒸気養生された軽量気泡コンクリートパネルである．圧縮強度は 3.0 N/mm^2 以上，密度は 450 kg/m^3 を超え 550 kg/m^3 未満と規定されている．多孔質材料であり，軽量で断熱性や耐火性能に優れることから，戸建て住宅，集合住宅，商業施設などに広く使用されている．

ALC パネルは，厚さが 75 mm 以上の厚形パネルと厚さが 75 mm 未満の薄形パネルに分類されている．厚形パネルの外壁には，通常は一般パネルで厚さが 100 mm 以上，長さが支点間距離で厚さの 35 倍以下（厚さ 100 mm の場合，長さが支点間距離で 3500 mm 以下），幅 300〜600 mm の大きさのものが多く使われている．薄形パネルの外壁には，通常，一般パネルで厚さが

35 mm，37 mm および 50 mm，長さ 1800〜2000 mm，幅 600 mm または 606 mm の大きさのものが多く使われている．

　厚形パネルは「建築工事標準仕様書・同解説　JASS 21　ALC パネル工事」に，薄形パネルは「同　JASS 27　乾式外壁工事」に該当しているので参考にするとよい．

　外壁としての厚形パネルの取付け構法は，縦壁ロッキング構法または横壁アンカー構法の二つに分類される．それぞれの取付け例と層間変形時の ALC パネルの動きを解説図 2.3.3 および解説図 2.3.4 に示す．両構法ともに，ALC パネル間や他部材（開口部の建具，基礎部やパラペットの鉄筋コンクリートなど）と ALC パネルとの間はワーキングジョイントで，設計上の主に考慮するムーブメントは，層間変位ムーブメントである．これらの接合部の目地には，シーリング材が充填される排水機構がないシングルシールジョイント構法が採用される．シーリング材は ALC パネルが取り付けられたのちに現場施工される．また，過去において，縦壁ではスライド構法や挿入筋構法，横壁ではボルト止め構法やカバープレート構法があったが，「JASS 21　ALC パネル工事」の標準的な取付け構法からは削除されており，補修・改修時においては注意が必要である．なお，横壁アンカー構法は，横壁ボルト止め構法の改良型として名称を変更している．

　薄形パネルの取付け例を解説図 2.3.5 に示す．薄形パネルの取付け構法には，縦張りと横張りがあり，どちらも，ALC パネルは下地材となる胴縁または柱・間柱などに接合材を用いて固定される．薄形パネル間はノンワーキングジョイントであるが，出入隅部の縦目地や他部材（開口部の建具，基礎部やパラペットの鉄筋コンクリートなど）と薄形パネルとの間はワーキングジョイントで，設計上の主に考慮するムーブメントは，層間変位ムーブメントである．

　これらの接合部の目地には，シーリング材が充填される排水機構がないシングルシールジョイント構法が採用される．シーリング材は，ALC パネルが取り付けられた後に現場施工される．

　被着体となる ALC パネルの強度が小さいことから低モジュラス形のシーリング材を選定する．また，シーリング材の表面に仕上塗材が施されることが多いため，仕上塗材との適合性に留意する．

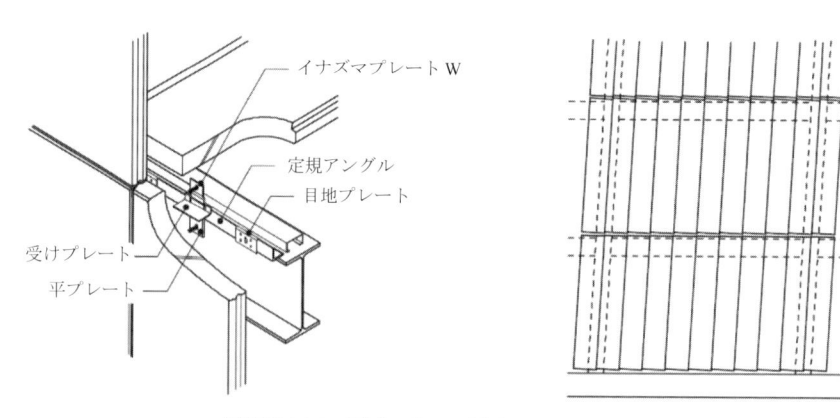

解説図 2.3.3　厚形パネルの縦壁ロッキング構法

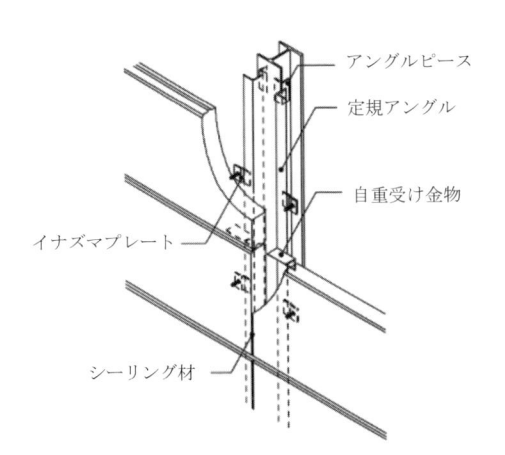
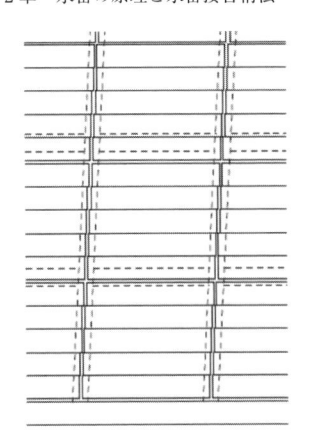

アングルピース

定規アングル

自重受け金物

イナズマプレート

シーリング材

解説図 2.3.4　厚形パネルの横壁アンカー構法

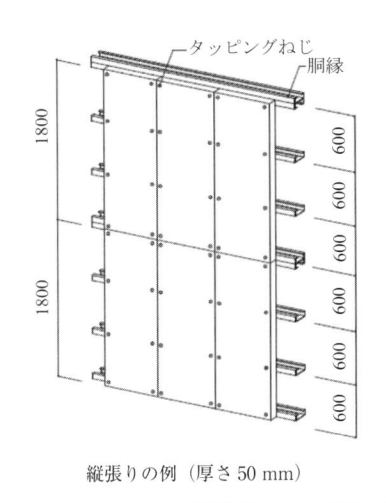
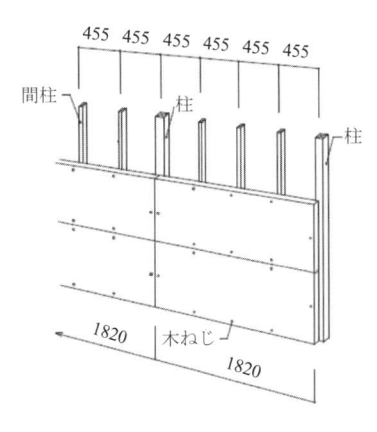

タッピングねじ

胴縁

縦張りの例（厚さ 50 mm）

横張りの例（厚さ 35 mm，37 mm）

解説図 2.3.5　薄形パネルの取付け構法（単位：mm）

④GRC パネル

　GRC は，セメントまたはセメントモルタルを耐アルカリガラス繊維で補強した，ガラス繊維補強セメントの略称で，ダイレクトスプレー（DS）法，あるいはプレミックス（PM）法等の製造方法でパネル化したものが GRC パネルである．製法により GRC パネルの物性は異なり，曲げ破壊強度は DS 法では 20～30 N/mm²，PM 法では 10～18 N/mm² である．気乾密度は両者とも 1.8～2.3 g/cm³ である．軽量で高強度な不燃材料であり，優れた造形性を生かし，外壁や各種内外装部材に使われている．

　製法ごとに定められた曲げ強度の長期許容応力度および短期許容応力度に基づいて，GRC パネルは設計される．パネルの厚さは，DS 法で 15 mm 以上，PM 法で 25 mm 以上である．パネルの面積は，両製造法ともに 10 m² 未満を基本としている．

　外壁としての取付け工法は 3 種類に分けられ，主に縦長パネルで用いられるロッキング方式，主に横長パネルで用いられるスライド方式，スパンドレル部での固定方式がある．ロッキング方式およびスライド方式では GRC パネル間・他部材間ともにワーキングジョイントとなる．スパ

ンドレル部の固定方式では，GRC パネル間はノンワーキングジョイントとなるが，他部材との取合いはワーキングジョイントとなる．

　パネル間目地では，一般的に 1 次シールにシーリング材を，2 次シールにガスケットを使用したダブルシールジョイント構法が採用される．ガスケットはパネル工場にて接着し現場に納入される．シーリング材は，GRC パネルが取り付けられたのちに現場施工される．このようなフィルドジョイント構法が採用されることが多いが，パネルの厚みを利用してオープンジョイント構法とする場合もある．解説図 2.3.6 に GRC パネルの水密接合構法の例を示す．

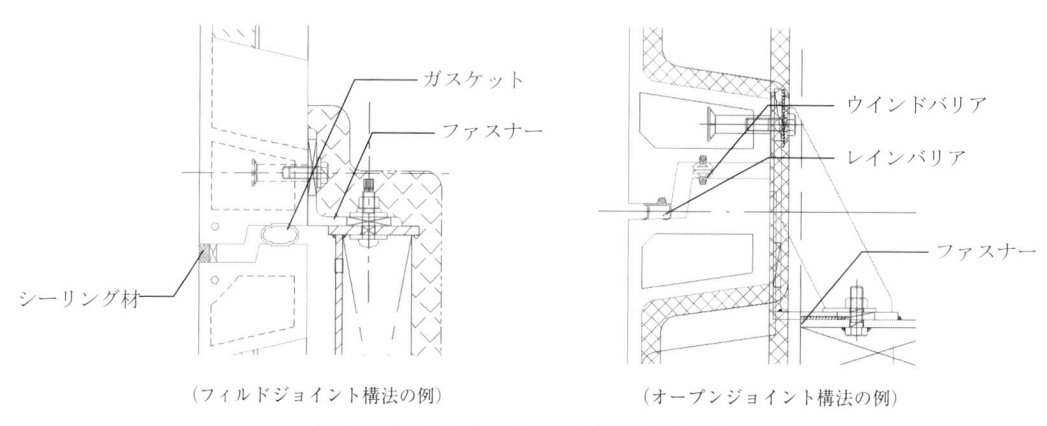

（フィルドジョイント構法の例）　　　　　（オープンジョイント構法の例）

解説図 2.3.6　GRC パネルの水密接合構法の例

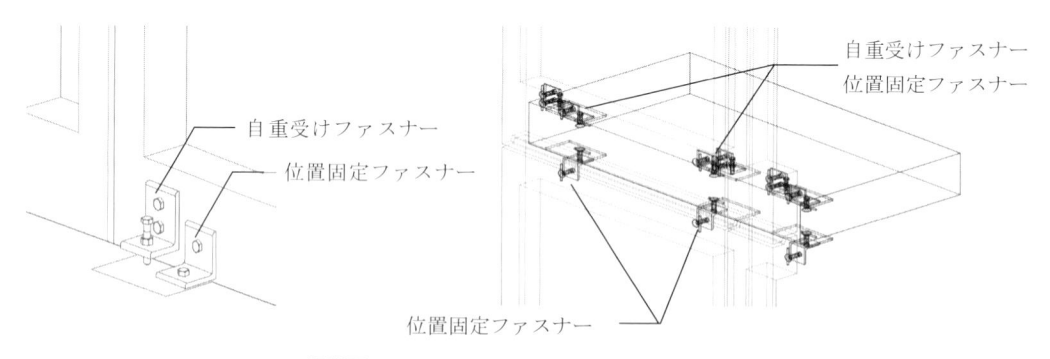

解説図 2.3.7　GRC パネルと躯体との取付けの例

　GRC パネルは重量物となるので，一般的には自重受けファスナーと位置固定（面内および面外留付け）ファスナーで躯体に緊結する．ファスナーの位置・ルーズ長さはロッキングやスライドに支障をきたさないよう適切に設計する．解説図 2.3.7 に GRC パネルと躯体との取付けの例を示す．

　GRC パネルは工場で先行して塗装をすることが多いため，塗料とシーリング材の接着性の確認が必要となる．接着性が確保できない場合は，GRC パネルのシーリング材施工箇所をマスキングして塗装することで対応できる．

　シーリング材は被着面との接着性，耐汚染性，ムーブメントに対する追従性などを考慮して選

定する．設計上の主に考慮するムーブメントは，温度ムーブメント，層間変位ムーブメント，風によるムーブメントおよび湿気ムーブメントである．

　なお，GRC パネルをカーテンウォールとして取り付ける場合は，建築工事標準仕様・同解説は「JASS 14　カーテンウォール工事」の付録「GRC パネル構法の設計・施工上のガイドライン（案）」を参考にするとよい．また，GRC パネルを外壁パネルとして取り付ける工事については「JASS 27　乾式外壁工事」の「5 節　GRC パネル外壁工事」を参照されたい．

⑤押出成形セメント板

　押出成形セメント板は，主に建築物の外壁および間仕切壁に用いられる材料で，セメント，けい酸質原料および繊維質原料を主原料として，中空を有する板状に押出成形し，オートクレーブ（高温高圧）養生したパネルである．

　押出成形セメント板の性能は，JIS A 5441：2023（押出成形セメント板（ECP））に規定されており，主な性能は，曲げ強度 17.6 N/mm^2 以上，素材密度は 1.7 g/cm^3 以上である．比較的高強度で，厚さ 60 mm で非耐力壁耐火 1 時間の認定を取得していることから，中高層の建築物に使用されている．

　押出成形セメント板の寸法は，JIS 規格では厚さ 35 mm 以上〜100 mm 以下，長さ 5000 mm 以下，幅 1185 mm 以下であり，外壁には，厚さ 60 mm，長さ 3500〜4500 mm，幅 590 mm の製品が一般的に多く使用されている．

　押出成形セメント板間や他部材（基礎部やパラペットの鉄筋コンクリートなど）と押出成形セメント板との間はワーキングジョイントであり，設計上の主に考慮するムーブメントは，温度ムーブメントと層間変位ムーブメントである．

　押出成形セメント板に適用できるシーリング材としては，変成シリコーン系，ポリサルファイド系，ポリウレタン系などが挙げられるが，2 成分形変成シリコーン系シーリング材が多く用いられている．

　また，押出成形セメント板は層間変形に対して，縦張り構法はロッキング，横張り構法はスライドして変位に追従する．その際には目地ずれが発生するため，シーリング材の追従性の確認が必要となる．解説図 2.3.8 に押出成形セメント板の取付け構法の例を示す．

　なお，押出成形セメント板については，「建築工事標準仕様書・同解説　JASS 27　乾式外壁工事」も参考にするとよい．

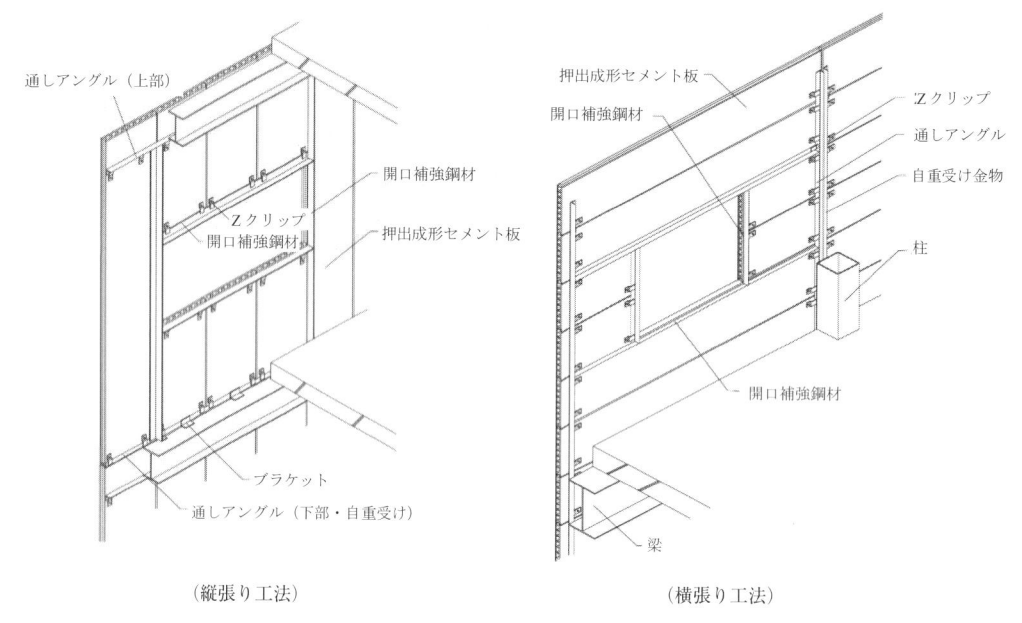

（縦張り工法）　　　　　　　　　　　（横張り工法）

解説図 2.3.8　押出成形セメント板の取付け構法の例

⑥窯業系サイディングパネル

　窯業系サイディングパネルは主原料に，セメント，けい酸質原料，繊維質原料，各種の混和材料を用いて板状に成形し，主として建築物の外壁に用いる材料である．施工性と防耐火性能に優れていることから，戸建て住宅，集合住宅，商業施設などに幅広く使用されている．

　製法は湿式と乾式，抄造と押出しの別にさまざまなものがある．窯業系サイディングパネルはJIS A 5422：2024（窯業系サイディング）に適合した製品で，化粧サイディング（D）と現場塗装用サイディング（S）の2種類がある．

　厚さは14〜34 mm 程度が製品化されている．代表的な製品寸法は，厚さは14 mm，15 mm，16 mm，18 mm，働き幅は455 mm，910 mm，1000 mm，働き長さは1820 mm，3030 mm である．JIS 規格では，曲げ破壊荷重，耐衝撃性，塗膜の密着性，耐寒性，耐凍結融解性，含水率（20％以下），透水性，吸水による反り，難燃性または発熱性が規定されている．かさ比重は，NPO法人住宅外装テクニカルセンターが申請者として取得した外壁の防耐火構造認定により，0.9〜1.3と定められている．

　取付け構法は，2001 年（平成 13 年）から「外壁通気構法」を（一社）日本窯業外装材協会の標準構法とした[1]．「外壁通気構法」は，防水紙と窯業系サイディングの間に通気層を設ける構法で，その通気層の効果により室内側から壁体内に浸入した湿気および屋外側から浸入した雨水をすみやかに外部に排出し乾燥することができる．通気層の厚さは，断熱材，防水紙などの施工精度を考慮して，15 mm 以上としている．窯業系サイディングパネルの留付けは，胴縁や金具を介して柱や間柱に専用のくぎまたはねじで固定する．くぎ留めは厚さ 14 mm に適用され，厚さ 15 mm 以上は金具留めを標準としている．解説図 2.3.9 にくぎ留めおよび金具留め例を示す．

くぎ留めでは，胴縁を介することで通気層を確保し，金具留めでは，胴縁を用いるものと胴縁を使用せずに金具のみで通気層を確保するものがある．

　また，窯業系サイディングパネルの躯体への張り方向は，縦張りと横張りがある．解説図2.3.10に納まり例を示す．

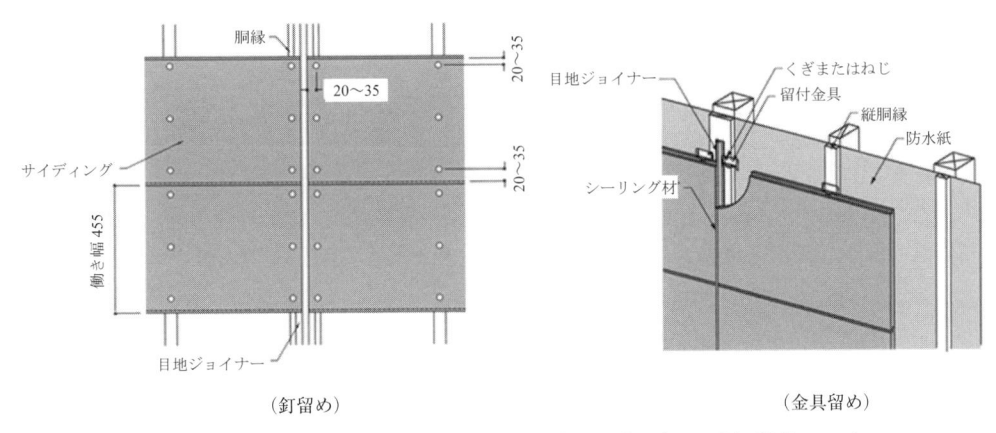

解説図 2.3.9　窯業系サイディングパネルの釘留めと金具留めの例（単位：mm）

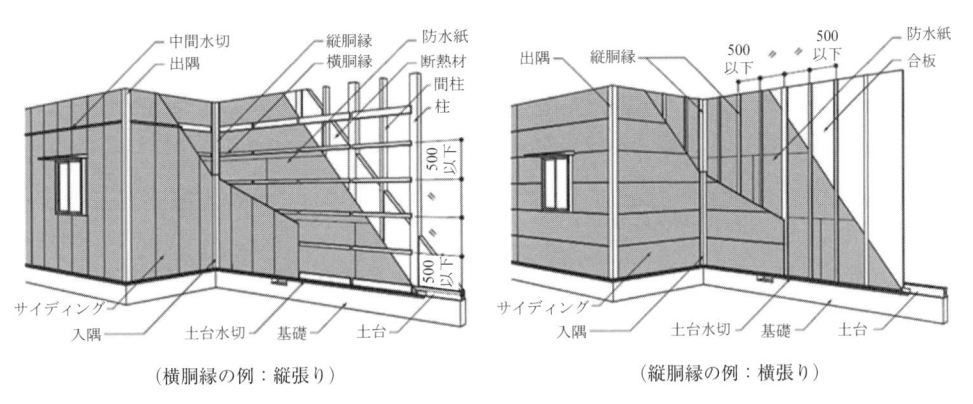

解説図 2.3.10　窯業系サイディングパネルの納まりの例（単位：mm）

　横張りのパネル間縦目地および縦張りのパネル間横目地には，シーリング材を充填した排水機構がないシングルシールジョイント構法が採用され，シーリング材は窯業系サイディングが取り付けられた後に現場施工される．また，横張りの横方向や縦張りの縦方向のかん合は合いじゃくり接合となる．合いじゃくり接合は風雨の状況により雨水が外壁材裏面に浸入するため，通気層および透湿防水シートが2次防水の役割を担う．

　窯業系サイディングパネル間のシーリング材の種類は，窯業系サイディングパネル製造所が指定するものを使用することが重要である．一般的には JIS A 5758：2022（建築用シーリング材）のタイプ F のシーリング材のうち，クラス 20LM またはクラス 12.5E で，耐久性区分 8020 以上の製品が使用されている．なお，NPO 法人住宅外装テクニカルセンター規格（S-0001）も参考となる．窯業系サイディングパネル間や開口部との間はワーキングジョイントで，設計上の主に

考慮するムーブメントは，温度ムーブメント，層間変位ムーブメント（金具留めの場合），湿気ムーブメント，硬化収縮ムーブメントおよび炭酸化収縮ムーブメントである．

　適用されるシーリング材の種類は，変成シリコーン系（1成分形，2成分形），ポリサルファイド系（1成分形），ポリウレタン系（1成分形），シリル化アクリレート系（1成分形）である．シーリング材を選定する際は，これらムーブメント追従性に加え，被着面との接着性，耐汚染性を考慮し，目地へのシーリング材の施工後に塗料・仕上塗材による仕上げが施される場合は，シーリング材と塗料・仕上塗材との適合性に留意する．

　d．鉄筋コンクリート壁

（1）ワーキングジョイント

　①構造スリット

　構造スリットは地震時に大きな層間変形を受け，変形後も水密性と気密性が確保される必要がある．そのため，シーリング材を用いたシングルシールジョイント構法あるいは1次シール，2次シールともにシーリング材を用いたダブルシールジョイント構法が適用される．特に雨掛かりの外壁に設置される構造スリットにおいては，ダブルシールジョイント構法が望ましい．

（2）ノンワーキングジョイント

　①プレキャスト鉄筋コンクリート部材間目地

　プレキャスト鉄筋コンクリート部材の接合部は，通常，接合部の目地に生じる伸縮やずれの挙動またはその量がまったくない，あるいは非常に小さいので，ノンワーキングジョイントとして扱われる．ムーブメントを考慮する必要がないため，通常はシーリング材を用いたシングルシールジョイント構法が適用される．

　②打継ぎ目地　③ひび割れ誘発目地

　シーリング材を用いたシングルシールジョイント構法が適用される．水平打継ぎの近傍やひび割れ誘発目地の目地底に生じたひび割れ部からの水の浸入を防止するため，目地底にシーリング材が接着する3面接着とする．

　④窓枠回り目地

　鉄筋コンクリート壁における窓枠回りの目地はムーブメントが小さいとの判断からノンワーキングジョイントに分類され，シーリング材を用いたシングルシールジョイント構法が適用される．ただし，窓枠の材質，形状や寸法によってはムーブメントの考慮が必要になるため，事前に目地の納まりを検討する．

3章　設計方針と要求性能

3.1　設計手順

水密接合構法の設計手順は次を標準とする.
（1）与条件の整理
（2）要求性能の整理と設定
　　・水密性
　　・長期水密信頼性
　　・ムーブメント追従性
　　・気密性
　　・耐風圧性
　　・汚染防止性
　　・施工性
　　・保全性
　　・環境負荷低減性
（3）水密接合構法の選定
（4）水密接合構法の詳細設計
（5）施工手順とその方法の確認
（6）仕様の決定

外壁の接合部や目地の水密設計の手順は，次を標準とする．この設計手順のフロー図を解説図3.1.1 に示す.

（1）与条件の整理

建物概要，立地条件，設計方針などの与条件を整理する．これを基に水密接合構法を検討し，構法の要求性能の整理・設定を行い，採用する水密接合構法を選定する.

（2）要求性能の整理と設定

接合部や目地に要求される性能として，水密性，長期水密信頼性，ムーブメント追従性，気密性，耐風圧性，汚染防止性，施工性，保全性および環境負荷低減性について整理・検討し，「3.2 要求性能の設定」に従い，その性能値を設定する．これらの要求性能の概要は次のとおりである.

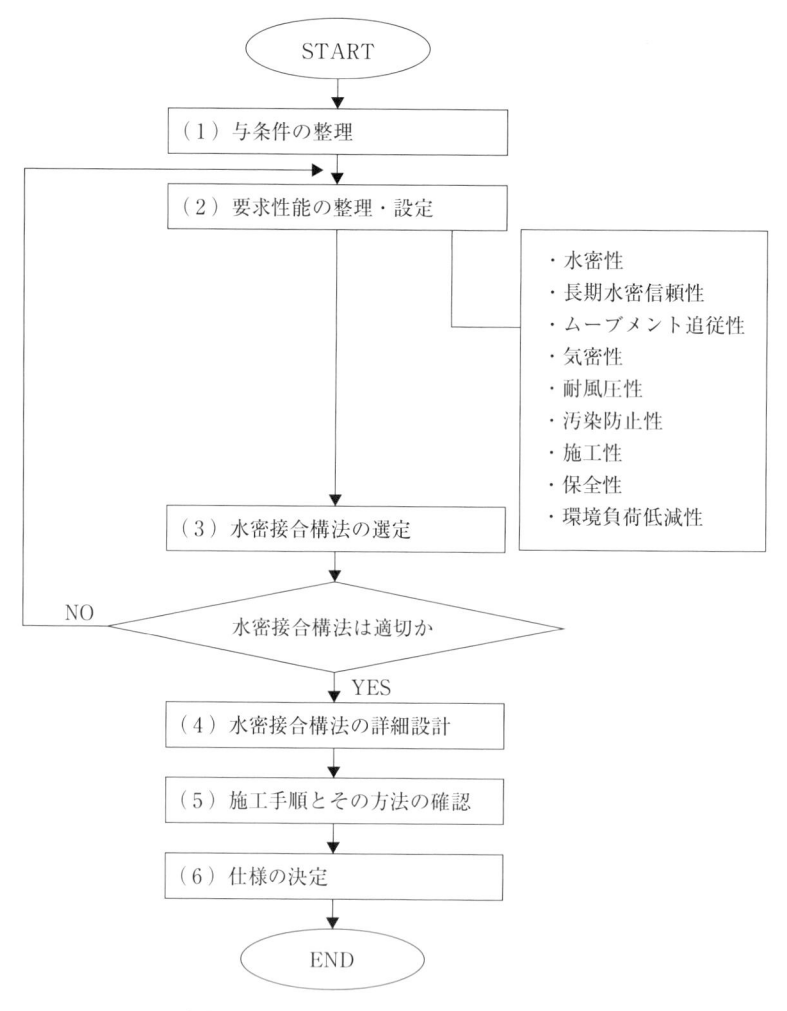

解説図 3.1.1　水密接合構法の設計手順フロー

・水密性

　　室内への雨水の浸入を防止する水密接合構法の基本性能であり，水密性能は「3.2.1　水密性」により，建設地点の気象条件や実績から適切に設定しなければならない．

・長期水密信頼性

　　「3.2.2　長期水密信頼性」により水密接合構法の長期水密信頼性グレードを設定し，長期的な水密信頼性の位置付けを明確にしておく必要がある．

　　この水密接合構法の長期水密信頼性グレードを実現するためには，要求性能を確保できる適切なシール材の選定と目地設計を行い，シール材の耐久性を確保しなければならない．

・ムーブメント追従性

　　ワーキングジョイントに要求される性能で，「3.2.3　ムーブメント追従性」に示す温度ムーブメント，層間変位ムーブメント，風によるムーブメント，湿気ムーブメントといった周期的な挙動に加えて，不可逆的な挙動である硬化収縮ムーブメントや炭酸化収縮ムーブメントに対

する追従性を要求性能として性能値を設定し，これらの性能値を満足する目地寸法を算定する目地設計を行う．

・気密性

　水密接合構法において扱う気密性は，雨水を移動させる要因のうち，水密性を確保するための対策に関わる気密性を対象としており，オープンジョイント構法では必ず考慮しなければならない性能である．「3.2.4　気密性」のほか，「6章　オープンジョイント構法の設計および施工　6.2　設計」により性能値を設定する．

・耐風圧性

　耐風圧性は，水密性を確保するために考慮しなければならない性能である．シーリング材ではガラス回り目地で風圧力が大きいときやガラスの面積が大きい場合に検討する必要がある．ガスケットでは，グレイジングガスケット構法や構造ガスケット構法において風圧力によるガラスの面外変形によってガスケットに作用する外力を負担する場合に検討する必要がある．「3.2.5　耐風圧性」のほか，「4章　シーリングジョイント構法の設計および施工　4.2　設計」や，「5章　ガスケットジョイント構法の設計および施工　5.2.3　グレイジングガスケット構法の設計，5.2.4　構造ガスケット構法の設計」により性能値を設定する．

・汚染防止性

　主にシーリング材に起因する目地や目地周辺の汚染は，外壁の清掃や補修の対象となることが多いため，これらの汚染を防止するために，「3.2.6　汚染防止性」のほか，「4章　シーリングジョイント構法の設計および施工　4.3　材料」に従い，材料の選定などの対策を考慮する．

・施工性

　水密接合構法の長期水密信頼性グレードを実現するためには，水密接合構法の施工上の特徴を踏まえ，設計段階においてシール材の施工や構成部材の取付けが設計どおりに施工できるかを検討しなければならない．「3.2.7　施工性」に従い，外部作業足場の有無，構成部材の揚重方法・取付け方法，施工の難易，工期，作業時の安全性などを検討する．

・保全性

　水密接合構法の竣工後に予想される清掃や補修の必要性とその対応について設計段階から配慮し，水密接合構法の長期水密信頼性を踏まえた保全性を「3.2.8　保全性」により検討する．

・環境負荷低減性

　建築工事における環境配慮は，不可避なものである．外壁水密接合構法の生産，施工，保全，解体において考慮すべき地球環境，地域環境，室内環境および建築工事における作業環境を整理し，関連法規を確認するとともに，環境負荷の低減および施工者の安全性を配慮し，「3.2.9　環境負荷低減性」により検討する．

（3）水密接合構法の選定

　「2.2　水密接合構法の種類」に示す水密接合構法の特徴を考慮して，与条件を満足し，意匠的な要求に対応できる水密接合構法を検討する．雨水の浸入に対する対策をどのように設定すべきかについて，フィルドジョイント構法とオープンジョイント構法の水密機構やシール材の性能を

考慮して選定する．特にカーテンウォール構法を採用する場合には，その方式の違いによる水密性に対する留意点を十分に考慮する．

選定した水密接合構法が，設定した要求性能を満足できるかを判断する．要求性能を満たさない場合は，要求性能の整理と設定を見直す．

（4）水密接合構法の詳細設計

接合部に要求される性能を満足するための水密接合構法の詳細な設計を「4章　シーリングジョイント構法の設計および施工」，「5章　ガスケットジョイント構法の設計および施工」または「6章　オープンジョイント構法の設計および施工」に基づいて実施する．

水密接合構法の水密設計は，このような性能設計を基本としている．

（5）施工手順とその方法の確認

水密接合構法の施工上の特徴を把握して，工場施工と現場施工の区分および施工の手順とその方法を明確にし，性能設計上の性能を実現するための施工手順および方法を確認する．

（6）仕様の決定

施工手順とその方法が確認された水密接合構法において，水密性，長期水密信頼性，ムーブメント追従性，気密性，耐風圧性，汚染防止性，施工性，保全性および環境負荷低減性などの要求性能を満足できる材料の仕様を決定する．

3.2　要求性能の設定

3.2.1　水　密　性

> a．水密性能
> 　試験による水密性能の確認は，JIS A 1414-3：2010（建築用パネルの性能試験方法—第3部：温湿度・水分に対する試験）に定める水密試験方法，または JIS A 1517：2020（建具の水密性試験方法）に準じた試験を行い，水密性能は室内側に漏水を生じない圧力差で表示する．

　a．水密性能

水密性能値は，一般に JIS A 1414-3：2010（建築用パネルの性能試験方法—第3部：温湿度・水分に対する試験）の 5.7）に定める水密性試験または JIS A 1517：2020（建具の水密性試験方法）に定める試験に準じて，所定の散水量の下で室内側に漏水を生じない限界の圧力差をもって表現し，単位は Pa で表示される．脈動圧で試験をすることが多い国内では，脈動圧の平均値（中央値とも表現される）を圧力差とし，脈動上限値を併記する．JIS A 1414-3：2010（建築用パネルの性能試験方法—第3部：温湿度・水分に対する試験）の「5.7　水密性試験」と JIS A 1517：2020（建具の水密性試験方法）の概要をそれぞれ解説図 3.2.1，3.2.2 に示す．

水密性能グレードの設定は，「建築工事標準仕様書・同解説　JASS 14　カーテンウォール工事」や（一社）カーテンウォール・防火開口部協会（現（一社）建築開口部協会）「カーテンウォール性能基準　2013」と JIS A 4706：2021（サッシ）や JIS A 4702：2021（ドアセット）などにあり，前者はカーテンウォールの水密性能設定の参考となり，後者はサッシやスイングドアとスライディングドアに対する水密性能設定の参考になる．

　「JASS 14　カーテンウォール工事」では，水密性能グレードの設定については規定していないが，性能値は特記により可動サッシ部とその他の一般的な部分に分けて特記することとしている．

　「カーテンウォール性能基準　2013」では，可動部とはめ殺し部に対して上限圧力差による5段階の水密性能グレードが設定されているが，JIS A 4706：2021（サッシ）では可動部とはめ殺し部の区分はなく，5段階の水密等級が設定されている．JIS A 4702：2021（ドアセット）もJIS A 4706：2021（サッシ）と同じ5段階の水密等級が設定されている．

　解説表3.2.1に「JASS 14　カーテンウォール工事」，「カーテンウォール性能基準2013」，JIS A 4706：2021（サッシ）における水密性能グレードの設定に関連する内容を示す．

　また，解説表3.2.2にJIS A 1517：2020（建具の水密性試験方法）の解説に記載されている試験時における漏水現象の程度を示す．

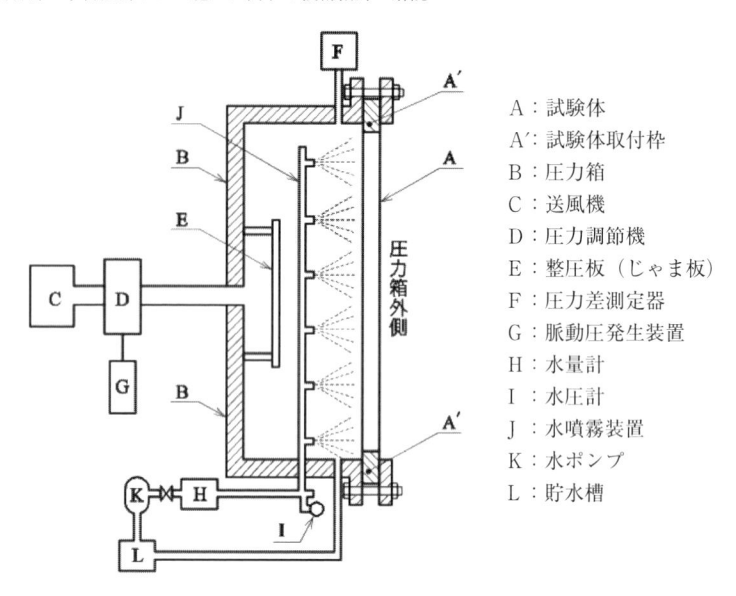

A：試験体	
A´：試験体取付枠	
B：圧力箱	
C：送風機	
D：圧力調節機	
E：整圧板（じゃま板）	
F：圧力差測定器	
G：脈動圧発生装置	
H：水量計	
I：水圧計	
J：水噴霧装置	
K：水ポンプ	
L：貯水槽	

図 A　水密性試験装置（例）

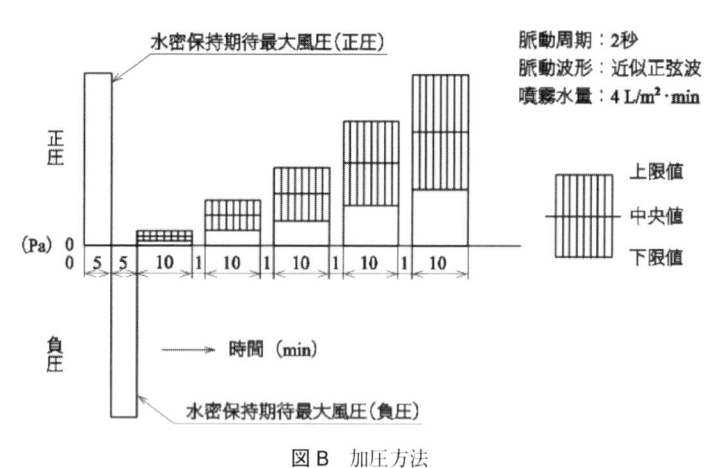

脈動周期：2秒
脈動波形：近似正弦波
噴霧水量：4 L/m²·min

図 B　加圧方法

表 A　脈動圧　　　　　　　　　　　　　　　　　　　　単位：Pa

中央値	50	150	250	400	550	750	1000	1250	1600
上限値	75	225	375	600	825	1125	1500	1875	2350
下限値	25	75	125	200	275	375	500	625	850

　試験は，図 A の圧力箱内に試験体を取付け，試験体全体に 1 m² あたり毎分 4 l の水を噴霧しながら，表 A に示す中央値を中心とした周期2秒の近似正弦波の脈動圧力を図Bに示すように10分間加圧，1分間除圧しながら順次加え，試験体の室内側への漏水位置とその程度を観察する方法である．このときの脈動圧の最大は上限値が試験体の水密性が期待される最大風圧に相当する値とする．

解説図 3.2.1　JIS A 1414-3：2010　試験方法の概要

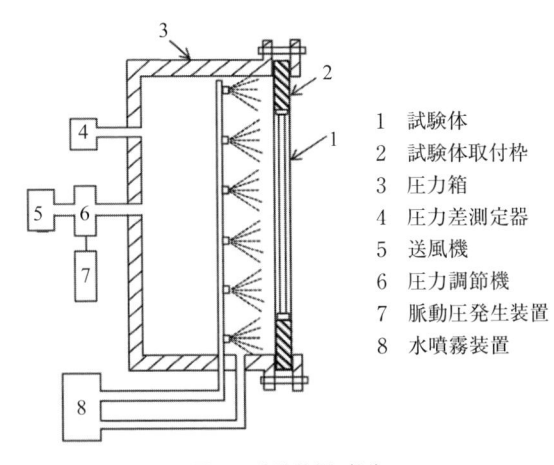

図A 試験装置（例）

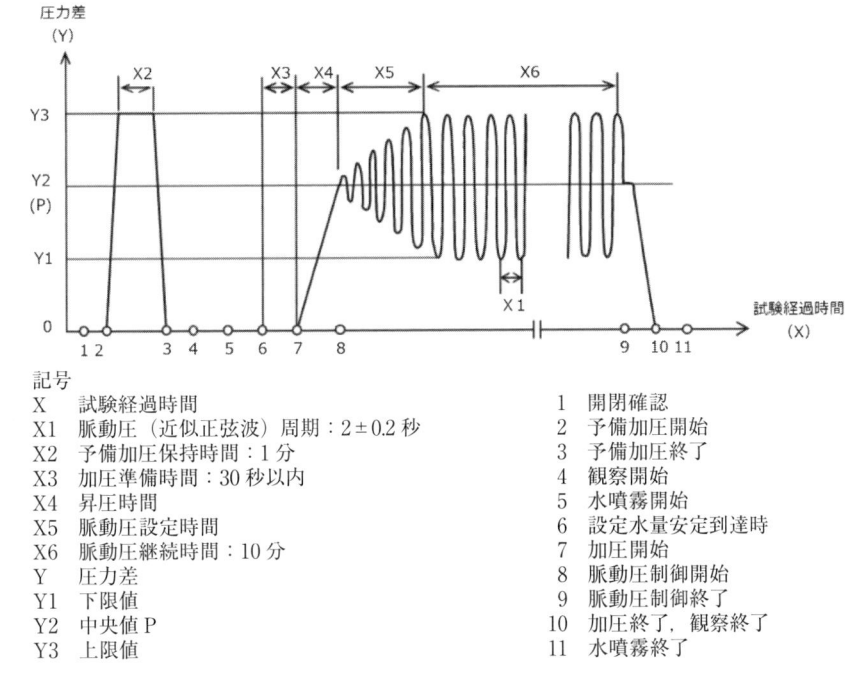

記号

X	試験経過時間	1	開閉確認
X1	脈動圧（近似正弦波）周期：2±0.2秒	2	予備加圧開始
X2	予備加圧保持時間：1分	3	予備加圧終了
X3	加圧準備時間：30秒以内	4	観察開始
X4	昇圧時間	5	水噴霧開始
X5	脈動圧設定時間	6	設定水量安定到達時
X6	脈動圧継続時間：10分	7	加圧開始
Y	圧力差	8	脈動圧制御開始
Y1	下限値	9	脈動圧制御終了
Y2	中央値P	10	加圧終了，観察終了
Y3	上限値	11	水噴霧終了

図B 試験手順

表A 試験に用いる圧力差　　　　　　　　　　　　単位：Pa

脈動圧	区　　分	
	中央値が1500Pa以下の場合	中央値が1500Paを超える場合
中央値	P	P
上限値	$P \times 1.5$	$P + 750$
下限値	$P \times 0.5$	$P - 750$

　試験は，図Aのように圧力箱に建具を取り付け，試験体全体に $4\,l/m^2$ の水量を均一に噴霧する．図Bのように水噴霧が必要量に達してから加圧準備時間内に加圧を開始し，中央値Pまで昇圧速度1秒あたり20Pa程度で加圧する．昇圧した後に脈動を開始し，表Aに規定する脈動圧に達した後，10分間継続する．このときの中央値 P は，製品規格とする．

解説図 3.2.2　JIS A 1517：2020　試験方法の概要

解説表 3.2.1　水密性能グレード

規　格	水密性能グレード					
JASS 14　カーテンウォール工事　2012 年版	・性能値は特記により可動サッシ部と FIX 部（固定部）それぞれに対して定める．性能グレードは「カーテンウォール性能基準　2003」を引用している． ・脈動圧の平均値（中央値）および上限値をそれぞれ明記して水密性能を表現し，その単位は Pa とする．					
（一社）カーテンウォール・防火開口部協会*「カーテンウォール性能基準　2013」 ＊：現（一社）建築開口部協会	・FIX 部，可動部別に 5 段階で区分され，FIX 部グレード 4, 5 は耐風圧性能最大正圧値に係数を乗じる． ・漏水を起こさない限界の上限圧力差（上限値（Pa））で表示する．					
	性能グレード	1	2	3	4	5
	FIX 部（圧力差）	975 未満	975	1500	$P \times 0.5$ かつ 最低値 1500	$P \times 0.75$ かつ 最低値 2250
	可動部（圧力差）	525 未満	525	750	1000	1500
	P：耐風圧性能に用いた最大正圧値（Pa）					
JIS A 4706：2021（サッシ） JIS A 4702：2021（ドアセット）	・5 段階の圧力差に対して等級で示され，加圧中に JIS A 1517：2020 に規定する a）枠外への流れ出し，b）枠外へのしぶき，c）枠外への吹き出し，d）枠外へのあふれ出しがないこと． ・圧力差は脈動圧の中央値（Pa）で表現する．					
	等級	W－1	W－2	W－3	W－4	W－5
	圧力差	100	150	250	350	500

解説表 3.2.2　漏水現象の程度（JIS A 1517：2020 より）

漏水現象の程度		現象の詳細
枠内[a]にとどまるもの	にじみ出し	室内側表面が水がにじみ出てくる状態．
	泡立ち	室内側に水が気泡となって出る状態．
	流れ出し	室内側に水が流れ出る状態．
	吹き出し	室内側に水が空気と一緒になって吹き出る状態．
	しぶき	室内側の下枠などにたまった水が空気の漏れと一緒に水滴となって飛散する状態．
枠外[b]に達するもの	枠外への流れ出し	流れ出しが枠外まで及ぶ状態．
	枠外への吹き出し	吹き出しが枠外まで及ぶ状態．
	枠外へのしぶき	しぶきが枠外まで飛散する状態．
	枠外へのあふれ出し	室内側の下枠などにたまった水が枠外へあふれ出る状態．
その他		上記以外の記録すべき事項．

［注］　a）"枠内" とは，基本的に建具の枠の内側を意味し，建具の構造上，水にぬれても問題のない部分．
　　　b）"枠外" とは，基本的に建具の枠より屋内側を意味し，実用上，水でぬれてはならない部分．

> ｂ．水密性能値の設定
> （1）水密性能値を算定する高さ
> 　外壁の接合部における水密設計のために設定する水密性能値は，建物の最高高さで算定する．
> （2）水密性能値の算定方法
> 　水密性能値の算定は，次のいずれかの方法を標準とする．
> 　（ⅰ）外壁の設計風圧力（正圧）の最大値に対して一定の係数を用いる方法
> 　（ⅱ）建設地における過去の気象観測データに基づいた降雨を伴う風速から算定する方法

ｂ．水密性能値の設定

（1）水密性能値を算定する高さ

　一つの外壁面を構成する水密接合構法は，高さ方向で性能や仕様を細かく分けることはほとんどないので，水密性能を算定する高さは，その外壁面において要求性能や外力が最も厳しい建物の最高高さで行うものとした．したがって，（2）（ⅰ）の設計風圧力を基準とする場合，正圧は高さ方向で変化するため，基準となる設計風圧力も建物の最高高さの値を採用する．ただし，水密性能値を設定しなければならない接合部が建物の最高高さより低い場合には，該当する接合部の高さをもって最高高さとして算定してもよい．

　なお，低層部と高層部が連続しない外壁のように，明確に外壁面を区別でき，水密性能を別々に設定できる場合には，それぞれの外壁面における接合部の最高高さで水密性能値を算定するものとする．

（2）水密性能値の算定方法

　外壁の接合部の水密性能値は，壁面に作用する風速によって生じる内外の圧力差や降雨強度を考慮して設定される．

　水密性能値を理論的に設定する方法として，過去の気象観測データから降雨を伴う風速を統計的処理することによって，所定の降雨強度や再現期間に基づいて求めた風速の再現期待値から内外の圧力差を算定することができるが，この方法の採用は専門的な知識と判断が必要とされる．

　このため，従来は，接合部の水密性能値の設定において，降雨を伴う風速値が降雨を伴わない風速値よりも統計的に小さいことを考慮して，簡便的に外壁に作用する（ⅰ）設計風圧力の正圧の最大値に係数を掛けた数値が採用する場合が多く見られた．

　しかし，この方法では水密性能で本来対象とすべき風と雨が同時に発生する事象は考慮されていないため，本指針では気象観測データから極値統計理論による統計的処理によって求めた（ⅱ）降雨を伴う風速の再現期待値から基本風速 U_0 を求める方法[2]〜[4]から水密性能値を算定する方法も採り入れている．

　なお，風と雨の同時性を考慮する手法として，降雨時の風速の超過頻度と漏水危険率から降雨を伴う基本風速を求める方法[5]も使われていたが，解析に使用した気象観測データが 1953〜1962 年の 10 年間とかなり古い記録であることから，最近の気象観測データと傾向が異なることが予想されるため，本指針の適用方法から除外した．

　（ⅰ）の外壁の設計風圧力（正圧）の最大値に係数を乗じる算定方法は，その地域での参考に

なる過去の事例があり，漏水に対する信頼性が確認できる場合に採用する．参考にできる事例が少ない場合には，（ⅱ）の建設地における過去の気象観測データに基づいた降雨を伴う基本風速の再現期待値から算定する方法が望ましい．

　外壁材の風圧力を算定する際の再現期間の目安として，2015 年版の「建築物荷重指針・同解説」では，解説表 3.2.3 が示されている．外壁材の耐風圧設計用の風速と接合部の水密設計用の風速を同じレベルで扱うことが適切かという問題があるが，後述する設計風圧力（正圧）と水密設計用の圧力差の関係から，接合部の水密設計用に設定する降雨を伴う風速から算定した風圧力を適用する場合の再現期間としては，一般の建築物で 100 年以上，戸建住宅で 50 年以上，メンテナンスフリーとした水密接合構法や漏水が重大な問題に結びつく用途の建築物では 200 年以上とする事例もある．

　降雨を伴う風速のほかに，水密性能の設定に適用できる物性値として壁面が受ける雨量についても研究[6]～[15]が行われている．壁面雨量の研究結果の一例を解説表 3.2.4 に示す．

　文献 11），12）のように，壁面が受ける降雨量を実測し，この結果から壁面雨量 R_w を水平面雨量 R_h と壁面に垂直な風速成分 U_V との関係から $R_\mathrm{w}=0.06 \cdot U_\mathrm{V} \cdot R_\mathrm{h}$ と仮定し，毎時の風速と水平面雨量から 1 時間の壁面雨量の極値と風向別年間壁面雨量を算出した例もある．これらの結果では，測定高さ，方向，建物形状によって係数がかなり偏る傾向が見られることから，水密接合構法における水密設計用の外力としては扱わないこととした．しかし，今後この分野の研究が進み，水密接合構法における水密性を設定する物性値として壁面雨量が利用できることに期待したい．

解説表 3.2.3　設計用再現期間の目安　（2015 年版「建築物荷重指針・同解説」より）

建築物等の用途	設計用再現期間
（1）きわめて重要な建築物またはその部分	300 年以上
（2）一般の建築物（高層建築物を含む）またはその部分	100 年以上
（3）小規模で軽微な住宅，店舗等	50 年以上
（4）仮設建築物	10 年以上

解説表 3.2.4　壁面雨量の研究成果の例

測定者	観測場所	観測期間	実験式
石崎ら[6]	潮岬	12 か月	$R_\mathrm{w}=0.136 \cdot U_\mathrm{v} \cdot R_\mathrm{h}$
Lacy[7]	グラスゴー（英国）	4 か月	$R_\mathrm{w}=0.024 \cdot U_\mathrm{v} \cdot R_\mathrm{h}-0.109$
石川[8]	シェフィールド（英国）	12 か月	$R_\mathrm{w}=(0.039～0.070) \cdot U_\mathrm{v} \cdot R_\mathrm{h}$
鈴木ら[10]	八王子	7 か月	$R_\mathrm{w}=(0.0499～0.0554) \cdot U_\mathrm{v} \cdot R_\mathrm{h}$
伊藤ら[11]	つくば	9 か月	$R_\mathrm{w}=(0.0518～0.0603) \cdot U_\mathrm{v} \cdot R_\mathrm{h}$
伊藤ら[12]	つくば	20 か月	$R_\mathrm{w}=(0.0515～0.0609) \cdot U_\mathrm{v} \cdot R_\mathrm{h}$
伊藤ら[13]	つくば	8 年 8 か月	$R_\mathrm{w}=0.0254～0.0977) \cdot U_\mathrm{v} \cdot R_\mathrm{h}$

（ⅰ）外壁の設計風圧力（正圧）の最大値に対して一定の係数を用いる方法

　外壁の設計風圧力を算定する方法として，現在では，次の2つがある．

　①建築基準法　平成12年建設省告示第1458号

　　（速度圧算定の基準となる基準風速・地表面粗度区分は告示第1454号で規定）

　②建築物荷重指針・同解説（2015年，日本建築学会）

　いずれの設計風圧力も，全国の気象官署によって観測されたデータに基づいて地表面粗度区分Ⅱ，高さ10mに換算した各地の基準風速に，建設地の地表面粗度区分，建物の規模，風速の再現期間（建築物荷重指針のみ）などのパラメータから設計用速度圧を求め，風力（風圧）係数を掛けて算定される．なお，風力（風圧）係数は，風洞実験や数値流体計算等によって求めるが，実験や計算等を行わない場合には，建物の形状や部位によって簡便な値を設定している．

　水密性能値は，これらにより算定された外壁材用の設計用風圧力の最大正圧値に対して，建物条件（規模・用途），立地条件，接合構法の種類などを考慮して一定の係数をかけて設定する．

　　水密性能値（上限値）＝外壁の設計風圧力の最大正圧値×α　　　　　　　　　　(3.2.1)

　　　　ここに，α：実績等による係数

（一社）カーテンウォール・防火開口部協会（現（一社）建築開口部協会）が調査した水密設計用風圧力の実施例を解説図3.2.3 a，b に示す．この調査の対象は，1990年から2002年に工事が完了した757棟の結果で，建築基準法の改正前の建築物である．全国の調査結果を見ると，FIX部の水密性能値の設定は，31m以下では解説表3.2.1に示す水密性能のJIS A 4706：2021（サッシ）の等級 W−5 および（一社）カーテンウォール・防火開口部協会の性能グレード3に相当する当時の性能値で設定されたものも多い．31m超60m以下では性能グレード3を超える高い性能値で設定されようになり，60m超では多くが最大正圧値の0.5〜1.0で2000 Paを超える高い性能値に設定されている．東京や大阪の集計結果でも同じような傾向が見られる．

　一方，可動部の水密性能の設定の多くは，JIS A 4706：2021（サッシ）の等級 W−5 および（一社）カーテンウォール・防火開口部協会の性能グレード4，5で設定されているが，60m超ではわずかであるが最大正圧値と関連した高い性能値の設定も見られる．

　また，（一社）プレコンシステム協会が調査した水密設計用風圧力の実施例を解説図3.2.3cに示す．この調査の対象は2000年から2021年に施工された建物122件であり，このうち全体の約4割を占める建設地が東京と大阪の結果をまとめたものである．プレキャストコンクリートカーテンウォールに対して水密上限値をもって表現される性能値が設定されるのは，水密接合構法にオープンジョイント構法が採用される場合に限られるため，建物高さが31m以下では極端に件数は少なく，高さが高くなるにつれて件数も増え，建物高さが高くなると水密性能値も高くなる．この傾向はメタルカーテンウォールと同様であり，全国的に見ても同じような傾向となっている．

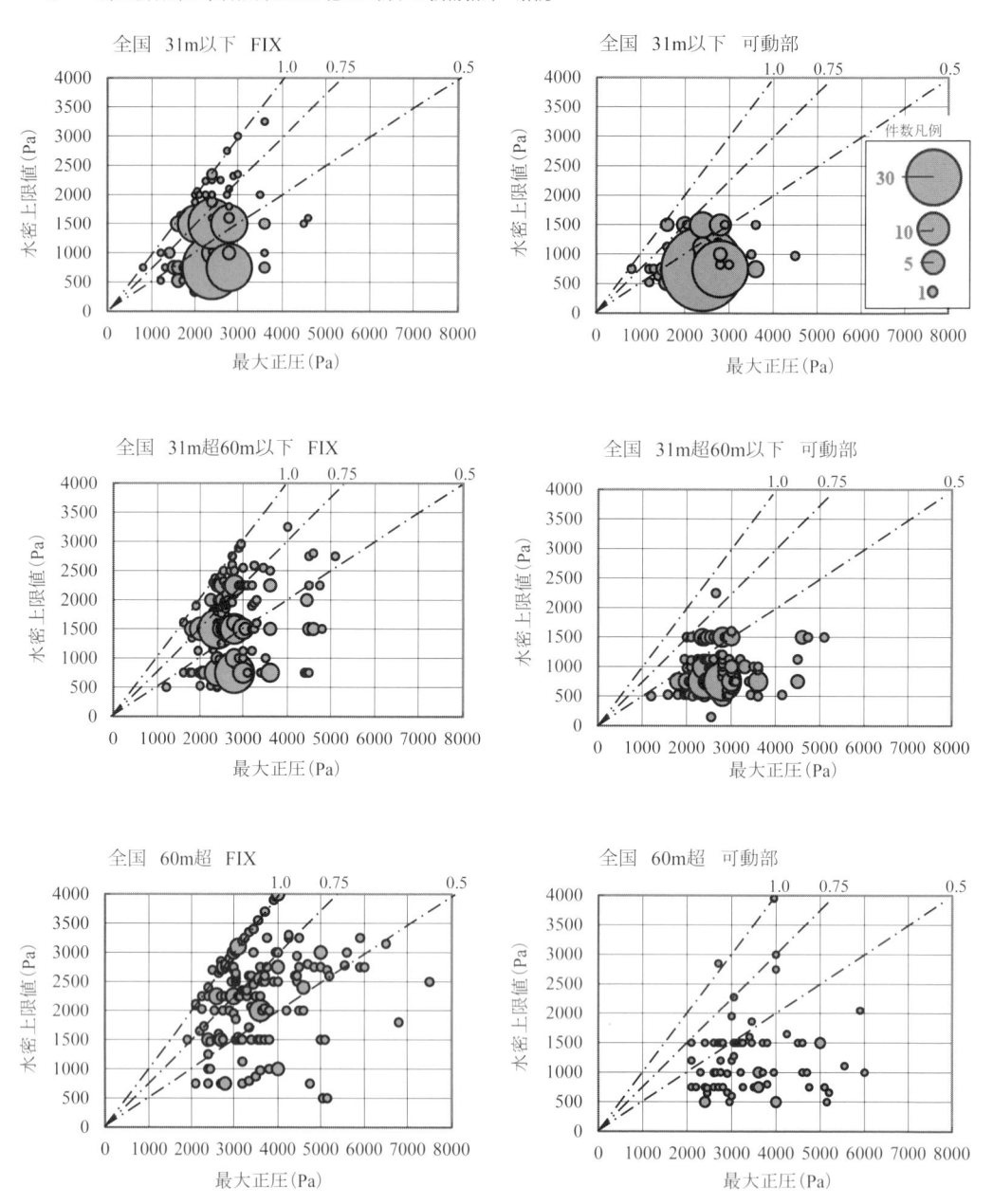

解説図 3.2.3a　メタルカーテンウォールの水密性能の事例
（カーテンウォール性能基準 2013 を基に作図）

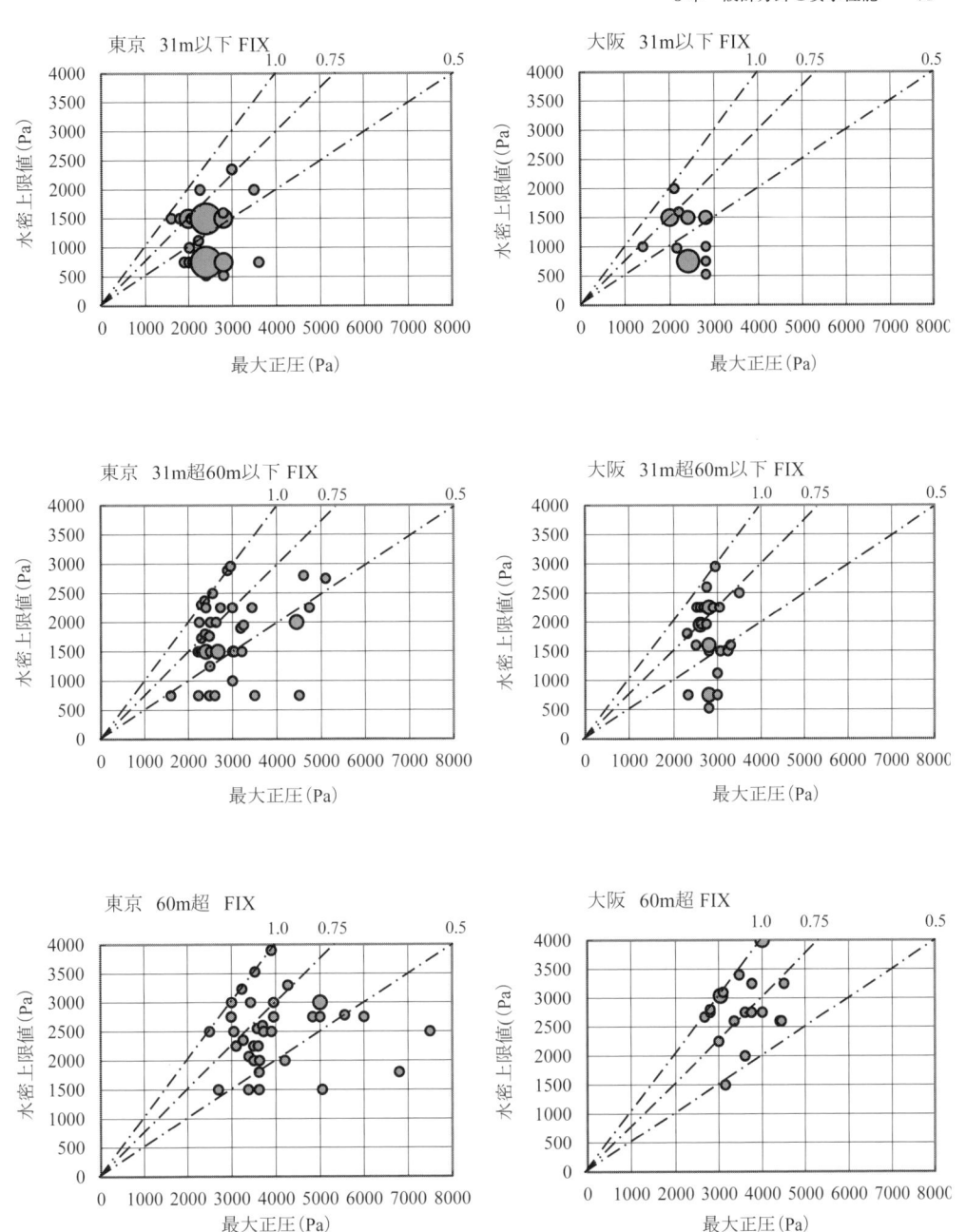

解説図 3.2.3b　メタルカーテンウォールの水密性能の事例
（カーテンウォール性能基準 2013 を基に作図）

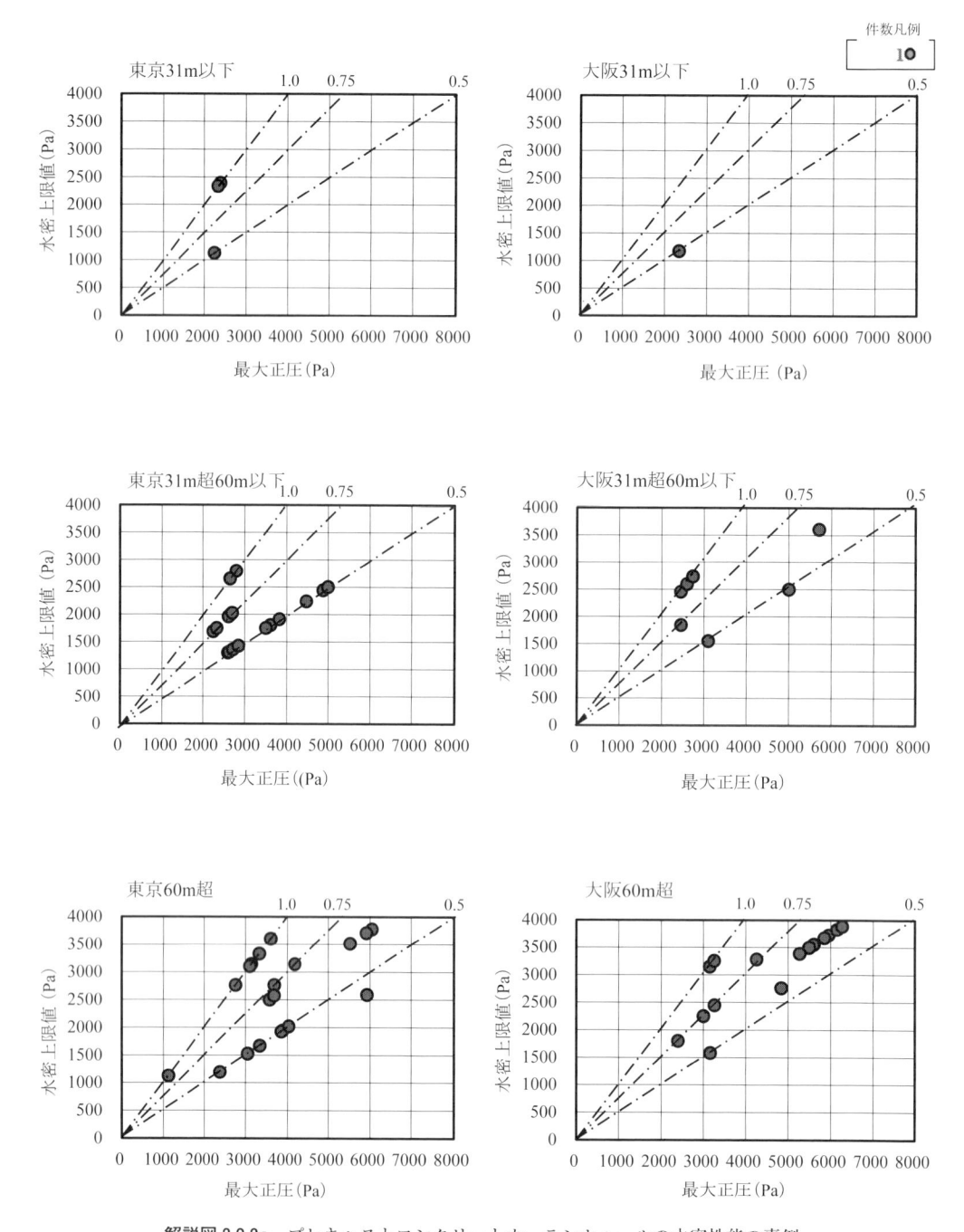

解説図 3.2.3c　プレキャストコンクリートカーテンウォールの水密性能の事例
（プレコンシステム協会調査資料より作図）

一方，速度圧は風速の二乗に比例するということから，平成 12 年建設省告示第 1458 号で規定している基準風速と（ⅱ）に示す建設地における過去の気象観測データに基づいた降雨を伴う風速の再現期間 50 年の期待値を二乗した数値を比較すると，解説図 3.2.4a のようになる．また，「建築物荷重指針・同解説」の再現期間 100 年の基本風速と降雨を伴う風速の再現期間 100 年の期待値を二乗した数値を比較すると，解説図 3.2.4b のようになる．いずれの風速も地表面粗度区分Ⅱ，地上高さ 10m の値で比較したものである．

従来より簡略的に水密性能値として正の風圧力に 0.5 を乗じた値を設定する場合が多かったが，図に示すように，風圧力の比は都市により大きく変動しており，1.0 を上回る都市もある．降雨強度をどの程度に設定するか，水平面雨量と壁面雨量の差異をどの程度とするかなども考慮する必要があると思われる．このため，すべての建築物に一律の係数を設定することは問題があるが，総体的には 0.5〜1.0 の係数を検討しておけば，実用上は概ね対応できると思われる．

外壁材用の設計用風圧力の最大正圧値に対して係数を掛けて水密性能値を設定する場合は，建物条件の規模や用途・重要度，立地条件，接合構法の種類などを十分考慮して設定しなければならない．

a　（告示 1458 号との比較）

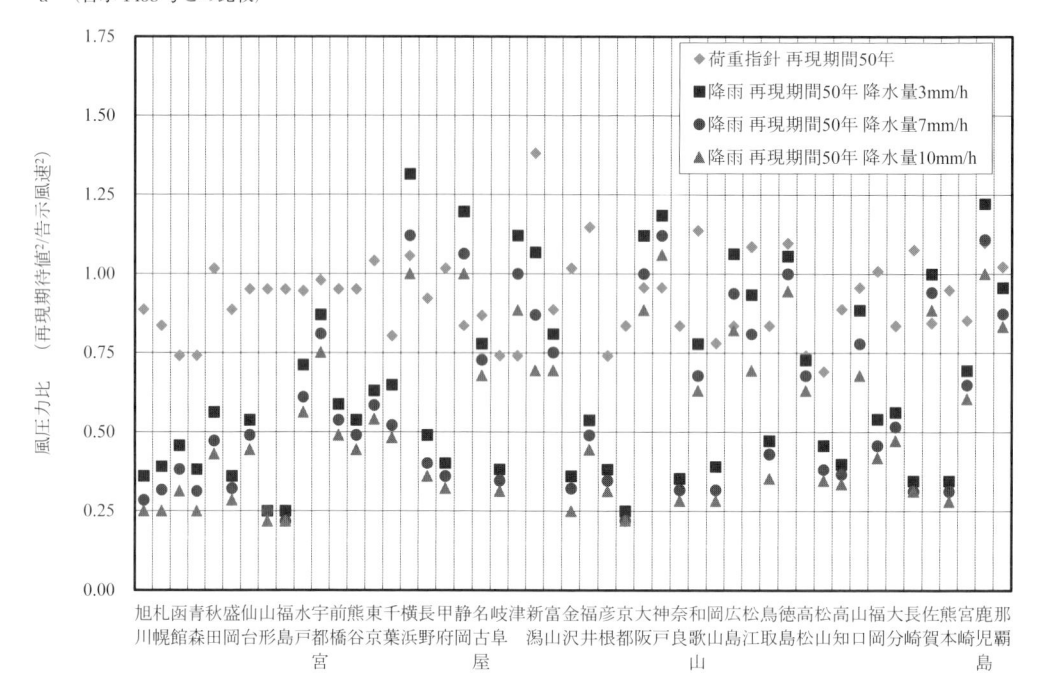

b　（「建築荷重指針・同解説」再現期間 100 年との比較）

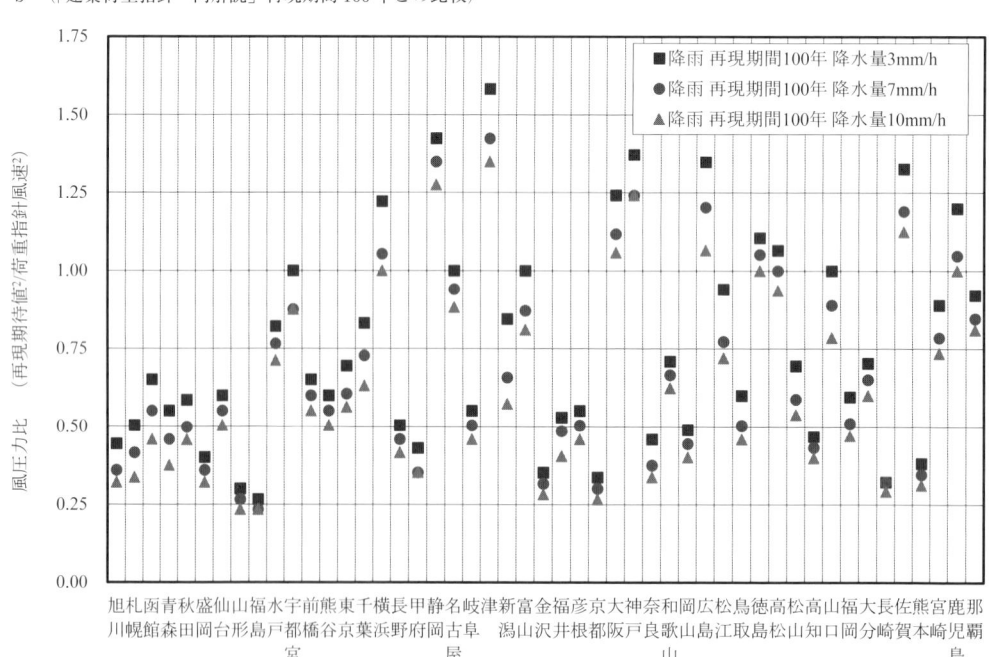

解説図 3.2.4　再現期待値の風圧力比による比較

次に，「建築物荷重指針・同解説」と建設省告示 1458 号による風圧力の算定方法の概略を示す．

ⅰ）「建築物荷重指針・同解説」による風圧力の算定方法

風圧力 W（N/m²）は，次により求めることができる．

①風圧力 W（N/m²）

$$W = q_H \cdot \hat{C}_c \tag{3.2.2}$$

ここに，q_H：速度圧（N/m²）

$\hat{C}_c$：外壁用のピーク風力係数

②速度圧 q_H（N/m²）

$$q_H = 1/2 \cdot \rho \cdot U_H^2 \tag{3.2.3}$$

ここに，ρ：空気密度 = 1.22（kg/m³）

U_H：設計風速（m/s）

③設計風速 U_H（m/s）

$$U_H = U_0 \cdot k_{RW} \cdot K_D \cdot K_S \cdot E_H \tag{3.2.4}$$

ここに，U_0：基本風速（m/s），地表面粗度区分 Ⅱ の場合の，地上 10 m における 10 分間平均風速の再現期待値 100 年に対する値で，基本風速図（図 A6.1）により定まる

k_{RW}：再現期間換算係数

$= 0.63\ (\lambda_u - 1)\ \ln t_R - 2.9\lambda_u + 3.9$

$\lambda_u = U_{500} / U_0$

t_R：設計用再現期間（年）

U_{500}：再現期間 500 年に対する 10 分間平均風速（m/s）であり，図 A6.2 により定まる

K_D：風向別の強風特性を反映する風向係数（風洞実験や数値流体計算等により算定するか，(3.2.6) 式によるピーク風力係数を用いる場合は $K_D = 1$ としてよい）

K_S：特定の季節のみの風荷重を評価する季節係数（$K_S = 1$ としてよい）

E_H：風速の鉛直分布係数 E の接合部最大高さにおける値

解説表 3.2.5 に主要都市における再現期間換算係数 k_{RW} から，再現期間が 20 年，50 年，100 年の $U_0 \cdot k_{RW}$ の値を計算した結果を示す．本表の値を設計風速 U_H の算定に用いることもできる．ただし，表中にない都市においては「建築物荷重指針・同解説」の図 A6.1 および図 A6.2 から読み取らなければならない．

解説表 3.2.5 主要都市の基本風速 $U_0 \cdot k_{RW}$ （m/s）

都市名	建築物荷重指針の再現期待値			都市名	建築物荷重指針の再現期待値			都市名	建築物荷重指針の再現期待値		
	20年	50年	100年		20年	50年	100年		20年	50年	100年
旭川	26	28	30	甲府	28	30	32	広島	27	29	31
札幌	27	29	31	静岡	27	29	31	松江	29	31	33
函館	27	29	31	名古屋	30	32	33	鳥取	27	29	31
青森	27	29	31	岐阜	27	29	31	徳島	36	38	39
秋田	30	32	34	津	27	29	31	高松	27	29	31
盛岡	26	28	30	新潟	33	35	37	松山	26	28	30
仙台	27	29	31	富山	26	28	30	高知	33	36	38
山形	27	29	31	金沢	28	30	32	山口	31	33	35
福島	27	29	31	福井	31	32	33	福岡	33	34	35
水戸	30	31	32	彦根	27	29	31	大分	27	29	31
宇都宮	28	30	31	京都	27	29	31	長崎	33	35	37
前橋	27	29	31	大阪	31	33	35	佐賀	29	31	33
熊谷	27	29	31	神戸	31	33	35	熊本	32	33	34
東京	33	35	36	奈良	27	29	31	宮崎	31	33	35
千葉	30	32	34	和歌山	34	36	38	鹿児島	37	40	42
横浜	31	35	38	岡山	26	28	30	那覇	42	47	50
長野	26	29	31								

④風速の鉛直分布係数 E_H の接合部最大高さにおける値

$$E_H = E_r \cdot E_g \tag{3.2.5}$$

ここに，E_r：平坦とみなせる状況での風速の鉛直分布係数

$$\left. \begin{array}{ll} E_r = 1.7 \cdot (Z/Z_G)^\alpha & (Z_b < Z \leq Z_G) \\ = 1.7 \cdot (Z_b/Z_G)^\alpha & (Z \leq Z_b) \end{array} \right\} \tag{3.2.6}$$

　　　　Z：接合部の地表面からの最高高さ （m）

Z_b, Z_G, α：地表面粗度区分により定まる値（解説表 3.2.6：建築物荷重指針・同解説より）

　　　E_g：小地形による風速の割増し係数（≥ 1），本パラメータの算定は「建築物荷重
　　　　　指針・同解説」を参照されたい．

解説表 3.2.6　地表面粗度区分，Z_b, Z_G, α　（「建築物荷重指針・同解説」より）

地表面粗度区分	建設地および風上側地域の地表面の状況	Z_b (m)	Z_G (m)	α
I	海面または湖面のようなほとんど障害物のない地域	3	250	0.10
II	田園地帯や草原のような農作物程度の障害物がある地域，樹木・低層建築物などが散在している地域	5	350	0.15
III	樹木・低層建築物などが多数存在する地域	10	450	0.20
IV	中層建築物（4〜9階）が主となる市街地	20	550	0.27
V	高層建築物（10階以上）が密集する市街地	30	650	0.35

⑤外壁材用のピーク風力係数 $\hat{C}_c$

　風力係数と風圧係数は，風洞実験や数値流体計算等より定める．長方形平面を持つ建築物または円・楕円形平面（アスペクト比 $H/D_2 \leq 8$，辺長比 $D_1/D_2 \leq 3$ の場合，H は屋根の平均高さ，D_1 と D_2 はそれぞれ長辺と短辺の外径）を持つ建築物の場合は，次に示す係数を用いて定めることもできる．

$$\hat{C}_c = \hat{C}_{pe} - \hat{C}^*_{pi} \tag{3.2.7}$$

ここに，$\hat{C}_{pe}$：正のピーク外圧係数

$$\hat{C}_{pe} = k_z \cdot (1 + 7 \cdot I_z)$$

　　k_z：地表面からの接合部の高さ Z（m）における高さ方向分布係数（Z_b, α：解説表 3.2.6，H は屋根の平均高さ）

$$\left.\begin{array}{l} k_z = (Z_b/H)^{2\alpha} \quad (Z \leq Z_b) \\ \quad = (Z/H)^{2\alpha} \quad (Z_b < Z < 0.8H) \\ \quad = 0.8^{2\alpha} \end{array}\right\} \tag{3.2.8}$$

　　（長方形平面の場合で $Z \geq 0.8H$，円・楕円形平面の場合で $Z_b > 0.8H$）

　　I_z：乱れの強さ，$= I_{rZ} \cdot E_{gI}$

　　I_{rZ}：平坦とみなせる状況での地表面からの接合部の高さ Z（m）における乱れの強さ

$$\left.\begin{array}{l} I_{rZ} = 0.1 \cdot (Z/Z_G)^{-\alpha-0.05} \quad (Z_b < Z \leq Z_G) \\ \quad = 0.1 \cdot (Z_b/Z_G)^{-\alpha-0.05} \quad (Z \leq Z_b) \end{array}\right\} \tag{3.2.9}$$

　　E_{gI}：小地形による乱れの強さの補正係数（≥ 1），小地形による風速の割増しを考慮すべき場合は，「建築物荷重指針・同解説」を参照されたい．

　　$\hat{C}^*_{pi}$：内圧変動の効果を表す係数，0 または -0.5

ii）平成12年建設省告示1458号による風圧力の算定方法

　風圧力 W（N/m²）は次により求めることができる．

①風圧力 W（N/m²）

$$W = q \cdot C_f \tag{3.2.10}$$

ここに，q：平均速度圧（N/m²）

C_f：帳壁に対するピーク風力係数

②平均速度圧 q（$\mathrm{N/m^2}$）

$$q = 0.6 \cdot E_\mathrm{r}^{2} \cdot V_0^{2} \qquad\qquad\qquad (3.2.11)$$

ここに，E_r：平成 12 年建設省告示 1454 号第第 2 項に規定する E_r

$$\left.\begin{array}{l} E_\mathrm{r} = 1.7 \cdot (Z_\mathrm{H}/Z_\mathrm{G})^{\alpha} \qquad (Z_\mathrm{b} < Z_\mathrm{H}) \\[4pt] \phantom{E_\mathrm{r}} = 1.7 \cdot (Z_\mathrm{b}/Z_\mathrm{G})^{\alpha} \qquad (Z_\mathrm{H} \leqq Z_\mathrm{b}) \end{array}\right\} \qquad\qquad (3.2.12)$$

　　　　Z_H：接合部最高高さ（m）

Z_G, Z_b, α：地表面粗度区分により定まる値（解説表 3.2.7：告示 1454 号より）．ただし，地表面粗度区分がⅣの場合においては，地表面粗度区分がⅢの場合における数値を用いる．

　　　　V_0：平成 12 年建設省告示 1454 号第 2 に規定する基準風速の値（m/s）

　主要都市の基準風速 V_0 を解説表 3.2.8 に示す．表中にない都市の基準風速 V_0 は，告示を参照されたい．

解説表 3.2.7　地表面粗度区分，Z_b, Z_G, α　（平成 12 年建設省告示 1454 号より）

	地表面粗度区分	Z_b (m)	Z_G (m)	α
Ⅰ	都市計画区域外にあって，極めて平坦で障害物がないものとして特定行政庁が規則で定める区域	5	250	0.10
Ⅱ	都市計画区域外にあって地表面粗度区分Ⅰの区域以外の区域（建築物の高さが 13 m 以下の場合を除く．）又は都市計画区域内にあって地表面粗度区分Ⅳの区域以外の区域のうち，海岸線又は湖岸線（対岸までの距離が 1500 m 以上のものに限る．以下同じ．）までの距離が 500 m 以内の地域（ただし，建築物の高さが 13 m 以下である場合又は当該海岸線若しくは湖岸線からの距離が 200 m を超え，かつ建築物の高さが 31 m 以下である場合を除く．）	5	350	0.15
Ⅲ	地表面粗度区分Ⅰ，Ⅱ又はⅣ以外の区域	5	450	0.20
Ⅳ	都市計画区域内にあって，都市化が極めて著しいものとして特定行政庁が規則で定める区域	10	550	0.27

解説表 3.2.8 主要都市の基準風速 V_0（m/s）

都市名	V_0	都市名	V_0	都市名	V_0
旭川	30	甲府	30	広島	32
札幌	32	静岡	32	松江	30
函館	34	名古屋	34	鳥取	32
青森	34	岐阜	34	徳島	36
秋田	32	津	34	高松	34
盛岡	30	新潟	30	松山	34
仙台	30	富山	30	高知	38
山形	30	金沢	30	山口	34
福島	30	福井	30	福岡	34
水戸	32	彦根	34	大分	32
宇都宮	30	京都	32	長崎	34
前橋	30	大阪	34	佐賀	34
熊谷	30	神戸	34	熊本	34
東京	34	奈良	32	宮崎	36
千葉	36	和歌山	34	鹿児島	38
横浜	34	岡山	32	那覇	46
長野	30				

③外壁材用のピーク風力係数 C_f

風力係数と風圧係数は，風洞実験より定めるか，次に示す係数を用いて定めることもできる．

$$C_f = C_{pe} \cdot G_{pe} - C_{pi} \cdot G_{pi} \tag{3.2.13}$$

ここに，$C_{pe} \cdot G_{pe}$：正のピーク外圧係数，解説表 3.2.9，解説表 3.2.10

$\qquad C_{pi} \cdot G_{pi}$：ピーク内圧係数，解説表 3.2.11

$\qquad H$：建築物の高さと軒の高さとの平均（m）

$\qquad Z_H$：接合部の地表面からの最高高さ（m）

$\qquad \alpha$：地表面粗度区分により定まる値

$\qquad$（解説表 3.2.7：平成 12 年建設省告示 1454 号より）

ただし，地表面粗度区分がⅣの場合においては，地表面粗度区分がⅢの場合における数値を用いる．

解説表 3.2.9 帳壁の正の外圧係数 C_{pe}

H が 5 以下の場合		1.0
H が 5 を超える場合	Z_H が 5 以下の場合	$(5/H)^{2\alpha}$
	Z_H が 5 を超える場合	$(Z_H/H)^{2\alpha}$

解説表 3.2.10　帳壁の正圧部の外圧係数 G_{pe}

地表面粗度区分	Z_H（m）		
	（1）	（2）	（3）
	5 以下の場合	5 を超え，40 未満の場合	40 以上の場合
I	2.2	（1）と（3）とに掲げる数値を直線的に補間した数値	1.9
II	2.6		2.1
III および IV	3.1		2.3

解説表 3.2.11　帳壁のピーク内圧係数 $C_{pi}\cdot G_{pi}$

閉鎖型の建築物	ピーク外圧係数が 0 以上の場合	− 0.5
	ピーク外圧係数が 0 未満の場合	0
開放型の建築物	風上開放の場合	1.5
	風下開放の場合	− 1.2

（ii）建設地における過去の気象観測データに基づいた降雨を伴う基本風速から算定する方法

水密設計用の基本風速 U_0 を過去の気象観測データを基に算定された降雨を伴う風速から計算する方法として，極値統計理論により求めた降雨を伴う風速の再現期待値から基本風速 U_0 を求める方法[1]〜[3]を次に示す．

降雨を伴う基本風速 U_0 から速度圧と風圧力を算定する方法としては，「建築物荷重指針・同解説」または建築基準法によることができる．

ⅰ）基本風速 U_0 の算定方法

極値統計理論により求めた降雨を伴う風速の再現期待値から基本風速を求める場合は，「建築物荷重指針・同解説」における地表面粗度区分 II の地上 10 m における 10 分間平均風速で，1 時間降雨量と再現期間ごとに定めた数値とする．

この方法による主要都市の降雨を伴う基本風速を解説表 3.2.12 に示す．表中の風速は，文献 1）を基に地表面粗度区分 II の地上 10 m の風速に換算した結果である．解析において使用されている気象観測データは都市により異なるが，1961〜1988 年の間で 12〜20 年間の資料である．

再現期間は 20 年，50 年および 100 年から，1 時間降水量は 3 mm，7 mm，10 mm から選択する．これらの数値は，解説表 3.2.3 に示す建物の用途や重要度，漏水に対する許容性などを総合的に判断して設定することが望ましい．建設地点が表中にない都市においては，信頼できるデータを基に設定することとする．なお，JIS A 1414-3：2010（建築用パネルの性能試験方法−第 3 部：温湿度・水分に対する試験）または JIS A 1517：2020（建具の水密性試験方法）で試験する場合は，散水量（4 l/m^2・min）が各地の降水量の最大記録を基準に規定されていることから，壁面を流れる水量の大小はあるものの，むやみに圧力差を大きくすること（式（3.2.1）の係数 0.5 以上）は，降雨を伴う風速の実態にそぐわない．

ⅱ）水密性能値の算定方法

　「建築物荷重指針・同解説」による風圧力の算定方法を適用した場合の降雨を伴う基本風速 U_0 から水密性能値としての風圧力を設定する方法を次に示す.

　風圧力 W（N/m²）は，次により求めることができる.

　①風圧力 W（N/m²）

$$W = q_{\mathrm{H}} \cdot \hat{C}_{\mathrm{c}} \tag{3.2.14}$$

　ここに，q_{H}：速度圧（N/m²）

　　　　　$\hat{C}_{\mathrm{c}}$：外壁材用のピーク風力係数

　②速度圧 q_{H}（N/m²）

$$q_{\mathrm{H}} = 0.61 \cdot U_{\mathrm{H}}^{2} \tag{3.2.15}$$

　ここに，U_{H}：設計風速（m/s）

　③設計風速 U_H（m/s）

$$U_{\mathrm{H}} = U_0 \cdot E_{\mathrm{H}} \tag{3.2.16}$$

　ここに，U_0：水密設計用基本風速，解説表 3.2.12

　　　　　E_{H}：風速の鉛直分布係数 E の接合部最大高さにおける値

　再現期間と 1 時間降水量を設定し，解説表 3.2.12 の建設地点における水密設計用基本風速 U_0 を採用する.本表の U_0 は，地表面粗度区分Ⅱの地上 10 m における 10 分間平均風速の再現期待値である.なお，表中に記載されていない建設地については，信頼できるデータにより設定する.

解説表 3.2.12　主要都市の水密設計用基本風速 U_0（m／s）

（上段：1時間降水量 3 mm，中段：1時間降水量 7 mm，下段：1時間降水量 10 mm）

都市名	再現期間			都市名	再現期間			都市名	再現期間		
	20 年	50 年	100 年		20 年	50 年	100 年		20 年	50 年	100 年
旭川	16	18	20	甲府	17	19	21	広島	29	33	36
	14	16	18		15	18	19		27	31	34
	12	15	17		15	17	19		25	29	32
札幌	18	20	22	静岡	31	35	37	松江	26	29	32
	16	18	20		29	33	36		24	27	29
	14	16	18		28	32	35		22	25	28
函館	21	23	25	名古屋	26	30	33	鳥取	20	22	24
	19	21	23		25	29	32		18	21	22
	17	19	21		24	28	31		17	19	21
青森	19	21	23	岐阜	18	21	23	徳島	32	37	41
	17	19	21		17	20	22		31	36	40
	15	17	19		17	19	21		30	35	39
秋田	21	24	26	津	31	36	39	高松	24	29	32
	19	22	24		29	34	37		23	28	31
	18	21	23		28	32	36		22	27	30
盛岡	16	18	19	新潟	28	31	34	松山	20	23	25
	15	17	18		24	28	30		18	21	23
	14	16	17		22	25	28		17	20	22
仙台	19	22	24	富山	24	27	30	高知	21	24	26
	18	21	23		23	26	28		20	23	25
	17	20	22		21	25	27		19	22	24
山形	13	15	17	金沢	17	18	19	山口	28	32	35
	12	15	16		15	17	18		26	30	33
	12	14	15		14	15	17		24	28	31
福島	13	15	16	福井	20	22	24	福岡	22	25	27
	13	14	15		18	21	23		20	23	25
	12	14	15		17	20	21		19	22	24
水戸	24	27	29	彦根	19	21	23	大分	21	24	26
	22	25	28		18	20	22		20	23	25
	21	24	27		17	19	21		19	22	24
宇都宮	25	28	31	京都	14	16	18	長崎	18	20	21
	24	27	29		14	15	17		17	19	21
	23	26	29		13	15	16		17	19	20
前橋	20	23	25	大阪	31	36	39	佐賀	29	34	38
	19	22	24		29	34	37		28	33	36
	18	21	23		27	32	36		27	32	35
熊谷	19	22	24	神戸	33	37	41	熊本	18	20	21
	18	21	23		32	36	39		17	19	20
	18	20	22		31	35	39		16	18	19
東京	24	27	30	奈良	17	19	21	宮崎	27	30	33
	22	26	28		16	18	19		26	29	31
	21	25	27		15	17	18		25	28	30
千葉	25	29	31	和歌山	27	30	32	鹿児島	37	42	46
	23	26	29		25	28	31		34	40	43
	21	25	27		24	27	30		33	38	42
横浜	34	39	42	岡山	17	20	21	那覇	41	45	48
	32	36	39		16	18	20		39	43	46
	30	34	38		15	17	19		38	42	45
長野	18	21	22								
	17	19	21								
	16	18	20								

（文献 11）を基に換算した結果）

④風速の鉛直分布係数 E_H

$$E_H = E_r \cdot E_g \tag{3.2.17}$$

ここに，E_r：平坦とみなせる状況での風速の鉛直分布係数

$$\left.\begin{array}{ll} E_r = 1.7 \cdot (Z_H / Z_G)^\alpha & (Z_b < Z_H \leqq Z_G) \\ = 1.7 \cdot (Z_b / Z_G)^\alpha & (Z_H \leqq Z_b, \text{ 下表参照}) \end{array}\right\} \tag{3.2.18}$$

地表面粗度区分	$1.7 \cdot (Z_b/Z_G)^\alpha$
Ⅰ	1.092
Ⅱ	0.899
Ⅲ	0.794
Ⅳ	0.695
Ⅴ	0.579

Z_H：接合部の地表面からの最高高さ　（m）

Z_G, Z_b, α：地表面粗度区分により定まる値（解説表3.2.6，建築物荷重指針・同解説より）

E_g：小地形による風速の割増し係数（＝1），小地形による風速の割増しを考慮すべき場合は，「建築物荷重指針・同解説」を参照されたい．

⑤外壁材用のピーク風力係数 $\hat{C}_c$

　風力係数と風圧係数は風洞実験や数値流体計算などより定めるか，ⅰ）「建築物荷重指針・同解説」による風圧力の算定方法における④外壁材用のピーク風力係数 $\hat{C}_c$ の式（3.2.7）を用いて定めることができる．

　解説表3.2.12に示す降雨を伴う風速の再現期待値を用いて，「建築物荷重指針・同解説」の方法で1時間降水量を3 mmの場合の札幌，東京，大阪，那覇の風圧力の鉛直方向の分布を算定した例を解説図3.2.5に示す．なお，この算定例では各都市の粗度区分をⅣとし，次の係数を用いている．

　　式（3.2.4）における係数：$K_D = 1$, $K_S = 1$

　　式（3.2.5）における係数：$E_g = 1$

　　式（3.2.7）における係数：$\hat{C}^*_{pi} = -0.5$, $E_{g1} = 1$

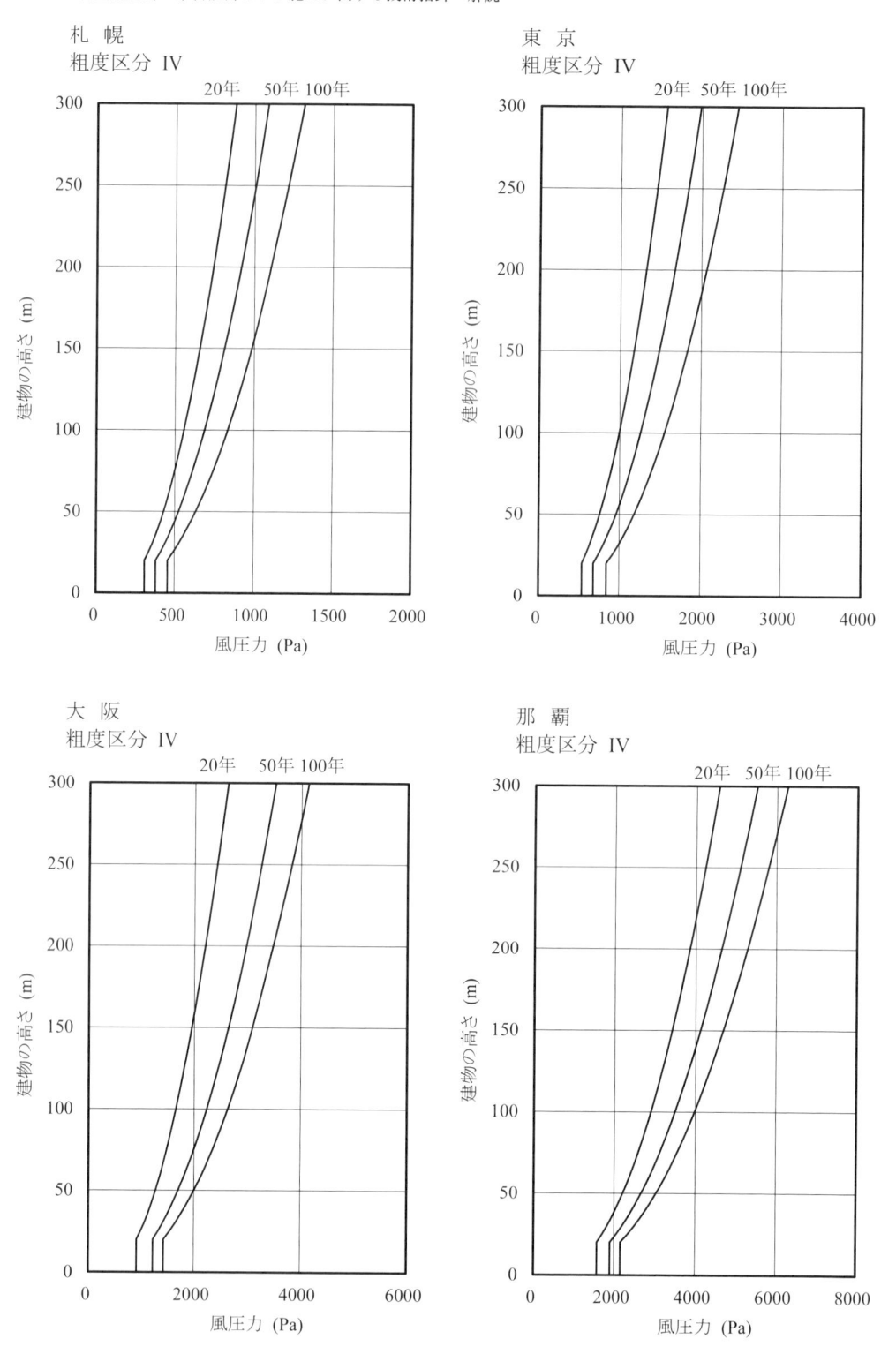

解説図 3.2.5　接合部に対する風圧力の算定例（1時間降水量 3 mm の場合）

3.2.2　長期水密信頼性

ａ．長期水密信頼性グレード
（１）グレードの設定
　外壁接合部の設計において，水密接合構法の水密信頼性と使用するシール材の耐久性の組合せから長期水密信頼性グレードを設定する．
（２）対象とする材料，構法
　水密接合構法の長期水密信頼性グレードは，標準的な材料，構法を適用した水密接合構法を対象とする．

ａ．長期水密信頼性グレード

　水密接合構法の長期水密信頼性を確保するためには，水密接合構法の特徴を十分に踏まえ，それぞれの構法における水密信頼性や損傷許容性を評価し，さらに接合部を構成する材料の水密性に対する特性値の耐久性を考慮しなければならない．

　損傷許容性は，故障が生じた時にシステムにトレランス（耐性）があることを意味している．接合部の防水・雨仕舞技術における損傷許容性は，例えば，フィルドジョイント構法では１次シール部分に隙間が生じても，また，オープンジョイント構法ではウインドバリアに隙間が生じても，それぞれの構法における室内に漏水しない接合部のディテールを指す．損傷許容性の優劣は，フィルドジョイント構法の１次シールやオープンジョイント構法のウインドバリアの漏水しない隙間の大きさによって判断される．

（１）長期水密信頼性グレードの設定

　水密接合部の設計では，要求条件を満足する水密接合構法を選定するうえで，建物の耐用年数，用途，建物の重要度などを考慮して目標とする長期水密信頼性を設定しておくことが重要である．このため，本指針では，長期水密信頼性の程度を位置づける長期水密信頼性グレードの基本的な考え方を示す．

　長期水密信頼性は，使用するシール材の寿命と構法の水密に対する長期的な信頼性で決定されると考え，水密接合構法において水密を期待するシール材の耐久性と，雨水が接合部に浸入しても室内への漏水が起こりにくい機構であるかという水密の長期的な信頼性の組合せで表示することとした．

　接合部における長期水密信頼性グレードは，水密接合構法の水密の信頼性が高いほど，また，使用する構成要素の耐久性が優れている構法ほど，水密接合構法としての長期水密信頼性グレードが高いと位置付けた．フィルドジョイント構法でシーリングジョイントを使用した場合における長期水密信頼性グレードの基本的な考え方を解説図 3.2.6 に示す．

　シーリングジョイントを使用した長期水密信頼性グレードは，１次シールの JIS A 5758：2022（建築用シーリング材）による耐久性区分および JIS A 1439：2022（建築用シーリング材の試験方法 5.22）の耐疲労性試験による耐疲労性の区分と，接合構法の損傷許容性によりグレード分けされる．推奨される組合せを網掛けで示した．

　シーリング材の耐久性および耐疲労性が優れているものを用いるほど長期水密信頼性グレードは高く，同一のシーリング材の耐久性に対しては，損傷許容性が大きい接合構法ほど長期水密信頼性

グレードは高い.

　一方，フィルドジョイント構法でガスケットジョイントを使用した場合の長期水密信頼性グレードの基本的な考え方を解説図 3.2.7 に示す．ガスケットが適用される主な水密接合構法としては，窯業系サイディング外壁でのシングルシールの1次シール，カーテンウォール目地におけるダブルシールの2次シール，ガラス周り目地の1次シールと2次シールおよび，構造ガスケットなどがある．ガスケットジョイントを使用した水密接合構法の長期水密信頼性は，排水機構のあるシングルシールジョイントおよびダブルシールジョイントにおけるガスケットの損傷許容性によりグレード分けされる．なお，排水機構は外部からの強風に伴った雨水の浸入に配慮したものが望ましい．

　長期水密信頼性グレードは，シーリングジョイント同様に，ガスケットの耐久性が優れているものほど高いと考える．また，ガスケットが2次シールのみに適用されている場合では，ガスケットの耐久性が優れているほど1次シールにシーリング材を使用した水密接合構法の損傷許容性がより大きくなると判断される．

　なお，オープンジョイント構法における長期水密信頼性は，損傷許容性に対する対応方法がフィルドジョイント構法と異なることから，「3.2.2　b．接合構法の水密信頼性」および「3.2.2　c．材料の耐久性」で示す．

　このように設定した長期水密信頼性グレードを実現するために，設計段階において水密接合構法の詳細設計や性能設計を実施しなければならない．

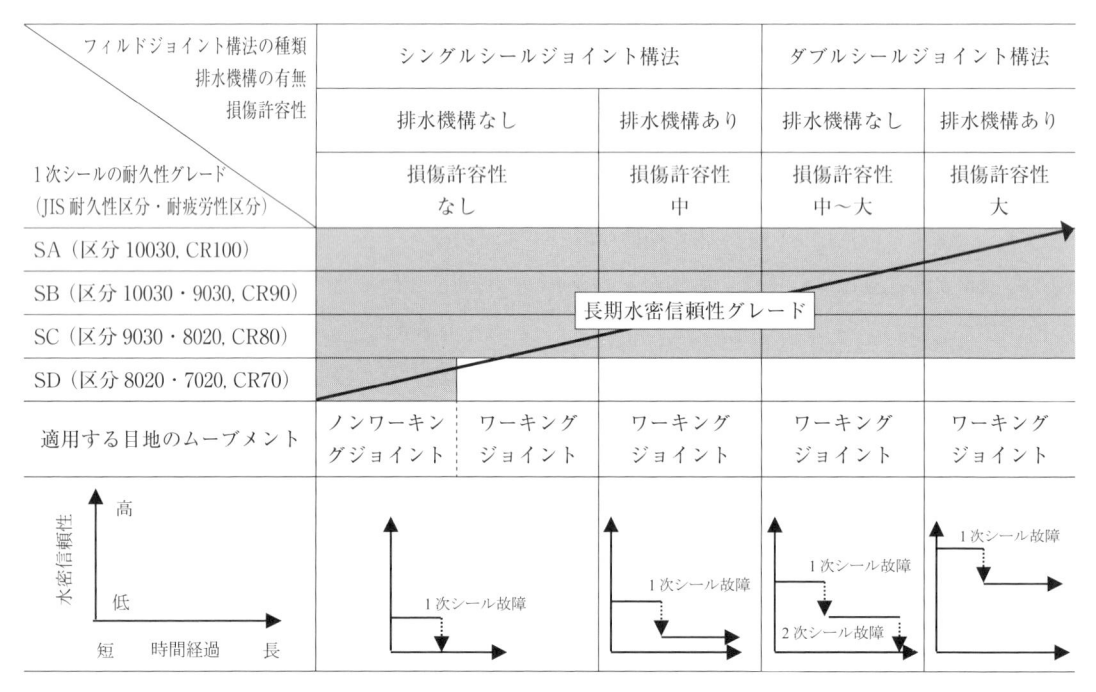

解説図 3.2.6　シーリングジョイントにおける長期水密信頼性

フィルドジョイント構法の種類 排水機構の有無 損傷許容性 / 2次シールの 耐久性グレード （圧縮変形グレード）	シングルシールジョイント構法		ダブルシールジョイント構法	
	排水機構なし	排水機構あり	排水機構なし	排水機構あり
	損傷許容性 なし	損傷許容性 中	損傷許容性 小	損傷許容性 大
GA（CS5000）				
GB（CS1000）			長期水密信頼性グレード	
GC（CS100）				
GD（CS10）				
適用する目地のムーブメント	ワーキング ジョイント	ワーキング ジョイント	ワーキング ジョイント	ワーキング ジョイント

[注]　※耐久性グレード：巻末付録「付録3　ガスケットに関連する性能評価試験方法　G1目地のムーブメントを考慮したガスケットの圧縮永久ひずみ試験」参照

解説図 3.2.7　ガスケットジョイントにおける長期水密信頼性

（2）対象とする材料，構法

ここで扱う長期水密信頼性グレードは，本指針や JASS などに規定されている標準的な材料，構法を適用した水密接合構法を対象とする．なお，施工方法が原因で施工後まもなく起こるシール材の初期故障は含めていない．また，建物の重要度と構法のメンテナンスの容易さは設計上の配慮によるところが大きいことから，長期水密信頼性グレードを決定する要因としない．

> b．接合構法の水密信頼性
> 　接合構法の水密信頼性は，フィルドジョイント構法では，水密の機構とシール構成の数や浸入した水の排水機構の有無により決まる水密の確実さで設定する．また，オープンジョイント構法では，ウインドバリアに一定の隙間が生じても漏水に至らない設計圧力差（水滴飛散限界圧力差）で設定することとし，それを補う適切なディテールとの組合せで決定される．

b．接合構法の水密信頼性

接合構法の水密信頼性は，フィルドジョイント構法とオープンジョイント構法とを分けてグレードを設定した．フィルドジョイント構法の水密信頼性グレードを解説表 3.2.13 に，オープンジョイント構法の水密信頼性グレードおよび水密信頼性グレードを補う要素をそれぞれ解説表 3.2.14，解説表 3.2.15 に示す．

フィルドジョイント構法においては，予想される損傷時期にはメンテナンスをすることが前提であり，信頼性グレードはシール材に損傷が生じてもただちに漏水に繋がらない対策として4区分のグレードを設定した．

フィルドジョイント構法における水密の信頼性は，シール構成の数や浸入した水の排出機構の有無による水密の確実さで設定することとし，単一のシール材で水密性を確保しているシングルシールジョイント構法はシール材の損傷がすぐ漏水につながりやすいことから，水密信頼性グレードは最も低い．

一方，オープンジョイント構法は，ウインドバリアに隙間が生じても性能を維持できることが前提（メンテナンスフリー）の構法であり，損傷許容性の点では，フィルドジョイント構法よりグレードが高く位置付けられる．信頼性グレードは，損傷許容性における余裕を示す設計値で3区分のグレードを設定した．

オープンジョイント構法における水密の信頼性は，ウインドバリアに一定の隙間が生じて外部と等圧空間の等圧が崩れても漏水に至らない設計圧力差（水滴飛散限界圧力差）で設定することとし，さらには，それを補う要素である雨水を移動させるエネルギーを制御する適切なディテールとの組合せにより決定される．

解説表 3.2.13　フィルドジョイント構法の長期水密信頼性グレード

フィルドジョイント構法	構法の長期水密信頼性グレード
排水機構を持つ ダブルシールジョイント	↑ 高い
排水機構のない ダブルシールジョイント	
排水機構を持つ シングルシールジョイント	
排水機構のない シングルシールジョイント	

解説表 3.2.14　オープンジョイント構法の長期水密信頼性グレード

設計用性能値（水滴飛散限界圧力差）		構法の長期水密信頼性グレード
オープンジョイント構法	50 Pa	↑ 高い
	75 Pa	
	100 Pa	

［注］　設計用性能値については，想定される経年劣化により，ウインドバリアに生じる隙間幅の設定により異なる．隙間幅の設定は一般的には全長にわたり 0.05 mm（日本建築学会推奨値）であるが，実験値などを採用することもある．

解説表 3.2.15　オープンジョイント構法の水密信頼性グレードを補う要素

雨水の移動エネルギー	水の物性によるもの			雨水に対する外的要因によるもの		
	1	2	3	4	5	6
	重力	表面張力	毛細管現象	運動エネルギー	気流	圧力差
対象部位・要素	立上り寸法勾配	水切り	目地幅	レインバリア	レインバリアウインドバリア	レインバリアウインドバリア等圧空間

［注］　雨水の移動エネルギー 1～6 に対応する適切なディテールは，6 章に記載する．

> c．材料の耐久性
> 　シール材の耐久性は，熱，紫外線，疲労性状などによる材料の劣化を考慮して設定する．

　c．材料の耐久性

　シール材の耐久性に関する研究は多く見られるが，シーリング材とガスケットの耐久性を同一の指標で評価できる方法がなく，また，耐久性を具体的な年数で示す十分な工学的データが少ないことから，シーリング材とガスケットの耐久性グレードは，それぞれの疲労性状を考慮した区分で設定し，グレード分けした．

　シーリング材の耐久性グレードは JIS A 5758：2022（建築用シーリング材）の耐久性の区分および JIS A 1439：2022（建築用シーリング材試験方法）の耐疲労性試験による耐疲労性の区分により，解説表 3.2.16 とした．なお，耐久性グレードはシーリング材の耐疲労性状に基づいて設定しているが，材料の選定にあたっては耐疲労性状のほか，熱，紫外線による劣化性状についても考慮する必要がある．

　ガスケットの耐久性グレードを解説表 3.2.17 に示す．ガスケットの耐久性グレードは，ガスケット製品としての圧縮永久ひずみを指標とする試験方法（巻末付録「付録 3　ガスケットに関連する性能評価試験方法　G1 目地のムーブメントを考慮したガスケットの圧縮永久ひずみ試験」）による圧縮変形グレードとした．ガスケットの耐久性としては，JIS A 5756：2025（建築用ガスケット）には，使用温度範囲による区分（T1，T2，T3，T4）により熱老化性が示されているが，これは，ゴム素材としての熱老化性を対象としている．そこで，成形された製品部材としての耐久性を評価できる圧縮変形グレードを採用した．圧縮変形グレードは，圧縮拘束試験を実施した温度における圧縮永久ひずみが 50 ％に達する加熱日数と，これに 50 ℃を基準とした 10 ℃半減則を適用した場合の速度係数を掛けた耐久性指数によって評価される．なお，現在，JIS A 5756 は 2025 年中の改正が予定されているため，本章では，JIS A5756：2025（建築用ガスケット）と表記した．

解説表 3.2.16　シーリング材の耐久性グレード

項目＼グレード	SD	SC	SB	SA
JIS 耐久性の区分	8020 7020	9030 8020	10030 9030	10030
JIS 耐疲労性の区分	CR70	CR80	CR90	CR100
ムーブメント追従性	低	中	中～高	高

解説表 3.2.17　ガスケットの耐久性グレード

項目＼グレード	GD	GC	GB	GA
耐久性指数	100 以下	100 超～ 1000 以下	1000 超 ～5000 以下	5000 超
圧縮変形グレード	CS10	CS100	CS1000	CS5000

3.2.3　ムーブメント追従性

> a．ムーブメントの種類
> 　ワーキングジョイントの水密接合の設計においては，温度ムーブメント，層間変位ムーブメント，風によるムーブメント，湿気ムーブメント，硬化収縮ムーブメントおよび炭酸化収縮ムーブメントに対する追従性を要求性能として設定する．

　a．ムーブメントの種類

　ワーキングジョイントの水密接合の設計において考慮すべきムーブメントは，日射や気温の変動による構成部材の温度変化によって目地に生ずる温度ムーブメント，地震時における構成部材の層間変位によって目地に生じるムーブメント，風圧を受けた構成部材の面外変形よって目地に生ずるムーブメント，主にセメント系材料や窯業系サイディングで考慮しなければならない部材含水率の変化に起因して目地に生ずる湿気ムーブメントや部材材料の硬化に伴う収縮によって目地に生ずる硬化収縮ムーブメント，部材材料の炭酸化に伴う収縮によって目地に生ずる炭酸化収縮ムーブメントである．

　これらのムーブメント追従性は，水密接合構法，外壁材および目地の種類などに応じて設定する．例えば，フィルドジョイント構法によるメタルカーテンウォール部材間目地では，温度ムーブメントと層間変位ムーブメントを考慮すべきであるが，それ以外のムーブメント追従性は考慮しなくてもよい．オープンジョイント構法によるメタルカーテンウォール部材間目地では，温度ムーブメントと層間変位ムーブメントに加え，風によるムーブメント追従性を考慮すべきである．

　ワーキングジョイントにおいて水密接合構法，外壁材および目地の種類に応じて考慮すべき各種ムーブメントを解説表 3.2.18 に示す．

解説表 3.2.18　外壁材および接合部・目地の種類に応じて考慮すべきムーブメント追従性

止水原理	外壁材の種類	主な接合部・目地の種類	温度ムーブメント追従性	層間変位ムーブメント追従性	風によるムーブメント追従性	湿気ムーブメント追従性	硬化収縮ムーブメント追従性・炭酸化収縮ムーブメント追従性
フィルドジョイント構法	メタルカーテンウォール	ノックダウン工法の方立・無目ジョイント	○	○	—	—	—
		ユニット工法のパネル間目地	○	○	—	—	—
		異種部材間目地※1	○	○	—	—	—
		ガラス回り目地	○	○	○	—	—
	プレキャストコンクリートカーテンウォール	パネル間目地	○	○	—	—	—
		窓枠回り目地（先付け，後付け）※2	○	—	—	—	—
		異種部材間目地※1	○	○	—	—	—
	外装パネル	金属パネル間目地※3	○	○	—	—	—
		金属断熱サンドイッチパネル間目地※3	○	○	—	—	—
		ALC厚形パネル間目地・ALC薄形パネル隅部等目地	○	○	—	—	—
		GRCパネル間目地	○	○	—	○	—
		押出成形セメント板間目地	○	○	—	—	—
		窯業系サイディングパネル間目地	○	○	—	○	○
		異種部材間目地※1	○	○	—	—	—
		窓枠回り目地	○	○	—	—	—
	金属建具	ガラス回り目地	△	○	○	—	—
		ガラス間目地	○	○	—	—	—
		建具用部材間目地※4	○	○	—	—	—
		建具回り目地	○	○	—	—	—
		水切・皿板目地	○	—	—	—	—
	笠木	金属笠木目地	○	—	—	—	—
		石材笠木目地	○	—	—	—	—
		プレキャスト鉄筋コンクリート笠木目地	○	—	—	—	—
	鉄筋コンクリート壁	構造スリット	—	○	—	—	—
オープンジョイント構法	メタルカーテンウォール	ユニット工法のパネル間目地	○	○	—	—	—
		ノックダウン工法の方立・無目ジョイント	○	○	—	—	—
		異種部材間目地※1	○	○	—	—	—
		ガラス回り目地	○	○	○	—	—
	プレキャストコンクリートカーテンウォール	パネル間目地	△	△	—	—	—
		異種部材間目地※1	○	○	—	—	—
	外装パネル	GRCパネル間目地	○	○	—	—	—
		異種部材間目地※1	○	○	—	—	—
	金属建具	ガラス回り目地	○	○	○	—	—

［凡例］　○：考慮する　△：構法によって考慮することもある　—：一般的に考慮しない

［注］　※1〜※4　解説表 1.1.1 と同じ

b．各種ムーブメントを考慮した目地設計

1）温度ムーブメント

（1）温度ムーブメントを考慮して，水密性やその他の性能に有害な影響を及ぼさない設計を行う．

（2）温度変化により外壁を構成する部材に発生する熱変形は，各部材の材質，形状寸法，取付け方法などを考慮して，目地により吸収できるように設計する．

（3）目地の温度ムーブメントの算定は，「4.2.3 外壁目地の設計」の解説および「4.2.4 ガラス回り目地の設計」の解説による．

2）層間変位ムーブメント

（1）層間変位ムーブメントに対して水密性能の低下をきたすような損傷がなく，十分に追従できるように設計する．

（2）層間変位ムーブメントの算定および目地幅の算定は，「4.2.3 外壁目地の設計」の解説および「4.2.4 ガラス回り目地の設計」の解説による．

3）風によるムーブメント

（1）外壁を構成する部材が風圧力を受けて面外に変形を生じる目地は，風によるムーブメントを考慮して，水密性やその他の性能に有害な影響を及ぼさない設計を行う．

（2）風圧力により発生する変形は，風圧力，部材間の変形量の差，風圧力を受ける面積，形状寸法，取付け方法などを目地幅の算定において考慮し，目地により吸収できるように設計する．

4）湿気ムーブメント

（1）外壁接合部を構成する部材の含水率変化により変形を生じる目地は，湿気ムーブメントを考慮して，水密性やその他の性能に有害な影響を及ぼさない設計を行う．

（2）部材内の含水率変化により発生する変形は，各部材の材質，形状寸法，取付け方法などを目地幅の算定において考慮し，目地により吸収できるように設計する．

（3）目地の湿気ムーブメントの算定は，「4.2.3 b．窯業系サイディング外壁の目地設計」の解説による．

5）硬化収縮ムーブメント，炭酸化収縮ムーブメント

（1）長期的に収縮するセメント系外壁材の接合部に構成される目地は，硬化収縮ムーブメントや炭酸化収縮ムーブメントを考慮して，水密性やその他の性能に有害な影響を及ぼさない設計を行う．

（2）硬化収縮や炭酸化収縮により発生する変形は，各部材の材質，形状寸法，取付け方法などを考慮して，目地により吸収できるように設計する．

（3）目地の硬化収縮ムーブメントと炭酸化収縮ムーブメントの算定は，「4.2.3 b．窯業系サイディング外壁の目地設計」の解説による．

b．各種ムーブメントを考慮した目地設計

1）温度ムーブメント

　主にメタルカーテンウォールや金属パネルの外壁材，窓枠など日射や気温の変動による温度変化によって材料が変形する部材で構成される接合部や目地は，この温度ムーブメントに対して水密性に有害な影響を及ぼさないように設計しなければならない．温度ムーブメントは，材料の線膨張係数，温度変化量，部材長さなどから算定するが，4.2.3 と 4.2.4 の解説に一般建築物の外壁とガラス回り目地のシーリングジョイントの目地設計における温度ムーブメントの算定方法が記述されているので参照されたい．

2）層間変位ムーブメント

　層間変位追従性能が要求される外壁の接合部や目地は解説表 3.2.18 によるが，代表的なものとしてメタルカーテンウォールおよびプレキャストコンクリートカーテンウォールの接合部，金属パネル・ALC パネル・押出成形セメント板などのパネル間の目地，カーテンウォールに取り付けられたサッシのガラス回りの目地が挙げられ，主に鉄骨造に使用されるカーテンウォール構法の外壁の

接合部である.

　メタルカーテンウォールについては,「JASS 14　カーテンウォール工事」に本会編「高層建築技術指針」(1973年)の基準として1/300の層間変位に対し健全で再使用できる程度, 1/150の層間変位に対しては主要部材が破損しない程度と具体的な層間変形角に対する性能が示されている. また,(一社)カーテンウォール・防火開口部協会(現(一社)建築開口部協会)の「カーテンウォール性能基準　2013」には, カーテンウォール部材が脱落しない(ガラスが破損しないこと, 部材に有害な破損がないこと)限界としての4段階の層間変位追従性グレードと層間変形角(1/200, 1/150, 1/120, /100)が設定されており, 建築物の高さと構造形式別に推奨するグレードを示している.

　プレキャストコンクリートカーテンウォールについては, JASS 14に概ねの目安が示されている. 大地震に脱落・損傷しない層間変形角 R を $1/120 \leqq R < 1/75$, 中地震時にファスナーが躯体変位にスムーズに追従し, かつ漏水等の外壁機能低下を生じない層間変形角 R を $1/300 \leqq R < 1/200$ または $1/200 \leqq R < 1/120$ としている.

　このほか, ALCパネルでは「JASS 21　ALCパネル工事」において, ALCパネルによって構成される外壁および間仕切壁の層間変形追従性能の下限値を1/150としている. また,(一財)建築行政情報センター・(一財)日本建築防災協会編「2020年版　建築物の構造関係技術基準解説書」によれば,「縦壁ロッキング構法や横壁アンカー構法では層間変形角1/100までの変形追従性能を保有していることが確認されており, それらの構法の場合には1/120までの層間変形角の制限を緩和することが可能である.」と説明されている. さらに(一財)日本建築センター編「外装構法耐震マニュアル－中層ビル用－」では, ロッキング構法が1/100, スライド構法とボルト止め構法が1/150がALCパネルの損傷が軽微で使用上支障がない層間変形角の目安としている. なお, スライド構法は現在では採用されていない. また, ボルト止め構法は横壁アンカー構法に名称を変更している.

　地震時に建物に発生する層間変位の大きさは, 建物の主体構造によって異なり鉄骨造が最も大きいが, 現状の中高層建築物の層間変位追従性能は, 脱落しない限界として1/100〜1/200, 継続使用に耐える限界としては脱落しない限界の1/2の1/200〜1/400を目標値として設定することが多い.

　こうした外壁接合部の水密性確保のために要求される層間変位追従性能は, 建物の安全設定と併せて設計者が設定するが, 層間変形角1/300程度の層間変位ムーブメントに対しては, 目地の損傷がなく十分に追従するように目地設計を行う必要がある.

　層間変位ムーブメントは, 外壁を構成する外壁材の構造や取付け工法によって異なり, 厳密に算定することは難しいが, 4.2.3と4.2.4の解説に外壁とガラス回り目地のシーリングジョイントの目地設計における層間変位ムーブメントの算定方法が記述されているので参照されたい.

　3)風によるムーブメント

　風によるムーブメントは, 構成部材が風圧力を受けて面外に変形する際に, 部材間で変形量に差がある目地において大きくなる. 主にガラス回り目地で風圧力が大きい時やガラスの面積が大きい場合に考慮する必要がある. 高層建築物ではガラスが受ける風圧力は大きく, ガラスを保持するた

めには，ガラス回り目地で大きな荷重を負担する必要が生じる．しかし，目地に充填されるシーリング材は，本来，水密性や気密性を確保するためのものであり，風荷重を負担させると本来の性能が低下するおそれがあるため，シーリング材とともに目地を構成するバックアップ材で風荷重を負担するようにすることが望ましい．

４）湿気ムーブメント

窯業系サイディングの特性である湿気ムーブメントは，空気中の湿度の高低による影響の変形だけでなく，壁面での結露水によるものや雨により壁面をつたう雨水による濡れに伴い，部材の含水率が変化することにより生じる変形も考慮する必要がある．

4.2.3 b．の解説にシーリングジョイントの目地設計における窯業系サイディングの湿気ムーブメントに対する考え方が記述されているので参照されたい．

５）硬化収縮ムーブメント，炭酸化収縮ムーブメント

窯業系サイディングやセメント系材料の特性である硬化によって生じる硬化収縮ムーブメントは，経年で収縮してある段階で落ち着くことが知られており，この挙動も無視できないムーブメントの一つである．窯業系サイディングは，水和反応のほかに経年による乾燥・炭酸化などの収縮を考慮する必要がある．

4.2.3 b．の解説にシーリングジョイントの目地設計における硬化収縮ムーブメントと炭酸化収縮ムーブメントに対する考え方が記述されているので参照されたい．

なお，シーリング材に作用する部材の面外変形によるムーブメントは，その算定方法が確立しているとは言えないので，建築物個別の対応とすることとした．

3.2.4 気 密 性

> オープンジョイント構法では，等圧空間内の圧力が外部圧力に比べ低下しないようにウインドバリアの気密性能を確保する．

外壁接合部の気密性は，空調負荷や遮音性能などにも影響するが，本指針では水密性に影響する内容についてのみ取り扱う．水密性確保の観点から，気密性を考慮しなければならない接合部・目地の種類は，オープンジョイント構法のウインドバリアとなる．オープンジョイント構法では，外部の圧力と等圧空間の圧力を近似的に等圧にすることで，等圧空間内に浸入した雨滴が室内に浸入することを防いでいる．ウインドバリアの漏気量が多くなると，等圧空間内の圧力が外部圧力に比べ大幅に低下し，雨滴が室内側に移動しやすくなる．ウインドバリアまで雨滴が到達すると室内側への漏水を生じることになる．したがって，オープンジョイント構法ではウインドバリアの気密性を確実に維持し，目地内の雨滴がウインドバリアまで到達しないようにすることが重要である．そのため，ウインドバリアの設計に際しては，使用する材料の選定，目地に発生するムーブメント，施工精度および長期間の劣化などを十分に考慮する必要がある．オープンジョイント構法の等圧設計に関しては，「6.2.3 等圧設計」を参照されたい．

3.2.5　耐風圧性

> a．耐風圧性能
> 　水密接合構法を構成する部材が風により有害な変形や損傷を受けないように，耐風圧性能を確保する．水密性能値に関わる風圧力については，「3.2.1　水密性能」による．
> b．耐風圧性能値の設定
> 　耐風圧性能値は設計風圧力で表示し，建築基準法平成 12 年建設省告示第 1458 号または日本建築学会「建築物荷重指針・同解説」(2015) に基づいて設定し，設定条件の指定は特記による．

　a．耐風圧性能

　水密接合構法を構成する部材として，「2.2　水密接合構法の種類」で示したようなさまざまな部材があるが，それらの部材が風によって有害な損傷や変形を受けると，水密性の確保が困難になるだけではなく，安全性にも影響を及ぼす．そのため，十分な耐風圧性能を確保することが必要である．

　b．耐風圧性能値の設定

　耐風圧性能値は，設計風圧力で表示する．算定方法は，「3.2.1　水密性　b．水密性能値の設定（2）水密性能値の算定方法」でも示したとおり，平成 12 年建設省告示第 1458 号または本会「建築物荷重指針・同解説」(2015) があるため，特記による指定に基づき算定するものとする．

　4 章で示すシーリングジョイント構法においては，特にガラス回り目地において風圧力が大きい場合やガラス面積が大きい場合においてシーリング材およびバックアップ材が大きな風圧力を受けるため，その影響を考慮する必要がある．また，5 章で示すガスケットジョイント構法のうち，グレイジングガスケット構法および構造ガスケット構法においては，ガラスが受けた風圧力がガスケットに伝達されるため，有害な変形が生じないか検討が必要となる．

　参照できる設計風圧力の基準の例を次に示す．

　（一社）カーテンウォール・防火開口部協会（現（一社）建築開口部協会）が編集した「カーテンウォールの性能基準 2013」では，耐風圧性能グレードを解説表 3.2.19 のとおり設定している．また，JIS A 4706：2021（サッシ）および JIS A 4702：2021（ドアセット）では，スライディング部およびスイング部の等級が解説表 3.2.20 のとおり定められている．

　「JASS 14　カーテンウォール工事」では，耐風圧性能値は特記によるものとされており，特記のない場合は建築基準法施行令 87 条または建設省告示第 109 号により算定するものとされている．

　「JASS 17　ガラス工事」では，設計風圧力，あるいはその計算条件である基準風速および地表面粗度区分の指定は，特記によるものとされている．

　「JASS 27　乾式外壁工事」では，平成 12 年建設省告示第 1458 号によるとされている．

解説表 3.2.19　カーテンウォールの性能基準 2013 における耐風圧性能グレード

性能グレード	1	2	3
風圧力 （N/m², Pa）	平成 12 年建設省告示第 1458 号による値	平成 12 年建設省告示第 1458 号の基準風速に対し再現期間 100 年に相当する補正係数 1.07※ を乗じて求めた値	平成 12 年建設省告示第 1458 号の基準風速に対し再現期間 300 年に相当する補正係数 1.19※ を乗じて求めた値

［注］　※日本建築学会「建築物荷重指針・同解説（1993）」（旧版）によると，風速の再現期間換算係数（R）は，以下の式で示されていた.

$$R（r）= 0.54 + 0.1\ln（r）\qquad ここで，r：設計用再現期間（年）$$

平成 12 年建設省告示 1458 号の計算に用いる基準風速は告示 1454 号に示されており，この基準風速は上記荷重指針の概ね 50 年再現期待値に相当しているため，再現期間 50 年が 1 となるように補正係数（Y）を設定した.

$$Y = R（r）/ R（50）$$

解説表 3.2.20　耐風圧性の等級と最高圧力

等級	S-1	S-2	S-3	S-4	S-5	S-6	S-7
最高圧力　（Pa）	800	1200	1600	2000	2400	2800	3600
判定基準	JIS A 4706：2021（サッシ），JIS A 4702：2021（ドアセット）または「JASS16 建具工事」「3 節　アルミニウム・樹脂製建具工事」を参照						

3.2.6　汚染防止性

> a．シール材に起因する汚染の防止
> 　シール材に起因する目地および目地周辺の汚染防止性に配慮する.
> b．汚染を防止する設計
> 　汚染の防止は，使用環境に適合したシール材の選定，目地のディテール，目地構成材の表面処理などを考慮して設計する.

　a．シール材に起因する汚染の防止

　シール材は，建築物の水密性を確保するために目地に充填される防水材料であると同時に，建物の外観を形成する構成部材の一つでもあり，意匠上の観点から，目地部およびその周辺部の美観を損なわないことが求められる. しかし，設計・施工時の配慮不足のために，主にシーリング材を使用した場合に，シール材が原因で汚れが発生し，建築物の美観を損ねてしまう事例が少なくないため，シール材に起因する汚れの発生原因と，その対応策および留意事項について十分理解し，汚染防止性に配慮した設計および施工をする必要がある.

　シール材に起因する主な汚れ現象は解説図 3.2.8 のように分類され，シール材と被着体の種類によって注意事項が異なってくる. 大きくはシール材自体が汚れる現象と，シール材の成分の移行によってシール材以外の外壁材が汚れる現象とに大別できる.

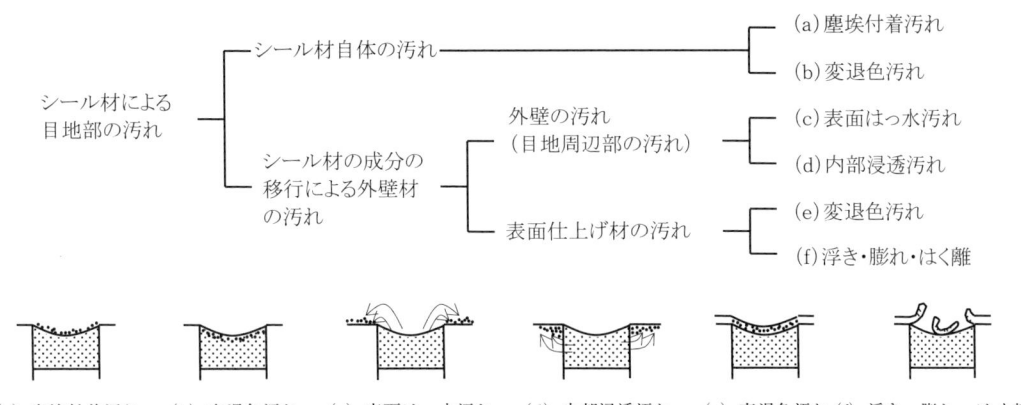

解説図 3.2.8　シール材に起因する主な汚れの分類[16),17)]

b．汚染を防止する設計

　シール材の選定に際し，特に屋外に面するシーリング材に起因する汚れが発生する場合が多いので，注意が必要である．シーリング材に起因する汚染の発生原因と対策については，「4章　シーリングジョイント構法　4.3　材料」において，「解説表4.3.8　シーリング材に関係する汚染現象と対策」を示すとともに，その詳細を解説しているので，これらを参照して適切なシーリング材の選定に配慮してほしい．

　目地のディテールによって水の流れを制御することにより，汚れを防止することも設計的な配慮としてあげられる．例えば，目地の形状を汚れにくいものとすること，水切り・堰・樋を適切に設置することなどが挙げられる．

　外壁の目地の表面形状は，主に解説図3.2.9に示す2つの形状に分けられるが，通し目地は縦目地が通っており，汚染物質を含んだ雨水が比較的スムーズに縦目地部を流下するため，目地およびその周囲に汚れが生じにくい．一方，破れ目地の場合は縦目地が通っていないため，目地部の流下水が仕上げ構成材を通過することとなり，その部分で汚染が生じやすい．したがって，汚染防止対策上は，破れ目地よりも通し目地の方が望ましいといえる．

　開口部などの下部に水切りを設ける際の配慮も汚染防止において重要である．水切りを設けることにより，壁面への流下水の伝播を防止し壁面の汚染を抑制することができるが，水切り端部から壁面へ流下水が伝ってしまうことが多い．例えば，解説図3.2.10に示すように，水切り端部に折返しを設けて堰とすることも対策の一つである．また，水切りの断面形状の例を解説図3.2.11に示すが，水切りの効果は，形状，突出寸法，下がり寸法，水切り先端下部シーリング材断面形状，水切り表面の親水状態などによっても変わってくるので[18)~20)]，より水切り効果の高いものを選定することが望ましい．なお，本会編「建築設計資料集成　1　環境」(1998)では，水切りの形式と所要寸法について，解説図3.2.12のとおり紹介されているので[21)]，参考にするとよい．

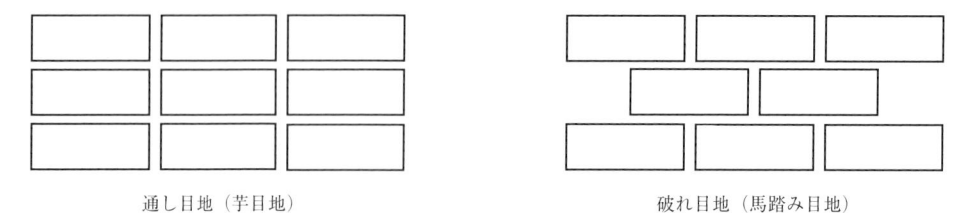

通し目地（芋目地）　　　　　　　　　　破れ目地（馬踏み目地）

解説図 3.2.9　外壁材の主な表面形状

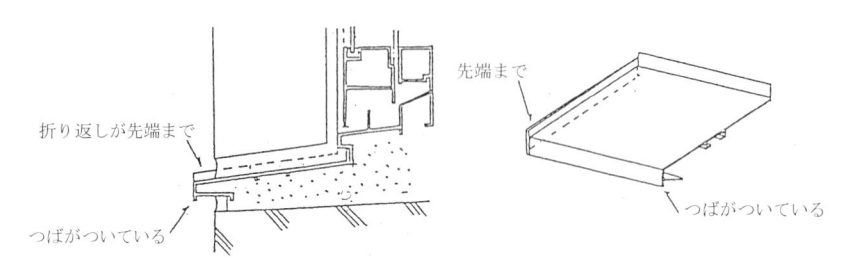

解説図 3.2.10　水切り端部の処理例

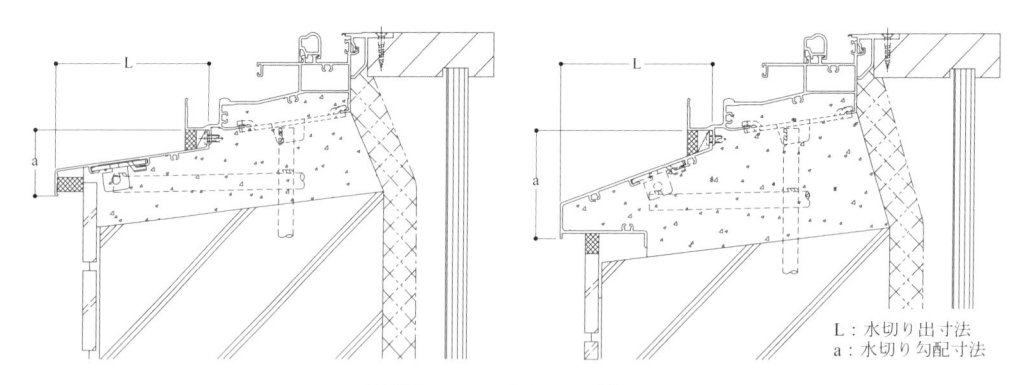

L：水切り出寸法
a：水切り勾配寸法

解説図 3.2.11　水切りの形状の例

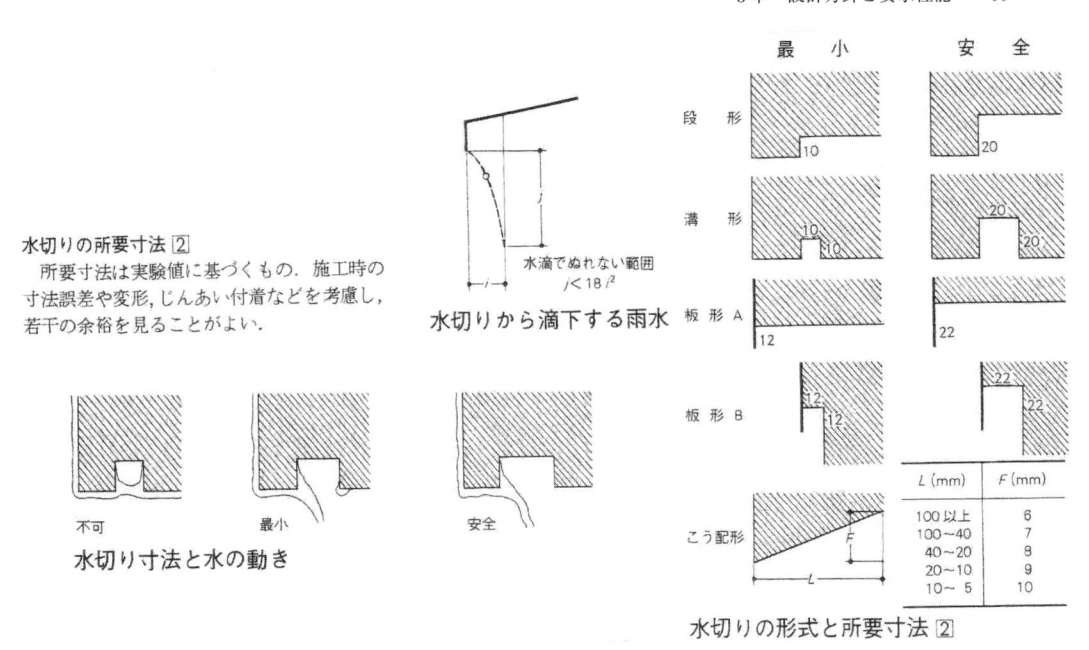

水切りの所要寸法 ②
　所要寸法は実験値に基づくもの．施工時の寸法誤差や変形，じんあい付着などを考慮し，若干の余裕を見ることがよい．

水滴でぬれない範囲
$j < 18 i^2$

水切りから滴下する雨水

不可　　　　最小　　　　安全
水切り寸法と水の動き

最　小　　　安　全
段　形
溝　形
板形 A
板形 B
こう配形

L (mm)	F (mm)
100 以上	6
100～40	7
40～20	8
20～10	9
10～ 5	10

水切りの形式と所要寸法 ②

解説図 3.2.12　水切りの形式と所要寸法[21]

　鉄筋コンクリート造のタイルや吹付け仕上げを施した外壁において，ひび割れ部に見られるエフロレッセンスや錆などの汚れも少なくない．汚染防止設計上は，ひび割れ誘発目地を適切に設置することも重要である．

　目地構成材の表面処理によって汚染を防止する方法として，塗装，仕上塗材，タイル，ガラスといった構成材料を低汚染タイプのものとすることが挙げられる．低汚染タイプとする方法として，親水性とする方法や，超はっ水性とする方法などがある．

　このように，シール材の選定，目地のディテール，目地構成材の表面処理など，設計段階から検討を行なうことにより，外壁の汚染防止対策を講ずる必要がある．

　なお，シーリング材に起因して発生する汚染の事前確認試験方法を「付録2　シーリング材に関連する性能評価試験方法　S3　屋外暴露によるシーリング材の成分による外壁材目地周囲の汚染性評価試験」に記載しているので，これらの試験方法を実施することにより，汚染発生の有無を事前に確認するとよい．

3.2.7　施　工　性

　a．長期水密信頼性の確保
　　設定した水密性能と水密接合構法の長期水密信頼性を確保するために適した施工性を有する水密接合構法を検討する．
　b．施工性
　　施工性は，外部作業足場の有無，構成部材の揚重方法，取付け精度，施工の難易，工期，作業時の安全性などのほか，実績などを考慮する．

a．長期水密信頼性の確保

水密接合構法では，シール材の施工や構成要素の取付けが設計どおりに施工できることが水密性能の確保において極めて重要である．設定した水密性能と水密接合構法の長期水密信頼性を確保するために，難度の高い施工が求められる水密接合構法とならないことを設計段階で十分に検討しておかなければならない．

b．施工性

施工性は，「2.2　水密接合構法の種類」および「2.3　外壁材の種類と水密接合構法」に記した各構法の施工上の特徴を踏まえた上で，外部作業足場の有無，構成部材の揚重方法・取付け方法，施工の難易，工期，作業時の安全性などを検討する．

・オープンジョイント構法は，外部からのシール作業がほとんどないため，フィルドジョイント構法に比べて，外部作業足場，安全性，工程面で有利となる．

・オープンジョイント構法は，適正なウインドバリアが形成されることを前提としているため，ウインドバリアの施工不良による不具合（取付け精度が悪いために環状ガスケットの反発力が小さいなど）があると，外気導入口から内部への雨滴の浸入を助長することになる．

・接合部の納まり（形状，寸法など）によっては，マスキングテープ張り，プライマー塗布，シーリング材充填など一連のシール施工，工場製作における加工・組立時の止水処理が難しくなる場合がある．

3.2.8　保　全　性

> a．維持保全の計画
> 　接合部の設計においては，建物の目標耐用年数とシール材の耐久性を考慮して，目地の構成材料の清掃や補修などの維持保全のあり方について計画する．
> b．竣工後の保全方法
> 　建物竣工後，清掃や補修が必要と予想される接合部の構成材料は，設計段階からそれらの種類，方法，頻度などを検討しておくとともに，これらの作業が安全かつ容易に行えるように配慮する．

a．維持保全の計画

オープンジョイント構法のウインドバリアやダブルシールジョイント構法の2次シールなど施工後に隠蔽される接合部は，構成材料の補修が困難であることから，建物の耐用年数内において構成材料の補修等のメンテナンスを必要としない接合部の水密設計，材料選定，目地のディテールを採用することが望ましい．

b．竣工後の保全方法

建物の供用中に接合部に使用した構成材料の清掃や補修が必要となる水密接合構法を採用している場合には，設計段階から清掃や補修などの維持保全の種類に応じた処置方法を検討しておく必要がある．

大がかりなメンテナンスを必要としないオープンジョイント構法においても，接合部の故障に対する対応と補修方法を設計段階から検討しておくことが望ましい．

　また，清掃や補修のためには作業用足場が必要となるので，特に高層建築物においては，設計段階からゴンドラ設備についての方針（本設・仮設の区分，ゴンドラガイドレールなどの有無），作業に必要な揚重重量などの条件を設定しておかなければならない．

3.2.9　環境負荷低減性

> a．シール材
> 　シール材は，施工段階，供用段階，解体・処理段階において，環境負荷の少ないものを選定する．
> b．耐用年数
> 　水密接合構法およびシール材は，完成した建物の耐用年数の低下をきたさない品質・性能のものを選定する．
> c．補助材料
> 　施工において用いる補助材料について，使用時および使用後の処理において環境影響の少ないものを選定する．
> d．廃棄物処理と再生利用
> 　梱包材，容器，端材，養生材，既存建物の解体発生物など，建設時に発生する副産物については，関連法規に従って適切な方法で処理する．また，可能な限り再生利用に努め，建設現場からの廃棄物を低減する．

a．シール材

　シール材は，ライフサイクル全体を見た総合的な視点から環境負荷の少ないものを選定する．環境への影響物質として，化学物質，重金属類，石綿等の粉塵，地球温暖化物質等，さまざまな物質があり，これらへの配慮がなされたシール材の選定が望ましい．

　施工段階では，施工時に発生する化学物質や粉塵，施工後に発生する廃棄物に留意する．施工者はもとより，供用段階においても環境に影響が小さい材料の選定が望ましい．供用段階では，シール材から放散される化学物質等についての留意も重要である．特に室内においては，室内空気質への影響が小さい材料の選定が求められる．解体・処理段階では，廃棄物として処理された場合の環境負荷についても検討しておく必要がある．

b．耐用年数

　耐用年数の延長は，廃棄物の発生量を減少させ環境負荷低減効果を持つと期待できる．耐用年数は，水密接合構法の種類，シール材の耐久性，維持保全方法の選択により大きく影響される．建物の供用・維持保全段階における環境影響についても考慮し，良好な維持保全が確保できる接合構法と長寿命化に貢献できる品質と性能を有するシール材を選定することが望ましい．

c．補助材料

　補助材料については，設計段階では具体的な内容が記述されない場合が多いが，主要な資材の選定と同様の配慮が必要である．シーリング工事においては，清掃溶剤，バックアップ材，ボンドブレーカー，マスキングテープが主な補助材料であり，ガスケットの施工においては，清掃溶剤，接着剤，はく離紙などがあげられる．これらについても，環境影響の少ないものを選定する．

d．廃棄物処理と再生利用

　施工現場で発生する端材・不良品・返品・不要品等は，解体廃棄物と比較すれば処理は一般に容易であり，再利用率も高いが，シーリング材硬化物や合成ゴム系のガスケットに関しては再利用法

が限られていることもあり，ほとんどが産業廃棄物として処理されているのが現状である．シール材の梱包材，容器，端材等でも段ボール，金属類，プラスチック類等，再資源化が可能なものもある．再生利用についても関連法規に従い適切な方法で行い，建設現場からの廃棄物低減に努める．

参 考 文 献

1）日本窯業外装材協会：窯業系サイディングと標準施工　第4版，2022
2）村上周三，茅野紀子，佐藤秀雄：降雨を伴う風速の再現期待値，日本建築学会計画系論文報告集，第434号，pp.11-17，1992.4
3）村上周三，森川泰成，岩佐義輝・茅野紀子：降雨を伴う風速の再現期待値，生産研究，第34巻，第4号，pp.1-8，1982.4
4）村上周三，岩佐義輝，森川泰成，茅野紀子：降雨を伴う風速の再現期待値，日本風工学会誌，第27号，pp.65-74，1986.3
5）勝田高司，寺沢達二，片山忠久：金属製サッシの気密・水密に関する実験的研究，生産技術研究報告，第20巻，第2号，1970.8
6）石崎溌雄，光田寧，佐野雄二：暴風雨時に壁面に衝突する雨について，京大防災研究所年報，第13号A，pp.433-439，1970.3
7）R.E.Lacy：Driving-rain Maps and the On-slaught of Rain on Buildings, RILEM/CIB Symposium on Moisuture Problems in Buildings, Helsinki, 1965
8）石川廣三：高層建築物の壁面近傍における雨滴の動き，日本建築学会大会学術講演梗概集，1984.10
9）神山幸弘，石川廣三：建築物の外壁におよぼす降雨負荷に関する研究―建築物の防雨工法に関する研究　その10-，日本建築学会大会学術講演梗概集，pp.275-276，1971.11
10）鈴木清隆，橘高義典，仕入豊和，阿部紀彦：高層建築外装仕上材の汚染に関する研究―高層外壁面への壁面雨量の実測―，日本建築学会大会学術講演梗概集，pp.1203-1204，1994.9
11）伊藤弘，西田和生：建築物の外壁面が受ける壁面雨量の実測，日本建築学会大会学術講演梗概集，pp.383-384，1983.9
12）伊藤弘，西田和生：外壁が受ける壁面雨量の全国分布，日本建築学会大会学術講演梗概集，1984.10
13）伊藤弘，西田和生：外壁が受ける壁面雨量の全国分布，日本建築学会大関東支部研究報告集，pp.317-320，1984.10
14）伊藤弘，西田和生：建築物の外壁面が受ける壁面雨量の実測（第2報），日本建築学会大会学術講演梗概集，pp.275-276，1991.9
15）上原健二，森田大，渡嘉敷健：壁面雨量の定量化について，日本建築学会大会学術講演梗概集，pp.475-476，1996.9
16）建築業協会：外壁の汚れ防止技術に関する調査研究報告書，1999.6
17）建築業協会：事例に学ぶシーリング工事，2002
18）岡本肇，坪内信朗，本地川俊郎：外装仕上材料の汚れ防止に関する研究　その3　水切り部材の水切り性能の評価，日本建築学会学術講演梗概集，pp.591-592，1999.9
19）宇野清文，小野正：外壁の汚れ防止に関する研究　その1　水切り性能の評価，日本建築学会学術講演梗概集，pp.53-54，2001.9
20）宇野清文，小野正：外壁の汚れ防止に関する研究　その2　屋外暴露試験による水切り性能の評価，日本建築学会学術講演梗概集，pp.53-54，2001.9
21）日本建築学会：建築設計資料集成1　環境，p.187，1998

4章　シーリングジョイント構法の設計および施工

4.1　総　　則

4.1.1　適用範囲

> 本章は，建築物の新築および改修工事において，外壁材料・部材により構成される接合部の目地の水密性を確保するシーリングジョイント構法の設計，施工および維持管理に適用する.

　本章は，建築物の新築および改修工事における外壁材料・部材により構成される接合部の水密性能を確保するための目地防水工事として，水密接合構法のフィルドジョイント構法のうちのシーリングジョイント構法に適用し，耐久性や耐用年数，美観などを考慮して接合構法を設計，施工および維持管理に適用する．ダブルシールジョイント構法のうち，2次シールとしてガスケットジョイントを適用する場合の設計および施工については，「5章　ガスケットジョイント構法の設計および施工」を参照する．

　シーリングジョイント構法に関し，「4.2　設計」では設計方法について，「4.3　材料」では用いられる材料について，「4.4　施工」では施工法について，「4.5　維持管理」では維持管理手法について規定している．「4.2　設計」の耐用年数の考え方については，「4.5　維持管理」も参照する．

4.1.2　用　　語

> 　本指針で使用する用語を次のように定義する.
> （1）1成分形シーリング材　：あらかじめ施工に供する状態に調整されているシーリング材.
> （2）2成分形シーリング材　：施工直前に基剤と硬化剤を調合し，練り混ぜて使用するシーリング材.
> （3）基剤　　　　　　　　　：2成分形シーリング材のうち，主成分を含んでいるもの.
> （4）硬化剤　　　　　　　　：2成分形シーリング材のうち，基剤と混合して硬化させるもの.
> （5）プライマー　　　　　　：被着面とシーリング材との接着性を良好にするために，あらかじめ被着面に塗布する材料.
> （6）バックアップ材　　　　：シーリング材の目地深さを所定の寸法に保持するために，目地に装填する成型材料.
> （7）ボンドブレーカー　　　：シーリング材を接着させない目的で，目地底に張り付けるテープ状材料.
> （8）マスキングテープ　　　：施工中，構成材の汚染防止と目地縁の線を通りよく仕上げるために使用する保護テープ.
> （9）2面接着　　　　　　　：目地に充填されたシーリング材が構成材と相対する2面で接着している状態.
> （10）3面接着　　　　　　　：目地に充填されたシーリング材が構成材と相対する2面と目地底との3面で接着している状態.
> （11）打継ぎ　　　　　　　　：シーリング材を仕上げた後，時間を経てから続けてシーリング材を施工すること，またはその接合部分.
> （12）耐用年数　　　　　　　：材料が使用に耐えられなくなるまでの年数.
> （13）補修　　　　　　　　　：部分的（局部的）に劣化したシーリング材の性能や機能を実用上支障のない状態まで回復させること.

(14) 改修	：	劣化したシーリング材の性能や機能を初期の水準以上に改善すること．全面的な補修も含む．
(15) 再充填工法	：	既設のシーリング材を除去の上，シーリング材を再び充填する補修または改修の工法．
(16) 拡幅再充填工法	：	目地形状，被着体強度あるいは被着面の状態の改善を要する場合に，目地の幅または深さを拡幅した後，シーリング材を再充填する補修または改修の工法．
(17) ブリッジ工法	：	目地形状が不備で，既設のシーリング材が劣化により破損して再充填のみでは故障の再発が懸念され，加えて拡幅再充填工法が採用できない場合に用いる工法で，被着体間に橋を架けた状態にシーリング材を重ねて施す補修または改修の工法．

　用語のうち，維持保全に関する「(13) 補修，(14) 改修」の性能や機能の回復レベルの一般的な概念を，本会編「建築保全標準・同解説　JAMS 1-RC　一般共通事項—鉄筋コンクリート造建築物」[1]から引用し，解説図 4.1.1 に示す．

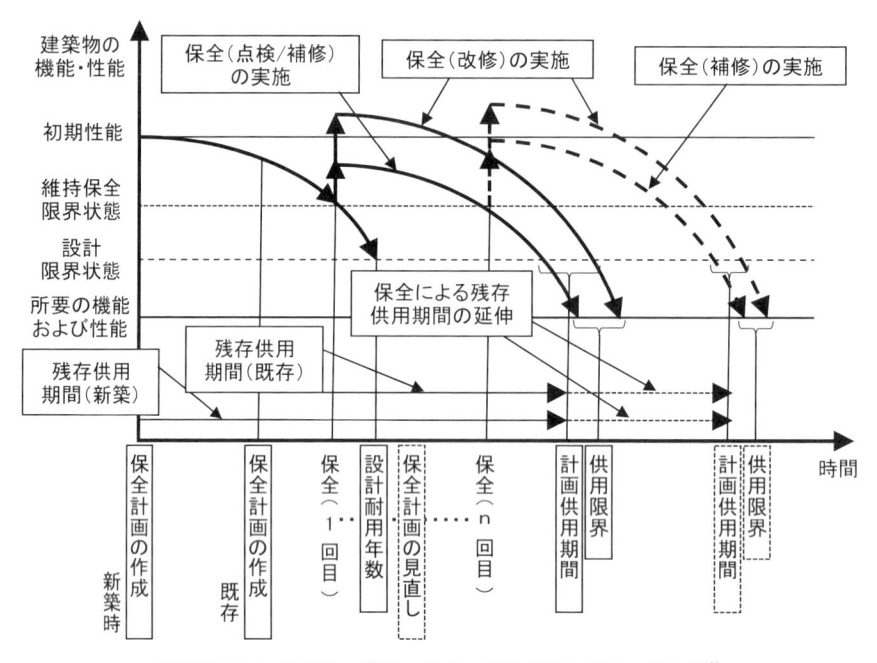

解説図 4.1.1　建築物の機能・性能の経時変化と保全の概念図[1]

4.2　設　　計

4.2.1　基 本 事 項

　a．基本的な考え方
　　シーリングジョイントの設計の基本は，設計条件に対して構法，接合部，材料などの特徴を検討し，適切な接合部の納まり，シーリング材を選定することである．
　b．接合部の納まりの選定
　　接合部の納まりは，シーリング材が確実に充填でき，水密性能および耐久性能を確保できるものを選定する．
　c．シーリング材の選定
　　シーリング材は，水密性能および耐久性グレードを満足し，汚染の低減を図るものを選定する．

ａ．基本的な考え方

シーリングジョイントの設計の基本は，「3章　要求性能と設計方針」で設定した水密性および耐久性を満足する接合部の納まりやシーリング材の種類などを選定することである．

ｂ．接合部の納まりの選定

接合部の納まりとは，目地の形状・寸法と目地の構造のことであり，要求される水密性能および耐久性能を確保するための確実な施工が可能となる目地幅・目地深さ，目地の構成材および目地の状態などを適切に選定する．

ｃ．シーリング材の選定

シーリング材は，目地構成部材の取付け方法・部位・材質を考慮して水密性能および耐久性グレードを満足するものを選定しなければならない．

JIS A 5758：2022（建築用シーリング材）には，シーリング材の主成分，製品形態および耐久性による区分が示されており，「解説図 3.2.6　シーリングジョイントにおける長期水密信頼性」で要求される耐久性グレードを満足するシーリング材を選定する．シーリング材の耐久性区分は，「解説表 4.3.2　JIS A 5758：2022（附属書 JA）の耐久性による区分に適用できる主成分による区分」を参照する．

また，目地およびその周辺に汚染防止性が求められる場合や，温泉地などの特殊環境下で使用される場合には，要求される性能を満足するシーリング材を選定する．

4.2.2　シーリングジョイントの種類

ａ．対象とするシーリングジョイント
　（1）外壁目地
　　（ⅰ）カーテンウォール
　　（ⅱ）外装パネル
　　（ⅲ）鉄筋コンクリート
　（2）ガラス回り目地
ｂ．シーリングジョイントの分類
　シーリングジョイントは，ムーブメントの大きさによりワーキングジョイントか，ノンワーキングジョイントかを判断する．
ｃ．シーリングジョイント構法の種類
　ワーキングジョイント，ノンワーキングジョイントのシーリングジョイント構法の種類は図 4.2.1 を標準とし，その種類は要求される水密信頼性のグレードにより選定する．

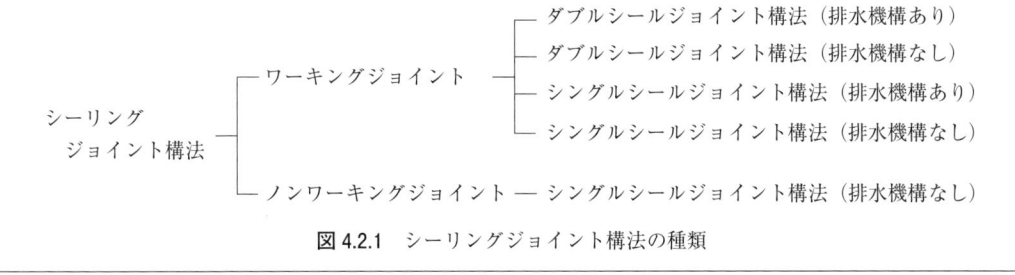

図 4.2.1　シーリングジョイント構法の種類

a．対象とするシーリングジョイント

シーリング材を充填する目地は，適正な目地設計がなされていなければならない．適正な目地設計とは，建物の構造・規模，構成部材の材質・形状寸法・取付け方法・剛性および外力（日射・温度・湿度・風圧力・地震力および環境条件など）や建物の要求性能を整理・検討し，耐久性，施工性，美観および維持管理に配慮して，目地の形状・寸法，目地の構造，目地材の種類を決めることである．

本章においては，後述するように，JIS A 5758：2022 に規定されるシーリング材の種類に応じた耐久性区分や，シーリング材の種類により規定される一律の設計伸縮率と設計せん断変形率（解説表 4.2.8），あるいは適用する接合部や部位とシーリング材の種類の組合せ（解説表 4.3.13）による適材適所といった「仕様規定」によって，適用しうるシーリング材を選定する手法を基本としている．

一方，昨今の建築物の長寿命化に関する要求に応えるべく，長期間の使用に対応できるシーリング材を要求性能に応じて選択できるようにする「性能設計」という考え方が提案されている[2),3)]．本会のシール材性能設計指針準備小委員会および外壁接合部シール技術の高度化小委員会等では，この考え方を整理しなおし，「シーリング材を使用した目地防水における性能設計指針（案）」を取りまとめた（付録 1 参照）．この性能設計指針（案）は，技術的な検証が不十分な箇所も存在していると考えるが，「性能設計」という考え方が反映されており，将来の外壁目地のシーリング防水の技術標準（指針）になりうることが期待される．

シーリング材を充填する目地の設計では，建物の種類・規模，部位などにより，接合部の水密設計の考え方（設計に際しての検討項目やその優先順位など）や，接合部に作用する外力に差異がある．

本指針では，接合部の目地設計を進める上で対象となる建物外壁接合部を次の 2 つに大別した．

（1）外壁目地

（2）ガラス回り目地

これらの目地の特徴を，解説表 4.2.1 に示す．

解説表 4.2.1　目地の種類とその特徴

目地の種類		設計上の優先事項	ムーブメントの主因子
外壁目地	カーテンウォール，GRC パネル，ALC パネル，押出成形セメント板（ECP）など	水密性	温度変化，層間変位
	窯業系サイディング	水密性・意匠性	温度変化，含水率変化，炭酸化収縮
	鉄筋コンクリート壁	水密性	含水率変化
ガラス回り目地		水密性	温度変化，層間変位，風圧力

b．シーリングジョイントの分類

（1）ムーブメントの大きさ

目地は，ムーブメントの大きさにより，ワーキングジョイントとノンワーキングジョイントに大

別される．ワーキングジョイントは，カーテンウォールの目地に代表されるムーブメントが比較的大きい目地のことをいい，ノンワーキングジョイントはムーブメントが小さいか，または生じない目地のことをいう．ただし，両者の境界をムーブメント量により厳密に分類することは困難である．本指針では，目地の種類より分類することにし，ワーキングジョイントおよびノンワーキングジョイントに属する主な目地の分類の目安を解説表 4.2.2 に示す．このうち，代表的な目地の納まりの例を解説図 4.2.1〜4.2.8 に示す．

解説表 4.2.2　ムーブメントの種類と主な目地

目地の区分	ムーブメントの種類	主な目地の種類
ワーキングジョイント	温度ムーブメント	金属部材の目地 ・メタルカーテンウォールの各種目地 ・金属外装パネルの部材間目地 { 塗装鋼板 ／ ほうろう鋼板 ／ アルミニウムパネルなど ・金属笠木の目地 ・金属建具の目地 { 建具間目地 ／ 水切・皿板などの目地 プレキャストコンクリートカーテンウォールの目地 ・窓枠回り目地 ・部材間目地 ガラス回り目地
	層間変位ムーブメント	金属部材の部材間目地 多孔質部材の部材間目地（セメント系部材） ・プレキャストコンクリートカーテンウォール部材間目地 ・ALC 厚形パネル外壁のパネル間目地 { ・縦壁ロッキング構法 ／ ・横壁アンカー構法（ボルト止め構法[1]）／ ・（カバープレート構法[1]） ・ALC 薄形パネル外壁の出入隅部または他部材取合い部等 ・プレキャスト鉄筋コンクリート笠木の目地 ・GRC パネル，押出成形セメント板の板間目地 鉄筋コンクリート壁の構造スリット ガラス回り目地
	風によるムーブメント	ガラス回り目地
	湿気ムーブメント	セメント系ボード類のボード間目地（押出成形セメント板を含む） 窯業系サイディングのパネル間目地
	硬化収縮ムーブメント 炭酸化収縮ムーブメント	窯業系サイディングのパネル間目地
ノンワーキングジョイント	ムーブメントが小さいか，または生じない	鉄筋コンクリート壁の各種目地 ・鉄筋コンクリート造の窓枠回り目地 ・鉄筋コンクリート造の打継ぎ目地 ・鉄筋コンクリート造の収縮目地（ひび割れ誘発目地） ・プレキャスト鉄筋コンクリートパネルの打込み窓枠回り目地 ・タイル張り面の伸縮目地 ・プレキャスト鉄筋コンクリート工法の躯体の目地 ALC 薄形パネル外壁のパネル間目地（出入隅部または他部材取合い部などを除く） ALC パネル挿入筋構法のパネル間目地（挿入筋構法[1]）

[注]　（1）スライド構法・挿入筋構法・カバープレート構法は，現在では採用されていない．また，横壁アンカー構法は，横壁ボルト止め構法の改良型として名称を変更している．本指針では，既存の建物の補修・改修工事を行う場合があるため，記述している．

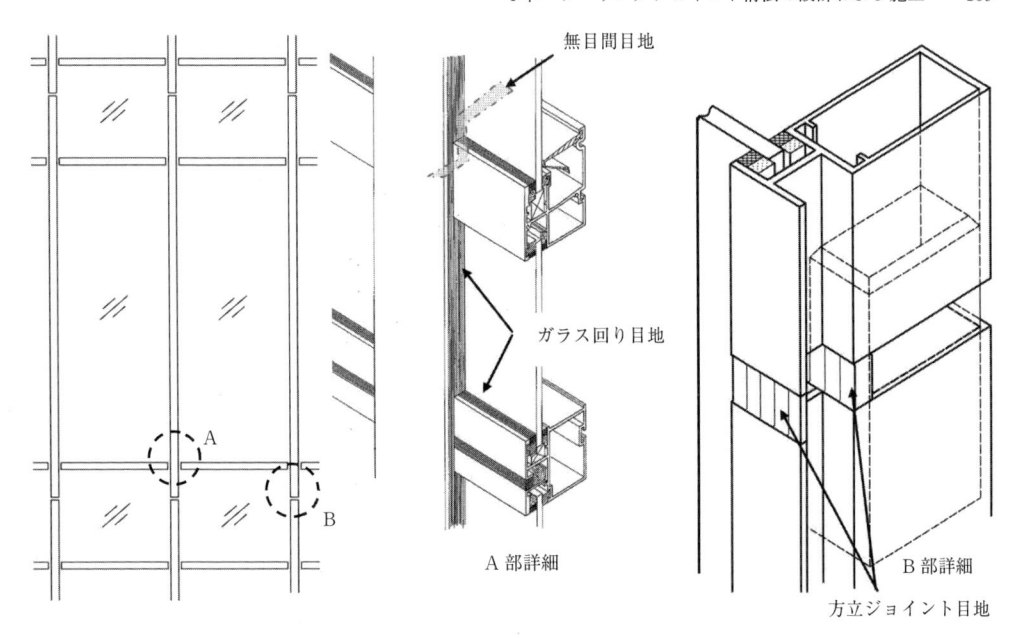

解説図 4.2.1　メタルカーテンウォールの目地の例

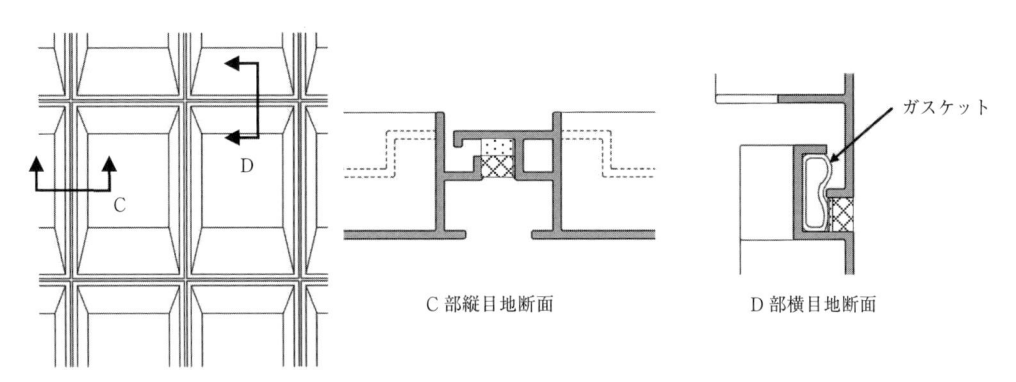

解説図 4.2.2　金属外装パネルの部材間目地および金属笠木の目地の例

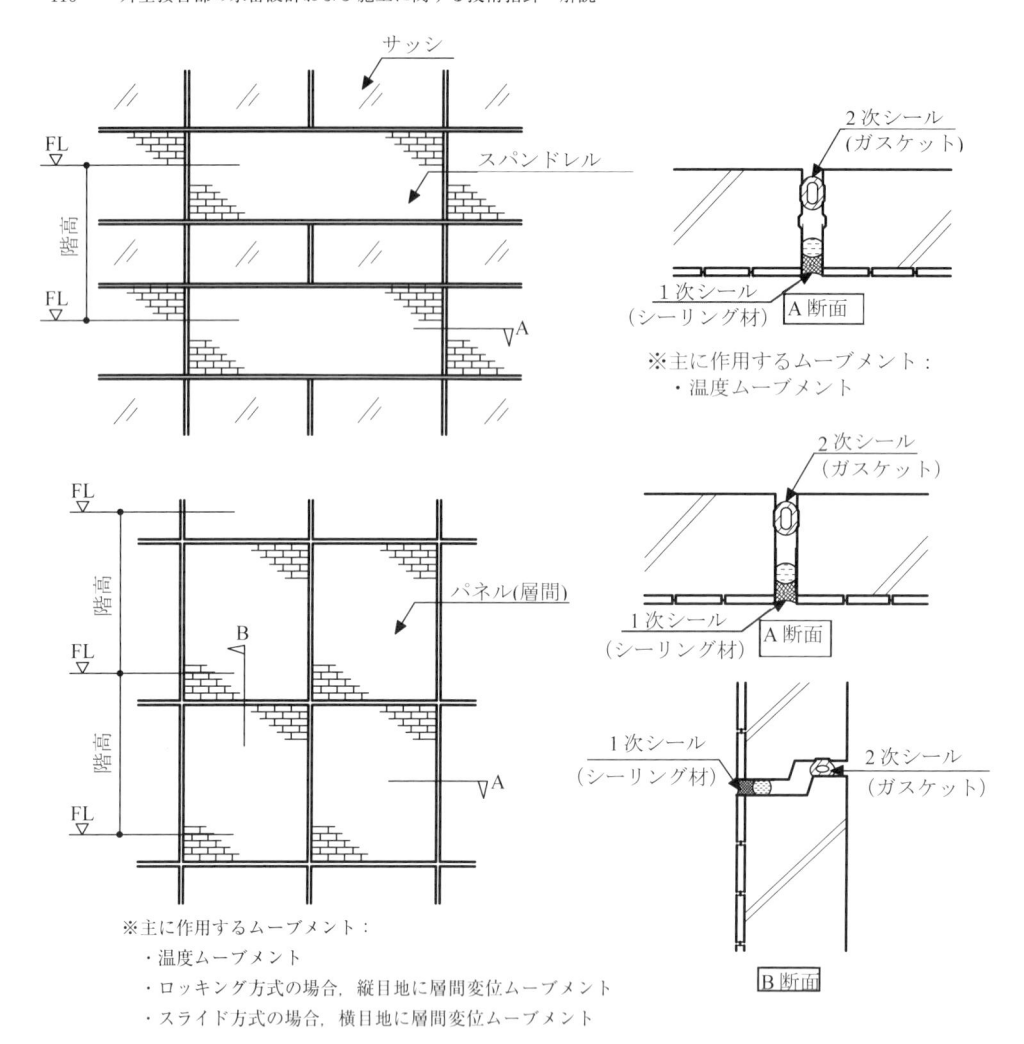

解説図 4.2.3　プレキャストコンクリートパネルのパネル間目地の例

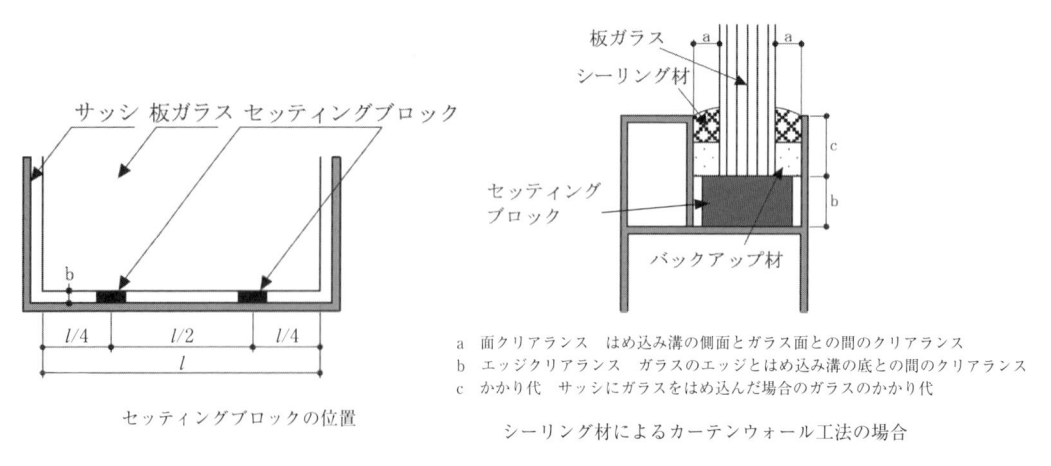

a　面クリアランス　はめ込み溝の側面とガラス面との間のクリアランス
b　エッジクリアランス　ガラスのエッジとはめ込み溝の底との間のクリアランス
c　かかり代　サッシにガラスをはめ込んだ場合のガラスのかかり代

セッティングブロックの位置

シーリング材によるカーテンウォール工法の場合

解説図 4.2.4　ガラス回り目地の例

	一般部縦目地[1]		一般部横目地[2]
ロッキング構法	シーリング材／ボンドブレーカー	シーリング材／バックアップ材	シーリング材／バックアップ材
スライド構法[3] 挿入筋構法[3]	シーリング材		シーリング材／バックアップ材
横壁アンカー構法 （ボルト止め構法）[3]	シーリング材／バックアップ材	シーリング材／ボンドブレーカー	シーリング材／バックアップ材
伸縮目地[4]	シーリング材／バックアップ材		

[注]　（1）一般部縦目地：ALC パネル間の目地で，縦方向の目地．ロッキング構法・スライド構法・挿入筋構法では，この部分にシーリング用溝があらかじめ工場で加工されており，加工の深さに応じてボンドブレーカーかバックアップ材を選定して用いる．ただし，スライド構法・挿入筋構法の場合は，3 面接着でもよい．また，横壁アンカー構法（ボルト止め構法）では，パネルを一定の間隔を空けて構成されているため，バックアップ材でシーリング材深さを調整する必要がある．

　　　（2）一般部横目地：ALC パネル間の目地で，横方向の目地，横壁アンカー構法（ボルト止め構法）では，この部分にシーリング用溝があらかじめ工場で加工されており，加工の深さに応じてボンドブレーカーかバックアップ材を選定して用いる．また，ロッキング構法・スライド構法・挿入筋構法ではパネルを一定の間隔を空けて構成されているため，バックアップ材でシーリング材深さを調整する必要がある．

　　　（3）スライド構法・挿入筋構法・カバープレート構法は現在では採用されていない．また，横壁アンカー構法は横壁ボルト止め構法の改良型として名称を変更している．本指針では，既存の建物の補修・改修工事を行う場合があるため，記述している．

　　　（4）伸縮目地：ALC パネル間の目地で，パネルを一定の間隔を空けて構成されている目地．バックアップ材でシーリング材深さを調整する必要がある．

解説図 4.2.5　ALC パネル構法のパネル間目地の例

縦張り水平断面図の例　　　　　　　横張り水平断面図の例

解説図 4.2.6　押出成形セメント板（ECP）のパネル間目地の例

［注］　2次シールとして室内側にガスケットを用いる場合は，「5.2.2　目地ガスケット構法の設計」
　　　および「解説図 5.2.6　ECP 目地ガスケット構法クロス部納まり」を参照.

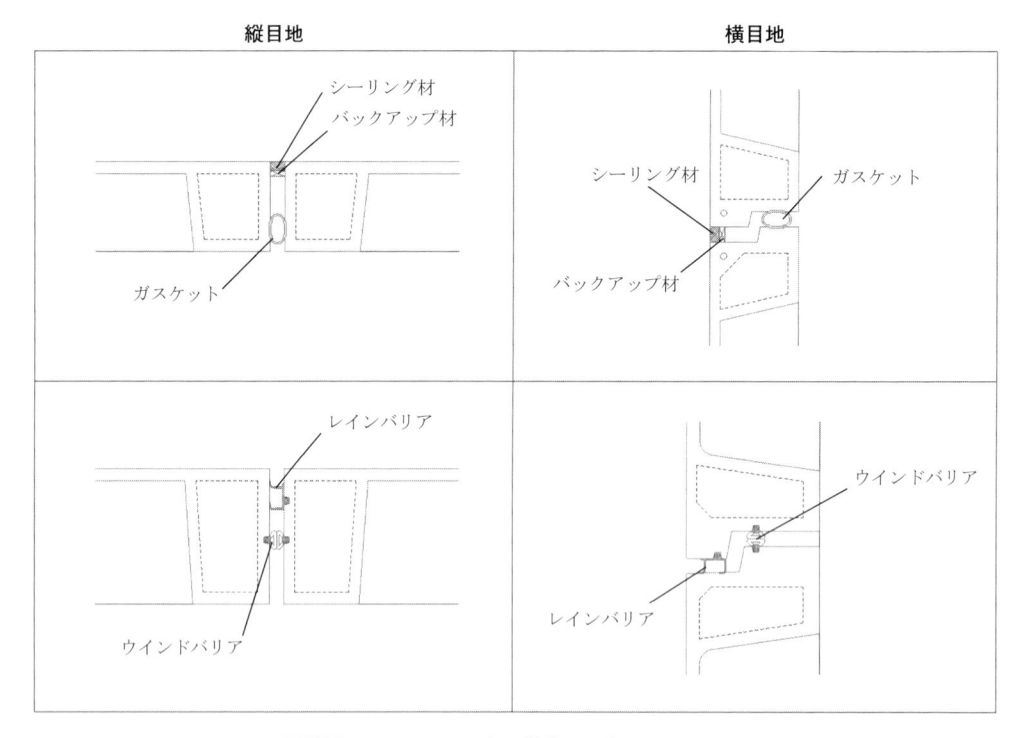

解説図 4.2.7　　GRC パネル構法のパネル間目地の例

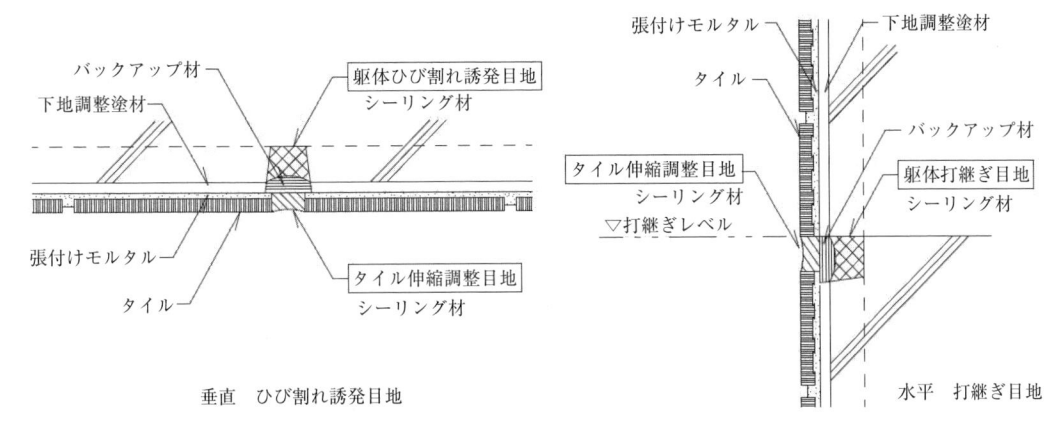

垂直　ひび割れ誘発目地　　　　　　　　　　　　　　　水平　打継ぎ目地

解説図 4.2.8　鉄筋コンクリート外壁におけるセラミックタイル仕上げの目地の例

（2）ムーブメントの種類および方向

　目地に発生するムーブメントの原因は幾多に及ぶ．特にわが国においては，四季による大きな気温差，地震や台風による躯体および部材の動きなど，その原因は多岐にわたる．

　一般的には，ムーブメントの種類として，要因別に次の4種類に大別される．

　　①躯体および構成部材の温度変化や湿度変化による寸法変化

　　②風圧力や地震力によって生ずる躯体の層間変位

　　③風圧力や地震力を受けて生じる構成部材の面内・面外変形

　　④構成部材の硬化による寸法変化

　これらのムーブメントの作用によるシーリング材の変形として「引張・圧縮方向」と「せん断方向」の2種類があるが，どのように変形するのかは，目地の納まりによって異なる．また，ムーブメントの種類，大きさおよび方向は，建築物の構造・規模，構成部材の材質・形状寸法・構造・取付け方法・剛性および外力（日射・気温・風圧力・地震力および環境条件など）によって決まる．

　このうち，本指針のワーキングジョイントの目地設計では，比較的ムーブメントの大きい「温度」および「層間変位」を主な対象としている．

　ｃ．シーリングジョイント構法の種類

　ワーキングジョイントは，ノンワーキングジョイントに比べてムーブメントによるシーリング材の不具合が生じやすい．ワーキングジョイントの長期水密信頼性をみると，シングルシールジョイント構法（排水機構なし）はシーリング材（1次シール）に不具合が生じた場合にただちに漏水に繋がりやすいことから，信頼性が低く，排水機構を有するダブルシールジョイント構法は1次シールが故障して雨水が浸入しても2次シールに達しないので，信頼性が高い．また，ダブルシールジョイント（排水機構なし）構法はその中間に位置する．ワーキングジョイントの設計では，要求される水密性能，耐久性グレード，施工性，経済性などを考慮してシール構法を選定する．

　なお，ALCパネルや窯業系サイディング材の外装パネル目地，サッシ回り目地などでは，パネルの端部形状などの制約からシングルシールジョイント構法が標準となっている．

　押出成形セメント板では，ダブルシールジョイント構法を採用する方法もある．2次シールとし

て室内側にガスケットを用いる場合は，「5.2.2　目地ガスケット構法の設計」および「解説図 5.2.6
ECP 目地ガスケット構法クロス部納まり」を参照するとよい．

　ノンワーキングジョイントは，ムーブメントが生じないか，生じてもその量は小さく，シーリング材のムーブメントによる不具合はワーキングジョイントに比べて少ないため，シングルシールジョイント構法（排水機構なし）を標準とした．

4.2.3　外壁目地の設計

ａ．外壁目地の設計（窯業系サイディング外壁を除く）
　シーリングジョイントの設計は，次を標準とする．
　（1）目地の形状・寸法
　　目地は，シーリング材を確実に充填できる形状とし，目地形状・寸法は，目地のムーブメントによる分類，シーリング材の耐久性，施工性を考慮して決める．
　　（ⅰ）ワーキングジョイントの目地設計
　　1）目地幅 W の算定
　　　目地幅は，各種のムーブメントに対する追従性を確保できる寸法とする．
　　2）目地深さ D の算定
　　　目地深さは，接着性や耐久性を十分に確保でき，硬化阻害を起こさない寸法とする．
　　（ⅱ）ノンワーキングジョイントの目地設計
　　1）目地幅 W の設定
　　　目地幅は，所定の範囲に納まる寸法とする．
　　2）目地深さ D の設定
　　　目地深さは，接着性や耐久性を十分に確保でき，硬化阻害を起こさない寸法とする．

　ａ．外壁目地の設計
（1）目地の形状・寸法

　シーリングジョイントの設計では，シーリング材を充填し，へら仕上げが確実に行える形状・寸法であることが必要である．へら仕上げが確実に行えない形状・寸法では，被着体との接着が十分でなく，水密性，耐久性などに不具合を生じるおそれがある．したがって，耐久性を確保するための目地寸法の算定は，原則として解説図 4.2.9 に示す目地寸法算定の流れに沿って行う．

　すなわち，まずシーリング材を充填する目地がワーキングジョイントかノンワーキングジョイントかを判断してから目地幅算定を行う．この判断は，設計者が躯体の剛性および部材の種類，寸法・形状，構成方法および外力（日射・温度・湿度・風圧力・地震力および環境条件他）などを総合的に検討して行うものである．一般的には，「解説表 4.2.2　ムーブメントの種類と主な目地」に示した分類を参考として，ワーキングジョイントか否かを判断してよい．

　ワーキングジョイントの場合は，目地に発生することが予想されるムーブメント量を算出し，使用する予定のシーリング材のムーブメントに対する追従性，構成部材の取付精度を勘案した上で必要な目地幅を決める．その後，この目地幅に対して許容される目地深さを設定し，目地形状を決定する．

　ノンワーキングジョイントの場合は，ムーブメントを考慮する必要がないので，シーリング材の種類（主成分・硬化機構）ごとに決められた目地幅および目地深さの許容範囲の中で目地形状を決

定する.

　なお，限られた条件の中で十分な防水性能を発揮させるためには，後述の項目を満足することが必要であり，設計段階からシーリング管理士，シーリング技術管理士（共に日本シーリング材工業会認定資格）などを参加させて検討することが望ましい.

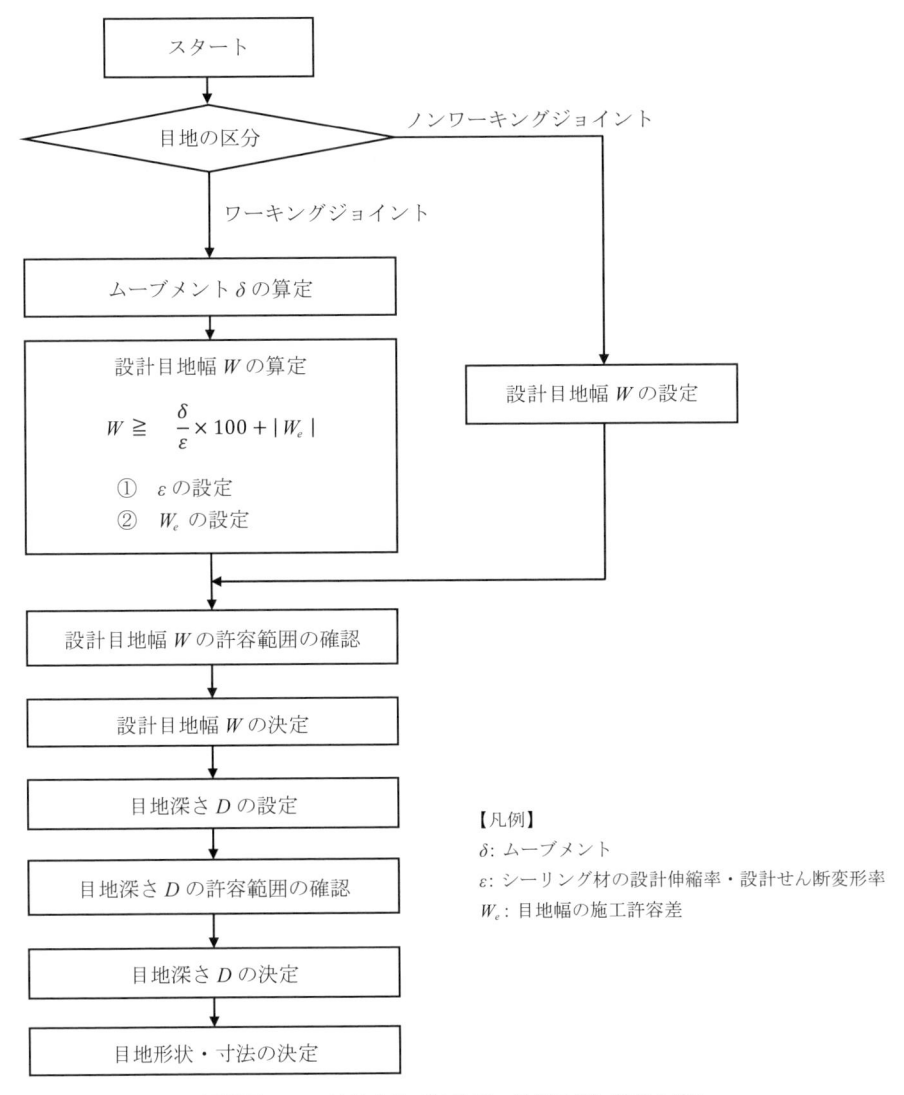

解説図 4.2.9　目地寸法（目地幅・目地深さ）算定の流れ

（i）ワーキングジョイントの目地設計

1）目地幅 W の算定

i）ムーブメント δ

　温度ムーブメントおよび層間変位ムーブメントは次の方法で算定する. なお，設計者などの保有する過去の実験例などがあれば，そのデータを基に求めてもよい.

A）温度ムーブメント δ_t

部材の熱膨張および収縮に起因する温度ムーブメントは，次の算定式により求めるか，解説図 4.2.14 から求める．

A-1）突付ジョイントの算定式

突付ジョイントのムーブメントは引張・圧縮方向であり，(4.2.1) 式で算定する．

$$\delta_t = \alpha \cdot l \cdot \Delta T\ (1 - K_t) \tag{4.2.1}$$

ここに，δ_t：温度ムーブメント（mm）

α：部材の線膨張係数（/℃）

l：部材の設計長さ（mm）

ΔT：部材の実効温度差（℃）

K_t：温度ムーブメントの低減率

A-2）部材の線膨張係数 α

主な構成材の線膨張係数 α は，解説表 4.2.3 の値を目安とする．なお，使用する部材の線膨張係数が明らかな場合は，その値を用いてもよい．

解説表 4.2.3　部材の線膨張係数 α（$\times 10^{-6}$/℃）

形　状	種　　類		線膨張係数
形　材	アルミニウム		23
パネル	金属	アルミニウム板	23
		アルミニウム鋳物	23
		ステンレス（オーステナイト系）	17
		鋼	10
	コンクリート		10
	ALC		7
	ガラス		9

A-3）部材の実効温度差 ΔT の設定

部材の実効温度差は，解説表 4.2.4 の値を目安として設定する．同表では，構成部材表面の色調が明色と暗色の両極端の場合について数値を示したが，実際の色調に応じて中間の数値を用いるなど，当事者間で検討した数値とすることもできる．また，過去の実績や経験により ΔT が求められている場合または推定できる場合には，その値を用いてもよい．

実効温度差 ΔT の設定値は，実建物の外壁材の温度測定結果[4)-10)]を基に検討の上，定められたものである．実測例[4)-10)]は，測定地がいずれも東京付近のため，同表の数値は比較的温暖な環境条件を想定して定めたもので，全国の地域の条件をすべて含むものではない．したがって，温度変化の厳しい寒冷地などでは ΔT を，解説表 4.2.4 の数値よりやや大きめに定めたほうがよい．

ガラスについては，解説表 4.2.5 に示した日射吸収率の値を基に，「一般」と「特殊」に区分し

た．比較的透明性が高く，日射吸収率の低いガラス種類としては，透明単板ガラス，透明複層ガラス，Low-E 複層ガラス（クリアタイプ）がある．

　一方，熱線吸収板ガラス，熱線反射ガラスおよび Low-E 複層ガラスは，日射吸収率が高い種類である．

　「一般」と「特殊」の区分は，解説表 4.2.5 からもわかるように，同じ品種でも板厚や製品種類により日射吸収率に幅があるため，明確には区分しにくいが，日射吸収率として 40～50 ％を目安として区分をしている．

A-4）温度ムーブメントの低減率 K_t の設定

　部材の拘束および面外変形による逃げを理論的に算定するのは困難であり，実測例[4)-10)]などを参考にして温度ムーブメントの K_t を解説表 4.2.6 のように定めた．なお，過去の実績や経験により K_t が求められている場合または推定される場合は，その値を用いてもよい．

　実測例[4)-10)]によれば，K_t は，部材の種類・構成，部位などにより異なっている．これは，部材の取付け方法による拘束の違いや，構成部材の剛性の違いによるものと考えられる．解説表 4.2.6 に示した数値は，標準的な構法の条件を想定して定めたものであり，条件の厳しい場合などには相応の数値を用いることが望ましい．

解説表 4.2.4　部材の実効温度差 ΔT（℃）

形　状	構成部材			外　壁	笠　木
	種　類		表面の色調[(3)]		
形　材	アルミニウム		明色	55	65
			暗色	70	80
パネル	金　属	アルミニウム板	明色	55	65
			暗色	70	80
		アルミニウム鋳物	明色	50	55
			暗色	65	70
		ステンレス（オーステナイト系）	明色	55	65
			暗色	70	80
		鋼	明色	55	65
			暗色	70	80
	コンクリート		明色	35	40
			暗色	40	45
	ALC		明色	40	—
			暗色	45	—
	ガラス	一般[(1)]		45	—
		特殊[(2)]		55	—

［注］（1）フロート板ガラス，フロート複層ガラス，Low-E 複層ガラス（クリアタイプ）のように比較的日射吸収率の小さな板ガラス
　　　（2）熱線吸収板ガラス，熱線反射ガラス，Low-E 複層ガラスのように日射吸収率の比較的大きい板ガラス
　　　（3）明色：金属素地光沢を有するものおよび，明度が比較的白色に近いもの
　　　　　　暗色：明度が比較的黒色に近いもの

解説表 4.2.5 ガラス種類と日射吸収率

ガラス種類	日射吸収率（％）
透明単板ガラス	6～30 ％程度
透明複層ガラス	10～50 ％程度
熱線吸収板ガラス	40～60 ％程度
熱線反射ガラス	50～70 ％程度
Low-E 複層ガラス	30～60 ％程度

［注］（1）解説表 4.2.4 におけるガラス種別の「一般」と「特殊」の区分は，
　　　　　日射吸収率として概ね 40～50 ％を目安とした区分としている．
　　　（2）詳細な値を知りたい場合は，ガラス製造所のカタログ・技術資
　　　　　料を参照するとよい．

解説表 4.2.6 温度ムーブメントの低減率 K_t

形　状	構成部材の種類		外　壁	笠　木
形　材	アルミニウム		0.2	0.1
パネル	金　属	アルミニウム板	0.3	0.1
		アルミニウム鋳物	0.2	0.1
		ステンレス（オーステナイト系）	0.3	0.1
		鋼	0.3	0.1
	コンクリート		0.1	0.1
	ALC		0.1	—
	ガラス		0	—

　なお，鋼板と断熱材を一体化させた金属断熱サンドイッチパネルは，日射が当たっている間は表層の鋼板温度が急上昇し，日射が当たらなくなった瞬間に表層の鋼板温度が急下降するため，瞬間的に大きな伸縮が発生することがある．シーリング材の硬化途上の時期にこのような動きが発生するとはく離・破断の可能性が高まるため，目地幅の決定にあたっては，関係者で事前協議の上，慎重に検討を行う．

B）層間変位ムーブメント

B-1）層間変位に対する要求性能

　層間変形角は，原則として設計者によって特記される．本会編「高層建築技術指針　増補改訂3 版」（1973 年 3 月）[11] によれば，"層間変形角 1/300 を受けた後も，外周壁が健全で，補修なく再使用できる"だけの性能を要求している．したがって，層間変形角 1/300 程度の層間変位ムーブメントに対しては，シーリング材が損傷なく，十分に追従するように目地設計を行う必要がある．その他，層間変位に関する要求性能は「JASS 14　カーテンウォール工事」，「JASS 17　ガラス工事」なども参照されたい．

B-2) 層間変位ムーブメントの代表的な算定方法

　層間変位ムーブメントは，部材の構成や剛性によって異なるため，厳密に算定することは困難である．

　プレキャストコンクリートカーテンウォール，アルミニウム製鋳物カーテンウォールの層間変位ムーブメントの代表的な算定例を次に示すが，その他の場合は実験によるか，過去の実験例[12)-14)]を参考にして層間変位ムーブメントを推定する．

　一般に，層間変位ムーブメントは，1ユニットの剛性が高いプレキャストコンクリートやアルミニウム製鋳物のカーテンウォールなどで大きい．これらのカーテンウォールの取付け方法としてスライド方式，ロッキング方式および併用方式があり，解説図 4.2.10 に示すように，主としてスライド方式では横目地に，ロッキング方式では縦目地に，また，併用方式では両方の目地にムーブメントが生ずる．

①スライド方式またはロッキング方式の場合

イ）層間変位ムーブメントの算定

　(4.2.2) 式または (4.2.3) 式により層間変位ムーブメントが算定でき，その向きは両者ともせん断方向である．

$$\text{スライド方式} \qquad \delta_H = R \cdot hp(1-K_r) = \Delta(1-K_r) \tag{4.2.2}$$

$$\text{ロッキング方式} \qquad \delta_V = R \cdot wp(1-K_r) = \Delta(wp/hp) \cdot (1-K_r) \tag{4.2.3}$$

ここに，$\delta_H \cdot \delta_V$：横目地・縦目地のムーブメント（mm）

$\qquad R$：層間変形角（rad）

$\qquad \Delta$：層間変形（mm）

$hp \cdot wp$：パネルの高さ（または階高）・幅（mm）

$\qquad K_r$：層間変位ムーブメントの低減率

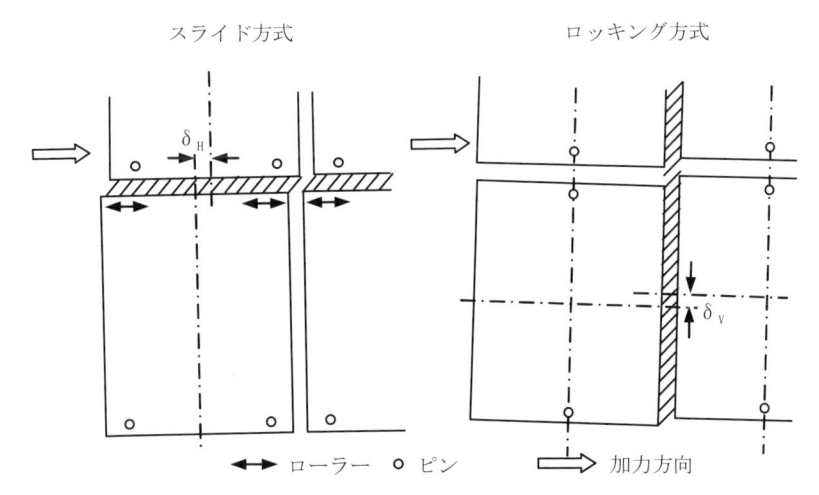

解説図 4.2.10　カーテンウォールの取付け方法と層間変位ムーブメント

　層間変位ムーブメントの低減率 K_r は，解説表 4.2.7 の数値を目安とする．なお，過去の実績や経験により K_r が求められている場合または推定できる場合は，その値を用いてもよい．安全を考慮して低減率を 0 とする場合もある．

解説表 4.2.7　層間変位ムーブメントの低減率 K_r

h_p/w_p	スライド方式	ロッキング方式
2 以上		0.1
2 未満〜0.5 以上	0.1	0.2
0.5 未満		0.3

[注]　プレキャストコンクリート・カーテンウォールの場合
　　　　h_p：パネルの高さ
　　　　w_p：パネルの幅

ロ）プレキャストコンクリートカーテンウォールのパネル間目地の層間変位ムーブメント算定
【スライド方式の場合】

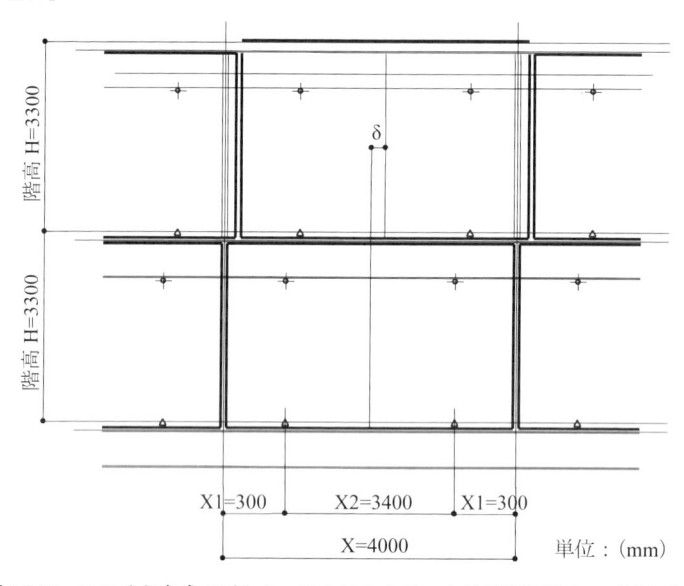

解説図 4.2.11　スライド方式のプレキャストコンクリートの層間変位ムーブメント算定例

解説図 4.2.11 において，設計条件を層間変位 1/300 でシーリング材に損傷のないこととする．

　層間変位ムーブメント（δ_0）

$$\delta_0 = H/300 = 3300/300 = 11 \text{ mm}$$

　ここに，K_r：低減率 0

　　　　　H：階高（mm）

∴　横目地のせん断変形量 δ は，

$$\delta = \delta_0 = 11 \text{ mm}$$

∴　設計目地幅 W は，後述の「ⅱ）シーリング材の設計伸縮率・設計せん断変形率 ε」，「ⅲ）目地幅の許容差 W_e」および「ⅳ）設計目地幅 W の算定」に従い，次のとおり算定できる．

$$W \geqq (\delta/\varepsilon) \times 100 + |W_e| = (11/60) \times 100 + 5 = 23.3 \text{ mm}$$

ここに，ε：2成分形変成シリコーン系シーリング材の設計せん断変形率 60 %

W_e：目地幅の許容差 ±5 mm

なお，縦目地のシーリング材の変形は，ほとんど無視できる程度に小さい．

【ロッキング方式の場合】

　ロッキング方式の場合，一般的には 4.2.3 式により縦目地のムーブメントを算定しても構わないが，上部ファスナーを躯体梁下などへ固定し，上下ファスナーの支点間高さが階高よりも小さくなる場合は，躯体の層間変形角よりもプレキャストコンクリートカーテンウォールパネルの回転角の方が大きくなるので，注意を要する．

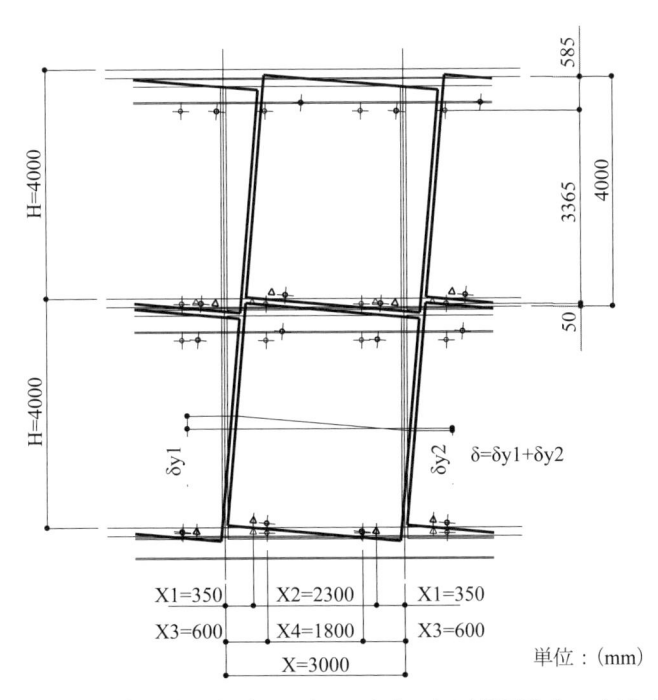

解説図 4.2.12　ロッキングのプレキャストコンクリートの層間変位ムーブメント算定例

解説図 4.2.12 において，設計条件を層間変位 1/300 でシーリング材に損傷のないこととする．

　層間変位ムーブメント（δ_0）

$$\delta_0 = H/300 = 4000/300 = 13.3 \text{ mm}$$

ここに，K_r：低減率 0

H：階高（mm）

　プレキャストコンクリートカーテンウォールパネルの回転角（α_0）

$$\alpha_0 = \delta_0/Y = 13.3/3365 = 1/253$$

ここに，Y：支点間高さ（mm）

　プレキャストコンクリートカーテンウォールパネルの浮上り量（$\delta_y l$）

$$\delta_y l = (X1 + X2) \times \alpha_0 = (350 + 2300) \times 1/253 = 10.5 \text{ mm}$$

ここに，$X1$：支点からカーテンウォール端部までの距離

　　　　　　$X2$：同一カーテンウォールの支点間水平距離

※一方のファスナーを支点としたときの他方の端部浮上り量を算定

プレキャストコンクリートカーテンウォールパネルの下がり量（δ_y2）

$$\delta_y2 = X1 \times \alpha_0 = 350 \times 1/253 = 1.4 \text{ mm}$$

※一方のファスナーを支点としたときの同一方向の端部下がり量を算定

∴　縦目地のせん断変形量（δ）は，

$$\delta = \delta_y1 + \delta_y2 = 10.5 + 1.4 = 11.9 \text{ mm}$$

※両端の浮上り量と下がり量の和を算定

∴　設計目地幅 W は，後述の「ⅱ）シーリング材の設計伸縮率・設計せん断変形率 ε」，「ⅲ）目地幅の許容差 W_e」および「ⅳ）設計目地幅 W の算定」に従い，次のとおり算定できる．

$$W \geq (\delta/\varepsilon) \times 100 + |W_e| = (11.9/60) \times 100 + 5 = 24.8 \text{ mm}$$

ここに，ε：2成分形変成シリコーン系シーリング材の設計せん断変形率 60 %

　　　　　W_e：目地幅の許容差 ±5 mm

なお，横目地のシーリング材の変形量は，ほとんど無視できる程度に小さい．

②スライド・ロッキング併用方式の場合

　単一方式に比べムーブメントを小さくできる．しかし，スライドとロッキングによるムーブメントの割合は計算では求められないので，実験によるか，または過去の実験例を参考にして求める．それができない場合は，関係者協議の上，決定する．

③建築物の隅角部の目地に発生するムーブメント

　一般に，建築物の隅角部の目地ではせん断方向のムーブメントに加え，引張・圧縮方向のムーブメントが生ずるので，目地幅の算定には注意を要する．通常，隅角部の目地幅は，一般部の目地幅の 1.5〜2 倍程度に設定されている．

　その他，目地のムーブメントに注意を要する取合い例を解説図 4.2.13 に示す．

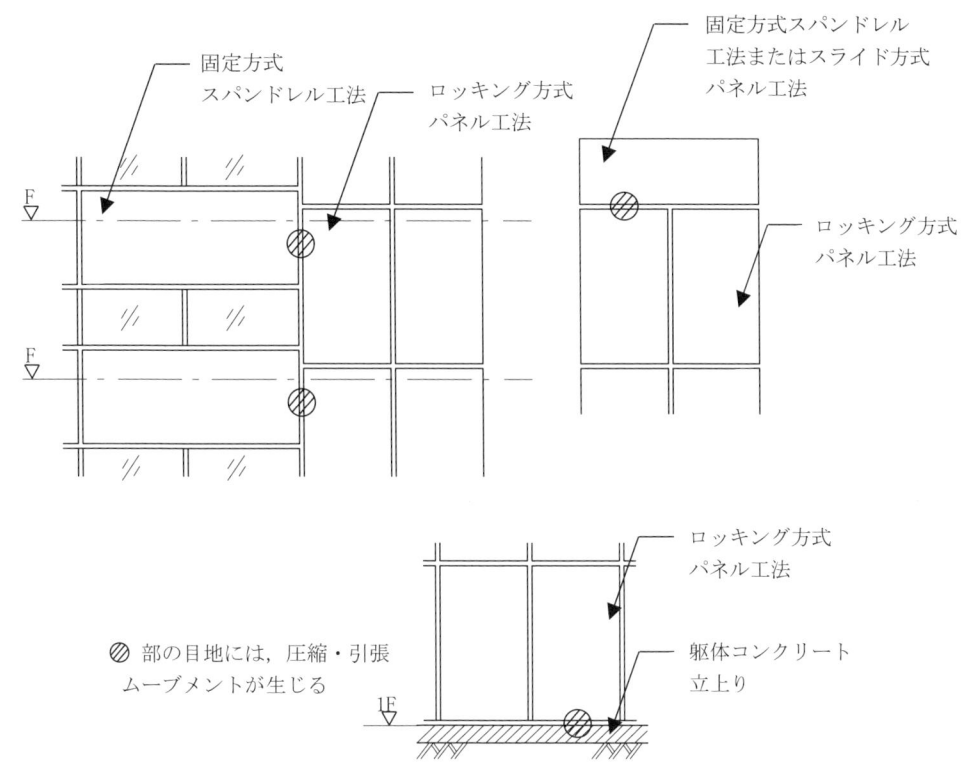

解説図 4.2.13　目地のムーブメントに注意を要する取合い例

C）風圧力を受け構成部材が面外変形した場合のムーブメント

　風圧力を受け，構成部材が面外に変形したときのムーブメントを推定する必要があるのは，主にガラス回りで風圧力が大きいか，またはガラス面積が大きい場合であり，ガラス回り以外の外壁材においては，問題となるケースは少ない．ただし，面外剛性が異なる外壁材同士が隣り合う場合，風圧力を受けた際にその部材間の目地に面外変形差によるムーブメントが生じることがある．

D）湿度変化によるムーブメント

　構成部材は湿度変化により吸湿・放湿を繰り返し，それが原因で部材が膨張・収縮して目地にムーブメントを生ずる．したがって，GRC パネルや窯業系サイディングパネルなど，吸湿性の大きい材料または含水率変化による膨張・収縮の大きい材料を使用する場合には，ムーブメントを検討する必要がある．

　一般に，材料の吸湿・放湿性状およびそれによる膨張・収縮性状を計算するのはかなり困難であり，湿度変化により大きいムーブメントが生ずると予想される場合には，実験により確認するかまたは信頼できる資料に基づいて推定する．

E）硬化収縮ムーブメントまたは炭酸化収縮によるムーブメント

　セメント系部材では，セメント硬化時の水和反応により収縮ムーブメントが生じるが，炭酸化によっても収縮が起こることが知られている．硬化収縮または炭酸化収縮の大きい部材は徐々に

目地幅が拡大するため問題となるが，これらを計算で求めることはデータの蓄積，検討が十分でないため，かなり困難である．したがって，これらのムーブメントが生ずると予想される場合には，実験により確認するか，または信頼できる資料に基づいて推定する．

　硬化収縮ムーブメントまたは炭酸化収縮ムーブメントは特に窯業系サイディングで注意が必要であるが，一般的に製造段階でオートクレーブ養生をかけるため，その時点で硬化収縮ムーブメントは収束し，建物へ取り付けられた後の経年変化では炭酸化収縮ムーブメントが支配的になる（炭酸化収縮ひずみ 1×10^{-3} 程度）[15]．

ⅱ）シーリング材の設計伸縮率・設計せん断変形率 ε

　シーリング材の設計伸縮率・設計せん断変形率は，その種類や耐久性区分によって異なっており，解説表 4.2.8 にその標準値を示す．

解説表 4.2.8　シーリング材の設計伸縮率・設計せん断変形率 ε の標準値（単位：%）

シーリング材の種類		伸縮		せん断		耐久性区分[3]
主成分・硬化機構	記号	M_1[1]	M_2[2]	M_1[1]	M_2[2]	
2成分形シリコーン系	SR-2	20	30	30	60	10030
1成分形シリコーン系（低モジュラス[4]）	SR-1 (LM)	15	30	30	60	10030, 9030
1成分形シリコーン系（中モジュラス[5]）（高モジュラス[6]）	SR-1 (MM) (HM)	(10)	(15)	(20)	(30)	9030G
2成分形シリル化アクリレート系	SA-2	20	30	30	60	10030
1成分形シリル化アクリレート系[7]（中モジュラス[5]）（高モジュラス[6]）	SA-1 (MM) (HM)	(10)	(15)	(20)	(30)	9030G
2成分形ポリイソブチレン系[8]	IB-2	20	30	30	60	10030
2成分形変成シリコーン系	MS-2	20	30	30	60	9030
1成分形変成シリコーン系	MS-1	10	15	15	30	9030, 8020
2成分形ポリサルファイド系	PS-2	15 / 10	30 / 20	30 / 20	60 / 40	9030 / 8020
1成分形ポリサルファイド系	PS-1	7	10	10	20	8020
2成分形アクリルウレタン系	UA-2	20	30	30	60	9030
2成分形ポリウレタン系	PU-2	10	20	20	40	8020
1成分形ポリウレタン系	PU-1	10	20	20	40	9030, 8020
1成分形アクリル系	AC-1	7	10	10	20	7020

［注］（　）内の数値はガラス回り目地の場合を示す
　（1）温度ムーブメントの場合
　（2）風・地震による層間変位ムーブメントの場合
　（3）JIS A 5758：2022 による耐久性区分（解説表 4.3.2 参照）
　（4）低モジュラス（LM）：50 % 引張応力 0.2 N/mm² 未満（JIS A 1439：2022.5.20 引張接着性試験による M_{50}）
　（5）中モジュラス（MM）：50 % 引張応力 0.2 N/mm² 以上 0.4 N/mm² 未満（同上）
　（6）高モジュラス（HM）：50 % 引張応力 0.4 N/mm² 以上（同上）
　（7）SA-1（LM）の設計伸縮率，設計せん断変形率は個別にシーリング材製造所に確認されたい．
　（8）実績が少なく事前の検討必要

iii）目地幅の許容差 W_e

　目地幅の許容差は，部材寸法の精度と施工精度に関係する．

　部材寸法の精度は，一般的に金属部材が小さく，アルミニウム合金鋳物およびプレキャストコンクリートなどはやや大きいが，最近は全般的にかなり小さくなっている．

　「JASS 14　カーテンウォール工事」によれば，解説表 4.2.9 のように目地幅の許容差を指定している．したがって，JASS 14 による場合はその値を，その他の場合も同表の数値を参考にして W_e を定める．

解説表 4.2.9　カーテンウォール部材取付け時の目地幅の許容差 W_e の標準値（単位：mm）

カーテンウォールの種類	メタルカーテンウォール	アルミニウム合金鋳物製カーテンウォール	プレキャストコンクリートカーテンウォール
目地幅の許容差	±3	±5	±5

iv）設計目地幅 W の算定

　ワーキングジョイントでは，シーリング材がムーブメントに追従するため，設計目地幅が（4.2.4）式を満足しなければならない．

$$W \geqq \frac{\delta}{\varepsilon} \times 100 + |W_e| \tag{4.2.4}$$

ここに，W：設計目地幅（mm）

　　　　　δ：ムーブメント（mm）

　　　　　ε：シーリングの設計伸縮率・設計せん断変形率（%）〔解説表 4.2.8〕

　　　　　W_e：目地幅の許容差（mm）〔解説表 4.2.9〕

　また，主な構成部材の温度変化による設計目地幅を求める算定図を解説図 4.2.14 に示した．この図は，解説表 4.2.4〜4.2.6，解説表 4.2.8，4.2.9 を基に作成したものであり，部材長さから部位・色調別に温度ムーブメントを求め，温度ムーブメントと設計伸縮率から設計目地幅を求めることができる〔図の使い方は，3）ワーキングジョイントの目地寸法の算定例を参照〕．

ｖ）設計目地幅の許容範囲

　設計目地幅は（4.2.4）式により求められ，ムーブメントだけを考慮すれば広いほど安全側にある．しかし，耐火性能の大臣認定において目地幅の上限が定められている工法もあり，目地幅算定の際には確認が必要である．また，広すぎるとシーリング材の充填・仕上げ作業が困難になるばかりでなく，施工後にシーリング材が垂れたりして，意匠上・経済性上も好ましくない．一方，狭すぎると，シーリング材を確実に充填することができず，性能および耐久性上問題となる．設計目地幅の許容範囲を，解説表 4.2.10 に示す．

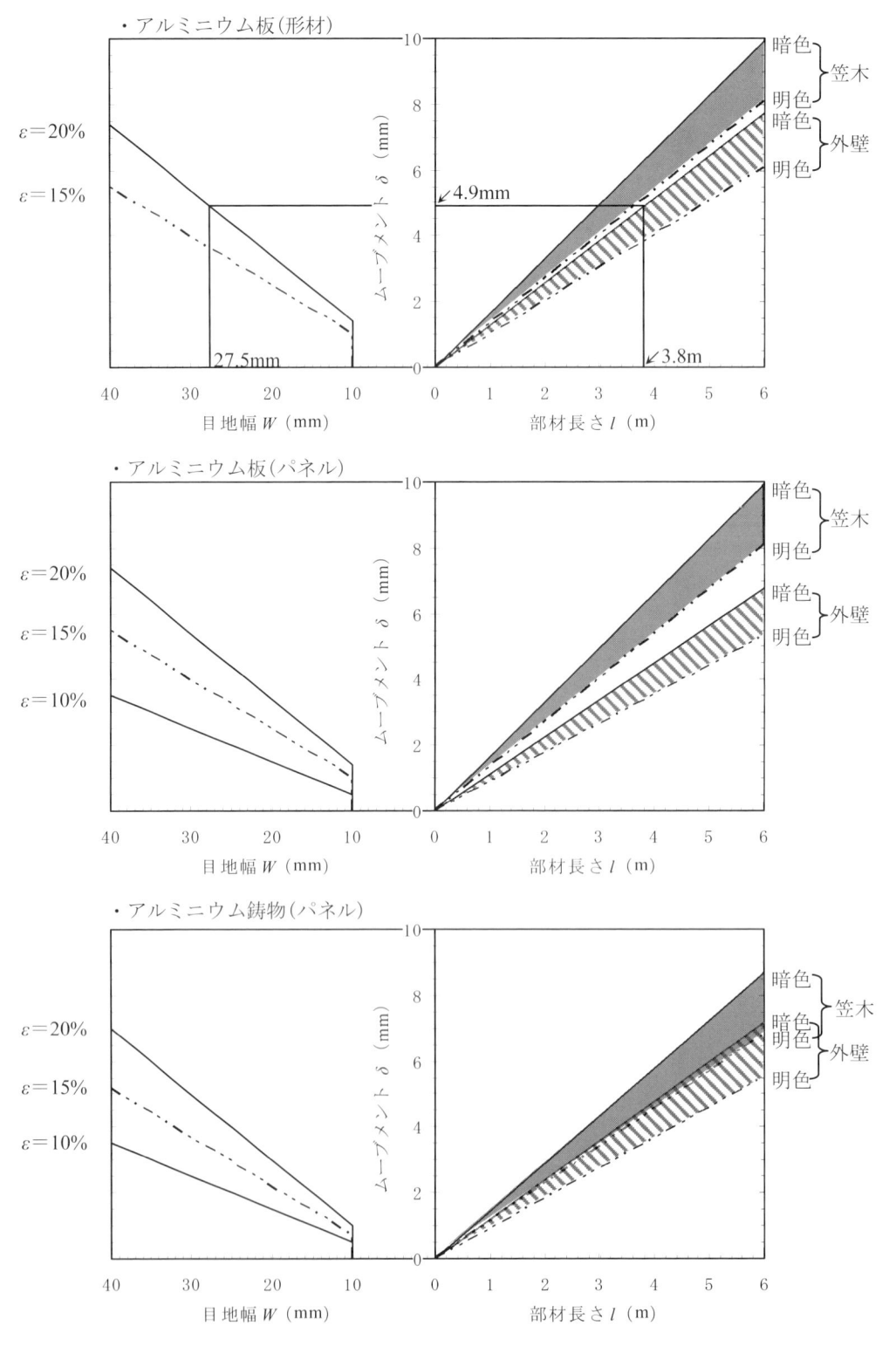

解説図 4.2.14　温度ムーブメントと目地幅の算定図

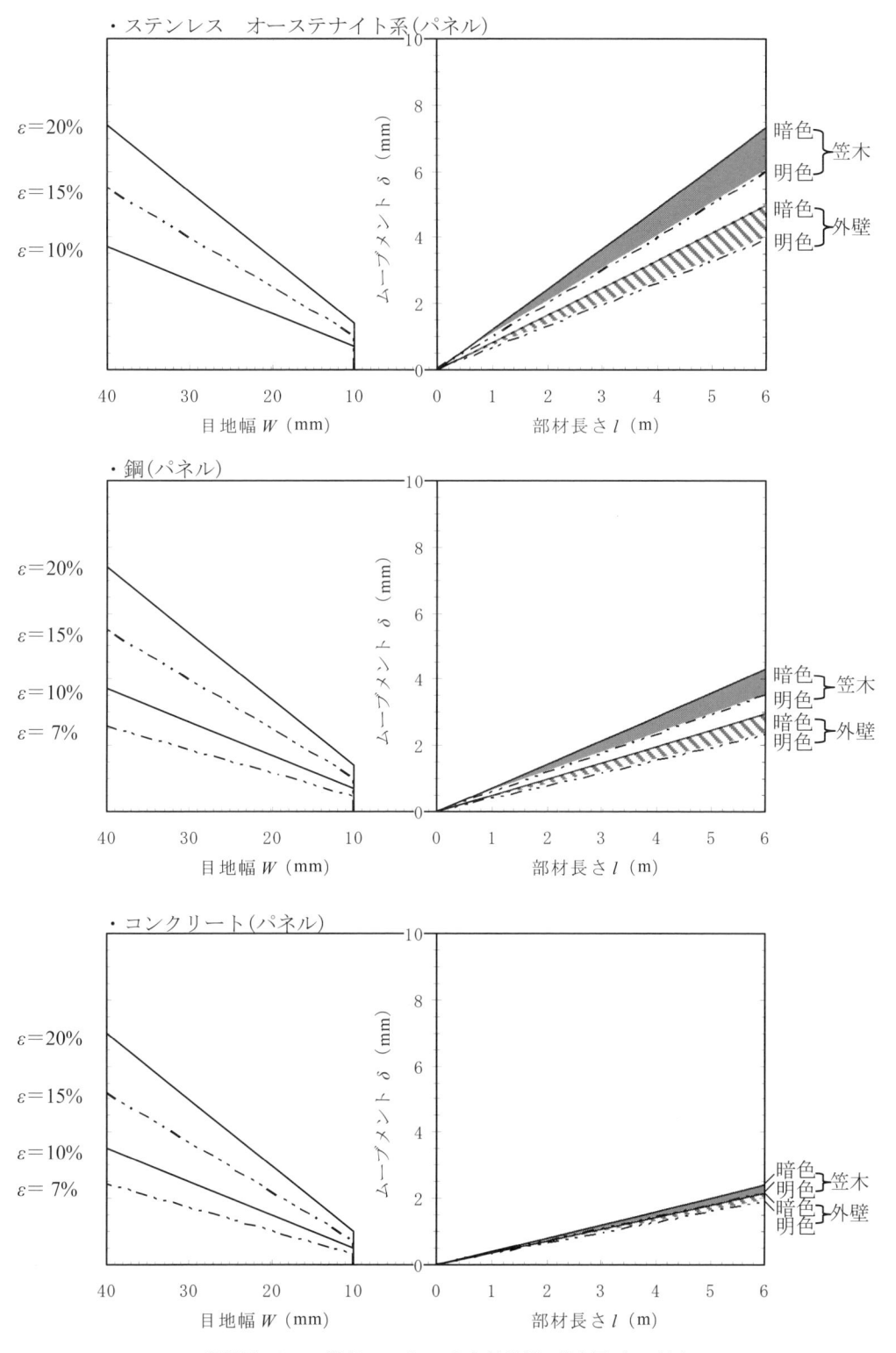

解説図 4.2.14　温度ムーブメントと目地幅の算定図（つづき）

解説表 4.2.10　ワーキングジョイントの設計目地幅 W の許容範囲（単位：mm）

シーリング材の種類		目地幅の許容範囲	
主成分	記号	最大値	最小値
シリコーン系	SR	40（25）	10（5）
シリル化アクリレート系	SA	40（25）	10（5）
ポリイソブチレン系	IB	40（25）	10（5）
変成シリコーン系	MS	40	10
ポリサルファイド系	PS	40（25）	10（5）
アクリルウレタン系	UA	40	10
ポリウレタン系	PU	40	10
アクリル系	AC	20	10

［注］　（　）内の数値はガラス回りの場合の寸法を示す.

ⅵ）シーリング材の選定

シーリング材は,「解説表 4.3.13　シーリング材と構法, 部位, 外壁材との適切な組合せ」を基に, その種類を選定する.

２）目地深さ D の算定

Egons Tons[16),17)]によると, 目地幅が縮小・拡大するとき, シーリング材表面の伸び率は形状係数（D/W）に関係する. 同じジョイントムーブメントに対して, D/W が大きいほどシーリング材表面の伸び率が大きくなることを数学的解析により示している. 以前には, この考え方を取り入れ, D/W の範囲を示し, その範囲内で目地深さを設定することが行われていた.

しかし, その後のシーリング材の耐疲労性に関する実験的研究[18)−25)]によると,「同じ目地幅ならば目地深さが大きくなるほど, 耐疲労性が低下する. ただし, 目地設計の指標となる要素は D/W ではなく, D''/W である. また, 目地幅増加率に比べて目地深さの増加率はやや小さめの方が耐疲労性の観点から望ましい」としている.

これらの研究を基に, 本指針でのワーキングジョイントの目地深さは, 形状係数（D/W）による目地深さの設定ではなく, 目地深さの許容範囲を図示することとした.

ワーキングジョイントでは, 目地深さは解説図 4.2.15 の範囲に納まるように設定する. 同図のガラス回り目地の場合は, 紫外線などによる接着劣化を考慮して, 目地幅が 10〜20 mm の場合の目地深さの許容範囲を一般目地の場合より大きくしている.

シーリング材は, 目地深さが小さすぎると接着面積の不足によりはく離を生じたり, 表層からの劣化により破断に至る危険がある. また, 目地深さが大きすぎるとシーリング材の種類によって, 硬化阻害や硬化遅延による損傷などの発生が予想される. 例えば, シリコーン系シーリング材では, 目地深さが大きいと反応生成物が深部に残留し, 硬化阻害を生じることがあるので注意が必要である.

なお, 目地深さ D の寸法は, 解説図 4.2.16 に示すとおり, 目地断面における最小深さとする.

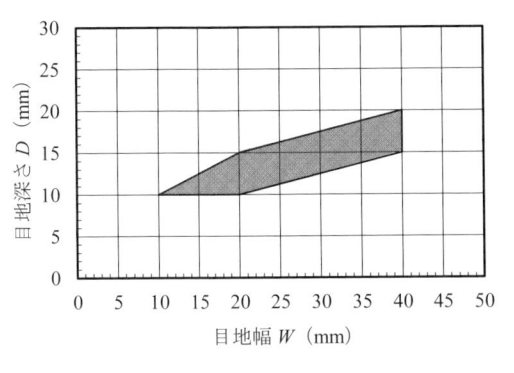 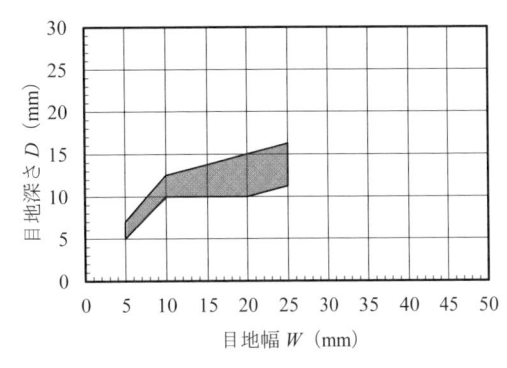

(a) 一般目地の場合　　　　　　　　　　(b) ガラス回り目地の場合

解説図 4.2.15　ワーキングジョイントの目地深さ D の許容範囲

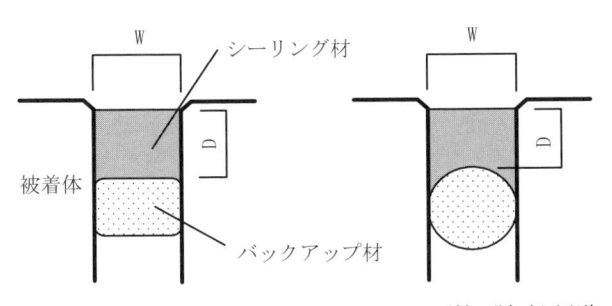 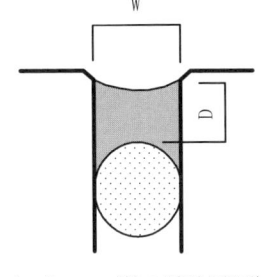

バックアップ材の断面が四角形　　バックアップ材の断面が円形　　バックアップ材の断面が円形
仕上面が水平の場合　　　　　　仕上面が水平の場合　　　　　　仕上面が凹形の場合

解説図 4.2.16　目地深さ D の寸法のとり方

3）ワーキングジョイントの目地寸法の算定例

　代表的な方立形式カーテンウォールをモデルとした方立相互間の目地寸法の算定例を以下に示す．

ⅰ）条件

　・方立　　材質：アルミニウム形材

　　　　　　色調：暗色

　　　　　　部材の設計長さ $l = 3800$ mm

　　　　　　部材の線膨張係数 $\alpha = 23 \times 10^{-6}/℃$　　　〔解説表 4.2.3 より〕

　　　　　　部材の実効温度差 $\Delta T = 70$ ℃（暗色）　　〔解説表 4.2.4 より〕

　　　　　　温度ムーブメントの低減率 $K_t = 0.2$　　　〔解説表 4.2.6 より〕

　・使用シーリング材：2成分形変成シリコーン系シーリング材

　　　　　　設計伸縮率 $\varepsilon = 20$ %　　　　　　　　　〔解説表 4.2.8 より〕

　・目地幅の許容差　　$W_e = \pm 3$ mm　　　　　　　〔解説表 4.2.9 より〕

ⅱ）計算手順

A）目地幅 W の算定

A-1）温度ムーブメントによる目地幅の算定

ａ）計算により求める方法

①ムーブメント δ_t

（4.2.1）式より

$$\delta_t = \alpha \cdot l \cdot \Delta T \ (1 - K_t) = 23 \times 10^{-6} \times 3800 \times 70 \times (1 - 0.2) = 4.89 \text{ mm}$$

②目地幅

（4.2.4）式より

$$W \geqq \delta / \varepsilon \times 100 + |W_e| = 4.89 / 20 \times 100 + 3 = 27.45 \text{ mm}$$

となり，$W = 28$ mm とする.

③目地幅の許容範囲に対する検討

　算定した目地幅 28 mm は目地幅の許容範囲〔解説表 4.2.10〕を満足するため，設計目地幅 W は 28 mm となる.

ｂ）目地幅の算定図により求める方法

　解説図 4.2.14 のアルミニウム形材において，横軸右側の部材長さ 3.8 m より垂線を立ち上げ，外壁・暗色の直線との交点から横軸に平行な直線を引き（縦軸の読み $\delta = 4.9$ mm が温度ムーブメントとなる），左側の図の設計伸縮率 20 ％の直線との交点から垂線を下ろし，横軸の値（目地幅）27.5 mm を読み取る. 数値を丸めた $W = 28$ mm は解説表 4.2.10 を満足するので，設計目地幅 W は 28 mm となる.

A-2）層間変位ムーブメントに対する検討

　細長い部材であり，温度ムーブメントに比べて層間変位ムーブメントは極めて小さいため，算定の必要はない.

A-3）風圧力を受けた場合のムーブメントに対する検討

　一般に，方立は風圧力を受けても大きい変形は生じないため，算定の必要はない.

B）目地深さ D の設定

　目地深さ D は，解説図 4.2.15 の目地深さの許容範囲を満足するように設定する.

　目地幅 $W = 28$ mm に対する目地深さ D の許容範囲は，解説図 4.2.15 の直線から換算すると，

$$12.4 \text{ mm} \leqq D \leqq 17.4 \text{ mm}$$

となり，目地深さを 13〜17 mm の範囲に設定する.

（ⅱ）ノンワーキングジョイントの目地設計

1）目地幅 W の設定

　ノンワーキングジョイントでは，ムーブメントが小さいので目地幅の算定を行う必要はなく，解説表 4.2.10 の範囲に納まるように目地幅を設定する.

2）目地深さ D の設定

　目地深さは，シーリング材の接着性・耐久性・硬化阻害および施工性などを考慮して解説表

4.2.11 の範囲に納まるように設定する．なお，乾燥硬化1成分形シーリング材の場合は，硬化に伴って体積の目減りが生ずるので，許容範囲内で深めにしたほうがよい．

解説表 4.2.11　ノンワーキングジョイントの目地深さ D の許容範囲（単位：mm）

シーリング材の種類			目地深さの許容範囲	
主成分・硬化機構		記号	最大値	最小値
反応硬化2成分形	シリコーン系	SR-2	20	10
	シリル化アクリレート系	SA-2	30	10
	ポリイソブチレン系	IB-2	30	10
	変成シリコーン系	MS-2	30	10
	ポリサルファイド系	PS-2	30	10
	アクリルウレタン系	UA-2	20	10
	ポリウレタン系	PU-2	20	10
湿気硬化1成分形	シリコーン系	SR-1	20	10
	シリル化アクリレート系	SA-1	20	10
	変成シリコーン系	MS-1	20	10
	ポリサルファイド系	PS-1	20	10
	ポリウレタン系	PU-1	20	10
乾燥硬化1成分形	アクリル系	AC-1	15	10

（2）目地の構造
（ⅰ）ワーキングジョイント
①長期水密信頼性向上のための構造検討
　長期水密信頼性向上のため，ダブルシールジョイント構法の採用および排水機構の設置を検討する．
②目地深さの調整
　目地深さが所定の寸法より深い場合は，バックアップ材などにより目地底を設け，所定の目地深さを確保する．
③目地底の設定
　目地底に接着させない2面接着の目地構造とする．
（ⅱ）ノンワーキングジョイント
　　3面接着の目地構造を標準とする．
（ⅲ）接着性の確保
　　目地の構成材およびその被着面は，シーリング材との接着性を確実に確保する．

（2）目地の構造

（ⅰ）ワーキングジョイント

①長期水密信頼性向上のための構造検討

1）ダブルシールジョイント構法

　「2.2　水密接合構法の種類」でも述べたとおり，ダブルシールジョイント構法を採用し，屋外側より1次シール，2次シールを設けて2段階に分けてジョイントの防水を行うことにより，長期水密信頼性を向上させることができる．要求される長期水密信頼性のグレードに適合する水密

接合構法を選定する.

　屋外側から連続して二重にシーリング材を充填する（二重シールと呼ぶ場合もある）ダブルシールジョイント構法を採用する場合は，解説図4.2.17に示すとおり，1次シールと2次シールの間には適切な空隙を設けて排水経路を確保し，確実に2段階の防水となるように設計することが望ましく，さらに，標準的なシーリング材の厚さを確保するための十分な目地深さが必要である．

　また，1次シールと2次シールが異種のシーリング材の場合，これらが同時に未硬化の状態で存在すると，その組合せによっては硬化阻害などの不具合が発生する可能性があるため，それぞれの施工のタイミングを考慮する必要がある．

　解説図4.2.8では，セラミックタイルの伸縮調整目地としてシーリング材が使用された状態を示した．セラミックタイル間の外部側のシーリング材は，温度伸縮や地震時における伸縮を吸収する機能や内部のシーリング材を紫外線や熱から保護する機能は有しているが，シール材として十分な目地深さを確保しにくく，被着体がモルタル目地となる部分で十分な水密性を得にくい．そのため，ダブルシールジョイント構法には該当しない．

　なお，2次シールにはガスケットを用いることもできる．ガスケットによるシールについては，5章による．

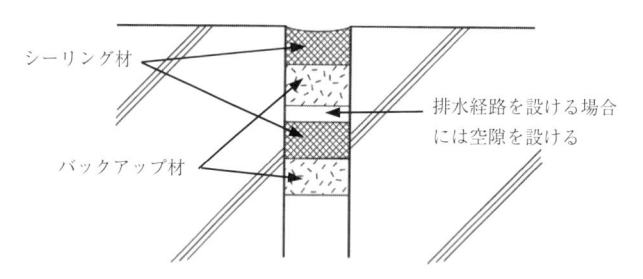

シーリング材

排水経路を設ける場合には空隙を設ける

バックアップ材

解説図 4.2.17 外部から連続して二重にシーリング材を充填するダブルシールジョイントの例（プレキャストコンクリートカーテンウォールの場合）

2）排水機構の設置

　ワーキングジョイントでは，繰り返しムーブメントによりシーリング材に不具合が生じやすいため，フェイルセイフの考え方に基づいた接合部全体としての水密設計が必要である．ワーキングジョイントでのシングルシールでは，シーリング材に不具合が生じた場合に漏水を生じやすいことから，シーリング材を1次シールと2次シールの二重に充填するダブルシールが最低必要である．より確実な水密性を確保するためには，1次シールの不具合部から浸入した雨水が2次シールに達しないようにダブルシールの内部に排水機構を有するダブルシール（排水機構あり）とすることが望ましい．

　排水経路となる空間を設けず2次シールに連続して1次シールを施工する場合は，空間を設ける場合と比較して長期水密信頼性が低くなる．さらにワーキングジョイントの場合には，1次と2次シールのシーリング材の面外変形が干渉しあい，シーリング材のムーブメント追従性が正常

に機能しない場合もあるので，注意が必要である．

　メタルカーテンウォール，プレキャストコンクリートカーテンウォールなどでは，ダブルシールジョイント構法を採用して，万一，シーリング材に欠陥が生じて雨水が目地内に浸入した場合でも，その水をすみやかに排水する排水機構を採用することが望ましい．特に，金属笠木のように熱伸縮の大きな部材の場合は，解説図 4.2.18 に示すとおり，排水機構を設置することが必要である．

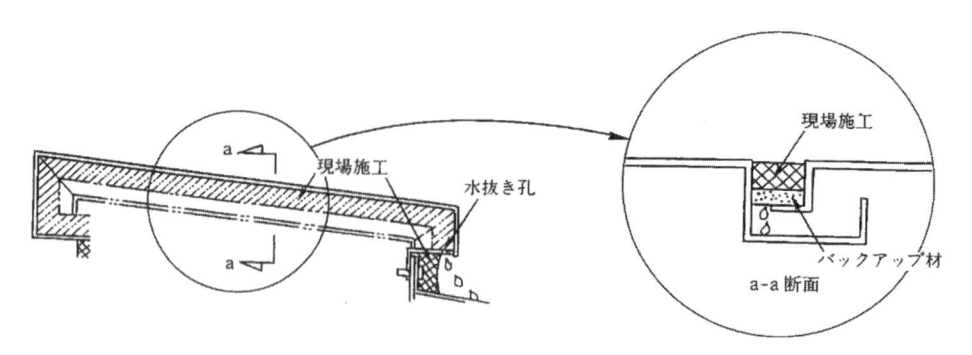

金属笠木の例（シングルシールジョイント　排水機構ありの場合）

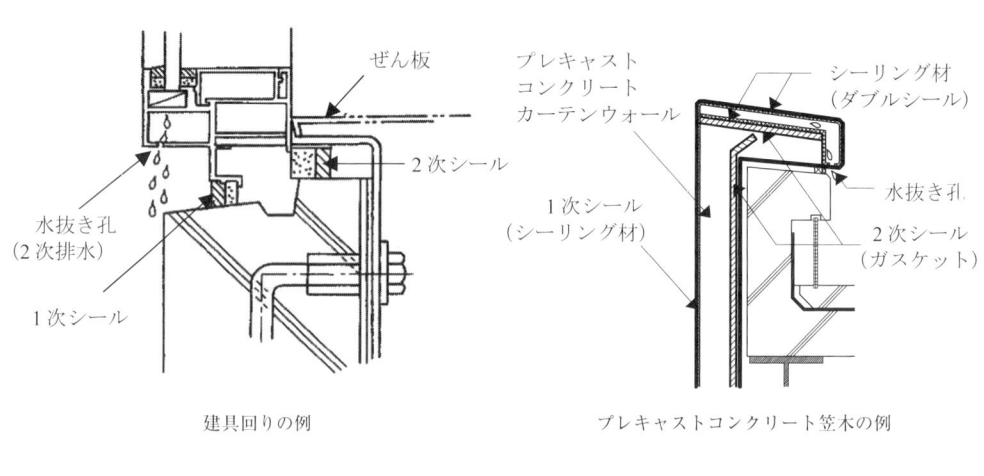

建具回りの例　　　　　　　　プレキャストコンクリート笠木の例

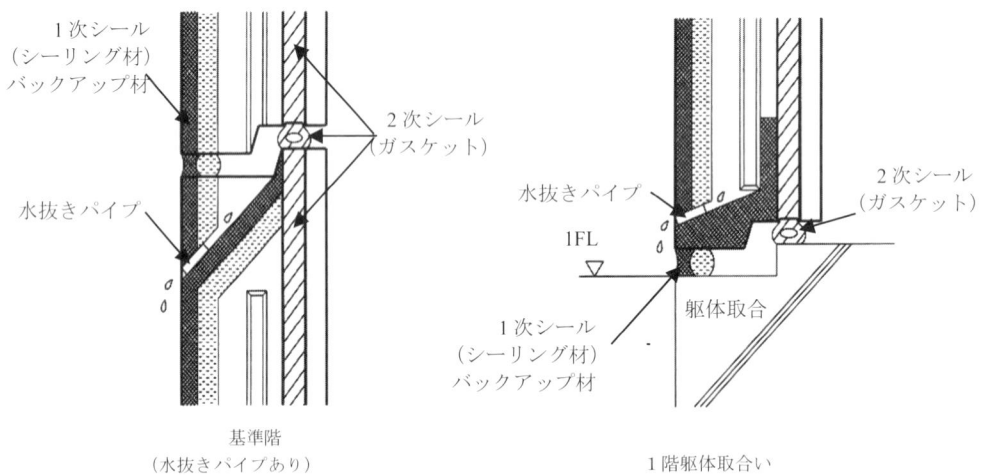

基準階　　　　　　　　　　　　　　1階躯体取合い
（水抜きパイプあり）

プレキャストコンクリートカーテンウォールの例

解説図 4.2.18　排水機構の例

3）目地設計上の注意点

　2次シールにガスケットを用いる場合，成形材であるガスケットは，互いの反発力により，クロス状にパネル間の目地が交差する部分においてはひずみが生じやすく，外部に対して孔が生じることがある．特にソリッドタイプのガスケットでは反発弾性が大きいため，この傾向が大きい．また，シングルガスケットの場合においては，隣り合うガスケット端部の接触が不十分になりやすく，接合界面で孔が生じることもある．このため，クロス目地部分には，解説図 4.2.19 に示すとおり，裏面よりシーリング材を充填することが望ましい．

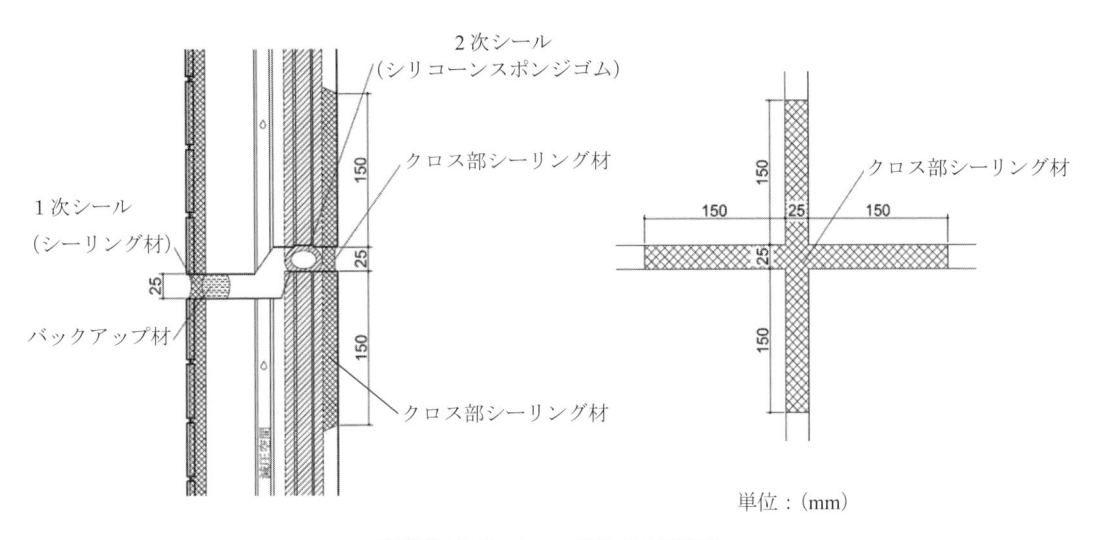

単位：(mm)

解説図 4.2.19　クロス目地部の処理例

②目地深さの調整

　シーリング材を充填する目地において，目地幅と目地深さの関係を適切にすることが重要なため，目地底がシーリング材の目地深さに比べ深い場合は，解説図 4.2.20 に示すように，ポリエチレン発泡体などのバックアップ材を使用し，所定の目地深さを確保する必要がある．

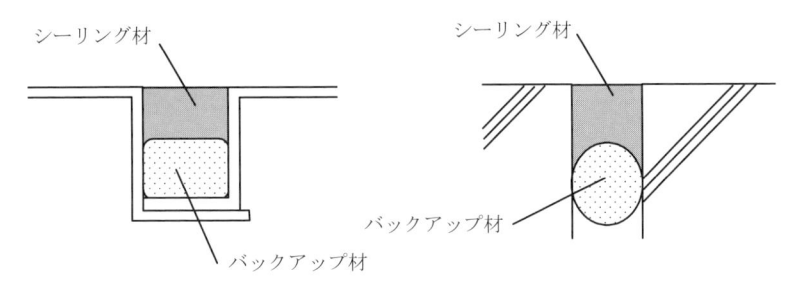

解説図 4.2.20　目地へのバックアップ材の装着状況

③目地底の設定

1）ワーキングジョイントの場合

ⅰ）3面接着の防止

　ワーキングジョイントの場合，3面接着にすると，ムーブメントによりシーリング材に局部的な応力が生じて破断しやすいため，解説図 4.2.21 に示すとおり，2面接着の目地構造とする．

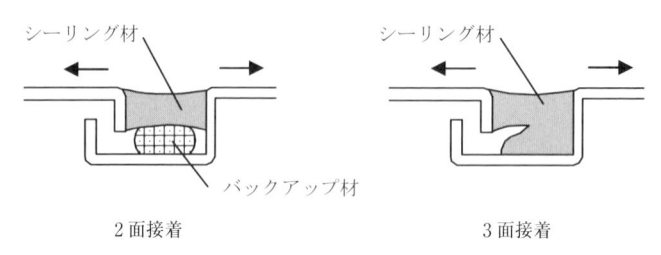

解説図 4.2.21 　2面接着と3面接着によるシーリング材の伸び状況の違い

　シーリング材と被着体との接着は，解説図 4.2.22 のように部材相互の2面で接着し，目地底へは接着させないよう配慮する必要がある（3面接着の防止）．目地底が適切な目地深さに対して深すぎる場合はバックアップ材を使用し，目地底が目地深さと同等の場合はバックアップ材の代わりにボンドブレーカーを目地底へ張り付けて3面接着を防止する．

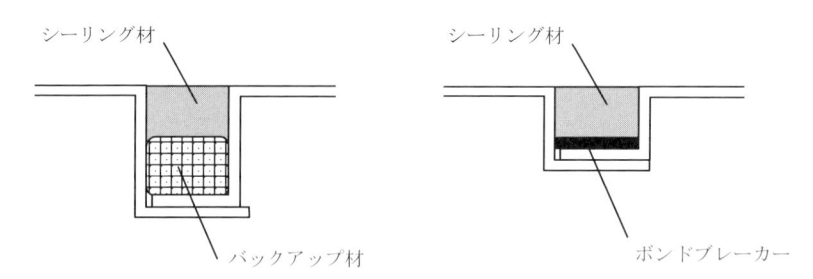

解説図 4.2.22 　バックアップ材・ボンドブレーカーによる3面接着の防止

ⅱ）接着面積を確保するための対策

　目地は必要な目地深さを確保できる構造でなければならないが，アルミニウム形材の方立ジョイント，無目ジョイントや金属笠木・ガラス・ボード類などでは，やむを得ず小口面接着となり，必要な目地深さが得られないことがある．このような場合にも，十分な接着面積を確保する目地構造としなければならない．

　解説図 4.2.23 に示す工場施工を併用する方法は，その解決策の一つである．工場施工と現場施工の打継ぎは，「解説表 4.3.10　異種シーリング材の打継ぎの目安」を参照する．

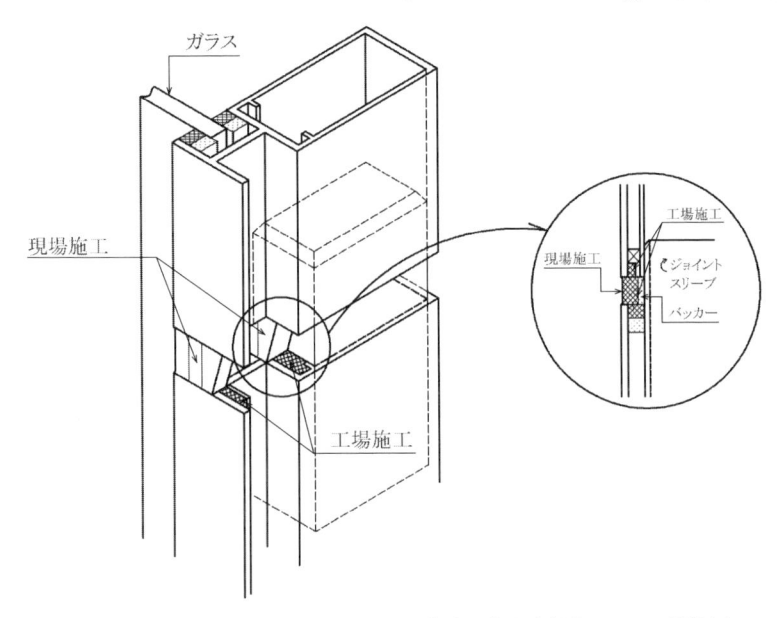

解説図 4.2.23　方立ジョイントにおいて接着面積を確保するための対策例

（ⅱ）ノンワーキングジョイント

　ノンワーキングジョイントは，ムーブメントが小さいか，またはほとんど生じない目地である．そのため，ムーブメントによる不具合は生じにくく，図 4.2.1 で示したとおりシングルシールジョイント構法が採用されることが一般的である．

　ひび割れ誘発目地のようなノンワーキングジョイントでは，ムーブメントに対する追従性よりも，ひび割れ部分のような水の浸入孔をシーリング材の接着により確実に塞ぐことが重要である．このため，目地底に水が浸入したとき水みちとなる 2 面接着としたり排水機構を設けたりするよりも，解説図 4.2.24 に示すとおり，目地底にもシーリング材が接着する 3 面接着とすることが適している．

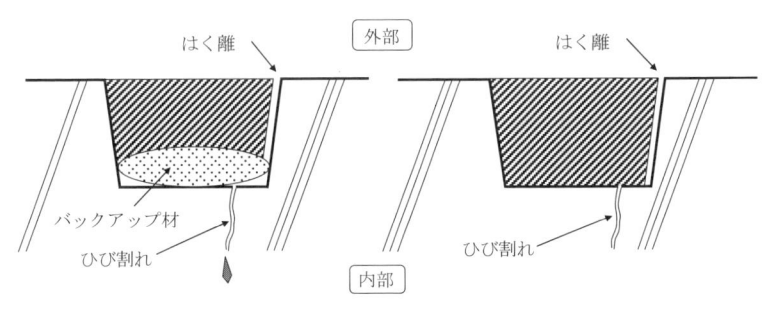

2 面接着（ひび割れ誘発目地例）　　　3 面接着（ひび割れ誘発目地例）

解説図 4.2.24　水みちに対する 2 面接着と 3 面接着の違い

（iii）接着性の確保

　目地構成材の被着面がシーリング材と接着しにくい場合は，事前に対策を講じる必要がある．必要に応じて後述の接着性確認試験を行い，支障のないことを事前に確認しておく．性能確認試験は「4.3　材料　4.3.1 シーリング材　ｃ．（3）シーリング材の試験」および巻末付録「S1 シーリング材と外壁材との接着性評価試験」，「S2. 温水伸長試験によるシーリング材の接着性評価試験」を参照し，接着信頼性を総合的に判断することが望ましい．

（3）目地の状態
　　目地の状態は次を標準とする．
　　（ⅰ）目地は，目違い・段差が許容差以内とする．
　　（ⅱ）目地の被着面は，欠損や突起物がなく平たんで，かつ脆弱部をなくす．
　　（ⅲ）被着面は，シーリング材の接着性を阻害するおそれのある水分・油分・さび・ほこりなどが付着していない状態とする．

（3）目地の状態

（ⅰ）目違い・段差

　目地に目違いや段差があると，施工が複雑になるばかりでなく，シーリング材の性能を低下させることにつながる．解説表 4.2.12 に目違いと段差の許容差を示すので，この値を判断の目安にするとよい．

解説表 4.2.12　カーテンウォール部材の取付け位置の寸法許容差の標準値（単位：mm）（JASS 14 から抜粋）

	メタル カーテンウォール	アルミニウム 合金鋳物製 カーテンウォール	プレキャスト コンクリート カーテンウォール
目地心の通りの許容差[1]	2	3	3
目地両側の段差の許容差[2]	2	4	4
各階の基準墨から各部材までの距離の許容差[3]	±3	±5	±5

［注］　（1）目地心の通りは目地の交差部でチェックする（右下図の a, b 寸法）．
　　　　（2）段差は右下図を参照する．
　　　　（3）部材の出入りに関しては部材の内面または外面の一定の位置を決めてチェックする．
　　　　　　　左右方向は部材の中心を基準とする．
　　　　　　　上下方向（レベル）は窓台の高さなどを基準とする．

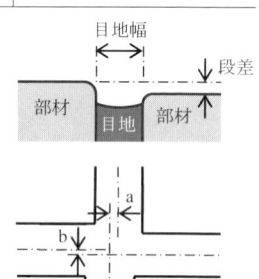

（ⅱ）欠損および脆弱部

　欠損および脆弱部は，特にコンクリート系外壁目地の場合に問題になりやすい．主な確認事項は，次のとおりである．

①被着面に欠損や突起物があると，その箇所のシーリング材に不均一な応力が生じたり，円滑な施工を妨げたりすることになる．このため，大きな欠損は樹脂モルタルなどで補修し，突起物はサンダーなどで除去するなどの処置が必要である．

②被着面に脆弱部があると，接着が不十分になるばかりでなく，シーリング材硬化後の小さなムーブメントでも構成材破損による水みちができることもある．したがって，脆弱部はサンダーなどで除去する．

（ⅲ）接着阻害因子

　シーリング材の被着面における接着阻害因子の有無は，シーリング材の接着耐久性を確保するために重要な確認事項である．シーリング材の被着面の接着阻害因子とその対策については，解説表4.2.13 に示す接着阻害の問題点と対策および解説図 4.2.25 に示すプレキャストコンクリートカーテンウォール部材におけるその他の留意事項を参考にして，対策を講じる必要がある．また，清掃方法については，「4.4.1　施工法」を参照するとよい．特に，鉄筋コンクリート壁においてシーリング材の接着を阻害する因子は，水分である．コンクリートを十分乾燥させ，含水率が低下してからシーリング施工に着手する必要がある．

解説表 4.2.13　接着阻害の問題点と対策

構成材の種類	接着性の阻害因子	主な問題点	設計・施工上留意すべきポイントと対策
鉄筋コンクリート，プレキャスト鉄筋コンクリート	脆弱層	被着面にレイタンスなどのような強度の小さい脆弱層があると，接着性が低下することはもとより，脆弱層で破壊することになる．	脆弱層がある場合，サンダー，ワイヤーブラシ，サンドペーパーなどで除去し，清掃する．
	かけ，豆板など	目地際にかけ，豆板などがあると水みちとなる．毛細管現象により室内に水を引き寄せる．	小さなかけ，豆板などについてはシーリング材をかぶせて補修する．
	はく離剤	被着面にはく離剤が付着していると接着が不十分になりやすい．	接着を阻害するはく離剤が付着している場合には，サンドペーパー掛けなどの適切な方法で除去し，清掃する．はく離剤の付着とシーリング材の接着性については，実際のプレキャスト鉄筋コンクリートを用い，事前に検討しておくべきである．
	水分（含水率）	シーリング工事の際にプレキャスト鉄筋コンクリートの含水率が高いと，接着が不十分となる．なお，下図のように仕上げを施してあるプレキャスト鉄筋コンクリートの被着面は，十分な接着力を発揮できる乾燥状態になるまでに長い期間を必要とすることを認識しておくべきである． 仕上げ（石，タイルなど） プレキャスト鉄筋コンクリート部材に対するシーリング材の接着性はJIS A 1439：2022のモルタルを被着体とした試験結果で代用することが多いが，水分の影響については必ずしも十分に再現していない．被着体の調合や乾燥条件を部材と同じにして，被着体の形状を大きくするなどの配慮を要する．	プレキャスト鉄筋コンクリート部材製作後の養生（乾燥）および降雨後の乾燥は十分に行う．
繊維補強コンクリート	繊維 脆弱層 はく離剤	被着面に繊維，脆弱層やはく離剤があると接着性が低下する．	サンダー，ワイヤーブラシ，サンドペーパーなどで，繊維，脆弱層やはく離剤を除去する．
金　属	保護フィルムの粘着剤	被着面に保護フィルムの粘着剤が残っているとプライマーの性能を低下させ，接着が不十分となる．	保護フィルムの粘着剤の残存の有無を確認する．残存する場合には，接着性には支障をきたさない清掃方法で除去する．
	油分の付着	被着面に加工のための切削油や機械油，あるいは清掃のための油類が付着していると接着しない．	清掃溶剤で丁寧に清掃する．
	結　露	結露していると接着しない．	被着面近傍の空気が露点温度に達しやすい場合は工事を中止する．
	硬化途上の温度ムーブメント	長尺の金属系パネルは，硬化途上の温度ムーブメントにより，シーリング材のはく離・破断・しわを生ずることがある．特に断熱材を使用しているパネルで顕著である．	目地設計時に十分安全となるようパネル長さや目地幅を検討するとともに，日中に部材が高温になっている時（目地幅が縮小している時）の施工を避けるのも有効な対策となる．

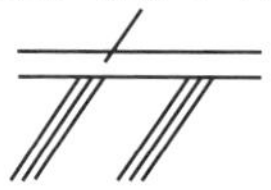

解説表 4.2.13　接着阻害の問題点と対策（つづき）

構成材の種類	接着性の阻害因子		主な問題点	設計・施工上留意すべきポイントと対策
金　属	表面仕上げ・腐食生成物	アルミニウム（陽極酸化塗装複合皮膜，陽極酸化皮膜）	表面塗装の種類や表面処理，皮膜の種類（陽極酸化，自然発色，電解着色）や封孔処理の微妙な違い（封孔助剤，処理温度・時間，処理後の水洗いなど）によって接着性が異なる．	表面処理を行う製造所を交えてシーリング材の接着性の観点から事前に協議し，所要の接着性を確保できるか否かの検討を行うことが望ましい．
		ステンレス（ヘアライン仕上げ，鏡面仕上げ）	ステンレス表面は，酸化物で化学的に安定しており，接着しにくいのに加えて，仕上加工のための研磨材や油類あるいは保護フィルムの粘着剤が付着していることが多い．	接着しにくいことを認識し，被着面の目荒らしを兼ねた清掃方法なども含めて検討することが望ましい．
		銅（銅素地，硫化処理，人工緑青）	銅の表面は大気中で安定しており化学的に不活性であることから全般に接着性は悪い．被着面に腐食生成物（緑青）が形成されるとそれ自身が脆弱なために接着破壊を生じやすい．硫化処理（硫化いぶし）を施していると，表面に形成されている硫化銅の密着が十分でないので接着しにくい．	全般に接着しにくいことを認識しておくべきである．被着面の腐食生成物は除去するのが望ましい．シーリング材の選択に際しては，接着面に大きな力が作用しない低モジュラスのものを選ぶようにする．
		耐候性鋼	耐候性鋼は，さび安定化処理を施しておらず鋼材のままで使用するものと，さび安定化処理を施した後にトップコートを施したものがある．トップコートに用いられる有機系塗料は耐溶剤性が低いものが多いため，清掃溶剤やプライマーの種類によっては，トップコート層が侵され十分な接着性を発揮できない場合がある．なお，さび安定化処理のみを施した場合は，耐候性鋼表面に形成される安定したさびの層の密着が十分ではなく，脆弱層が形成されることでそこから破壊しやすくなる．	さびを除去し，さび防止剤を塗布後にシーリング施工を行う．さび安定化処理を施さずに鋼材のまま使用する場合には，さびを除去した後，さびの発生を抑制しうるプライマー（拡散係数が小さい厚塗形のプライマー）を下図のように塗布し，被着面のさび発生を著しく遅らすか，あるいはさびによる接着破壊を予想の上，その分を増やして目地深さを設定する. 耐候性鋼／厚塗形プライマー さび安定化処理を施した上にトップコートが施されている場合は，トップコートが清掃溶剤やプライマーにより侵されないか事前確認を行い，適合性の確認された清掃溶剤やプライマーを用いる．ムーブメントが作用した際，接着面に大きな力が作用しない低モジュラスのシーリング材を選択することも必要である．
	以上のような観点から検討を行い，問題点が指摘されたり，実績が少なく接着性の良否の判定ができない場合には，実際に使用予定の被着面で接着性の確認試験を実施すべきである．			

解説表 4.2.13 接着阻害の問題点と対策（つづき）

構成材の種類	接着性の阻害因子	主な問題点	設計・施工上留意すべきポイントと対策
ALCパネル	脆弱性	ALCパネルそのものが脆弱であり，表面が粗く接着しにくいのに加えて，たとえ接着していても，外力が働くとALCパネルが破壊しやすい．	プライマーは接着性の確保と併せて適度に表面層を強化するような性能を有するものが望ましい．シーリング材は低モジュラスのものを選定する．
	水分（含水率）	シーリング工事前に降雨にさらされると吸水し，被着面は高含水率となるが，この状態では，接着が不十分になりやすい．	吸水性が大きく，一度吸水してしまうとなかなか乾燥しないので，工程，仕上げ，養生などを事前に検討しておくべきである．
ガラス	透過性	太陽光を透過するため接着層が劣化し，接着破壊を呈する例が多い．外側，内側とも接着破壊を呈する． 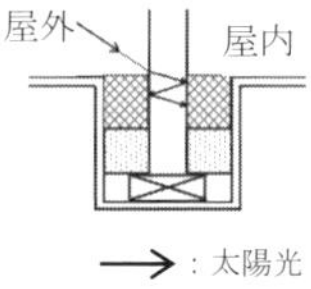	接着層の耐光性を検討しておく必要がある．へら仕上げは意匠的な障害が出ない範囲で下図のようにするのが望ましい．内側の接着面に太陽光が当たりにくくし，水はけをよくするために，屋外側には傾斜をつける． 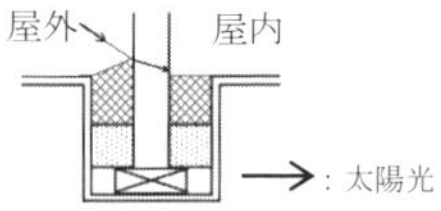
	スペーサー	グレイジングガスケットとシーリング材が直接接触した場合，シーリング材に悪影響を及ぼすことがある．	シーリング材に悪影響を及ぼさない対策品（シリコーン系ゴムなど）を使う．
	飛散防止フィルム	シーリング材を接着させる位置まで飛散防止フィルムを張り込んでしまうと接着が不十分となる．被着面まで張り込んだ飛散防止フィルムを除去する際にカッターを使用すると，ガラスに傷をつけることになるので好ましくない．	飛散防止フィルムをガラスに使用する場合には，被着面にまで張り込まないように十分注意しなければならない．
	飛散防止フィルムの粘着剤	粘着剤が残っていると接着が不十分になる．	フィルムの粘着剤が残っている場合は，適切な方法で除去する．
	スパッタリング法で成膜された薄膜	ガラス面ではなく金属面である．	金属面に適したプライマーを使用する．傷つきやすいので注意しなければならない．
ゴム，プラスチック，ポリカーボネート，アクリル	高分子材料そのもの 溶剤 プライマー	清掃溶剤やプライマーまたはシーリング材中の化学成分によって被着面が侵され，接着が不十分になりやすい．被着面の種類によっては接着しにくいものがある．溶剤（プライマー）により構成材が破壊する．	被着面の耐溶剤性を十分に調査してから，清掃溶剤，プライマー，シーリング材を選択する．使用予定の被着面で接着性の確認試験を行うことが望ましい．ポリカーボネートやアクリルの清掃溶剤はアルコール系が望ましい．
	塩化ビニル樹脂製建具	塩化ビニル樹脂の可塑剤がシーリング材の被着面に移行し，接着性を低下させる．	塩化ビニル樹脂の可塑剤の影響を受けないシーリング材を使用する．

解説表 4.2.13　接着阻害の問題点と対策（つづき）

構成材の種類	接着性の阻害因子			主な問題点	設計・施工上留意すべきポイントと対策
仕上材，塗料，仕上塗材，タイル	清掃溶剤プライマー塗装（防せい塗料各種塗料）			塗膜の耐溶剤性や下地との接着力が劣ると，塗膜の凝集破壊や塗膜と下地間で破壊し，雨水の浸入口となる．	塗料の種類，塗装方法および諸特性（主に耐溶剤性と下地との接着力）を熟知し，支障のない清掃溶剤，プライマー，シーリング材を選択する．
				被着面は金属やコンクリートなどの素地ではなく塗膜であるから，その種類にあったプライマーを選択し，使用する．	
	仕上塗材	被着面に塗付けない	シーリング工事と仕上工事が取り合う．	被着面に仕上塗材が付着すると，接着性が損なわれるばかりでなく，外力が加わると仕上塗材が破壊することにもなる．	工程および工事管理は両工事の絡みを考えて綿密に行い，目地の養生を行うときにはていねいに行う．これは，仕上工事を工場または現場のどちらで実施するにしても共通である．
		被着面に塗付ける	シーリング材の被着面は仕上塗材である．	仕上塗材が被着面に施される場合，接着破壊または仕上塗材の破壊を呈することがある．	仕上塗材とシーリング材の接着性およびシーリング材の発生応力と仕上塗材の強度とのバランスなどについて，事前に検討しておく必要がある．
	ふっ素樹脂系塗装			熱可塑形のふっ素樹脂系塗装の場合は接着性に問題のあるものがある．	事前に接着性の確認試験を実施する．ナイロン研磨布などを用いた清掃を行い接着性を高めることが望ましい．
	タイル仕上げの酸洗い			タイル仕上げでは酸洗いを行うことが多いが，酸により接着性の低下を招くおそれがある．	酸の濃度を低くするとともに，酸洗い後の水洗いを十分に行う必要がある．
異種材料の取合部	プライマーの塗分けが困難			ガラスとサッシに代表されるように異種材料の被着面に共通の1種類のプライマーで対応する場合が数多くあるが，この場合にはどちらか一方の被着面に対する接着が不十分になることがある．	両被着面に適した共通のプライマーを使用する．事前に接着性を確認しておく．

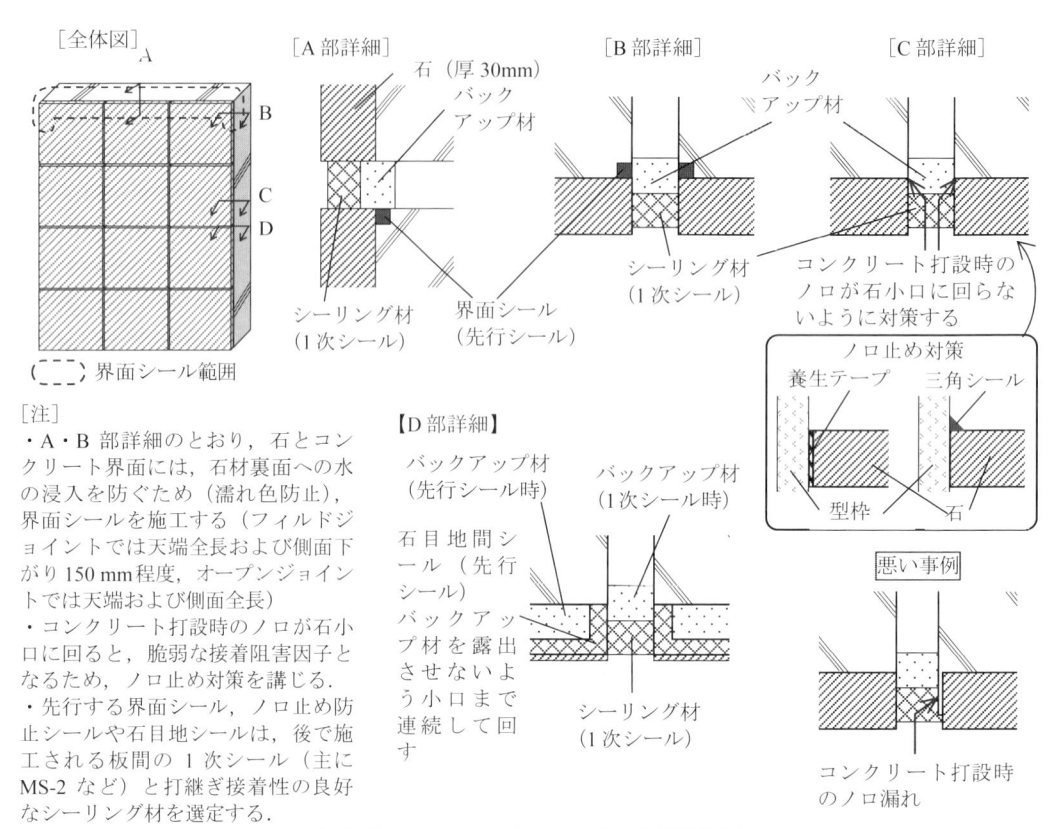

[全体図]

（ ）界面シール範囲

[注]
・A・B 部詳細のとおり，石とコンクリート界面には，石材裏面への水の浸入を防ぐため（濡れ色防止），界面シールを施工する（フィルドジョイントでは天端全長および側面下がり 150 mm 程度，オープンジョイントでは天端および側面全長）
・コンクリート打設時のノロが石小口に回ると，脆弱な接着阻害因子となるため，ノロ止め対策を講じる．
・先行する界面シール，ノロ止め防止シールや石目地間シールは，後で施工される板間の 1 次シール（主にMS-2 など）と打継ぎ接着性の良好なシーリング材を選定する．

【石先付けプレキャストコンクリート板間目地】

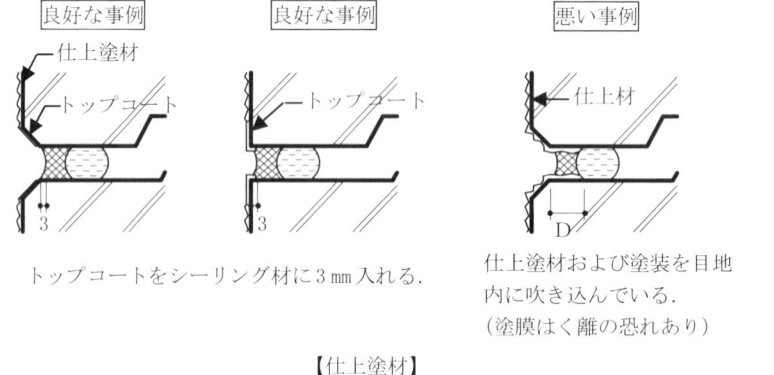

トップコートをシーリング材に 3 mm 入れる．

仕上塗材および塗装を目地内に吹き込んでいる．
（塗膜はく離の恐れあり）

【仕上塗材】

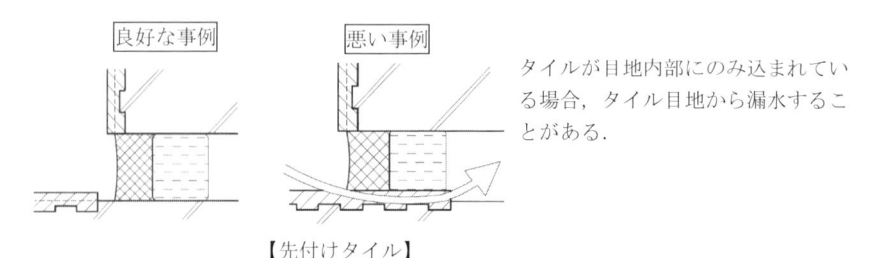

タイルが目地内部にのみ込まれている場合，タイル目地から漏水することがある．

【先付けタイル】

解説図 4.2.25　プレキャストコンクリートカーテンウォール部材におけるその他の留意事項

---

b．窯業系サイディング外壁の目地設計
（1）設計の基本的な考え方
　　窯業系サイディング外壁における目地の設計は，水密性能や耐久性グレードを満足するように，適正な目地深さ，目地の構造およびシーリング材を選定することとする．
（2）シーリングジョイントの構法
　　シーリングジョイントの構法は，シングルシールジョイントまたはダブルシールジョイントとする．
（3）目地深さ
　　目地深さは，接着性および耐候性が長期にわたって確保できる寸法とする．
（4）目地の構造
　　目地底に接着させない2面接着の目地構造とする．
（5）シーリング材の選定
　　シーリング材は，窯業系サイディング材の特性を考慮して適切なものを選定する．

---

b．窯業系サイディング外壁の目地設計

（1）設計の基本的な考え方

　乾式外壁には，ALC薄形パネル外壁，押出成形セメント板外壁，窯業系サイディング外壁，複合金属サイディング外壁などがあるが，本項は，窯業系サイディング外壁を対象としたものである．窯業系サイディング外壁は，高さ13 m（木造工法では16 m）以下の木造軸組み工法や枠組壁工法の住宅，および低層の鉄骨造（S造）の建築物に使用されることが一般的である．窯業系サイディング外壁は，現場での張付け工法により横張り工法と縦張り工法に区分される．パネル間の雨仕舞は，横張り工法では縦目地がシーリングジョイントで，横目地が相じゃくりで水密性を確保する方法が一般的である．縦張り工法では，縦目地は相じゃくりで水密性を確保する場合が多いが，シーリングジョイントとする場合もある．近年，窯業系サイディングの四周を相じゃくりで水密性を確保する工法も上市されている．いずれの工法においても，開口部や加工部，入隅等はシーリングジョイントとすることが標準である．窯業系サイディングは，シングルシールジョイントと相じゃくりで壁面接合部を構成している．そのため，風雨の状況では外壁裏面に雨水が浸入することを前提としている．壁体内の湿気排出を目的とした通気層（15〜18 mm程度）と透湿防水シートにて構成する「外壁通気構法」は，浸入した雨水の排水経路となり室内への漏水を防ぐもので，2001年（平成13年）から全国標準構法とされている[26]．

　窯業系サイディング外壁では，水密性以外の要因から目地幅が決まり，その目地幅に対して水密性能と耐久性グレードを満足するように，シーリング材の選定，目地深さの検討，目地構造の検討を行う．工業化住宅では，各社独自の設計システムに基づいて主要構造部の性能に関わる認定を受けており，これに関連して外壁接合部の目地設計も行われている．この場合，各社の設計モジュールの考え方，外壁材調達時の入手可能な材料幅，外装パネルの工法，目地設計に関わる法規則および目地の意匠性などの評価から接合部の目地寸法が採用され，目地幅などの目地形状が決められる傾向がある．目地幅は，一般に10 mm程度以上が標準である．

　窯業系サイディング外壁では，窯業系サイディング製造所または（一社）日本窯業外装材協会の標準仕様[26]に従って外壁設計が行われている．窯業系サイディング製造所，（一社）日本窯業外装材協会ともに目地幅は10 mm程度が標準である（1時間準耐火構造とする場合は10 mm以下の目

地幅となる）．また，同仕様では，縦目地の仕上がりの意匠性，施工性および防水性を考慮して，目地ジョイナーなどの付属部品を利用して目地幅の施工精度を確保するように工夫している．目地ジョイナーには，シーリング材施工時のバックアップ材にあたる受けがあり，目地ジョイナーの側面に沿ってサイディングを留め付けて，目地にプライマーを塗布後，シーリング材を充填する施工手順になっている．

（2）シーリングジョイントの構法

　窯業系サイディング製造所または（一社）日本窯業外装材協会の標準仕様に従った外壁設計の場合，窯業系サイディング外壁の目地は，外壁構成の関係上，シングルシールジョイント構法になる．3.2.2 の b．で述べたように，シングルシールジョイント構法の水密信頼性はそれほど高くない．万一，シーリングジョイントにはく離や亀裂の損傷が発生しても不具合を生じないように，壁体構造全体の設計で対応している．（一社）日本窯業外装材協会の標準仕様に従った窯業系サイディング外壁（横張り工法）の縦目地の納まり例を解説図 4.2.26 に示す．縦目地にあたる目地底の下地面に防水帯（目地ジョイナーなど）を施工している場合が多い．

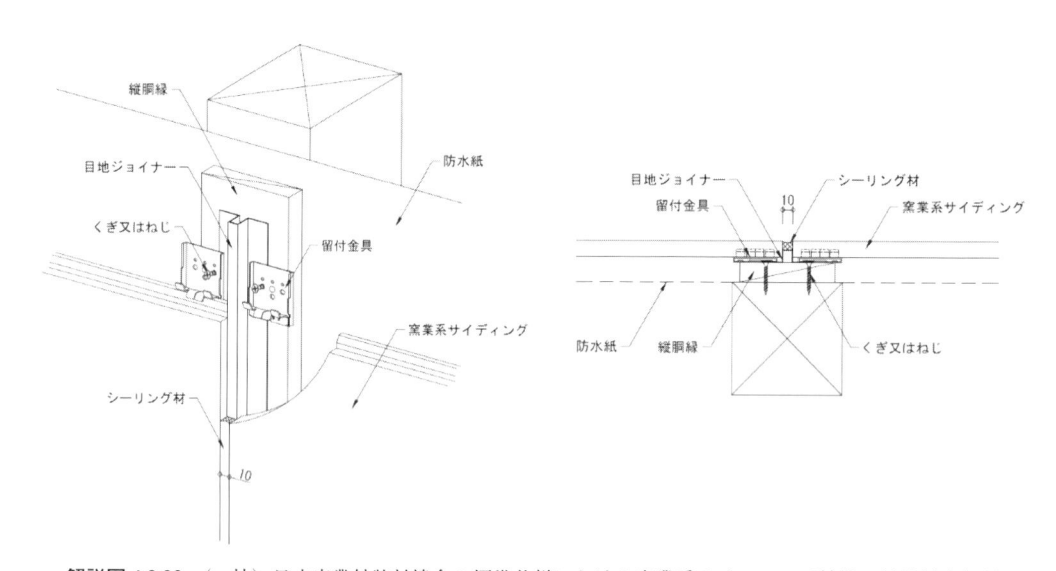

解説図 4.2.26　（一社）日本窯業外装材協会の標準仕様における窯業系サイディング外壁の目地納まり例

　工業化住宅における代表的な目地納まり例を，解説図 4.2.27 および解説図 4.2.28 に示す．工業化住宅の目地納まりは，各住宅製造所独自の設計となっており，防水保証の長期化もあり，シングルシールジョイント構法だけでなく，ダブルシールジョイント構法とする外壁設計が行われる場合もある．

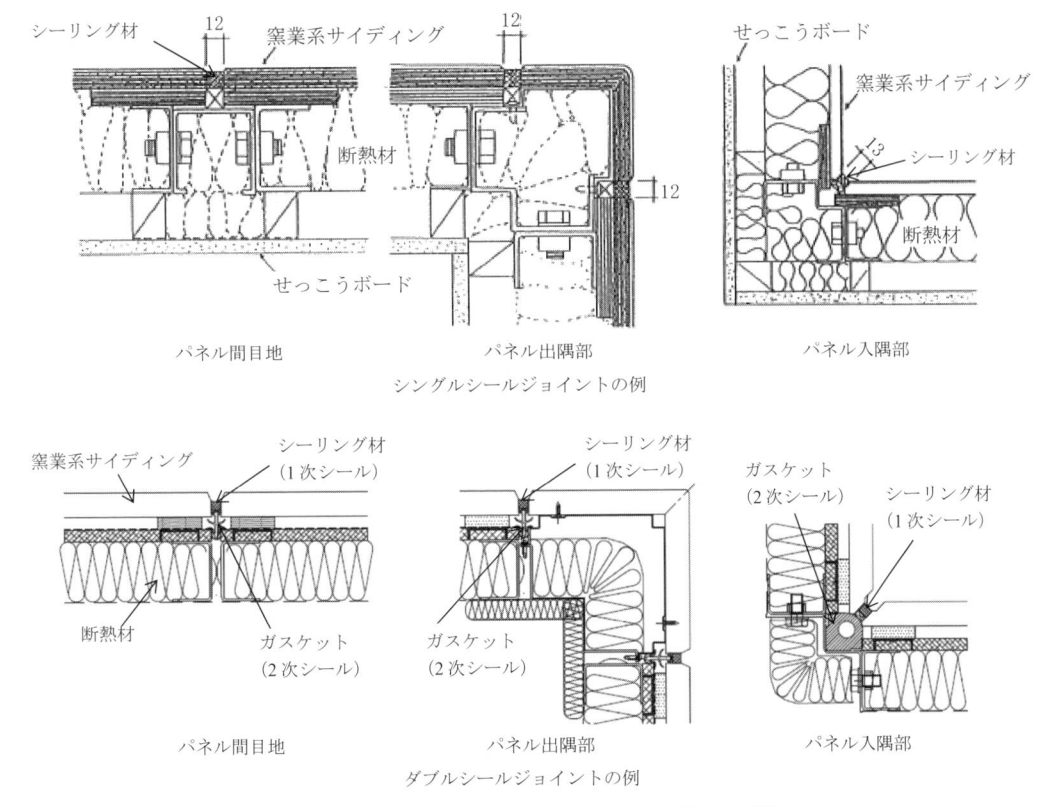

シングルシールジョイントの例

ダブルシールジョイントの例

解説図 4.2.27　工業化住宅における目地の納まり例[27]

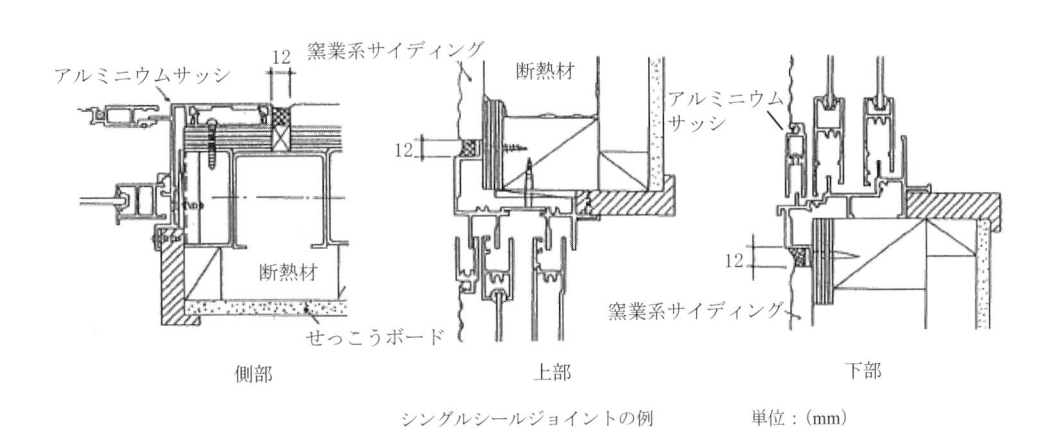

シングルシールジョイントの例　　　単位：(mm)

解説図 4.2.28　工業化住宅における建具回り目地の納まり例[27]

（３）目地深さ

　目地深さは，基本的にはシーリング材の接着性および耐候性が長期にわたって確保できる寸法が必要であり，適切な範囲を解説図 4.2.15 に示す．しかし，窯業系サイディング外壁の場合は，前述の「外壁通気構法」を標準とすることで，外壁の防水性能を確保している．そのため，目地幅 10 mm 程度で目地深さ 5 mm 以上を標準仕様としている．窯業系サイディング製造所または（一社）日本窯業外装材協会の標準仕様の窯業系サイディング外壁の場合，目地深さは目地ジョイナーにより設定されることが多い．目地が所定の目地深さより深い場合は，バックアップ材などの装填により調整する．工業化住宅の目地深さに関しては，各社独自の設計となっているが，目地幅 10 mm 程度で目地深さ 8 mm 以上の目地が確保されていることが多い．

（４）目地の構造

　窯業系サイディング外壁のシーリングジョイントはワーキングジョイントであり，シーリング材のムーブメント追従性を発揮させるためには，目地底に接着させない 2 面接着の目地構造としなければならない．

（５）シーリング材の選定

　窯業系サイディング外壁に用いるシーリング材は，「解説表 4.3.13　シーリング材と構法，部位，外壁材との適切な組合せ」により選定するが，窯業系サイディングの特性を考慮して適切なものを選定する．使用するシーリング材は JIS の耐久性区分にある上位品でなくてもよく，性能的に窯業系サイディングと良好な接着耐久性を有していることが望ましく，カタログなどにより用途が窯業系サイディング用であることを確認する．工業化住宅の場合は，住宅製造所が慎重な検討の結果から指定品を指定しているので，それに従う．窯業系サイディング製造所または（一社）日本窯業外装材協会の標準仕様の窯業サイディング外壁の場合は，NPO 法人　住宅外装テクニカルセンター（JTC）が，窯業系サイディング製造所，日本シーリング材工業会および学識経験者等とともに窯業系サイディング用シーリング材 JTC 規格　JTC S-0001 を制定しており，現在は（一社）日本窯業外装材協会に継承されている．

　次に，窯業系サイディングの挙動と，窯業系サイディングに適したシーリング材の性能について述べる．

（ⅰ）窯業系サイディングの挙動

　窯業系サイディングの挙動としては，外壁材の温度変化に伴うムーブメント，湿気挙動に伴うムーブメントおよび炭酸化収縮ムーブメントの 3 つが挙げられる．

　3 つのムーブメントは，外壁材の特性や施工時の設置条件により各要因が関連しあって，目地の挙動として現れる．この状況を解説図 4.2.29 および解説図 4.2.30 に示す．例えば，温度変化に伴うムーブメントと湿気挙動に伴うムーブメントは相互に影響している．窯業系サイディングの温度が上昇すると，外壁材の長さは，一時的に熱膨張で伸びる（温度変化ムーブメント）が，同時に温度上昇によって含水率が低下するため，収縮する挙動（湿気ムーブメント）を示す．窯業系サイディングの湿気ムーブメントは，降雨時の吸湿や吸水による含水率上昇に伴う膨張と，日射での温度上昇に伴う放湿による含水率低下による乾燥収縮を繰り返す．変化挙動（ムーブメン

トの主体）のどちらが主になるかは建物立地，形状，外壁色等の状況により異なるが，一般的には湿気ムーブメント（乾燥収縮）による変化量の方が大きく，支配的な挙動となる傾向にある．ただし，その挙動は時間経過の中で単純に推移していくのではなく，いくつもの伸長側ピーク，収縮側ピークを推移（短期ムーブメントの繰り返し）させながら支配的要因側のムーブメントへ移行していく．ただし，この湿気ムーブメントによる窯業系サイディングの寸法変化は可逆性があり，解説図 4.2.29 に示すように温度あるいはサイディングの含水率が元の状態に戻れば，目地幅も元の状態に戻る．

　これに対して，解説図 4.2.30 に示すように経年変化に伴う炭酸化収縮ムーブメントは独立した挙動（長期ムーブメント）となっている．窯業系サイディング外壁の目地は，温度と湿気ムーブメントによる短期的かつ可逆的な伸縮を繰り返しながら，長期的には窯業系サイディングの炭酸化収縮により，経年では拡幅する方向に推移する．窯業系サイディングの炭酸化収縮量は，（一社）日本窯業外装材協会の見解によれば，サイディングの長さ 3030 mm に対して最大 2〜3 mm 程度とのことである．シーリング材のムーブメント追従性を検討する場合，湿気ムーブメント（短期繰返しムーブメント）と経年変化による炭酸化収縮ムーブメント（長期ムーブメント）の双方を設計時に考慮しておく方が安全である．この場合，窯業系サイディングの収縮方向の変化量は，炭酸化収縮ムーブメントと湿気ムーブメントによる乾燥収縮が重なった状態が最大となる．これまでの経験から湿気挙動によるムーブメントを 0.1 ％，経年変化に伴う炭酸化収縮ムーブメントを 0.1 ％とみて，最大の変化が生じた場合の想定値として 0.2 ％程度の値を考慮することが安全側の設計となる（窯業系サイディングの長さが 3030 mm の場合，実質的には目地幅 10 mm のシーリング目地に対して ±3 mm 程度伸縮することを想定する必要がある）．ただし，窯業系サイディングの材料仕様（オートクレーブ養生や表裏面の塗装）や固定工法により湿気ムーブメントと炭酸化収縮ムーブメントによる収縮量を低減することが可能である．

　なお，窯業系サイディング外壁の目地は，建物形状や窯業系サイディングの材料仕様，固定方法によって，炭酸化収縮ムーブメントが進行する中で面外変形を伴うケースもあるため，注意が必要である．

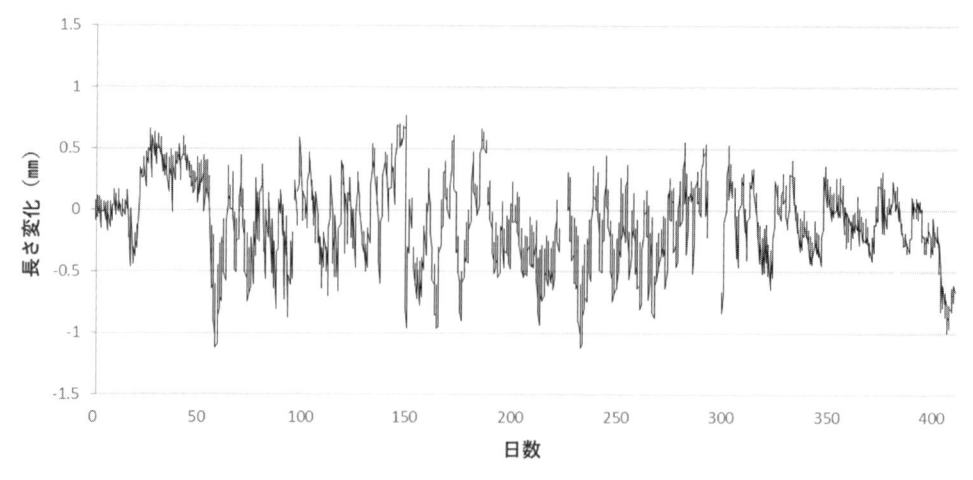

解説図 4.2.29　窯業系サイディングの屋外暴露試験による長さ変化の挙動例[28]

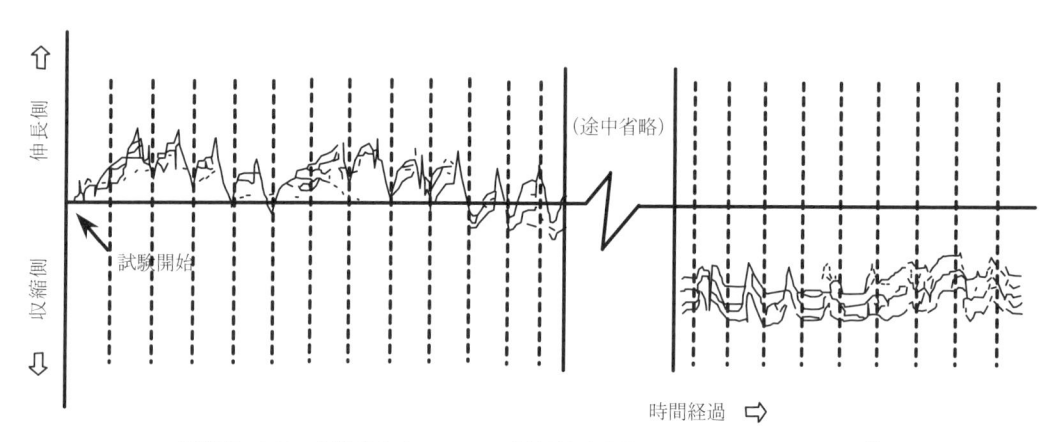

解説図 4.2.30　窯業系サイディングの屋外暴露試験による長さ変化の挙動例[29]

（ⅱ）窯業系サイディングに適したシーリング材の性質

1）応力緩和性

　応力緩和性とは，シーリング材を一定伸長下で放置した場合，シーリング材に生じた引張応力が時間の経過につれて低下していく現象をいい，窯業系サイディングが経年変化で収縮する場合でも，シーリング材の接着界面に生ずる応力負荷を低減させ，接着耐久性の向上に寄与することになる．JIS A 5758：2022（建築用シーリング材）による耐久性ランクの上位のシーリング材がこの性能に優れているとは限らず，JISの耐久性区分と必ずしも関連しない性能である．

　応力緩和性は，一定の伸長下で放置した場合の引張応力の値から評価される．測定結果を解説図 4.2.31 に示す．現在の JIS A 5758：2022 では，応力緩和性の評価は弾性復元性が参考になる．弾性復元性の参考例を解説表 4.2.14 に示す．なお，応力緩和性を有するシーリング材はシーリング材中に気泡を巻き込むと膨れやすい傾向があるため，施工にあたっては，気泡を巻き込ませないように注意する必要がある．

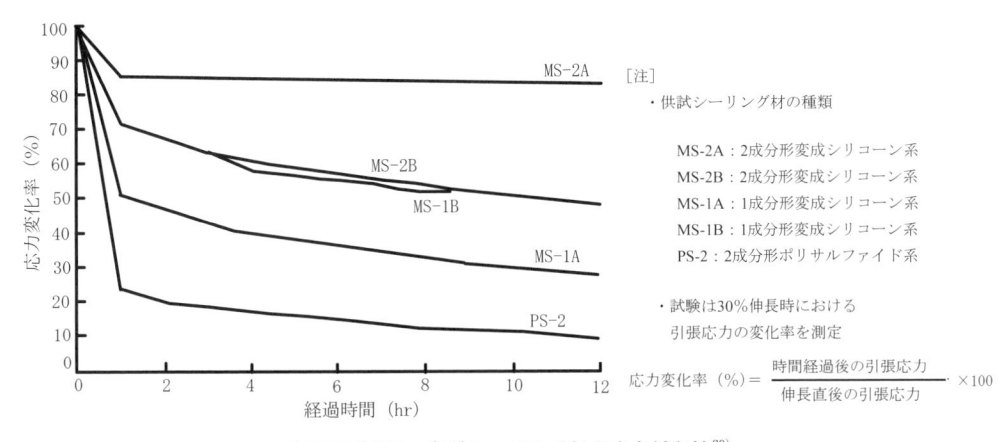

解説図 4.2.31 各種シーリング材の応力緩和性[30]

解説表 4.2.14 各種シーリング材の弾性復元性

シーリング材の種類		サンプル数	最小値	最大値
主成分・硬化機構	記号	（n 数）	（%）	（%）
2 成分形シリコーン系	SR-2	5	91	95
2 成分形ポリイソブチレン系	IB-2	2	94	94
2 成分形変成シリコーン系	MS-2	8	93	98
2 成分形変成シリコーン系 （応力緩和型）	MS-2	2	21	50
2 成分形ポリサルファイド系	PS-2	4	82	89
2 成分形ポリウレタン系	PU-2	8	92	98
2 成分形アクリルウレタン系	UA-2	1	93	93
1 成分形シリコーン系	SR-1	6	82	100
1 成分形変成シリコーン系	MS-1	5	39	71
1 成分形ポリウレタン系	PU-1	4	64	95

2）適正なシーリング材の選定

　適切なシーリング材を選定するためには，事前に接着性試験を含めた各種の性能試験が必要であり，設計段階からシーリング材製造所を参加させて検討することが望ましい．耐久性の観点から，シーリング材は，各種の使用環境下に対して良好な耐候性を有していることが望ましい．特に，最近の外壁材の仕上げは工場塗装タイプが多くなっている．シーリング材も外壁の色に合わせた露出目地の施工が多く，色数も多くなっている．また，目地のデザイン性を含めてシーリング材への要求性能も多様化している．目地に使用するシーリング材は，外壁の意匠性を考慮して，退色性，ひび割れ，チョーキングの少ない良好な性能を有する材料，また，汚れにくい材料が求められている．なお，シーリング材表面に塗装を行う場合は，解説表 4.3.9 に示すとおり，シーリング材と仕上塗材の適正も配慮しておく必要がある．

（ⅲ）施工上の留意点

1）シーリング工事前

A）シーリング材およびプライマーの確認

　シーリング材およびプライマーは，被着体によってそれぞれ適否があるため，施工に先立って，住宅製造所あるいは窯業系サイディング製造所の指定品であるかを確認する．

B）有効期限などの確認

　シーリング材およびプライマーには，それぞれ有効期限が定められており，その期間内で使用しなければならない．

　また，シーリング材は有効期限内であっても，保管状況が不適切な場合は，増粘していることもあり，それらの使用は避ける．一度開封したプライマーを後日に使用する場合は，増粘していたり，白濁や分離沈殿などの品質異常が生じたりしていないことを確認する．

C）シーリング工事部位（目地）の確認

　施工に先立ち，次のことを確認する．

　目地幅は 10 mm，目地深さは 5 mm 以上確保されていること．

　シーリング材の 3 面接着を防止し，伸縮追従性を良くするためのボンドブレーカーまたはバックアップ材が正しく施工されていること．

2）シーリング工事時

A）気象条件

　気温が著しく低い場合や被着体の温度が著しく高い場合は，接着不良や発泡などの不具合が起こるので，原則施工は避ける．

　また，降雪，降雨が予想される場合は，施工を中止して，目地部および被着面が濡れないように適切な養生を行う．

B）マスキング（養生）テープ

　シーリング目地の養生を行うマスキングテープとして，ガムテープなどの粘着性の強いテープを使用すると，窯業系サイディングの化粧面をはく離させたり，粘着剤が残ったりすることがあるので，窯業系サイディング専用のマスキングテープを使用する．光触媒等を用いた低汚染性コーティングを施したサイディングの場合，窯業系サイディング製造所から指定された塗装面の糊残りが起きにくい低粘性マスキングテープを使用する．また，マスキングテープをはがす場合も，長時間張り置きした場合，窯業系サイディングの塗装面の損傷やマスキングテープの糊残りによる目地際の色違いが発生したりすることがあるので，シーリング材が硬化しない時間内にはがすようにする．

C）プライマーの確実な塗布

　プライマーは，適切な刷毛などを使用して塗り残しのないよう，均一に確実に塗布する．

　被着面以外には，プライマーが付着しないように注意して塗布する．

　プライマー塗布後，指定の時間内にシーリング材の充填を終了する（通常は 30 分以上 6 時間以内）．時間が経過してしまった場合や，プライマー塗布後プライマー塗布面にほこり，ごみ，

雨水などが付着した場合は，乾燥，清掃後，必ずプライマーの再塗布を行う．

D）目地幅

　横張りサイディングの縦目地は，幅 10 mm，深さ 5 mm 以上確保する．目地部には所定の目地ジョイナーを用いる．目地幅や目地深さが小さいと，シーリング材のはく離の原因になる．なお，バックアップ材を充填する場合にも必ず深さ 5 mm 以上の充填を確保する．工業化住宅においては，各社で所定の目地幅と深さが定められているため，それに従う．

3）シーリング工事後

A）シーリング材が完全に充填されているかを確認する．充填が不十分な場合，漏水事故やシーリング材のはく離の原因になる．

B）目地よりはみ出したシーリング材や，窯業系サイディングの表面に付着したシーリング材をそのまま放置しておくと，塗膜はく離や汚れの原因になるので，エタノール等のアルコールを含ませた布で完全に除去する．

C）シーリング材の上に塗装を行う場合は，シーリング材指定の養生期間を守って塗装仕上げを行う．養生期間は，23 ℃の場合，3 日以上 10 日以内が一般的である．

　なお，シーリング目地は，サイディングや建物の動きに合わせて伸縮するので，シーリング目地上の塗膜には，割れやはく離が生じる場合がある．

　なお，シーリング材の性能を十分に発揮させるためには，（一社）日本窯業外装材協会および窯業系サイディング材製造所の施工要領書に従った施工が望まれる．

4.2.4　ガラス回り目地の設計

> ａ．設計の基本的な考え方
> 　ガラス回り目地は，温度ムーブメント，層間変位ムーブメント，ガラスに発生する風によるムーブメントなどに対して，耐久性，美観，施工性および維持管理に適した目地形状，目地寸法，目地構造および目地材料とする．

　ａ．設計の基本的な考え方

　ガラス回り目地の設計は，水密性の確保が主体であるが，高層ビルにおけるガラススクリーン構法などでは，それに伴った風圧力によるシーリング材の伸縮変形，あるいは地震によるせん断変形さらには熱による伸縮・せん断変形などが考えられ，ガラス回り目地の設計が重要である．

　すなわち，ガラス回り目地の設計に影響を及ぼす要因としては，水密性，熱割れ防止性，耐風圧性，層間変位に対する追従性，施工性および経済性などが挙げられる．

　これらは，各種外力とそれを防ぐガラス・サッシ・グレイジング材などで種々の構法が検討され，構法に見合った断面設計，およびグレイジング材の選定がなされなければならない．

　ガラス回りのシーリング材の選定については，近年はガラス回り目地に充填したシーリング材が外壁材に汚れを発生させる要因として考えられ，耐久性と美観および目地構造などにも十分に配慮して目地の設計をすることが重要である．さらに，目地幅が小さすぎたり，目地深さが大きすぎたりすると，満足な施工ができず，十分な性能を確保することが困難となるので，適切な目地形状を

確保することが望ましい.

---

b. 目地の納まり，形状および寸法
  （1）目地幅は，温度ムーブメントや層間変位ムーブメントに対する追従性を確保できる寸法であり，かつシーリング材を確実に充填できる形状および寸法とする.
  （2）目地深さは，シーリング材の接着性や耐久性を十分に確保できるとともに，シーリング材を確実に充填でき，かつ硬化阻害を起こさない寸法とする.

---

b. 目地の納まり，形状および寸法

（1）目地幅（W）の算定

（i）ムーブメント（δ）

温度ムーブメントおよび層間変位ムーブメントは，次の方法で算定する. なお，設計者などの保有する過去の実験例などがあれば，そのデータを基に求めてよい.

1）温度ムーブメント（δ_t）

ガラス回りの熱膨張および収縮に起因する温度ムーブメントはせん断方向であり，以下の算定式により求める.

$$
\left.
\begin{array}{ll}
\text{高さ方向} & \delta_h = h(\alpha_s \cdot \Delta T_s - \alpha_g \cdot \Delta T_g) \\
\text{幅方向} & \delta_w = (w/2)(\alpha_s \cdot \Delta T_s - \alpha_g \cdot \Delta T_g) \\
\text{コーナー部} & \delta_t = \sqrt{\delta_h{}^2 + \delta_w{}^2}
\end{array}
\right\} \tag{4.2.5}
$$

ここに，δ_t：温度ムーブメント（mm）

$\delta_t \cdot \delta_w$：高さ方向・幅方向のムーブメント（mm）

$\alpha_s \cdot \alpha_g$：サッシおよびガラス部材の線膨張係数（/℃）

h, w：ガラスの高さ，幅（mm）

$\Delta T_s \cdot \Delta T_g$：サッシおよびガラス部材の実効温度差（℃）

なお，サッシおよびガラス部材の線膨張係数 α は，解説表 4.2.3 の値を目安とする.

また，サッシおよびガラス部材の実効温度差 ΔT は，解説表 4.2.4 の値を目安とする.

同表ではサッシを構成する構成部材表面の色調が明色と暗色の両極端の場合について数値を示したが，実際の色調に応じて中間の数値を用いてもよい. また，過去の実績や経験により ΔT が求められている場合または推定できる場合には，その値を用いてもよい.

ガラスの熱膨張・収縮に起因する温度ムーブメントの算定例を解説表 4.2.15 に示す. ここで示した例は，ガラス区分が「一般」と「特殊」の場合を比較したものである.

一般的にはガラスの色調が濃いほど，日射吸収率は高く，これによって実効温度差 ΔT も変わってくるが，ここでは，実効温度差 ΔT の区分を「一般」と「特殊」の2つに分類するに留めている.

この試算例より，「一般」と「特殊」による温度ムーブメントの差は，ガラス色調，アルミニウムサッシ色調，ガラス寸法により変わっていくことが示された.

解説表 4.2.15　ガラス回り目地　温度ムーブメント〔コーナー部 δ_t（mm）〕試算例

アルミニウムサッシ色調	ガラス種別による区分	ガラス寸法　$h \times w$（mm）							
		ケース①		ケース②		ケース③		ケース④	
		h 1500	w 1000	h 2000	w 2400	h 3000	w 3600	h 6000	w 1600
明色	一般	1.36		2.00		3.01		5.21	
	特殊	1.22		1.80		2.69		4.66	
暗色	一般	1.91		2.81		4.22		7.29	
	特殊	1.76		2.60		3.90		6.75	

高さ方向　　　$\delta_h = h(\alpha_s \cdot \Delta T_s - \alpha_g \cdot \Delta T_g)$

幅方向　　　　$\delta_w = (w/2)(\alpha_s \cdot \Delta T_s - \alpha_g \cdot \Delta T_g)$

コーナー部　　$\delta_t = \sqrt{\delta h^2 + \delta w^2}$

　　ここに，δ_t：温度ムーブメント（mm）

　　　　δ_h, δ_w：高さ方向，幅方向のムーブメント（mm）

　　　　α_s, α_g：サッシおよびガラス部材の線膨張係数（$\times 10^{-6}$/℃）

　　　　h, w：ガラスの高さ，幅（mm）

　　　　ΔT_s, ΔT_g：サッシおよびガラス部材の実効温度差（℃）

　　　　　　$\alpha_s = 23 \times 10^{-6}$/℃，$\alpha_g = 9 \times 10^{-6}$/℃

　　　　　　$\Delta T_s = 55$ ℃（明色）70 ℃（暗色），$\Delta T_g = 45$ ℃（一般）55 ℃（特殊）として試算

2）層間変位ムーブメント（δ_r）

　メタルおよび複合カーテンウォールにおける層間変位を受けた場合のサッシおよびガラスの挙動は，構成部材の構成や剛性などと関係し，計算により求めることは困難である．しかし，目地設計の観点に立てば，厳密解を要求しているわけではなく，安全側であれば近似解でも差し支えないと考えられる．層間変位ムーブメントの算定方法として，解説表 4.2.16 の 2 例（形式 A，B）について示す．過去の実験例も参考するとよい．

解説表 4.2.16　サッシの取付け方法とサッシの上・下枠間の変位差

形　式	A（方立形式カーテンウォール）	B（横連窓 PC カーテンウォール）
サッシの取付け方法	ガラス・マリオン方式のサッシ	剛な腰壁と垂れ壁間のサッシ
サッシの上・下枠間の変位差	層間変位が各々のガラス回りに分配される．	層間変位がガラス回りに集中する．

　形式 A は，層間変位がガラスの高さと階高に分配されて，上・下枠間の水平方向の変位の差（サッシの面内変形量）となる．

　形式 B は，ガラスの高さに関係なく，層間変位がサッシの上・下枠間の変位差（面内変形量）として集中するタイプである．

　両者のガラスの挙動の概念図を解説図 4.2.32 および解説図 4.3.33 に示す．

　過去に行われた多くの実大実験について検討した結果，サッシ上・下枠間の水平方向の変位の差は，ばらつきが大きい（部材の構成，剛性の違いによると思われる）ものの，平均的にはおおむね計算値と一致していることを確認している．

形式 A
（方立形式カーテンウォール）

形式 B
（横連窓 PC カーテンウォール）

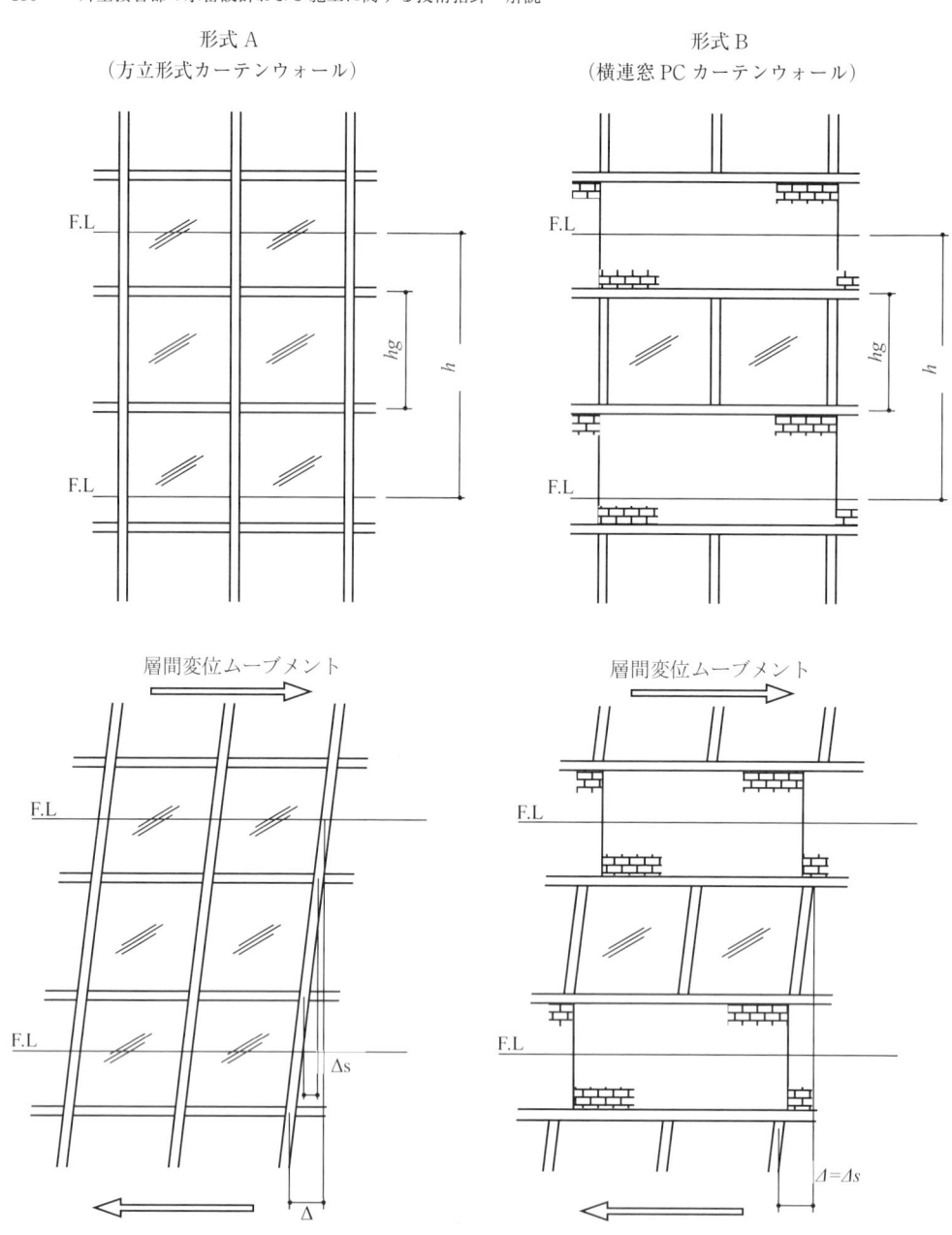

解説図 4.2.32　カーテンウォール方式とサッシの変形

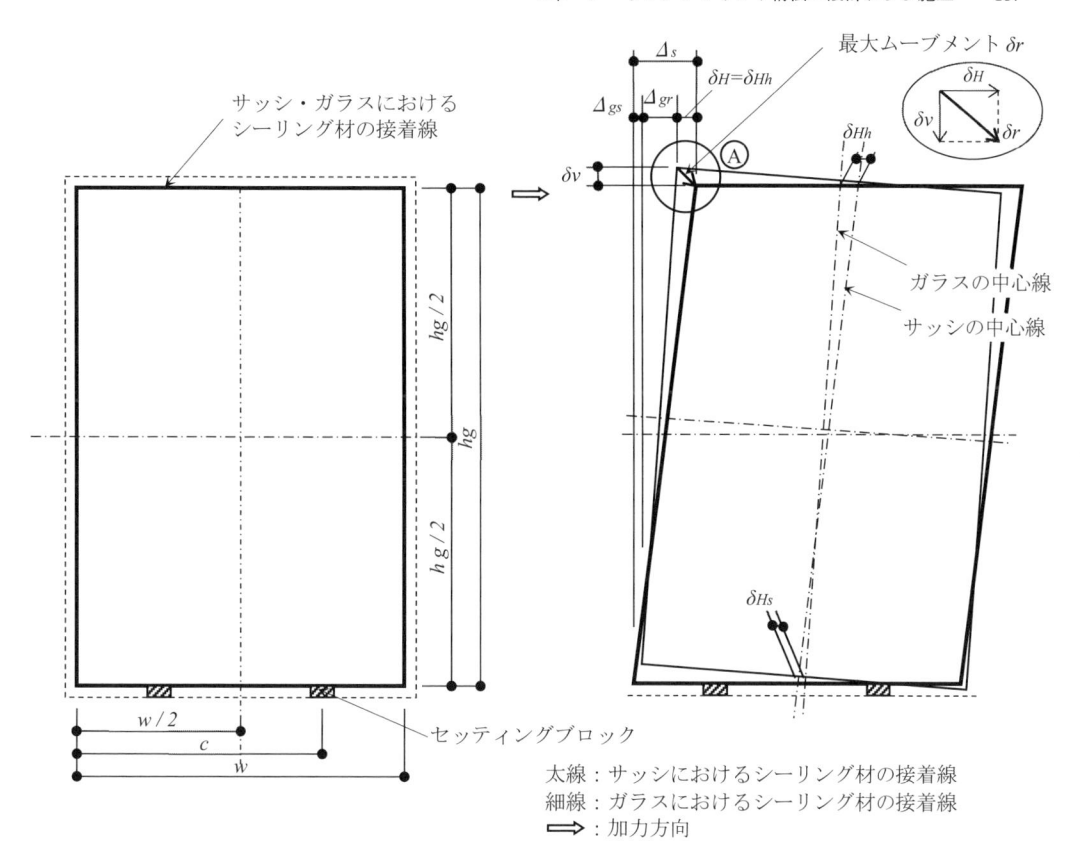

太線：サッシにおけるシーリング材の接着線
細線：ガラスにおけるシーリング材の接着線
⇒：加力方向

解説図 4.2.33　層間変位によるサッシおよびガラスの挙動

ガラス回り目地の層間変位ムーブメントの算出手順を次に示す.

①層間変位を受けたときのサッシの面内変形量を次式により算定する.

$$形式 A の場合　\Delta_s = \Delta(h_g/h) = R \cdot h_g \tag{4.2.6}$$

$$形式 B の場合　\Delta_s = \Delta = R \cdot h \tag{4.2.7}$$

ここに, Δ_s：サッシの面内変形量〔上・下枠間の水平方向の変位の差〕（mm）

Δ：層間変位（mm）

h_g：ガラスの高さ〔または上・下枠間の距離〕（mm）

h：階高（mm）

R：層間変形角（rad）

②ロッキング率 β_r を決定する. なお, ロッキング率を次式のように定義する.

$$\beta_r = \Delta g_r / \Delta_s \tag{4.2.8}$$

ここに, Δg_r：ガラスの回転による上・下辺の水平変位の差（mm）

ロッキング率は原則として実験によるか信頼できる資料により求めるが, 実験により導かれた下記式を採用する事例もあるので参考にするとよい.

$$\beta_r = 0.4 \ (h_g/w) \tag{4.2.9}$$

ただし, $0.1 \leqq \beta_r \leqq 0.8$, $h_g/w \leqq 2.0$

　層間変位ムーブメント（最大ムーブメント）は，上枠の隅角 A 部に生ずるので，以下にこの部分について検討する．

③目地の水平方向のムーブメントを次式により算定する．

$$\delta_H = 0.6(1 - \beta_r)\Delta_s \tag{4.2.10}$$

　　　　ここに，δ_H：上枠の隅角 A 部の水平方向のムーブメント（mm）

④目地の鉛直方向のムーブメントを次式により算定する．

$$\delta_v = (w/h_g)(c/w)\beta_r \cdot \Delta_s \tag{4.2.11}$$

　　　　ここに，δ_v：上枠の隅角 A 部の鉛直方向のムーブメント（mm）

　　　　　　　　c：支点セッティングブロックと浮き上がるガラス端部までの距離（mm）

⑤層間変位ムーブメントは次式により算定する．

$$\delta_r = \sqrt{\delta_H{}^2 + \delta_v{}^2} \tag{4.2.12}$$

　　　　ここに，δ_r：層間変位ムーブメント〔最大ムーブメント〕（mm）

[注]　ガラス回り目地の層間変位ムーブメント算定式の証明

サッシの面内変形量は次式となる．

　　　形式 A の場合　　$\Delta_s = \Delta(h_g/h) = R \cdot h_g$ \hfill (4.2.13)

　　　形式 B の場合　　$\Delta_s = \Delta = R \cdot h$ \hfill (4.2.14)

ガラスは，シーリング材の拘束を受け解説図 4.2.33 のように水平移動とセッティングブロックを中心とした回転の複合された挙動を示し，水平方向の変位と目地の水平方向のムーブメントの間に次式の関係が成り立つ．

　　　上枠において $\Delta_s = \delta_H + \Delta g_s + \Delta g_r \fallingdotseq \delta_{Hh} + \Delta g_s + \Delta g_r$ \hfill (4.2.15)

　　　下枠において $\Delta_s = \delta_H s$ \hfill (4.2.16)

　　　　ここに，δ_{Hh}：上枠中央部の水平方向のムーブメント〔$\fallingdotseq \delta_H$〕（mm）

　　　　　　　　δ_{Hs}：下枠中央部の水平方向のムーブメント（mm）

　　　　　　　　Δg_s：ガラスの水平移動量（mm）

　　　　　　　　Δg_r：ガラスの回転による上・下辺の水平変位の差（mm）

　実験によると，一般に上枠と下枠における目地の水平方向のムーブメントの比は，6：4 であるといわれている．したがって

$$\delta_H h / \delta_{Hs} = (\Delta_s - \Delta g_s - \Delta g_r)/\Delta g_s = 6/4 \tag{4.2.17}$$

　∴　$\Delta g_s = 0.4(\Delta_s - \Delta g_r)$

これを（4.2.14）式に代入して整理すると，A 部の水平方向のムーブメントは次式で表される．

$$\delta_H = 0.6(\Delta_s - \Delta g_r) \tag{4.2.18}$$

ロッキング率 β_r を用いると，（4.2.18）式は次式となる．

$$\delta_H = 0.6(1 - \beta_r)\Delta_s \tag{4.2.19}$$

A 部の鉛直方向のムーブメントは次式となる．

$$\delta_v = (w/h_g)(c/w)\beta_r \cdot \Delta_s \tag{4.2.20}$$

A 部における最大ムーブメントは次式で表される．

$$\delta_r = \sqrt{\delta_H{}^2 + \delta_v{}^2} \tag{4.2.21}$$

３）風圧力を受け構成部材が面外変形した場合のムーブメント

　風圧力を受け構成部材が面外に変形したときのムーブメントを推定する必要があるのは，主にガラス回りで風圧力が大きいかまたはガラス面積が大きい場合である．なお，シーリング材やバックアップ材などの複雑なムーブメントを把握した算定方法が現時点では確立しているとはいえない．現状では，実験により確認するか，または過去に行われた実験例を参考にしてムーブメントを推定する．

（ⅱ）必要目地幅 W の算出

　(4.2.5) 式で算出した温度ムーブメント δ_t を (4.2.4) 式に代入し，温度ムーブメントに対する必要設計目地幅 W_t を算出する．また，(4.2.21) 式から算出した層間変位ムーブメント δ_r を (4.2.4) 式に代入し，層間変位ムーブメントに対する必要設計目地幅 W_r を算出する．W_r および W_t より，想定した目地幅の妥当性を判断して，最終的に設計目地幅 W を決定する．

（２）目地深さ D の算定

　目地深さは，接着性や耐久性を十分に確保でき，硬化阻害を起こさない寸法とする必要がある．ガラス回り目地の目地深さは，解説図 4.2.15（b）の範囲に納まるように設定する．目地深さが大きすぎると，シーリング材の種類によって硬化阻害や硬化遅延による損傷などの発生が予想される．特にガラス回り目地で多く用いられるシリコーン系シーリング材では，目地深さが深いと反応生成物が深部に残留し，硬化阻害を生じることがあるので注意が必要である．

---

c．バックアップ材の納まり，形状および寸法
（1）バックアップ材は，シーリング材に悪影響を与えないもので，かつシーリング材が所定の形状および寸法を確保できるものとする．
（2）バックアップ材は，ガラスの受ける風荷重を伝えることができる材質，形状および寸法であることが望ましい．

---

c．バックアップ材の納まり，形状および寸法

（1）バックアップ材の材質

　ガラス回りのバックアップ材は，主にポリエチレン発泡体であるが，高層建築では，ガラスは大きな風圧を受けるため，ポリエチレン製の低発泡倍率体やエチレンプロピレンゴム（以下，EPDM という）系などの合成ゴム製を使用することが多い．特に合成ゴム系のバックアップ材を使用した場合は，ガラス回りのシーリング材とバックアップ材が直接接触していると経年でガラスに対する接着力の低下やべたつき・変色など，シーリング材に不具合が発生する場合があるため，シリコーンゴムあるいはシーリング材に影響を与えにくい EPDM を使用するのが望ましい．従来から，耐シリコーン EPDM として EPDM-S と称する材料が流通しているが，これは画一の評価方法によるものではなく，ガスケット製造所ごとの独自の評価で，また，限定された材料に対する評価であることから汎用的な安全性を示したものではない．この影響の程度を評価する方法の一つとして，日本シーリング材工業会の試験規格 JSIA 004：2022「シリコーン系シーリング材と EPDM 系ガスケットの適合性試験方法」が有効であり，JSIA 004：2022 によって適

合性を確認した EPDM の使用が推奨される.

　なお，JSIA 004：2022 によって適合性を確認した EPDM であっても，限定された材料に対する評価結果であるので，実際使用する材料の組合せで JSIA 004：2022 の方法により試験を実施するのが最も確実な評価方法である.

　その他の合成ゴムを使用する場合は事前に十分な検討が必要である.

（2）ガラス回りに発生する風荷重

　ガラス四周をシーリング材で充填した場合，シーリング材およびバックアップ材の単位長さに作用する力を考える.

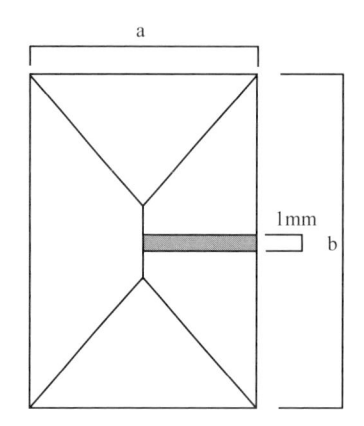

解説図 4.2.34　ガラスの最大線荷重

　ガラス回りに作用する力を近似的に解説図 4.2.34 のように考えると，単位長さあたりの最大線荷重は（4.2.22）式によって求められる.

$$W_{\max}=\frac{10^{-6}\times a\times p}{2} \tag{4.2.22}$$

ここに，$W_{\max}$：最大線荷重（N/mm）

　　　　　　　a：ガラスの短辺寸法（mm）〔b：ガラスの長辺寸法（mm）〕

　　　　　　　p：風圧力（N/m^2）

高層建物のガラスに発生する風圧力は大きく，ガラスを保持するためには，ガラス回りのジョイントが大きな荷重を負担する必要がある.　しかし，ガラス回りに使用するシーリング材は，本来，水密性や気密性を確保するためのものであり，風荷重まで負担させると，本来の性能が低下するおそれがある.

　したがって，解説図 4.2.35 に示すとおり，ガラス回り目地を構成するバックアップ材で風荷重を受けるようにすることが望ましい.　その際，前述した最大線荷重とバックアップ材の圧縮応力との比較や実験結果などを基に，バックアップ材の材質，形状，寸法，かかり代などを検討して選定することが必要である.

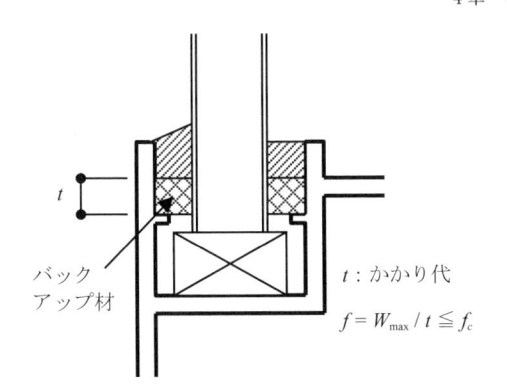

材　料	許容圧縮荷重　f_c
低発泡ポリエチレン （硬質）	0.24 N/mm²
EPDM	0.7 N/mm²
シリコーンゴム	0.7 N/mm²

（圧縮強さの 50 ％ とする）

t : かかり代

$$f = W_{\max} / t \leqq f_c$$

バック
アップ材

解説図 4.2.35　バックアップ材で風荷重を受ける場合のかかり代の検討図

4.3　材　　　料

4.3.1　シーリング材

a. 品　　　質
　シーリング材は，JIS A 5758：2022（建築用シーリング材）に適合するもの，または同等の性能を有するものを使用する．
b. 使 用 期 限
　シーリング材は，製造所の指定する有効期間を過ぎたものを使用してはならない．
c. 性 能 確 認
　シーリング材は，性能をシーリング材製造所などの試験報告書，あるいは試験の実施によって確認する．

　a. 品　　　質

　シーリング材は現在 JIS の認定工場で生産され，JIS マークを表示している製品が数多く市販されている．したがって，シーリング材は JIS A 5758：2022 に適合するもの，または同等の性能を有するものを使用するべきである．

　シーリング材の種類は以下の 2 つで区分される．

　　① JIS A 5758：2022 のシーリング材の性能によるもの

　　② JIS A 5758：2022 の耐久性区分による区分に適用できる主成分によるもの

　解説表 4.3.1 に JIS A 5758：2022 のタイプおよびクラスによる区分を，また，解説表 4.3.2 に同 JIS 附属書 JA の耐久性に適用できる主成分による区分を示す．なお，主成分に対応する記号も併記する．

　この 2 つのシーリング材の区分に相関はなく，①のタイプおよびクラスによる区分よりも，過去の実績などの多くの情報が存在する②の耐久性に適用できる主成分による区分でシーリング材が検討されることが多い．特に同等の性能を有する材料であることを確認する場合には，この種類・区分を把握することが重要である．

　市場では建物の美観，高耐久化，環境への配慮のニーズが多様化してきており，これに合わせて新しいシーリング材が上市され，適用が進んできている．

　シリル化アクリレート系シーリング材は幅広い部位への用途が期待されており，JIS A 5758：2022 の改正により主成分として規定された．シリル化アクリレート系シーリング材は JIS に規定化されたものの，実績は少なく普及はこれからであるため，接着性などの事前検討を十分に行い，適性を確認してから使用する必要がある．

　2 成分形ポリサルファイド系シーリング材は，金属酸化物硬化形からイソシアネート硬化形への置換が進み，現在は大半がイソシアネート硬化形となっている．応力緩和型の 2 成分形変成シリコーン系シーリング材は，主に窯業系サイディング用として定着してきた．また，室内空気質への配慮から，厚生労働省指針値策定 13 物質（TVOC を除く）を配合しないシーリング材への転換も進んできている．

　b. 使 用 期 限

　JIS A 5758：2022 では，シーリング材に製造年月日の表示を義務づけているが，有効期間の表示義務はない．表示のない場合は，シーリング材製造所に確認する．有効期間を過ぎたものは，変

質などのため所定の性能を発揮できないおそれがあるので使用してはならない.

　c. 性 能 確 認

　シーリング材の性能は,シーリング材製造所などによる試験報告書などで確認する.なお,実際の建築物に使用されている被着体への接着性の確認は,JIS A 1439：2022（建築用シーリング材の試験方法）5.20　引張接着性試験に基づいて実施される.ただし,すでに試験が実施されその接着性が確認されている場合は,その試験報告書で代用することができる.また,シーリング材が特殊な条件下で使用される場合については,試験方法,条件などを関係者で協議し,決定する.

解説表 4.3.1　JIS A 5758：2022 によるタイプおよびクラスによる区分と呼び方

タイプ	クラス		呼び方
G	25	LM	G-25LM
		HM	G-25HM
	20	LM	G-20LM
		HM	G-20HM
	30S	LM	G-30SLM
		HM	G-30SHM
F	25	LM	F-25LM
		HM	F-25HM
	20	LM	F-20LM
		HM	F-20HM
	12.5	E	F-12.5E
		P	F-12.5P
	7.5	—	F-7.5

　［注］　（1）用途による区分　　　G：グレイジング,F：グレイジング以外
　　　　　（2）引張応力による区分　LM：低モジュラス,HM：高モジュラス
　　　　　（3）弾性復元性による区分　E：弾性,P：塑性

解説表 4.3.2　JIS A 5758：2022（附属書 JA）の耐久性による区分に適用できる主成分による区分

耐久性による区分	主成分による区分							
	シリコーン系	シリル化アクリレート系	ポリイソブチレン系	変成シリコーン系	ポリサルファイド系	アクリルウレタン系	ポリウレタン系	アクリル系
	SR	SA	IB	MS	PS	UA	PU	AC
10030	○	○	○	—	—	—	—	—
9030	○	○	○	○	○	○	○	—
8020	—	—	—	○	○	○	○	—
7020	—	—	—	—	—	—	○	○
7010	—	—	—	—	—	—	—	○
9030G	○	○	—	—	—	—	—	—

　［注］　耐久性による区分に適用できる主成分による区分を○で示す.

（1）シーリング材の一般的性質

　シーリング材の性能は，主成分による区分や製品形態による区分（1 成分形または 2 成分形）によって異なる．1 成分形および 2 成分形シーリング材の一般的性質を解説表 4.3.3，4.3.4 にそれぞれ示す．

　これらは，各シーリング材製造所のカタログ値を主成分の区分別に統合したものであり，同じ主成分による区分であっても製品間に性能差があることに留意されたい．また製品自体も，市場の要求などにより常に改良が進められており，全てのシーリング材が解説表 4.3.3 と解説表 4.3.4 にあてはまらないこともある．したがって，解説表 4.3.3 と解説表 4.3.4 はあくまでも一般的な目安であり，設計や施工管理など実際の業務にあたっては，使用するシーリング材のカタログ，技術資料などを基に，より詳細に検討することが必要である．

　シーリング材の選定にあたっては，シーリング材の主成分による区分ごとの特性を十分に把握することが防水機能を維持する上で重要である．シーリング材の主成分による区分ごとに，その特徴や性質についてより詳細に後述するので参照されたい．

解説表 4.3.3　1成分形シーリング材の一般的性質

シーリング材の種類		湿気硬化1成分形							エマルション乾燥硬化1成分形	酸素硬化1成分形
		シリコーン系			シリル化アクリレート系	変成シリコーン系	ポリサルファイド系	ポリウレタン系	アクリル系	変成ポリサルファイド系
		SR-1			SA-1	MS-1	PS-1	PU-1	AC-1	MP-1
		中・高モジュラス		低モジュラス	中・高モジュラス	低・中・高モジュラス	低・中モジュラス	低・中モジュラス	低モジュラス	低・中モジュラス
項目		脱酢酸形	脱オキシム形 脱アルコール形 等	脱ヒドロキシルアミン形, 脱アミド形						
硬化前	密度 (g/cm³)	1.0~1.1	1.0~1.5	1.2~1.5	1.2~1.7	1.3~1.5	1.5~1.6	1.1~1.5	1.0~1.6	1.4~1.6
	押出し性 (秒)	4~10	4~10	4~15	3~8	3~8	6~10	3~10	2~10	4~10
	指触乾燥時間 (時間)	0.1~1	0.1~1	0.5~5	1~8	0.5~8	4~16	4~30	0.3~0.5	4~16
硬化後	50 %引張応力 (N/mm²)	0.25~0.7	0.25~0.8	0.05~0.2	0.3~0.6	0.1~0.6	0.1~0.3	0.1~0.35	0.01~0.08	0.1~0.3
	最大引張応力 (N/mm²)	0.6~1.5	0.4~2.0	0.2~0.7	0.4~1.5	0.3~1.8	0.3~0.8	0.5~1.5	0.02~0.15	0.5~1.5
	伸び率 (%)	100~400	100~400	400~1200	80~300	200~600	300~600	500~900	300~700	400~900
	硬さ (JIS K 6253)	10~40	10~40	5~20	20~50	5~40	5~25	5~30	5~20	5~25
	体積損失 (%)	2~5	4~8	2~5	1~8	1~4	4~6	4~10	15~25	4~10
	復元性	A	A	AA	B	B~C	B~C	B	C	B
	物性変化　材齢	微少	微少	微少	小~中	小~中	中	中	中~大	中
	物性変化　温度	微少	微少	微少	小~中	小~中	中~大	中~大	大	中
	耐候性	AA	AA	AA	A	A~B	A~B	B	B~C	B
	耐疲労性	A~B	A~B	AA	A~B	A~B	B	B	C	B
	使用温度範囲 (℃)	-40~150	-40~150	-40~120	-30~100	-30~90	-20~80	-20~70	-20~50	-20~80

［注］　（1）モジュラスの区分は，50 %引張応力により下表のように区分する.

低モジュラス	0.2 N/mm² 未満
中モジュラス	0.2 N/mm² 以上 0.4 N/mm² 未満
高モジュラス	0.4 N/mm² 以上

（2）押出し性は5℃における測定値. 指触乾燥時間の値は23℃における測定値を示す.

（3）復元性, 耐候性, 耐疲労性は, AA が最も良好であり, A, B, C と順次ランクが下がる.

（4）変成ポリサルファイド系シーリング材は, JIS A 5758：2022 には規定されていない.

（5）上記数値は現在, 市販されているシーリング材の一般的なカタログ値であり, 規格値ではない.

解説表 4.3.4　2成分形シーリング材の一般的性質

シーリング材の種類 \ 項　目	反応硬化2成分形							
	シリコーン系	シリル化アクリレート系	ポリイソブチレン系	変成シリコーン系		ポリサルファイド系	アクリルウレタン系	ポリウレタン系
	SR-2	SA-2	IB-2	MS-2		PS-2	UA-2	PU-2
	低モジュラス	低モジュラス	低モジュラス	一般型	応力緩和型	低・中モジュラス	低・中モジュラス	低・中モジュラス
				低モジュラス	低・中モジュラス			
硬化前 密度（g/cm³）	1.2～1.5	1.2～1.5	1.1～1.4	1.1～1.4	1.3～1.6	1.2～1.6	1.2～1.5	1.2～1.5
押出し性（秒）	3～8	3～10	3～10	3～10	2～8	3～10	3～15	2～15
可使時間（時間）	1～5	2～6	2～6	2～6	1～8	1～10	1～5	2～10
指触乾燥時間（時間）	1～12	4～24	4～30	4～24	6～24	8～24	5～24	3～24
硬化後 50％引張応力（N/mm²）	0.05～0.2	0.05～0.2	0.08～0.2	0.08～0.2	0.08～0.3	0.07～0.4	0.1～0.3	0.1～0.3
最大引張応力（N/mm²）	0.3～1.5	0.2～0.8	0.3～0.8	0.4～1.0	0.3～0.8	0.3～0.8	0.5～1.5	0.5～1.5
伸び率（％）	600～1200	400～800	300～800	400～800	300～800	400～900	400～950	500～1000
硬さ（JIS K 6253）	5～20	5～20	5～20	5～20	5～25	5～30	5～25	5～30
体積損失（％）	1～3	1～3	1～4	1～3	1～3	3～7	1～3	1～3
復元性	AA	A～B	A～B	A～B	B～C	B～C	A～B	B
物性変化 材齢	微少	小～中	小～中	小～中	小～中	中	小～中	中
物性変化 温度	微少	小～中	小～中	小～中	小～中	中～大	小～中	中
耐候性	AA	A	A	A～B	A～B	A～B	A～B	B～C
耐疲労性	AA	A	A	A～B	B	B	A～B	A～B
使用温度範囲（℃）	-40～120	-30～100	-30～100	-30～90	-30～90	-20～80	-20～90	-20～70

［注］（1）モジュラスの区分は，50％引張応力により下表のように区分する．

低モジュラス	0.2 N/mm² 未満
中モジュラス	0.2 N/mm² 以上 0.4 N/mm² 未満
高モジュラス	0.4 N/mm² 以上

（2）押出し性は5℃における測定値．可使時間，指触乾燥時間の値は23℃における測定値を示す．

（3）復元性，耐候性，耐疲労性は，AA が最も良好であり，A，B，C と順次ランクが下がる．

（4）上記数値は現在，市販されているシーリング材の一般的なカタログ値であり，規格値ではない．

（ⅰ）シリコーン系シーリング材

1）主原料樹脂

　シリコーン系シーリング材の主原料樹脂は，主鎖の骨格がケイ素（Si）と酸素（O）から成るオルガノシロキサンポリマー（シリコーンポリマー）である．他の樹脂を主原料としたシーリング材とは異なり，有機と無機の中間的性質をもつ．このため，耐候性，耐熱性，耐薬品性など，各種の自然環境下で安定した性質を示す．記号は SR と表記する．

2）特徴

　シリコーン系シーリング材の特徴・留意点を解説表 4.3.5 に示す．

　①JIS A 5758：2022 の耐久性区分では 10030, 9030, 9030G に区分される．

　②紫外線やオゾンによる劣化が小さく，非常に耐候性に優れている．

　③ガラス越しの耐光接着性が良好である．

　④耐熱性，耐寒性に優れ，温度による物性変化が小さい．

　⑤粘度の温度依存性が小さく，低温での施工性が良い．

　⑥応力緩和性，圧縮永久ひずみなどが小さく，長期のシール性が優れている．

　⑦透明，半透明の製品ができる．

　⑧塗料の付着性が悪い．

　⑨雨掛かりのある外壁目地に使用すると，はっ水汚染のおそれがある．

　⑩硬化時に副生する成分によって種々の硬化タイプに分けられる．硬化タイプ別の特徴・留意点を解説表 4.3.5 に示す．

3）使用上の留意事項

ⅰ）打継ぎ接着性

　先打ちにシリコーン系シーリング材を使用し，後打ちにシリコーン系シーリング材以外のシーリング材を使用すると，ほとんどの場合接着しないため注意が必要である．後打ちがシリル化アクリレート系，ポリイソブチレン系の場合，先打ちが 2 成分形シリコーン系シーリング材の場合には種類によって打継ぎが可能な場合もあるので，事前の確認が必要である．

ⅱ）適用範囲

　ガラス回り目地・金属パネル目地など広範な部位に適用できる基本性能を有しているが，その適用にあたっては，事前に確認してから使用することが望ましい．

ⅲ）塗装適合性

　塗料の付着が悪いため，塗装は避ける必要がある．やむをえず塗装する場合には，シーリング材製造所および塗料製造所と個別に対応を協議する．

ⅳ）硬化阻害

　同じシリコーン系シーリング材の打継ぎでも硬化機構が異なる場合，硬化阻害を起こすことがある．特に脱ヒドロキシルアミン，脱アミド形では，先打ちが脱オキシム形，脱アルコール形の場合には先打ちシーリング材施工後の養生期間を十分にとる必要がある．

　また，硬化後の養生が不十分な場合，イソシアネート硬化形ポリサルファイド系およびポリウ

レタン系シーリング材を施工すると，硬化阻害を起こすので注意が必要である．

ⅴ）作業性

可使時間に比べ指触乾燥時間が比較的速いので．へら仕上げは早めに行う必要がある．特に日光が直射する箇所や高温多湿の場合は注意が必要である．

ⅵ）汚染性

外壁に使用した場合，石材や多孔質材の目地においてははっ水汚染を起こすことがあるので，注意が必要である．

ⅶ）変色性

防かび性を付与したものでは，強い紫外線や薬品などにより変色する場合がある．

ⅷ）他部材との接触

EPDMやクロロプレンゴムなどのグレイジングビードやセッティングブロックなどの一部には，シリコーン系シーリング材の硬化を阻害するものや硬化後の変色・物性の低下や接着性低下の原因となるものがあるので，これらと接触する場合には，事前に十分な確認が必要である．

解説表 4.3.5　シリコーン系シーリング材の特徴・留意点

硬化タイプ		特　徴	留意点	備考・主な建築用途
1成分形	脱オキシム形	・高モジュラス品が主である ・刺激臭が少ない ・低比重品ができる	・硬化物が接触物で変色することがある ・銅および銅合金を腐食させることがある	・ガラス回り ・金物回り ・防かび剤添加品は内装目地にも使用
	脱酢酸形	・高モジュラス品が主である ・透明性の高いものが得られる ・硬化速度が速い	・酢酸の刺激臭がある ・金属，コンクリートを腐食させることがある	・ショーケース等
	脱アルコール形	・接着性が優れている ・腐食を起こしにくい ・臭気が少ない ・プラスチックでストレスクラックを起こしにくい	・硬化速度がやや遅い（速硬化形もある） ・保存安定性がやや劣る	・ポリカーボネート等プラスチック類 ・ガラス接着（SSG 構法）
	脱アミド／脱ヒドロキシルアミン形	・低モジュラス ・耐久性が良い ・臭気が少ない ・マスチック化が可能	・硬化が遅い ・密閉部位，高温下，アルコール等溶剤，異種シーリング材等で硬化阻害を受けることがある ・はっ水汚染注意	・動きの大きい目地 ・ガラス回り ・油性コーキング剤の補修（マスチック形）
2成分形	脱ヒドロキシルアミン形	・低モジュラス ・耐久性が良い ・引裂抵抗性が高い ・臭気が少ない ・マスチック化が可能	・硬化が遅い ・密閉部位，高温下，アルコール等溶剤，異種シーリング材等で硬化阻害を受けることがある ・はっ水汚染注意	・動きの大きい目地 ・ガラス回り ・油性コーキング剤の補修（マスチック形） ・水槽
	脱アルコール形	・低〜超高モジュラス ・接着性が優れている ・硬化速度が速い ・腐食性を起こしにくい ・臭気が少ない	・反応生成物であるアルコールが抜けきらない時点で加熱されると軟化することがある	・ガラス回り ・ガラス接着（SSG 構法，複層ガラス 2 次シール） ・プラスチック類

（ⅱ）シリル化アクリレート系シーリング材

1）主原料樹脂

　シリル化アクリレート系シーリング材の主原料樹脂は，末端に反応性シリル基を導入したシリル基末端ポリアクリレートである．ポリイソブチレン系，変成シリコーン系と同様に湿気によりシロキサン結合を形成し，硬化する．記号は SA と表記する．

2）特徴

　①JIS A 5758：2022 の耐久性区分では 10030，9030，9030G に区分される．

　②優れた耐候性を有し，主に表面塗装がない部位に使用される．

　③ガラス越しの耐光接着性が良好である．

　④繰返し疲労に対する動的追従性が良好である．

⑤目地周辺のはっ水汚染がない.

⑥２成分形シリコーン系シーリング材（脱ヒドロキシルアミン形）への打継接着が可能なものもある.

⑦耐熱性・耐寒性が良好で，温度による物性変化が小さい.

⑧高低温下での硬化性が良好である.

⑨取扱いが容易で毒性が低い.

⑩薄層未硬化現象を起こすことがある.

３）使用上の留意事項

ⅰ）打継ぎ接着性

適切なプライマーを選定し正しく用いることは当然であるが，長い間屋外に暴露された後にシーリング材を打ち継ぐと，塵埃の付着や光による変質などにより打継ぎ接着性が低下することがあるので，事前の確認が必要である.

ⅱ）適用範囲

ガラス回り目地・金属パネル目地など広範な部位に適用できる基本性能を有しているが，その適用にあたっては，事前に確認してから使用することが望ましい.

ⅲ）塗装適合性

被塗装性については，汚染・付着など問題が生ずるものもあるので，事前に確認してから使用することが望ましい.

ⅳ）硬化阻害

シーリング材の厚さがごく薄い場合には，硬化が阻害されることがあるので，へら仕上げのアールを小さくする，マスキングテープを目地の際までしっかり張るなど，薄層部を生じないように注意する.

ⅴ）作業性

可使時間に比べ指触乾燥時間が比較的速いので，へら仕上げは早めに実施する.特に日光が直射する箇所や高温多湿の場合は注意する.また，配合・施工条件などによりシーリング材表面にタック（粘着性）が残ることがあり，塵埃が付着しやすいので注意する.

ⅵ）その他

２成分形は，適切なプライマーを使用しないと接着しない.確実なプライマーの塗布が必要である.また，２成分形は，施工段階でシーリング材に混入した気泡が，硬化途上で収縮したり表面から抜けることによって発生するクレーター現象（以下，クレーター現象という）を生ずることがあるため，適切な練混ぜ機・混合方法で混合して軽減を図る.

（ⅲ）ポリイソブチレン系シーリング材

１）主原料樹脂

ポリイソブチレン系シーリング材の主原料樹脂は，末端に反応性シリル基を導入したシリル基末端ポリイソブチレンである.変成シリコーン系と同様に，湿気によりシロキサン結合を形成し硬化する.記号はIBと表記する.

2）特徴

①JIS A 5758：2022 の耐久性区分では，10030，9030 に区分される．

②優れた耐候性を有し，主に表面塗装がない部位に使用される．

③ガラス越しの耐光接着性が良好である．

④繰返し疲労に対する動的追従性が良好である．

⑤目地周辺のはっ水汚染がない．

⑥2成分形シリコーン系シーリング材（脱ヒドロキシルアミン形）への打継ぎ接着が可能なものもある．

⑦耐熱性・耐寒性が良好で，温度による物性変化が小さい．

⑧高低温下での硬化性が良好である．

⑨取扱いが容易で毒性が低い．

⑩透湿性が低い．

⑪薄層未硬化現象を起こすことがある．

3）使用上の留意事項

ⅰ）打継ぎ接着性

　適切なプライマーを選定し正しく用いることは当然であるが，長い間屋外に暴露された後にシーリング材を打ち継ぐと，塵埃の付着や光による変質などにより打継ぎ接着性が低下することがあるので，事前の確認が必要である．

ⅱ）適用範囲

　ガラス回り目地・金属パネル目地など広範な部位に適用できる基本性能を有しているが，その適用にあたっては，事前に確認してから使用することが望ましい．

ⅲ）塗装適合性

　被塗装性は良好であるが，汚染・付着など問題が生ずるものもあるので，事前に確認してから使用することが望ましい．

ⅳ）硬化阻害

　シーリング材の厚さがごく薄い場合には，硬化が阻害されることがあるので，へら仕上げのアールを小さくする，マスキングテープを目地の際までしっかり張るなど，薄層部を生じないように注意する．

ⅴ）作業性

　可使時間に比べ指触乾燥時間が比較的速いので，へら仕上げは早めに実施する．特に日光が直射する箇所や高温多湿の場合は注意する．また，配合・施工条件などによりシーリング材表面にタック（粘着性）が残ることがあり，塵埃が付着しやすいので注意する．

ⅵ）その他

①適切なプライマーを使用しないと接着しない．確実なプライマーの塗布が必要である．

②2成分形のため，適切な練混ぜ機・混合方法で混合しないとクレーター現象を生ずることがある．

（ⅳ）変成シリコーン系シーリング材

　1）主原料樹脂

　　変成シリコーン系シーリング材の主原料樹脂は，末端に反応性シリル基を導入したシリル基末端ポリエーテルである．湿気によりシロキサン結合を形成し，硬化する．記号は MS と表記する．

　2）特徴

　　① JIS A 5758：2022 の耐久性区分では 9030，8020 に区分される．

　　②優れた耐候性を有し，表面塗装がない部位にも使用できる．

　　③耐熱性・耐寒性が良好で，温度による物性変化が小さい．

　　④高低温下での硬化性が良好で，強度の発現が早い．

　　⑤表面への塗装性が良好である．

　　⑥取扱いが容易で毒性が低い．

　　⑦ガラス越しの耐光接着性が劣る．

　　⑧薄層未硬化現象を起こすことがある．

　3）使用上の留意事項

　ⅰ）打継ぎ接着性

　　長い間屋外に暴露された後にシーリング材を打ち継ぐと，接着性が低下することがある．したがって，打継ぎ面にバックアップ材を張り付けておくとか，切断して新しい面に打ち継ぐなどして，ごみの付着や光による変質などを避けることが必要である．

　ⅱ）適用範囲

　　光を透過する被着体（ガラスなど）および瀝青質を含んだ被着体には適用できない．また，大理石などしみが生じやすい被着体に使用する場合には事前に確認を行い，問題があれば使用しない．常時水に侵される部位には使用しない．

　ⅲ）塗装適合性

　　塗装適合性は比較的良好なものもあるが，汚染・付着など問題が生ずるものもあるので事前に確認してから使用することが望ましい．特に酸化重合型塗料を塗装すると，乾燥しなかったり，乾燥が極めて遅くなったりすることがあるので，注意する．

　ⅳ）硬化阻害

　　2 成分形の場合シーリング材の厚さが非常に薄い場合には，硬化が阻害される可能性がある．そのため，へら仕上げのアールを小さくする，マスキングテープを目地の際までしっかり張るなど，薄層部を生じないように注意する必要がある．

　ⅴ）作業性

　　可使時間に比べ指触乾燥時間が比較的速く進行するため，へら仕上げは早めに行う必要がある．特に日光が直射する箇所や高温多湿の場合は注意が必要である．また，配合・施工条件などにより，シーリング材表面にタック（粘着性）が残ることがあり，塵埃が付着しやすいので，注意が必要である．

ⅵ）その他

硬化後は，多くの場合つや消し状になり，色調が白っぽく見えることがある．2成分形の場合，時には水に油を流したような虹色（干渉色）が生ずることもあるが，時間とともに虹色は消える．

（ⅴ）ポリサルファイド系シーリング材

1）主原料樹脂

ポリサルファイド系シーリング材の主原料樹脂は，末端にメルカプト基を持ち，主鎖にジスルフィド結合を持つポリマーである．金属酸化物による酸化縮合反応で硬化するが，2成分形ではポリエーテル系イソシアネート末端プレポリマーで硬化させる．記号は PS と表記する．

2）特徴

①弾性シーリング材として最も歴史が古く，最も多くの実績がある．

②さまざまな被着体に対して安定した接着性を示す．

③ JIS A 5758：2022 の耐久性区分では 9030，8020 に区分される．

④優れた耐候性を有し，表面塗装がない部位にも使用できる．

⑤表面の仕上塗材や塗料の塗膜を変色・軟化させることがある．

3）使用上の留意事項

ⅰ）混合性および貯蔵安定性

イソシアネート硬化形の場合，基剤と硬化剤の混合が不十分であると所定の物性が得られない．また，所定の混合比が確保されない場合も同様の現象を示す．したがって，硬化剤は必ず全量を投入し，練混ぜ機械を用いて均一に練混ぜすることが必要である．

ⅱ）塗装適合性

含有される可塑剤の移行によって表面の仕上塗材や塗料の塗膜を変色，軟化させることがあるので，表面仕上げを行う場合は，事前に十分な検討を行う必要がある．

ⅲ）硬化阻害

イソシアネート硬化形の場合，シリコーン系，シリル化アクリレート系，ポリイソブチレン系および変成シリコーン系シーリング材が固まらない状態で隣接すると，発生した反応生成物がウレタンプレポリマーと反応し，表面の硬化が阻害されることがある．したがって，同時に施工するのは避けることが必要である．

ⅳ）作業性

施工時の環境温度による可使時間，硬化時間の変化が大きい．

ⅴ）人体への影響

金属酸化物硬化形の場合，硬化剤に含まれる二酸化鉛は，鉛中毒予防規則によって規制されているため，当該規則に従って取り扱う必要がある．

（ⅵ）アクリルウレタン系シーリング材

1）主原料樹脂

アクリルウレタン系シーリング材の主原料樹脂は，ジイソシアネートと水酸基を末端に持つアクリルポリオールとの反応によって合成された，分子末端にイソシアネート基を持つウレタンプ

レポリマーである．2 成分形では，ポリエーテル系イソシアネート末端プレポリマーで硬化させる．記号は UA と表記する．

2）特徴

　①仕上塗材を汚染しにくい．

　② JIS A 5758：2022 の耐久性区分では 9030，8020 に区分される．

　③優れた耐候性を有するが，硬化後の表面に若干の粘着が残ることがあるため，表面塗装が施される部位に使用されることが適している．

　④施工時の温度・湿度が高い場合に発泡のおそれがある．

3）使用上の留意事項

ⅰ）人体への影響

　ウレタンプレポリマーには，遊離 TDI（トリレンジイソシアネート）がわずかに含まれている場合がある．遊離 TDI は，皮膚，喉，眼を刺激する有害物で，労働安全衛生法により，製品重量の 1 ％以上含有するものには容器にその旨表示することが義務づけられている．

ⅱ）防汚処理

　硬化後の表面に粘着性が残ることがあるため，露出した目地では，ほこりの付着を防ぐために防汚処理（クリアー塗装スプレー）を施すことが望ましい．

ⅲ）発泡

　水分が多量に存在すると，基剤のウレタンプレポリマーと水分が反応し，発泡の要因となるため，高温多湿下での施工や，湿潤面への施工を避ける．

ⅳ）硬化阻害

　シリコーン系，シリル化アクリレート系，ポリイソブチレン系および変成シリコーン系シーリング材が固まらない状態で隣接すると，発生した反応生成物がウレタンプレポリマーと反応し，表面の硬化が阻害される．したがって，同時に施工するのは避ける必要がある．

ⅴ）塗装適応性

　多くの仕上塗材に対して密着性が優れ，また，汚染しにくい特徴を持つ．しかし，仕上塗材や塗料の種類によっては，汚染の発生や十分な密着性が得られない場合があるため，事前の確認が必要である．

（ⅶ）ポリウレタン系シーリング材

1）主原料樹脂

　ポリウレタン系シーリング材の主原料樹脂は，イソシアネートを分子末端に持つジイソシアネートと水酸基を末端に持つポリオールとの反応によって合成された，分子末端にイソシアネート基を持つウレタンプレポリマーである．記号は PU と表記する．

2）特徴

　① JIS A 5758：2022 の耐久性区分では 9030，8020，7020 に区分される．

　②表面への塗装性が良好である．

　③施工時の温度・湿度が高い場合に発泡のおそれがある．

④表面にタック（粘着性）が残り汚れやすい.

⑤耐熱性・耐候性が劣るため，金属パネルや金属笠木などの目地には適さない.

⑥紫外線によって黄変するものが多い.

⑦耐候性が劣るため，表面には仕上塗材を施すことが望ましい.

⑧油性塗料やフタル酸系塗料を表面に塗装すると，乾燥しないことがある.

⑨硫化水素ガスによって表面が黄変することがある.

3）使用上の留意事項

ⅰ）硬化阻害

　1成分形および2成分形ポリウレタン系シーリング材は，シリコーン系，シリル化アクリレート系，ポリイソブチレン系および変成シリコーン系シーリング材が固まらない状態で隣接すると発生した反応副生成物が，ウレタンプレポリマーと反応し硬化が阻害される．したがって，シリコーン系シーリング材や変成シリコーン系シーリング材が完全硬化した後にポリウレタン系シーリング材を施工すれば，この現象は生じない.

ⅱ）黄変現象

　1成分形および2成分形ポリウレタン系シーリング材は，温泉地や市街地で発生する硫化水素ガスによって表面が黄変する現象が生ずることがある．特に2成分形ポリウレタン系シーリング材では，この現象が顕著に現れることがある．しかし，この黄変は，シーリング材の物性には影響は及ぼさない.

ⅲ）酸化重合型塗料の未硬化

　1成分形および2成分形ポリウレタン系シーリング材表面に酸化重合型塗料を塗装すると，乾燥しない．これは，酸化重合型塗料の中に含まれている皮膜形成促進剤（ドライヤー）がウレタンプレポリマーと反応するため，両者が接触すると油性塗料の乾燥が阻害されるためである.

ⅳ）発泡

　水分が多量に存在すると，基剤のウレタンプレポリマーと水分が反応し，発泡の要因となるため，高温多湿下での施工や，湿潤面への施工を避ける.

ⅴ）人体の影響

　ウレタンプレポリマーには，遊離TDI（トリレンジイソシアネート）がわずかに含まれている場合がある．遊離TDIは，皮膚，喉，眼を刺激する有害物で，労働安全衛生法により，製品重量の1％以上含有するものには容器にその旨を表示することが義務づけられている.

（ⅷ）アクリル系シーリング材

1）主原料樹脂

　アクリル系シーリング材の主原料樹脂は，水性アクリル樹脂エマルションである．水が揮散することにより，硬化する乾燥硬化タイプである．記号はACと表記する.

2）特徴

　①JIS A 5758：2022の耐久性区分では7020に区分される.

　②各種仕上げ塗材の塗装性が良い.

③水性であるため，臭気が少なく工具の洗浄が水でできる．

④一時的な湿潤面にも施工でき，完全に密着する．

⑤乾燥硬化タイプであるため体積収縮が大きい．

⑥未硬化時には雨に流されやすい．

３）使用上の留意事項

①下地はきれいに清掃し，必ずプライマーを使用する．

②十分に乾燥していないコンクリートやモルタル面には使用しない．

③施工直後の表面にはコンクリートやモルタルを打設しない．

④材料が０℃以下になると凍結するので，気温および被着体が著しく低温になる環境下での施工は行わない．

⑤未硬化の状態では，水に弱く雨に流されやすいため降雨に対して十分な注意を払う．

⑥常時水に浸される箇所には使用しない．

⑦乾燥タイプの欠点である体積損失（収縮）を考慮して仕上げる．

⑧直射日光を避け，5〜35℃で保管する．

（ⅸ）その他の機能性シーリング材

１）防火戸用・耐火構造用シーリング材

ⅰ）シーリング材の燃焼特性

　シーリング材の主成分は有機ポリマーであるため可燃性であり，一般に難燃性や防・耐火性能を持たない．シリコーン系シーリング材では，主成分の種類や難燃処理を行うことにより準不燃，難燃性を持つものがある．また，変成シリコーン系シーリング材の中には，可燃性であるが，燃焼するとセラミック化することにより火炎の貫通と裏面温度の上昇を防ぐ耐火構造用シーリング材がある．

ⅱ）防火戸に使用するシーリング材

　建築物の延焼のおそれのある部分における開口部には，法律で遮炎性能を有する防火設備（建築基準法法第２条第９号の２ロに規定）の設置が義務づけられている．国土交通大臣認定（個別認定）を取得した防火設備（防火戸）のグレイジングには，仕様に則ったシーリング材を使用する．また，平成31年（2019年）3月31日に運用が停止された，ビル用防火戸に関わる国土交通大臣認定の通則的運用に基づく防火戸のグレイジングには，日本シーリング材工業会にて指定され，建築開口部協会にて登録のある防火戸用指定シーリング材を使用する．防火戸用指定シーリング材とは，以下の基準を満たすものである．

①防火戸用指定シーリング材の品質は，建設省告示第1828号（現在廃止）に規定された基材試験に準拠した発熱特性試験で，500℃加熱で着炎時間が100秒以上，かつ温度時間面積（℃・分）が50以下のものという基準に合致するものであること．

②不定形弾性シーリング材としての機能を有する材料であること．具体的にはJIS A 5758：2022タイプGシーリング材に相当するものであること．

③JIS A 5758：2022の認証品生産工場またはISO9000シリーズ規格認証取得工場で生産され

たものであること.

　指定シーリング材には,日本シーリング材工業会の防火戸用指定シーリング材の指定マークが表示されているので,指定マークの有無を確認する.

ⅲ)耐火構造用シーリング材

　耐火性が要求される目地として,耐火建築物の主要構造部の目地,火災区画・避難区画や竪穴区画などの防火区画の目地,構造スリットの目地などがある.ノンワーキングの目地ではモルタル充填などが行われるが,目地に層間変位追従性などの動的追従性が求められる場合には,耐火性を確保するためにロックウールや無機質繊維発泡体などの不燃材料を充填し,防水性や気密性を保つためにシーリング材を施工することが多い.一方,これらの不燃材料を使用しなくても,動的追従性と火炎の貫通を防ぐ耐火性能を保有するシーリング材が耐火構造用シーリング材である.

　耐火構造には,建築基準法第2条第7号により,国土交通大臣が定めた構造(平成12年建設省告示第1399号)を用いるものと,国土交通大臣の認定を受けたものがある.シーリング材は建築基準法の主要構造部ではないため,シーリング材単体では個別の認定を受けることができない.このため,シーリング材の耐火性能については,JIS A 1304:2017(建築構造部分の耐火試験方法)に基づく耐火試験を国の指定性能評価機関で行い,性能を確認する必要がある.耐火性能が確認されたシーリング材としては,耐火構造用の2成分形シリコーン系シーリング材,1成分形シリル化アクリレート系シーリング材および1,2成分形変成シリコーン系シーリング材がある.

2)クリーンルーム用シーリング材

　クリーンルームは,半導体や電子機器類などの製造のためのインダストリアル・クリーンルームと,食品製造や医療などのためのバイオロジカル・クリーンルームに大別される.クリーンルームを構成する建材から発生する化学物質による製品などへの影響を防ぐため,使用される建材には発生するVOCなどに対する低アウトガス性が求められる.シーリング材についても同様の特性が要求され,特に半導体産業では,シリコンウエハーの製品歩留まり低下の原因となる低分子環状シロキサン類やフタル酸エステル類が問題となる.

　現在,クリーンルーム用シーリング材としては1成分形のシリコーン系,ポリウレタン系および変成シリコーン系シーリング材が適用されている.

(x)各種シーリング材の使用上の留意事項

　シーリング材が所定の性能を発揮するために理解しておくべき使用上の留意事項を解説表4.3.6に示す.

解説表 4.3.6　シーリング材の使用上の留意事項

シーリング材	項　目	留意事項
湿気硬化1成分形	シリコーン系 高モジュラス	・表面に仕上材が付着しにくい. ・脱酢酸形は鉄などの金属を腐食するため，網入りガラスなどには不適である．脱オキシム形も銅および銅合金には注意が必要である. ・目地が深い場合，硬化に日数を要する. ・表面硬化が早いので，早めにへら仕上げを行う.
	シリコーン系 低モジュラス	・目地周辺部を汚染することがあるので，汚染防止処理が必要である. ・表面に仕上材が付着しにくい. ・アルミニウム笠木目地など硬化過程でムーブメントが大きい場合，変形などの影響を受けやすい. ・表面にほこりが付着しやすい.
	シリル化アクリレート系	・ガラス回り目地に適するが，シリコーン系シーリング材の打替えには使用できない. ・表面に多少タック（粘着性）が残ることがある. ・表面硬化が速いので，早めにへら仕上げを行う.
	変成シリコーン系	・低モジュラス形は，表面にほこりが付着しやすい. ・表面硬化が早いので，早めにへら仕上げを行う.
	ポリサルファイド系	・表面の仕上材や塗料を軟化・変色させることがある．表面に塗装する場合には，汚染防止処理を行う必要がある. ・目地が深い場合，硬化に日数を要する.
	ポリウレタン系	・ガラス回り目地を用途としていない. ・硬化後タック（粘着性）が残るものがあり，ほこりの付着に注意する. ・施工時の気温，湿度が高い場合，発泡のおそれがある. ・酸化重合型塗料を表面に塗布すると，乾燥しないことがある.
エマルション乾燥硬化1成分形	アクリル系	・施工直後の表面にはコンクリートやモルタルを打設することができない. ・未硬化の状態では水に弱く，雨に流される欠点があり，また，常時水に浸される箇所には使用することができない. ・材料が0℃以下になると凍結するので，気温および被着体が著しく低温になる環境下での施工は行わない. ・乾燥硬化タイプの欠点である体積収縮を考慮して仕上げる必要がある. ・表面の仕上塗材や塗料を未硬化にしたり変色・軟化させたりすることがある.

解説表 4.3.6　シーリング材の使用上の留意事項（つづき）

シーリング材 ＼ 項　目		留意事項
反応硬化2成分形	シリコーン系	・目地周辺部を汚染することがあるので，汚染防止処理が必要である． ・表面に仕上材が付着しにくい． ・表面にほこりが付着しやすい． ・クレーター現象を生ずることがある．
	シリル化アクリレート系	・接着性はプライマーに依存する傾向が大きいので，プライマー処理を確実に行う必要がある． ・薄層未硬化現象を生ずることがある． ・クレーター現象を生ずることがある． ・表面に多少タック（粘着性）が残ることがある． ・表面の仕上塗材や塗料を未硬化にしたり，変色・軟化させたりすることがある． ・表面に光沢差が生じたり，虹色現象が見られることがある．
	ポリイソブチレン系	・接着性はプライマーに依存する傾向が大きいので，プライマー処理を確実に行う必要がある． ・薄層未硬化現象を生ずることがある． ・クレーター現象を生ずることがある． ・表面に多少タック（粘着性）が残ることがある． ・表面の仕上塗材や塗料を未硬化にしたり，変色・軟化させたりすることがある． ・表面に光沢差が生じたり，虹色現象が見られることがある．
	変成シリコーン系	・接着性はプライマーに依存する傾向が大きいので，プライマー処理を確実に行う必要がある． ・薄層未硬化現象を生ずることがある． ・クレーター現象を生ずることがある． ・表面に多少タック（粘着性）が残ることがある． ・表面の仕上塗材や塗料を未硬化にしたり，変色・軟化させたりすることがある． ・表面に光沢差が生じたり，虹色現象が見られることがある． ・ガラス回り目地を用途としていない． ・大理石を用途としていない．
	ポリサルファイド系	・表面の仕上材や塗料を軟化・変色させることがある．表面に塗装する場合には，汚染防止処理を行う必要がある． ・施工時の環境温度による可使時間，硬化時間の変化が大きい．
	アクリルウレタン系	・ガラス回り目地を用途としていない． ・表面にタック（粘着性）が残ることがある． ・施工時の気温，湿度が高い場合，発泡のおそれがある．
	ポリウレタン系	・耐熱性・耐候性にやや劣るため，金属パネルや金属笠木などには適していない． ・表面にタック（粘着性）が残り，汚れやすい． ・紫外線や硫黄系ガスにより表面が変色することがある．また，耐候性を補うため，表面には塗装するのが望ましい． ・酸化重合型塗料を表面に塗布すると，乾燥しないことがある． ・施工時の気温，湿度が高い場合，発泡のおそれがある．

（2）シーリング材の要求性能

目地に充填されたシーリング材が長期にわたって防水機能を維持するためには，次の3つの性能を満たす必要がある．

①目地を構成する部材に接着し，長期にわたって十分な水密性を確保できること．（接着性，接着耐久性）

②シーリング材の硬化途中および硬化後において，目地に生ずる各種ムーブメントに追従し，長期にわたって水密性を確保できること（ムーブメント追従性，硬化途上の耐ムーブメント性）．

③太陽光，雨，雪，有害ガスなどに建築物がさらされる環境において，良好な耐候性を示し，長期にわたって水密性を確保できること（耐候性）．

また，外壁材との関連から，外壁材を汚染しないこと，表面強度の弱い場合は外壁材を損傷させないこと，被塗装性が良好なことなどの性能を要求される場合もある．

このようにシーリング材には使用部位に応じたさまざまな性能が要求される．さらに，シーリング材は，種類により硬化後の物性，外壁材との接着性の良否，ムーブメント追従性，耐候性，被塗装性などの性能が異なる．したがって，適切なシーリング材を選定するためには，それぞれの項目をシーリング材の種類別に比較検討することが重要である．

シーリング材の各項目別の性能について，次に述べる．なお，シリル化アクリレート系シーリング材は，JIS A 5758：2022で規定されたものの実績は少ないため，使用にあたっては，シーリング材製造所と十分に検討することが重要である．

（ⅰ）接着性

シーリング材は，プライマーの使用により多くの外壁材に対する接着を可能にしているが，シーリング材と外壁材との組合せによっては，接着性または接着耐久性において，適していない場合がある．

解説表4.3.7に接着性に問題のある組合せを示す．

特にふっ素樹脂系塗装の外壁材などでは，接着性の確保が難しい場合があるので注意を要する．このような外壁材の場合は，シーリング材製造所と協議して接着性の確認や施工方法の検討を行うことが望ましい．また，ガラス回り目地の場合は，ガラスを透過した紫外線に対しても接着性が低下しない性能が要求される．シリコーン系に比べポリサルファイド系は接着性の低下が早いので，設計時に仕様を配慮する必要がある．

解説表 4.3.7　シーリング材の接着性に問題のある組合せ

外壁材		シーリング材	シリコーン系	シリル化アクリレート系	変成シリコーン系	ポリサルファイド系	アクリルウレタン系	ポリウレタン系	留意事項
金属	素地	銅，黄銅	＊	＊	＊	＊	＊	＊	さびに注意．表面状態にばらつきあり
	処理	さび安定化補助処理	○	○	○	△	○	○	清掃溶剤，プライマーの溶剤による溶解に注意．塗料の乾燥を十分に行う
		亜鉛めっきクロム酸処理	＊	＊	＊	＊	＊	＊	表面状態にばらつきあり
		亜鉛めっきリン酸処理	＊	＊	＊	＊	＊	＊	
ガラス			○	○	×	○	×	×	
塗料	加熱硬化	熱硬化形ふっ素樹脂塗料塗り (TSF)	＊	＊	＊	＊	＊	＊	表面状態にばらつきあり
		熱可塑形ふっ素樹脂塗料塗り (TPF)	＊	＊	＊	＊	＊	＊	
	反応硬化	常温乾燥形ふっ素樹脂エナメル塗り (2-FUE, LS2-FUE)	＊	＊	＊	＊	＊	＊	表面状態にばらつきあり
		2 液形ポリウレタンエナメル塗り (2-UE, LS2-UE)	○	△	△	△	△	△	清掃溶剤，プライマーの溶剤による溶解に注意．塗料の乾燥を十分に行う
	乾燥硬化	フタル酸樹脂エナメル塗り (FE)	△	△	△	△	△	△	
		合成樹脂調合ペイント塗り (SOP)	△	△	△	△	△	△	
		合成樹脂エマルションペイント塗り (EP)	×	×	×	×	×	×	シーリング材の接着面となる部位には使用しない
プラスチック		アクリル，ポリカーボネート樹脂板	○	×	×	×	×	×	脱アルコール形を使用すること
		硬質塩化ビニル管・継手	＊	＊	＊	＊	＊	＊	シーリング材中の成分によりクラックが発生することがあるため，事前確認を行う
		塩化ビニル樹脂鋼板	○	○	○	△	△	△	
		ふっ素樹脂ラミネート鋼板	＊	＊	＊	＊	＊	＊	表面状態にばらつきあり
		れき青質鋼板	×	×	×	×	×	×	シリコーン系マスチックは可

［注］（1）○：可　△：ノンワーキングジョイントなら可　＊：事前確認要　×：不可
　　　（2）プライマーの選定はシーリング材製造所へ確認のこと．
　　　（3）外壁材に対する適用については，解説表 4.3.13 を参照のこと．
　　　（4）当表は 1 成分形および 2 成分形シーリング材について適用する．
　　　　　ただし，ガラスへのポリサルファイド系の適用は 2 成分形のみを対象とする．
　　　（5）シリル化アクリレート系，ポリイソブチレン系は事前にシーリング材製造所に確認する．

（ⅱ）ムーブメント追従性

　シーリング材は，比較的短期間ではあるが硬化途中にもムーブメントを受けるので，長期の耐久性を確保する上でシーリング材の硬化後のみならず，硬化途上の耐ムーブメント性を考慮することも重要である．

1）シーリング材の硬化後のムーブメント追従性は，前項の「解説表4.2.8　シーリング材の設計伸縮率・設計せん断変形率 ε の標準値（％）」で示される．したがって，目地設計で想定した性能以上のシーリング材を選定する必要がある．この表を見ると，せん断変形（一般的に層間変位）よりは伸縮の変形（一般的には熱変形）がシーリング材に与える負荷は大きいことがわかる．したがって，笠木およびカーテンウォールの場合は，できるだけムーブメント追従性の大きいシーリング材を使用したほうがよい．

　なお，窯業系サイディングなど板材の収縮から経時で目地幅が広がっていく傾向がある部位では，応力緩和性を保有するシーリング材を使用することが望ましい．応力緩和性を保有するシーリング材は，目地幅が拡大したときに発生した応力が時間とともに減少していく性質を有している．したがって，それにより発生するはく離故障を最小限に抑える効果がある．この代表的なシーリング材は1成分形変成シリコーン系であり，一部の2成分形変成シリコーン系もこの性質を有している．このような応力緩和性を有するシーリング材のムーブメント追従性は，付録「S9　応力緩和型シーリング材の耐疲労試験（案）」により評価できるので，参考にするとよい．

2）シーリング材の硬化途上のムーブメントに対する影響の受けにくさは，特に，湿気硬化，乾燥硬化の1成分形シーリング材の場合に考慮すべき性能である．これらのシーリング材は表面から硬化が始まり，内部まで硬化するには2成分形シーリング材より時間がかかる．そのため，硬化途上で大きなムーブメントが生ずると，シーリング材に亀裂やくびれを生じ，耐久性が低下するおそれがある．硬化途上におけるシーリング材が外壁接合部に作用するムーブメントに影響を受けにくいかどうかを評価することを目的とした試験方法を付録「S7　シーリング材の硬化途上における耐ムーブメント性評価試験（案）」に示すので，参考にするとよい．

（ⅲ）耐熱性

　外壁材または部位によりシーリング材の温度環境が異なり，これら温度環境に見合ったシーリング材を選定する必要がある．外壁材別にみると，金属部材は日射による温度上昇が大きく，コンクリートやALCは比較的小さい．部位別に見ると，外壁に比べ笠木の温度上昇が大きい．

　したがって，外壁における金属部材や笠木の場合，耐熱性の高いシーリング材を使用したほうがよい．なお，シーリング材の耐熱性はJIS A 5758：2022（建築用シーリング材）の耐久性の温度区分を目安にするか，または解説表4.3.3および解説表4.3.4を参考にされたい．

（ⅳ）耐候性

　シーリング材の劣化は，主に光酸化反応による分解や変質であり，その原因として①光（特に紫外線）と②熱（温度）の2つの因子があげられる．また，その他に③オゾンの酸化作用，④水分（結露・降雨・水蒸気など）の加水分解作用も複合的に作用し，劣化を進行させる．シーリング材の耐候性は（ⅲ）の耐熱性と近似した傾向がみられる．劣化現象はシーリング材表面のひ

び割れ，白亜化（チョーキング）として現れ，解説表 4.3.3 および解説表 4.3.4 にも示したとおり，アクリル系およびポリウレタン系のシーリング材で耐候性が低い傾向がある．

（ⅴ）汚染防止性

シーリング材に起因する汚れには，塵埃の付着などシーリング材自身が汚れる現象と，シーリング材の成分が外壁材の目地周辺部を汚染する現象とがある．これらは美観上の問題であるが，特に目地周辺部の汚染は，大きな問題を引き起こす場合ある．外壁材が石材の場合には，特に注意が必要である．

解説表 4.3.8 に汚染現象とその対策を示す．なお，汚染防止の対策については，シーリング材製造所と協議し，検討することが望ましい．

解説表 4.3.8　シーリング材に関係する汚染現象と対策

現象			シーコリーンン系 SR	シリル化アクリレート系 SA	ポリイソブチレン系 IB	変成シリコーン系 MS	ポリサルファイド系 PS	アクリルウレタン系 UA	ポリウレタン系 PU	対策等
シーリング材表面	汚れ	ほこりなどの付着	×	△	△	△	○	×	×	表面塗装（UA，PU）（ある程度は不可避）
		カビなどの付着	△	△	△	△	△	△	△	防かび剤入り（SR，MS）を使用（外壁での発生は少）
	変退色	紫外線による変退色	○	○	○	○	○	△	×	表面塗装（UA，PU）（ある程度は不可避）
		硫黄系ガスによる変色	○	○	○	○	△	×	×	表面塗装（UA，PU）（温泉地は注意）
	ゴムの成分移行による軟化・変色・接着破壊など（ガラスまわり目地）		×	×	×	／	×	／		ゴムと絶縁，事前検討による材料選定
シーリング材表面の塗装における仕上塗材の軟化・変色			仕上塗材の種類により異なる							事前検討による材料選定
周辺部	外壁材表面付着汚染（はっ水汚染による顕著な汚れ）		×	○	○	○	○	○	○	SR 系以外の材料を使用，水切りの適切な設置
	石材へのしみの発生		石材の種類・産地などにより異なる							事前検討による材料選定

［注］　○：影響なし　△：影響少ない　×：影響あり　／：適用しない
　　　シリル化アクリレート系，ポリイソブチレン系は事前に製造所に確認する．

1）〜6）に，シーリング材に関する主な汚染現象について，汚染現象のタイプごとに解説する[35].

1）シーリング材への塵埃付着汚れ

A）汚れの概要

①シーリング材は現場で硬化する材料であり，硬化過程では表面にタック（粘着性）があり，塵埃が付着し，堆積すると巻き込まれた状態で汚れとして残る.

②硬化後でも表面にタックが残り，そこに塵埃が付着する場合もある.

B）対応策

①硬化過程においては，粉塵の付着を防止するために適切な養生を施す.

②硬化後にタックが残りにくい材料を選ぶ，表面に塗装処理を行う，多少汚れても目立たないような目地ディテール・色調にする.

C）注意事項

①塗装を行う際は，仕上材表面の汚れが起こらないことの事前確認が必要である．目地の挙動によっては塗膜にひび割れが生ずる可能性もあるため，注意が必要である.

②ポリウレタン系はタックが残りやすく，また，耐候性が劣るため，これを補うためにも塗装を施すべきである.

③変成シリコーン系，シリル化アクリレート系やポリイソブチレン系でも硬化後にわずかにタックが残る場合があるため，多少の汚れの付着は考慮しておく必要がある.

④シリコーン系シーリング材については，3）のはっ水汚染の項を参照のこと.

⑤かびの発生が問題となる場合があるが，実際の現場で発生するかびはその種類や特徴が多様であるため，防かび剤が添加されたシーリング材であっても，かびの発生を完全に防ぐことは困難である．ただし，防かび剤入りのシーリング材には，カビの発生を遅らせたり，減少させたりする効果が認められる．かびの発生しやすい場所においては，環境を清潔に保つことが最も有効な対策である.

2）シーリング材自体の変退色汚れ

2-1）ガラス回りで起こる変色現象

A）汚れの概要

　ガラス回りで使用するシーリング材とセッティングブロックまたはグレイジングゴムとが接触する部分では，シーリング材の変色や硬化不良が発生することがある．セッティングブロックやグレイジングゴムの材質がクロロプレンゴム，EPDM 等の場合，ゴムに配合された加硫促進剤等の薬品のうち特定の化学物質を使用すると，シーリング材の変色を引き起こす可能性があるため，注意が必要である.

B）対応策

①シーリング材の変色を引き起こす化学物質を使用していないセッティングブロックを選択する.

②日本シーリング材工業会試験規格 JSIA 004：2022「シリコーン系シーリング材と EPDM 系

ガスケットの適合性試験方法」によって適合性が確認された EPDM を使用する.

③解説図 4.3.1 に示すように，バックアップ材やボンドブレーカーで確実に縁を切り，シーリング材を施工する.

C）注意事項

シリコーン系だけでなく，ガラス回り目地としてシリル化アクリレート系，ポリイソブチレン系やポリサルファイド系を使用した場合も同様の現象が起こる可能性があるため，注意が必要である.

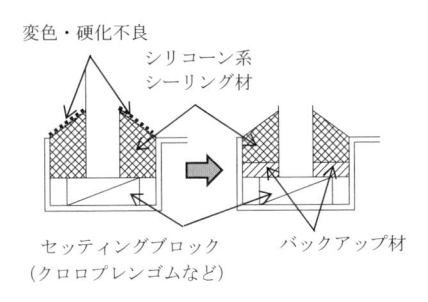

解説図 4.3.1　セッティングブロックとシリコーン系シーリング材との接触による不具合と対応策

2-2）温泉地等での反応による変色

A）汚れの概要

温泉地などで大気中の硫化水素や二酸化硫黄等の化学物質とシーリング材の成分とが反応し，変色する場合がある. 主にポリウレタン系やアクリルウレタン系のシーリング材で観察される現象であり，注意が必要である.

B）対応策

環境中の化学物質の種類，濃度を事前に把握し，これらの反応が生じないシーリング材を選択することや，シーリング材の表面に保護のための塗装を施すことがあげられる.

2-3）薄層未硬化現象

A）汚れの概要

2 成分形変成シリコーン系，2 成分形シリル化アクリレート系や 2 成分形ポリイソブチレン系などを使用した目地の薄層に仕上げられた部分において，シーリング材中に含まれる反応促進触媒が空気中の水分によって分解され，その効果が低下することがある. その結果，目地の際や打継ぎ部分が硬化せず，後に変色したり，塵埃が付着したりする現象を指す.

B）対応策

薄層未硬化現象を防ぐためには，解説図 4.3.2 に示すように，施工時には，へら仕上げのアールをなるべく小さくすること，マスキングテープを目地の際までしっかり張ること，打継ぎの際に既存のシーリング材の上にマスキングテープを張り，薄打ちにならないようにすることなどに注意する. 特に凹凸のある被着体（窯業系サイディング，凹凸状のタイル，バーナー仕上げの石材等）の場合は，注意が必要である. また，シーリング材表面に塗装が施される目地においても，

薄層未硬化現象を回避するためには，必ずマスキングテープを張るべきである．

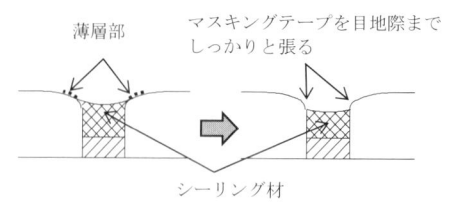

薄層部

マスキングテープを目地際まで
しっかりと張る

シーリング材

(変成シリコーン系，シリル化アクリレート系またはポリイソブチレン系)

解説図 4.3.2　薄層未硬化現象と対応策

3）目地周辺部のはっ水汚染

A）汚れの概要

　ガラス回り目地には，接着性の観点からシリコーン系シーリング材が使用されることが多いが，目地周辺部に雨筋状の汚れを生じてしまう事例が多い．原因は，シリコーン系シーリング材中の未反応の低分子成分（低分子量オルガノポリシロキサン等）が雨水等により目地下部および目地周辺部に流下・伝播し，壁面にはっ水作用を生じさせ，そのはっ水部に塵埃などの汚れ物質が付着することによるものである．付着した塵埃は清掃によって除去できるが，シリコーン系シーリング材が存在する限りはっ水状態が解消されず，すぐ汚れが再発してしまう〔解説写真4.3.1 参照〕．

B）対応策

　はっ水汚染の対応策として次のような例が挙げられる〔解説図 4.3.3 参照〕．

①ガラスの外部側には，はっ水汚染が生じずガラスへの接着が可能なシリル化アクリレート系，ポリイソブチレン系，ポリサルファイド系のシーリング材やガスケットを使用し，内部側にはシリコーン系シーリング材を用いて止水を行う．外部側のシーリング材が万一切れることを考慮して，サッシの水抜き孔を適切に設ける．

②水切りや堰を設けてシーリング材と接触した雨水が直接壁面に流下・伝播しないような設計仕様とする．

③目地形状を深目地とし，周囲への伝播を抑える．または，垂直目地に行き止まり部を作らず，きちんとした排水経路を確保することにより，はっ水汚染の拡散を最小限に抑える．

C）注意事項

①外壁に設備機器等を取り付ける際の止水や足場つなぎ処理のために，少量で簡単に手に入りやすい1成分形のシリコーン系シーリング材を使用することがあるが，解説写真 4.3.2 に示すとおり，後にはっ水汚染を発生させる結果となるため，施工時には十分に注意する必要がある．

②表面が親水化する低汚染形の塗料が開発されてきてはいるが，解説写真 4.3.3 に示すとおり，シリコーン系シーリング材では低汚染形塗料の効果が発揮できない．はっ水汚染対策には，被着体となる仕上材の耐汚染性に頼るのではなく，前述のような対策をすることが賢明であ

る.

③改修時に既存のシリコーン系シーリング材を打ち替える際，完全に撤去することは困難であるため，残存したシーリング材との接着性の問題から，同じシリコーン系で打ち替えた場合，はっ水汚染の問題が解消できない．一方，シリコーン系の種類によっては打継ぎが可能なシリル化アクリレート系が開発されており，はっ水汚染の発生しない目地への改修事例が報告されている．ただし，実際の改修工事に移る前に既存のシリコーン系とシリル化アクリレート系またはポリイソブチレン系との接着性を現場および実験室で確認し，適切なプライマーを選定することが必要である．また，シリル化アクリレート系およびポリイソブチレン系は接着におけるプライマー依存度が高いため，確実なプライマーの施工も求められる．

④シーリング材による外壁汚染を事前に確認する方法を，付録「S3　屋外暴露によるシーリング材の成分による外壁材目地周囲の汚染性評価試験」，「S4　マーキング法によるシーリング材の成分による外壁材目地周囲の汚染性評価試験」に記載しているので，これらの試験方法を実施することにより，汚染発生の有無を事前確認するとよい．

解説写真 4.3.1　はっ水汚染の例

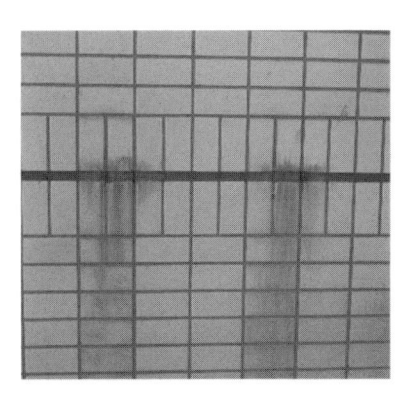

解説写真 4.3.2　シリコーン系シーリング材による補修跡のはっ水汚染の例

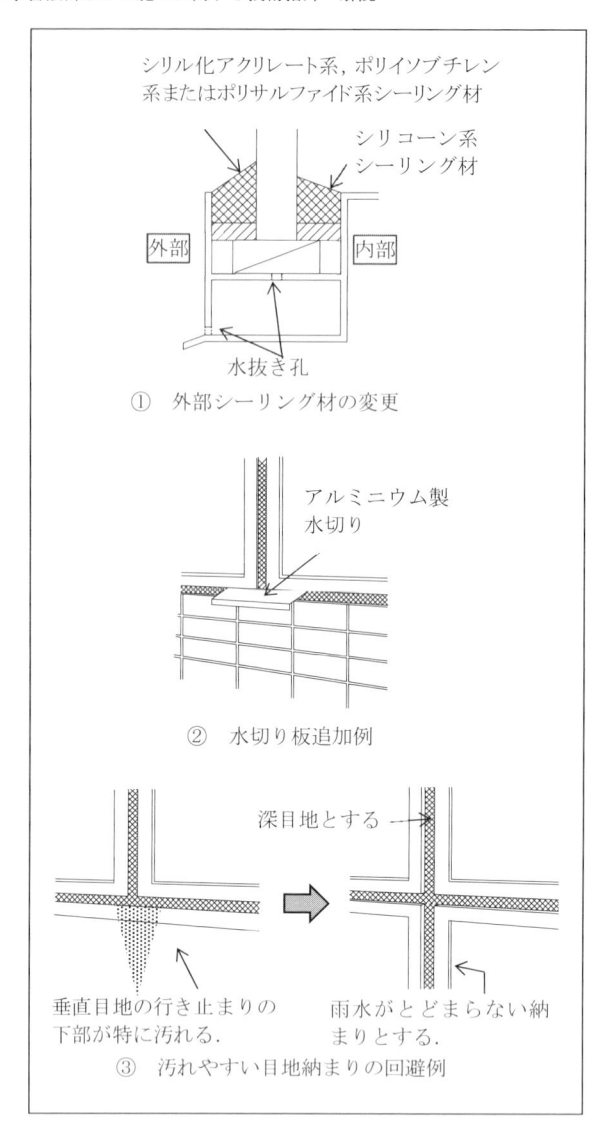

シリル化アクリレート系，ポリイソブチレン系またはポリサルファイド系シーリング材

シリコーン系シーリング材

外部 内部

水抜き孔

① 外部シーリング材の変更

アルミニウム製水切り

② 水切り板追加例

深目地とする

垂直目地の行き止まりの下部が特に汚れる．

雨水がとどまらない納まりとする．

③ 汚れやすい目地納まりの回避例

解説図 4.3.3 シリコーン系シーリング材によるはっ水汚れ対策例

解説写真 4.3.3 低汚染形塗装パネルでのはっ水汚染状況

4）シーリング材の成分の内部浸透による汚れ

A）汚れの概要

　多孔質材料である石材にシーリング材を充填する場合に，解説写真 4.3.4 に示すようにシーリング材の影響で石材の目地に沿って濡れ色の汚れが生ずることがある．この原因としては，シーリング材中の可塑剤等の成分が石材に浸透し，汚れとして現れることが知られている．解説図 4.3.4 に示すとおり，シーリング材中に含まれる可塑剤量が多いほど，また，シーリング材の硬化速度が遅いほど，汚れの幅が大きくなる傾向がある[36]．プライマーを適切に施工すれば可塑剤の浸透を抑制できる場合が多いが，プライマーの浸透抑制効果が期待できない石材種や表面仕上げ，シーリング材の組合せもある[37)-39]．石材の種類により，汚れが発生するものとしないものがあるが，汚染しやすい石種については，現時点としてまだ不明な点が残されている．

B）対応策

①被着面にプライマーを塗り残しのないよう適切に塗布する．

②屋内の石目地でその目地幅が 3 mm 程度以下の場合，プライマーを塗り残しのないよう塗布することが困難な場合がある．このような場合には，1成分形のシリコーン系を使用して成功した事例もあり，1つの有効な選択肢となる．ただし，1成分形のシリコーン系でも汚染が発生した事例も報告されており，事前の確認が必要である．なお，はっ水汚染が生ずるような場所は適さない．

③いずれの場合でも，材料選定に際しては，事前に試し打ちをして早期の浸透による汚れの有無を確認することが有効である．事前確認試験の一例を，付録「S5　石材の可塑剤移行による汚染性評価試験（石材汚染Ⅰ法）」および「S6　石材目地におけるシーリング材の成分による汚染性評価試験（石材汚染Ⅱ法）」に記載する．

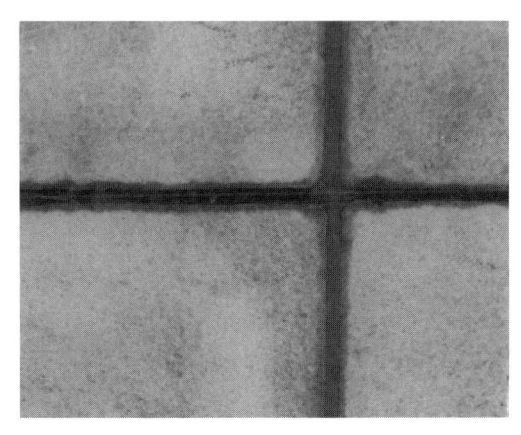

解説写真 4.3.4　成分の浸透による石目地の汚れ

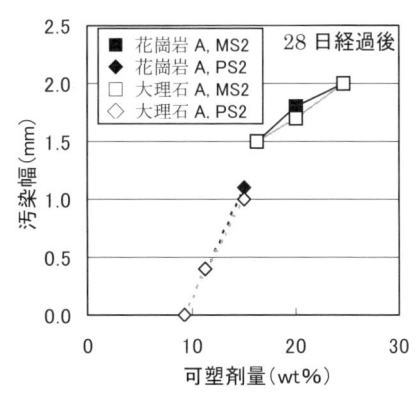

解説図 4.3.4　可塑剤量と汚染幅との関係[36]

5）シーリング材に塗布した塗料や仕上塗材の汚れ等

A）汚れの概要

　シーリング材表面に塗料や仕上塗材（以下，塗装材料）が塗装される場合，塗装材料の汚れや変色，はく離，しわ，ふくれ等の不具合が発生することがある．これらの問題は，解説写真 4.3.5 のとおり，主に鉄筋コンクリート造のひび割れ誘発目地やクラック補修部，ALC 等のセメント系外装パネルの目地で観察される．解説図 4.3.5 のとおり，シーリング材に含まれる可塑剤等の成分が塗装材料へ移行することにより，これらの問題が生ずることが確認されており，その結果，塗膜の変質やタックの発生による汚れの付着，変色，はく離等の不具合が生ずることがある．

　この現象は，伸び弾性のある仕上塗材が市場に登場したこととともに指摘され始めたが，最近では塗装材料の水系化や脱溶剤化に伴い，事例が増加し，再度問題として指摘されるようになってきている．可塑剤等の移行のしやすさは，可塑剤の含有量のほか，シーリング材と塗装材料との相性が影響を及ぼすとされている．両者の適合性については，これまでさまざまな検討が行われており，解説表 4.3.9 はその知見の一つである．

B）対応策

①事前にシーリング材と塗装材料との適合性を確認することが重要である．この際にはシーリング材および塗装材料の製造所との事前検討が必要となるが，その際に解説表 4.3.9 等の知見を参考にできるほか，日本シーリング材工業会試験規格 JSIA 003：2011「建築用シーリング材上に塗装された仕上塗材の促進汚染性試験方法」により適合性の確認されたものを使用するとよい．

②ポリマーセメントモルタルや下塗材等の絶縁層を設けることも有用である．有効な下塗材が塗装材料製造所から市販されており，その利用が期待できる．

③塗装材料の汚れを防ぐため，成分が移りにくい低汚染タイプのシーリング材が開発・販売されており，対策の選択肢が広がっている．

解説写真 4.3.5　鉄筋コンクリート壁ひび割れ
誘発目地上の仕上塗材汚れ

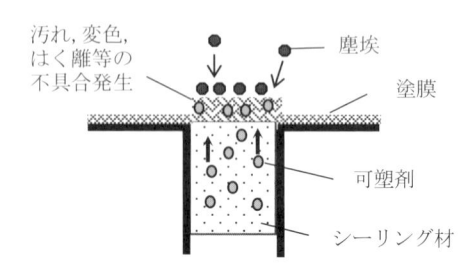

解説図 4.3.5　塗装材料の汚れ等の発生メカニズム

6）その他の汚れ

　プライマーを被着部からはみ出して塗布すると，紫外線の影響によりプライマーが黄変し，打設したシーリング材の両際の部分が茶色に変色することがある．プライマーの種類によってはこのような現象が起こりうるため，慎重な施工が求められる．

解説表 4.3.9　環境対応形塗料・シーリング材適合性試験（例）

総組合せ数（試験数＝シーリング材のn数×仕上材のn数）における適合性試験結果（3つに分類）の割合を面積比で示す

凡例：
- □ バリアーなしで異状なし
- ▨ バリアー処理すれば異状なし
- ■ バリアー処理しても異状発生

No. 仕上げ材	n	1 IB-2 (n=2)	2 MS-1 (n=5)	4 MS-2 (n=5)	5 MS-2 応力緩和 (n=3)	6 PS-1 (n=1)	7 PS-2 (n=3)	9 UA-2 (n=2)	10 PU-1 (n=1)	11 PU-1 (NB1) (n=4)	12 PU-2 (n=3)	13 PU-2 NB1) (n=5)	14 AC-1 (n=3)
1 薄塗材E／なし	1												
2 薄塗材E　特殊意匠／なし	1												
3 可とう形外装薄塗材E／なし	1												
4 可とう形外装薄塗材E　特殊意匠／なし	1												
5 防水形外装薄塗材E　単層弾性／なし	2												
6 厚塗材C／なし	1												
7 厚塗材CE／水系	1												
8 厚塗材E／なし	2												
9 複層弾性E／水系	2												
10 複層塗材RE／水系	2												
11 防水形複層塗材E／水系	2												
12 可とう形改修塗材E／水系	6												
13 可とう形改修塗材E／弱溶剤（ウレタン）	2												
14 石材調仕上塗材／水系	2												
15 石材調仕上塗材／溶剤系	2												
16 可とう形外装薄塗材SI／なし	1												
17 可とう形改修塗材RE／水系	1												
18 防水形複層塗材CE／水系	1												
19 防水形複層塗材RE／水系	1												
20 可とう形改修塗材CE／水系	1												
21 JIS A 6021　該当塗材／水系	2												
22 セメントフィラー＋可とう形改修塗材E／水系	2												
23 上塗りのみ（シーラーあり）／水系	6												
24 上塗りのみ（シーラーあり）／溶剤アクリル	1												
25 上塗りのみ（シーラーあり）／溶剤ウレタン	1												
26 上塗りのみ（シーラーあり）／弱溶剤ウレタン	2												

(1)　塗装の下地として対策を講じた製品

（vi）シーリング材の発生応力

　外壁材の種類によっては，表面強度の低いもの（ALC など）が存在する．高モジュラスのシーリング材を使用すると，ムーブメントにより外壁材に損傷を与える可能性がある．このような外壁材の場合には，低モジュラスのシーリング材を選定することが推奨される．その選定は，外壁材の表面強度とシーリング材の応力を比較して行うとよい．なお，外壁材によっては，プライマーまたは前処理コーティング材を用いて表面強度を高める方法もある．

（vii）シーリング材の打継ぎ

　異種シーリング材の打継ぎは本来推奨されるものではないが，適材適所の考え方によるシーリング材の選定，または工場施工上，やむを得ず異種シーリング材の打継ぎが必要となる場合がある．異種シーリング材を打継ぐと，組合せによっては接着不良や成分の移行による硬化不良などの問題が生ずる可能性がある．異種シーリング材の打継ぎに際しては，シーリング材の種類の検討，施工手順の確認，プライマーの選択などをシーリング材製造所などに確認し，慎重に行う必要がある．

　参考として，解説表 4.3.10 に異種シーリング材の打継ぎの目安を示す．なお，工場施工のシーリング材への打継ぎは，シーリング材施工後の放置時間や環境条件などによって，接着性が異なる場合もあるので，注意を要する．

解説表 4.3.10　異種シーリング材の打継ぎの目安

後打ち＼先打ち	シリコーン系 SR-2 SR-1 (LM)	シリコーン系 SR-1 (MM) (HM)	シリル化アクリレート系	ポリイソブチレン系	変成シリコーン系	ポリサルファイド系	アクリルウレタン系	ポリウレタン系	アクリル系
シリコーン系 SR-2　　SR-1 (LM)	○	○	*	*	×	×	×	×	×
シリコーン系 SR-1 (MM) (HM)	*	○	×	×	×	×	×	×	×
シリル化アクリレート系	*	*	○	*	*	*	*	*	*
ポリイソブチレン系	*	*	*	○	*	*	*	*	*
変成シリコーン系	*	*	*	*	○	*	*	*	*
ポリサルファイド系	○	*	*	*	○	○	○	○	○
アクリルウレタン系	○	*	*	*	○	○	○	○	*
ポリウレタン系	○	*	*	*	○	○	○	○	*
アクリル系	×	*	*	*	○	○	○	○	○

［注］（1）○：打ち継ぐことができる.

　　　　×：打ち継ぐことができない.

　　　　＊：シーリング材製造所に確認が必要である.

（2）打継ぎの目安は以下の条件を前提としている.

　　①先打ちシーリング材は十分に硬化していること.

　　②打継ぎ面は溶剤洗浄を行うことまたはカットして新しい面を出すこと.

　　③後打ちシーリング材のプライマーを打継ぎ面に塗布すること.

　　④打継ぎの例を下図に示す.

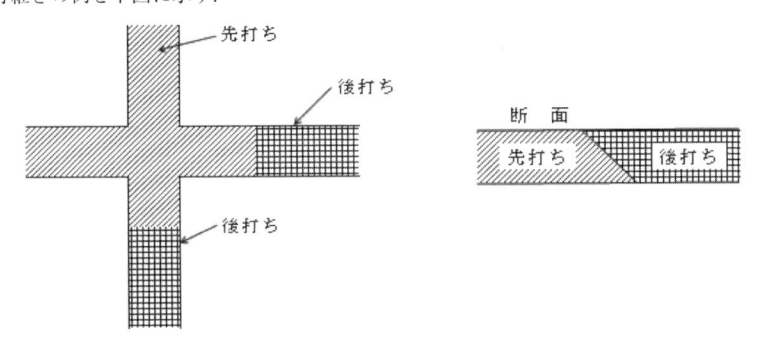

（3）打継ぎの目安の適用にあたっては，次のような留意が必要である.

　　①この打継ぎ表は，目地設計・施工計画・施工管理などにおいて参考とする目安であり，実際の施工にあたっては，取り合うシーリング材製造所の技術資料や指示に基づいて実施する必要がある．特にシリル化アクリレート系，ポリイソブチレン系は，試験を実施するか製造所に確認する.

　　②工場施工のシーリング材打継ぎは，工場施工後の放置時間や養生の条件などによって接着性が大幅に異なる場合があるので，施工直前に再びチェックを行う必要がある.

（ⅷ）　シーリング材の環境対応

近年，健康障害予防の観点から室内空気質に関するさまざまな取組みが行われている．平成15年（2003年）7月1日に改正された建築基準法では，化学物質であるホルムアルデヒドとクロルピリホスが規制された．クロルピリホスは使用禁止，ホルムアルデヒドは，その放散速度により内装の使用制限が規定された．

ホルムアルデヒドの規制に関しては，国土交通省告示（1113号〜1115号，2002年）により規制対象建材が明らかにされている．これらの建材は，ホルムアルデヒド放散等級の表示が義務づけられ，その放散等級により内装使用制限がなされる．規制対象建材は，主として面で使用される建材である．シーリング材は室内において使用される面積が小さく，室内環境への影響が小さい材料として，幅木，回り縁，柱などとともに規制対象外の建材となっている．したがって，建築基準法に基づくホルムアルデヒド放散等級（F☆☆☆☆など）の表示義務はなく，表示することもできない．しかし，健康障害予防の観点から，シーリング材からのホルムアルデヒド放散挙動を把握しておく必要はある．

シーリング材からのホルムアルデヒドや揮発性化学物質を測定する手法として，日本シーリング材工業会規格・JSIA 002：2006「建築材料　シーリング材−揮発性有機化合物（VOC），ホルムアルデヒドおよび他のカルボニル化合物放散量測定におけるサンプル採取，試験片作製及び試験条件」がある[40]．試験片の形状を解説図 4.3.6 に，チャンバー内設置状況を解説図 4.3.7 に示す．この方法を用い，国内市販の14種類のシーリング材，2種類のプライマーからのホルムアルデヒドの放散速度が測定されているが，全てのシーリング材・プライマーで定量下限値以下であった．したがって，ホルムアルデヒドに関しては，シーリング材がホルムアルデヒドの放散源になる可能性は低いといえる．なお，日本シーリング材工業会では，自主管理基準によるホルムアルデヒド放散等級表示制度を実施している．

トルエン，キシレンなど，厚生労働省指針値策定物質については，これらを配合しない製品への移行が進んでいるが，プライマーに関しては接着性を考慮し，溶剤形が使用されている．前述の試験方法では溶剤形プライマー中の溶剤の放散挙動が検討されているが，塗布後数時間で大半が放散しており，室内施工では，施工当日に十分な換気を行う必要がある．換気を十分に行うことで室内環境への影響は小さくなる．

容器の環境対応としては，軟質包装材による減容化やプラスチック容器のリサイクルの取組みがなされている．シーリング材用金属缶は，シーリング材を使い切ることで金属スクラップとして再資源化が可能である．

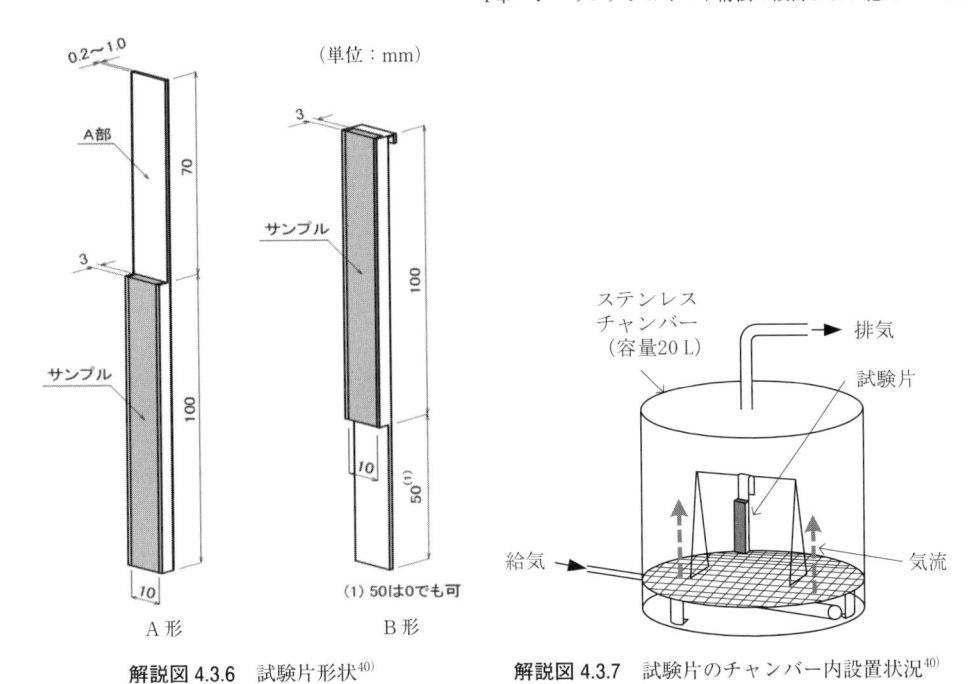

解説図 4.3.6　試験片形状[40]

解説図 4.3.7　試験片のチャンバー内設置状況[40]

（3）シーリング材の試験

　シーリング材の一般的な用途に対する評価試験は JIS A 1439：2022（建築用シーリング材の試験方法）に定められており，シーリング材製造所が提出する試験成績書で確認できる．JIS の試験対象に含まれない被着体，例えば各種表面処理された金属やプラスチック類などの材料，または異種シーリング材に対する接着性の確認は，具体的な施工を行う上での重要な検討項目である．

（ⅰ）接着性試験

　JIS A 1439：2022 の「5.20　引張接着性試験」では，「養生後」「加熱後」「水浸せき後」「促進暴露後」の条件が規定されている．接着性の確認では，一般的に「養生後」と「水浸せき後」の試験結果を比較して評価するのが一般的である．

　この試験によって，「50 %引張応力」「最大引張応力」「最大荷重時および破断時の伸び率」「破壊状況」の各データが得られる．接着性の判定方法については，関係者間での協議により決定される．一般的に，最大引張応力および伸び率のばらつきが小さく，製造所が示した値を下回ることなく，かつシーリング材の凝集破壊（CF）あるいはシーリング材の薄層破壊（TCF）の場合，接着性は良好と判断してよい．また，外壁材の材料破壊が発生した場合，シーリング材のモジュラス・強度あるいは外壁材の強度についての再検討が必要となる．

　なお，シーリング材の使用条件によって「温水浸せき」など，JIS 以外の試験項目が必要となることがある．その場合は，試験条件および判定方法について関係者間で協議を行う．

　例えば，解説図 4.3.8 に示すように，実際の外壁材などにシーリング材を打設し，硬化後に手動で引っ張る簡易接着性試験方法も有効である．具体的には，シーリング材が弾性を発現するまで十分に硬化させた後，180° の方向にシーリング材を引っ張り，シーリング材が凝集破壊を起こ

した場合，接着性は良好と判断できる．

　また，付録「S1　シーリング材と外壁材との接着性評価試験」，「S2　温水伸長試験によるシーリング材の接着性評価試験」により，接着信頼性を総合的に判断することが望ましい．

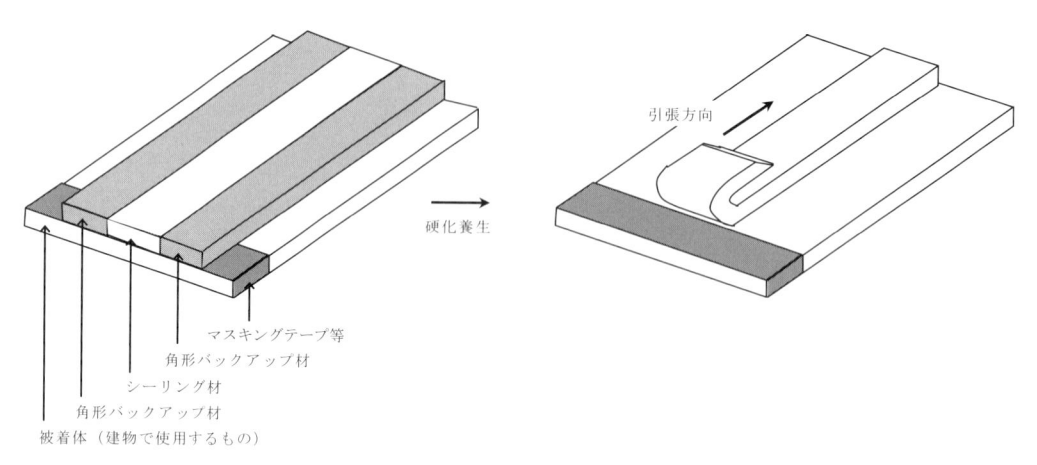

解説図 4.3.8　簡易接着性試験

（ⅱ）異種シーリング材の打継ぎ接着性試験

　異種シーリング材の打継ぎは本来推奨されるものではないが，やむを得ず打継ぎが発生する場合，後から打設されるシーリング材の接着性の確認が必要となる．試験方法としては解説図 4.3.9 (a)，(b) に示すような試験体を用いた前項と同様の接着性試験，あるいは解説図 4.3.10 に示すような簡易接着性試験がある．

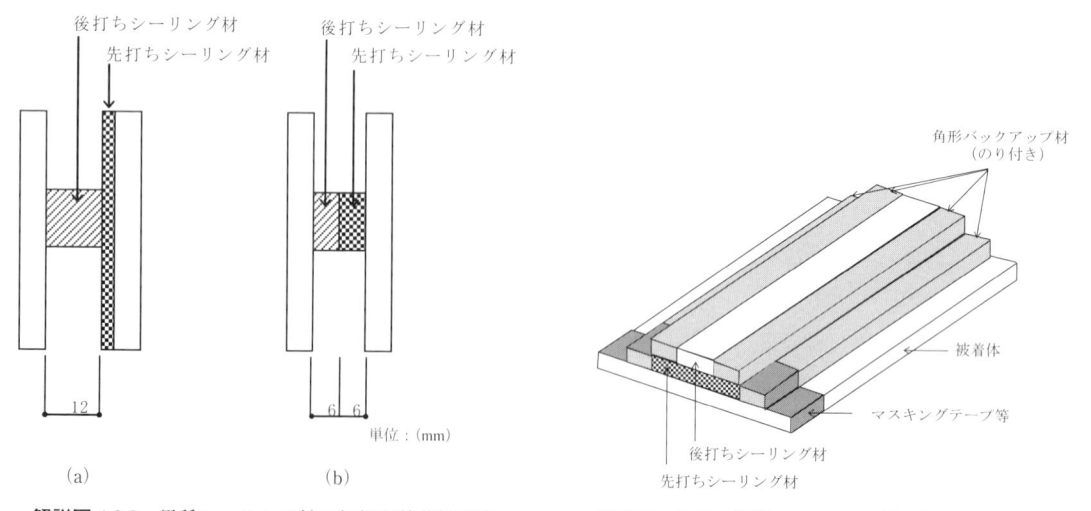

解説図 4.3.9　異種シーリング材の打継ぎ接着性試験

解説図 4.3.10　異種シーリング材の打継ぎ簡易接着性試験

　接着性の判定方法としては，破壊状況を観察することが重要である．ここで問題となるのが，先に打設されたシーリング材の硬化状態である．通常は，JIS A 1439：2022（建築用シーリング

材の試験方法）の「5.12　耐久性試験」に基づいた養生を行った後，後から打設されるシーリング材にも同様の養生を行うことが一般的である．

　工場施工のシーリング材との打継ぎに際しては，工場施工のシーリング材を1〜2か月屋外暴露して後から打設されるシーリング材を養生して試験を行うことが望ましい．

（iii）現場での接着性試験

　実際の目地に施工されたシーリング材の接着性を評価する方法として，日本シーリング材工業会「建築用シーリング材ハンドブック　2023」[41]に記載されている「指触による接着性確認試験」あるいは「ひも状接着性試験」がある．指触による接着性確認試験では，解説図 4.3.11 に示すようにシーリング材と被着体の接着面付近を木製のへらまたは指等で強く押し込み，接着破壊が起こらなければ，接着性は良好と判断する．

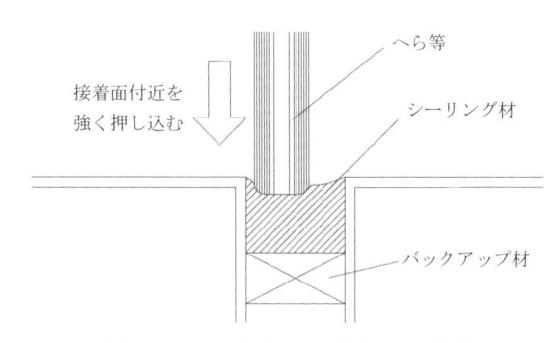

解説図 4.3.11　指触による接着性確認試験

　また，ひも状接着性試験は，カッターナイフなどで解説図 4.3.12 のようにシーリング材を切断した後，90°方向にシーリング材が破断するまで引っ張る方法である．この試験では，シーリング材が凝集破壊または薄層凝集破壊であれば，接着性は良好と判断する．なお，十分な引っ張りを加えてもシーリング材が破断しない場合は，安全性確保の観点からそれ以上引っ張ることをせず，接着性が良好と判断してよい．

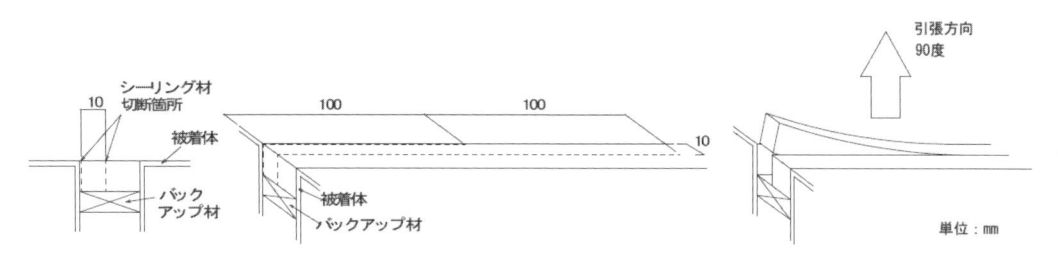

解説図 4.3.12　ひも状接着性試験

（iv）その他の試験

　巻末には，「付録2　S8　層間変位ムーブメントに対するシーリング材のせん断耐疲労性試験（案）」，「付録2　S9　応力緩和型シーリング材の耐疲労性試験（案）」など，関連する試験方法を示しているので，参考にするとよい．これらを含め，その他の試験を行う場合は，関係者間で

協議の上，別途試験方法を定める．

4.3.2　プライマー

> a．品質および性能確認
> 　プライマーは，使用するシーリング材の製造所が指定するものを使用する．
> b．使 用 期 限
> 　プライマーは，有効期間を過ぎたもの，開封時に異常が認められるものは使用しない．

a．品質および性能確認

シーリング材が本来の防水機能を発揮するためには，シーリング材そのものの耐久性だけでなく，目地の外壁材に十分接着することが基本である．しかし，外壁材は多種多様であり，さらに表面塗装，表面処理を加えると，その種類は非常に多い．シーリング材をあらゆる外壁材に十分に接着させるためには，プライマーが必要になる．プライマーは接着性の確保という重要な役割を担っている．

プライマーは，シーリング材の製造所が指定するプライマーを使用し，事前に接着性を確認することが必要である．ただし，ガラス，アルミニウム合金，コンクリートなどの比較的施工実績の多い外壁材については，シーリング材製造所の事前の試験成績書によって確認することが可能である．

b．使 用 期 限

プライマーは，シーリング材製造所が指定する有効期間を過ぎて使用した場合，プライマーの変質などによりシーリング材と外壁材との接着性を十分発揮できない場合がある．したがって，有効期間内のものを使用しなければならない．また，有効期間内であってもプライマーにゲル化，硬化などの変質が確認された場合は，使用してはならない．

多くのプライマーは空気中の水分と反応し変質するので，その管理には十分な注意が必要である．特に空気（湿気）にはできるだけ接触させないように注意し，プライマーを開栓後は製造所の指示に従う必要がある．一般的にプライマーは小分けにして使用し，短時間の保管が必要な場合は密栓をすることが推奨される．

4.3.3　バックアップ材およびボンドブレーカー

> a．選　　　定
> 　バックアップ材およびボンドブレーカーは，シーリング材と接着せず，シーリング材の性能を低下させないものを選定する．
> b．形状および寸法
> 　バックアップ材およびボンドブレーカーは，適切な形状寸法のものを使用する．

a．選　　　定

バックアップ材およびボンドブレーカーは，ワーキングジョイントに充填されるシーリング材の機能を十分に発揮させ，長期間の耐久性を維持させるために，次のような重要な役割を担っている．

①シーリング材が外壁材の目地における相対する2面の被着面のみに接着し，目地底部には接着
　しないようにして（3面接着の防止），長期間の繰返しムーブメントに対する追従性を確保する．
②シーリング材の目地深さを調整し，一定の目地深さを確保する．

　バックアップ材は一般的にポリエチレン製の発泡体がシーリング材と接着せず，装填が容易であ
ることから，多用される．ガラス工事においては，合成ゴム製ビードなどがバックアップ材として
使用されることもある．選定の際にはシーリング材と接着しないもので，かつ可塑剤の移行など
シーリング材に悪影響を与えないもの，また，清掃溶剤やプライマーなどで変質しないものを選定
する必要がある．バックアップ材およびボンドブレーカーの種類を解説表 4.3.11 に示す．

解説表 4.3.11　バックアップ材およびボンドブレーカーの種類

種類	材種	形状	発泡倍率	硬さ[1]	のりの有無	用途
バックアップ材	・ポリエチレン独立気泡発泡体	丸形	25～30 倍	—	なし	目地底のない場合
		角形	14～15 倍	—	あり／なし	目地底のある場合 ガラス回り目地
			6～8 倍	60，70	あり／なし	風圧力を受けるガラス回り目地
	・ポリエチレン連続気泡発泡体 ＋ ・ポリエチレン独立気泡発泡体	角形 （連続気泡発泡体と独立気泡発泡体の重ね品）	—	—	あり／なし	映像調整を必要とするガラス回り目地
	・合成ゴム	角形	—	60，70	なし	風圧力を受けるガラス回り目地
ボンドブレーカー	・ポリエチレン	テープ	—	—	あり	一般用ボンドブレーカー

[注]　本表は代表的な製品を示したものである．
　（1）硬さ：JIS K 6253-3：2023（加硫ゴム及び熱可塑性ゴム―硬さの求め方―第 3 部：デュロメータ硬さ）
　　　　タイプ A による測定結果

b．形状および寸法

　ワーキングジョイントに装填する丸形ポリエチレン発泡体は，目地幅より 20～30 ％大きめのも
のを選定する．使用部位別の適切な材質形状の例を解説表 4.3.12 に示す．

解説表 4.3.12　使用部位とバックアップ材およびボンドブレーカーの材質・形状の適切な組合せ

使用部位	材質	バックアップ材の形状	
プレキャスト鉄筋コンクリート部材の目地底のない場合	・ポリエチレン　独立気泡発泡体	丸形および中空丸形	
金属－金属　金属－コンクリート		角形　のりなし　　　のり付き　特別の場合半円形	
目地深さが浅い場合	・ポリエチレンテープ　・ポリエチレン発泡体	・ポリエチレンテープ　・1～2 mm 厚の角形ポリエチレン発泡体	
ガラス回り目地の場合	・ポリエチレン　独立気泡発泡体　・合成ゴム	角形または丸形　材質によりボンドブレーカー併用	

4.3.4　その他の材料

> a．マスキングテープ
> 　シーリング材の仕上だけでなく，シーリング材やプライマーの性能に悪影響を及ぼさない適切なものを使用する．
> b．清掃溶剤
> 　清掃としての機能だけでなく，シーリング材やプライマーの性能に悪影響を及ぼさない適切なものを使用する．
> c．ナイロン研磨布
> 　接着阻害因子の除去および，接着性能向上に有効である．

　a．マスキングテープ

　マスキングテープは，プライマーの塗布，シーリング材の充填，そしてへら仕上げを行う際に，外壁材の汚染を防止し，シーリング目地の両縁の線をきれいに通すために使用する．通常はシーリング工事用の紙粘着テープを使用するが，次に示す機能を事前に確認する必要がある．

①低温環境下でも十分な粘着性を発揮すること．

②粘着剤およびはく離剤が清掃溶剤またはプライマーの溶剤によって溶解しても，シーリング材の硬化や接着性に悪影響を及ぼさないこと．

③粘着剤が外壁材を汚染しないこと．特に石材などの場合は溶剤との複合作用に注意が必要である．

④撤去時に，切れることなく十分な強度を有していること．

⑤撤去時に粘着剤が外壁材に残らないこと．特に高温環境下で使用する場合には注意が必要である．

　　ｂ．清掃溶剤

　通常は脱脂効果の高い芳香族系の有機溶剤が使用されるが，常温乾燥形塗料を塗装した外壁材，ポリカーボネート・アクリル樹脂などの被着面では，溶剤の種類によっては溶解したり，亀裂を生じたりする可能性があるため溶剤の選定には注意が必要である．清掃溶剤の選定にあたっては，事前に外壁材，プライマーおよびシーリング材との組合せで，その効果および悪影響がないことを確認する．さらに，環境問題から溶剤の種類によっては規制の対象となるものもあるため，関係者との十分な確認が重要である．

　　ｃ．ナイロン研磨布

　ナイロン研磨布でのバフ掛けは，金属外壁材の被着面に存在する接着阻害因子を除去し，シーリング材の接着性を高めるために有効である．

4.3.5　シーリング材と構法，部位，外壁材との適切な組合せ

> 　ａ．シーリング材選定の基本的な考え方
> 　　シーリングジョイントを構成する構法，部位，外壁材に応じた目地の特性を十分に把握し，その特性に対して適したシーリング材を選定する．
> 　ｂ．ワーキングジョイント
> 　　構法，部位，外壁材および目地のムーブメントに適したシーリング材を選定する．
> 　ｃ．ノンワーキングジョイント
> 　　構法，部位，および外壁材に適したシーリング材を選定する．

　　ａ．シーリング材選定の基本的考え方

　シーリング材の特性には長所と短所があり，1種類のシーリング材で全ての部位に対応することは困難である．したがって，使用するシーリング材の種類は，シーリング材が施工される目地の特性（目地の動き，外壁材，使用条件，接着性など）を調査し，シーリング材の特性を考慮し，過去の経験・実績も加味して選定する必要がある．

　シーリング材と構法，部位，外壁材との適切な組合せを解説表 4.3.13 に示す．

　シリル化アクリレート系，ポリイソブチレン系シーリング材は，まだ実績が少ないため，その物性などの試験結果から推定している部分もある．したがって，実際の使用にあたっては，実験室試験や試験施工などにより性能を確認するのが望ましい．

　また，解説表 4.3.13 では，使用可能と考えられる組合せのうち，適用可能なものに○印，適用に際し事前検討が必要なものに△印を付けている．事前検討の内容については，解説本文を参照されたい．JASS 8（防水工事）「2節　目地防水工事　2.3　シーリング工事」の表では，適用可能な組合せのうち，解説表 4.3.13 で○印を付けた適用可能なものだけを示しているが，JASS 8 で○印がなくても，事前検討を行えば適用可能なものも多いという点に留意すべきである．

解説表 4.3.13　シーリング材と構法,

目地の区分	主な構法・部位・外壁材				シリコーン系[6]			シリル 2成分形[8]
					2成分形	1成分形		2成分形[8]
					低モジュラス[10]	高・中モジュラス[11]	低モジュラス[10]	低モジュラス[10]
ワーキングジョイント	カーテンウォール	メタルカーテンウォール	ノックダウン工法	ガラス回り目地	○		○	△
				方立無目ジョイント	○			△
			ユニット工法	ガラス回り目地	○		○	△
				部材間目地	○[7]			△
		プレキャストコンクリートカーテンウォール	石材先付け[1]	部材間目地				△
			タイル先付け	窓枠回り目地				△
			塗装・吹付け	ガラス回り目地	○[7]		○[7]	
	各種外装パネル	ALC厚形パネル（縦壁ロッキング構法，横壁アンカー構法）[2] ALC薄形パネル[2]		ALC厚形パネル間目地 窓枠回り目地 塗装あり[4]				
				クリアランスを設けた目地 塗装なし				△
		塗装アルミニウムパネル（強制乾燥・焼付塗装）		パネル間目地	○[7]		○[7]	△
		塗装鋼板，ほうろう鋼板パネル		パネル間目地・窓枠回り目地				△
		GRCパネル，押出成形セメント板		パネル間目地 窓枠回り目地 塗装あり[4]				
				塗装なし				△
		窯業系サイディング[3]		パネル間目地 窓枠回り目地 塗装あり[4]				
				塗装なし				
	金属建具	ガラス回り		ガラス回り目地[14]	○	○	○	△
		建具回り		水切・皿板目地	○[7]			△
				建具回り目地，建具用部材間目地				△
		工場シール		シーリング材受け[5]				
	笠木	金属笠木		笠木間目地	○[7]			△
		石材笠木[1]		笠木間目地				△
		プレキャスト鉄筋コンクリート笠木		笠木間目地				△
	鉄筋コンクリート壁	構造スリット		構造スリットの目地 塗装あり[4]				
				塗装なし				△
ノンワーキングジョイント	鉄筋コンクリート壁	現場打ち鉄筋コンクリート壁，壁式プレキャスト鉄筋コンクリート		打継ぎ目地・ひび割れ誘発目地・窓枠回り目地 塗装あり[4]				
				塗装なし				△
		湿式石張り[1]		石目地				
				窓枠回り目地				△
		セラミックタイル張り		タイル目地				△
				タイル下躯体目地				
				窓枠回り目地				△
	外装パネル	ALC薄形パネル[2]		パネル間目地 塗装あり[4]				
				塗装なし				△

[注]　○：適用可　△：適用に関して事前検討が必要（この表は一般的な目安であり，実際の適用にはシーリング材製造所に問い合わせを行い，十分に確認することが必要である．特にシリル化アクリレート系，ポリイソブチレン系については留意する．）
（1）石材によっては内部浸透汚染が生ずる可能性があるため，事前確認することが必要ある．
（2）50 %引張応力が，養生後 0.2 N/mm² 以下，経年時でも 0.3 N/mm² 以下となる材料を目安とする．
（3）窯業系サイディングを用途とした専用材料を使用する．
（4）シーリング材への表面塗装については事前確認（2.3.2 a（5）「塗料・仕上塗材とシーリング材の適合性」を参照）することが必要である．
（5）後打ちシーリング材との打継接着性を確認している材料を使用する．

部位，外壁材との適切な組合せ

| 化クリレート系 | | ポリイソブチレン系 | 変成シリコーン系 | | ポリサルファイド系 | | アクリルウレタン系 | ポリウレタン系 | |
| 1成分形 | | 2成分形[8] | 2成分形[8] | 1成分形 | 2成分形 | 1成分形 | 2成分形 | 2成分形 | 1成分形 |
高・中モジュラス[11]	低モジュラス[10]								
		△							
		△							
		△			△[9]				
		△	○		△				
			○		○		△		
		△	○		○		△		
		△			○[9]				
			○	○	△		○	○	○
			○	○	△		△		△[12]
		△	○		△				
		△	○		○				
			○	△	△	△	○	○	△
		△	○	△	△	△	△		
	△		○	○	△				○
	△	△	○	○	△	○			○
△		△			○[9]				
			○						
		△	○	△	△		△		
			△	△	○	△			
		△	○						
		△	○		○				
		△	○		○				
		△	○		△		○	△	
		△	○		○				
			○	○	△	△	○	○	○
			○	○	△		△		△[12]
			△[13]	○	○				
			○	○	○	△			
			○	○	○	○			
			△		△			○	○
			○	○	○	△			
			○	○	△	△	○	○	○
			○	○	△	△	△		△[12]

（6）SSG 構法に適用される構造シーラントは，対象外とする．SSG 工構法に適用するシーリング材は，JASS 17（ガラス工事）に従う．

（7）外装材表面の付着汚染が生ずる可能性がある．

（8）シーリング材の厚さが薄いと硬化が阻害される場合があるので，薄層部が生じないよう注意する．

（9）ガラス回り目地を用途とする材料を使用する．

（10）低モジュラス：50 ％引張応力 0.2 N/mm^2 未満．

（11）高モジュラス：50 ％引張応力 0.4 N/mm^2 以上，中モジュラス 50 ％引張応力 0.2 N/mm^2 以上 0.4 N/mm^2 未満．

（12）耐候性の事前確認が必要である．

（13）高モジュラス品を使用する．

（14）ガラス間目地については，ガラス回り目地の適用条件を参考にシーリング材製造所に確認の上で選定する．

ｂ．ワーキングジョイント

（１）カーテンウォール

（ⅰ）メタルカーテンウォールノックダウン工法

　メタルカーテンウォールノックダウン工法のカーテンウォール目地は，方立・無目ジョイントとガラス回り目地が連続しているので，耐光接着性（ガラスを通してシーリング材接着面にあたる紫外線に耐える接着性）に優れた２成分形および１成分形低モジュラスタイプのシリコーン系を適用可とした．汚染防止などの意匠上の観点から，接着性，ムーブメント追従性などの事前検討を行った上で，２成分形シリル化アクリレート系，２成分形ポリイソブチレン系も適用可とした．

　なお，方立・無目ジョイントについては，１成分形は硬化過程におけるムーブメント追従性に劣るので２成分形とした．異種シーリング材との打継ぎが生ずる場合は，打継ぎによる接着不良，硬化不良などについて事前検討する必要がある．

（ⅱ）メタルカーテンウォールユニット工法

　メタルカーテンウォールユニット工法のガラス回り目地は，ムーブメント追従性と耐光接着性に優れた２成分形および１成分形低モジュラスタイプのシリコーン系を適用可とした．なお，耐用年数はやや劣るが，汚染防止などの意匠上の観点から，２成分形シリル化アクリレート系，２成分形ポリイソブチレン系，２成分形ポリサルファイド系も使用されることがある．パネル間目地は動的疲労性に優れた２成分形シリコーン系，変成シリコーン系を用いることとした．汚染防止などの意匠上の観点から，接着性，ムーブメント追従性などの事前検討を行った上で，２成分形シリル化アクリレート系，２成分形ポリイソブチレン系も適用可とした．

　なお，２成分形ポリサルファイド系は温度変化によるムーブメント追従性が劣るため，ムーブメント量が比較的小さい場合に限定される．

　メタルカーテンウォールユニット工法の部材間目地は，ムーブメント追従性に優れた２成分形シリコーン系および２成分形変成シリコーン系を適用可とした．接着性，ムーブメント追従性などの事前検討を行った上で，２成分形シリル化アクリレート系，２成分形ポリイソブチレン系も適用可とした．２成分形ポリサルファイド系は温度変化によるムーブメント追従性が劣るので，ムーブメント量が比較的小さい場合に限定される．

（ⅲ）プレキャストコンクリートカーテンウォール

　プレキャストコンクリートカーテンウォールの部材間目地，窓枠回り目地は，２成分形変成シリコーン系および２成分形ポリサルファイド系を適用可とした．接着性，ムーブメント追従性などの事前検討を行った上で，２成分形シリル化アクリレート系，２成分形ポリイソブチレン系も適用可とした．２成分形アクリルウレタン系は，表面の塵埃付着汚れに関する事前検討の上で適用可と判断した．

　ガラス回り目地については，ムーブメント追従性と耐光接着性の優れた２成分形および１成分形低モジュラスタイプのシリコーン系としたが，２次排水機構がとられている場合には，２成分形ポリサルファイド系も可とした．接着性，ムーブメント追従性などの事前検討を行った上で，２成分形シリル化アクリレート系，２成分形ポリイソブチレン系も適用可とした．

（2）各種外装パネル

（ⅰ）ALC パネル（縦壁ロッキング構法，横壁アンカー構法など）

　ALC パネル間目地で表面塗装ありの場合には，表面への塗装性に優れる2成分形変成シリコーン系，1成分形変成シリコーン系，2成分形アクリルウレタン系，2成分形ポリウレタン系および1成分形ポリウレタン系とする．これらのシーリング材でも仕上塗材との組合せではく離・変色などの不具合が発生する場合があるため，事前に検討した上で適用する．2成分形ポリサルファイド系は，比較的塗膜のはく離や変色などの不具合が発生しやすいため，塗装性について十分に事前に検討した上で適用する．

　シーリング材表面塗装なしの場合には，耐候性が優れている2成分形変成シリコーン系，1成分形変成シリコーン系を適用可とした．接着性や50 ％引張応力等の事前検討により2成分形シリル化アクリレート系および2成分形ポリサルファイド系も適用可とした．2成分形アクリルウレタン系については，表面の塵埃付着汚れに関する事前検討が必要であり，1成分形ポリウレタン系については耐候性の事前検討が必要である．

　ALC パネル表面タイル張り仕上げ部分については，日本建築仕上学会「ALC パネル現場タイル張り工法指針・同解説，ALC パネル現場タイル接着剤張り工法指針・同解説」[42]を参照されたい．

　窓枠回り目地は，一般に ALC パネル工事の範疇外である．2面接着など目地の納まりについても検討する．

　なお，JASS 21（ALC パネル工事）にも「4.5　その他材料　a および表 4.12　パネル間目地におけるシーリング材の種類」が示されている．

（ⅱ）塗装アルミニウムパネル

　タッピンねじや鍋ビスなどで留め付ける方式の塗装アルミニウムパネルは，2成分形および1成分形低モジュラスタイプのシリコーン系および2成分形変成シリコーン系を適用可とした．2成分形シリル化アクリレート系および2成分形ポリイソブチレン系は，接着性などについて事前検討の上，適用可とした．ポリサルファイド系は温度変化によるムーブメント追従性が劣るので，ムーブメント量が比較的小さい場合に限定される．

（ⅲ）塗装鋼鈑・ほうろう鋼板パネル

　塗装鋼板は，アルミニウム板と同様に，タッピンねじや鍋ビスなどで留め付ける方式では比較的ムーブメントは小さいが，外壁材が高温になることが予想されるので，2成分形変成シリコーン系および2成分形ポリサルファイド系を適用可とした．2成分形シリル化アクリレート系および2成分形ポリイソブチレン系は，接着性などについて事前検討の上，適用可とした．

（ⅳ）GRC パネル・押出成形セメント板（ECP パネル）

　シーリング材表面塗装ありの場合には，パネル間目地，窓枠回り目地ともに，2成分形変成シリコーン系，2成分形アクリルウレタン系および2成分形ポリウレタン系を適用可とした．これらのシーリング材でも仕上塗材との組合せではく離，変色などの不具合が発生する場合があるため，事前検討の上で適用する．1成分形変成シリコーン系，2成分形ポリサルファイド系および

1成分形ポリサルファイド系は，はく離，変色などの不具合が比較的発生しやすいため，塗装性について十分に事前検討の上で適用する．また，1成分形ポリウレタン系も含む1成分形のシーリング材は硬化途上の耐ムーブメント性事前検討の上で適用する．

シーリング材表面塗装なしの場合には，パネル間目地，窓枠回り目地ともに，2成分形変成シリコーン系および2成分形ポリサルファイド系を適用可とした．2成分形シリル化アクリレート系および2成分形ポリイソブチレン系は，接着性などについて事前検討の上，適用可とした．1成分形変成シリコーン系および1成分形ポリサルファイド系は，硬化途上の耐ムーブメント性に劣るため，目地のムーブメントを事前検討の上，適用可とした．2成分形アクリルウレタン系は，表面の塵埃付着汚れに関する事前検討の上，適用可とした．

セラミックタイル仕上げでは，パネル間目地より外部のセラミックタイル間でもシーリング材が施工されることがある．外部のシーリング材は，内部のシーリング材を紫外線や熱から保護する機能は有しているが，シール材として十分な目地深さを確保しにくく，被着体がモルタル目地となる部分でモルタル目地部との十分な水密性を得にくい．そのため，ダブルシールジョイント構法には該当しない．目地内部のパネル間は1次シールと同等以上の性能のシーリング材を用いることを原則とするが，紫外線が直接当たらないため，解説表4.3.13中の塗装ありの場合に適用するシーリング材を用いることができる．

（ⅴ）窯業系サイディング

低層住宅などの外壁にサイディングが多く使用されている．特に窯業系サイディングの場合には，主として湿気ムーブメントおよび硬化収縮または炭酸化収縮ムーブメントを考慮すべきである．

窯業系サイディングに適用されるシーリング材に上記のムーブメントを考慮すると，応力緩和性の大きいシーリング材または低モジュラスタイプのシーリング材が適しており，1成分形変成シリコーン系，1成分形ポリウレタン系，1成分形ポリサルファイド系および応力緩和性がある2成分形変成シリコーン系が主に使用されている．1成分形シリル化アクリレート系は，応力緩和性，接着性などについて事前検討の上，適用可とした．2成分形変成シリコーン系および1成分形ポリウレタン系では，サイディングを用途とした材料を使用する．

シーリング材表面塗装ありの場合には，塗装性について十分に事前検討の上で適用する．2成分形ポリサルファイド系は，硬化収縮または炭酸化収縮ムーブメントに対する追従性，耐候性などを事前検討の上で適用可とした．

（3）金属製建具

（ⅰ）ガラス回り目地およびガラス間目地

ガラス回り目地は耐光接着性が重要であり，対応するシーリング材は主としてシリコーン系を適用可とした．なお，耐用年数はやや劣るが，意匠上の問題から2成分形ポリサルファイド系も適用できるが，2次排水機構をとるようにする．2成分形シリル化アクリレート系，1成分形シリル化アクリレート系および2成分形ポリイソブチレン系は，接着性などについて事前検討の上で適用可とした．高・中モジュラス1成分形シリコーン系，1成分形シリル化アクリレート系は，

カーテンウォール以外の建具固定部や建具可動部の四辺が押縁などで支持されたガラス回り目地に適用する．また，異種シーリング材との打継ぎが生ずる場合は，打継ぎによる接着不良，硬化不良などについて事前検討する．

　SSG 構法に適用される構造シーラントは，ここでは対象外とする．SSG 構法に適用するシーリング材は，JASS 17（ガラス工事）に従う．

　ガラス間目地については，ガラス回り目地の適用条件を参考にシーリング材製造所に確認の上で選定する．

（ⅱ）建具回り

　水切・皿板目地はその温度変化によるムーブメントを考慮し，2 成分形シリコーン系および 2 成分形変成シリコーン系を適用可とした．2 成分形シリル化アクリレート系および 2 成分形ポリイソブチレン系は，接着性などについて事前検討の上，適用可とした．

　建具回り目地および建具用部材間目地は，2 成分形変成シリコーン系を適用可とした．建具間目地と建具およびプレキャストカーテンウォール間目地などで異種シーリング材との打継ぎが生ずる場合は，打継ぎによる接着不良，硬化不良などについて事前検討する．このような場合には，周辺のシーリング仕様を考慮に入れ，1 成分形変成シリコーン系，2 成分形ポリサルファイド系および 2 成分形アクリルウレタン系も温度ムーブメントなどを事前検討の上，適用可とした．2 成分形シリル化アクリレート系および 2 成分形ポリイソブチレン系は，接着性などについて事前検討の上，適用可とした．

（ⅲ）工場シール

　工場シール（シーリング材受け）は，工場施工後時間が経過しても打継ぎ性が良く，また，現場施工のシーリング材が多種にわたっても接着可能な 2 成分形ポリサルファイド系を適用可とした．なお，特殊仕様の 2 成分形変成シリコーン系，1 成分形変成シリコーン系，1 成分形ポリサルファイド系が一部で使用されることもある．

（4）金属笠木

　金属製笠木は温度変化によるムーブメントが大きく，外壁材が最も高温になる目地であるので 2 成分形シリコーン系および 2 成分形変成シリコーン系を適用可とした．目地周辺の汚染が予想される場合には，変成シリコーン系を適用する．2 成分形シリル化アクリレート系，2 成分形ポリイソブチレン系は，接着性などについて事前検討の上，適用可とした．

（5）石材笠木・プレキャスト鉄筋コンクリート板笠木

　石材笠木・プレキャスト鉄筋コンクリート板笠木は，紫外線を直接受けるため耐候性を考慮するとともに，意匠性も考慮に入れて，2 成分形変成シリコーン系および 2 成分形ポリサルファイド系を適用可とした．2 成分形シリル化アクリレート系，2 成分形ポリイソブチレン系は，接着性などについて事前検討の上，適用可とした．

（6）鉄筋コンクリート壁の構造スリット

　鉄筋コンクリート壁の構造スリットは，地震時に大きな層間変形を受け，変形後も水密性能を確保する必要があるため，ムーブメント追従性と耐久性が良好なシーリング材を適用する．（社）建

— 208 —　外壁接合部の水密設計および施工に関する技術指針　解説

築業協会（現　一般社団法人　日本建設業連合会）「構造スリット施工管理マニュアル：2001」[43]では，耐久性区分9030以上に該当するものを使用するとしている．

シーリング材表面塗装ありの場合には，2成分形変成シリコーン系および2成分形アクリルウレタン系を適用可とした．2成分形ポリウレタン系は，層間変形角によるムーブメントを事前検討の上，適用可とした．2成分形ポリサルファイド系は，はく離・変色などの不具合が比較的発生しやすいため，塗装性について十分に事前検討の上，適用可とした．2成分形ポリイソブチレン系は，塗装性，接着性などに関する事前検討の上，適用可とした．

シーリング材表面塗装なしの場合は，2成分形変成シリコーン系および2成分形ポリサルファイド系を適用可とした．2成分形シリル化アクリレート系，2成分形ポリイソブチレン系は，接着性などについて事前検討の上，適用可とした．

耐震改修工事などで新たに構造スリットが設けられる場合には，スリットの耐火性に留意する必要がある．シーリング材に耐火性が求められる場合には，耐火構造用シーリング材を適用する．

ｃ．ノンワーキングジョイント

（1）鉄筋コンクリート壁

（ⅰ）鉄筋コンクリート壁・壁式プレキャスト鉄筋コンクリート

表面塗装ありの場合には，2成分形変成シリコーン系，1成分形変成シリコーン系，2成分形アクリルウレタン系，2成分形ポリウレタン系および1成分形ポリウレタン系を適用可とした．これらのシーリング材でも仕上塗材との組合せではく離・変色などの不具合が発生する場合があるため，事前検討後に適用する．2成分形のポリサルファイド系および1成分形のポリサルファイド系は，はく離・変色などの不具合が比較的発生しやすいため，塗装性について十分に事前検討の上，適用する．

表面塗装なしの場合には，耐候性を考慮し2成分形変成シリコーン系，1成分形変成シリコーン系および2成分形ポリサルファイド系を適用可とした．1成分形ポリサルファイド系，2成分形アクリルウレタン系および1成分形ポリウレタン系は，耐候性，表面着塵性などについて事前検討の上，適用可とした．2成分形シリル化アクリレート系は，表面着塵性，接着性などに関する事前検討の上，適用可とした．

（ⅱ）石張り（湿式）

石目地は，耐候性と石材への汚染を考慮し，2成分形ポリサルファイド系および1成分形ポリサルファイド系を適用可とした．1成分形変成シリコーン系は，高モジュラス品を用い，石材への汚染性を事前確認した上で適用可とした．

窓枠回り目地は，2成分形変成シリコーン系，1成分形変成シリコーン系および2成分形ポリサルファイド系を適用可とし，2成分形シリル化アクリレート系および1成分形ポリサルファイド系は，接着性や耐候性などに関する事前検討の上で適用可とした．

（ⅲ）セラミックタイル張り

セラミックタイルの伸縮調整目地は耐候性と意匠性を考慮し，2成分形変成シリコーン系，1成分形変成シリコーン系，2成分形ポリサルファイド系，1成分形ポリサルファイド系を適用可

とした. 2成分形シリル化アクリレート系は, 接着性などに関する事前検討の上で適用可とした.

タイル下の躯体目地(ひび割れ誘発目地, 打継ぎ目地)は紫外線の影響を受けないため, 2成分形ポリウレタン系, 1成分形ポリウレタン系を適用可とし, 2成分形変成シリコーン系, 2成分形ポリサルファイド系は, 長期にわたり水の影響を受ける箇所では膨潤することがあるため, 事前検討の上, 適用可とした.

窓枠回り目地は, 2成分形変成シリコーン系, 1成分形変成シリコーン系および2成分形ポリサルファイド系を適用可とした. 2成分形シリル化アクリレート系, 2成分形ポリイソブチレン系および1成分形ポリサルファイド系は, 接着性などに関する事前検討の上で適用可とした.

(2) 外装パネル(ALC薄形パネル)

ALC薄形パネル間目地で表面塗装ありの場合には, 表面への塗装性に優れる2成分形変成シリコーン系, 1成分形変成シリコーン系, 2成分形アクリルウレタン系, 1成分形ポリウレタン系および2成分形ポリウレタン系を適用可とする. これらのシーリング材でも仕上塗材との組合せではく離や変色などの不具合が発生する場合があるため, 事前に検討した上で適用する. 2成分形ポリサルファイド系および1成分形ポリサルファイド系は, 比較的塗膜のはく離や変色などの不具合が発生しやすいため, 塗装性について十分に事前に検討の上, 適用する塗装性, 接着性などに関する事前検討の上で適用可とした.

シーリング材表面塗装なしの場合には, 耐候性が優れている2成分形変成シリコーン系および1成分形変成シリコーン系を適用可とした. 2成分形シリル化アクリレート系, 2成分形ポリサルファイド系, 1成分形ポリサルファイド系, 2成分形アクリルウレタン系および1成分形ポリウレタン系については, 接着性, 表面着塵性, 耐候性などに関する事前検討の上で適用可とした.

4.4 施 工

4.4.1 施 工 法

---

a. 施 工 順 序

施工順序は, 下記を原則とする.

(1) 材料および施工機器の確認

(2) 被着面の確認

(3) 被着面の清掃

(4) バックアップ材の装填またはボンドブレーカー張り

(5) マスキングテープ張り

(6) プライマーの塗布

(7) シーリング材の調製, シーリングガンの準備

(8) シーリング材の充填

(9) へら仕上げ

(10) マスキングテープはがし

(11) 充填後の清掃

(12) 汚染・損傷防止のための養生

---

a．施工順序

シーリング施工は，解説図 4.4.1 の順序に従って行う．

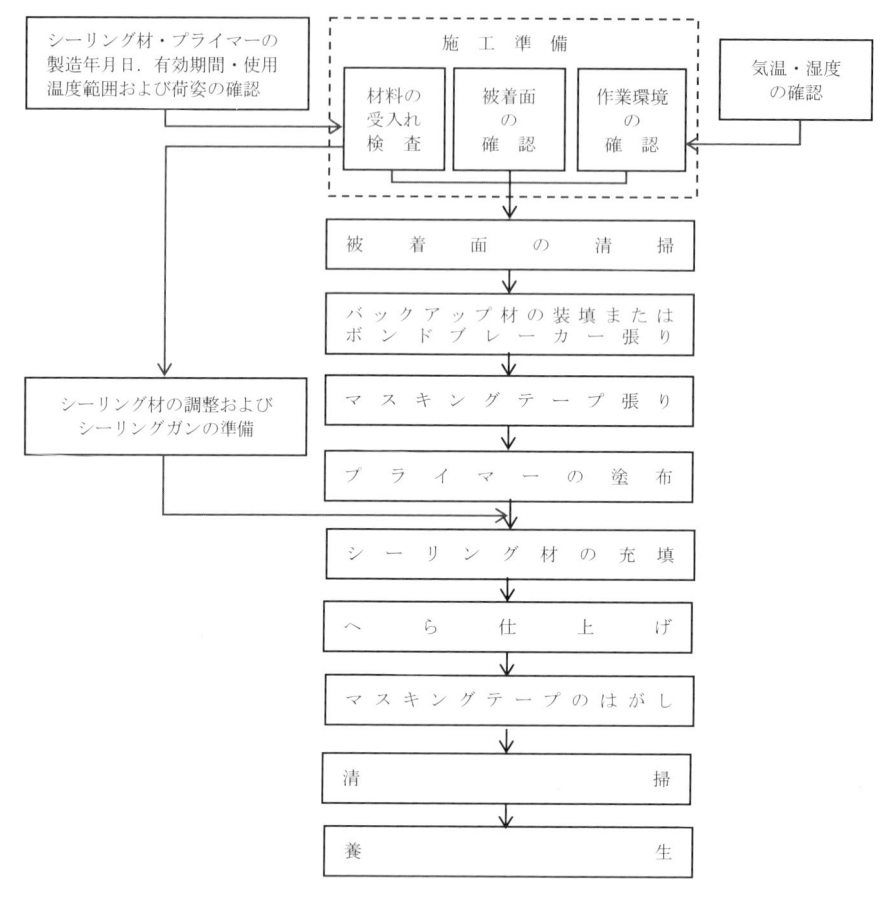

解説図 4.4.1 シーリング施工の流れ

---

b．施　　工
（1）材料および施工機器の確認
　（ⅰ）材料の種類，製造所，製造年月日，有効期間，色などを確認する．
　（ⅱ）施工機器に異常のないことを確認する．

---

b．施　　工

（1）材料および施工機器の確認

　（ⅰ）使用材料の確認

　　材料搬入時には，シーリング材，プライマー，副資材について以下の項目を確認する．

　　①シーリング材については，種類，規格，商品名，荷姿，ロット番号，製造年月日（有効期間），色調，搬入数量などを確認し，記録する．

　　②プライマーについては，商品名，荷姿，ロット番号，製造年月日（有効期間），搬入数量を確認し，記録する．

③バックアップ材およびボンドブレーカーは，材質，商品名，形状，寸法，搬入数量を確認する．

④マスキングテープは，種類，商品名を確認する．

⑤清掃溶剤は，種類，荷姿，搬入数量を確認する．ただし，清掃溶剤は，取扱いおよび保管上の規制があるので，必要最小量だけ納入するようにする．

（ii）施工機器の種類と使用方法

シーリング材練混ぜ機械の種類と使用方法を解説表 4.4.1 に示す．施工機器搬入時には，シーリング材練混ぜ機械について次の項目を確認する．

①シーリング材練混ぜ機械に異常のないことを確認する．

②減圧脱泡装置付き練混ぜ機械は，規定の減圧状態に達するかを確認する．

③シーリング材練混ぜ機械のパドル（かくはん羽根）は，適切な形状であるかの確認および欠損などの異常のないことを確認する．

④ハンドドリル式練混ぜ機械は使用しない．ハンドドリル式練混ぜ機械は気泡の混入が多く，かつ安定した練混ぜが困難である．

解説表 4.4.1　シーリング材練混ぜ機械の種類と使用法

機　種	使用方法
ドラム回転式 （反転式）	・練混ぜ途中において，羽根周辺および缶壁面のまだ練り混ぜられていない部分をかき落とし，練混ぜを継続する． ・練混ぜ時間は 10 分以上，15 分以内とする． ・気泡の混入に注意して使用する．
ドラム回転式 減圧脱泡装置付き （反転式）	・ドラム回転式の機械に脱泡装置が装備されたものである． ・練混ぜ時間は 10 分以上，15 分以内とする．
自動計量連続吐出形	・自動的に計量しながらシーリング材を練り混ぜ，連続的に吐出する機械である． ・混合比が正確に保てて，多量の練り混ぜが可能である． ・ガラス・ACW ユニットなど，多量に材料を使用する場合に用いる． ・200 V 専用電源が必要である．

解説写真 4.4.1　シーリング材練混ぜ機械ドラム回転式（自動反転式）

解説写真 4.4.2　シーリング材練混ぜ機械ドラム回転式・減圧脱泡装置付き

> （2）被着面の確認
> 　被着面の欠け，汚れおよび湿潤の程度を点検し，施工に支障のないことを確認する．

（2）被着面の確認

　被着面については，「解説表 4.2.13 接着阻害の問題点と対策」を参照し，施工に支障のないことを確認する必要がある．

　施工にあたっては，事前に構成材がシーリング工事に適していることを確認する．水分（下地の含水状態，降雨後の乾燥状態，結露など），塵埃，油分，粘着剤，ノロ，レイタンス，さびなどの接着阻害物の有無を確認する．コンクリートに欠けやひび割れなどがあった場合は，補修を行った後に施工する．

　鉄筋コンクリート，プレキャスト鉄筋コンクリート部材，石材などの場合は，その含水状態，結露状態および冬期寒冷地の凍結による見かけ上の乾燥状態（水分が凍結していて，一見乾燥しているように見える状態）に注意し，湿潤の場合には十分に乾燥させる．特に金属やガラスについては，結露に注意する．乾燥状態を判断する一つの方法として，例えばマスキングテープの粘着力によるものがある．この方法は，マスキングテープを被着体の表面に張り付けて $180°$ 方向にゆっくり引きはがし，マスキングテープが感覚的にほとんど付いていない状態であれば乾燥が不十分と判断し，乾燥させてから施工する．判断しにくい場合は，乾燥状態が良好な部位の粘着力と比較するとよい．

> （3）被着面の清掃
> 　シーリング材の施工に支障を生じないよう被着面の清掃を行う．

（3）被着面の清掃

　被着面の清掃（下地調整を含む）については，被着面がシーリング材の接着を阻害するおそれのある含水状態か，あるいは塵埃，油分，粘着剤，ノロ，レイタンス，さびなどが付着しているときは，これを解説表 4.4.2 に示す方法で清掃し，接着効果を高める．なお，清掃方法は，構成材の種類および接着阻害因子により異なる．また，清掃後，プライマー塗布までの時間が長くなるときは，再度清掃する．

　シーリング材にとって，近年は接着しにくい仕上材が多くなってきているが，これに対し接着性を確保するための処理として，被着面のナイロン研磨布によるバフ掛け作業があり，効果も確認されている．清掃溶剤を用いて洗浄するときには，被着面を膨潤させたりしないものを選定しなければならない．

　なお，従来清掃溶剤としてトルエンが使用されていたが，2000 年 6 月 26 日に厚生労働省がトルエンの室内空気中化学物質の室内濃度指針値を設定した．トルエンに代わる清掃溶剤として，メチルシクロヘキサン（MCH）および一部のオレンジオイル系溶剤の使用が可能であることが日本シーリング材工業会，日本シーリング工事業協同組合連合会で確認された．ただし，清掃効果に対する事前の接着性確認が必要である．

解説表 4.4.2　構成材別の清掃方法

構成材の種類			接着阻害因子	清掃方法		注意事項
				1次清掃	2次清掃	
現場打ち鉄筋コンクリートプレキャスト鉄筋コンクリート部材押出成形セメント板			塵埃ノロ・レイタンスはく離剤	サンダー掛けワイヤーブラシ掛けサンドペーパー掛けナイロン研磨布バフ掛け	ラスターはけ電動ブロアー	—
			水分	乾燥後サンダー掛けワイヤーブラシ掛けサンドペーパー掛け	ラスターはけ電動ブロアー	乾燥白布を使い時々取り替える
金属	素地		さび	サンダー掛けワイヤーブラシ掛けサンドペーパー掛け	溶剤清掃	—
			保護フィルムの粘着剤	—	溶剤清掃	粘着剤を広げないよう注意する
			油分	ナイロン研磨布バフ掛け	溶剤清掃	乾燥白布を使い時々取り替える
			結露・水分	布などの払拭	乾燥後，溶剤清掃	乾燥白布を使い時々取り替える
	2次電解アルミニウム		封孔処理剤	ナイロン研磨布バフ掛け	溶剤清掃	乾燥白布を使い時々取り替える
	ステンレス	ヘアライン仕上げ	油分粘着剤研磨材	ナイロン研磨布バフ掛け	溶剤清掃	ヘアラインに沿って清掃する
		鏡面仕上げ	油分	—	溶剤清掃	曇らせないよう注意する
	銅		腐食生成物	サンダー掛けワイヤーブラシ掛けサンドペーパー掛け	溶剤清掃	—
	耐候性鋼		さび安定化補助処理	ナイロン研磨布バフ掛け	溶剤清掃	溶剤の選定に注意する
			さび	サンダー掛けワイヤーブラシ掛け	溶剤清掃	
ALC パネル			脆弱層	—	ラスターはけ	—
繊維補強コンクリート			脆弱層	—	ラスターはけ	繊維などをほぐさないようにする
ガラス			油分保護フィルムの粘着剤	—	溶剤清掃	—
ゴム・プラスチック			表面付着物	—	溶剤清掃	被着面を侵さない溶剤を選定する
塗料・仕上塗材			乾燥状態のばらつき	—	ノルマルヘキサンなどの溶剤清掃	塗膜を侵さない溶剤を選定する
			加熱硬化形ふっ素樹脂系塗膜	ナイロン研磨布バフ掛け	溶剤清掃	塗膜を侵さない溶剤を選定する

> （4）バックアップ材の装填またはボンドブレーカー張り
> 　バックアップ材は，目地深さが所定の深さになるように装填する．また，ボンドブレーカーは，目地底に一様に張り付ける．

（4）バックアップ材の装填またはボンドブレーカー張り

（i）バックアップ材

　目地底のない目地にバックアップ材を装填する場合，ストッパーの付いた治具でバックアップ材に傷をつけないよう所定の位置に装填する．解説図 4.4.2 に装填治具の一例を示す．目地底のある目地で，バックアップ材が脱落のおそれのある場合は，のり付きを用いる．のり付きバックアップ材を選定する場合は，目地幅に対し 1〜2 mm 程度小さめのものを用意し，目地底に一様に密着するように装填する．

　装填に際しては，ねじれ，段差，継目部の隙間，傷などが生じないように注意する．なお，装填後降雨のあった場合は，取り外して被着面を乾燥後，再度装填する．

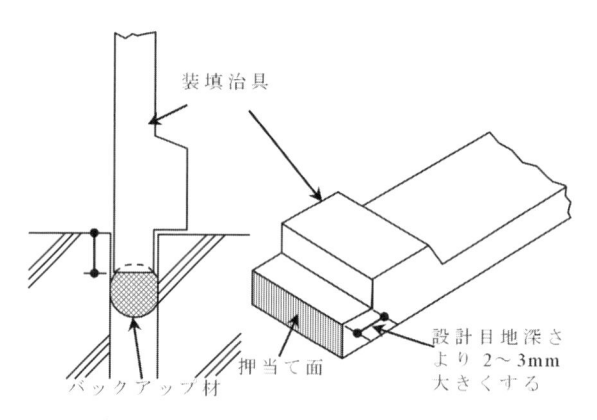

解説図 4.4.2　バックアップ材装填治具の例

（ii）ボンドブレーカー

　ボンドブレーカーの張付けは，当日のシーリング工事の範囲のみとする．降雨のあったときは，バックアップ材と同様に取り除き，乾燥後に再度張り付ける．

> （5）マスキングテープ張り
> 　目地周辺の構成材の汚れを防止し，かつシーリング材が通りよく仕上がるようにマスキングテープを張り付ける．

（5）マスキングテープ張り

　マスキングテープは，プライマー塗布前に所定の位置に通りよく張り付ける．なお，マスキングテープ張りは，その日の工事範囲内のみとする．塗装面に張るときは，塗膜の乾燥状態に注意し，乾燥不十分のときは張らない．解説図 4.4.3 にマスキングテープ張りの位置の例を示す．

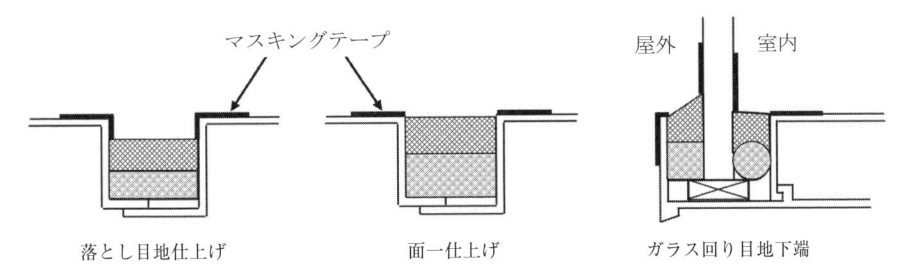

落とし目地仕上げ　　　　　面一仕上げ　　　　　ガラス回り目地下端

解説図 4.4.3　マスキングテープ張りの位置

（6）プライマー塗布
　被着面にプライマーをはけなどで均一に塗布する．

（6）プライマー塗布

　プライマーは必要量だけ小分けし，目地の内部がよく塗れるようなはけを使用して，塗り残しのないように均一に塗布する．プライマーの塗布は，当日のシーリング工事範囲のみとし，充填が翌日に持ち越された場合には，再塗布する．浴室，厨房などにおけるプライマー塗布作業では，プライマーの溶剤揮散を考慮し，換気に注意する．

　プライマーの乾燥時間は，シーリング材製造所の指示によるが，温度，湿度，通風状態などによっても異なるので，接着性に影響のない箇所での指触による乾燥の確認が有効である．

　塗布後長時間経過した場合や降雨があったときは，改めて溶剤清掃を行い，プライマーを再塗布する．

　異種部材で2種類のプライマーを使用するときは，種類および塗布順序などについて，シーリング材製造所と協議して決定する．

（7）シーリング材の調製，シーリングガンの準備
　（ⅰ）2成分形シーリング材
　1）基剤および硬化剤の組合せおよび混合比は，シーリング材製造所の指定による．
　2）練混ぜは機械練りとし，気泡やそのほかの異物が入らないようにし，かつ均質になるまで十分に行う．
　　練混ぜ機械の種類は，特記による．
　3）調製されたシーリング材は，気泡を混入しないようにシーリングガンに詰める．
　（ⅱ）1成分形シーリング材
　1）シーリング材に硬化，分離などの異常のないことを確認する．異常のあるものは使用しない．
　2）シーリング材の製品形態に応じ，適切なシーリングガンを選択し準備する．

（7）シーリング材の調製，シーリングガンの準備

　（ⅰ）2成分形シーリング材

　1）練混ぜにあたっては，シーリング材製造所の指定する基剤と硬化剤の組合せ，混合比であることを確認する．

　　　練混ぜは，原則として1セット単位とする．練混ぜ量は，可使時間内で施工できる量とする．練混ぜ作業は，日光が直接当たらず，ごみ，ほこりなどの入らない場所で，電源に近い所で行

う.

2）基剤と硬化剤は，機械による練混ぜを原則とし，解説表 4.4.1 に示した減圧脱泡装置付き練混ぜ機械を使用することが望ましい．練混ぜの際は，缶壁や缶底のシーリング材が均一にかくはんできるように注意して行う．かくはんは所定の時間行い，調製されたシーリング材に，練混ぜ不良に伴う縞模様や斑点がないことを確認する.

　　また，練混ぜ後の硬化状態の確認（サンプリング）は，解説図 4.4.4 に示すとおり，1 日に 1 回かつロットごとにアルミニウムチャンネル材などに練り混ぜたシーリング材を充填し，練混ぜ年月日およびロットナンバーを記録することで，定期的に硬化状態を確認する.

3）シーリングガンは，必要数用意し，調整しておく．シーリングガンのノズルは，施工する目地に合ったものを用意する．シーリングガンにシーリング材を詰め込むときは，気泡が混入しないように注意して行う.

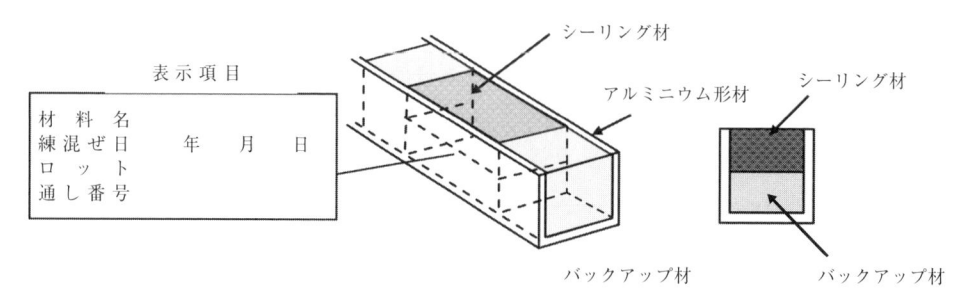

解説図 4.4.4　サンプリング例（建築工事監理指針　令和 4 年版）[44]

（ⅱ）1 成分形シーリング材

1）カートリッジタイプやフィルムパックタイプ（ソーセージ型）は，材料の硬化，分離などの異常のないことを作業前に必ず確認する．また，これらの異常が発見された材料は，ただちに返却し，再搬入時には異常のないことを確認する.

2）シーリングガンは，シーリング材の製品形態に応じて用意する．缶入りタイプやフィルムパックタイプは，通常のシーリングガンを使用し，カートリッジタイプはこれに合ったカートリッジガンを使用する．ノズルは，施工する目地の形状・寸法に合わせて用意する.

解説表 4.4.3　シーリング製品形態とシーリングガンの種類の例

タイプ	シーリング材製品形態	シーリングガンの種類
2成分形	缶入タイプ （基剤・硬化剤・トナー） 	
1成分形	缶入タイプ 	
	カートリッジタイプ 	
	フィルムパックタイプ （ソーセージ形） 	

（8）シーリング材の充填
　（ⅰ）シーリング材の充填は，シーリング材製造所の指定するプライマーの乾燥時間を経過した後，隙間や打残しがなく，気泡が入らないように行う．
　（ⅱ）打継ぎ箇所は，目地の交差部およびコーナー部を避け，斜めに打ち継ぐ．

（8）シーリング材の充填

（ⅰ）シーリング材の充填前に，プライマーが十分乾燥していることを確認する．シーリング材の充填は，目地幅に合ったノズルを装備したシーリングガンで目地底から行い，隙間や打残しがなく，空気が入らないように加圧しながら行う．

　目地へのシーリング材の充填順序は，解説図4.4.5に示すとおり，原則として交差部から開始する．ガラス回りは，コーナー部より充填を開始する．

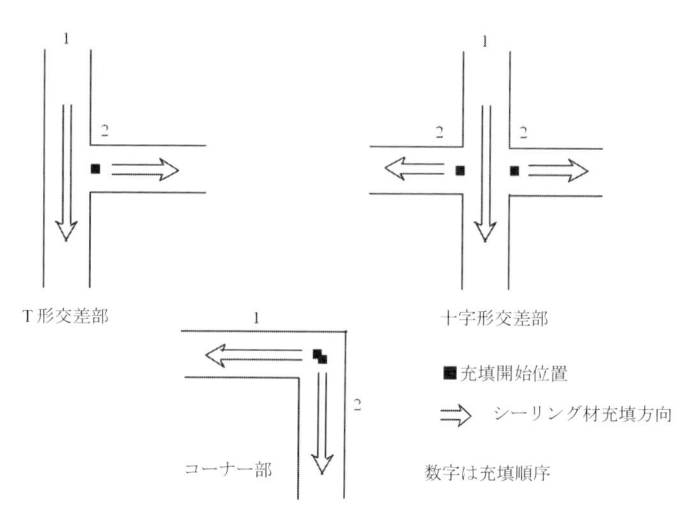

解説図 4.4.5　シーリング材充填の順序の例

（ⅱ）打止め位置は，解説表4.3.10の［注］に示すとおり，打継ぎを考慮し，交差部やコーナー部を避けた位置とする．また，打止め部はシーリング材を斜めに仕上げる．

（9）へら仕上げ
　充填されたシーリング材が被着面によく密着するようにへらで押さえ，表面を平滑に仕上げる．

（9）へら仕上げ

　へら仕上げは，シーリング材の可使時間内に行う．へらは，目地に合ったものを使用し，シーリング材が目地の隅々までゆき渡るように加圧しながら行う．マスキングテープ際の仕上げは，テープの食い込みのないように，また，仕上面がテープ際から離れないように注意して行う．打止め部は，斜めに仕上げておく．

（10）マスキングテープはがし
　へら仕上げ終了後，すみやかにマスキングテープをはがす．

(10) マスキングテープはがし

　マスキングテープの除去は，へら仕上げ後ただちに行う．シーリング材の可使時間を超えてからマスキングテープを除去すると，目地際がきれいに仕上がらず，また，除去しにくくなる．特に可使時間が短い1成分形シーリング材の場合は，注意が必要である．

> （11）充填後の清掃
> 　充填箇所以外に付着したシーリング材などは，構成材およびシーリング材に影響のない方法で清掃する．

(11) 充填後の清掃

　（ⅰ）マスキングテープ除去後，テープの張り跡がある場合や，プライマーのはみ出しがある場合には，すみやかに目地周辺を清掃する．

　（ⅱ）充填箇所以外に付着したシーリング材は，ただちに構成材の表面を侵さない溶剤などを使用してふき取り，清掃する．なお，シリコーン系シーリング材が付着した場合は，硬化後の早い時期に取り除く．

　（ⅲ）除去したテープや施工で発生したごみ・空き缶などは，指定場所に整理し，処理する．発生した廃棄物の「廃棄物の処理および清掃に関する法律」（廃棄物処理法）に基づく分類を解説図4.4.6に示す．

　また，容器の環境対応としては，軟質包装材による減容化やプラスチック容器のリサイクルの取組みが行われている．シーリング材用金属缶は，シーリング材を使い切ることで鉄スクラップとして再資源化が可能であり，日本シーリング材工業会では「シーリング材専用金属缶リサイクルに関する自主管理規定」を制定し，金属容器のリサイクルに取り組んでいる．

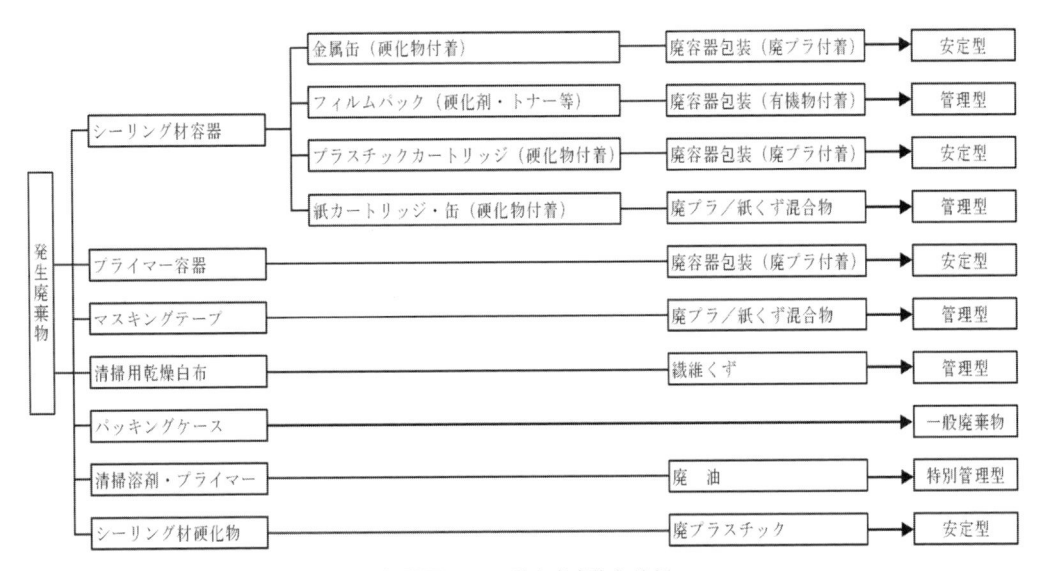

解説図 4.4.6　発生廃棄物と分類

> （12）汚染・損傷防止のための養生
> 　シーリング材の表面が汚れたり，損傷したりするおそれがある場合は，施工計画書に基づき適切に養生する．

（12）汚染・損傷防止のための養生

　未硬化状態のシーリング材は，ほこり，ごみなどの付着により表面が汚れたり，降雨によって流出したり，降雪によって削り取られたりして周囲を汚すことがある．また，外力によりシーリング材が損傷することもある．そのため，施工計画書において状況に応じた養生計画を定め，フィルム・シート・合板など適切な材料を用いて養生する．シーリング材の養生例を解説図 4.4.7 に示す．養生を行う場合は，養生材が空気の流通を妨げてシーリング材の硬化を阻害したり，シーリング材に接触して仕上がり状態を損なわないように十分注意する．

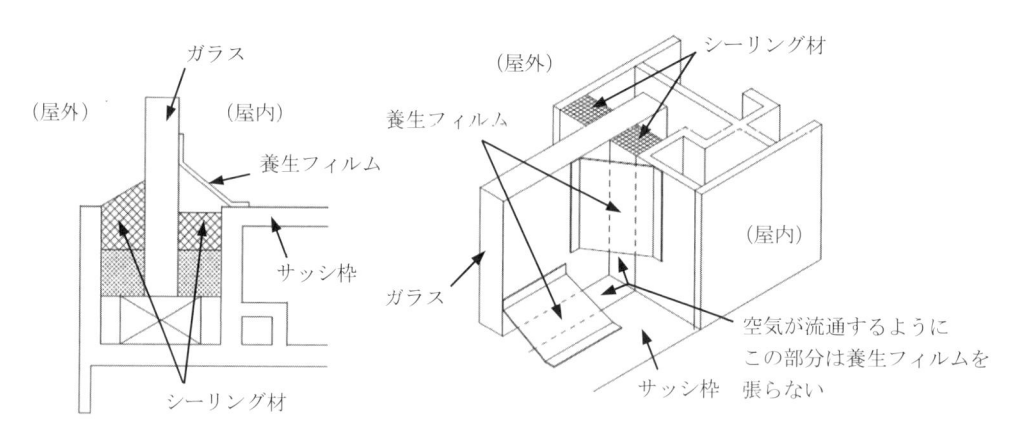

解説図 4.4.7　未硬化状態のシーリング材の養生例（ガラス回り）

4.4.2　施　工　管　理

> ａ．施　工　計　画
> 　（１）施工計画書の作成
> 　　施工計画書を作成し監理者の承認を受ける．また，施工要領書を専門工事業者に作成させ，監理者から請求されたときは，これを提出する．
> 　（２）施工図の作成
> 　　シーリング工事の施工および管理を行うために，他工事との関連などを含んだ施工図を作成し，監理者の承認を受ける．
> 　（３）施工管理の実施
> 　　所定の品質が確保できるように，施工計画書および施工図のとおりに工事が進捗していることを確認し，検査結果を施工記録として整備する．監理者から請求されたときは，これらの資料を提出または提示する．
> 　（４）施工の体制
> 　　施工品質を確保するために，材料に関する知識および施工技量を持つ者による適切な施工の体制をとる．シーリング施工業者を指定する場合は，特記による．

　ａ．施　工　計　画

（１）施工計画書の作成

　建築物は単品生産であり，建築物の個々の要求品質を達成するための設計方法，あるいは施工条

件は建築物ごとに異なる．また，技能および経験の異なる施工者やシーリング施工業者の末端にま
で，設計条件や施工方法を十分に浸透させて施工していくのは難しい．このような状況にあって，
施主の要求品質または設計者の設計品質を満たす建築物を経済的に建設するのは，経験や勘に頼る
のではなく，的確な施工計画を立案し，それを施工組織の中に系統的に，かつ計画的に指導・普及
し，理解させることが重要となる．このような目的で施工計画の詳細をまとめたものが施工計画書
である．

　一般に，設計図および仕様書には施工方法や使用材料の詳細まで十分に記されてはいない．した
がって，施工計画書にこれらを具体的に記述する必要がある．例えば，仕様書ではシーリング材は
「JIS A 5758 による」という指定でも，施工計画書では主成分，硬化機構，混合比，シーリング材
製造所，商品名，色調などを明記する．また，工場施工と現場施工の区分，排水機構のとり方，施
工環境条件，施工方法などについて，建設現場で施工管理がしやすいように，具体的な図や数値を
入れて記述しておく必要がある．さらに，使用済みのシーリング材の残材や容器の処理方法なども，
明記しておくことが必要である．これらの情報を盛り込んだ施工計画書は，施工者の単独の作成よ
りも，シーリング施工業者の有資格者と念入りに打合せを行い，関係者の納得の得られるものを作
成し，監理者の承認を受ける．施工計画書には，建築工事概要，シーリング工事に必要な管理体制，
施工体制，使用材料，施工方法，工程，検査項目，検査方法，不合格時の手直し処理の方法など記
載しておく．

　また，施工計画書に記載した項目を具体的に実施するにあたり，その施工方法の詳細や自主管理
方法，安全衛生管理方法などを記載したものが施工要領書である．施工要領書は，シーリング施工
業者が作成するが，施工者は施工要領書が施工計画書に沿ったものであるかを，シーリング施工業
者を交えて検討し，請求があれば監理者に提出する．

　解説表 4.4.4 に施工計画書の目次例を示す．

解説表 4.4.4　施工計画書の目次例

シーリング工事施工計画書	
1．工事概要	
（1）工事概要	工事名称，施主，設計者，監理者，施工者，工事場所，工期
（2）建築概要	用途，種別，敷地面積，建築面積，延べ床面積，構造，階数
2．適用範囲	工事範囲（部位，目地の種類と数量）
3．施　工	
（1）施工体制	施工管理組織図，シーリング施工組織図，安全衛生組織表
（2）施工準備	各種の試験・調査・確認事項
（3）仮　設	仮設足場計画，ゴンドラ設置計画
（4）材　料	
・シーリング材	商品名，主成分，硬化機構，色調，荷姿，有効期間，該当規格，区分，試験成績書，目地とシーリング材の組合せ
・プライマー	商品名，荷姿，有効期間，溶剤の種類
・その他	清掃溶剤，マスキングテープ，バックアップ材，目地とプライマーの組合せ
（5）納入・保管	材料の納入計画，品質成績書，保管場所
（6）施　工	被着面の清掃，バックアップ材の装填，ボンドブレーカーの張付け，マスキングテープ張り，プライマー塗布，シーリング材の調整・シーリングガンの準備，シーリング材の充填，へら仕上げ，マスキングテープはがし，清掃などの方法を具体的に記述
（7）施工図	目地詳細図，排水経路図，透視図
（8）施工上の問題点・留意点	被着面の確認方法と判断基準，作業環境，打継ぎ部の種類・手順・方法および養生の必要な箇所と方法などを具体的に記述
4．施工機械など	機種，電源，電圧，アース，性能
5．記　録	作業日報，チェックシート
6．検　査	試験・検査の計画，合否判定値，不合格時の処理方法
7．工程計画	全工事工程表，シーリング工事工程表
8．関連資料	準拠図書の関連図面の抜粋，施工上参考となる各種の技術資料

（2）施工図の作成

　施工者は，設計図書の意図を把握し，施工しやすいような施工図を作成し，これを施工計画書に盛り込んでおくのがよい．施工図は，それを利用する施工者，シーリング施工業者の管理者およびシーリング工事作業員が間違えないように JIS の製図通則を準用するとともに，材料名，色調，寸法，施工順序などを書き加える．また，理解しにくい複雑な部位については，解説図 4.4.8 に示すように透視図を工夫し，理解しやすく表現するように心がける．

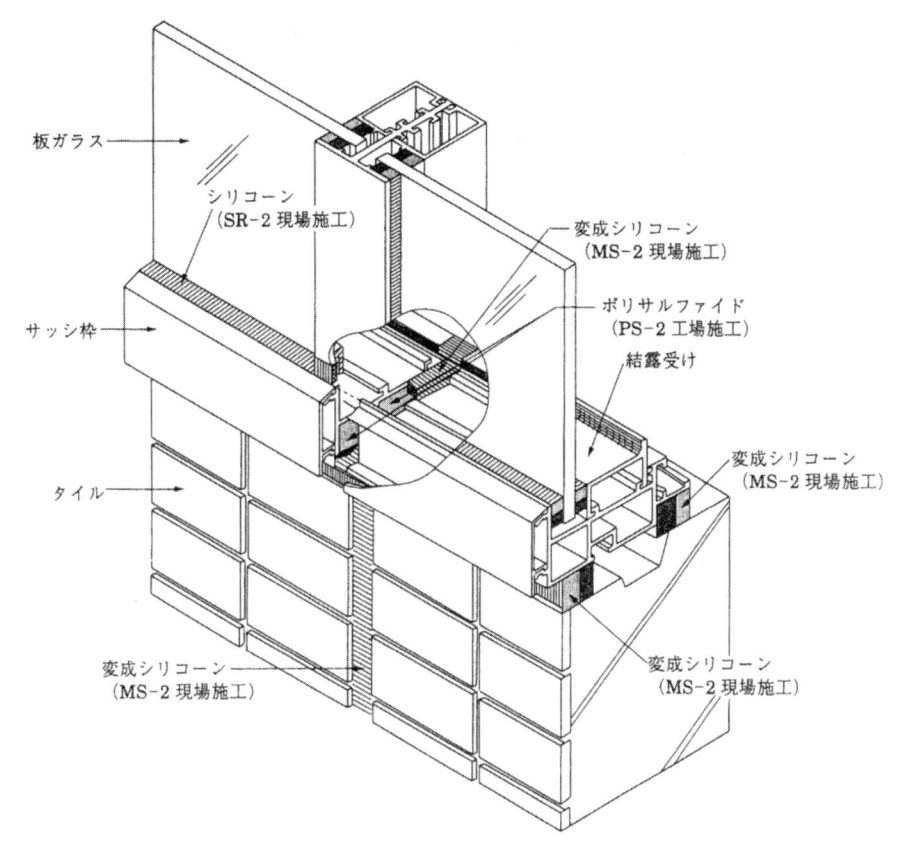

板ガラス

シリコーン
(SR-2 現場施工)

変成シリコーン
(MS-2 現場施工)

ポリサルファイド
(PS-2 工場施工)

結露受け

サッシ枠

変成シリコーン
(MS-2 現場施工)

タイル

変成シリコーン
(MS-2 現場施工)

変成シリコーン
(MS-2 現場施工)

解説図 4.4.8　施工位置・手順を説明するための透視図の例

（3）施工管理の実施

　施工の工程ごとに検査を行い，施工状況を確認しながら施工する施工管理の実施が，所定の品質を確保していくことにつながる．そのためには，重要な施工管理項目の抽出とその管理基準を設定することが必要である．

　検査は，シーリング工事前のシーリング材と被着面または異種シーリング材の打継ぎ部の接着性の検査に始まり，現場に搬入されたシーリング材および副資材の品質が施工計画書に規定されたとおりであるかの検査，シーリング工事段階での工程ごとの検査と，工事終了後の完成引渡し検査まで，段階を追って行うことになる．シーリング工事のチェックシートの例を解説図 4.4.9 に示す．

　シーリング工事に関わる検査は施工中に行わなければならないので，立会検査の日程調整，検査道具の準備，不合格の場合の対処法などについて，事前に検討しておくことが重要である．また，使用材料，施工範囲，検査・確認結果および天候などの正確な記録を作業日報やチェックシートなどに残しておくことは，仮に不具合が生じた場合でも処置に対して，多くの場所を破壊して再確認するといった手戻りをなくすためにも重要である．

（4）施工の体制

　シーリング工事においては，要求された条件を十分に満足する材料を使用したとしても，誤った施工がなされた場合は，シーリング材本来の性能が発揮できない．シーリングの施工品質すなわち

防水性能は，それを行うシーリング工事作業員の技能により大きく左右されるので，資格を保有している者を指定することが重要である．

　解説表 4.4.5 にシーリング防水工事に関わる各種資格の一覧を示す．現在，シーリング工事に関しては，施工の技量として1級技能士（厚生労働大臣認定）と2級技能士（都道府県知事認定）の公的資格がある．また，日本シーリング材工業会が工事の事前検討や施工管理を含め工事関係者との検討・調整などに関する技術および知識を有する資格として「シーリング管理士」を，全国防水工事業協会が熟達した作業能力とマネジメント能力に優れている資格として「防水基幹技能者」を認定している．これら有資格者の活用は，官公庁の営繕工事だけでなく，民間工事でも増加する傾向にある．

解説表 4.4.5　シーリング防水工事に関わる各種資格（2023 年 11 月現在）

各種資格	制度開始年度	取得者数（人）	認定機関
シーリング防水工事作業1級技能士	昭和 53 年（1978 年）	15108	厚生労働省
シーリング防水工事作業2級技能士	昭和 53 年（1978 年）	9382	都道府県
シーリング防水工事作業基幹技能者	平成 20 年（2008 年）	616	国土交通省
シーリング管理士	昭和 46 年（1971 年）	2248	日本シーリング材工業会
シーリング技術管理士	昭和 54 年（1979 年）	2988	

---

b．使用材料・施工機器の保管および取扱い
　施工者は，シーリング施工業者に次のことを指示する．
（1）使用材料・施工機器の保管および取扱いにあたっては，消防法・労働安全衛生法など関係法規に従って安全を確保する．
（2）使用材料は，雨露や直射日光の当たらない場所で，凍結しないように注意して保管する．
（3）施工機器および工具は，常に使用できる状態にしておく．

---

b．使用材料・施工機器の保管および取扱い

　施工者とシーリング施工業者は，使用材料・施工機器の保管・取扱いにあたっては，次の点に注意する．

（1）使用材料の安全性

　使用材料は，シーリング材製造所から安全データシート（SDS）などを取り寄せ，適切な方法で保管・取扱いを行う．特に，清掃溶剤やプライマーは消防法・労働安全衛生法などの関係法規に従って火災の防止および安全衛生の確保に努めなければならない．危険物第四類の貯蔵にあたっては，他工事の危険物の管理と併せて解説図 4.4.10 に規定された取扱いに準じて行う．

　また，化学物質を取り扱う際の労働災害を防止するためには，その化学物質の危険性または有害性の情報が確実に伝達され，その情報を有効に活用して化学物質を適切に管理することが重要であり，使用材料の取扱いは，SDS に基づいて安全な工事作業を行う．

シーリング工事のチェックシート

	工　程	管理項目	管理基準	管　理　方　法			チェック欄			
				時　期	検査方法 測定方法	数量また は頻度	／	／	／	／
1	材料の搬入	製造年月日	製造後6か月以内	材料納入時	目　　　視	全　　数				
2	作業可否の判断	温度・湿度	気温×℃以上，温度△%以下	施工当日 AM　　PM 9：00，1：00	温　度　計 湿　度　計	毎　　日				
3	被着面の確認	乾燥程度 脆弱程度	乾燥していること，脆弱でないこと	バックアップ材の装填前	目　　　視	全　　数				
4	バックアップ材の装填	清掃程度	汚れのないこと	装填前	目　　　視	全　　数				
		装着程度	指定の位置 +×mm，−△mm	装填時	治具による	全　　数				
5	マスキングテープ張り	張付け位置	ガラス回り ×mmの散り(1) プレキャストコンクリートカーテンウォール(2)目地 △mmの散り(1)	プライマー塗布前	目　　　視	全　　数				
6	プライマーの塗布	塗布の状態 オープンタイム（t）	塗布むらのないこと 30分<t<480分	シーリング材充填前	目　　　視	全　　数				
7	混　　練	混練時間	10分以上，15分以内	タイマーセット後	タイマー	全　　数				
8	シーリング材の充填	気泡，隙間や打残しの有無	目地底から充填	充填時	目　　　視	全　　数				
9	へら仕上げ	表面の平滑度	平滑であること	仕上げ時	目　　　視	全　　数				
10	マスキングテープ除去	テープの有無	仕上げ後に除去すること	仕上げ終了後	目　　　視	全　　数				
11	検　　査	被着面への接着性	よく接着していること	施工2週間経過後	指触検査	工事初期 中期 後期				

[注]　（1）　散り：下図参照
　　　（2）　プレキャストコンクリートカーテンウォール：プレキャスト鉄筋コンクリート部材

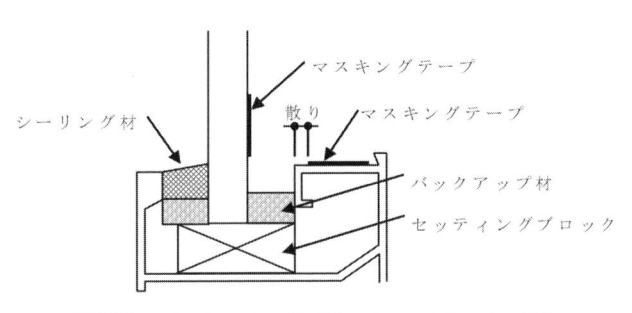

解説図 4.4.9　シーリング工事のチェックシート（例）

（2）使用材料の保管

　使用材料は，変質や性能の低下を防止するために雨露や直射日光の当たらない場所で保管する．

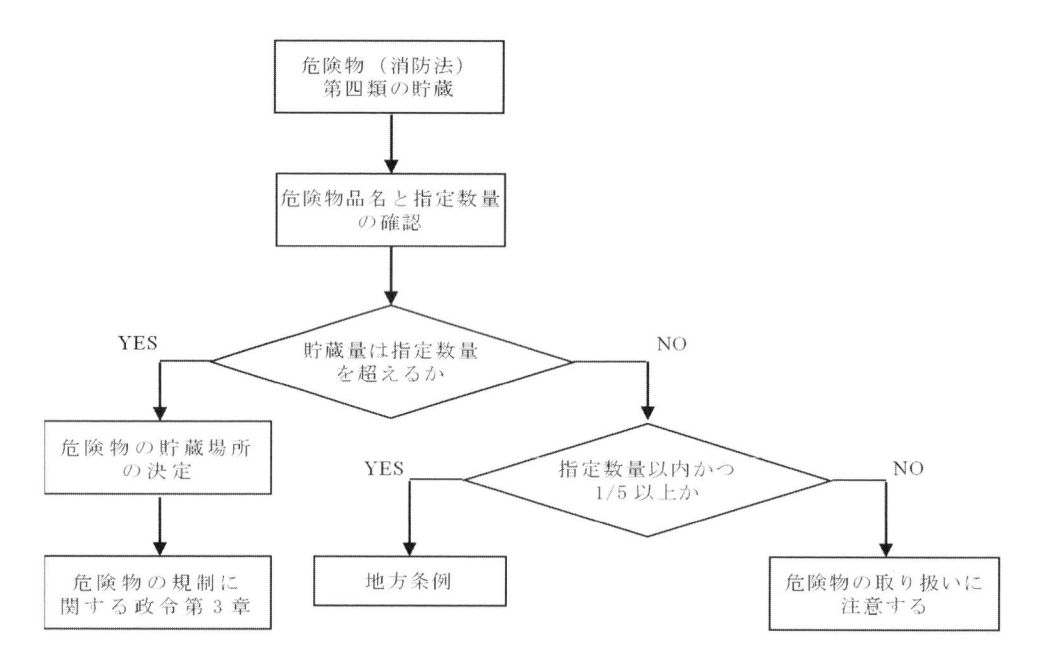

＊危険物第四類の指定数量

類　別	品　名	性　質	指定数量 (l)	指定数量の 1/5 量 (l)	危険等級
第四類 （引火性液体）	特殊引火物	―	50	10	I
	第一石油類	非 水 溶 性 水　溶　性	200 400	40 80	II II
	アルコール類	―	400	80	II
	第二石油類	非 水 溶 性 水　溶　性	1000 2000	200 400	III III
	第三石油類	非 水 溶 性 水　溶　性	2000 4000	400 800	III III
	第四石油類	―	6000	1200	III
	動植物油類	―	10000	2000	III

解説図 4.4.10　危険物・指定可燃物の貯蔵に関する規定（消防法）

（3）施工機器の管理

　シーリング材練混ぜ機械などの施工機器は，性能，必要電源，アースに異常がないことを確認し，つねに使用できる状態にしておく．

---

c．作 業 環 境
　（1）降雨・降雪時または降雨・降雪が予想される場合，あるいは強風の場合は，施工してはならない．
　（2）気温が著しく低い，あるいは高い場合には，品質低下のないように施工に注意する．

（3）必要に応じて換気・照明設備を設ける．

c．作業環境

（1）降雨・降雪

シーリング材の接着性能は，施工時の構成材または被着面の水分状態により大きく左右される．したがって，降雨・降雪時または降雨・降雪が予想される場合は，すみやかに施工を中止する．

また，強風時の作業は危険を伴うので，施工者は状況を十分に把握し，施工を中止するなど適切な処置を行う．

施工途中の中止に際しては，施工後間もないシーリング材の未硬化部などが，雨や雪により濡れることを防止するために適切な養生を行う．

（2）気温

気温が著しく低い場合は，シーリング材の硬化遅延・作業性の低下，さらには結露・降雪などに伴う問題が発生しやすくなるため，十分な注意が必要である．

例えば，建設会社およびシーリング施工業者を対象に冬期シーリング施工における故障および問題点についてアンケート調査を行ったところ，解説図4.4.11に示す結果が得られた．これによれば，冬期施工では低温に起因するシーリング材の硬化遅延やそれに伴うスランプ（シーリング材の自重による垂れ下がり）やふくれの発生，作業性の低下などの他に，結露や降雪に伴う故障および問題点が発生しやすくなる．したがって，寒冷地では厳寒期での施工を避けるなど，計画段階において施工時期を検討するほか，施工時の温度環境とシーリング材の性能について，シーリング材製造所と事前の協議を行っておく必要がある．

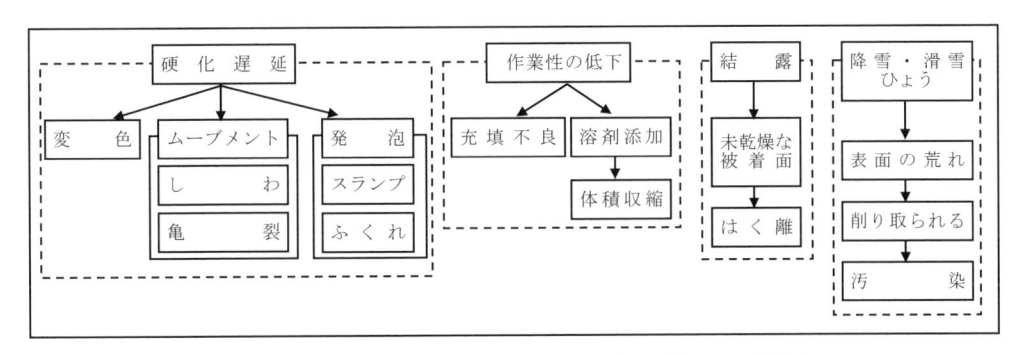

解説図 4.4.11　冬期施工におけるシーリング材の故障および問題点

一方，気温や構成部材の温度が著しく高い場合は，シーリング材のスランプの増大や可使時間の減少などの不具合が生じやすくなる．また，ポリウレタン系シーリング材では，高温多湿の場合に発泡のおそれがあるので注意を要する．

上記のように，著しく気温が低い場合や高い場合の施工は，所定の性能を確保することが難しく，耐久性の低下を生じさせることになる．したがって，施工者は施工の可否について，シーリング施工業者および監理者と協議の上，決定する．

（3）換気・照明設備

　浴室・厨房などの閉そく空間で溶剤清掃やプライマー塗布を行う場合は，強制換気装置を設置し，十分に換気するとともに，停電その他不測の事態でも安全性が確保されるように配慮する．有機溶剤中毒予防規則では，屋内のシーリング工事は第2条の適用除外に該当する．しかしながら，急性中毒や慢性の障害を引き起こす可能性もあるため，同規則を参考に検討してみることも重要である．特に，同規則における有機溶剤作業主任者（第19条の2）や作業者に対する掲示（第24条），健康診断（第29条），緊急診断（第30条の4）および有機溶剤等の貯蔵（第35条）などはシーリング工事にも参考になる．

　また，室内の工事ではもちろんのこと，屋外でも夜間作業になるような場合には，十分な照明設備を用意し，安全に施工ができるようにしなければならない．

---

　d．シーリング材充填後の検査

　　シーリング材充填後に，施工者は目視・指触によって接着性および硬化状態などの検査を行う．

---

　d．シーリング材充填後の検査

　施工完了後は，目視によりシーリング材の仕上がり位置，著しい表面の凹凸および気泡がないことを検査する．また，指触によりシーリング材の硬化状態を検査する．シーリング材の接着性は，へら等で接着状態を検査する「指触による接着性確認試験」（解説図 4.3.11）あるいは「ひも状接着性試験」（解説図 4.3.12）で検査する．硬化不良または接着不良が認められたときは，施工の記録（作業日報など）を照合し，その日に施工したすべての箇所を対象に再度検査を行い，不具合部は適切な方法により補修する．

4.5　維持管理

4.5.1　劣化現象の種類と特徴

　シーリングジョイントの維持管理は，シーリング材による目地防水の機能・性能を初期のレベルで確保し，建物の的確な保全に資することを目的として行う．点検・調査・診断によりシーリング材の劣化度を判定し，劣化度に応じた維持保全，あるいは補修や改修を実施する．

　シーリング材の劣化現象は，目地の防水性を損なう防水機能関連の劣化と目地の意匠性を損なう意匠・外観関連の劣化との2種類に分けられる．

　シーリング材の維持管理は，日本建築センター・建築保全センター編「外装仕上げおよび防水の補修・改修技術」のうち，1993年刊行の「シーリング防水の補修・改修技術」[45]に提案されている．これは，建設省官民連帯共同研究として実施された「外装材の補修・改修技術の開発」の研究成果がまとめられたものである．以下のシーリングジョイントの維持管理についての記述は，主に本文献を基にしている．

　シーリング防水の保全の分類は，解説図 4.5.1 のとおりである．

　解説図 4.5.2 は，シーリング防水の補修・改修の流れ全体の概念図である．

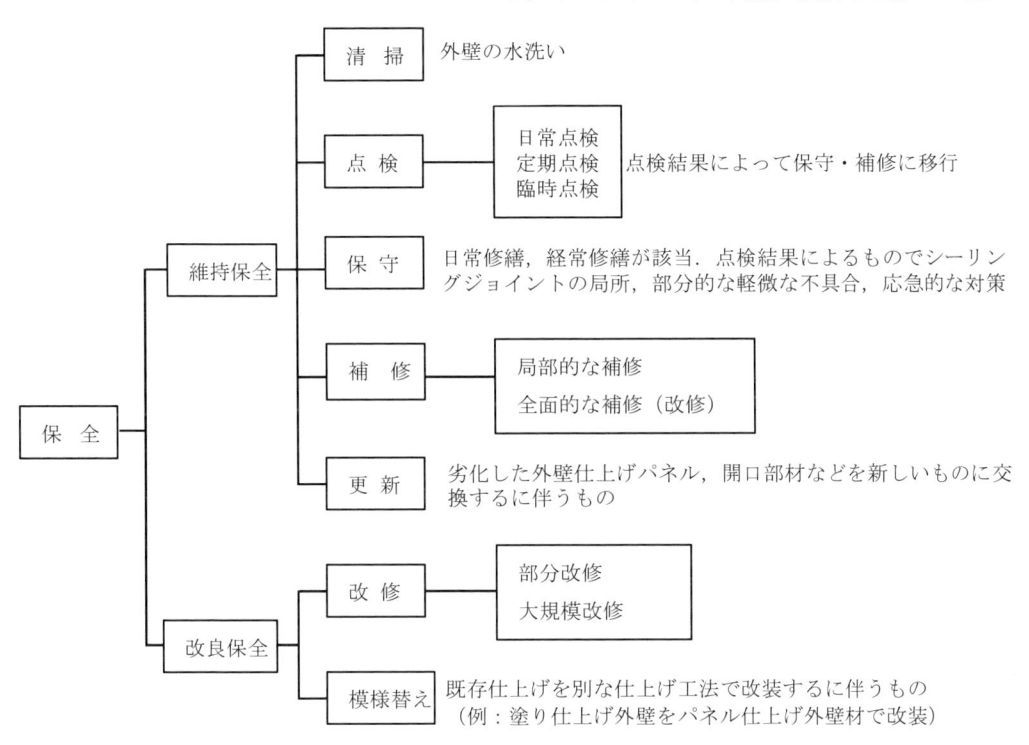

解説図 4.5.1　シーリングジョイントの保全の分類

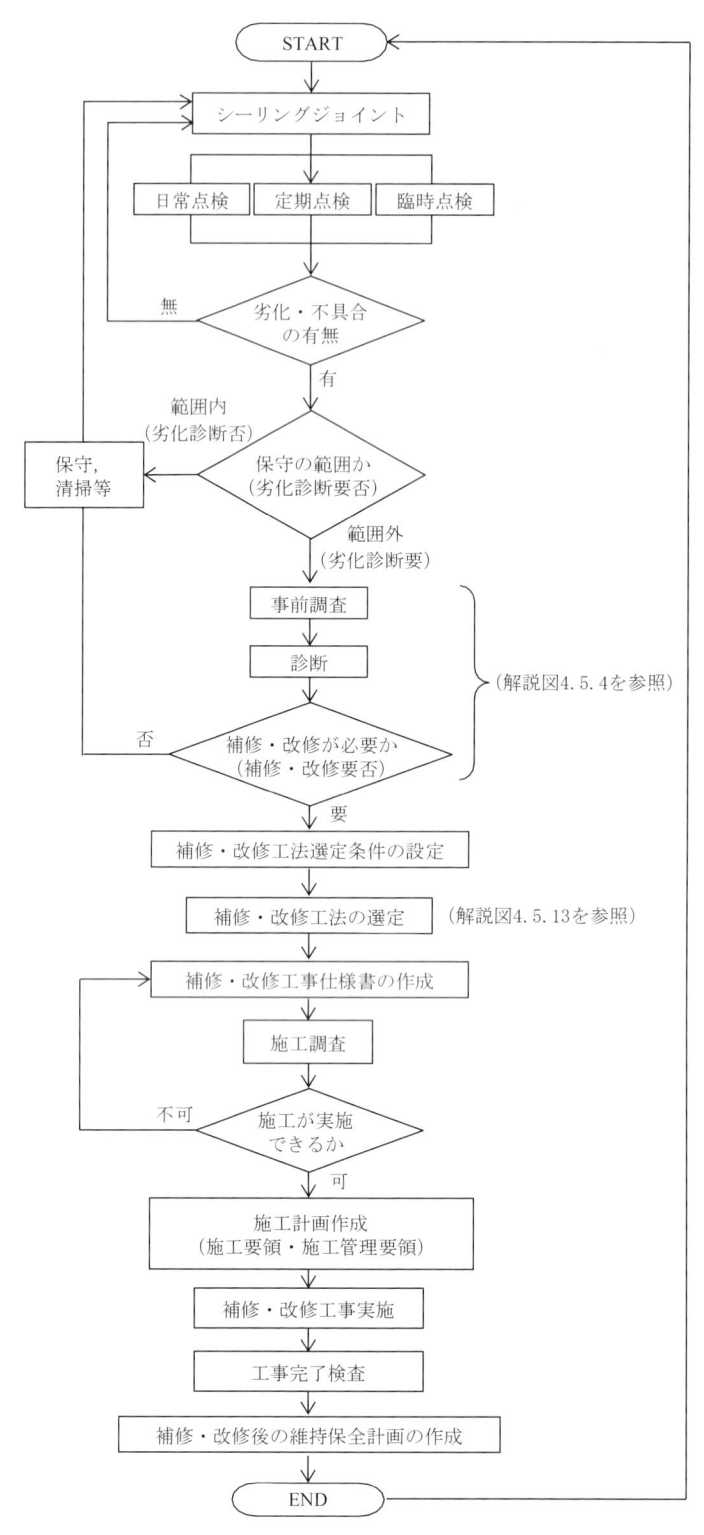

解説図 4.5.2　シーリングジョイントの補修・改修の流れ全体の概念図[45]をもとに作成

　シーリング材の劣化現象は種々の項目に分けられる．一般的にはこれらの劣化現象が複合的に発生・進行し，劣化に至るものである．

　解説表4.5.1にシーリング材の劣化現象の種類を示す．また，解説表4.5.1に示す劣化現象の例について，解説図4.5.3に模式図を示す．

A．漏水またはその痕跡

　シーリング材の破断やはく離，被着体の破壊などが原因で，外周壁に面する屋内の壁・天井の仕上げ，開口部まわりなどに漏水やその痕跡が見られる現象である．

B．被着面からのはく離

　シーリング材が被着面からはく離する現象である．被着面に対するプライマーの接着力不足などが原因で発生する．また，シーリング材の凝集力が被着面との接着力を上回った際に発生する現象であり，その発生時期はさまざまである．

C．破断，E．変形，G．しわ

　シーリング材の設計伸縮率を超えるムーブメントが作用した場合に発生する．また，E．変形やG．しわの発生は，ムーブメントによる要因が大きく，C．破断に至る過程の現象としてとらえることができる．

解説表4.5.1　シーリング材の劣化現象の種類

		劣化現象の種類
防水機能関連	A．漏水またはその痕跡	シーリング材の破断などによる外壁部位などからの漏水またはその痕跡
	B．被着面からのはく離	シーリング材が被着面からはく離する現象．漏水の原因となる
	C．破断（口開き）	シーリング材に発生したひび割れが目地底まで達し，完全に破断している状態．漏水の原因となる
	D．被着体の破壊	シーリング目地周辺の被着体にひび割れや欠落が発生する現象．漏水の原因となる
	E．変形	目地のムーブメントなどによって，シーリング材が外部方向へふくれたり，くびれたりする現象
	F．軟化	紫外線，熱などによってシーリング材が軟らかくなる現象
意匠・外観関連	G．しわ	目地のムーブメント，シーリング材の収縮などによって，シーリング材が波打つ現象
	H．汚れ	シーリング材表面の汚れ，またはシーリング材の成分の一部が被着体の表面に付着して汚れる現象
	I．ひび割れ	シーリング材表面に微細なひび割れが発生する現象
	J．白亜化	シーリング材表面が粉状になる現象 チョーキングともいう
	K．仕上材のはがれ，割れ，変色	シーリング材の上に施された仕上材（塗料，仕上塗材など）がシーリング材とはく離したり，割れたり，変色を生ずる現象
	L．変退色	シーリング材の含有成分が表面にブリードし，大気中のガスなどの影響でシーリング材表面が変色する現象　またはシーリング材表面が紫外線などにより劣化退色する現象

D．被着体の破壊

　被着体の表面強度が弱い場合，あるいはシーリング材が劣化により硬くなった場合，過度の引張応力が発生した際に，シーリング目地周辺の被着体にひび割れや欠落が発生するものである．

F．軟化，I．ひび割れ，J．白亜化

　シーリング材が，紫外線・熱・雨水などの影響を受けたり，材料自体の分解，酸化が進むことによって初期の性能から変化し，軟らかくなったり（軟化），表面にひび割れが発生したり，白亜化を起こして劣化する現象である．

H．汚れ

　シーリング材の表面タックにより大気中の塵挨がシーリング材表面に付着したり，カビが発生することがある．また，シーリング材の含有成分の一部が被着体の表面に付着して汚れが発生する現象である．石目地の汚れや仕上材（塗装材料）の汚れなど，シーリング材に関する主な汚染現象については，「4.3.1　シーリング材　c．性能確認（2）シーリング材の要求性能（v）汚染防止性」を参照するとよい．

K．仕上材のはがれ，割れ，変色

　シーリング材の表面に施工された塗料や仕上塗材などの仕上材が付着性不良を起こし，浮き，はがれ，割れなどが発生する現象．あるいはシーリング材の成分の一部が仕上材へ移行し，仕上材が変色する現象である．

L．変退色

　シーリング材の含有成分がブリードし，大気中の硫黄系ガスなどと反応してシーリング材表面が変色したり，紫外線劣化によって退色する現象のことである．

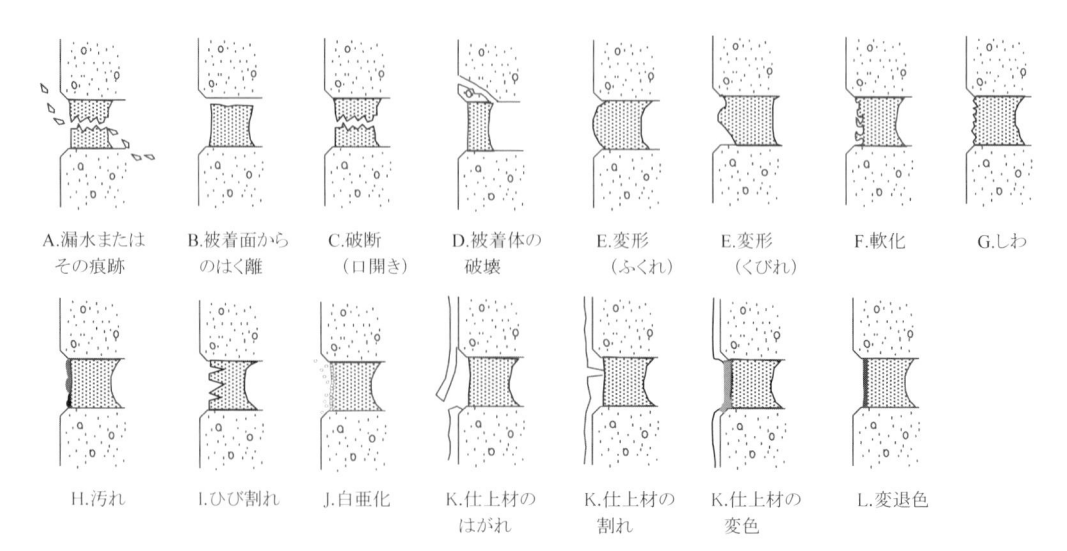

解説図 4.5.3　シーリング材の劣化現象の例とその模式図

4.5.2　調査・診断および評価・判定

> a．調査・診断
> 　調査・診断は，経過年数などに応じて1次，2次および3次調査・診断に区分けして実施する．なお，その手法は，目視観察・指触などとする．
> b．評価・判定
> 　評価・判定において，調査・診断の結果から劣化度をⅠ，ⅡおよびⅢに分類する．また，劣化度に応じて，維持保全の程度（点検の継続，補修（局部的な補修）または改修（全面的な補修を含む））を判定する．
> c．補修・改修の規模
> 　補修・改修の規模は，劣化度および劣化状況に応じて部分的（局部的）とするか，全面的（大規模）とするかを選定する．

　a．調査・診断

　調査・診断が必要な場合は，改修の実施の有無について判定するために専門家（建築士，シーリング管理士，シーリング技術管理士，ビルディングドクターなど）により行い，解説図4.5.4の劣化診断の流れに基づいて実施する．各診断レベルに応じた調査項目，調査手法，調査部位は，解説表4.5.2を標準とする．

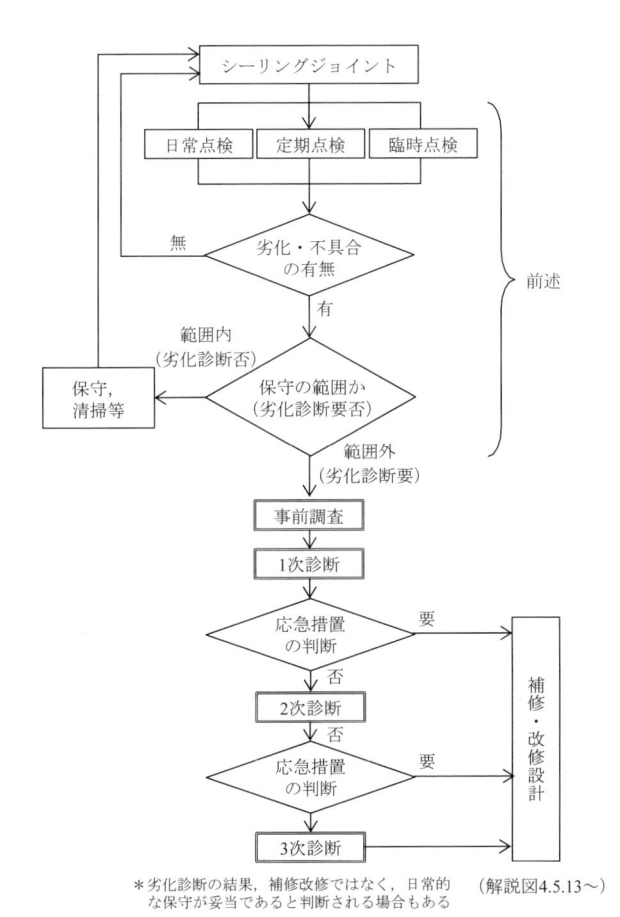

解説図 4.5.4　劣化診断の流れ概略図

解説表 4.5.2　診断レベルに応じた調査項目・調査手法・調査部位

診断レベル	調査項目	調査手法	調査部位
1次診断	対象とするすべての劣化現象	目視観察 指触観察	容易に観察できる部位
2次診断	1次診断で故障の認められた劣化現象	スケール等を用いた目視観察，指触観察（脚立，梯子等の利用）	1階部分，開き窓，屋上笠木，塔屋等
3次診断	シーリング材の破断およびはく離シーリング材の物性（硬さ試験，引張試験）	上記の観察 切取検査（足場，ゴンドラ等の利用）	目地の種類や挙動の異なる目地ごとに，シーリングジョイントが存在する各面において目地全長の20〜30 %の範囲

なお，既設シーリング材の物性試験を行う場合は，次の方法による．

（1）試料の採取

試料の採取は，調査箇所から同一に変位を受ける代表的な部分を2〜3か所選び，原則として50 cm 程度の試料を採取する．採取した試料は物性試験に供するため，巻き取らず，相互に密着しないよう保管する．

（2）スライスおよび外観検査

採取した試料についてスライスを行い，外観検査を実施した後，物性試験に供する試験片の選択を行う．

（ⅰ）試料の切断

　1）材料を 10 cm 長さごとに切断し，番号を付ける．

　2）10 cm 長さの試料について，厚さ 2 mm にスライスを行う．

　3）切取り試料のスライス方法

　　ⅰ）建物の目地および試験体より採取したシーリング材を長さ 10 cm ごとに切断し，記号を記す．

　　ⅱ）解説図 4.5.5 に示すとおり，長さ 10 cm，幅 5 cm のアルミニウム板（他のものでもよい）上に，適切なシーリング材または接着材を幅約 3 cm，厚さ約 1 cm に盛り上げ，その上に切取り試料の底部を押しつけて，表面が水平になるように固定する．

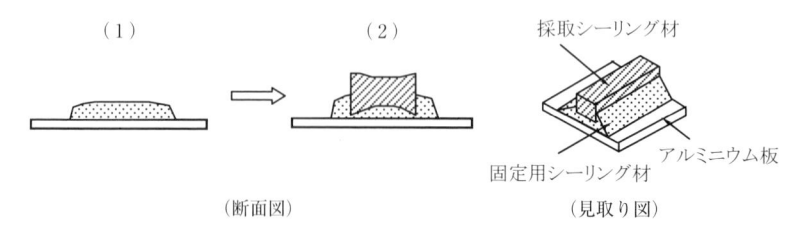

解説図 4.5.5　採取シーリング材の固定方法

できるだけ水平に固定する方法としては，解説図 4.5.6 に示すように，水平な板の上に切取り試料の表面を下に向けて置き，シーリング材を盛ったアルミニウム板をその上にかぶせるように

押しつけ，同寸法のスペーサーを使用してアルミニウム板を水平に固定する方法がある．

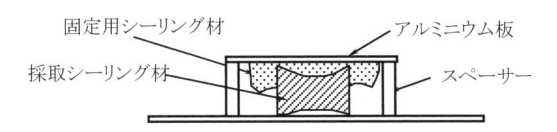

解説図 4.5.6 採取シーリング材の水平固定方法

iii）室温で約 7 日間養生を行う．

iv）養生終了後，約 2～2.5 mm のステンレス製スペーサーとカッターの刃を使用して，スライスを行う．スペーサーは約 11 cm，幅 3 cm 程度の長さにすると，カッターの刃が使いやすい．

　①固定用シーリング材の両側はみ出し部分をカットする．カット方法は切取り試料表面に定規をあて，カッターで除去する．

　②試料を解説図 4.5.7 のように固定する．

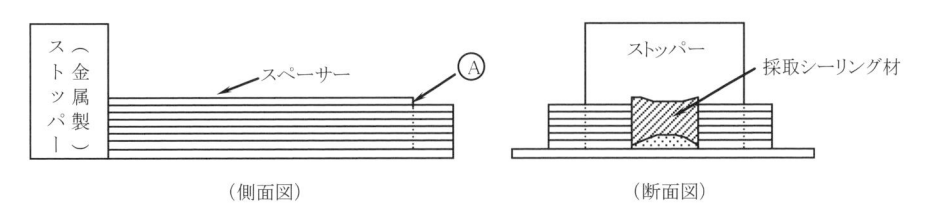

解説図 4.5.7 試料の固定方法

　③解説図 4.5.7 の A 部にカッターを入れ，ストッパーに向かって刃を押していく．

　　このとき，解説図 4.5.8 に示すとおり，切れ始めたスライス片の端を持ち上げるとよく切れる．また，カッターの刃を左右やや斜めにするとよい．

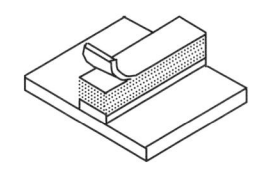

解説図 4.5.8 試料のスライス方法

　④表層部（1 枚目）がスライスできたら，両側のスペーサーを 1 枚取り外し，同様に 2 枚目をスライスする．以下，同様である．

　⑤スライスは 1 試料あたり 3 層カットとする．表層部分のスライスは，採取試料の表面を含むよう，解説図 4.5.9 のとおり行い，上層，中層，下層の試験片を作製する．

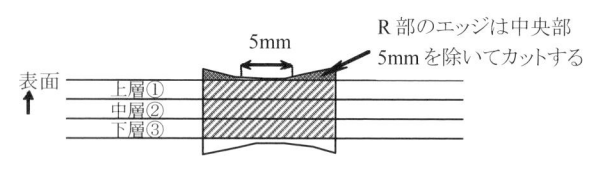

解説図 4.5.9　試験片の作製方法

　　　ここで，切取り試料が軟らかく，スライスができない場合には，固定用シーリング材を解説図 4.5.10（1）に示すように表面まで両側に盛って固定し，硬化後に（2）のようにカットする．

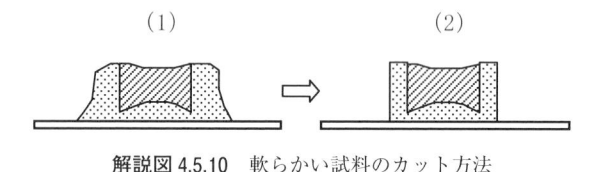

解説図 4.5.10　軟らかい試料のカット方法

（ⅱ）外観検査

　1）試験片ごとに下記の項目について外観検査を行う．

　　　気泡や練混ぜ不良などの異常の有無と程度，断面形状・寸法

　2）外観検査の結果は記録用紙に記録する．

（ⅲ）物性試験用試験片の選択

　　各試験片について（2）（ⅱ）の1）に示す異常がなく，かつ厚みの均一な上層・中層・下層の試験片を3個選びだす．選んだ試験片を記録用紙に記録する．

（3）物性試験

（ⅰ）試験方法試験方法は，JIS K 6251：2023（加硫ゴム及び熱可塑性ゴム—引張特性の求め方）

　　JIS K 6253-3：2023（加硫ゴム及び熱可塑性ゴム—硬さの求め方—第3部：デュロメータ硬さ）による．

（ⅱ）試験項目および試験方法

　1）硬さ試験

　　3枚重ね，約6 mm 厚さとし，JIS 規格に規定されているタイプ A デュロメータにより瞬間値を読み取る．3回の測定値の平均を示す．

　2）引張試験

　　①試験体の形状：ダンベル3号型とする．（2）の（ⅲ）により，平行部分に異常や厚さの不均一のないものとする．やむをえない場合は，その旨を記録する．

　　②引張試験条件：標準状態において，引張速度は 200 mm/min とする．

　　③測定項目：50 ％引張応力（N/mm^2），最大引張強さ（N/mm^2），破断時の伸び率（％）（標線間伸び率とする）

　　　ただし，試験体の厚さはスライス方法によっても多少差異を生ずるので，試験体ごとに平行部分の厚みを測定し，各試験体の断面積を求めるものとする．

　　3）結果は記録用紙に記録する．

ｂ．評価・判定

　シーリング材の評価および判定は，解説図 4.5.11 に示すフローに従って行う．また，各段階での診断結果がどの劣化度に適合するかは，「解説表 4.5.3　調査・診断項目ごとの劣化度の分類」により決定する．

　なお，引張試験結果の判定にあたっては，解説表 4.5.4 を参考にすることができる．これは，1980 年から 1984 年までに行われた「建設省総合技術開発プロジェクト」の成果の一部である「建築防水の耐久性向上技術」から引用したものである[46]．ただし，各シーリング材の標準物性については「解説表 4.3.3　1 成分形シーリング材の一般的性質」および「解説表 4.3.4　2 成分形シーリング材の一般的性質」を参照する．

　また，調査・診断結果の劣化度に応じた維持管理方針は，解説表 4.5.5 を基準として判定する．すなわち調査・診断の結果，劣化度 I および II の場合では保守・点検を実施し，劣化度 III の全長に対する割合が 10 ％以上の場合は，補修・改修を実施することが望ましい．

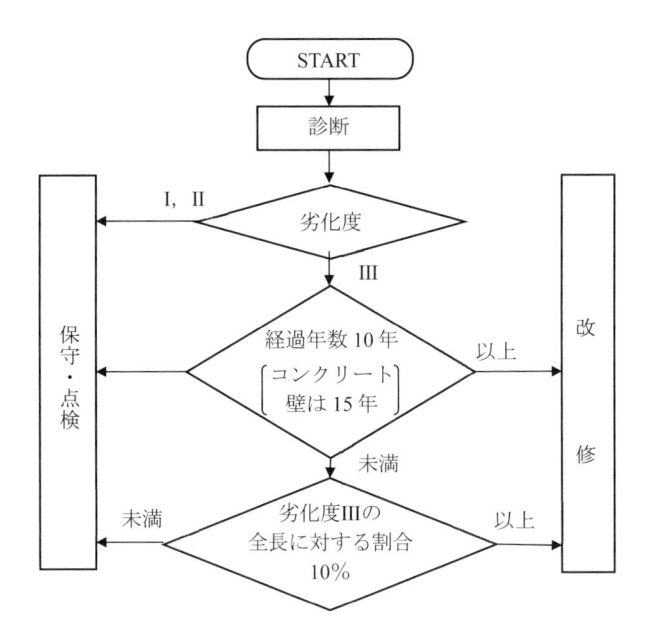

解説図 4.5.11　シーリング材の劣化度判定フロー

解説表 4.5.3　調査・診断項目ごとの劣化度の分類

診断項目		劣化度		
		Ⅰ	Ⅱ	Ⅲ
判定項目	シーリング材の被着面からのはく離	深さの 1/4 未満または深さ 2 mm 未満	深さの 1/4 以上〜1/2 未満または深さ 2 mm 以上〜5 mm 未満	深さの 1/2 以上または深さ 5 mm 以上
	シーリング材の破断（口開き）	厚みの 1/4 未満または深さ 2 mm 未満	厚みの 1/4 以上〜1/2 未満または深さ 2 mm 以上〜5 mm 未満	厚みの 1/2 以上または深さ 5 mm 以上
参考項目	被着体の破壊（ひび割れ，欠落）	ひび割れ幅 0.1 mm 未満	ひび割れ幅 0.1 mm 以上〜0.3 mm 未満	ひび割れ幅 0.3 mm 以上
	シーリング材の変形（だれ，くびれ）	凹凸が厚みの 1/4 未満または深さ 2 mm 未満	凹凸が厚みの 1/4 以上〜1/2 未満または深さ 2 mm 以上〜5 mm 未満	凹凸が厚みの 1/2 以上または深さ 5 mm 以上
	シーリング材の軟化	指先にわずかに付着	指先にかなり付着	指先に極めて多量に付着

解説表 4.5.4　物性試験における劣化度の分類例

診断項目			劣化度		
			Ⅰ	Ⅱ	Ⅲ
物性	50 % 引張応力（M50）	初期値比	1/3 以上〜3 倍未満	1/3 未満〜1/5 以上または 3 倍以上〜5 倍未満	1/5 未満または 5 倍以上
		測定値	0.06 N/mm^2 以上 0.4 N/mm^2 未満	0.03 N/mm^2 以上〜0.06 N/mm^2 未満または 0.4 N/mm^2 以上〜0.6 N/mm^2 未満	0.03 N/mm^2 未満または 0.6 N/mm^2 以上
	伸び（E）	初期値比	1/3 以上	1/3 未満〜1/5 以上	1/5 以下
		測定値	500 % 以上	500 % 未満〜200 % 以上	200 % 未満

解説表 4.5.5　劣化度と維持管理方針の判定

劣化度	判定基準
Ⅲ	対象部位は，改修が必要
Ⅱ	現状放置可能（点検の継続） ただし，早い時期に広範囲にわたって詳細な再診断が必要
Ⅰ	現状放置可能（点検の継続）

c．補修・改修の規模

　劣化診断の結果，補修・改修を要すると判定されたシーリング材の補修規模を判定するため，シーリング材の劣化程度について調査し，調査結果に基づいて解説図 4.5.12 のフローおよび解説表 4.5.6 に従って補修・改修の規模の判断を行う．

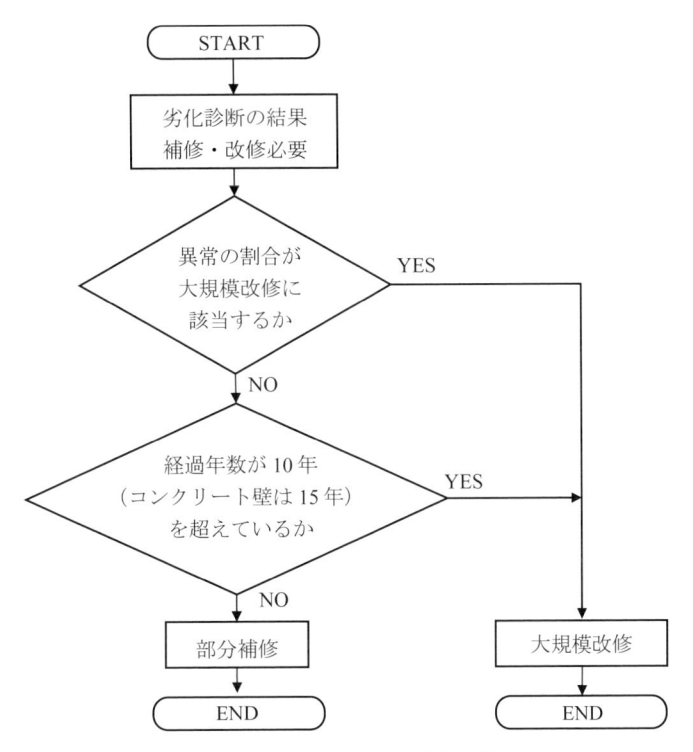

解説図 4.5.12　シーリング材の改修規模判定フロー

　漏水に直接結びつく外装シーリング材の劣化現象は，大部分が被着体とのはく離であり，破断がこれに次いでいる．

（1）シーリング材が長期にわたって水密性・気密性を保持するためには，あらゆる目地構成部材（被着体）に十分に接着することが重要である．そして，被着体が多種多様であるために各種被着体に最適なプライマーの選定が重要となる．また，シーリング材の接着性能を阻害する要因としては，プライマー塗布の不備・被着体の表面状態（例えば，コンクリートの乾燥不良，レイタンス・はく離剤の影響）などが考えられる．

（2）シーリング材の破断は被着体との接着性が十分な場合に，シーリング材の許容伸縮率を越える目地の伸縮繰返しによる疲労によって生ずることが多い．

　「4.2.3　外壁目地の設計」には，温度ムーブメント，地震・風などに対する所要目地幅の算定方法が示されており，使用シーリング材の種類を考慮して算定することになっている．

解説表 4.5.6　シーリング材の補修・改修規模判定方法

劣化現象	判定方法（大規模改修とする場合の基準）			
	目地幅[1]		基準（目地全長に発生する割合）	
シーリング材の破断	不足	計算値の70 %未満	破断長さの大小にかかわらず	
		計算値の70 %以上	同一のムーブメントを受ける目地長さあたり20 %以上の破断	
	適切		製品寿命または施工不良（練混ぜ不良）	異常個所20 %以上
劣化現象	判定方法（大規模改修とする場合の基準）			
	目地幅[1]		基準（目地全長に発生する割合）	
シーリング材のはく離	不足	計算値の70 %未満	はく離長さの大小にかかわらず	
		計算値の70 %以上	同一のムーブメントを受ける目地長さあたり10 %以上のはく離	
	適切		接着しにくい被着体またはプライマーの不適合	同一のムーブメントを受ける目地長さあたり20 %のはく離
			施工不良・プライマー・塗布不良	部分補修
意匠	意匠上補修を要すると判定されても，漏水・はく離・破断がない場合は，特に必要を認めない限り補修を行わない．			

［注］　（1）目地幅の判定は，「4.2.3　外壁目地の設計」に基づいて計算する．

　これにより検討した結果，目地幅が計算値の 70 %未満の場合は，発生応力が著しく増大し，耐久性上の大きな劣化外力を受けるので，はく離長さまたは破断長さの大小にかかわらず，大規模改修を行う．

　目地幅が計算値の 70 %以上の場合，破断については目地の動きの繰返しに応じて劣化が進むので目地長さ全長に対して 20 %以上確認されれば，大規模改修を行う．はく離については，原因調査を実施する．その結果，施工に原因がない場合，根本的に接着性が阻害されていると考えられるため，10 %のはく離があれば早期に広範囲に進行する恐れが大きく，改修を行う．

　外装シーリングの大規模改修までの経過年数は，建築物の竣工後 10 年前後（コンクリート壁の場合は 15 年前後）である場合が多い．そこで，経過年数が 10 年を越えていれば（コンクリート壁の場合は 15 年を越えていれば），局部的な補修を行っても早期に全面的な補修あるいは改修を行わなければならないことが予想されるので，改修を行うことが推奨される．

4.5.3　補修・改修の材料・工法

a．補修・改修の材料
　補修・改修の材料は，シーリング材の適切な組合せなどを考慮して選定する．

b．補修・改修の工法
　　補修・改修の工法は，再充填工法，拡幅再充填工法およびブリッジ工法から選定する．

a．補修・改修の材料

　シーリングジョイントの補修・改修の材料選定は，補修・改修を実施する上で最も重要な要素となる．特に，シーリング材のはく離・破壊が原因で補修・改修を実施する場合では，その原因が接着に関する不具合であるか，あるいは既存シーリング材の許容伸縮率以上のムーブメントの発生に起因するのかに応じて，接着性の確保や既存シーリング材以上の許容伸縮率を有するシーリング材の選定など，はく離・破壊に対する対策の検討が重要である．

　したがって，シーリング材の選定においては，「解説表4.3.13　シーリング材と構法，部位，外壁材との適切な組合せ」などを参考に，被着体の種類，ムーブメントの大小，意匠などを検討して行う．また，既設シーリング材との打継ぎ接着性の事前確認も重要である．打継ぎ接着性については，「解説表4.3.10　異種シーリング材の打継ぎの目安」を参照するとよい．

b．補修・改修工法

　補修・改修における工法の選択基準を解説表4.5.7に，選定フローを解説図4.5.13に示す．

（1）再充填工法

　再充填工法は，補修後シーリングジョイントの外観が変わらないので意匠上問題となることはないが，既存シーリング材を除去するための技術，工期および費用が必要となる．

（2）拡幅再充填工法

　既存の目地では，シーリング材の許容伸縮率よりも発生するムーブメントが大きく，目地幅が不足して早期に劣化が想定される場合や，被着面に接着阻害因子が存在し，一般的な清掃方法では除去できないと想定される場合に適用する．既存の目地に発生するムーブメント量がシーリング材の許容伸縮率よりも小さな値で納まるように目地幅を拡大し，同種あるいは既存シーリング材よりも高性能なシーリング材を新規に充填する工法である．目地幅の拡大によって，新しい被着面が得られるため，性能上優れている．ただし，拡幅された目地が意匠上問題になる場合があるので，事前に確認が必要である．また，目地幅の拡大には作業環境への影響が大きく，工期が長くなり，費用が高額となる．

（3）ブリッジ工法

　ブリッジ工法は，既存シーリング材を残し，ボンドブレーカーを既存シーリング材が完全に隠れるよう通り良く張付け，その上に新規のシーリング材をブリッジ状に重ねて施工する方法である．本工法は，補修後シーリングジョイントの外観が変わるので意匠上問題となることが多く，採用にあたっては，事前に十分な検討を要する．一方，既存のシーリング材を除去する必要がなく，作業環境への影響も小さい．また，目地幅を拡大した場合と同様の効果が得られ，短工期で費用が抑えられる点が有利である．

解説表 4.5.7　シーリングジョイントの補修・改修工法の選択基準

項　目		基　準
目地設計	目地寸法 目地納まり	JASS 8 に適合すること
既存のシーリング材の除去	プライマー，油分の残存	被着面として影響のないこと
被着体の状態	油じみ	接着すること
	欠け，割れ	欠け，割れのないこと
	変形	変形のないこと
	仕上材のはく離，軟化などの異常	異常のないこと
目地の拡幅	拡幅の難易	拡幅できること

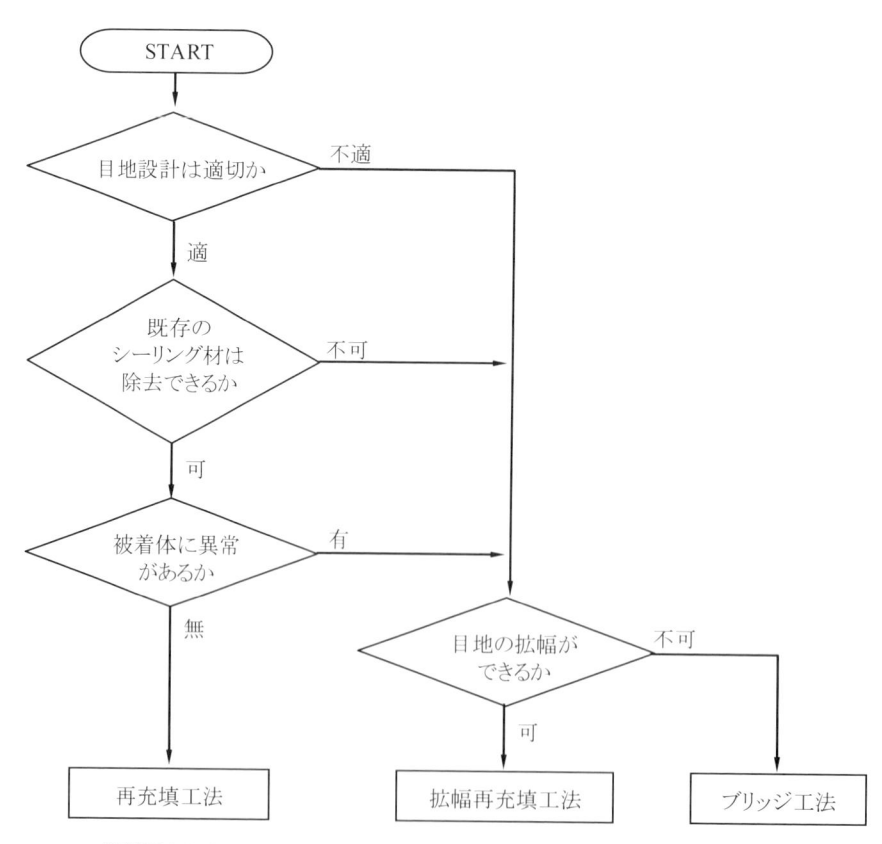

解説図 4.5.13　シーリングジョイントにおける補修・改修工法の選定フロー

（4）目地の影響

（ｉ）補修・改修を要するシーリング目地の断面寸法，形状，納まりなどが「4.2.3　外壁目地の設計」に適合していれば，「既存シーリング材を容易に除去することができること」「目地構成材の強度や被着面の状態がその機能を失っていないこと」そして「既存シーリング材を除去するための十分な工期と費用が確保されていること」を確認して，シーリング材を打ち替える．

　目地の断面寸法などが適切でない場合には，目地幅を拡大したのと同様の効果が得られるブリッジ工法の採用が最適であるが，前述のとおり意匠が変化する．

　ALC パネルやコンクリート壁では，目地の断面寸法，形状，納まり，既存シーリング材の除去あるいは目地構成材の状態が適切でなくても，目地の拡幅ができれば適切な目地に打ち替えることができる．目地の拡幅が不可能な場合は，ブリッジ工法を採用することになる．

　また，既存建築物の補修であるから，工期と費用も重要な要素である．既存シーリング材の除去に要する工期と費用，特に目地の拡幅に要する工期と費用については，十分な検討が必要である．しかし，目地構成材の欠け・割れは特に ALC パネルやボード類に多く，著しい場合には，外壁そのものの補修・改修を行う必要がある．目地構成材の変形は，特にスレートなどの反りによるものが多く，変形が著しい場合にはシーリング材の被着体として不適当で目地構成材そのものの交換などを検討しなければならない．

　（ⅱ）油性コーキング材が充填されている目地において，既存の油性コーキング材を除去する場合，完全に除去できない状況では，油面用やセメントを加えるなどした特殊プライマーの使用，あるいはシリコーン系マスチックタイプのシーリング材の採用を検討する必要がある．また，完全に除去できても，油じみが残ることが多いので注意を要する．なお，既存の弾性シーリング材を除去する場合は，切り取った後，既存シーリング材が残ることがあるので，既存シーリング材と新規のシーリング材との打継ぎ接着性を事前に十分に検討しなければならない．

　（ⅲ）目地の拡幅は，コンクリート壁と ALC パネルに適用することができる．特に ALC パネルはカッターなどで容易に拡幅することができるので，活用しやすい．各工法の例を解説図 4.5.14 に，項目の比較を解説表 4.5.8 に示す．

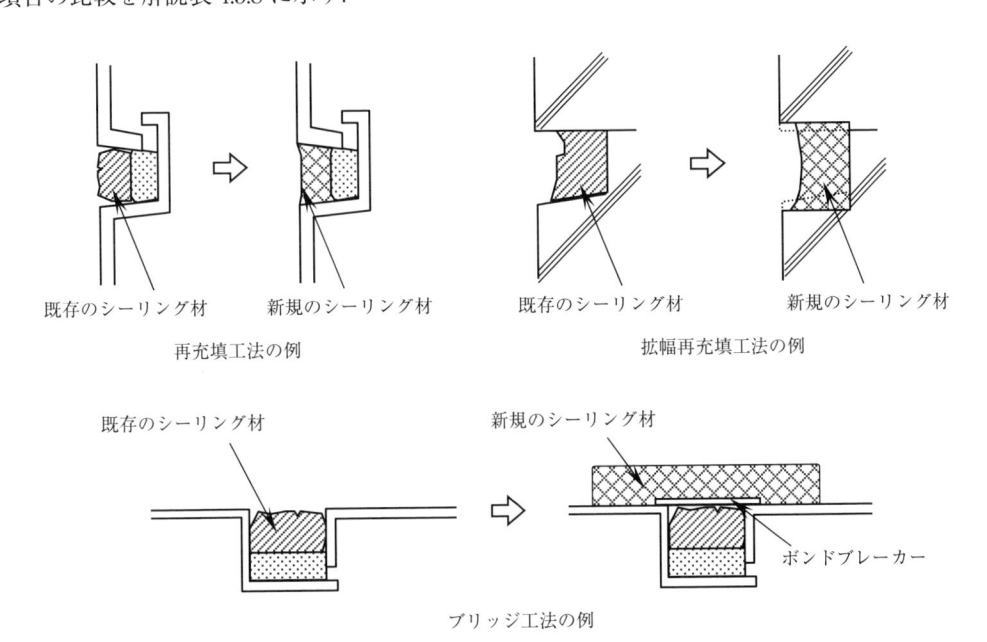

既存のシーリング材　　　新規のシーリング材
再充填工法の例

既存のシーリング材　　　新規のシーリング材
拡幅再充填工法の例

既存のシーリング材　　　新規のシーリング材　　ボンドブレーカー
ブリッジ工法の例

解説図 4.5.14　シーリングジョイントの補修・改修工法の例

解説表 4.5.8　各補修・改修工法の比較

項　目 工　法	性　能	作業環境 （騒音・振動）	意　匠	工　期	費　用
再充填工法	良	良	良	中	普　通
拡幅再充填工法	優	不　良	可	長	高　価
ブリッジ工法	優	優	不　可	短	安　価

　補修・改修工法のうち，ブリッジ工法における目地設計方法を以下に示す．ブリッジ工法を設計する場合には，まず，適切な接着幅 A と厚さ T を確保することが重要である．解説図 4.5.15 は，寸法の適否の範囲を示すものであり，Area Ⅰ で寸法を決定するのが望ましい．なお，接着幅 A の設定は，シーリング材を施工するための縁枠やボンドブレーカーの施工精度を考慮した最小幅で確保するようにすべきである．ブリッジ工法の目地の場合には，適切な幅のボンドブレーカーで絶縁しなければならない．ブリッジ工法の目地幅は，突付け目地の伸縮と同じ考え方から，（4.5.1）式で算出できる．

$$W \geqq \frac{\delta}{\varepsilon} \times 100 + |W_e| \tag{4.5.1}$$

　ここに，　W：ボンドブレーカーの幅（mm）

　　　　　　δ：目地のムーブメント（mm）

　　　　　　ε：シーリング材の設計伸縮率（%）

　　　　　　W_e：ボンドブレーカーの張付けの許容差（mm）

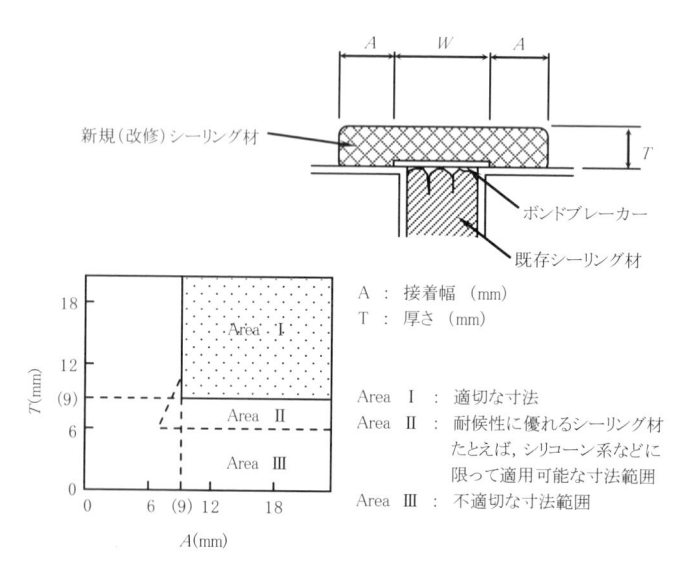

解説図 4.5.15　断面寸法の推奨値[47]

4.5.4　施　　工

---

a．施　工　法

　施工計画書に従って施工要領書を作成し，施工要領書に従って施工を行う．

b．施　工　管　理

　（1）施工計画は，施工計画書の作成，施工図の作成，施工管理の実施などについて行う．また，施工計画は
　　監理者の承認を受ける．

　（2）使用材料・施工機器の保管および取扱いは，消防法・労働安全衛生法など関係法規に従って安全を確保
　　するとともに，使用材料が変質しないように保管し取り扱う．

　（3）作業環境は，シーリング材の性能が確保できる範囲とする．また，換気・照明は必要に応じて設ける．

　（4）充填後の検査は，目視・指触によって接着性および硬化状態について行う．

c．撤去シーリング材の取り扱い

　目地より撤去したシーリング材は，廃棄物処理法等に基づき適切に処理を行う．

---

　a．施　工　法

　施工方法については「4.4.1　施工法」に従い，また，シーリング材の性能を確保する．また，補修・改修は，その特異性を考慮に入れて，施工計画書で立案した補修・改修時の騒音や有機溶剤などの臭気による環境問題などに十分留意することが重要である．

　b．施　工　管　理

　（1）施工計画は，シーリング材の品質を確保するために最も重要なことである．そのため，十分に検討された施工計画書に従って施工要領書を作成する．施工計画書作成にあたっては，「4.4.2　a．施工計画」に従う．

　補修・改修におけるシーリング材の選定は，シーリング材の適切な組合せにより選定する．また，既存シーリング材との打継ぎ接着性などを考慮に入れ選定する．補修・改修工法は，新築時のシーリング工事と異なり，仮設計画や特に建物の居住者などに注意して工法や工程を検討することが大切である．これは，補修・改修時に発生する騒音や有機溶剤などの臭気が環境問題となるために補修・改修の要求品質はもちろんのこと，周囲の環境に十分に配慮した施工計画を立案することである．

　施工計画は，施工者のみではなくシーリング施工業者や関係者と十分に協議の上で検討し，施工計画書を作成する．さらに，施工計画書には，施工者・シーリング施工業者および関係者にわかりやすい施工図などを作成し，施工方法を明確に記載する．

　施工計画書には，品質確保のために施工管理の実施などについても記載する．施工計画書は，監理者の承認を受ける．

　（2）使用材料・施工機器の保管や取扱いについては，「4.4.2　施工管理　b．使用材料・施工機器の保管および取扱い」に従う．

　（3）作業環境については，「4.4.2　施工管理　c．作業環境」に従う．

　（4）充填後の検査については，「4.4.2　施工管理　d．シーリング材充填後の検査」に従う．

　c．撤去シーリング材の取扱い

　目地より撤去したシーリング材は，廃棄物処理法に基づき廃プラスチック類として処理を行う．なお，昭和47年（1972年）以前に着工した建物に使用された2成分形ポリサルファイド系シーリ

ング材については，可塑剤として現在使用が禁止されている PCB（ポリ塩化ビフェニル）が含まれている可能性があり，撤去したシーリング材が上記条件に該当する場合は，平成 13 年（2001 年）7 月 15 日に施行された「ポリ塩化ビフェニル廃棄物の適正な処理に関する特別措置法」に基づき処理を行う必要がある．PCB 含有の判定および撤去方法については，日本シーリング材工業会のホームページ[48]を参照するとよい．解説図 4.5.16 に PCB 含有シーリング材の判定・取扱いフローを示す．

　また，油性コーキング材および一部のブチルゴム系シーリング材には，過去にアスベスト（石綿）が使用されていた製品がある．アスベスト含有コーキング材等は特別管理廃棄物となる「飛散性アスベスト廃棄物」ではなく，飛散の可能性がほとんど無く安定型廃棄物となる「非飛散性アスベスト廃棄物」に分類される．撤去の際には「非飛散性アスベスト廃棄物の取扱いに関する技術指針」（環境省．2005 年）[49]に基づき処理することが必要となる．なお，アスベストの配合時期および配合量については，各シーリング材製造所に問い合わせる．

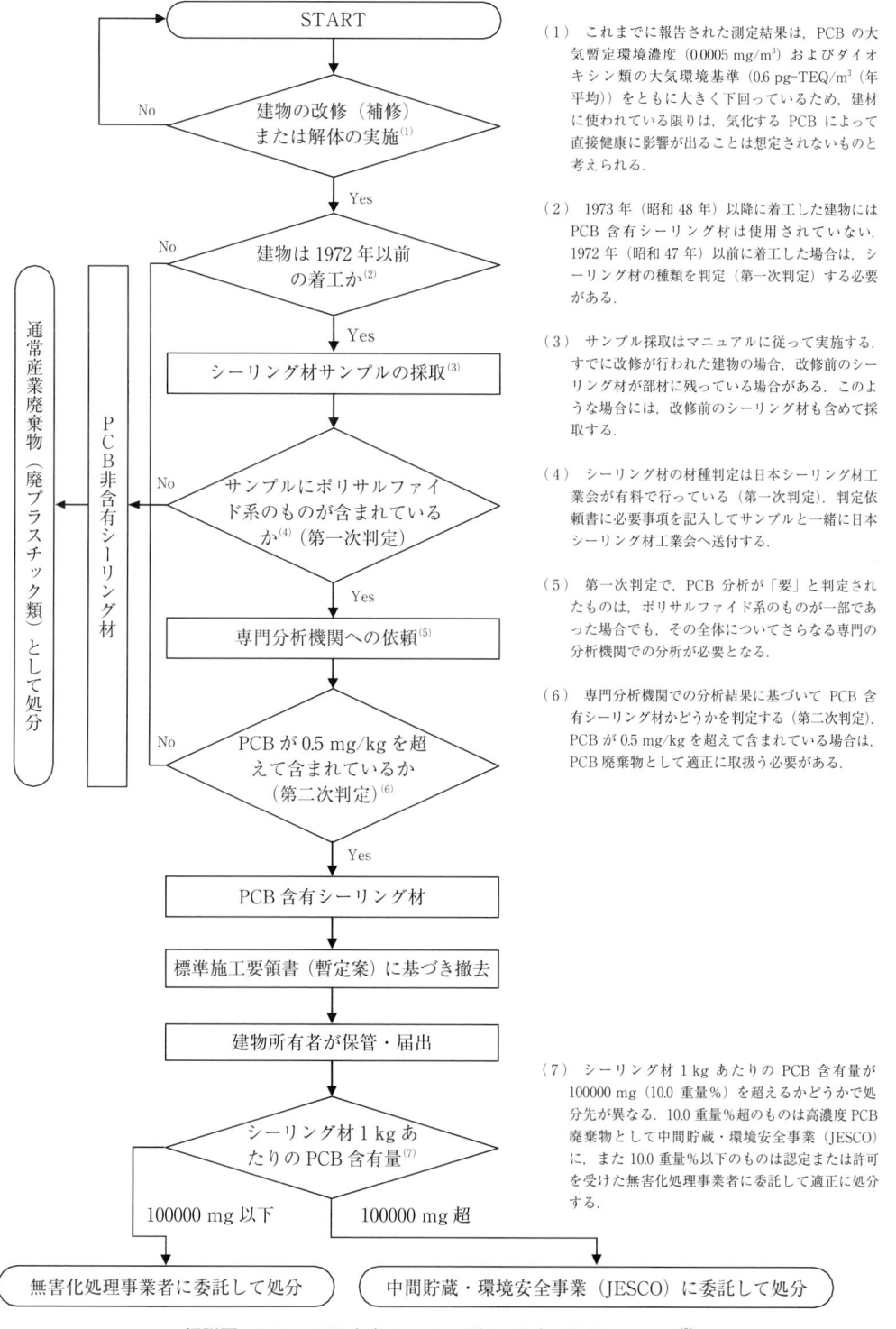

解説図 4.5.16　PCB 含有シーリング材の判定・取扱いフロー[48]

(1)　これまでに報告された測定結果は，PCB の大気暫定環境濃度 (0.0005 mg/m³) およびダイオキシン類の大気環境基準 (0.6 pg-TEQ/m³ (年平均)) をともに大きく下回っているため，建材に使われている限りは，気化する PCB によって直接健康に影響が出ることは想定されないものと考えられる．

(2)　1973 年（昭和 48 年）以降に着工した建物には PCB 含有シーリング材は使用されていない．1972 年（昭和 47 年）以前に着工した場合は，シーリング材の種類を判定（第一次判定）する必要がある．

(3)　サンプル採取はマニュアルに従って実施する．すでに改修が行われた建物の場合，改修前のシーリング材が部材に残っている場合がある．このような場合には，改修前のシーリング材も含めて採取する．

(4)　シーリング材の材種判定は日本シーリング材工業会が有料で行っている（第一次判定）．判定依頼書に必要事項を記入してサンプルと一緒に日本シーリング材工業会へ送付する．

(5)　第一次判定で，PCB 分析が「要」と判定されたものは，ポリサルファイド系のものが一部であった場合でも，その全体についてさらなる専門の分析機関での分析が必要となる．

(6)　専門分析機関での分析結果に基づいて PCB 含有シーリング材かどうかを判定する（第二次判定）．PCB が 0.5 mg/kg を超えて含まれている場合は，PCB 廃棄物として適正に取扱う必要がある．

(7)　シーリング材 1 kg あたりの PCB 含有量が 100000 mg（10.0 重量％）を超えるかどうかで処分先が異なる．10.0 重量％超のものは高濃度 PCB 廃棄物として中間貯蔵・環境安全事業（JESCO）に，また 10.0 重量％以下のものは認定または許可を受けた無害化処理事業者に委託して適正に処分する．

4.5.5 推定耐用年数

> シーリング材の適用部位および選定シーリング材の種類等により求められる推定耐用年数を，維持管理計画に反映させる.

（1）シーリング材の推定耐用年数に関する検討経緯

シーリング材の耐用年数に関しては，1980年より行われた建設省総合技術開発プロジェクト「建築物の耐久性向上技術の開発」の成果として，新築工事での使用条件による推定耐用年数の算出法が提案された[46]．また，1986年度より行われた建設省官民連帯共同研究のうちの「外装材の補修・改修技術の開発」の成果として，補修・改修工事後における推定耐用年数の算出式が提案された[45]．この推定耐用年数の算出式に用いられる係数について，本指針の前回改定に引き続き，今回改定においても最新動向を基に更新した.

耐用年数の考え方は設定時も含め，以下の事項を基本としている.

①「解説表 4.3.13 シーリング材と構法，部位，外壁材との適切な組合せ」の考え方に適合する組合せを基本とした.

②防水機能面では問題がなくても意匠・外観面や実用面等の問題より，「解説表 4.3.13 シーリング材と構法，部位，外壁材との適切な組合せ」に組み込まれていない組合せは対象外とした.

③材料係数については，防水機能面のみでなく意匠・外観面も考慮した.

④推定耐用年数の算出式は ISO 15686-1：2000, Building and constructed assets – Service life planning – Part 1：General principle に準拠した，日本建築学会「建築物・部材・材料の耐久設計手法・解説」[50]（2003年）に基づいた.

（2）推定耐用年数の算出

新築工事の場合は（4.5.2）式で，補修・改修工事の場合は（4.5.3）式により推定耐用年数を求める.

（ⅰ）新築工事の場合

$$ESLC = RSLC \times \text{factor } A \times \text{factor } B1 \times \text{factor } B2 \times \text{factor } B3 \times \text{factor } C \times \text{factor } F \\ \times \text{factor } G \tag{4.5.2}$$

ここに，$ESLC$：シーリング材目地の推定耐用年数

$RSLC$：リファレンス耐用年数で10年[51]とする.

factor A：被着体・材料係数〔解説表 4.5.9〕

factor $B1$：被着体の色・方位係数〔解説表 4.5.10〕

factor $B2$：接着難易係数〔解説表 4.5.11〕

factor $B3$：施工難易係数〔解説表 4.5.12〕

factor C：施工技量係数〔解説表 4.5.13〕

factor F：劣化外力係数〔解説表 4.5.14〕

factor G：維持保全係数で1.0とする.

（ⅱ）補修・改修工事の場合

$$ESLC = RSLC \times \text{factor } A \times \text{factor } B1 \times \text{factor } B3 \times \text{factor } C \times \text{factor } F \times \text{factor } G$$
$$\times \text{factor } B4 \qquad\qquad (4.5.3)$$

ここに，$ESLC$：シーリング目地の推定耐用年数

$RSLC$：リファレンス耐用年数で 10 年[51]とする．

factor A：解説表 4.5.9 で定められる被着体・材料係数

factor $B1$：解説表 4.5.10 で定められる被着体の色・方位係数

factor $B3$：解説表 4.5.12 で定められる施工難易係数

factor C：解説表 4.5.13 で定められる施工技量係数

factor F：解説表 4.5.14 で定められる劣化外力係数

factor G：維持保全係数で 1.0 とする．

factor $B4$：改修工事制約係数で $r1 \sim r4$ から選択されるものとする．

$r1$：解説表 4.5.15 で定められる再充填工法シーリング材改修係数

$r2$：解説表 4.5.16 で定められる再充填工法油性コーキング材改修係数

$r3$：拡幅再充填工法係数で 1.3 とする．

$r4$：ブリッジ工法係数で 2.0 とする．

推定耐用年数は提示された係数を基本とするが，打継接着性などの具体的性能に関しては，シーリング材製造所へ確認の上で算出することが望ましい．

解説表 4.5.9　Factor A：

目地の区分	主な構法・部位・外壁材				シリコーン系 2成分形 低モジュラス	シリコーン系 1成分形 高・中モジュラス	シリコーン系 1成分形 低モジュラス	シリル化 2成分形 低モジュラス
ワーキングジョイント	カーテンウォール	メタルカーテンウォール	ノックダウン工法	ガラス回り目地	1.2		1.2	1.0
				方立無目ジョイント	1.2			1.0
			ユニット工法	ガラス回り目地	1.2		1.2	1.0
				部材間目地	1.0			1.2
		プレキャストコンクリートカーテンウォール	石材先付け	部材間目地				1.2
			タイル先付け	窓枠回り目地				1.2
			塗装・吹付け	ガラス回り目地	1.0		1.0	1.0
	各種外装パネル	ALC厚形パネル（縦壁ロッキング構法，横壁アンカー構法）ALC薄形パネル	ALC厚形パネル間目地 窓枠回り目地 クリアランスを設けた目地	塗装あり				
				塗装なし				1.5
		塗装アルミニウムパネル（強制乾燥・焼付塗装）	パネル間目地		1.0		1.0	1.2
		塗装鋼板，ほうろう鋼板パネル	パネル間目地・窓枠回り目地					1.5
		GRCパネル，押出成形セメント板	パネル間目地 窓枠回り目地	塗装あり				
				塗装なし				1.4
		窯業系サイディング	パネル間目地 窓枠回り目地	塗装あり				
				塗装なし				
	金属建具	ガラス回り	ガラス回り目地		1.2	1.0	1.2	1.0
		建具回り	水切・皿板目地		1.0			1.2
			建具回り目地，建具用部材間目地					1.2
		工場シール	シーリング材受け					
	笠木	金属笠木	笠木間目地		1.0			1.0
		石材笠木	笠木間目地					1.5
		プレキャスト鉄筋コンクリート笠木	笠木間目地					1.3
	鉄筋コンクリート壁	構造スリット	構造スリットの目地	塗装あり				
				塗装なし				1.2
ノンワーキングジョイント	鉄筋コンクリート壁	現場打ち鉄筋コンクリート壁，壁式プレキャスト鉄筋コンクリート	打継ぎ目地・ひび割れ誘発目地・窓枠回り目地	塗装あり				
				塗装なし				1.5
		湿式石張り	石目地					
			窓枠回り目地					1.5
		セラミックタイル張り	タイル目地					1.5
			タイル下躯体目地					
			窓枠回り目地					1.5
	外装パネル	ALC薄形パネル	パネル間目地	塗装あり				
				塗装なし				1.5

［注］（1）本表は一般的目安であり，実際の適用にはシーリング材製造所に問合せを行い，十分に確認することが必要
　　　（2）各適用部位における留意事項は解説 4.5.2 を参照

被着体・材料係数

アクリレート系 1成分形 高・中モジュラス	アクリレート系 1成分形 低モジュラス	ポリイソブチレン系 2成分形	変成シリコーン系 2成分形	変成シリコーン系 1成分形	ポリサルファイド系 2成分形	ポリサルファイド系 1成分形	アクリルウレタン系 2成分形	ポリウレタン系 2成分形	ポリウレタン系 1成分形
		1.0							
		1.0			0.5				
		1.0	1.0		0.7				
		1.0	1.0		1.0		0.7		
		1.0	1.0		1.0		0.7		
		1.0			0.5				
			1.3	1.0	0.7		1.2	1.2	1.2
			1.3	1.0	1.2		0.7		0.5
		1.0	1.0		0.7				
		1.3	1.3		1.0				
			1.2	0.8	0.7	0.7	1.2	1.0	0.7
			1.2	0.8	1.2	0.7	0.7		
	1.5		1.3	1.3	0.7	1.0			1.0
	1.5		1.3	1.3	1.0	1.0			1.0
1.0		1.0			0.5				
		1.0	1.0						
		1.0	1.0	0.8	0.7		0.7		
		1.0	0.7		1.0	1.0			
		1.0	0.8						
		1.3	1.3		1.2				
		1.1	1.1		1.0				
		0.7	1.0		0.7		1.0	0.8	
		1.0	1.0		1.0				
			1.3	1.0	0.7	0.7	1.2	1.2	1.0
			1.3	1.0	1.0	0.8	0.7		0.8
				0.8	1.2	1.0			
			1.3	1.0	1.2	0.8			
			1.3	1.0	1.2	1.0			
			1.0		1.5			1.5	1.5
			1.3	1.0	1.2	0.8			
			1.3	1.0	0.7	0.7	1.5	1.2	1.0
			1.3	1.0	1.2	0.8	0.7		0.5

である.

解説表 4.5.10　factor $B1$：被着体の色・方位係数

色＼方位	東西南	北
明色系	1.2	1.4
中間色系	1.0	1.2
暗色系	0.8	1.0

解説表 4.5.11　factor $B2$：接着難易係数

被着体の状態	係　数
素地（コンクリート・アルミニウム等）	1.0
塗装・吹付け	0.8

解説表 4.5.12　factor $B3$：施工難易係数

目地の位置	係　数
普通	1.0
落し目地	0.9
特殊ノズル目地	0.8
目視不能	0.7

解説表 4.5.13　factor C：施工技量係数

技能士の資格[1]＼管理士有資格者による管理[2]	あり	なし
1 級	1.0	0.9
2 級	0.9	0.8
なし	0.8	0.7

［注］　（1）厚生労働省認定によるシーリング防水施工技能士
　　　　（2）日本シーリング材工業会認定によるシーリング管理士

解説表 4.5.14　factor F：劣化外力係数

建設地域	係　数
一般地（東北・北陸を除く本州，四国，九州）	1.0
寒冷地（北海道，東北，北陸）	0.9
酷暑地（沖縄，南西諸島）	0.8

解説表 4.5.15　factor $B4$：再充填工法シーリング材改修係数（$r1$）

既存シーリング材		新規シーリング材 シリコーン系 SR-1 SR-2 (LM)	シリコーン系 SR-1 (HM)	シリル化アクリレート系 SA	ポリイソブチレン系 IB	変成シリコーン系 MS	ポリサルファイド系 PS	アクリルウレタン系 UA	ポリウレタン系 PU	アクリル系 AC
シリコーン系	SR-1 SR-2 (LM)	1.0	1.0	*	*	0	0	0	0	0
シリコーン系	SR-1 (HM)	*	1.0	0	0	0	0	0	0	0
シリル化アクリレート系	SA	*	*	1.0	*	*	*	*	*	*
ポリイソブチレン系	IB	*	*	*	1.0	*	*	*	*	*
変成シリコーン系	MS	0.8	*	*	*	0.8	*	*	*	*
ポリサルファイド系	PS	1.0	*	*	*	1.0	1.0	1.0	1.0	1.0
アクリルウレタン系	UA	1.0	*	*	*	1.0	1.0	1.0	1.0	*
ポリウレタン系	PU	1.0	*	*	*	1.0	1.0	1.0	1.0	*
アクリル系	AC	0	*	*	*	1.0	1.0	1.0	1.0	1.0

［注］　（1）LM：低モジュラスタイプ，HM：高モジュラスタイプ
　　　　（2）＊：製造所へ打継接着性の確認を行う．
　　　　（3）問題なし：1.0，問題あり：0

解説表 4.5.16　factor $B4$：再充填油性コーキング材改修係数（$r2$）

新規シーリング材	係　数
シリル化アクリレート系	0.9
ポリイソブチレン系	0.9
変成シリコーン系	0.9
ポリサルファイド系	0.9
アクリルウレタン系	0.9
ポリウレタン系	0.9
シリコーン系マスチック	1.0
油性コーキング材	1.0

〔算出例-1：新築工事の場合〕

 ・部位　　　　　　　　　　：アルミニウムカーテンウォール（パネル間目地，南面）

 ・被着体・材料係数　　　　：2成分形変成シリコーン系

           解説表 4.5.9 より factor A = 1.0

 ・被着体の色・方位係数　　：明色・南面

           解説表 4.5.10 より factor $B1$ = 1.2

 ・接着難易係数　　　　　　：塗装

           解説表 4.5.11 より factor $B2$ = 0.8

 ・施工難易係数　　　　　　：普通

           解説表 4.5.12 より factor $B3$ = 1.0

 ・施工技量係数　　　　　　：1級技能士/管理士あり

           解説表 4.5.13 より factor C = 1.0

 ・劣化外力係数　　　　　　：一般地

           解説表 4.5.14 より factor F = 1.0

 ・維持保全係数　　　　　　：factor G は 1.0 とする

 これらを（4.5.2）式に代入して

$$ESLC = RSLC \times \text{factor } A \times \text{factor } B1 \times \text{factor } B2 \times \text{factor } B3 \times \text{factor } C \times \text{factor } F \times \text{factor } G$$
$$= 10 \times 1.0 \times 1.2 \times 0.8 \times 1.0 \times 1.0 \times 1.0 \times 1.0$$
$$= 9.6 \text{（年）}$$

〔算出例-2：補修・改修工事の場合〕

 ・部位　　　　　　　　　　：鉄筋コンクリート壁打継ぎ目地（塗装あり）

 ・被着体・材料係数　　　　：2成分形ポリウレタン系

           解説表 4.5.9 より factor A = 1.2

 ・被着体の色・方位係数　　：明色・南面

           解説表 4.5.10 より factor $B1$ = 1.2

 ・施工難易係数　　　　　　：普通

           解説表 4.5.12 より factor $B3$ = 1.0

 ・施工技量係数　　　　　　：1級技能士/管理士あり

           解説表 4.5.13 より factor C = 1.0

 ・劣化外力係数　　　　　　：一般地

           解説表 4.5.14 より factor F = 1.0

 ・維持保全係数　　　　　　：factor G は 1.0 とする

 ・改修工事制約係数　　　　：再充填工法

  （factor $B4$）　　　　　　　（既設シーリング材：2成分形ポリサルファイド系）

           解説表 4.5.15 より $r1$ = 1.0

 これらを（4.5.3）式に代入して

$$ESLC = RSLC \times \text{factor } A \times \text{factor } B1 \times \text{factor } B3 \times \text{factor } C \times \text{factor } F \times \text{factor } G \times \text{factor } B4$$
$$= 10 \times 1.2 \times 1.2 \times 1.0 \times 1.0 \times 1.0 \times 1.0$$
$$= 14.4 \text{（年）}$$

参 考 文 献

1) 日本建築学会：建築保全標準・同解説　JAMS 1-RC 一般共通事項—鉄筋コンクリート造建築物，2021
2) 日本建築学会防水工事運営員会シール材性能設計研究小委員会：シンポジウム「外壁接合部の目地防水における性能設計に向けて」，2012.11
3) 日本建築学会材料施工委員会防水工事運営委員会シール材性能設計指針準備小委員会：シンポジウム「長寿命化建築を目指した外壁目地防水の最先端技術—高信頼と適正寿命を実現するための性能設計・施工・診断・維持管理—」，2018.12
4) 加藤正守：弾性シーラントの性状に関する研究（Ⅷ，Ⅸ）（温度変化によるジョイントの動きについて　その 1 〜 2），日本建築学会大会学術講演梗概集，1970，1971
5) 寺内　伸：カーテンウォールのジョイントムーブメントがシール材に与える影響について，日本建築学会大会学術講演梗概集，1978
6) 中山　實，寺内　伸：メタルカーテンウォールマリオンジョイントのムーブメントに関する研究，昭和 53 年度日本建築学会関東支部研究報告，1978
7) 寺内　伸，中山　實：パネルタイプカーテンウォールのジョイントムーブメントに関する研究（その 1 〜 2），日本建築学会大会学術講演梗概集，1979
8) 加藤正守，吉池佑一，山添和彦：建築物のジョイントムーブメントに関する研究（その 1 〜 4），日本建築学会大会学術講演梗概集，昭和 57 年度日本建築学会関東支部研究報告，1980-1982
9) 加藤正守，吉池佑一，山添和彦：建築物のシーリングジョイントの設計に関する研究（その 1 〜 3），日本建築学会大会学術講演梗概集，1982
10) 加藤正守，吉池佑一：開口部のグレイジングジョイントの挙動に関する研究（その 1 〜 4），日本建築学会大会学術講演梗概集，1984，1985
11) 日本建築学会：高層建築技術指針　増補改訂 3 版，1973
12) 二階　盛，仁平久信，大森信次ほか：霞ヶ関超高層ビルカーテンウォールに関する実験（その 1 〜 2），日本建築学会大会学術講演梗概集，1968
13) 相川新一，仁平久信，木村敬三ほか：世界貿易センタービルで計画された PC カーテンウォールの実大実験，日本建築学会大会学術講演梗概集，1970
14) 相川新一，仁平久信，木村敬三ほか：世界貿易センタービルメタルカーテンウォールの実大実験，日本建築学会大会学術講演梗概集，1970
15) 安田延明，大羽伸和，西野由紀彦：窯業系サイディング材の諸物性に及ぼす炭酸化の影響（その 2 物性試験），日本建築学会大会学術講演梗概集，1993
16) Egons Tons：Theoretical Approach to Design of a Road Joint Seal, Highway Research Board Bull., 229, 1959.1
17) Egons Tons：Geometry of Simple Joint Seals Under Strain, New Joint Sealants, Building Research Institute Publication No. 1006, 1963
18) 小池迪夫，田中亨二，橋田　浩ほか：矩形断面をもつシーリングジョイントの耐疲労性に及ぼす断面形状の影響，日本建築学会大会学術講演梗概集，1985
19) 小池迪夫，田中亨二，橋田　浩ほか：シーリングジョイントの耐疲労性に及ぼす断面形状の影響，日本建築学会大会学術講演梗概集，1987
20) 小池迪夫：矩形シーリングジョイントの断面設計に関する一私案（耐疲労性を考慮した目地深さの決定方法），日本建築学会大会学術講演梗概集，1987
21) 田中亨二，小池迪夫，橋田　浩ほか：矩形断面をもつシーリングジョイントの耐疲労性に及ぼす形状・寸法の影響，日本建築学会構造系論文報告集，390 号，1988
22) 小池迪夫：シーリングジョイントの設計法の提案，日本建築学会大会学術講演梗概集，1990
23) 寺内　伸，松永勝己：カーテンウォールジョイントシールに関する研究（ジョイントシールの最適断面形状

に関する検討），日本建築学会大会学術講演梗概集，1985

24）寺内　伸，鎌形修一，松永勝己：ジョイントシーリング断面の最適断面形状に関する研究（その２），日本建築学会大会学術講演梗概集，1986

25）寺内　伸，岡野昌明：ジョイントシーリング断面の最適断面形状に関する研究（その２），日本建築学会大会学術講演梗概集，1987

26）日本窯業外装材協会編：窯業系サイディングと標準施工　第４版，2022

27）大和ハウス工業：技術資料

28）ケイミュー：外壁材発注カタログ2024（一般地域用）

29）三井木材工業：屋外暴露試験による外壁の挙動，技術資料

30）本田純司，野村昌弘：窯業系防火サイディング用シーリング材の性能評価法について，日本建築学会大会学術講演梗概集，1993

31）高野孝次，大和久孝，上園正義：ガラス窓の水平加力実験，日本建築学会大会学術講演梗概集，1973

32）寺内　伸，中山　實：サッシとガラスの面内変形に対する安全性の検討，日本建築学会大会学術講演梗概集，1975

33）寺内　伸，大森信次：層間変位に伴うサッシとガラスのクリアランスの採り方と設計法，1990年度日本建築学会関東支部研究報告，1990

34）大澤　悟，白石章二，岡本　肇ほか：ガラスカーテンウォールに関する研究（その２）実大性能実験，日本建築学会大会学術講演梗概集，1990

35）添田智美：特集　建築物の汚れ防止技術と除去技術　材料別による汚れ防止技術　シーリング材，建築技術，2005.6

36）添田智美，滝澤俊樹，竹本喜昭，杉島正見，小野　正，山田人司：外壁接合部の耐久設計法に関する研究　その４　シーリング材による石目地汚染の評価・予測方法に関する基礎的検討，日本建築学会学術講演梗概集，pp.1117-1118，2004

37）添田智美，榎本教良，廣瀬　徹，竹本喜昭，久住　明：シーリング材による石目地汚染の評価・予測に関する研究　その１　各種石材とシーリング材の組合せによる暴露試験および促進試験，日本建築学会大会学術講演梗概集，pp.913-914，2011.8

38）榎本教良，廣瀬　徹，添田智美，竹本喜昭，久住　明：シーリング材による石目地汚染の評価・予測に関する研究　その２　石材に対する可塑剤浸透性評価結果，日本建築学会大会学術講演梗概集，pp.915-916，2011.8

39）添田智美，伊藤彰彦，山田人司，宮内博之：シーリング材による石目地汚染の評価・予測方法に関する研究　その３　屋内暴露10年後の試験結果と促進試験結果および可塑剤浸透試験結果との関係，日本建築学会大会学術講演梗概集，pp.871-872，2021.9

40）日本シーリング材工業会規格：JSIA 002：2006　建築材料 シーリング材―揮発性有機化合物（VOC），ホルムアルデヒドおよび他のカルボニル化合物放散量測定におけるサンプル採取，試験片作製及び試験条件

41）日本シーリング材工業会：建築用シーリング材ハンドブック2023，2023.5

42）日本建築仕上学会：ALCパネル現場タイル張り工法指針・同解説，ALCパネル現場タイル接着剤張り工法指針・同解説，2020.4

43）建築業協会：構造スリット施工管理マニュアル，2001.10

44）国土交通省大臣官房官庁営繕部監修：建築工事監理指針　令和４年版，2022

45）建設大臣官房技術調査室監修：外装仕上げおよび防水の補修・改修技術，第10編シーリング防水の補修・改修技術，1993.1

46）建設大臣官房技術調査室監修：建築防水の耐久性向上技術，第２編 シーリング防水，1987

47）小野　正，松本洋一，丸一俊雄：不定形シーリング材の断面形状と耐疲労性，昭和53年度日本建築学会関東支部研究報告，1978

48）日本シーリング材工業会：PCB含有ポリサルファイド系シーリング材の取扱いについて，2020.3

49）環境省：非飛散性アスベスト廃棄物の取扱いに関する技術指針，2005.3

50）日本建築学会：建築物・部材・材料の耐久設計手法・解説，2003

51）牧野雅彦，榎本教良，添田智美，山田人司，大澤悟：建物から採取した経年劣化シーリング材の物性（その１），日本建築仕上学会学術講演会研究発表論文集，pp.259-262，2006.10

5章　ガスケットジョイント構法の設計および施工

5.1　総　　則

5.1.1　適用範囲

---

a．適用範囲

（1）建築物（戸建住宅を含む）の外壁におけるガスケットジョイント構法の水密設計および施工に適用する．なお，本章のガスケットジョイント構法は，目地ガスケットおよび開口部用ガスケット（グレイジングガスケットと構造ガスケット）を用いた場合を対象としており，気密ガスケットを用いた場合は，対象としない．

（2）目地ガスケット構法は，カーテンウォール，押出成形セメント板外壁および工業化住宅の窯業系サイディング外壁を対象とする．

（3）グレイジングガスケット構法は，ガラスを組み込むサッシおよびカーテンウォールにはめ込まれたガラス回りを対象とする．

（4）構造ガスケット構法は，開口部を対象とする．

---

a．適用範囲

　建築用ガスケットが使用され始めてからすでに60年近く経過する．当初は，グレイジングガスケットが戸建住宅用サッシに，目地ガスケットがダブルシールジョイント構法の2次シールとしてシーリング材（1次シール）の補助材料的に使用されるに過ぎなかった．その後，ガスケットのみならず接合部構造（納まり）の改良・開発も重ねられた結果，高グレードの水密性能の接合部にも対応できるようになり，高層・超高層建築物のカーテンウォールに使用されることが一般的になってきた．高グレードの性能を確保するためには，適切な水密設計および施工が必要である．また，工業化住宅でも外壁の乾式化が進みつつあり，乾式構法に対する要望も高まっている．なお，本章で言うサッシとは，ガラスを組み込む枠を指す．

　（1）本章は，水密性確保を目的としてガスケットを用いた外壁の水密接合構法の設計および施工に適用する．カーテンウォールの気密性，断熱性，防火性，耐火性などについては「JASS14　カーテンウォール工事」を参照していただきたい．気密ガスケット（気密材）は，可動サッシの水密性・気密性を確保するためのもので，その性能はサッシや接合部の構造と密接に関係するが，サッシや接合部の構造は，設計・製造所により異なり，気密ガスケットの取付け工法も各製造所のノウハウに負うところが多い．それゆえ，気密ガスケット工法については，サッシやカーテンウォール部材製造所のマニュアルなどを参照していただきたい．

　（2）本章の目地ガスケット構法は，メタルおよびプレキャストコンクリートカーテンウォール，押出成形セメント板外壁および工業化住宅の窯業系サイディング外壁の場合を対象としている．その他，工場などの乾式外壁材の目地にも目地ガスケットを使用する場合があるが，これらについては今後の検討課題とした．

（3）本章のグレイジングガスケット構法に関する解説は，メタルカーテンウォールおよびサッシのガラス回りを対象とした水密接合構法を対象としており，ガラスを安全に保持するための性能など他の性能については「JASS 17　ガラス工事」を参照していただきたい．

（4）本章は，接合部にガスケットを用いた場合の水密設計・施工の指針であるが，構造ガスケット構法については，最も重要な耐風圧性能についても触れている．

現在ガスケットの JIS は改正が進められており，できる限り最新の情報を反映した．2025 年中の改正が予定されているため，最新版を参照いただきたい．なお，本章では JIS A 5756：2025（建築用ガスケット），JIS A 5760：2025（建築用構造ガスケット）と表記した．

5.1.2　用　　　語

b．用　　　語
　本章で使用する用語は，次のように定義する．
　（1）目地ガスケット
　　パネル，ユニット，その他構成材の接合部に装着し，水密性，気密性を確保するためのガスケット．
　（2）開口部用ガスケット
　　グレイジングガスケットと構造ガスケットの総称．
　（3）グレイジングガスケット
　　サッシやカーテンウォールのガラス回りの接合部に装着し，水密性，気密性を確保するためのガスケット．
　（4）構造ガスケット
　　ガラスの支持機能と水密性を併せ持ったガスケット．形状により Y 型，H 型，C 型に分類される．
　（5）軟質系ガスケット
　　硬さが A56～A85 までの加硫ゴムおよび固さが A51～A93 までの熱可塑性樹脂で発泡していないものを成形したガスケット．通常，ソリッドと言われる．
　（6）発泡系ガスケット
　　全体に分散した気泡をもたせて成形したガスケット．スポンジと言われる．
　（7）硬質系ガスケット
　　ポリ塩化ビニル系（PVC 系）の熱可塑性樹脂を意図的に添加剤（可塑剤など）で柔らかくしないもの．
　（8）中空ガスケット
　　断面がリング状で，内部に空隙のある断面形状のガスケット．
　（9）環状ガスケット
　　構成部材に装着する形にガスケットの長手方向を繋ぎ，繋ぎ目のない状態に加工したガスケット．
　（10）目地ガスケット構法
　　目地ガスケットを用いて接合部をシールする水密接合構法．この構法の接合部を目地ガスケットジョイントという．
　（11）グレイジングガスケット構法
　　グレイジングガスケットを用いてガラス回りの接合部をシールするグレイジング構法．この構法の接合部をグレイジングガスケットジョイントという．
　（12）構造ガスケット構法
　　構造ガスケットを用いてガラスを支持し，併せてシールするグレイジング構法．この構法の接合部を構造ガスケットジョイントという．
　（13）シングルタイプ
　　構成部材の 2 辺に目地ガスケットを装着し，構成部材相互の接合部を一つの目地ガスケットでシールする形式．
　（14）ダブルタイプ
　　構成部材の四周に目地ガスケットを装着し，構成部材相互の接合部を二つの目地ガスケットでシールする形式．

（15）工場施工
　　ガスケットの装着を構成部材の製作工場で行う施工方式．
（16）現場施工
　　ガスケットの装着を現場で行う施工方式．

b．用　　　語

（1）オープンジョイント構法に用いるレインバリア，スプラッシュバリア，ウインドバリアも目地ガスケットの一種である．

（2）グレイジングガスケットと構造ガスケットは，JIS 規格などでは個別に扱われている．これは，ガスケットに要求される機能が異なることに由来している．本指針では，両方とも開口部に用いられるという用途を考慮し，一括して"開口部用ガスケット"と定義する．

（4）構造ガスケットには，強風や地震などの外力に対してガラスを安全に支持する耐力が要求される．JIS A 5760：2025（建築用構造ガスケット）には H 型ガスケット，Y 型ガスケットおよび C 型ガスケットが規定されているが，これらは，ロックストリップ溝にロックストリップを嵌合させることによりリップに圧力を生じさせてガラスを保持しつつ水密性を確保するタイプであり，ロックストリップガスケットまたはジッパーガスケットともいわれる．しかし，最近はロックストリップタイプではない構造ガスケットも開発されている．

（5）（6）軟質系ガスケットと発泡系ガスケットは，JIS A 5756：2025（建築用ガスケット）の適用を受ける．

（9）環状ガスケットは，プレキャストコンクリートパネルやメタルカーテンウォールユニットの外周部を継ぎ目なく環状に取り付ける目地ガスケットのことを言い，ダブルタイプの目地ガスケットが採用される．

（13）シングルタイプは，接合部を構成する二つの部材の片方に嵌合または接着によりガスケットを装着し，他方は構成部材をそのままとし，構成部材とガスケットの接触によりシールする．

（14）ダブルタイプは，構成部材の双方にガスケットを装着し，ガスケット相互の接触によりシールする．

（15）カーテンウォールでは，工場で目地ガスケットを構成部材に装着した後，その構成部材を建て込んで接合部を構成する工場施工が一般的である．

（16）工業化住宅の窯業系サイディング外壁では，構成部材を建て込んで目地を構成した後，その目地にガスケットを嵌入する現場施工が一般的である．

5.2　設　　　計

5.2.1　基 本 事 項

a．ガスケット構法
　　目地ガスケット構法，グレイジングガスケット構法および構造ガスケット構法に区分する．
b．ガスケット構法の設計
　　水密性能および耐久性グレードの設計条件に対して，適切な目地形状・寸法，シーリング材・ガスケットの組合せおよび装着方法を選定する．

ｃ．ガスケットの選定

　ガスケットは，水密性能および耐久性グレードを満足するように，ガスケットの種類，主成分および形状・寸法を選定する．

ｄ．ガスケットの装着方法の選定

　（1）ガスケットの構成部材への装着方法は，嵌合方式または接着方式を標準とし，水密性，耐久性，施工性，経済性などを考慮して適切なものを選定する．

　（2）ガスケットは，施工時および使用期間中に外れたり剥離したりしないことを事前に検討する．

　ａ．ガスケット構法

　目地ガスケット構法は，パネル，ユニット，その他の構成部材間の接合部をシールする構法である．グレイジングガスケット構法は，サッシやカーテンウォールのガラス回りの接合部をシールする構法である．構造ガスケット構法は，ガラスを保持するとともにガラス回りの接合部をシールする構法である．

　ｂ．ガスケット構法の設計

　ガスケットジョイント構法の設計の基本は「3章　設計方針と要求性能」で設定した水密性能および耐久性グレードを満足するように接合部のディテールやガスケットの種類，主成分および形状・寸法，構成部材への装着方法などを検討し，決定することである．

　ｃ．ガスケットの選定

　ガスケットは水密性能および耐久性グレードを満足するように，適切な種類，主成分および形状・寸法を選定しなければならない．JIS A 5756：2025（建築用ガスケット）および JIS A 5760：2025（建築用構造ガスケット）では，種類は用途，性状，形態，主成分，使用温度範囲，形状，寸法によりそれぞれ区分しており，これらを指定する．

　ガスケットの形状および寸法は，水密性能，耐久性グレードのほかに，温度ムーブメントなど構成部材に生じる各種のムーブメントや圧縮永久ひずみなど材料の経年劣化を考慮して選定するとともに，適切な圧縮率の検討も重要である．

　ｄ．ガスケットの装着方法の選定

　（1）ガスケットを構成部材に装着する方法には，解説図 5.2.1 に示すように接着方式と嵌合方式がある．両方式の特徴，外装部材の種類と納まり，施工性，経済性などを考慮して適切な方法を選定する．

　（2）接着方式の場合は接着剤の劣化により剥離や脱落が生じる可能性がある．嵌合方式の場合は，風圧，地震および熱伸縮など各種ムーブメントの繰返しや，収縮，圧縮永久ひずみなどガスケット自身の経年劣化によりガスケットが外れる可能性ある．特に目地ガスケットの場合，施工段階で構成部材建て込み時の接触などにより，嵌合部材から外れたり剥離・損傷することがある．ガスケットが故障すると水密・気密性能が低下するので，施工時および接合部の耐用期間中は故障が生じないように，接着剤の耐久性，接着剤とガスケットの相性，部材嵌合部の溝とガスケットアンカー部の形状および寸法の関係，施工方法，納まりなどを事前に確認することが重要である．

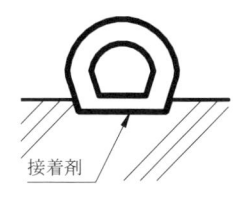
接着方式
（プレキャストコンクリート）

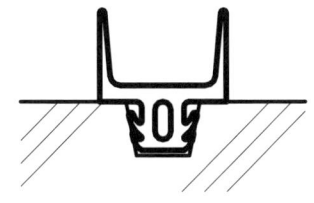
嵌合方式
（プレキャストコンクリート）

嵌合方式
（サッシ）

解説図 5.2.1　ガスケットの装着方法

5.2.2　目地ガスケット構法の設計

> a．カーテンウォール
> （1）目地ガスケット構法は，1次シールがシーリング材，2次シールが目地ガスケットのダブルシールジョイント構法・排水機構ありを標準とする．
> （2）1次シール（シーリング材）は，「4章　シーリングジョイント構法の設計および施工」により設計する．
> （3）ダブルシールジョイント構法・排水機構ありの排水機構や立上りは，有効に機能するものでなければならない．
> （4）2次シールの目地ガスケットは，水密性能，耐久性，目地のムーブメント，施工性および経済性などを考慮して下記の事項について検討し，適切なものを選定する．
> 　（ⅰ）シングルタイプまたはダブルタイプ
> 　（ⅱ）軟質系（ソリッド）ガスケットまたは発泡系（スポンジ）ガスケット
> 　（ⅲ）主成分の種類
> 　（ⅳ）使用温度範囲区分
> 　（ⅴ）形状および寸法
> 　（ⅵ）圧縮率
> 　（ⅶ）メタルカーテンウォールの場合は反発弾性力
> （5）目地ガスケットの装着方法
> 　（ⅰ）メタルカーテンウォールの場合は，嵌合方式を標準とする．ただし，アルミニウム鋳物カーテンウォールの場合は接着方式を標準とする．
> 　（ⅱ）プレキャストコンクリートカーテンウォールの場合は，嵌合方式と接着方式のいずれか適切なものを選定する．
> 　（ⅲ）嵌合方式の嵌合溝は，目地ガスケットが外れないような適切な形状および寸法とする．
> 　（ⅳ）接着方式の接着溝は，所定の位置に適切な形状および寸法で設ける．

　本項は，カーテンウォール，押出成形セメント板外壁および工業化住宅の窯業系サイディング外装の場合に限定して適用する．

　a．カーテンウォール

　（1）カーテンウォールにおける目地ガスケット構法は，メタルカーテンウォールおよびプレキャストコンクリートカーテンウォールとも現状ではダブルシールジョイント構法が一般的であり，1次シールにシーリング材を用い，2次シールとして目地ガスケットを用いる構法がほとんどである．

　（2）シーリング材を用いた1次シールの部分は，「4章　シーリングジョイント構法の設計および施工」により設計する．なお，ダブルシールジョイント構法・排水機構なしの止水ラインは1次シールであり，ダブルシールジョイント構法・排水機構ありの止水ラインは，2次シールであることに注意して設計を進めることが重要である．

（3）カーテンウォールの目地ガスケット構法は，1次シールに欠陥が生じて目地内部に雨水が浸入したとき，すみやかに外部に排出するための排水機構を設ける必要がある．排水機構は水抜き孔と排水経路で構成されるが，水抜き孔は，水が逆流しないように直接雨水がかからない場所に設置するか，高低差を利用した納まりとし，かつ表面張力による水膜で排水不可とならないよう，適切な大きさとすることが重要である．プレキャストコンクリートカーテンウォールの場合の水抜き孔は，解説図 5.2.2 に示す排水経路を想定し縦目地に設けられる．その配置は，各縦目地に3〜5層ごとおよび最下段とするのが望ましい．

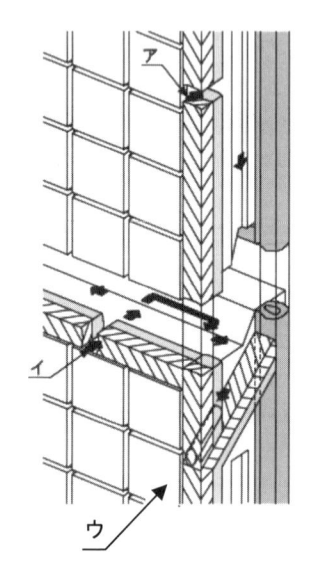

ア：縦目地から浸入した水を排水
イ：横目地から浸入した水を縦目地に排水
ウ：水抜き孔

解説図 5.2.2　プレキャストコンクリートカーテンウォールの接合部における排水機構の一例

（4）目地ガスケットの選定

（ⅰ）目地ガスケット構法は，ガスケットをシングルタイプで使用する場合と，ダブルタイプで使用する場合がある．設計では，両者の特徴と水密信頼性，耐久性，構成部材の製作性，ガスケットの施工性などを考慮して選定することが重要である．一例として，プレキャストコンクリートカーテンウォールにおける装着状態を解説図 5.2.3 に示す．

（ⅱ）目地ガスケットは，軟質系（ソリッド）ガスケットと発泡系（スポンジ）ガスケットの両方が使用されている．軟質系と発泡系では硬さ，圧縮荷重，圧縮永久ひずみ，耐久性など性質が異なるので，設計条件を考慮して適切なものを選定する．最近では，メタルカーテンウォールおよびプレキャストコンクリートカーテンウォールとも発泡系ガスケットの使用が多くなっているが，その理由は，軟質系ガスケットに比べて目地交差部で隙間ができにくく，気密性能が良好なことによる．

オープンジョイント構法の場合は，レインバリアやスプラッシュバリアには主に軟質系（ソリッド）ガスケットが使用され，ウインドバリアには発泡系ガスケットが使用される場合が多い．オープンジョイント構法に使用する目地ガスケットは「6章　オープンジョイント構法の設計お

および施工，6.3　材料」により設計する.

（iii）目地ガスケットは，設計条件を考慮して適切な主成分別の種類を選定する．詳細は解説表5.3.1に示す.

（iv）目地ガスケットは，設計条件を考慮して適切な耐久性を選定する．なお，同じ主成分別の種類でもガスケットの耐久性は製造所や製品により異なるので，安易に主成分で選定するのではなく，製品の耐久性を確認して選定する必要がある.

（v）ダブルシールジョイント構法の2次シールやオープンジョイント構法のウインドバリアには，中空ガスケットが使用されることが多いが，フィルドジョイント構法の場合はシングルタイプ目地ガスケットまたはダブルタイプ目地ガスケット，オープンジョイント構法の場合は，ダブルタイプ目地ガスケットが使われる．オープンジョイント構法の場合でシングルタイプ目地ガスケットを使用する場合は，風圧力が高くなるとダブルタイプに比べて変形が起こりやすく，漏気量の増大および異音（音鳴り）の発生が起こりやすいので最大風圧力（正圧，負圧）において，これらの現象が起こらないことをカーテンウォール製造所やガスケット製造所に確認しておく必要がある.

目地ガスケットの寸法は「5.3　材料」を参考に設計目地幅により指定する.

（vi）目地ガスケットは，圧縮による反発弾性力で気密性を確保している．目地ガスケットの気密性は，その圧縮率（解説図5.2.4）を目安として適切な反発弾性力が得られるものを選定する．シングルタイプ目地ガスケットは，基準目地幅での圧縮率を18〜30％に設定することが多い．ダブルタイプ目地ガスケットは，基準目地幅での圧縮率を25〜40％に設定することが多い．オープンジョイント構法に使われる目地ガスケットでは必要とする気密性能が高いために圧縮率は高めに設定されている.

（vii）メタルカーテンウォールの場合は，ガスケットの反発弾性力が大きくなると構成部材に過度の変形を与えるので，目地ガスケットに必要な気密性と反発弾性力，部材断面の大きさ，支持点の間隔など総合的に検討することが重要である.

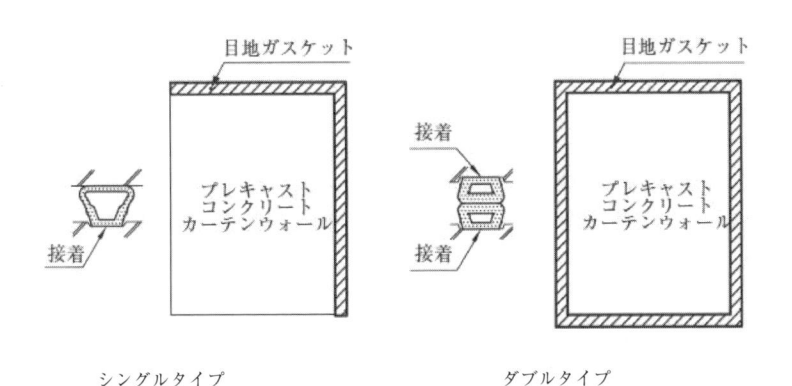

解説図 5.2.3　プレキャストコンクリートカーテンウォールにおけるシングル，ダブルタイプの装着状態の事例

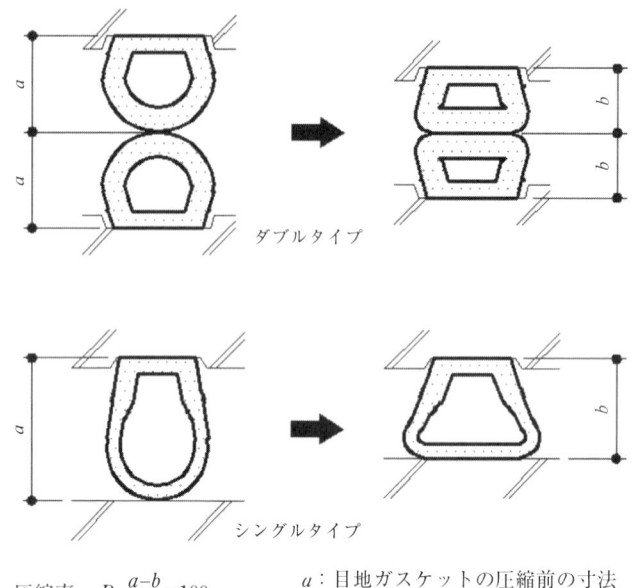

$$\text{圧縮率} \quad R=\frac{a-b}{a}\times100$$

a：目地ガスケットの圧縮前の寸法
b：目地ガスケットの圧縮後の寸法

解説図 5.2.4　ガスケットの圧縮率の概念図

（5）目地ガスケットの装着方法

（ⅰ）メタルカーテンウォール部材は，素材の押出し成形により嵌合溝が容易に精度良く加工できるので，目地ガスケットの装着方法は施工しやすい嵌合方式が適している．一方，アルミニウム鋳物カーテンウォールは，嵌合溝の加工が困難なため，一般的に接着方式である．

（ⅱ）プレキャストコンクリートカーテンウォールの場合では，目地ガスケットの装着方法は嵌合方式と接着方式の両方とも可能である．なお，プレキャストコンクリート板表面から嵌合溝までの距離が短い場合には，溝の加工がパネルのひび割れや欠けの原因となるので，嵌合方式は不適当である．解説図 5.2.5 にプレキャストコンクリートカーテンウォールにおける嵌合溝および接着溝の一例を示す．

（ⅲ）嵌合方式の場合は，目地ガスケットが嵌合溝から外れるとシール機能の低下につながるので，嵌合溝の形状および寸法はガスケットのアンカー部に適したものでなければならない．さらに，勘合方式でも接着剤を併用することで目地ガスケットの外れ防止に寄与する．

（ⅳ）接着方式の場合は，接着溝はガスケットを装着する位置決めと接着剤の糊溜りの役割がある．したがって，接着溝は所定の位置にあり，ガスケットの寸法との関係から適切な幅，深さとする必要がある．

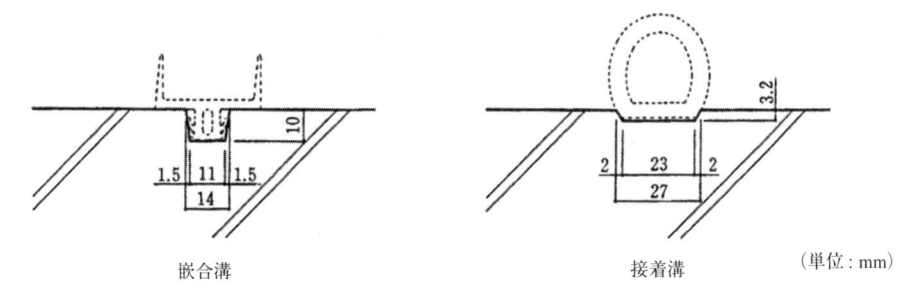

嵌合溝　　　　　　　　　　　　　　接着溝　　　　（単位：mm）

解説図 5.2.5　プレキャストコンクリートカーテンウォールにおける嵌合溝および接着溝の一例

ｂ．押出成形セメント板外壁
　（1）目地ガスケット構法は，1次シールがシーリング材，2次シールがガスケットの，ダブルシールジョイント構法・排水機構ありを標準とする．
　（2）1次シールのシーリング材は，「4章　シーリングジョイント構法の設計および施工」により設計する．ガスケットの隙間には，相性の良い材質のシーリング材を選ぶ．
　（3）2次シールの目地ガスケットは，押出成形セメント板専用品を使用し，汎用品は使用しない．また，ガスケットの隙間には，相性の良い材質のシーリング材を選ぶ．
　（4）2次シールの目地ガスケットの装着方法は接着方式または挿入方式とし，接着溝は必要としない．

ｂ．押出成形セメント板外壁

（1）押出成形セメント板（以下，ECPとする）の目地の水密性能は，1次シールのシーリング材に依存している．1次シールとしてガスケットを使用することはないため，ガスケットに求める性能は，他の外壁材とは異なる場合がある．近年は，シーリング材の劣化が想定した打替え時期よりも早く来た場合に備えて，目地ガスケット構法を採用することが一般化している．ECPの外壁工法には，縦張り工法と横張り工法があり，それぞれ排水機構を有するダブルシールジョイント構法がある．縦張り工法は，内水切りと縦ガスケットによりパネル中空部を一時的に水みちにして雨水を下部に導く．横張り工法は，縦横のガスケットにより縦目地を一時的に水みちにして雨水を下部に導く．下部には水抜きパイプなどを設置して，雨水を外部に排水する．

（2）1次シールのシーリング材は，「4章　シーリングジョイント構法の設計および施工」により設計する．

（3）2次シールガスケットの仕様は，押出成形セメント板協会（ECP協会）で水密に関する要求性能を定めている．ECPには専用品を使用し，汎用品は使用しない．目地ガスケットの隙間を埋めるためのシーリング材は，エチレン・プロピレンゴム系（EPDM系）とシリコーンゴム系（SR系）のガスケットにはブチル系シーリング材，ポリウレタン系（U系）のガスケットには，必要に応じて変成シリコーン系シーリング材を使用する．

（4）解説図5.2.6に参考例を示すとおり，目地ガスケットの装着方法には，ECPの小口部にブチルテープで接着する方式と，ECP建込み後に目地に挿入する方式がある．接着方式の場合は，工場で接着する場合もある．目地ガスケットをECP凸側入隅部に接着することによりずれにくくなるため，接着溝は必要としない．挿入方式は，専用治具を用いて所定の位置にガスケットの反発力で固定させる．

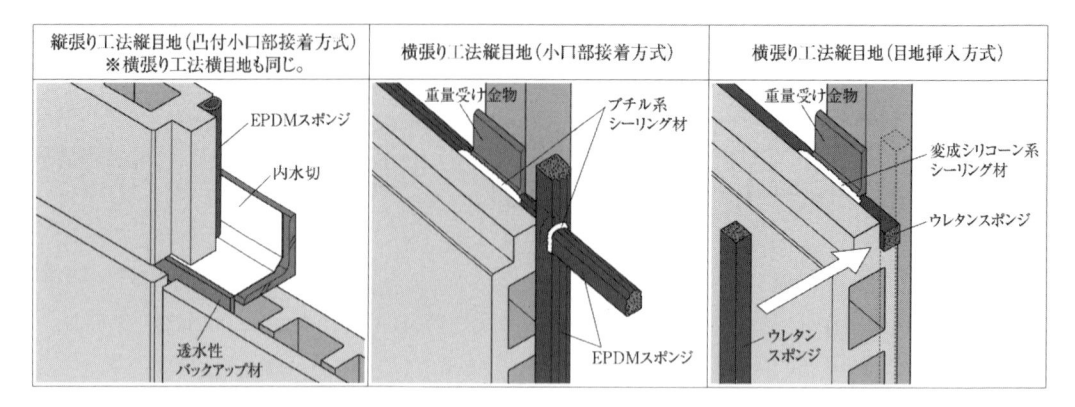

| 縦張り工法縦目地(凸付小口部接着方式)
※横張り工法横目地も同じ。 | 横張り工法縦目地(小口部接着方式) | 横張り工法縦目地(目地挿入方式) |

解説図 5.2.6　ECP 目地ガスケット構法クロス部納まり

---

c. 窯業系サイディング外壁
（1）2 階建以上の場合は，壁体を伝って流下する雨水を階ごとに排水処理し，下階へは伝えない雨仕舞とする．
（2）外壁の接合部を目地ガスケットにする場合は，壁体内部に防水層を設けるか，または目地部に 2 次止水層を設け，目地ガスケットから雨水が構造体に浸入しない壁構造とする．
（3）目地設計は，下記を標準とする．
　（ⅰ）目地の形状や納まりは，目地ガスケットが適切に装着でき，所定の水密性能および耐久性グレードを発揮できる仕様とする．
　（ⅱ）目地ガスケットは目地の施工精度を確保できる仕様とする．
　（ⅲ）窯業系サイディングの小口面は，適切な吸水防止処置を施す仕様とする．
（4）目地ガスケットは，水密性能，耐久性，目地のムーブメント，施工性および経済性などを考慮して種類，形状および寸法など適切なものを選定する．

---

c. 窯業系サイディング外壁

　戸建住宅は工業化住宅と在来工法住宅に分類される．工業化住宅は，工場生産された部材の現場組立工法で，使用する部材・材料および施工の技術レベルは，比較的均一化している．在来工法住宅は，従来の大工による現場施工で使用する材料および施工技術レベルは，高級から低級まで千差万別である．戸建住宅の外壁工法には，縦張り工法と横張り工法があり，おのおの縦目地と横目地がある．工業化住宅では，4～5 社が縦張り工法の縦目地に目地ガスケット構法を標準として採用しているが，横目地にシーリングジョイント構法を併用している製造所やシーリングジョイント構法のバックアップ材として目地ガスケットを利用している例がある．解説表 5.2.1 に工業化住宅製造所の外壁目地の構法例を示す．在来工法住宅では，窯業系サイディング製造所の外壁目地仕様が縦目地，横目地ともにシーリングジョイント構法が標準となっている．

　本項は，工業化住宅の窯業系サイディング外壁の目地をガスケットジョイント構法にする場合に適用し，開口部回りや横目地などには適用しない．

解説表 5.2.1　工業化住宅製造所で採用される外壁目地構法の例

構造形式	仕上げ（外壁）	下地（外壁）	縦目地（外壁）
軽量鉄骨ラーメン	塗装	窯業系サイディング	シーリング材
			ガスケット
	現場張りタイル	窯業系サイディング	シーリング材
			ガスケット
軽量鉄骨パネル（軽量鉄骨軸組ブレス）	塗装	窯業系サイディング	ガスケット
			シーリング材
		ALC	シーリング材
	現場張りタイル	窯業系サイディング	シーリング材
重量鉄骨ラーメン	塗装	窯業系サイディング	ガスケット＋シーリング材
			シーリング材
		ALC	ガスケット＋シーリング材
		押出成形セメント板	ガスケット＋シーリング材
	現場張りタイル	ALC	ガスケット＋シーリング材
		窯業系サイディング	ガスケット＋シーリング材
木造軸組	塗装	窯業系サイディング	シーリング材
木質系パネル	塗装	窯業系サイディング	シーリング材
枠組壁	塗装	窯業系サイディング	シーリング材
コンクリート系壁式	塗装	プレキャストコンクリート	シーリング材

　窯業系サイディング外壁は，厚さが 34 mm 以下であり，接合部はワーキングジョイントである．施工性，意匠性，加工性および経済性からも制限を受け，カーテンウォールのような高価な材質の目地ガスケットは使用できないことが多い．このような条件の中では，窯業系サイディング外壁の接合部だけで完全な防水を長期的にわたって期待するのは困難であり，壁構造全体としての設計が必要である．次に窯業系サイディング外壁における防水設計の基本的な考え方を示す．以下は，そのための基本的な考え方である．

　（1）2 階以上の場合，上下階の境界部に水切りなどを設けて各階独立した排水機構を設け，目地から浸入した雨水を速やかに排出するとともに，下階の外壁表面へ雨水を伝えない上下階分離型の雨仕舞が望ましい．

　（2）目地から浸入した雨水が壁体内部に移動する現象が繰返し起こると，柱，間柱，胴縁など構造材の腐食や腐朽につながり，断熱材の吸水による性能低下を生じたりするなど不具合が発生する．したがって，万一雨水が浸入しても止水できる壁構造とする必要がある．工業化住宅では各社の方法は多少異なるが同様の配慮をしている．

　工業化住宅の窯業系サイディング外壁目地の一例を解説図 5.2.7 に示す．

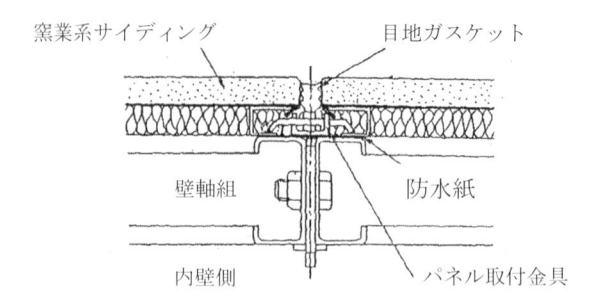

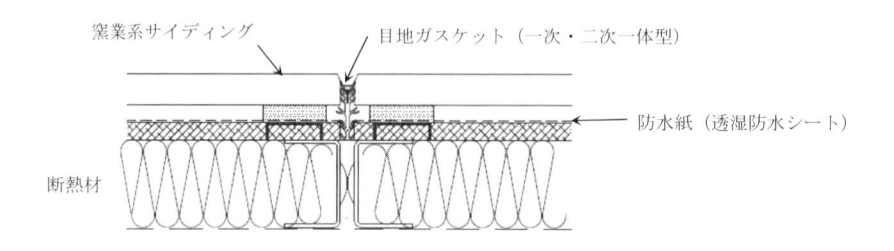

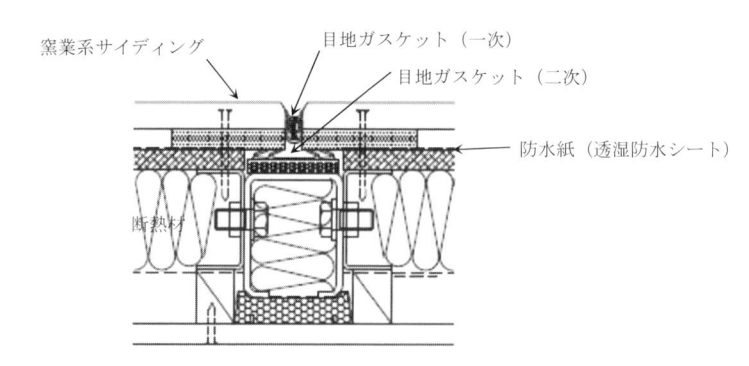

解説図 5.2.7 工業化住宅における窯業系サイディング外壁の壁構造の一例

（3）目地設計は，次の点に留意して実施する．

（ⅰ）目地の形状・納まり：目地ガスケットの幅寸法が小さいと，適切な形状を確保できず水密性能が劣り，また耐候性，耐久性および寸法安定性にも問題を生じる．したがって，目地幅はある程度以上の寸法が必要であり，現状は，10 mm または 12 mm の目地幅が標準的である．

窯業系サイディング外壁の目地ガスケット構法では，目地とガスケットの施工状態が設計で想定したレベルにどれだけ近いかが水密性能を決定するといっても過言ではない．設計段階で考慮すべき要点は，次のとおりである．

1）目地ガスケットの使用可能目地範囲を確認し，それ以内に納まるように部材製作・建込み精度を確保する．

2）目地の納まりはできるだけ単純にして，目地ガスケットが所定の深さまで嵌入できること．

3）目地ガスケットが各種のムーブメントに追従して水密性能を発揮できること．

なお，窯業系サイディングは温度，湿気，炭酸化硬化収縮ムーブメントを考慮する必要があり，

長期的にみれば目地幅は拡大する．（一社）日本窯業外装材協会によると，窯業系サイディングの長さ 3030 mm に対して最大 2～3 mm の収縮量があり，製造所のデータがない場合は，これを参考に目地設計すればよい．

（ⅱ）窯業系サイディングに目地ガスケット構法を採用する場合は，設計段階で施工精度を把握しておく必要がある．目地幅の施工精度が目地ガスケット構法の水密性能を左右するに影響する．設計目地幅より施工目地幅が広すぎると水密性能が低下する原因となり，狭すぎると目地ガスケットが目地に入りにくく，無理に装着した施工不良により水密性能の低下をきたす．窯業系サイディング用の目地ガスケットが吸収できる目地幅の許容差は，目地幅 10 mm 用または 12 mm 用で ±2 mm 程度とされる．目地幅の施工精度が ±2 mm 以内ならば 1 種類の目地ガスケットで対応できるが，これより施工精度が劣ると想定される場合には，寸法の異なる何種類かの目地ガスケットを用意し，現場の施工状況により使い分ける考え方が必要である．例えば，設計目地幅 12 mm の場合を想定すると，14 mm 用，12 mm 用，10 mm 用の 3 種類の目地ガスケットを用意してあれば，施工精度 ±4 mm（8 mm～16 mm）まで対応でき，実際にこのような対応をしている工業化住宅製造所も少なくない．

（ⅲ）窯業系サイディングは吸水性材料であり，条件が重なれば小口面から吸水した雨水が目地ガスケットを回って壁体内へ浸入するおそれがある．窯業系サイディングの小口面は，塗装を行うなど適切な吸水防止処置を施す必要がある．

（4）窯業系サイディング用の目地ガスケットは，一般的にひれ状のガスケットが使用されている．水密設計では，水密性能，耐久性グレードを満足するように，適正な材質，形状および寸法のガスケットを選定する．そのためには，目地の納まり，窯業系サイディングの目地部分の凹凸，目地のムーブメント，目地幅の施工精度，ガスケットでは寸法安定性，耐候性などに留意し，その他施工性，経済性なども考慮する必要がある．特に，水密性能は，リップの形状，寸法，角度，数などリップ設計に負う所が大きい．防水以外にも着色性，塗装性，汚染性，耐火性などが要求される場合が多いので，それらを総合的に検討しなければならない．

目地ガスケットは，施工の手順から見ると先付けタイプと後付けタイプ，施工方法から見ると解説図 5.2.8 に示すように，被せ目地タイプ，底目地タイプおよびハットジョイナータイプの 3 種類に分類される．

解説図 5.2.9 に目地ガスケット各部の名称を示すが，屋外に露出する加飾部（意匠部ともいう），目地に安定性を与える芯部，水密性能に関係するリップ部の 3 つに大別され，さらに芯部に補強材を埋め込んだものはその部分を補強部という．

目地ガスケットの装着方法は，嵌合方式が一般的である．目地ガスケットは，経年後も外れないような形状・寸法のものを選定しなければならない．窯業系サイディングは，前述のように湿度ムーブメントと炭酸化収縮ムーブメントにより収縮するため，経年後は目地幅が拡大する傾向にある．

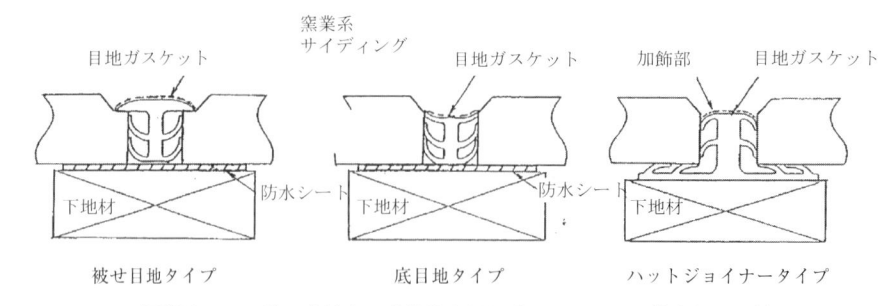

解説図 5.2.8　施工方法と工業化住宅用目地ガスケットの納まりの関係

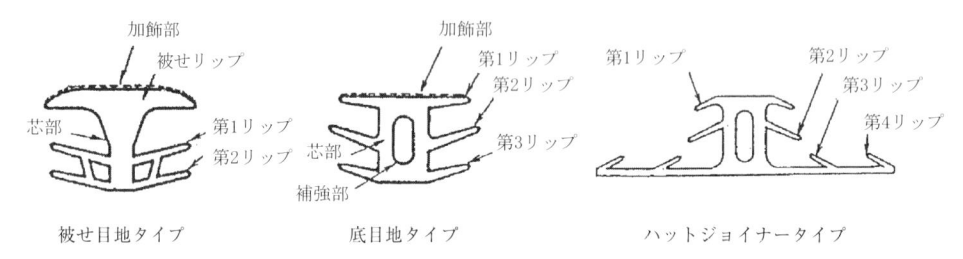

解説図 5.2.9　工業化宅用目地ガスケットの各部の名称

5.2.3　グレイジングガスケット構法の設計

---

a．水密接合構法

　グレイジングガスケット構法は，ダブルシールジョイント構法を標準とする．

b．水　密　性　能

　水密性能は，「3.2.1　水密性」に基づいて設定する．

c．排　水　機　構

　グレイジングガスケットを適用するカーテンウォールおよびサッシは，有効に機能する排水機構を備えたものとする．

d．グレイジングガスケットの選定

　（1）グレイジングガスケット構法は，水密性能，耐久性，施工性および経済性などを考慮して適切なガスケットと納まりを検討する．

　（2）グレイジングガスケットは，構法と納まりに適した主成分別の種類，使用温度範囲区分，形状および寸法のものを選定する．

　（3）グレイジングチャンネルを用いて複層ガラスをはめ込む場合は，有効な排水機能を備えた専用のガスケットを選定する．

e．構成部材のガスケット嵌合溝

　ガスケットを装着する構成部材の嵌合溝は，グレイジングガスケットが外れないように，適切な形状および寸法でなければならない．

　開口部の主なグレイジング構法は，解説図 5.2.10 のように分類される．すなわち，サッシのはめ込み溝内にグレイジングガスケットを装着してガラスを保持・シールする構法，シーリング材を充填して保持・シールする構法，これらを併用して保持・シールする構法，サッシを使用せず直接支持部材に構造ガスケットを使用して保持・シールする構法，および SSG 構法やドットポイント構法に代表されるように板ガラスを特殊な方法で保持・シールする構法である．

ａ．水密接合構法

　グレイジングガスケット構法はガラスの両側をシールする．グレイジングチャンネル工法および排水機構のないグレイジングビード工法は，屋外側が1次シール，屋内側が2次シールのダブルシールジョイント構法（排水機構なし）であり，ガラスはめ込み溝内に等圧機構や排水機構を有するグレイジングビード工法は，ダブルシール構法（排水機構あり）である．

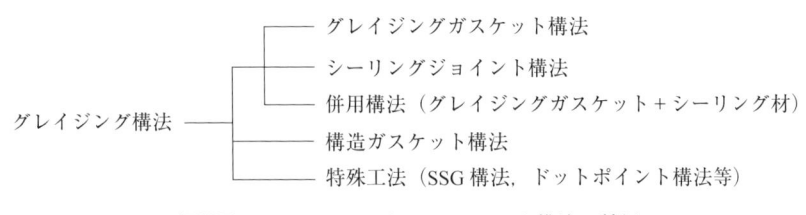

　　　　　　　　　　　　　　　┬── グレイジングガスケット構法
　　　　　　　　　　　　　　　├── シーリングジョイント構法
グレイジング構法 ────────────┼── 併用構法（グレイジングガスケット＋シーリング材）
　　　　　　　　　　　　　　　├── 構造ガスケット構法
　　　　　　　　　　　　　　　└── 特殊工法（SSG構法，ドットポイント構法等）

解説図 5.2.10　グレイジングガスケット構法の種類

ｂ．水　密　性　能

　水密性能値は，受渡当事者間の協定によるが，その設定は，本指針の「3.2.1　ｂ.水密性能値の設定」に準じて行う．

　水密性能値は，一般に JIS A 1517：2020（建具の水密性試験方法）または JIS A 1414-3：2010（建築用パネルの性能試験方法—第3部：温湿度・水分に対する試験）に準じた水密試験によって，室内側に漏水を生じない限界の圧力差 Pa として表現される．脈動圧で試験をすることが多いわが国では，脈動圧の中央値を圧力差とし，脈動上限値を併記する場合が多い．

　水密性能グレードの設定については，解説表 5.2.2 のように，（一社）カーテンウォール・防火開口部協会基準（現（一社）建築開口部協会）と JIS A 4706：2021（サッシ）などにあり，前者は，可動部と FIX 部の各々に対して5段階の水密性能グレードが設定され，カーテンウォールの水密性能設定の参考になり，後者は，可動部と FIX 部の区分なしで5段階の水密等級が設定され，サッシの水密性能設定の参考になる．

解説表 5.2.2　水密性能グレード

規　格	水密性能グレード				
（一社）カーテンウォール・防火開口部協会*「カーテンウォール性能基準2013」 ＊：現（一社）建築開口部協会	水密性能は，FIX 部（固定窓部）と可動部それぞれが室内側に漏水を起こさないこと．性能値は，漏水を起こさない限界の上限圧力差で表示し，性能グレードは表の区分とする．FIX 部グレード 4, 5 の上限圧力差を算定に用いる風圧力（P）は，耐風圧性能に用いた最大正圧値（Pa）とする．				

水密性能グレード

性能グレード	1	2	3	4	5
FIX 部（圧力差 Pa）	975 未満	975	1500	P×0.5 かつ 最低値 1500	P×0.75 かつ 最低値 2250
可動部（圧力差 Pa）	525 未満	525	750	1000	1500

JIS A 4706-2021（サッシ）	・脈動圧の中央値（Pa）で水密性能を表現する．				

圧力差 Pa	100	150	250	350	500
等級（性能グレード）	W-1	W-2	W-3	W-4	W-5

c．排水機構

　グレイジングガスケットジョイントは，ガラスのはめ込み溝内にある程度雨水が浸入することを想定しなければならない．したがって，有効に機能する排水機構を備えている必要がある．

　解説図 5.2.11 はグレイジングビードを採用したカーテンウォールの排水経路の例を示したものである．

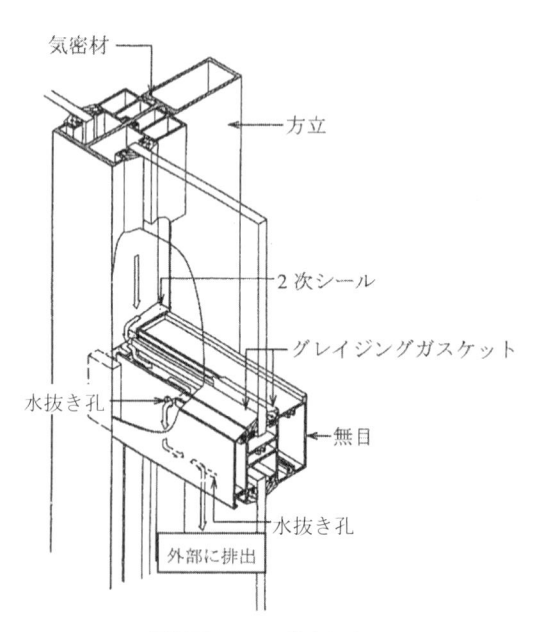

気密材

方立

2 次シール

グレイジングガスケット

水抜き孔

無目

水抜き孔

外部に排出

解説図 5.2.11　排水経路図

d．グレイジングガスケット構法の選定

（1）グレイジングガスケット構法を解説図5.2.12に示す．ガラス内外のシール部が一体となり，ガラス小口を取り巻くように装着されるグレイジングチャンネルを用いたものと，ガラス内外のシール部が別部品になっているグレイジングビードを用いたものに分類される．グレイジングビードを解説図5.2.12の（c）に示す．片側のビードを先にサッシの嵌合溝に装着しておき，ガラスのはめ込み後に他方のビードを目地に押し込む片側先付タイプが主流である．この場合，この後から押し込むビードには，脱落防止が工夫されているものが多い．

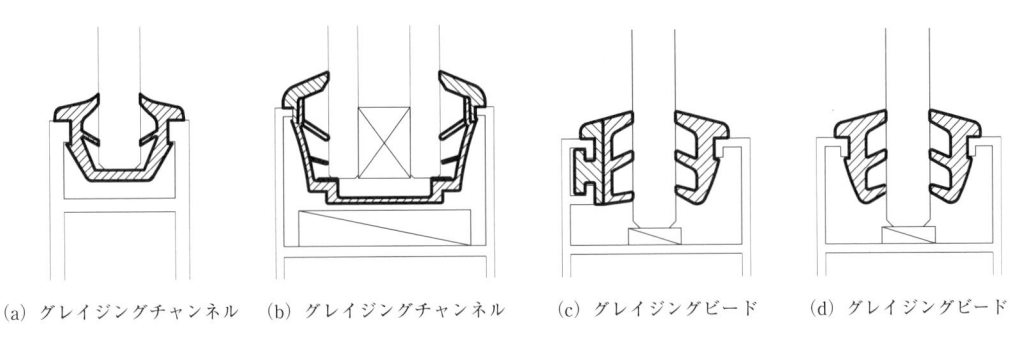

（a）グレイジングチャンネル　（b）グレイジングチャンネル　（c）グレイジングビード　（d）グレイジングビード

解説図 5.2.12　グレイジングチャンネルおよびグレイジングビードの例

グレイジングガスケットの種類として，グレイジングチャンネルと一般型グレイジングビードは，建築物の低層部や戸建住宅に多く採用されている．特に戸建住宅用の窓では，グレイジングチャンネルが多く採用されている．

高性能型グレイジングガスケット（ビード）は中高層，超高層建築物に多く使用されている．解説図5.2.13および解説図5.2.14に事例を示すが，この構法には，ガラス内外に高性能型グレイジングガスケット（ビード）を使用し，一方向からだけで施工を完了できるグレイジングガスケット構法（解説図5.2.13上部および解説図5.2.14）と，ガラス内部にガラススペーサーとシーリング材を併用し，水密信頼性をより高めた併用構法（解説図5.2.13下部）がある．いずれの構法でも，サッシ側に等圧空間や排水機構を設けるなど，ガスケットだけではなく開口部全体として高い水密性能を実現する構法として設計されている．また，このようなグレイジングガスケットは，長期的な水密性確保のために，あらかじめ工場で環状に一体成型された状態で出荷されることが多い．

これに対し，一般型の低層用のグレイジングガスケットは長尺状で，紙リールなどに巻かれて出荷されることが多い．

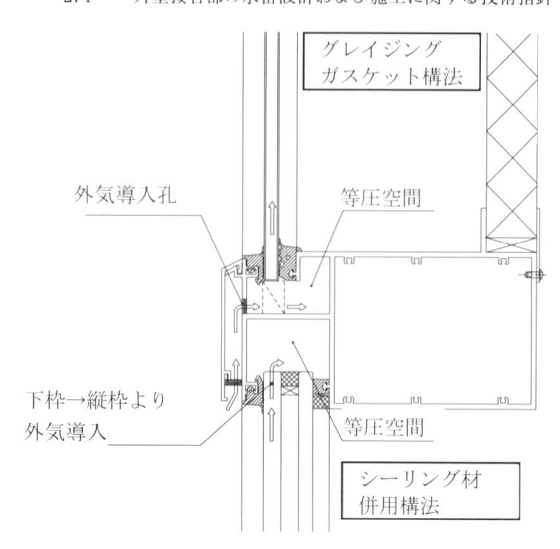

解説図 5.2.13　高機能型グレイジングガスケット構法の事例

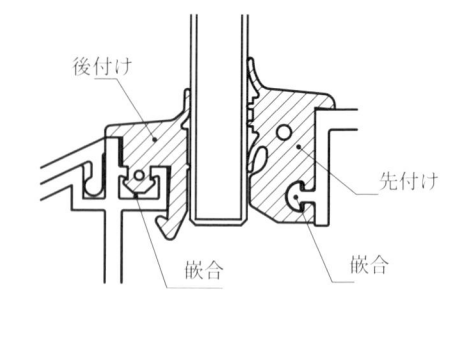

解説図 5.2.14　高機能型グレイジングガスケット（ビード）形状例

（2）グレイジングガスケットは，主成分別，工法別の種類によって性能に違いがあるので，設定した水密性能，ガスケットの性能，施工性および経済性などを考慮して適切なものを選定する必要がある．

グレイジングガスケット構法は，ガスケットが部材に確実に密着し，隙間が空かないことがシール機能確保の基本である．そのためには，ガスケットは長期にわたって反発弾性力を保持し，初期状態の形状および寸法を維持できるだけの耐久性が必要である．また，グレイジングガスケットの水密性能は，ガスケットのコーナー部や突付け部などガスケット同士の接合部も水密上の弱点になり，特に，長手方向の収縮による水密性能の低下には注意を要する．高性能化の手段としては，材料の選定とともに，断面形状および寸法と合わせて，工場で接合した環状型のものを選定する方法がある．

グレイジングガスケットの断面形状の例は解説図 5.2.12 に示すが，グレイジングガスケットの形状および寸法などは，受渡当事者間の協定による．面クリアランスは板ガラス厚および品種により異なるので，詳細は「JASS 17　ガラス工事」を参照いただきたい．

なお，グレイジングチャンネルは，U 字型で一体になっているので，面クリアランスとガラス厚両方の寸法表示が必要である．

グレイジングガスケットの種類と主成分別の適応性の高い建築物の関係は，解説表 5.2.3 のとおりである．

（3）近年，戸建住宅を中心に複層ガラス用として底部に孔の開いたグレイジングチャンネルが使用されるようになってきた．グレイジングチャンネルは完全な止水効果が期待できず，チャンネル内にある複層ガラスの小口面が長期間水に浸漬すると封着部が劣化し，長期的には複層ガラスの空気層内に水分が浸入して内部結露を引き起こす．したがって，グレイジングチャンネルを用いて複層ガラスをはめ込む場合は，排水機能が有効に働くかどうかの確認が重要である．

　詳細は，複層ガラスとサッシの取合いに関する仕様基準と解説[20]（（一社）板硝子協会，（一社）日本サッシ協会）による.

　また，同様に長時間，水に浸漬された場合の不具合は網入板ガラスと合わせガラスでも起こりうる. これらの場合も複層ガラスと同様な配慮が必要である. 詳細は「JASS 17　ガラス工事」を参照いただきたい.

　e.　構成部材のガスケット嵌合溝

　グレイジングガスケットは，反発弾性力の低下や収縮が生ずると，風圧の繰返しや可動サッシの開閉の繰返しなどにより嵌合溝から外れる危険性がある. 嵌合溝の形状および寸法とガスケットの形状および寸法との関係をあらかじめ検討しておく必要がある.

解説表 5.2.3　グレイジングガスケットの種類と主成分別の適応性の高い建築物

建築物の区分	グレイジングガスケット		
	グレイジングチャンネル	グレイジングビード	
		一般型	高性能型
低層建築物	PVC 系 TPE 系	PVC 系 TPE 系	－
中高層建築物	－	－	CR 系 EPDM 系 SR 系
超高層建築物	－	－	同上
戸建住宅	PVC 系 TPE 系	PVC 系 TPE 系	－

［注］　SR 系：シリコーンゴム系　EPDM 系：エチレン・プロピレンゴム系
　　　　CR 系：クロロプレンゴム系　PVC 系：ポリ塩化ビニル系
　　　　TPE 系：サーモ・プラスチック・エラストマー

5.2.4　構造ガスケット構法の設計

　a.　水 密 性 能
　　水密性能は，「3.2.1　水密性」に基づいて設定する. 所定の条件で，室内側に漏水を生じない限界の圧力差 Pa で表示し，脈動の中央値を圧力差とし脈動上限圧力を併記する. または，リップシール圧で表示する.
　b.　耐風圧性能
　　耐風圧性能は，建築基準法または荷重指針に基づいて設定する. 所定の条件で，ガスケットの変位量が規定値内である限界の正および負圧で表示する. または，ガラス保持力で表示する.
　c.　構造ガスケット構法の選定
　　構造ガスケット構法は，水密性能，耐風圧性能，耐久性，施工性および経済性などを考慮して，適切な構造ガスケットと納まりを検討する.
　　（1）構造ガスケットは，要求性能に適した主成分の種類，使用温度範囲区分，形状および寸法のものを選定する.
　　（2）構造ガスケットを用いて複層ガラスを施工する場合は，有効な排水機能を備えた専用のものを選定する.
　d.　支持部材のガスケット嵌合溝
　　ガスケットを装着する支持部材の嵌合溝は，構造ガスケットが外れないように，適切な形状および寸法でなければならない.

　構造ガスケットとしての JIS A 5760：2025（建築用構造ガスケット）には，以下の 3 タイプが規定されている．

　　H 型ガスケット：主にガラスを金属支持部材に取り付けるタイプ

　　Y 型ガスケット：主にガラスをコンクリート部材に取り付けるタイプ

　　C 型ガスケット：ガラスとガラスを繋ぎ，それを室内側の金属支持部材に取り付けるタイプ．
　　　　　　　　　　連窓に用いられる．

　材質的にはいずれも合成ゴム系のものが使用されている．H 型，Y 型ガスケットの各部の名称を解説図 5.2.15 に示す．

　構造ガスケットジョイントは，ガラスの両面および支持部材の両面を構造ガスケットのシーリンググリップを密着させて雨水の浸入を防止し，さらにガラスを保持する構法である．

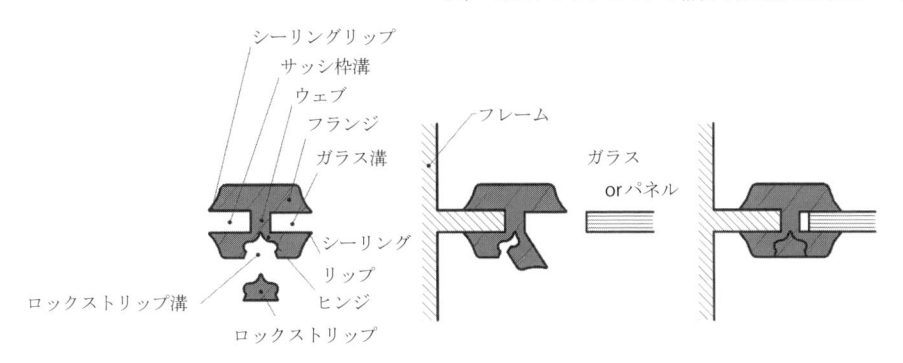

H 型ガスケット

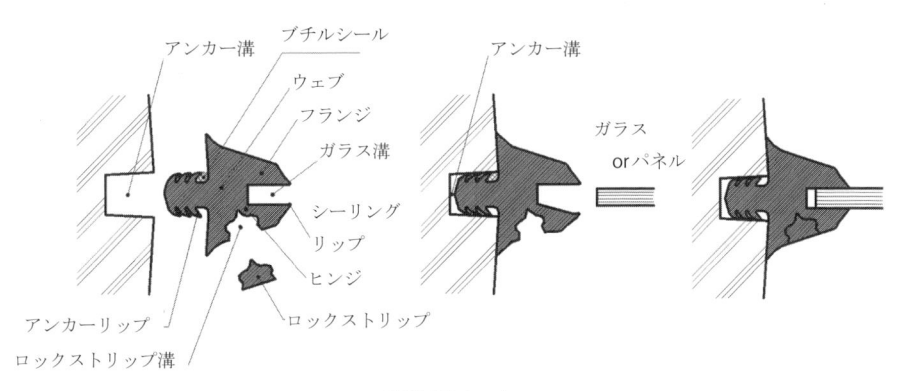

Y 型ガスケット

ヒンジ	：ガスケットのガラス溝とジッパー溝の厚さが最小の部分，ガラスをはめ込む際，フランジを折り曲げる支点となる．
ロックストリップ （ジッパー）	：ロックストリップ（ジッパー）溝に嵌入する帯状の部品，嵌合するとリップに圧力が加わり，ガラスを保持するとともにシール機能を発揮する．
ロックストリップ （ジッパー）溝	：ロックストリップ（ジッパー）を嵌入するための溝
フランジ	：ガラスのウェブとともに，ガラス溝またはサッシ枠溝を構成する部分
ウェブ	：H 型ガスケットでは両フランジに挟まれた部分．Y 型ガスケットではフランジとアンカーに囲まれた部分
アンカー	：Y 型ガスケットでアンカー溝に嵌入する部分．はめ込まれたガラスを支持する機能をもつ．
シーリングリップ	：ガスケットのフランジ先端部分の内側の面．H 型ガスケットではガラスおよび金属支持部材と接触し，Y 型ガスケットではガラスと接触してシール機能を発揮する．
アンダーリップ	：Y 型ガスケットの支持部材と接触する部分
アンカーリップ	：Y 型ガスケットのアンカー部分のひれ状の突起
ガラス溝	：ガラスをはめ込むための溝
サッシ枠溝	：H 型ガスケットの金属支持部材をはめ込むための溝
アンカー溝	：Y 型ガスケットのアンカーを嵌入するための構成部材の溝

解説図 5.2.15 H 形，Y 形構造ガスケットの各部名称

ａ．水 密 性 能

（1）水密性能は，受渡当事者間の協定によるが，その設定は，本指針の「3.2.1　ｂ．水密性能値の設定」に準じて行う．詳細は，「5.2.3　ｂ．水密性能」の解説を参照いただきたい．

（2）構造ガスケットの水密性能は，シーリングリップ部分の止水性によって決まる．各リップの止水部位として，H 型では，シーリングリップとガラスおよび支持枠，Y 型では，シーリングリップとガラスならびにアンダーリップおよびアンカーリップと支持枠，C 型では，シーリングリップとガラスがある．

これらの中で，各構造ガスケットに共通するシーリングリップとガラスとの接触面における圧縮力（リップシール力）を想定して，水密性能の代用特性値として利用する方法がある．リップシール力測定方法の詳細は「5.2.5　性能確認試験」に示す．

ｂ．耐風圧性能

（1）耐風圧性能は，受渡当事者間の協定による．風圧力の設定は建築基準法による．

（2）構造ガスケットジョイントの耐風圧性能は，風圧力が載荷された条件で，ガスケットのガラス保持力またはガスケットの支持部材との嵌合力（はずれにくさ）の弱い部分で決まる．すなわち，ガラスが風圧力を受けると，それがガスケットに伝わり，さらにガスケットから支持部材に伝わるが，その過程でガスケットが面外方向に変形するので，この変位量と荷重の関係からガスケットの耐風圧性能が検討できる．

変位量はころび量ともよばれ，解説図 5.2.16 のようになる．同じ風圧力を受けた場合でも，ガスケットの形状や，ガスケットへのガラスのかかり代等によって変位量は異なる値となるが，一般的に変位量が 6 mm 以下の場合は，風圧力を加えた後に有害な残留変形を生じないことが知られている．したがって，ガスケットの許容変位量は 6 mm と設定される場合が多い．

風圧力によって構造ガスケットが受ける荷重は，ガスケットの単位長さあたりの最大線荷重（N/mm：JIS A 5760-2025 にあるガラス保持力）として，風圧力（Pa）とガラスの大きさ（$w \times h$）から解説図 5.2.17 の方法で略算できる．

以上のことから，ガラス保持力と変位量の関係を測定しておけば，構造ガスケット構法の耐風圧性能が算出できる（試験法の詳細を「5.2.5　性能確認試験」に示す）．

ｃ．構造ガスケット構法の選定

（1）構造ガスケット構法は，主として金属フレームに取り付けられる H 型ガスケット構法，プレキャストコンクリートに取り付けられる Y 型ガスケット構法，およびガラス面と直交する方向で金属フレームに取り付けられる C 型ガスケット構法に分類される．C 型ガスケット工法には，金属フレームとの取付け方の異なる押縁タイプとくわえ込みタイプとがあり，連窓が可能なので連窓用ガスケット構法とも呼ばれる（解説図 5.2.18）．

構造ガスケット構法は，その機構上，FIX 窓に適しているので，多くの建築物で採用されており，低層から超高層まで各グレードの性能を満足するものが選定できる．H 型，Y 型，C 型各構法の性能差はなく，その選定は，主に支持部材の材料と構造の違いによって決まる．H 型はメタルカーテンウォールおよびプレキャストコンクリート板に金属の支持枠を取り付けたプレキャストコンク

リートカーテンウォールに採用されている．Y型は，金属フレームを使用せず，直接プレキャストコンクリート板の溝に取付け可能なので，特にプレキャストコンクリートカーテンウォールで多く採用されている．またC型は，ガラスファサードのようにガラスが連続する連窓の場合に採用されている．

　構造ガスケットは，主成分の種類によってグレードの違いがあるので，設定した水密性能，耐久性グレード，施工性および経済性などを考慮して適切なものを選定する必要がある．構造ガスケットジョイントは，ガスケットが部材に十分に密着してシール機能を確保し，また，ガラス・構造ガスケット，支持材が一体となって作用する力を伝達し，ガラスを保持することが基本である．そのためには，構造ガスケットは十分な強度やゴム弾性を有し，それが長期にわたって維持できるだけの耐久性が必要である．

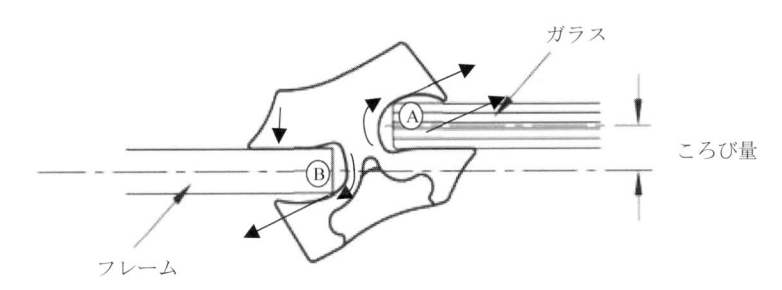

解説図 5.2.16　H型ガスケットが風圧を受けたときの変形図

（計算例）
設計風圧力：$P = 2000\text{Pa} \fallingdotseq 2000 \text{ N/m}^2$
ガラスサイズ：1 m（a）×2 m（b）
とすると，ガスケットに作用する
最大線荷重 W_{max} は，単位長さ（1 mm）あたり，
$W_{max} = a/2 \times 0.001 \times P$
したがって，この例では，
$W_{max} = (1 \text{ m}/2) \times 0.001 \text{ m} \times 2000 \text{ N/m}^2$
　　　$= 1 \text{ N}$
単位長さ（1 mm）あたり1 Nとなる．

線荷重の分布図

解説図 5.2.17　風圧から単位長さあたりの線荷重算出法

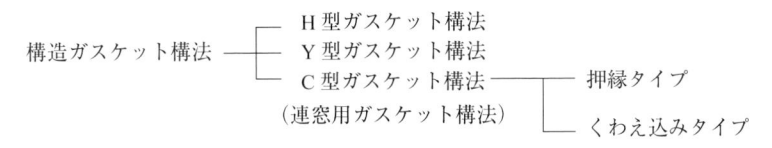

解説図 5.2.18　構造ガスケット構法の種類

　構造ガスケットの断面形状の例は，解説図 5.2.19〜5.2.22 に示すとおりであるが，構造ガスケットの形状や寸法などは，受渡当事者間の協定による．

　なお，前述のとおり，構造ガスケットの耐風圧性能（ガラス保持力）は，ガスケットへのガラスのかかり代によって変化するので，設計では，ガラスのかかり代の設定も必要である．解説表 5.2.4 に，「JASS 17　ガラス工事」に記載されている構造ガスケット構法の標準納まり寸法を示す〔解説図 5.2.23 参照〕．ガラスのかかり代は，板ガラス厚および品質により異なるので，詳細は「JASS 17　ガラス工事」を参照いただきたい．

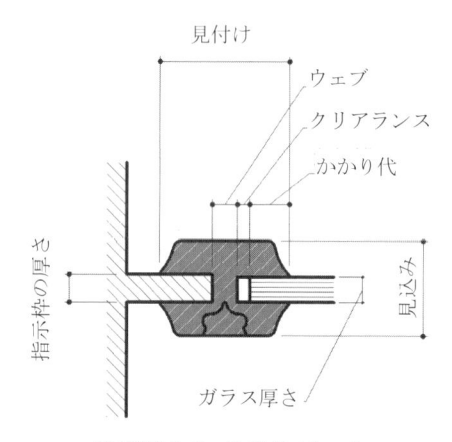

解説図 5.2.19　H 型ガスケット

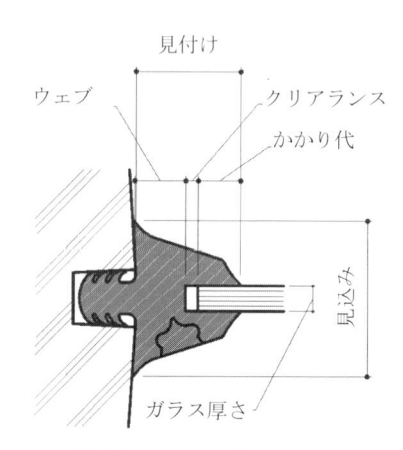

解説図 5.2.20　Y 型ガスケット

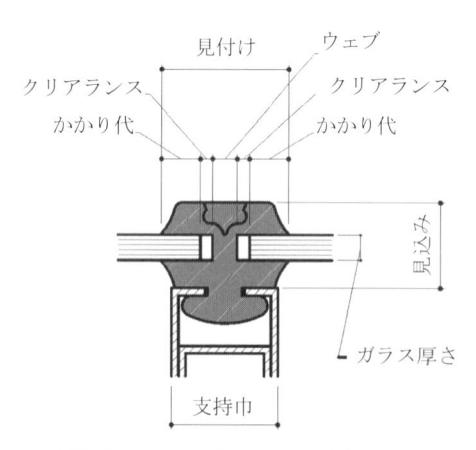

解説図 5.2.21　C 型ガスケット押縁タイプ

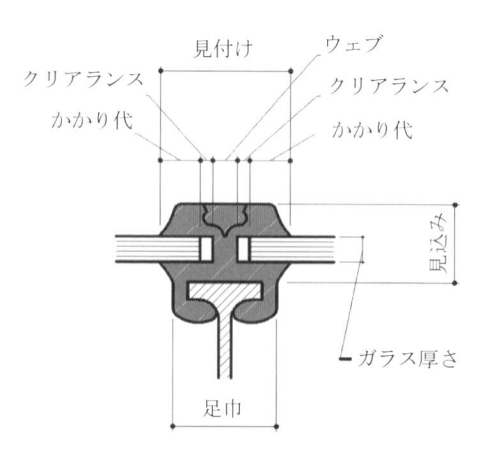

解説図 5.2.22　C 型ガスケットくわえ込みタイプ

解説表 5.2.4　構造ガスケット構法の標準納まり寸法 C_1，C_2（JASS 17 より）

ガラスの厚さ	ガスケットの種類とクリアランス			
	H 型		Y 型	
	C_1	C_2	C_1	C_2
8 mm 以下	4	5	4	6
12 mm 以下	4	6	5	6
15 mm 以下	5	6	6	7

納まり寸法については，特記がない場合には上記の値とする．エッジクリアランスが大きくなるとガラスかかり代が小さくなる．かかり代が小さい場合は，風圧を受けたときの構造ガスケットのリップの転びが大きくなるので，止水性の低下やガラスが外れる等の可能性がある．

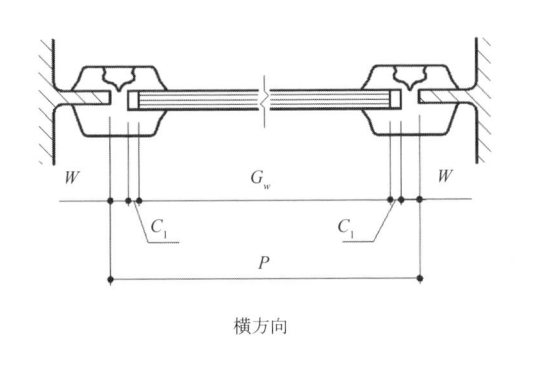
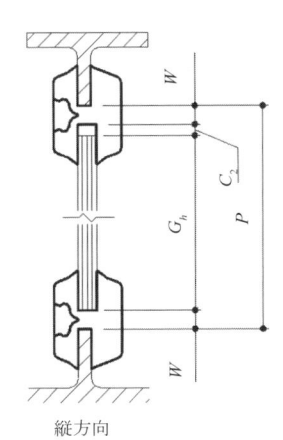

横方向

縦方向

（a）H 型ガスケット

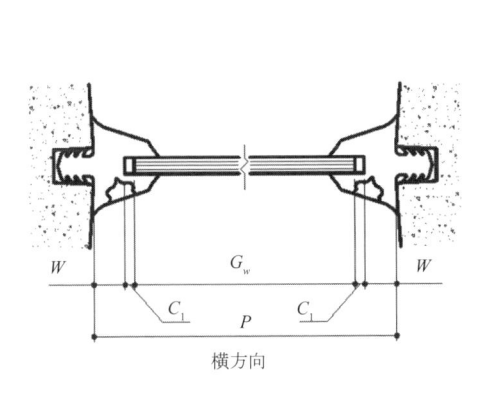
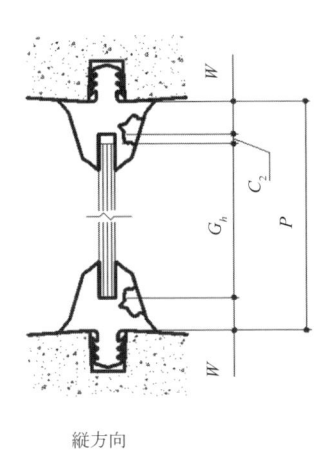

横方向

縦方向

（b）Y 型ガスケット

解説図 5.2.23　構造ガスケット構法の標準納まり寸法 C_1，C_2

（2）20 年前から複層ガラス用として，底部に排水機構を備えた構造ガスケットが使用されている．その代表的な例を解説図 5.2.24 に示す．構造ガスケットは完全な止水性を有するとは言えないため，浸入水により複層ガラスは，ガスケットのガラス溝内にある小口面が長時間水や高湿環境に晒され，内部結露を引き起こす危険性がある．したがって，構造ガスケットを用いて複層ガラスをはめ込む場合は，排水機構が有効に働くかどうかの確認が重要である．同じくガラス溝内に長時間水が滞留することにより，合わせガラスは，小口の中間膜部から徐々に剥離が進展してしまう可能性がある．また，網入りガラスは，小口から網が錆びて，錆割れや熱割れを引き起こすので，構造ガスケットを用いて合わせガラスや網入り板ガラスをはめ込む場合は，排水機能の有効性および合わせガラスや網入りガラスの小口処理の品質についての確認が必要である．

設計においては，排水孔から水が逆流して，水密性能が低下しないような配慮が必要であり，排水機構は，サッシや支持枠などと合わせた検討が必要である．解説図 5.2.24（a）の例では，構造ガスケット本体の排水孔からプレキャストコンクリートに打ち込んだホースへ排水して出口との高さの違いにより逆流を防いでいる．同図（b）では，室内側に排水して逆流は発生しない．同図（c）ではサッシホローに排水することで高さとサッシ枠の排水孔を千鳥にすることで水の逆流を防いでいる．

なお，構造ガスケットの材料によっては，使用されている可塑剤や配合剤が複層ガラスや合わせガラスに使用されている有機材料に移行して，その劣化を引き起こすことがあるのでこの点についても確認が必要である．

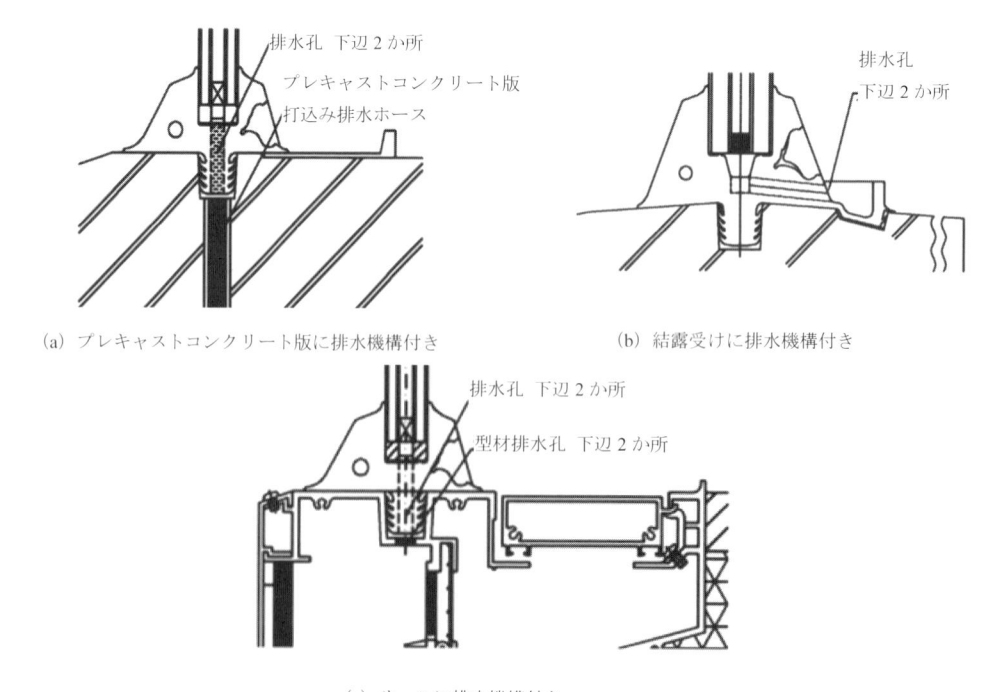

（a）プレキャストコンクリート版に排水機構付き　　　　（b）結露受けに排水機構付き

（c）サッシに排水機構付き

解説図 5.2.24　底部に排水機構を備えた構造ガスケットの例

　d．支持部材のガスケット嵌合溝

　構造ガスケットは，反発弾性力の低下や収縮が生ずると，嵌合部材との密着性や嵌合力が低下して，初期の水密性能や耐風圧性能が得られなくなる危険性がある．嵌合部材の形状および寸法とガスケットの形状および寸法との関係をあらかじめ検討しておく必要がある．

5.2.5　性能確認試験

> 　目地ガスケット，グレイジングガスケットおよび構造ガスケットの品質，およびそれらを用いたガスケット構法の性能を試験する場合には，下記を標準とする．
> 　a．目地ガスケット，グレイジングガスケットおよび構造ガスケットの品質試験
> 　（1）軟質系，発泡系，硬質系とも JIS A 5756：2025（建築用ガスケット）により行う．
> 　（2）構造ガスケットの場合は JIS A 5760：2025（建築用構造ガスケット）および ASTM C542-2017（Standard Specification for Lock-Strip Gaskets）により行う．
> 　b．外壁としての水密性能試験
> 　外壁としての水密性能試験は，JIS A 1517：2020（建具の水密性試験方法）および JIS A 1414-3：2010（建築用パネルの性能試験方法—第3部：温湿度・水分に対する試験）に規定する水密試験により行う．

　a．目地ガスケット，グレイジングガスケットおよび構造ガスケットの品質試験

　（1）目地ガスケットおよびグレイジングガスケットの試験として，JIS A 5756：2025（建築用ガスケット）では，軟質系の試験として，硬さ試験，引張試験，圧縮永久ひずみ試験，熱老化性試験，加熱収縮率試験，低温衝撃ぜい化性試験，圧縮力試験，耐オゾン性試験，耐候性試験が規定されている．発泡系の試験として圧縮荷重試験，圧縮永久ひずみ試験，熱老化性試験，加熱収縮率試験，低温折り曲げ試験，圧縮力試験，耐オゾン性試験，耐候性試験が規定されている．硬質系の試験として，引張試験，シャルピー衝撃強さ試験，ビガット軟化温度試験，加熱収縮率試験が規定されている．一方，発泡系ガスケットの一般性能として，圧縮荷重試験，圧縮永久ひずみ試験，熱老化性試験，加熱収縮率試験，低温折り曲げ性試験，追加性能として圧縮力試験，耐オゾン性試験，耐候性試験が規定されている．なお，圧縮荷重試験と圧縮力試験の違いは，前者はガスケットを構成するスポンジゴムの圧縮力を求める試験であり，後者は製品としてのガスケットの圧縮力を求める試験である．なお，製品としての圧縮永久ひずみ試験については，実地の使用条件などを考慮した巻末付録「3．ガスケットに関連する性能評価試験方法　G1目地のムーブメントを考慮したガスケットの圧縮永久ひずみ試験」を活用されることを推奨する．

　（2）構造ガスケットの試験として，JIS A 5760：2025（建築用構造ガスケット）では，（ⅰ）ガラス保持力試験が規定されており，ASTM C542：2017（Standard Specification for Lock-Strip Gaskets）では，（ⅱ）リップシール力試験が規定されている．試験方法の要点を以下に述べる．

　（ⅰ）ガラス保持力試験は，解説図5.2.25に例示した保持力試験治具に構造ガスケットを装着して荷重を載荷し，荷重と変位量の関係を測定する．上述のとおり，ガラス保持力試験における許容変位量は，一般的に6 mm とされる場合が多い．その場合，6 mm まで面外方向へ変位した時の荷重が許容荷重となるので，この許容荷重から算出した保持力が，安全率を見込んだガスケットの耐風圧性能となる．なお，ガラス保持力試験と実大試験による耐風圧性能との比較

は，各ガスケット製造所で調査されている．一例として，解説図 5.2.26 に同一断面の構造ガスケットを用いた実大風圧試験と保持力試験の対比結果を示すが，同図より双方の保持力の値は近似しており，ガラス保持力試験によって構造ガスケットの耐風圧性能が十分に予測可能であることがわかる．

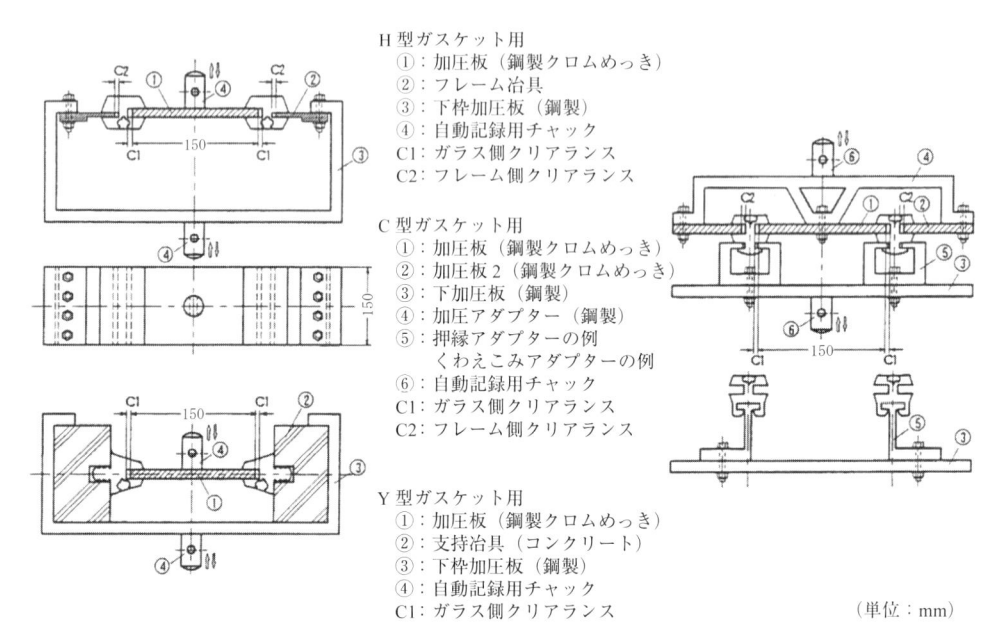

解説図 5.2.25　ガラス保持力試験の保持力測定治具図

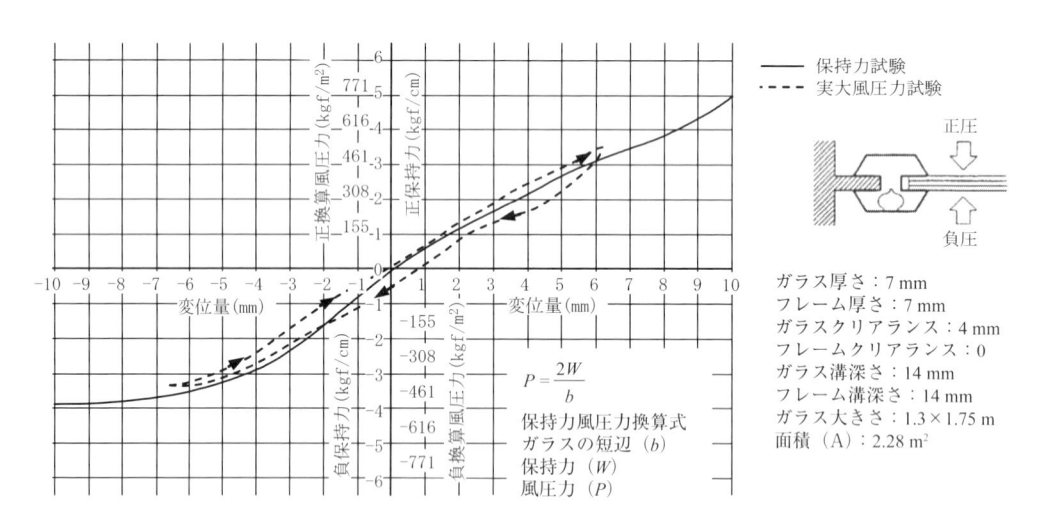

解説図 5.2.26　実大風圧試験とガラス保持力試験の対比[21]

（ⅱ）リップシール圧は，構造ガスケットのガラス溝を，リップ引張治具を用いて所定のガラス厚さに相当するリップ間距離になるまで開いたときの，構造ガスケット単位長さあたりの引張荷重（N/cm）で表示する．試験法を解説図 5.2.27 に示す．

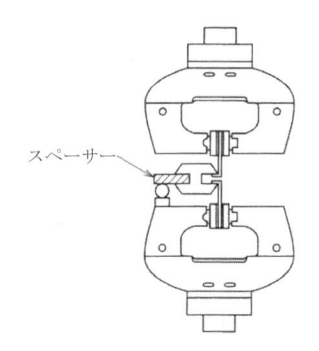

解説図 5.2.27　リップシール力試験

b．外壁としての水密試験

　外壁としての水密試験を行う場合は，JIS A 1517：2020（建具の水密性試験方法）または JIS A 1414-3：2010（建築用パネルの性能試験方法—第3部：温湿度・水分に対する試験）に準じて行う．一般に，目地ガスケット，グレイジングガスケットまたは構造ガスケット単独の試験ではなく，カーテンウォールやサッシ全体の試験体に組み込まれて行われる．JIS A 1517：2020 では，試験装置，試験体および試験体取付枠，試験方法，結果の表示，報告書記載事項が規定されており，JIS A 1414-3：2010 では，試験装置，試験方法，試験結果の記録が規定されている．JIS A 1517：2020 と JIS A 1414-3：2010 の水密試験の基本的な違いは，前者はある等級の水密性能の合否を判定する試験であり，後者は段階的に加圧して漏水を生じない限界の圧力差を求める試験である．また，後者に比べ前者には漏水現象の判定基準が詳細に規定されている．したがって，一般的には水密試験は JIS A 1414-3：2010 に従って段階的に加圧しながら試験し，JIS A 1517：2020 の基準により漏水現象を判定することが一般的である．

5.3　材　　　料

5.3.1　ガスケットの種類

　a．目地ガスケット，グレイジングガスケットおよび構造ガスケットの材料
　　目地ガスケットおよびグレイジングガスケットは JIS A 5756：2025（建築用ガスケット）に適合するものを，使用部位，部材，要求性能などに応じて，（1）性状による区分，（2）形態による区分，（3）主成分による区分および（4）使用温度範囲による区分から適切に選択して使用する．
　　構造ガスケットは JIS A 5760：2025（建築用構造ガスケット）に適合するものを，使用部位，形状，要求性能などに応じて，（4）使用温度範囲による区分から適切に選択して使用する．
　b．押出成形セメント板外壁の目地ガスケットの材料
　　押出成形セメント板専用ガスケット（ECP 専用ガスケット）は，JIS A 5756：2025（建築用ガスケット）に適合するものおよびポリウレタン系（U 系）を選択して使用する．
　c．工業化住宅の窯業系サイディングガスケットの材料
　　目地ガスケットは，JIS A 5756：2025（建築用ガスケット）に適合するものを使用部位，部材，要求性能など

に応じて，（1）性状による区分，（2）形態による区分，（3）主成分による区分および（4）使用温度範囲による区分から適切に選択して使用する．または，これに準じるものを使用する．

　a．目地ガスケット，グレイジングガスケットおよび構造ガスケットの材料

　カーテンウォールでは，JIS A 5756：2025（建築用ガスケット）に適合する目地ガスケットおよびグレイジングガスケット，JIS A 5760：2025（建築用構造ガスケット）に適合する構造ガスケットの使用を標準とする．

（1）性状による区分

　性状による区分では，ガスケットの材料は軟質系，発泡系および硬質系に区分されている．軟質系はソリッドとも呼ばれており，ヒレ形状の水切り材やグレイジングガスケットなどに使用される．また，発泡系に比べて機械的強度に優れるため，後述する多重成形品において，形材嵌合部に使用されることも多い．発泡系はスポンジとも呼ばれる材料である．軟質系に比べてシール性に優れており，目地ガスケットとして最も多く使用されている．硬質系材料は，グレイジングガスケット（グレイジングチャンネル）の多重成形品に主に使用されている．構造ガスケットは軟質系のみ用いられており，JIS A 5760：2025（建築用構造ガスケット）では性状を記載していない．

（2）形態による区分

　形態による区分では，ガスケットは単一成形品および多重成形品に区分されている．単一成形品は軟質系のみ，あるいは発泡系のみといった単一の性状の材料を用いて製造されたガスケットであり，多重成形品は軟質系と発泡系といった複数の性状の材料を同時成形して製造されたガスケットである．接着方式で装着される目地ガスケットは単一成形品が用いられることが多く，メタルカーテンウォールに嵌合方式で装着される目地ガスケットは，形材嵌合部が軟質系または発泡倍率の小さい発泡系の材料，目地をシールする部分が発泡倍率の大きい発泡系材料の多重成形品が多く用いられる．構造ガスケットは単一成形品のみ用いられており，JIS A 5760：2025（建築用構造ガスケット）では，形態を記載していない．目地ガスケット，グレイジングガスケットおよび構造ガスケットの主成分別，成形形態別と用途別の関係を解説表 5.3.1 に示す．また，多重成形品の目地ガスケット，グレイジングチャンネルの形状例を解説図 5.3.1 に示す．

（3）主成分による区分

　主成分による区分では，軟質系として加硫ゴムのシリコーンゴム系（以下，SR系という），エチレン・プロピレンゴム系（以下，EPDM系という）およびクロロプレンゴム系（以下，CR系という）と，熱可塑性樹脂のサーモ・プラスチック・エラストマー系（以下，TPE系という）とポリ塩化ビニル系（以下，PVC系という）が規定されている．構造ガスケットでは主成分としてCR系，SR系，EPDM系が使用されているが規定はされていない．

　（4）使用温度範囲による区分 T2，T4 における温度範囲の上限値 85℃は，高層カーテンウォールおよび笠木などで日射を受ける部位に使用する場合を想定しており，区分 T1，T3 における温度範囲の上限 70℃は，日射の影響を受けない部位で使用する場合や中低層建築のカーテンウォールおよび戸建住宅などで使用する場合を想定している．区分 T3，T4 における温度範囲の下限−40

℃は，北海道や北東北などの寒冷地での使用を想定しており，区分 T1，T2 における温度範囲の下限値 −20 ℃は，その他の地域での使用を想定している．

目地ガスケット，グレイジングガスケットの JIS A 5756：2025（建築用ガスケット）によるガスケットの区分を解説表 5.3.2 に示す．

解説表 5.3.1 ガスケットの主成分別，成形形態別と用途別の関係

ガスケットの種類		軟質系ガスケット JIS A 5756：2025 JIS A 5760：2025					発泡系ガスケット JIS A 5756：2025		
		SR系	EPDM系	CR系	TPE系	PVC系	SR系	EPDM系	CR系
目地ガスケット		○	○	○	○*2	○*1	○	○	○
開口部用ガスケット	グレイジングガスケット	○	○	○	○*2	○	—	—	—
	構造ガスケット	○	○	○	—	—	—	—	—
気密ガスケット（参考）		○	○	○	○	○	○	○	○

［注］　＊1：戸建住宅用　＊2：TPO（オレフィン系サーモ・プラスチック・エラストマー）の使用が多い．

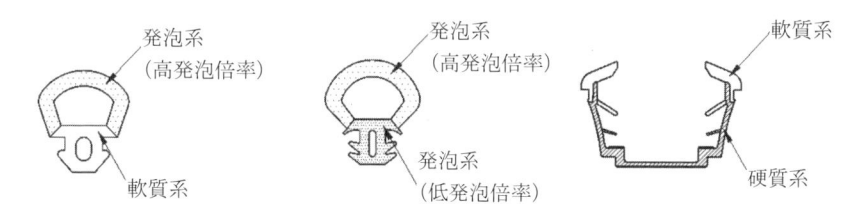

解説図 5.3.1 多重成形品のガスケット形状例

解説表 5.3.2 JIS A 5756：2025 によるガスケットの区分

性状による区分	形態による区分	主成分による区分	使用温度範囲による区分
軟質系（ソリッド）	単一成形品	SR系，EPDM系 CR系，TPE系	T1，T2，T3，T4
		PVC系	T1，T3
発泡系（スポンジ）	単一成形品	SR系	T1，T2，T3，T4
	多重成形品	CR系	T1，T3
硬質系	多重成形品	PVC系	T1，T3

［注］　使用温度範囲　T1：−20 ℃〜+70 ℃　T2：−20 ℃〜+85 ℃
　　　　　　　　　　T3：−40 ℃〜+70 ℃　T4：−40 ℃〜+85 ℃

b．押出成形セメント板外壁ガスケット材料

（1）主成分別の種類

ECP 専用ガスケットは，主成分別に EPDM 系，SR 系およびポリウレタン系（以下，U 系という）があり，EPDM 系と SR 系は JIS A 5756：2025（建築用ガスケット）の目地ガスケットに含まれている．U 系は素材自体に防水性・耐久性を付与したポリウレタン系で，エーテルを主成分として

おり加水分解しにくい性質を持つ．解説表 5.3.3 に ECP に使用されるガスケットの主成分，性状および使用形状を，解説図 5.3.2 に ECP 専用のガスケットタイプ例を示す．

解説表 5.3.3　ECP に使用されるガスケット

	EPDM 系	SR 系	U 系
発泡系 （スポンジ）	中実タイプ 中空タイプ	― 中空タイプ	中実タイプ ―
軟質系 （ソリッド）	中実タイプ 中空タイプ	― ―	― ―

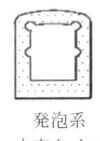

発泡系
中実タイプ　　　　発泡系
中実タイプ　　　　発泡系
中空タイプ　　　　軟質系
中空タイプ

解説図 5.3.2　ECP 専用のガスケットタイプ例

ｃ．工業化住宅の窯業系サイディングガスケットの材料

　目地ガスケットは（1）性状による区分は 1 次シールは軟質系，2 次シールは発泡系が使用されることが多い．（2）形態による区分は単一成形品が多いが加飾するために多重成形を用いる場合がある．（3）主成分別に EPDM 系，TPE 系クロロスルフォン化ポリエチレン系（以下，CSM 系という），塩素化ポリエチレン系（CPE 系）が使用されることが多い．解説表 5.3.4 に目地ガスケットの主成分を示す．

解説表 5.3.4　目地ガスケットの主成分

ガスケットの種類	軟質系ガスケット JIS A 5756：2025					発泡系ガスケット JIS A 5756：2025			その他	
	SR系	EPDM系	CR系	TPE系	PVC系	SR系	EPDM系	CR系	CSM系	CPE系
目地ガスケット	―	○	―	○	○	―	○	―	○	○

　ガスケットを構成するゴムまたは樹脂の一般的性質を解説表 5.3.5 に示す．本表は，建築用を含めたガスケット一般の性質の概要を示したものである．

解説表 5.3.5　ガスケットを構成するゴムまたは樹脂の一般性能

名称(一般的な略語)	素材					被覆材	
	シリコーンゴム(SR) 熱加硫ゴム	エチレンプロピレンゴム(EPDM) 熱加硫ゴム	クロロプレンゴム(CR) 熱加硫ゴム	塩化ビニル(軟質)(PVC) 熱可塑性樹脂	サーモプラスチックエラストマー(TPE) 熱可塑性樹脂	クロロスルフォン化ポリエチレン(CSM) 熱加硫ゴム	塩素化ポリエチレン(CPE または CM) 熱加硫ゴム
主な特徴	耐候性，耐オゾン性，耐熱老化性，耐寒性がきわめて優秀．圧縮永久ひずみが小さい．機械的強度が低い．	耐候性，耐オゾン性，耐熱老化性に優れる．	耐候性，耐オゾン性，耐薬品性に優れ，自己消炎性である．	着色性，加工性に優れ，自己消炎性である．耐候性，耐オゾン性，耐薬品性が良い．	耐候性，耐オゾン性，耐熱老化性が良い．	CRと同じ特徴だが，鮮明な着色が可能．	CSMと同じ特徴．
比重	1.15～1.40	1.10～1.40	1.30～1.80	1.15～1.45	0.90～1.34	1.30～1.80	1.30～1.80
硬さ(JIS A°)	25～90	30～90	30～90	40～95	50～90	50～90	50～90
引張強さ(Mpa)	～10	～20	～29	～25	～15	～20	～20
伸び(%)	100～1000	100～800	100～1000	200～600	200～600	100～500	100～500
反発弾性*	◎	○	◎	△	△	○	○
引き裂き強さ*	×～○	○	○	○	△	◎	○
圧縮永久ひずみ*	◎	○	△	△	△	◎	◎
耐摩耗性*	×～△	○	○～◎	○	△	◎	◎
耐屈曲亀裂*	×～○	○	○	○	△～○	○	○～◎
高使用温度(℃)	200	80～140	80～120	60～100	80～115	80～120	80～150
脆化温度(℃)	−70～−120	−40～−70	−35～−55	−20～−45	−50～−70	−20～−55	−20～−55
耐熱老化性*	◎	◎	○	△	△	◎	○
耐オゾン性*	◎	◎	○	△～◎	◎	◎	◎
耐炎性*	×	×	○	△～○	×	○	○
電気絶縁性**	$10^{12}～10^{14}$	$10^{13}～10^{19}$	$10^{8}～10^{10}$	$10^{8}～10^{13}$	$10^{10}～10^{14}$	$10^{6}～10^{12}$	$10^{6}～10^{12}$
耐ガス透過性*	×	○	○	○	○	◎	◎
耐放射線性*	△～○	×	△～○	△～○	△～○	△～○	◎
線膨張係数(10^{-4}℃)	2.5～4.0	1.8	2.0	0.7～2.5	1.2～1.7	1.0～2.0	1.0～2.0
熱伝導率***	$1.5～2.5×10^{-1}$	$1.3～2.9×10^{-1}$	$2.1～3.3×10^{-1}$	$1.3～1.7×10^{-1}$	$1.8×10^{-1}$	$1.1×10^{-1}$	$1.0～3.0×10^{-1}$
ガソリン軽油*	×～○	△	△	×～△	×	×～○	○
トルエン・ベンゼン*	×～△	△	×	×～△	×	×～△	×～△
アルコール*	◎	◎	◎	×～△	◎	◎	◎
エーテル*	×～△	○	○～△	△	○	×	×
ケトン(MEK)*	○	○	△	×～△	○	△～○	△～○
酢酸エチル*	○	○	△	×～△	○	×	×～△
水*	◎	◎	◎	○	◎	◎	◎
高濃度無機酸水*	△	○	○	○～◎	○	◎	○～◎
低濃度無機酸水*	○	◎	○	○	○	◎	◎
高濃度アルカリ*	◎	◎	○	○	○	◎	◎
低濃度アルカリ*	◎	◎	○	○	○	◎	◎
耐候性*	色を問わずきわめて良好である．	黒色は耐候性が良い．着色は可能だが物性・耐候性ともに落ちる．	黒色での使用が望ましい．	着色は自由である．	着色は可能であるが，黒色が望ましい．	色を問わず良好であるが，主として被覆などの複合材料として使用される．	色を問わず良好であるが，主として被覆などの複合材として使用される．

左側区分：物理的性質及び耐久性／材料の諸特性／耐油・耐溶剤／耐酸・アルカリ

[注]　比較は値はあくまでも一般的な物性で，技術的進歩により変わることがある．　　*：◎優秀　○良好　△やや不良　　**：電気絶縁性の単位は，体積抵抗値 Q_{m}　　***：熱伝導率の単位は，W/m・℃
（=1/418.68 cal・sec・℃）

5.3.2　目地ガスケット

a．カーテンウォール

　目地ガスケットは，JIS A 5756：2025（建築用ガスケット）に適合するもので，水密性能および使用温度区分を満足するものを使用する．

b．押出成形セメント板外壁

　（1）主成分には SR 系，EPDM 系，U 系を使用する．

　（2）形状は，小口部目地（突付目地）用と嵌合部目地（凹凸目地）用があり，目地幅に応じた製品を使用する．

　（3）ガスケット単体の性能は，JIS A 5756：2025（建築用ガスケット）に準拠することとし，目地の水密性能は，押出成形セメント板協会（ECP 協会）が定める性能とする．

c．工業化住宅の窯業系サイディング外壁

　目地ガスケットは，JIS A 5756：2025（建築用ガスケット）に適合するもの，またはこれに準じるものを使用する．

　　a．カーテンウォール

　カーテンウォールでは，JIS A 5756：2025（建築用ガスケット）に適合する目地ガスケットを使用しなければならない．

（1）主成分別の種類

　主成分別に見ると，JIS A 5756：2025（建築用ガスケット）では，軟質系ガスケット（ソリッド）として SR 系，EPDM 系，CR 系，TPE 系（および PVC 系）が規定されており，発泡系ガスケットとして SR 系，EPDM 系，CR 系が規定されている．

　カーテンウォールでは SR 系，EPDM 系，CR 系，TPE 系の軟質系ガスケット（ソリッド）と，SR 系，EPDM 系，CR 系の発泡系ガスケットが主に使用されている．

（2）形状および寸法

　目地ガスケットの用途，断面形状，成形形態，装着方法，解説図，主な使用部位の概要を解説表 5.3.6 に示す．用途，構成部材への装着方法（嵌合方式，接着方式），シングルタイプかダブルタイプか，成形形態（軟質系（ソリッド），発泡系）などによって多種多様である．

　なお，解説図の A，B は，主にダブルシールジョイント構法の 2 次シールとして使用される形状である．E，F，G，I，M，O，Q，R は，主にオープンジョイント構法におけるレインバリアとして使用される形状である．また B，D，J，L，N，P の中空状の発泡系ガスケットは，ダブルシールジョイント構法の 2 次シールのみならず，オープンジョイント構法におけるウインドバリアとしても使用される形状である．F はオープンジョイント構法において，主にウインドバリアとして用いられる形状であるが，レインバリアとして使用されることもある．オープンジョイント構法のガスケットについての詳細は「6 章　オープンジョイント構法の設計および施工」を参照いただきたい．

解説表 5.3.6　目地ガスケットの用途，断面形状，成形形態，装着方法，解説図，主な使用部位概要

用途	断面形状	成形形態	構成部材への装着方法	解説図	主な使用部位
メタルカーテンウォール	中空状 シングルタイプ アンカーあり	軟質系 （ソリッド）	嵌合方式	A	2次シール
		発泡系 （スポンジ）		B	2次シール ウインドバリア
	中空状 ダブルタイプ アンカーなし	軟質系 （ソリッド）		C	レインバリア 2次シール
		発泡系 （スポンジ）		D	2次シール ウインドバリア
	ひれ状 シングルタイプ アンカーあり	軟質系 （ソリッド）		E	レインバリア
				F	レインバリア ウインドバリア
	ひれ状 ダブルタイプ アンカーあり	軟質系 （ソリッド）		G	レインバリア
金属パネル	架け橋状	軟質系 （ソリッド）	嵌合方式	H	1次シール 2次シール

解説表 5.3.6　目地ガスケットの用途，断面形状，成形形態，装着方法，解説図，主な使用部位概要（つづき）

用途	断面形状	成形形態	構成部材への装着方法	解説図	主な使用部位
プレキャストコンクリートカーテンウォール	中空状 シングルタイプ アンカーあり	軟質系 （ソリッド）	嵌合方式	I	レインバリア
		発泡系 （スポンジ）		J	2次シール ウインドバリア
	中空状 シングルタイプ アンカーなし	軟質系 （ソリッド）	接着方式	K	レインバリア
		発泡系 （スポンジ）		L	2次シール ウインドバリア
	中空状 ダブルタイプ アンカーあり	軟質系 （ソリッド）	嵌合方式	M	レインバリア
		発泡系 （スポンジ）		N	2次シール ウインドバリア
	中空状 ダブルタイプ アンカーなし	軟質系 （ソリッド）	接着方式	O	レインバリア
		発泡系 （スポンジ）		P	2次シール ウインドバリア
	ひれ状 シングルタイプ アンカーあり	軟質系 （ソリッド）	嵌合方式	Q	レインバリア
	ひれ状 ダブルタイプ アンカーあり	軟質系 （ソリッド）		R	レインバリア

（3）性　　　能

　JIS A 5756：2025（建築用ガスケット）では，解説表 5.3.7 に示す性能項目を規定している．加熱収縮率および圧縮力は，ガスケットとしての製品の性能であるが，それ以外は，ガスケットを構成しているゴムや樹脂の素材の性能である．

　一般に目地ガスケットには，次のような性能が要求される．

　　①良好な反発力を保持していること

　　②圧縮したとき，構成部材に許容以上の変形を与えないこと

　　③肉やせや圧縮永久ひずみが小さいこと

　　④収縮が小さい（寸法安定性がよい）こと

　　⑤良好な耐候性が維持できること

　①は水密性に関連する性能である．目地ガスケットは，圧縮されて装着した時の反発力によりシール機能を発揮するので，重要な性能である．また，その反発力は最終的に構成部材が受けることになるため，構成部材はガスケットのある程度の反発力に耐えられるよう設計する必要がある．

　②はメタルカーテンウォールで重要な性能である．意匠要望により見付寸法の細い構成部材が設計された場合，面外（耐風圧）方向には十分な強度を有しているが，面内方向の剛性が低くなる．したがって，目地ガスケットの反発力が大きすぎると，目地寸法が広がったり，構成部材に許容以上に変形を与える恐れがある．構成部材の変形により目地寸法が広がったとしても，部材の弾性変形による反発力と，ガスケットの反発力が釣り合った状態になるため，水密性能に影響はないが，意匠上あるいは他の構成部材が装着できないといった，施工上の問題が生じる可能性がある．そのような場合はジョイント材等で，部材の変形を規制する場合がある．

　③，④，⑤は耐久性に関連する性能である．肉やせや圧縮永久ひずみが生じると隙間ができ，シール機能が低下する原因となる．また，収縮が大きいと長さ方向に繋ぎ目を持つ工法では隙間が大きくなり，シール機能が低下する．

解説表 5.3.7　JIS A 5756：2025（建築用ガスケット）による性能項目

性能項目		軟質系（ソリッド）	発泡系（スポンジ）
一般性能	硬さ	○	—
	引張強さ	○	—
	伸び	○	—
	圧縮永久ひずみ	○	○
	熱老化性	○	○
	加熱収縮率	○	○
	低温ぜい化性	○	—
	圧縮荷重	—	○
	低温折り曲げ試験	—	○
追加性能	圧縮力※	△	△
	耐オゾン性※	△	△
	耐候性※	△	△

　［注］　※追加要求性能は当事者間の協定により実施する．

b．押出成形セメント板外壁

（1）主成分別の種類

押出成形セメント板（ECP）専用ガスケットには，下記の種類がある．主成分は，EPDM系，SR系，U系があり，EPDM系とSR系はJIS A 5756：2025（建築用ガスケット）に含まれている．U系は，合成樹脂含浸型ポリウレタン系がJIS A 5750：2000（建築用発泡体ガスケット）に含まれていたが，JIS A 5756：2013（建築用ガスケット）に統合される際に削除された．現在使用しているものは，素材自体に防水性・耐久性を付与したU系で，エーテルを主成分としており，加水分解しにくい性質を持つ．

（2）形状および寸法

目地ガスケットの用途，断面形状，成形形態，装着方法，解説図，主な使用部位の概要を解説表5.3.8に示す．S，T，U，V，Wは押出成形セメント板の2次シールに使用される形状である．

小口部目地はS～W，嵌合部目地はV～Wの中から2次シールを選択する．

解説表 5.3.8　目地ガスケットの用途，断面形状，成形形態，装着方法，解説図，主な使用部位概要

用途	断面形状	成形形態	構成部材への装着方法	解説図	主な使用部位
押出成形セメント板	中空状 シングルタイプ アンカーなし	軟質系（ソリッド）	嵌合方式	S	2次シール
	中実状 シングルタイプ アンカーなし	発泡系（スポンジ）		T	2次シール
				U	2次シール
	中空状 シングルタイプ アンカーなし		接着方式	V 粘着剤接着	2次シール
	中実状 シングルタイプ アンカーなし			W 粘着剤接着	2次シール

（3）性　　能

（ⅰ）ガスケット単体の性能

ECPに使用するガスケットは，紫外線・太陽熱・風雨の直接的な影響を受けないが，JIS A

5756：2025（建築用ガスケット）に準拠することにしている．ポリウレタン系は記載がないため，EPDM系の値を適用する．

（ⅱ）目地の水密性能

目地の性能は，ECP協会が水密性能を定めている．1次シールの経年劣化を想定して，シーリング材に強制的に欠損（欠損幅 0.5 mm 以上，欠損長さは目地全長の 5 ％以上）を設けた状態で水密試験を実施し，平均圧力 980（Pa）において，流れ出し，吹出しがないことをECP協会の基準にしている．この水密性能を満足するためには，ガスケットを圧縮して反発力を持たせるとともに，ECP の小口に密着する（隙間がない）ことが重要である．また，目地幅の確保も重要なことから，容易に圧縮できるものから選んでいる．

ｃ．工業化住宅の窯業系サイディング外壁の場合

工業化住宅の窯業系サイディング外壁には，一般に工業化住宅製造所とガスケット製造所が共同で開発した専用の目地ガスケットが多く使用されている．使用されるゴムまたは樹脂は，EPDM系，クロロスルフォン化ポリエチレン系（以下，CSM系という），塩素化ポリエチレン系（以下，CPE系という），TPE系，PVC系が主なものである．目地ガスケットは単一材質のものもあるが，複層型（一体成形型）や複合型（分離成形型）のもの，あるいは芯部に補強材を入れたものもある．EPDM系は反発弾性が良好でシール機能が期待できるのでリップ部や芯部に用い，CSM系やCPE系は着色性，耐候性，塗装性が良好という特徴を生かせる加飾部の被覆に用いられる．PVC系は比較的安価であるが，寸法安定性に劣るので，芯部に補強材を入れて補強するのが一般的である．最近では，PVC系から TPE系へ代替したものも多く見られる．補強材としては，鉄板，ステンレス鋼板，カーボン繊維，ガラス繊維などが使用される．窯業系サイディング用の目地ガスケットは軟質系が主であり，発泡系は部分的に複合されるケースがある．形状は多種多様である．

以上のように，窯業系サイディングには JIS 規格に規定されていない種類も使用されていたり，複層成形型や複合成形型もあるので選定には難しさも伴うが，品質，性能としては JIS A 5756：2025 に準じたものを使用するのが望ましい．

目地ガスケットの例を解説表 5.3.9 に示す．X は工業化住宅の窯業系サイディングの 1 次シール，W は 2 次シールで使用される形状である．

解説表 5.3.9　目地ガスケットの用途，断面形状，成形形態，装着方法，解説図，主な使用部位概要

用途	断面形状	成形形態	構成部材への装着方法	解説図	主な使用部位
窯業系サイディング	ひれ状シングルタイプアンカーなし	軟質系（ソリッド）	嵌合方式		1次シール
	シート状シングルタイプアンカーなし	発泡系（スポンジ）	接着方式		2次シール

5.3.3　グレイジングガスケット

> グレイジングガスケットは，JIS A 5756：2025（建築用ガスケット）に適合するもの，またはこれに準ずるものを使用する．

　カーテンウォールでは，JIS A 5756：2025（建築用ガスケット）に適合するグレイジングガスケットを使用しなければならない．

　工業化住宅の外壁では，JIS A 5756：2025（建築用ガスケット）に適合するものを使用するのが望ましいが，主成分による区分として JIS に規定していないものを使用することもある．その場合でも品質，性能は JIS A 5756：2025（建築用ガスケット）に準じるものの使用が望ましい．

（1）成分別の種類

　主成分別に見ると，JIS A 5756：2025（建築用ガスケット）では，グレイジングガスケットとして SR 系，EPDM 系，CR 系，TPE 系および PVC 系が規定されている．

　カーテンウォールでは，SR 系，EPDM 系および CR 系のガスケットが使用されている．戸建住宅では，PVC 系および TPE 系を用いるのが一般的である．

（2）品質および性能

　グレイジングガスケットの外観は，表面にきず，割れ，気泡，その他の使用上の欠点があってはならない．

　グレイジングガスケットは，その性能値が JIS A 5756：2025（建築用ガスケット）に適合するもの，または準じるものを使用する．JIS A 5756：2025（建築用ガスケット）では，使用温度範囲による区分で呼び，硬さ別にそれぞれ引張強さ，伸び，圧縮永久ひずみ，熱老化性（硬さ変化，引張強さの変化率，伸びの変化率，加熱減量），加熱収縮率，低温ぜい化性が規定されている．

5.3.4　構造ガスケット

> 構造ガスケットは，JIS A 5760：2025（建築用構造ガスケット）に適合するものを使用する．

　構造ガスケットは，JIS A 5760：2025（建築用構造ガスケット）に適合する構造ガスケットを使

用する.

（1）材　　料

　カーテンウォールでは，CR 系の構造ガスケットが主に使用されている．CR 系は着色性が低いので，黒色以外の着色が必要な場合は，二重押出しによって着色した CSM を表面に被覆成形したものが使用されている．EPDM 系は CR 系に比べて耐久性，コストに優れるがクロロプレン系と同様に着色性に劣り，CR 系に比べて難燃性に劣る．SR 系は，耐久性，着色性に優れるがコストが高く機械的強度が低いため，設計する際は，断面形状を大きくするなどの工夫が必要である．

（2）品質・性能

　構造ガスケットの外観は，表面にきず，割れ，気泡その他の使用上の欠点があってはならない．

　構造ガスケットの性能は，その性能値が JIS A 5760：2025（建築用構造ガスケット）に適合するもの，または準じるものを使用する．JIS A 5760：2025（建築用構造ガスケット）では，ガスケット部とジッパー部に分けて，材料別にそれぞれ硬さ，引張強さ，伸び，圧縮永久ひずみ，耐オゾン性，熱老化性（硬さ変化，引張強さの変化率，伸びの変化率），追加性能として低温ぜい化性，低温圧縮永久ひずみが規定されている．解説表 5.3.10 に JIS A 5760：2025（建築用構造ガスケット）による性能項目を示す．

解説表 5.3.10　JIS A 5760：2025（建築用構造ガスケット）による性能項目

性能項目		JIS A 5760：2025
		軟質系（ソリッド）
一般性能	硬さ	○
	引張強さ	○
	伸び	○
	圧縮永久ひずみ	○
	耐オゾン性	○
	熱老化性	○
追加性能	水密性※	△
	保持力※	△
	低温ぜい化性※	△
	低温圧縮永久ひずみ※	△

　［注］　※追加性能は当事者間の協定により実施する．

5.3.5　その他の材料

　接着方式に用いる接着剤は，ガスケット製造所の指定するものとし，有効期限を過ぎたものを使用してはならない．

　目地ガスケットを接着方式で使用する場合の接着剤は，プレキャストコンクリートパネルやアルミニウム鋳物パネルとガスケットがよく接着するとともに，長期間維持できるだけの接着耐久性の

あるものでなければならない．ガスケット製造所は，製品に適した接着剤を指定しているので，それに準じるのがよい．

　ガスケットの主成分別の種類と使用可能な接着剤についての詳細は「6.3.3　その他の材料」を参照されたい．

5.4　施　　　工

5.4.1　目地ガスケットの施工

　a．カーテンウォール
　（1）目地ガスケットの構成部材への装着は，工場施工を原則とし，構成部材の製作要領書・施工要領書における，目地ガスケットの装着に関する記載事項を確認し，それらを遵守して取り付ける．
　（2）目地ガスケットは，設計仕様どおりの主成分，形状・寸法および装着方法であることを確認する．
　（3）目地ガスケットを装着する構成部材の表面は，水密性能上支障のない状態であることを確認する．
　（4）目地ガスケットの構成部材への装着は，適切なる作業環境のもとで行う．
　（5）目地ガスケットを装着した構成部材の運搬，吊り込み，躯体への取付けにあたっては，ガスケットに損傷を与えたり，所定の位置から外れたりしないように行う．
　（6）構成部材を躯体に取り付けた後，所定の目地寸法に納まっていることを確認する．
　（7）構成部材の取付け後，目視，指触などにより目地ガスケットの装着状況の確認を行い，不具合のある場合にはすみやかに修正する．

　a．カーテンウォール

（1）目地ガスケットの装着

　カーテンウォールにおける目地ガスケットの装着は，通常構成部材製作工程の一環として工場で行われる．工場での目地ガスケットの装着に際しては，構成部材の製作要領書・施工要領書に記載されている，目地ガスケットの装着に関する留意事項を確認するとともに，それらを遵守して構成部材に装着し，それらが躯体の所定の位置に取り付けられていることを確認しなければならない．なお，役物など特殊な部材については，現場で部材取付け後に装着することもあるが，その場合は足場上で小さい隙間への装着作業となるため，作業に困難を生じやすい．品質管理の面から，現場装着は最小限となるように計画する．

　目地ガスケットを装着した接合部が所定の水密性・気密性を発揮するためには，前述のように目地ガスケットが構成部材製作工場で装着された後，構成部材が躯体の所定の位置に適切に取付け施工され，所定の目地が形成されることが必要である．一般に，目地ガスケットは圧縮による反発弾性力により水密性能が得られるため，目地ガスケットの水密性・気密性は構成部材の施工誤差が密接に関係する．したがって，構成部材の製作要領書・施工要領書の中に目地ガスケットの装着や構成部材への施工方法に関する留意事項が記述されていなければならない．

（2）目地ガスケットの材料および装着方法などの確認

　目地ガスケットの装着に際し，設計で選定された主成分，形状・寸法の目地ガスケットであるかどうか，また，装着方法および装着に必要な付属・補助材料は指定どおりであるかについて確認するとともに，必要な工具を準備する．

　［確認項目］

・シングルタイプ，ダブルタイプの区別

・軟質系ガスケット，発泡系ガスケットの区別

・SR系，EPDM系，CR系，TPE系，PVC系などの材質

・形状・寸法

・ガスケットの圧縮率，面外方向のずれ量

・使用する接着剤の使用期限

・装着する目地ガスケットに最適な取付け施工工具の準備

・目地ガスケットはねじれ・そり・つぶれなどを生じないように，また接着剤は雨露や直射日光を避けて保管する．

（3）目地ガスケットを装着する構成部材の表面状態の確認

　目地ガスケットを装着する構成部材の接合表面の状態が，設計仕様どおりであることを確認する．

　［確認項目］

・目地ガスケットを装着する部材の位置

・嵌合方式か接着方式かの区別

・嵌合方式の場合は目地ガスケットの断面寸法と溝の構造など，接着方式の場合は構成部材の接着溝の形状のほか，プレキャストコンクリート部材では，接着溝部の大きな気泡や欠け，突起，レイタンスのないことや湿潤の程度など，接着に支障がないこと

・接着溝部は，接着に支障のある場合には清掃やサンダー掛けなどを行う

（4）目地ガスケットの装着作業環境

　目地ガスケットの装着は，適切な作業環境のもとで行い，装着に支障があると認められた天候の場合は作業を行ってはならない．特に現場施工の場合は，施工後の水密性能に及ぼす影響のみならず，作業員の安全衛生にも考慮して作業の可否を決定する．

　［作業の留意事項］

・降雨・降雪時あるいは降雨・降雪が予想される場合は，作業してはならない．

・接着方式に用いられる接着剤は，気温が著しく低いあるいは高い場合には，粘度や硬化速度が変化するので取扱いに注意する．

・接着剤が硬化するまでは，ガスケットがずれないように仮固定をする必要がある．

（5）構成部材の取付け施工

　目地ガスケットは，構成部材取付け施工の際，構成部材相互の接触・衝撃などにより，所定の位置よりずれおよび変形を生じるだけでなく，接着部分の一部が剥離することもある．施工にあたっては，そのようなガスケットの損傷，ずれ，変形および剥離などが生じないように注意して行う．

（6）構成部材の躯体取付け施工後の目地の検査

　目地ガスケットを取り付けた目地の水密性・気密性は，構成部材を躯体に適切に取り付けて目地寸法を適切に確保することによって初めてその品質が確保される．それゆえ，構成部材を取付け施

工後，所定の目地寸法に収まっていることを確認することは重要である．

［確認項目］

・所定の目地幅であること

・所定の段差に収まっていること

・「JASS 14　カーテンウォール工事」では，構成部材の施工の許容差を解説表 5.4.1 のように示している

解説表 5.4.1　カーテンウォール部材の取付け位置の寸法許容差の標準値（単位：mm）

	メタル カーテンウォール	アルミニウム合金 鋳物製 カーテンウォール	プレキャスト コンクリート カーテンウォール
目地幅の許容差[1]	±3	±5	±5
目地心の通りの許容差[2]	2	3	3
目地両側の段差の許容差[3]	2	4	4
各階の基準墨から各部材 までの距離の許容差[4]	±3	±5	±5

［注］　1) 右・上図参照

　　　　2) 目地の交差部でチェックする．右・下図の a，b 寸法

　　　　3) 右・上図参照

　　　　4) 部材の出入りに関して部材の内面または外面の
　　　　　 一定の位置を決めてチェックする．
　　　　　 左右方向は部材の中心を基準にする．
　　　　　 上下方向（レベル）は窓台の高さなどを基準とする．

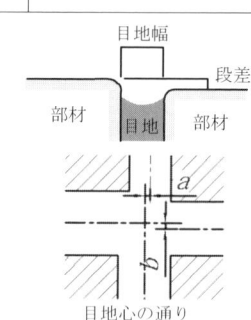

（7）構成部材取付け後の目地ガスケットの検査

　構成部材取付け後の目地ガスケットの状態について，目視・指触によってその納まり状況の確認・検査を行い，不具合のある場合には，すみやかに修正しなければならない．特に，縦目地と横目地の公差部などの納まりは，所定の水密性を確保する上でのウィークポイントになりやすいため，隙間が空いている場合は，シーリング材を充填してシールするなどの対策を行う．

---

　b．押出成形セメント板外壁

　（1）目地ガスケットの ECP への装着は，接着方式と挿入方式があり，現場施工と工場施工の場合がある．ダブルシールジョイント構法の技術資料・施工要領書における目地ガスケットの装着に関する記載事項を確認し，それらを遵守して取り付ける．

　（2）目地ガスケットは，ECP 専用品であることを確認する．

　（3）目地ガスケットの装着は，ECP 小口に水分やほこりがないことを確認して行う．雨天や強風時などの場合は，作業を中止する．

　（4）ECP の施工は，縦張り工法・横張り工法ともにダブルシールジョイント構法に基づき行い，ガスケットに損傷を与えたり，隙間が発生したりしないように行う．

　（5）ECP 建込み後，所定の目地寸法に納まっていることを確認するとともに，目地ガスケットの装着状況を目視，指触などにより確認し，不具合がある場合はすみやかに修正する．

（6）足場つなぎ等でガスケットに欠損部が生じた場合は，シーリング材を充填するなどして，止水ラインを連結させる．

b．押出成形セメント板外壁

（1）目地ガスケットのECPへの装着は現場施工が多くを占めるが，接着方式のガスケットの中には工場施工が可能な場合があるので，事前に確認する．挿入方式のガスケットは，工場施工できない．

接着方式のガスケットは凸付小口部にブチルテープで装着するが，引っ張らずに張り付けていき，ジョイント部分は隙間が出ないように，中実タイプでは両面テープなどで連結し，中空タイプではシーリング材を充填する．挿入方式のガスケットは，ジョイント部分を重ねて連結する．

（2）目地ガスケットはECP専用品から選び，目地の種類別にガスケットが品揃えしてあるので，間違った種類を使用しないように品番などで確認して装着を行う．

（3）目地ガスケットを装着するECP小口は濡れていないことを確認し，ほこりや汚れが付着している場合は，除去したうえでガスケットを装着する．降雨・強風の影響を受ける場合は，作業を中断する．

（4）ECPの吊込み，建込み，取付けは，ダブルシールジョイント構法に基づき行う．

（5）2次シールの水密性能は，施工精度に影響されるので，ECP建込み後に所定の目地幅 ±2mm に納まっていることを確認する．ガスケットのクロス部やジョイント部に隙間がないか，目視，指触などにより検査を行う．光の漏れなどがあった場合は，シーリング材を充填する．

（6）解説図 5.4.1 に示すとおり，一般的に足場つなぎは，縦張り工法では横目地部に，横張り工法では縦目地に設置する．その部分では，縦張り工法では内水切りに，横張り工法では縦ガスケットに欠損部が生じる．解説表 5.4.2 に標準工法における目地ガスケット構法の特徴を示す．

内水切りの欠損部は，シーリング材を充填して塞ぎ，ガスケットの欠損部もシーリング材を充填して止水ラインを連結させる．いずれも，その後に透水性バックアップ材を入れて表面シーリング材を打設する．

解説表 5.4.2 ECP の外壁標準工法における目地ガスケット構法

縦張り工法 （縦ガスケットと内水切りの組合せ）	横張り工法 （縦横ガスケットの組合せ）
縦ガスケットは，接着方式により装着する．内水切り用の溝は，建込み前の平置きの状態で加工を行い，切断粉は建込み前に除去する． 横目地のシーリング材の裏側は水みちとして使用するので，透水性のバックアップ材も併用する．	横ガスケットは接着方式により装着し，縦ガスケットは接着方式と挿入方式の2タイプがある． 縦目地と横目地のクロス部および自重受け金物部は，シーリング材で隙間をなくす．ウレタン系ガスケットは，反発力を利用して縦目地と横目地の隙間をなくす．

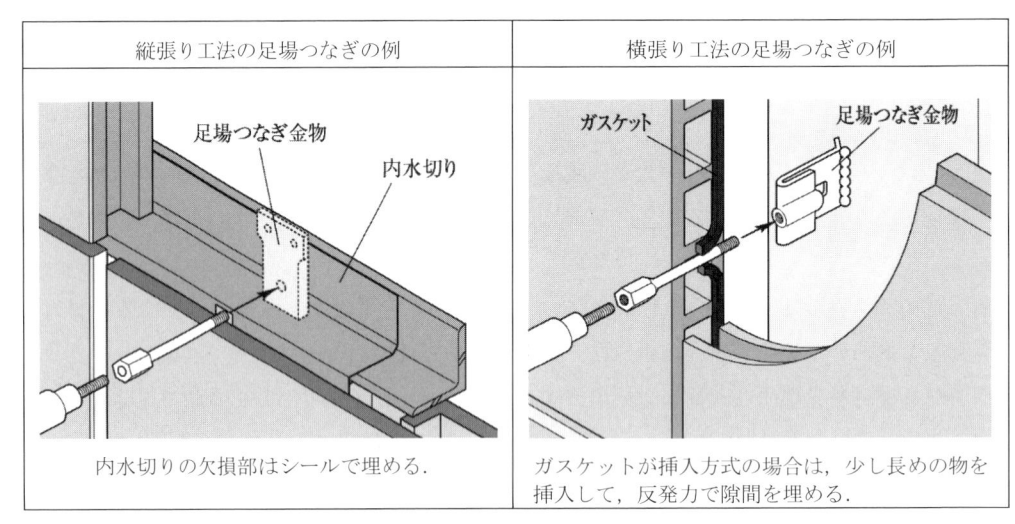

縦張り工法の足場つなぎの例	横張り工法の足場つなぎの例
内水切りの欠損部はシールで埋める.	ガスケットが挿入方式の場合は，少し長めの物を挿入して，反発力で隙間を埋める.

解説図 5.4.1　足場つなぎ部の処理

> c．窯業系サイディング外壁
> （1）工業化住宅の目地ガスケットの施工にあたっては，装着作業要領を記載した施工要領書を作成し，それらを遵守して取り付ける.
> （2）目地ガスケットが設計仕様どおりの材質，形状，寸法であることを確認する.
> （3）窯業系サイディング外壁の小口，目地幅および面外段差等の状態が設計仕様どおりであることを確認する.
> （4）目地ガスケットの装着作業は，工場または現場で行い，適切な作業環境を確保する.
> （5）目地ガスケットの装着完了後，納まり状況の検査を行い，不具合のある場合には，すみやかに修正する.

c．窯業系サイディング外壁

（1）施工要領書の作成

　工業化住宅の目地ガスケットの施工にあたっては，施工要領書を作成しなければならない．施工要領書には，外壁目地の施工状態，目地ガスケットの装着方法，品質の管理，検査の方法など，施工の各工程に必要な事項を具体的に明記する．特に，接合部の水密性および耐久性は，施工の良否に負う所が大きいので，施工要領書の中に目地ガスケットの装着作業に関する施工要領が記載されていなければならない.

（2）目地ガスケットの確認

　施工前に，使用する目地ガスケットが設計仕様どおりのものであることを確認する．確認項目としては，形状，寸法，部品数および付属部品の種類などである．特に，複数の種類の目地ガスケットを使い分ける場合は，おのおのの目地と使用する目地ガスケットの組合せを確認する.

（3）目地の状態の確認

　目地ガスケットを装着する窯業系サイディング外壁の小口面の状態が設計仕様どおりであることを確認する.

［確認項目］

①窯業系サイディングの目地の突起物，欠け，汚れの程度を点検し，装着に支障のない状態であ

ること.

②目地が汚れている場合には，目地ガスケットの装着に支障がないように清掃を行う.

③目地の欠けが大きく，目地ガスケットのリップの接触に不具合がある場合には，事前に適切な材料で欠け部分の補修を行う.

④窯業系サイディングの小口面には，塗装などの適切な吸水防止処置が施されていること.

⑤目地幅のばらつきが小さく，所定の目地幅であること．なお，目地の上端と下端の目地幅の差にも注意する.

⑥面外方向の目地の段差が施工要領書で定められた所定の寸法に納まっていること．目地の段差の許容差については，目地ガスケットが多種多様であるため，一律に決めることは困難である．考え方としては，要求された水密性能を満足するためには解説図 5.4.2 示すように，目地ガスケットのすべてのリップが窯業系サイディングの小口面に接触していなければならない．なお，目地ガスケットのリップが効果的に働いていても，納まりが意匠上好ましくないと判断された場合は，段差の許容差を小さく設定しなおし，補修すること.

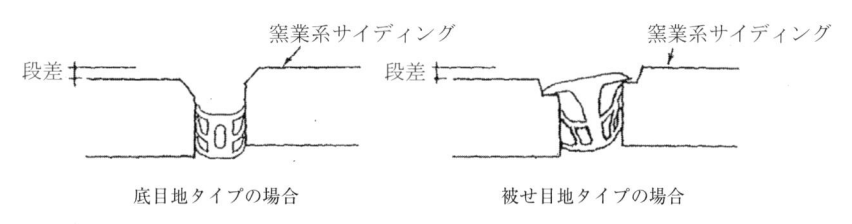

底目地タイプの場合　　　　　　　　被せ目地タイプの場合

解説図 5.4.2　目地に段差がある場合の許容差の考え方

（4）作業環境および目地ガスケットの装着作業

　目地ガスケットの装着作業は，施工要領書に従って適切なる作業環境のもとで行い，作業に支障があると認められた天候の場合は作業を行ってはならない．窯業系サイディング外壁では，現場での装着作業となる場合が多いので注意が必要である.

　目地ガスケットの装着作業は，施工要領書に従って行うことは当然であるが，施工要領書に記載されていない事項にも留意して，品質確保に努めるべきである．窯業系サイディング外壁における目地ガスケットの装着作業の留意点を次に示す.

①　目地ガスケットを現場で切断する場合は，目地ガスケットに変形を与えないように注意して，所定の長さに切断する．各階分離型の雨仕舞の場合は各階 1 本の目地ガスケットとし，途中で継がないことが重要である.

②　縦目地の上端部および下端部では，目地ガスケットの端部が窯業系サイディングの上下端ラインに合うように切断，装着を行う.

③　目地ガスケットは，解説図 5.4.3 に示すように窯業系サイディングに対して直角に装着する.

④　目地ガスケットの装着にあたっては，弛みや局所的な引張りが生じないように，また，無理な変形を与えないように注意して平均的に力を加えて装着する.

⑤　工業化住宅では，目地ガスケットを工場で窯業系サイディングに先付けすることもあるが，

その場合には養生時，保管時，現場搬入時，窯業系サイディングの施工時などにおいて，目地ガスケットに無理な変形を与えないように注意する．

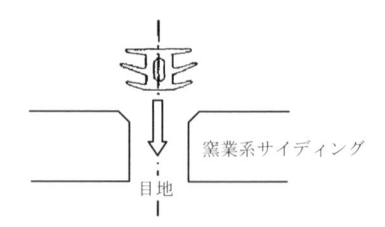

解説図 5.4.3　戸建住宅の目地ガスケットの装着方法

（4）目地ガスケット装着の検査

目地ガスケットの装着後，目視・指触によってその納まり状況の確認，検査を行い，不具合のある場合はすみやかに修正する．特に縦目地と横目地の取合い部の納まり状態の確認は，重要である．なお，目地ガスケットで対応できない部分がある場合は，当事者間で協議し適切な処置を施す．

5.4.2　グレイジングガスケットの施工

> （1）ガラス工事施工要領書に記述されているグレイジングガスケット装着要領を確認し，それを遵守して取り付け，品質を確保する．
> （2）グレイジングガスケットが，設計仕様どおりの主成分，形状・寸法および装着方法であることを確認する．
> （3）サッシの断面形状，ガラスの種類は，設計で定められたとおりであることを確認する．
> （4）ガラス回りの面クリアランスが設計図どおりであることを確認する．
> （5）グレイジングガスケットの装着は，適切な作業環境のもとで行う．
> （6）施工完了後，目視，指触などにより納まり状況の確認・検査を行い，不具合のある場合には，すみやかに修正する．

（1）ガラス工事施工要領書

ガラス工事の施工要領書は，工事概要，材料・仕様，施工法，安全管理，施工図，品質管理，検査方法など施工の各工程に必要な事項を具体的に記載したものであり，グレイジングガスケットの装着に関する留意事項も記述してある．それゆえ，グレイジングガスケットの装着に際しては，それらを遵守し，所定の品質確保に努める．グレイジングガスケットの装着に関する方法や留意事項については，外部部材（サッシ）製造所，グレイジングガスケット製造所およびガラス・グレイジングガスケット取付け施工者の三者で協議して作成する．施工要領書に従ってグレイジングガスケットの装着を行うとともに，施工記録を作成し，所定の品質が確保されていることを確認する．

（2）グレイジングガスケットの事前確認

1）グレイジングガスケット

施工要領書には，水密性を確保するためのグレイジングガスケットの装着に関する留意事項が記述されていなければならない．

グレイジングガスケットは，設計で選定された主成分，形状・寸法および装着方法であることを確認する．

［確認項目］

・グレイジングチャンネル，グレイジングビードの区別

・グレイジングビードの場合，両側後付けタイプ，片側先付けタイプ，先付けグレイジングビー
　　ドとシーリング材の併用タイプの区別

・接合部が一体化された環状型かサッシ辺ごとに装着するタイプか

・SR 系，EPDM 系，CR 系，TPE 系，PVC 系などの材質

・断面形状・寸法

・複層ガラス，合わせガラス，網入りガラスをグレイジングチャンネルで装着する場合には，
　　グレイジングチャンネルに所定の排水口が設置されていること．また，網入りガラスのエッ
　　ジには防錆処理が施されていること．

　2）グレイジングガスケットは，ねじれ・そりなどを生じないよう，また，雨露や直射日光に当
たらない場所で保管する．

　3）グレイジングチャンネルの施工は，目地と直角に取り付け，ころびを生じないように装着す
る．施工完了後，取付け枠の四辺は同一平面上にあり，ゆがみがないこと．グレイジングガスケッ
トはコーナーより装着し，各辺で局部的なたるみ，引っ張りがないように装着する．

　4）グレイジングチャンネルは厚さが 8 mm 以上のガラスで構成された単板ガラス，合わせガ
ラスの施工には用いない．

　ただし，グレイジングチャンネルおよびサッシに有効な排水機構があり，各部材の製造所および
施工者の間で十分に検討し，監理者より承諾を得たものはこの限りではない．

　5）戸建住宅用のグレイジングビードは厚さが 8 mm 以上の単板ガラス，合わせガラスおよび
それらで構成された複層ガラスの施工には用いない．

　ただし，性能が確認されて，各部材の製造所および施工者の間で十分に検討し，監理者より承
　諾を得たものはこの限りではない．

（3）サッシとガラスの種類の確認

　グレイジングガスケットが装着されるサッシの断面形状，ガラスの種類が設計で定められたとおり
りであることを確認する．

　1）サッシの確認項目

・サッシの高さ・幅寸法

・サッシ断面，ガラスのエッジ処理の状況

・サッシコーナーの納まり

・セッティングブロックの位置

・サッシの枠見込み

・グレイジングガスケット装着のためのサッシ溝の構造

・グレイジングガスケット装着部分のサッシ表面がグレイジングガスケット装着に支障がないこ
　　とを確認する．装着部分表面が汚れている場合には，グレイジングガスケットの施工に支障が
　　生じないよう，清掃を行う．

2）ガラスの確認項目

・フロート板，網入，複層，合わせなどのガラスの区別

・ガラスの高さ，幅，厚さ

・ガラスのエッジ処理の状況，防錆処理の有無

（4）サッシ，ガラスで構成される目地の確認

　採用するグレイジングガスケットは，目地寸法に適合したものでなければならない．それゆえサッシ，ガラスで構成される目地が設計図どおりであることを確認する．確認項目は，面クリアランス，エッジクリアランス，かかり代の各寸法である．

（5）グレイジングガスケットの装着

　装着は，適切なる作業環境のもとで行い，工事に支障がある降雨・降雪時，あるいは降雨・降雪が予想される場合は，施工してはならない．気温が著しく低い，あるいは高い場合には目地ガスケットの硬度が変化するので取扱いに注意する．

（6）グレイジングガスケット施工後の検査

　施工者は，グレイジングガスケット装着後に目視・指触によって納まり状況の確認・検査を行い，不具合のある場合には，すみやかに修正する．

（7）それ他以外の施工上の留意点

　上記以外のグレイジングガスケットの施工上の留意点は，「JASS 17　ガラス工事」に主として可動サッシのグレイジングチャンネル工法，低層用のグレイジングビード工法を対象として規定されている．特に水密性能に関係する事項について列記する．

　1）グレイジングチャンネル

　　可動サッシおよび低層用のグレイジングチャンネルの小口は，突合せで接続するので，水密性が低下する懸念がある．それゆえ，比較的支障の少ない，ガラス上辺中央部で接合する．解説図5.4.4にグレイジングチャンネルの接続位置を示す．

　2）グレイジングビード

　　可動サッシ特に引違いサッシの場合は，衝撃により垂れ下がりが生じやすく水密性も低下する．それゆえ，グレイジングビードは弛みのないよう，所定の位置に正確に装着する．

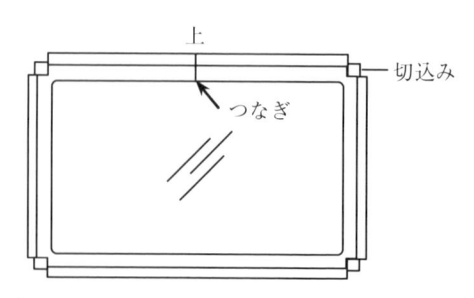

解説図 5.4.4　グレイジングチャンネルの接続位置

5.4.3　構造ガスケットの施工

> （1）ガラス工事施工要領書に記述されている構造ガスケット装着要領を確認し，それを遵守して取り付け，品質を確保する．
> （2）構造ガスケットは，設計仕様どおりの主成分，形状・寸法および装着方法であることを確認し，必要な工具を準備する．
> （3）構造ガスケットが装着される支持部材の断面形状，ガラスの種類が設計どおりであることを確認する．
> （4）構造ガスケットの装着は，適切な作業環境のもとで行う．
> （5）装着完了後，目視，指触などにより納まり状況の確認および検査を行い，不具合のある場合には，すみやかに修正する．

（1）ガラス工事施工要領書

　ガラス工事の施工要領書には，構造ガスケットの装着に関する留意事項も記述してある．それゆえ，構造ガスケットの装着に際しては，それらを遵守し，所定の品質確保に努める．構造ガスケットの装着に関する留意事項については，外装部材（サッシ，プレキャストコンクリート）製造所，構造ガスケット製造所およびガラス・構造ガスケット取付け施工者の三者で協議して作成する．施工要領書に従って構造ガスケットの装着を行うとともに，施工記録を作成し，所定の品質が確保できているかどうかを確認する．代表的な構造ガスケットの施工手順（フロー）を解説図5.4.5に示す．

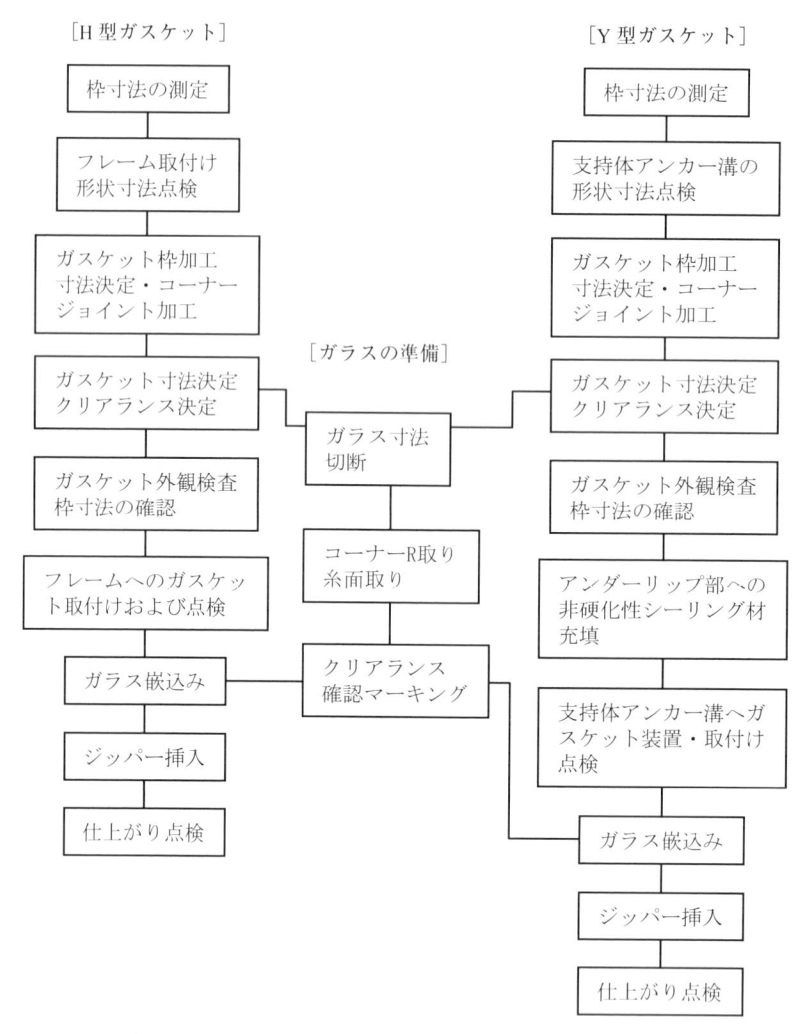

解説図 5.4.5　代表的な構造ガスケットの施工手順（フロー）

（2）構造ガスケットの種類・装着方法および施工道具の事前確認

1）構造ガスケット

　構造ガスケットの施工要領書には，水密性を確保するための構造ガスケットの装着に関する留意事項が記述されていなければならない．

　構造ガスケットは，設計で選定された主成分，形状・寸法および装着方法であることを確認するとともに必要な工具を準備する．

　［確認項目］

　・構造ガスケットの本体・ジッパーなど構成部品（H型，Y型，C型など）

　・クロロプレン系などの材質

　・形状・寸法

　・複層ガラス，合わせガラス，網入ガラスを構造ガスケットで装着する場合には，構造ガスケットに所定の排水孔が設置されていること．また，網入ガラスのエッジには防錆処理が施され

ていること.

2）構造ガスケットの装着方法

　構造ガスケットの装着方法は,「JASS 17　ガラス工事」に規定されている事項を遵守する.

　構造ガスケットの性能は,支持部材,ガラスとの関係で決まるので,それらが設計で定められたとおりであることを確認する.

（ⅰ）H 型ガスケットの施工上の留意点

・取付け枠のコーナー部が溶接による場合は,溶接部分が平滑に仕上げられていること.不陸,凹凸があると水密性や耐食性が低下する.

・取付け枠コーナー部の曲率半径 R1 は平滑に仕上げられていること.H 型ガスケットと接触する取付け枠の処理の詳細を解説図 5.4.6 に示す.

・取付け枠コーナー部とガスケットコーナー部とが正しい位置で密着するように取り付ける.

・施工完了後,取付け枠の四辺は同一平面上にあること.

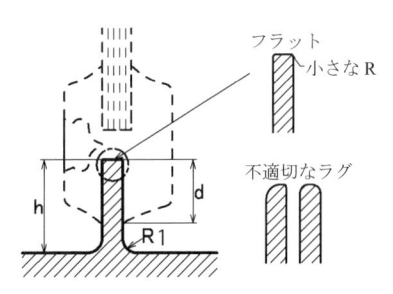

解説図 5.4.6　H 型ガスケットと接触する取付けフレーム処理の詳細

（ⅱ）Y 型ガスケットの施工上の留意点

・Y 型ガスケットを取り付けるためのアンカー溝は,凹凸,欠損,曲がり,亀裂,目違い,のろなどのないこと.解説図 5.4.7 に Y 型ガスケットを装着するためのプレキャストコンクリート板アンカー溝の形状例を示す.

・アンカー溝と Y 型ガスケットの接触部の水密性能を確保するため,ガスケットの外部に面するアンカー部の根元に非硬化性シーリング材（ブチルゴム系シーリング材）をビード状に施工した後アンカー溝に装着する.解説図 5.4.8 に Y 型ガスケットのシーリング材の状況を示す.

・Y 型ガスケットをプレキャストコンクリート板の溝に装着する場合は専用のウェッジを用いるが,その向きは解説図 5.4.9 のようにウェッジの斜面をジッパー側とする.

・プレキャストコンクリート板のアンカー溝に Y 型ガスケットを取り付ける場合は,解説図 5.4.10 のように溝に直角になるように取り付ける.

寸法許容参考例	アンカー溝	寸法許容（mm）
	溝幅（a）	±1
	底幅（b）	±1
	深さ（c）	+2，−1

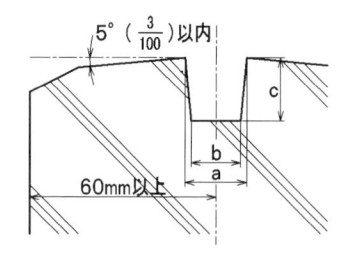

解説図 5.4.7　Y 型ガスケットを装着するためのプレキャストコンクリート板のアンカー溝形状例

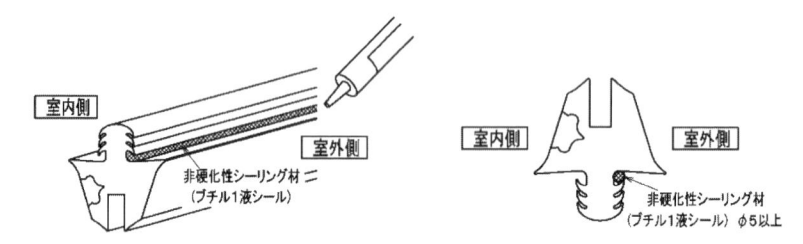

解説図 5.4.8　Y 型ガスケットシーリング施工状況

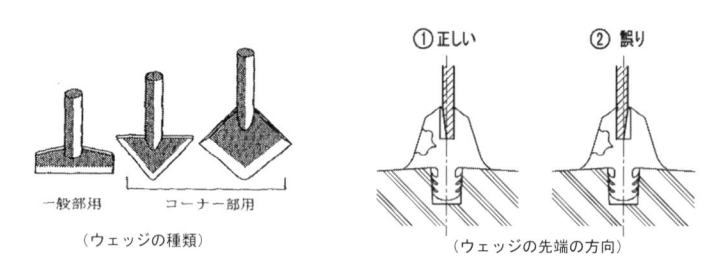

解説図 5.4.9　Y 型ガスケットの装着ウェッジの使い方

（iii）構造ガスケット共通の施工上の留意点

・開口部の内法寸法の許容差は ±2 mm 以内であること．おのおのの構造ガスケットの枠寸法測定位置を解説図 5.4.11 に示す．

・ガラスのかかり代を点検し，左右等しくなるようにガラスを取り付ける．ガラス取付けに際し，解説図 5.4.12 のように，あらかじめかかり代の確認用テープを貼り付けておくとよい．

・ガラスの装着は，解説図 5.4.13 のように，ガラスを手前に 30 度傾けた状態でガスケットに近づけ，ガスケットの下地から 100〜150 mm 上方の位置でガラスコーナー部をガスケット溝に挿入する．次に側溝をガイドとして，ガラスを下辺まで降ろし，ガラス下辺全体を正しく下辺溝内に納める．両側溝への挿入は解説図 5.4.14 に示すように竹へらを使用して，ガスケットのリップ部を押し広げ，ガラスに引っかける要領でリップ部分を両側に同時に下方から上方へ竹へらをスライドさせると同時に，ガラスを徐々に起こす．側溝へのガラス挿入が上辺から 100 mm 程度になったところで，コーナー部を残して上辺のガラス挿入作業に移る．上辺の挿入は，中央部のリップを起こし，竹へらを入れておいて，左右にリップを起こしながら行う．最後の両コーナー部では上辺側辺から 2 本の竹へらを使用し，まくり上げる要領で行うとよい．

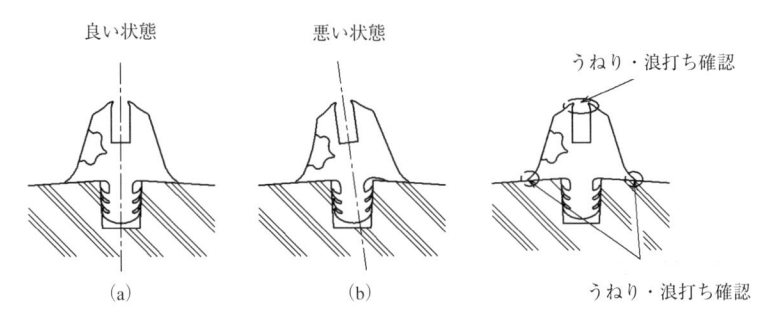

解説図 5.4.10　Y型ガスケットの装着状況

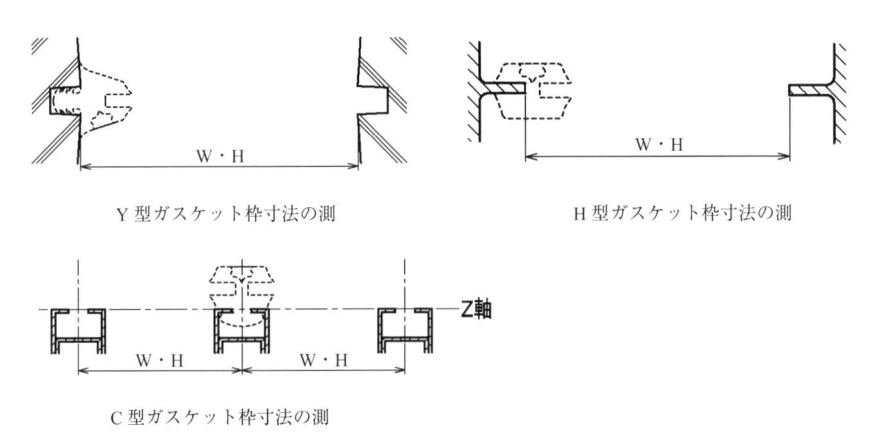

解説図 5.4.11　構造型ガスケットの枠寸法測定位置

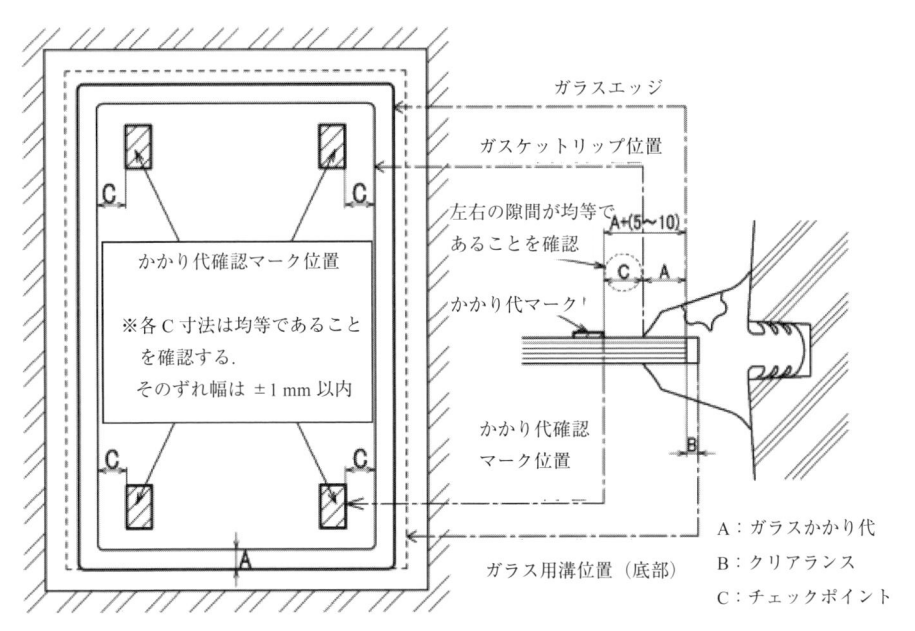

解説図 5.4.12　ガラスのかかり代の確認方法

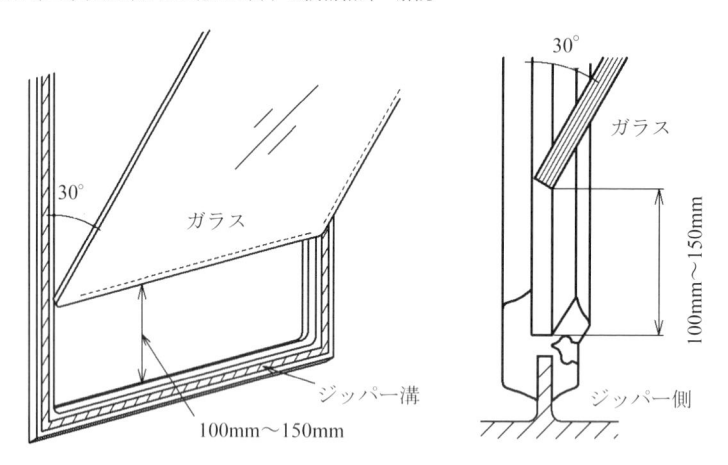

解説図 5.4.13　構造ガスケットへのガラス挿入方法

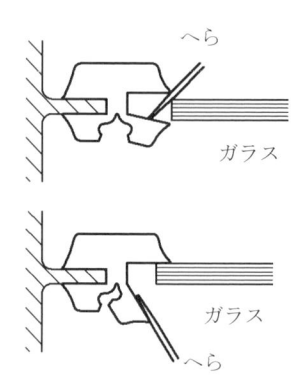

解説図 5.4.14　ガラス挿入時の竹へらの使い方

- 構造ガスケット本体へのジッパーの取付けは，専用のジッパー通し器具を用いて解説図 5.4.15 のように取り付ける．なお，この解説図は Y 型ガスケットの例であるが，H 型，C 型ガスケットにも共通する．
- ジッパーは，ガラスの挿入順序と同じように，まず下辺を通し，次に左右の溝に通し，最後に上辺を通す．その際の各辺のジッパーの端部は，45 度に斜めに切断し突き合わせて納める．切断角度が悪いと，解説図 5.4.16 のようにコーナーの口開きが大きくなる．また，ジッパーは，コーナー部で止めに収まるので 4～5 mm 長くしておく．ジッパーが短すぎると，解説図 5.4.16 に示したように，隙間が生じ外観が悪くなるのみならず，水密性の低下も懸念される．
- H 型ガスケットの装着は，四周均一に弛みなく，また，特に局部的に引っ張られることのないよう取り付ける．

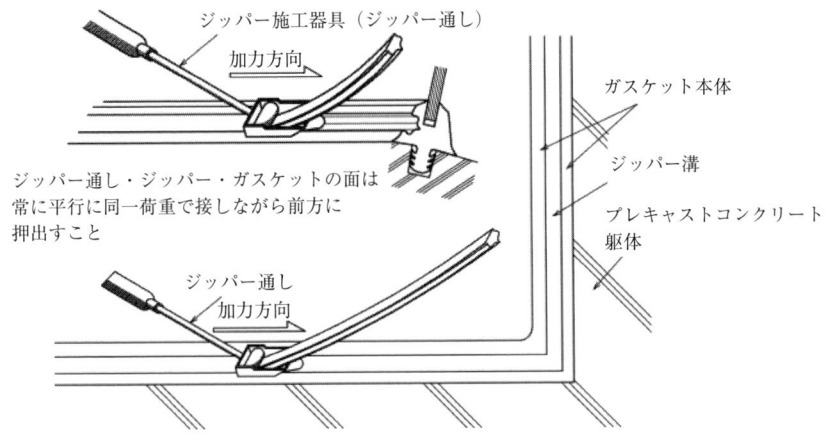

解説図 5.4.15　構造ガスケットへのジッパー取付状況

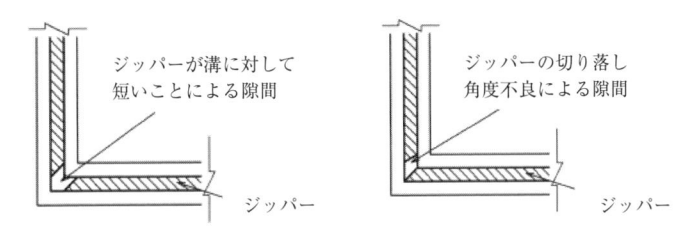

解説図 5.4.16　ジッパーの不具合事例

・フレーム，ガラスに接触するアンダーリップはめくれないよう所定の位置に納まっていること．解説図 5.4.17 のように，構造ガスケットのアンダーリップがめくれ上がっていてはならない．

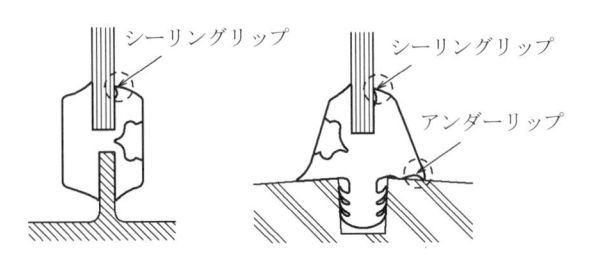

解説図 5.4.17　シーリングリップ，アンダーリップの不具合事例

3）施工工具の保管および取扱い

　構造ガスケットの施工工具は，構造ガスケットを支持部材に装着するためのウェッジ，アンカーリップを正常な位置に納めるための竹へら，ジッパー通し器具などである．施工工具の保管および取扱いにあたっては，次のことに留意する．

・施工工具は，装着する構造ガスケットに最適のものを常に使用できる状態にしておく．

・構造ガスケットは，ねじれ，そりなどを生じないよう，また，雨露や直射日光に当たらない場所で保管する．

（3）支持部材の断面形状，ガラスの種類の確認

構造ガスケットが装着される支持部材の断面形状，ガラスの種類が設計で定められたとおりであることを確認する．

　1）構造ガスケット支持部材

　・H型ガスケット：構成部材に緊結されているアングル，T形鋼などの剛性

　・Y型ガスケット：プレキャストコンクリート板のアンカー溝（Y型ガスケットのアンカー溝形状は解説図5.4.8を参照．

　2）ガラスについての確認項目

　・ガラスの種類：フロート板，網入，複層，合わせなどの区別

　・ガラスの高さ，幅，厚さ

　・ガラスのエッジ処理の状況，防錆処理の有無

（4）施工環境

構造ガスケットの施工は，適切な作業環境のもとで行い，降雨・降雪・強風など工事に支障があると認められた天候の場合は，工事を行ってはならない．

（5）施工後の検査

施工完了後，目視，指触などにより納まり状況の確認・検査を行い，不具合のある場合には，すみやかに修正する．

（6）その他の施工上の留意点

上記以外の構造ガスケットの施工上の留意点は，「JASS 17　ガラス工事」に規定されている内容を参考にする．

参 考 文 献

1）J.A.Dallen and P.V.Paulus：Lock-Strip Glazing Gaskets, Building Seals and Sealants, ASTM STP 606, 1975

2）S.C.Watson：Compression Seals, ASTM STP 606, 1975

3）寺内　伸：Y型ガスケットに関する研究，鹿島建設技術研究所年報，19号，1970

4）寺内　伸：Y型ガスケットの粘弾特性について，鹿島建設技術研究所年報，20号，1971

5）寺内　伸ほか：等圧ジョイントを有するカーテンウォールの防水性に関する研究Ⅱ，鹿島建設技術研究所年報，Vol.29，1981

6）大澤　悟ほか：構造ガスケットの耐久性に関する研究，日本建築学会大会学術講梗概集，1986

7）R.A.Bher, A.Belarbi and J.H.culp：Dynamic Racking Tests of Curtain Wall Glass Elements with In-Plane and Out-of-Plane Motions, Earthquake Engineering and Structural Dynamics, Vol. 24, 1995

8）Raymond J.Schuts ほか：Architectural Precast Concrete Joint Detals, PCI Journal, March-April, 1973

9）小池迪夫ほか：建築防水システムハンドブック，建築産業調査会，1990

10）Julian R.Panek and John Philip Cook：Construction Sealants and Adhesives 2nd Edition, John Wiley & Sons, 1983

11）Adolfas Damusis 監修：Sealants, Reinbold Publishing Corporation, 1967

12）建築ガスケット工業会編：建築用ガスケット設計・施工に関する技術マニュアル改訂版，2016.3

13）建設省住宅局建築指導課監修：防火構造　第1章　不燃下地防火第1196号，耐火防火構造・材料等便覧，新日本法規出版

14）今井博史ほか：建築用ガスケットの耐久性に関する研究（その1.実態調査と耐久性向上の検討），日本建築学会関東支部報告，第66回，p.177，1995

15) 小野　正ほか：建築用ガスケットの耐久性に関する研究（その2，多段階熱劣化の結果）日本建築学会大会学術講演梗概集，p.383，1977.9

16) 名知博司ほか：建築用ガスケットの耐久性に関する研究（その3，熱劣化寿命曲線），日本建築学会大会学術講演梗概集，p.285，1978.9

17) 小野　正ほか：建築用ガスケットの耐久性に関する研究（その4，熱劣化寿命の予測），日本建築学会大会学術講演梗概集，p.287，1978.9

18) 何　弘安ほか：目地ガスケットの気密性に関する実験研究（その1），日本建築学会大会学術講演梗概集，p.76，1999.9

19) 本田純司ほか：目地ガスケットの気密性に関する実験研究（その2），日本建築学会大会学術講演梗概集，p.77，1999.9

20) 板硝子協会，日本サッシ協会：複層ガラス・単板ガラスとサッシの取合いに関する仕様基準と解説，2004.7

21) 建築ガスケット工業会編：旧版建築用構造ガスケット設計・施工に関する技術マニュアル，2000.3

6章　オープンジョイント構法の設計および施工

6.1　総　　則

6.1.1　適用範囲

カーテンウォールのオープンジョイント構法の設計および施工に適用する.

　オープンジョイント構法の原理は,古くから下見板張りの外壁や瓦葺き屋根などの雨仕舞として広く使われてきたが,これらの伝統的な屋根・外壁などにおいては,カーテンウォールのオープンジョイントのように等圧区画化や等圧設計を行うことはないため,本指針の適用範囲の対象外とした.本指針では,カーテンウォールの部材接合部に採用されているオープンジョイント構法を用いた水密接合構法に限定して適用する.

6.1.2　用　　語

本章における用語の定義は,次のように定義する.
(1) 等圧空間:レインバリアとウインドバリアに挟まれた圧力制御用の空間であり,外気圧とほぼ等しい圧力空間にすることにより,気流による雨水の移動を抑えている.
(2) 外気導入口:等圧区画内の等圧空間に外気を導入するための開口.
(3) スプラッシュバリア:目地内部に浸入する雨水の運動エネルギーを減少させるとともに,外気導入部より等圧空間へ雨水の浸入を防止する機能を持ち,必要により装着される部品.
(4) 等圧区画:外気圧と等圧空間内気圧をバランスさせるために区画材で仕切られた等圧空間.
(5) 水滴飛散限界圧力差:気流による雨滴の横移動を抑えることができる圧力差.外気圧と等圧空間内圧との差を指す.
(6) 隙間面積:等圧区画内のウインドバリアに生ずる隙間の総面積.
(7) 隙間比:等圧区画内の外気導入口面積 A_0 とウインドバリアの隙間面積 A_i との比 $K = A_i/A_0$.

6.2　設　　計

6.2.1　設計の基本事項

オープンジョイント構法の設計は,設計条件の整理・検討,耐久性,等圧設計および施工性について行う.

　オープンジョイント構法は,メンテナンスフリーと長期耐久性に注目して採用されることが多い.壁面積の大きな建築物のカーテンウォールにオープンジョイント構法を適用すると,生産性の向上や水密性の長期化が期待できる.特に,レインバリアとしてガスケットを使用することがほとんどであり,この場合には,作業ゴンドラによるシーリング材の施工などの外部作業を省略することが可能となり,施工と建物維持管理の合理化が図られる.

　また,ウインドバリアには耐久性に優れるガスケットやシーリング材が使用でき,しかもウイン

ドバリアには弾性回復力に応じた隙間を許容できる設計になっているので，フィルドジョイント構法に比べると長寿命の水密接合構法が実現できる．したがって，オープンジョイント構法は，長寿命が求められる重要度の高い建築物のカーテンウォールに適しており，超高層建築のみならず中高層建築の外装にも採用されている．

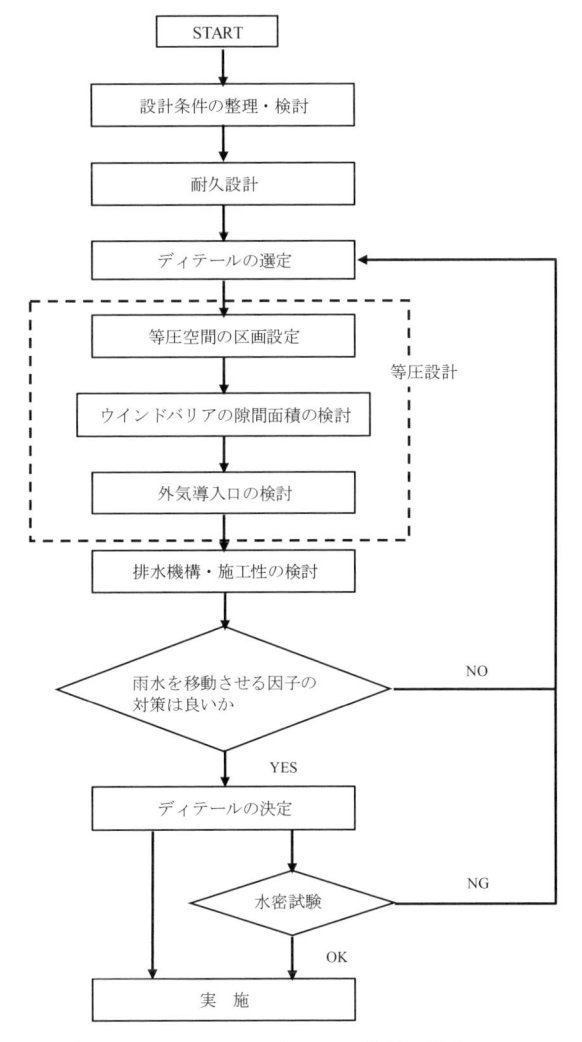

解説図 6.2.1　オープンジョイント構法の設計フロー

　性能は，外壁全体のシステムとして成り立っているものであり，単に外装部材の接合部処理ではなく，設計の基本段階でオープンジョイント構法とフィルドジョイント構法の取合いなどを考慮して確実に設計しておく必要がある．

　施工の状態が性能に大きく影響するため，設計の早い段階からオープンジョイント構法のディテールの検討と並行して改修を含めた施工に関する検討を行う必要がある．構造部材と作業スペースの関係，パネル割付けに伴う目地の位置等を適切に検討しておかないと，施工段階において対応が不完全な部分ができ，オープンジョイント構法の性能が十分に発揮できない．

　柱・梁部にウインドバリアが位置する場合は，目視で確認しにくいが，解説図 6.2.2 および解説図 6.2.3 に示すように，設計段階で柱・梁との関係を検討し，できる限り確認できるようにしておくことが必要である．また，事前の十分な検討により，オープンジョイント構法での改修も可能となる．

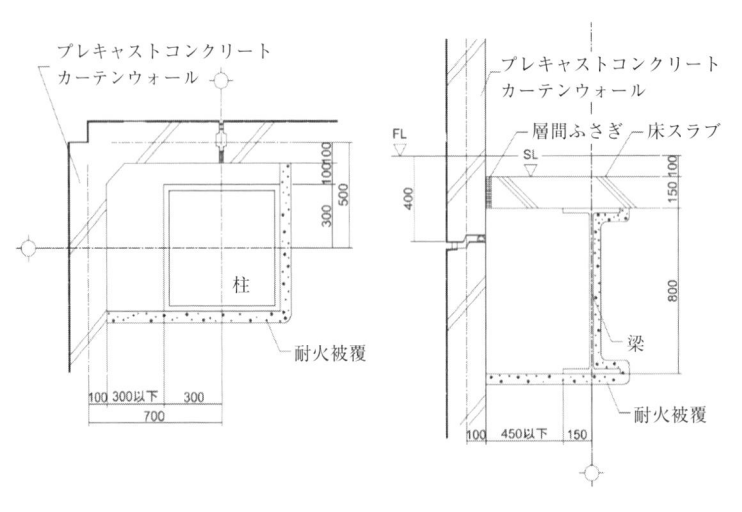

（単位：mm）

解説図 6.2.2　取付け後，目地状況の確認が困難な例

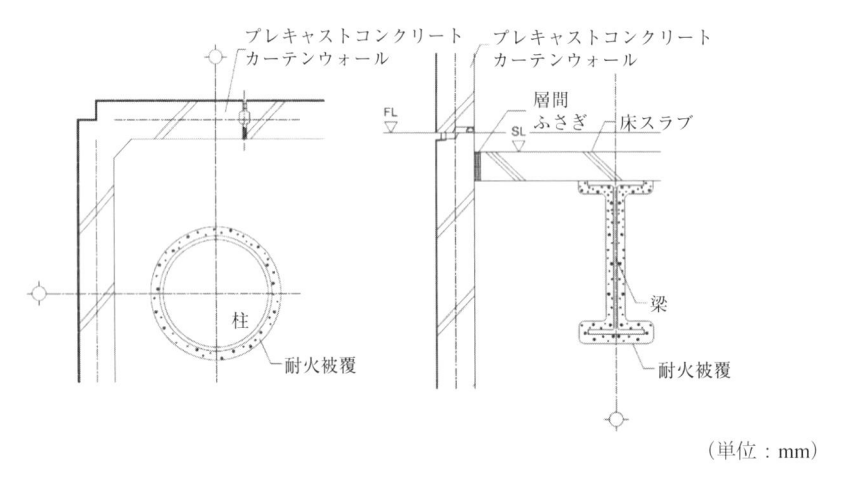

（単位：mm）

解説図 6.2.3　取付け後，目地状況の確認が容易な例

　シーリング材をウインドバリアとして施工する場合に，目地の状態を目視で確認ができ，清掃，プライマー塗布，バックアップ材の装着およびシーリング材の充填などの施工が支障なく確実に行えなければならない．特に，柱・梁部およびスパンドレル部などは，設計段階で施工スペースを確保するように検討を進め，しかも目視しにくい部位の施工については，注意して確実な施工を行うことが重要である．また，シーリングのバックアップ材が等圧空間に残存し経年と地震などにより等圧空間に落下した事例もあるので，注意が必要である．

　今後は，建築の長寿命化のために，設計の初期段階から改修時を想定した計画は，よりその重要性を増していくものと思われる．

　設計については，解説図 6.2.1 に示すように最初に設計条件を再度見直して整理・検討し，水密性および耐久性について設定する．基本断面は，カーテンウォールの種類や実績などと改修設計および施工性などを検討し，それらを反映して設定する．

　等圧設計については，カーテンウォールのパネル割りを考慮して等圧空間の区画設定を行い，ウインドバリアの隙間面積やレインバリアの外気導入口等の大きさ・配置の検討を行い，詳細設計を進める．

　排水機構や施工性については並行して検討し，必ずしも解説図 6.2.1 のフローの順序に従う必要はない．常に雨水を移動させる因子と，その対策を確認しながら設計することが大切である．

　プレキャストコンクリートカーテンウォールとメタルカーテンウォールなどの異種部材がオープンジョイント構法にて接合する場合には，排水方法，外気導入方法，区画方法およびウインドバリアの構成方法など互いに異なった断面やシステムが接合し，また，取付け精度も互いに異なるため，それぞれの等圧区画，排水経路が的確に機能するように施工する必要がある．目地交差部は，ウインドバリア位置が異なる場合もあり，また，それぞれのムーブメントが異なる挙動を示すことがあるため，弱点となる場合がある．そのため，ウインドバリアの交差部をシーリング材や気密部品にて気密化を図るようにするなどの検討が必要である．

　ただし，ウインドバリアがシリコーンゴム系の発泡系目地ガスケットの場合，弾性回復力を劣化させるアミノキシ型のシーリング材の使用や接触を避ける必要がある．

　水密試験は，試験体の大きさにより実大水密試験と部分水密試験があり，一般的な圧力箱を用いた試験と施工後に現場で行なう散水装置を用いた試験方法がある．水密試験は必要に応じて実施され，その場合には，圧力箱を用いた水密試験のみの場合と両者を組み合わせて実施する場合もある．詳細は，「6.2.4　性能確認試験」による．

6.2.2　水密設計の条件

---

　a．設 計 条 件
　　水密性能値と改修の考え方を明らかにして設計を行う．
　b．接合部の設計
　　接合部は，重力，表面張力，毛細管現象，運動エネルギー，気流および気圧差などによって，室内に雨水が浸入しないで，所要の水密性能を確保できるディテールとする．

---

　a．設 計 条 件
　オープンジョイント構法の設計条件としては，水密性以外にも多くの条件があるが，本章では水密性に限定した初期性能値と，長期耐久性を前提としたメンテナンスの方法を設計条件として設定する．

　水密性能値は，原則として設計者が設定するが，その設定は，「3.2.1　b．水密性能値の設定」に準じて行う．

オープンジョイント構法の改修の考え方としては，解説図 6.2.4 のように設計時に改修しないでメンテナンスフリーとするのか，改修しながら所定の水密性を確保するのかを明確にした上で，期待する耐久性を設定し，使用材料と構法を考慮して設計しておくことが大切である．改修する場合には改修時点で，ウインドバリアの施工が適切にでき，所定の水密性が復元できる設計になっている必要がある．

メンテナンスフリーにした場合は，建物に想定されている耐用年数に見合う寿命が必要である．メンテナンスフリーを目指す場合には，バリア材の選定が重要である．

オープンジョイント構法としてメンテナンスしつつ長期使用する場合は，レインバリアやウインドバリアのバリア材の劣化状況が確認でき，交換等の作業環境が確保できることが前提となる．外部の作業用ゴンドラの設置，柱梁と外壁との納まりによる作業環境の関係，仕上げ部材の脱着，接合部のディテールによる作業の難易性等を配慮して，改修する部位に改修方法・作業手順などを明確にしておく必要がある．

フィルドジョイント構法へ変更して改修する場合は，設計段階でシーリング材を充填する改修方法を明確にし，そのためのディテールを設計しておく必要がある．

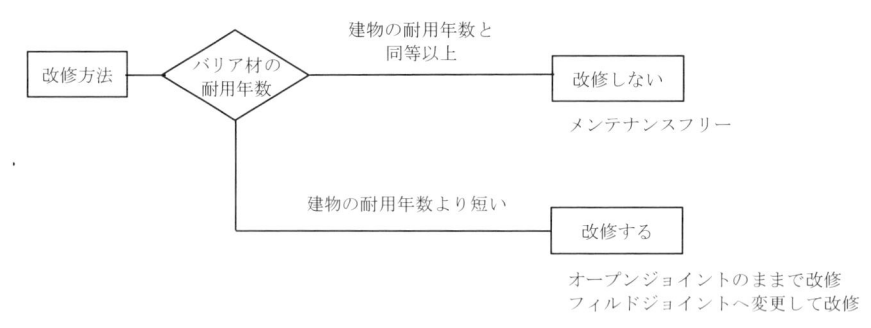

解説図 6.2.4　オープンジョイント構法の耐用年数と改修

ｂ．接合部の設計

接合部の設計では，①水の存在，②隙間，③移動させる因子，の 3 条件の検討が必要で，この 3 条件が全てそろった時に雨水が室内に浸入し漏水が発生する．外壁のオープンジョイント構法は，この雨水を移動させる因子をオープンジョイントのディテール設計でコントロールすることで取り除き，雨水の浸入を防ぐものである．なお，雨水を移動させる因子には 6 つの要因があり，その要因と対策の基本は解説図 2.1.1 に示されている．

（1）オープンジョイントの納まり

雨水を移動させる 6 つの要素を接合部の納まりにより適切にコントロールし，外壁として雨水の浸入防止を図らなければならない．ウインドバリアは弾性回復力に応じた隙間を容認しているが，ウインドバリアの漏気している部位に雨水があると少しの漏気でも漏水してしまうので，ここに雨水を到達させない納まりの設計が重要である．そのためには，レインバリア，等圧空間およびウインドバリアの 3 要素を適切に設計する必要がある．解説図 6.2.5 に雨水を移動させる 6 つの要素と基本的なオープンジョイントの納まりの関係を示す．

　また，これらの要素への設計および施工的な欠如が複合的に生じた場合に，撹乱（バブリング）現象やしぶきの飛散が生じ，所定の水密性能よりも低い値で漏水が発生することがあり，その状況を解説図 6.2.6 に示す．

　接合部の納まりは基準断面だけでなく，縦目地と横目地の交差部，部材の接合部，オープンジョイント構法とフィルドジョイント構法の取合い部などを含めた全ての部位について，十分に検討し，適切に設計することが重要である．また，小規模な建築物や形状が複雑な建築物は，断面の種類が多く，納まりや取合いが複雑になるため雨仕舞の弱点が生じやすいので，注意が必要である．これまでの経験などから，オープンジョイント構法では，雨仕舞の弱点と思われる部位から漏水する場合が多く，ディテールの検討の重要性を十分に認識することが，オープンジョイント構法の設計において大切である．

　横目地は一時的な雨水の運動エネルギーを排除するため，スプラッシュバリアを採用する場合が多い．一方で，プレキャストコンクリートカーテンウォールの場合，近年ではスプラッシュバリアを設ける設計は減少しており，レインバリアに設けている外部側の空気導入口から運動エネルギーを持った雨滴が目地内部へ浸入し難くなるように，レインバリアの目地内部側の外気導入口を異なる位置に設けるなどの工夫を行っている．

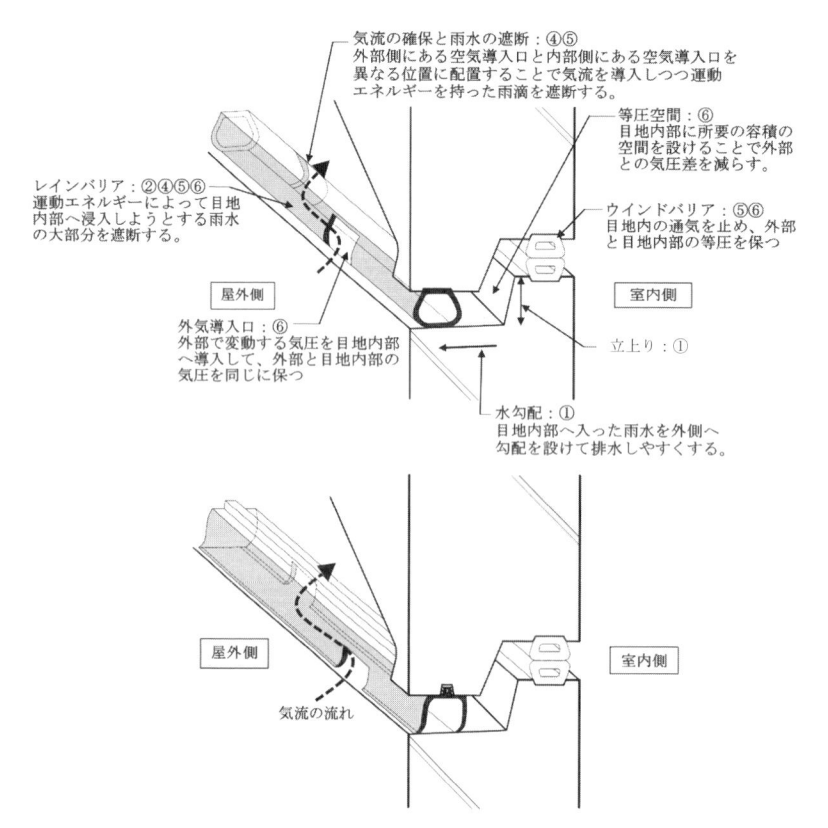

（a）プレキャストコンクリートカーテンウォールの横目地

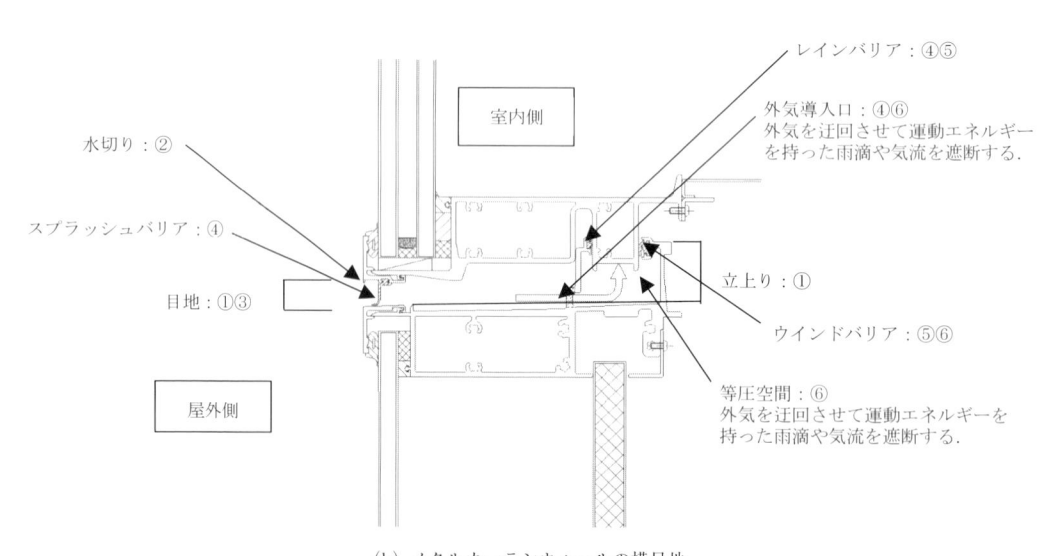

（b）メタルカーテンウォールの横目地

雨水移動の要素：①重力，②表面張力，③毛細管現象，④運動エネルギー，⑤気流，⑥圧力差

解説図 6.2.5　オープンジョイントの納まりと要素

【撹乱現象およびしぶきの飛散】

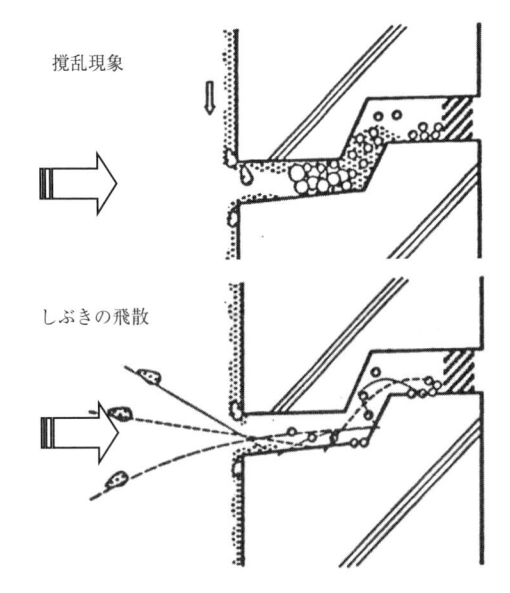

撹乱現象

目地内部が狭く排水効率が悪い場合，ここに水がたまり，さらに空気がある程度以上流入すると，入り口部は水と空気が混合され泡状になり，奥は封水となり，この泡が内部の封水を押し込みより深部へ浸入する．

しぶきの飛散

雨滴が自身の運動エネルギーや気流により目地内部に浸入し，砕け散ったしぶきがより内部に侵入する．

【撹乱現象およびしぶき飛散の防止】

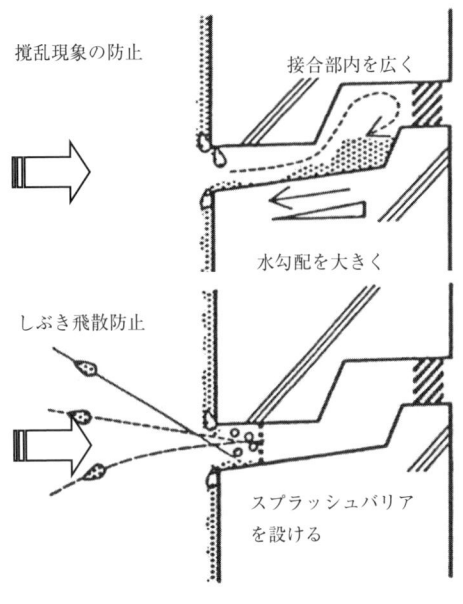

撹乱現象の防止

接合部内を広く

水勾配を大きく

バブリングは目地深部まで雨水が浸入するので漏水の確率が高くなる．これを防ぐには目地幅および接合部内部を広くし水封されないようにし，水勾配を大きくして排水効率を高める．

しぶき飛散防止

スプラッシュバリアを設ける

しぶき飛散状況の予測は雨滴エネルギー，気流が複雑に作用するが，水返しを設けることにより防止できる．

解説図 6.2.6　撹乱現象と対策

（2）改修時の納まり

　改修しないでメンテナンスフリーとする設計コンセプトでは，故障が生じた場合の修繕方法が考慮されていないことが多いことから，初期故障が生じないように使用材料と納まりを十分に検討し

て設計する必要がある.

　長年使用後に改修が必要になり，オープンジョイント構法として改修する場合は，バリア材として使用しているガスケットを交換するのか，シーリング材を追加施工するのか，シーリング材は撤去して打ち直すのかなどの改修方法を設計時に検討し，納まりに反映しておく必要がある．なお，メタルカーテンウォールの場合は，断面が非常に複雑なためにバリア材の改修は困難な場合が多い．

　オープンジョイント構法からフィルドジョイント構法へ変更して改修する場合は，シールの施工代を見込んだ納まりディテールを想定し，シーリング材やガスケットが適切に施工できるようにする．解説図 6.2.7 にプレキャストコンクリートカーテンウォールの横目地にシーリング材を追加して改修しようとした設計例を示す．この場合，縦目地との取合いや排水経路についても検討しておく必要がある．一般に，レインバリア部をシールしてフィルドジョイント構法に変更して改修した場合，排水経路の確保が難しく，2 次シールに相当するウインドバリアは多少の漏気を許容しているため，改修後の接合部がダブルシールジョイント構法として機能しない可能性があるので注意を要する．

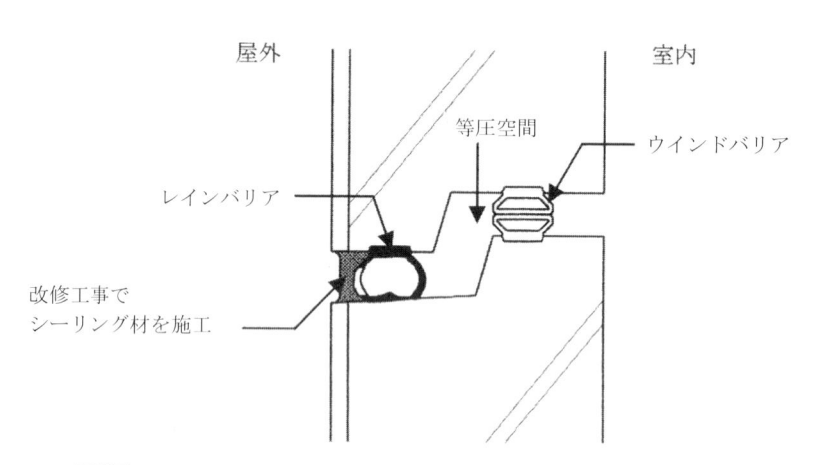

解説図 6.2.7　フィルドジョイント構法に変更して改修仕様とした場合の例

6.2.3　等 圧 設 計

　a．等圧設計の原理
　　圧力差による水の浸入を防ぐために，目地内部の等圧空間の圧力と外気圧を近づけて，有害な圧力差を生じないようにする．
　b．等圧区画の設定
　　等圧空間は，変動する外気圧とバランスさせて水密性能を確保するために適切に区画する．外気圧の変動が大きい部位（コーナー部など）は区画を考慮する．
　c．漏気条件，隙間比，外気導入口の設定
　　設定された水密性能において水滴飛散限界差圧を超えないように，漏気条件，隙間比，外気導入口を設定する．
　d．等圧空間面積の設定
　　等圧空間の隅々まで瞬時に外気がゆきわたるように，等圧経路の有効断面積を確保する．

a．等圧設計の原理

オープンジョイント構法における等圧設計は，外部の圧力（P_0）と目地内部の等圧空間の圧力（P_e）を近似的に等圧にすることで，水を移動させる大きな要因の一つである圧力差によって雨水の室内への浸入を防止することを目的とした設計法である．この原理の概念を解説図 6.2.8 に示す．

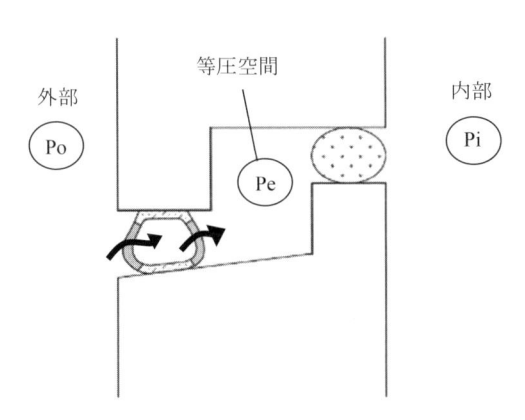

解説図 6.2.8　等圧原理の概念

b．等圧空間の区画設定

オープンジョイント構法では，外気圧と等圧空間の圧力を瞬時に等圧にするために，等圧空間を発泡ゴムなどの区画材によりある一定の大きさに区画し，有害な圧力差が生じないように等圧設計を実施しなければならない．外気導入口の大きさや位置に対して等圧区画が大きすぎると，導入した外気が区画内の隅々まで行き渡るのに時間がかかり，外部の圧力変動に追従することができない．その結果，外部と目地内部に想定以上の圧力差が生じ，目地内に水が浸入することになって漏水の原因となる．また，等圧空間を区画することで，万一の故障時に故障箇所の特定がしやすいとともに，漏水被害の範囲を最小限におさえることができる．このようなことから，等圧区画は解説図 6.2.9 のように，1 スパン・1 フロア単位で区画し，その形状は逆 T 字形とすることが多いが，最近では外気圧の変動が大きい部位（コーナー部など）を除き，区画材が設置されていない場合が多い．

プレキャストコンクリートカーテンウォールの腰壁タイプは，T 字形で区画が形成されるが，最近では，サッシ部との取合い目地（横目地）とプレキャストコンクリートカーテンウォール部材同士の縦目地との異なった接合部が性能的に干渉しないよう分断させて区画することが多い．

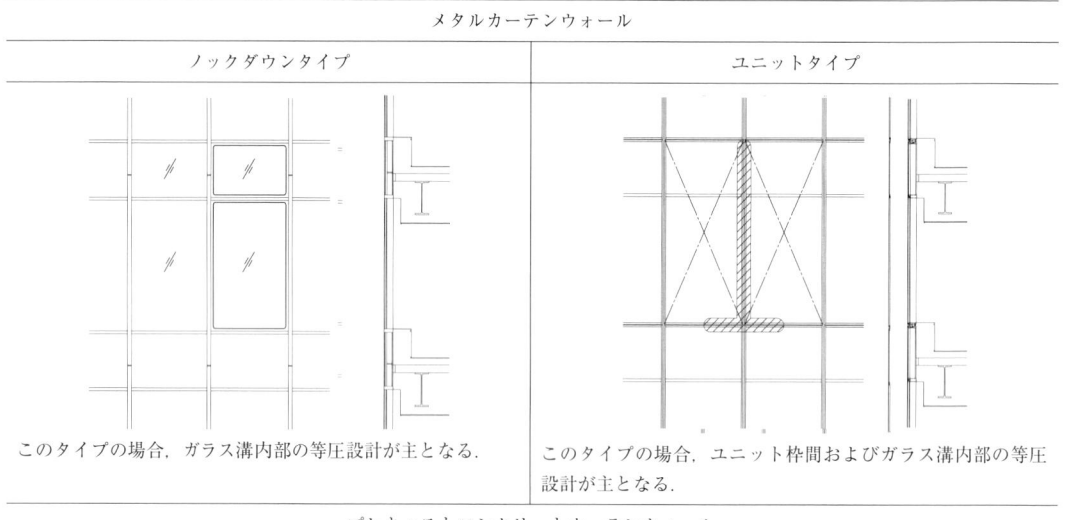

メタルカーテンウォール	
ノックダウンタイプ	ユニットタイプ
このタイプの場合，ガラス溝内部の等圧設計が主となる．	このタイプの場合，ユニット枠間およびガラス溝内部の等圧設計が主となる．

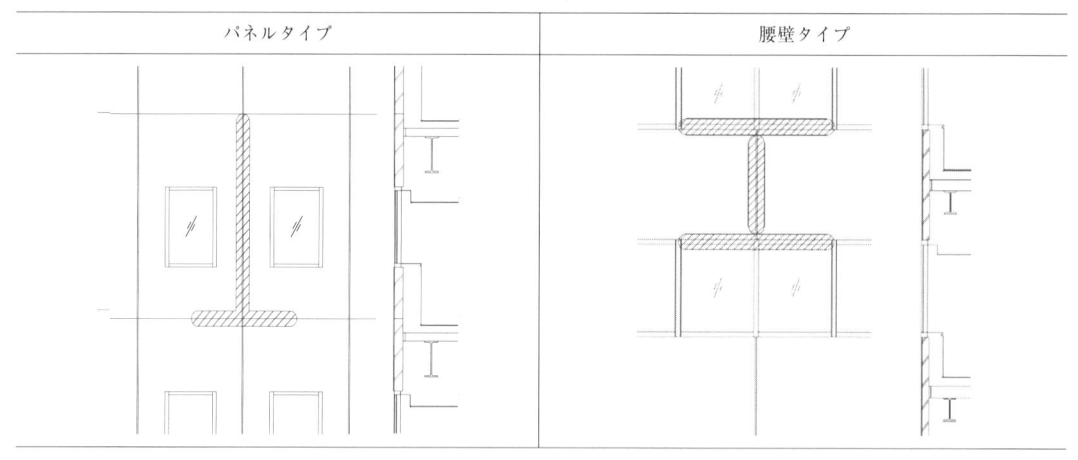

プレキャストコンクリートカーテンウォール	
パネルタイプ	腰壁タイプ

解説図 6.2.9　等圧空間の区画例

　ｃ．漏気条件，隙間比，外気導入口の設定

（１）漏気条件の設定

　オープンジョイント構法は，ウインドバリアに不具合が生じ，ある程度の漏気が発生した場合においても等圧空間内の圧力バランスが保持され，圧力差による雨水の浸入が生じないよう考慮して設計したものである．

　漏気条件の設定においては，ウインドバリアの隙間幅と隙間長さをどのように設定するかが重要であり，目地に発生するムーブメント，施工誤差および長期間の劣化などを十分に考慮する必要がある．

　（ｉ）隙間面積の設定

　隙間面積は，ウインドバリアの隙間幅と等圧区画内の隙間長さから下式により求まる．

$$A_i = d_n \cdot L_n \cdot C_i \tag{6.2.1}$$

ここに，A_i：漏気面積（mm^2）

d_n：隙間幅（mm）

L_n：隙間長さ（mm）

C_i：流量係数

隙間幅と隙間長さについては，オープンジョイント構法を採用した物件のアンケート調査によると，解説表 6.2.1 のような結果が得られている．この表から隙間幅は 0.05 mm，隙間長さはウインドバリア全長分として隙間面積を設定している事例が圧倒的に多いことがわかる．また，ウインドバリアにシーリング材を用いた場合，シーリング材の体積減少率を 1 ％程度と想定して欠陥部分の隙間幅を算定し，隙間長さは全長の 20～30 ％に設定して隙間面積を求めている事例もあった．

隙間幅は，本来はウインドバリアの材質，構成部材，種々のムーブメントの違いにより異なるもので，また，定量的に測定されたものもないが，これまでの実績により，汎用性が高く，長期にわたって性能を維持することができるということが証明されており，本指針では，隙間幅はウインドバリア全長で 0.05 mm を推奨する．解説表 3.2.14 のオープンジョイント構法の水密信頼グレードも隙間幅 0.05 mm で設定している．

また，ウインドバリアの隙間から漏気する際の流量係数については，系統的な研究が行われていない．さらに，ウインドバリアの材質，隙間幅，粗面度および濡れ性などによって異なると考えられるが，その影響が定量的に明らかになっていないため，一般的には $C_i=1$ として設計していることが多い．

個別に気密試験データがあり，試験結果と諸条件による協議が行われる場合は，隙間幅はこの限りではない．

また，グレイジング部の隙間幅と隙間長さについては，解説表 6.2.2 のような調査結果が得られている．

シーリング材によるクレージングでは隙間幅 0.05 mm，隙間長さ 30 ％，またはシーリング材の体積減量による隙間（減量体積 1.6 ％）隙間長さ 10 ％が，ガスケットによるグレイジングでは隙間幅 0.01 mm，隙間長さ 100 ％または隙間幅 0.05 mm，隙間長さ 100 ％が多く採用されているので参考とするのがよい．

解説表 6.2.1　ウインドバリアの隙間幅と隙間長さ

ウインドバリア	隙間幅 (mm)	隙間長さ (%)	件　数					
			メタルカーテンウォール			プレキャストコンクリートカーテンウォール		
			1996年調査	2006年調査	2022年調査	1996年調査	2006年調査	2022年調査
シーリング材	0.005	100			2			
	0.01	100			1			
	0.03	100			1			
	0.038	30	1					
	0.05	10			2			
	0.05	30			12			
	0.05	100	16	3			5	41
	0.075	100	2					
	0.094	30	2					
	0.1	20				2		
	0.1	30				2		
	0.1	100	1					
	0.12	100			2			
	0.125	20				2		
	0.125	30	1			2		
	0.125	50				1		
	0.19	30	2					
	0.23	20	3					
	0.23	30	2					
	0.234	20			1			
	0.5	10	1					
	0.56	10	1					
	減量体積2 %	20			1			
	減量体積2.5 %	20			1			
	小　計		32	3	23	9	5	41
ガスケット	0.005	100		5				
	0.0075	100			1			
	0.008	100		1				
	0.0081	100			1			
	0.01	100		1	4			
	0.02	100		4				
	0.03	100	2	12	19		1	3
	0.05	14	1					
	0.05	20			1			
	0.05	100	21	19	44	69	14	84
	0.07	100		1				
	0.075	100	2					
	0.1	100	1					
	0.1	30	1					
	0.15	100	1					
	0.5	10	1					
	小　計		30	43	70	69	15	87
合　計			62	46	93	78	20	128

解説表 6.2.2　ガラスグレイジング部の隙間幅と隙間長さ

グレイジング	隙間幅（mm）	隙間長さ（%）	メタルカーテンウォール 2022 年調査
シーリング材	0.01	100	11
	0.03	20	1
	0.03	30	1
	0.03	100	4
	0.05	10	6
	0.05	30	16
	0.05	100	2
	0.063	20	1
	0.11	20	1
	0.111	20	1
	0.12	20	1
	0.12	100	1
	0.123	20	1
	0.13	20	2
	減量体積 1.6 %	10	15
	減量体積 1.6 %	20	3
	減量体積 2.0 %	10	1
	減量体積 2.5 %	10	2
	減量体積 2.5 %	20	1
	小　計		71
ガスケット	0.01	100	4
	0.02	100	1
	0.03	100	2
	0.05	100	5
	小　計		12
合　計			83

（ⅱ）ムーブメントの検討

　カーテンウォールの接合部に生じるムーブメントは，主に地震時に発生する層間変位ムーブメントと，温度差による部材の伸縮によって発生する温度ムーブメントがある．プレキャストコンクリートカーテンウォールは短時間の作用であるが，地震による大きな層間変位ムーブメントが生じ，メタルカーテンウォールの場合には，地震による層間変位ムーブメントだけでなく大きな温度ムーブメントが長期的に繰り返されるので，設計する場合には，これらへの配慮が必要である．また，ムーブメント追従性の考え方は，ガスケットを使用した場合とシーリング材を使用し

た場合で異なり，いずれの場合もウインドバリアからの漏気に大きな影響を及ぼすので，巻末付録の評価方法などの結果を参考にして，十分な検討が必要である．

１）ガスケットを用いた場合

　ウインドバリアにガスケットを使用した場合，特に注意しなければならないことは，温度ムーブメントによって目地が拡大した時にガスケットの圧縮率が小さくなることである．ガスケットの圧縮率はその形状および材質によって異なるが，温度ムーブメント，施工精度に配慮した設計をする必要がある．

２）シーリング材を用いた場合

　ウインドバリアとしてシーリング材を使用した場合，経年による劣化や長期的に繰り返されるムーブメントによる疲労によってウインドバリアにはく離や疲労破壊などの不具合が生じる可能性があるが，この場合，シーリング材の体積減量や圧縮セットなどによって隙間が発生する．この状態で温度ムーブメントが発生するとその隙間がさらに拡大し，設計時に想定した隙間面積よりも大きくなることが想定される．したがって，「4.2.3　外壁目地の設計」に基づき，ムーブメントに十分追従できる安全性の高いウインドバリアの目地設計を行う必要がある．なお，ウインドバリアの位置は室内側にあり，直接日光や雨に晒されることもなく，シリコーン系などの材料を使用しても汚れの危険性はほとんどないので，長寿命設計が可能である．

（ⅲ）ガスケットの気密性

　ウインドバリアに使用されるガスケットの気密性は，隙間面積を設定するうえで重要であるが，従来は個々の建物で実施した断片的な実験データはあるものの，系統的な研究事例は少ない．

　何・寺内らの研究[1]では，設計目地幅 25 mm 用のガスケットを使用し，施工精度を考慮して目地幅 25 mm，30 mm（拡大幅 5 mm），35 mm（拡大幅 10 mm）の 3 水準，ならびに面外方向のずれを 0 m，3 mm，5 mm の 3 水準とし，気密性の実験を行っている．目地幅と漏気量の関係を解説図 6.2.10 に示す．目地幅 30 mm までは面外ずれが 5 mm あっても，漏気量にほとんど変化はない．また，目地幅と隙間幅の関係を解説図 6.2.11 に示すが，目地幅が 5 mm 拡大して30 mm になっても漏気量から算出した隙間幅は 0.2×10^{-3} mm ときわめて小さく，最も条件の厳しい状態の 35 mm の目地幅においても 2.5×10^{-3} mm と微小な隙間であり，目地幅の拡大および面外へのずれへの追従性が優れている．しかし，長期間の使用に伴う応力緩和によって，圧縮永久ひずみが増加し，気密性が悪化することも考えられるので，安全側で設計するように留意する必要がある．

　以上が実験結果の一例であるが，目地ガスケットの気密性は，材質，形状および交差部の状態などによって大きく異なる．したがって，ウインドバリアに使用するガスケットは，耐久性に優れ，施工精度やムーブメントを考慮した気密性の実験によって，その性能が確認されているものを選定することが望ましい．

　また，インターロッキング構法の気密性能は施工精度の影響を受けにくいため，品質安定面で優れていると言える．

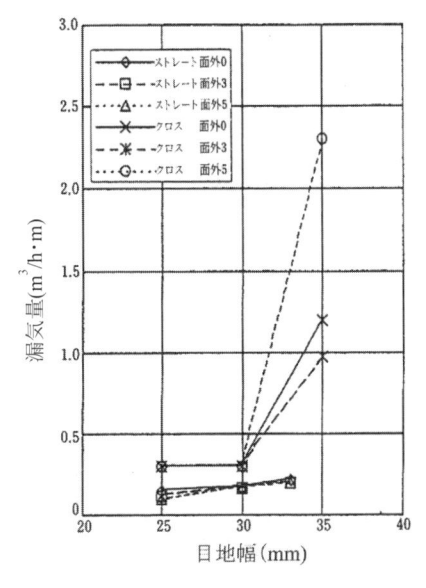

解説図 6.2.10　目地幅と漏気量の関係

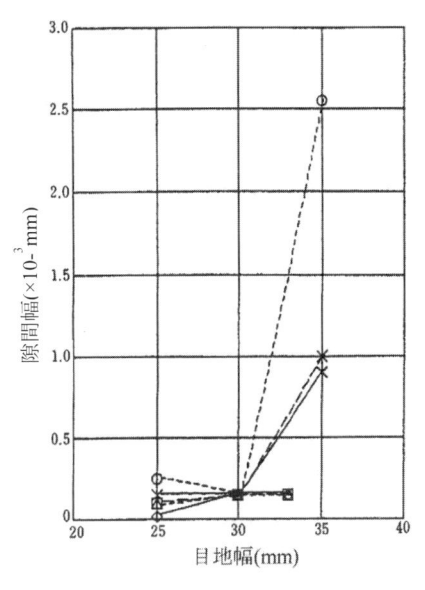

解説図 6.2.11　目地幅と隙間幅の関係

（2）隙間比の設定

　ウインドバリアに隙間が生じて漏気が発生すると，外部と等圧空間内の圧力バランスが崩れ，がが等圧区間に運び込まれることになる．このようなことがないように，水密性能値の条件下において外部と等圧区間の圧力差が水滴飛散限界圧力差を超えないように，設定した隙間面積に対して適切な外気導入口面積を設定する必要がある．この外気導入口面積に対する隙間面積の比を隙間比という．

（ⅰ）水滴飛散限界圧力差

　水滴飛散限界圧力差は，外部圧力と等圧空間内の圧力の差として（6.2.2）式により算出される．

$$\varDelta P = P_0 - P_c \tag{6.2.2}$$

ここに，$\varDelta P$：水滴飛散限界圧力差（Pa）

　　　　　P_0：外部圧力（Pa）

　　　　　P_c：等圧空間内圧力（Pa）

　外部と等圧空間内に圧力差が生じた時に，気流によって雨水が等圧空間内に運ばれる風速を仮に 10 m/s 以上とすると，ベルヌーイの定理から，水滴飛散限界圧力差は（6.2.3）式により求まる．

$$\varDelta P = \frac{\rho}{2} \cdot V^2 \tag{6.2.3}$$

$$= 0.6 \cdot V^2$$

$$= 60 \ (\text{Pa})$$

ここに，$\varDelta P$：水滴飛散限界圧力差（Pa）

　　　　　V：風速（10 m/s）

　　　　　ρ：空気の密度 1.205（kg/m^3）（20 ℃の時）

　ここでは，気流によって雨水が運ばれる限界風速として一つの研究事例を引用したが，この風

速は開口の形態や寸法，等圧空間のディテールおよび水滴の大きさ等によって当然異なる．したがって，限界風速は安全性を考慮し 5〜10 m/s と考え，水滴飛散限界圧力差はこのようなことを考慮して 50 Pa としている事例が多い．

（ii）隙間比

隙間比は，ベルヌーイの定理より（6.2.4）式で算出される．

$$K = \frac{A_i}{A_0} = \sqrt{\frac{\Delta P}{P_0 - \Delta P}} \tag{6.2.4}$$

ここに，K：隙間比

　　　　A_i：隙間面積（mm^2）

　　　　A_0：外気導入口面積（mm^2）

水滴飛散限界圧力差を 50 Pa とした時の外部圧力（水密性能）と隙間比の関係を解説図 6.2.12 に示す．通常，設計で採用されることが多い水密性能の値から隙間比は，1/5〜1/10 が用いられることが多いが，一般的には安全を考慮して 1/7（水密性能 2500 Pa 相当）が多く用いられている．

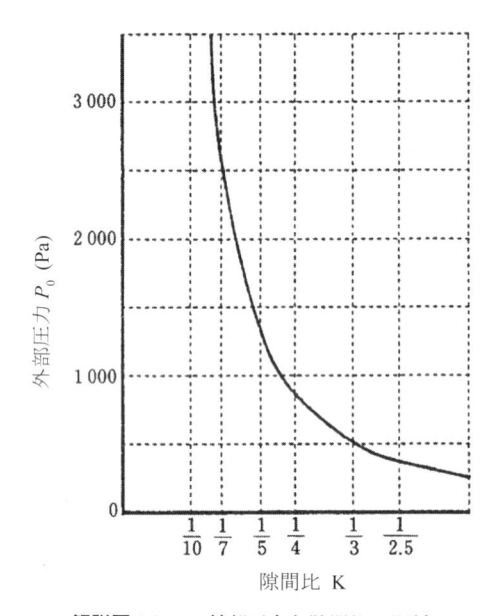

解説図 6.2.12　外部圧力と隙間比の関係

（3）外気導入口の設定

（i）外気導入口面積の算定

等圧空間が外気と近似的に等圧となるために必要な外気導入口面積は，隙間面積と隙間比から（6.2.5）式により求められる．例えば隙間比が 1/7 の場合，外気導入口面積は隙間面積の 7 倍あればよい．また，外気導入口の流量係数は，導入口の形状，大きさ，位置および粗面度などによって異なるために，オープンジョイントで設計された建物の調査では，流量係数は 1 を採用することが多い．

$$A_0 = A_i \cdot 1／C_0 \cdot 1／K \tag{6.2.5}$$

ここに，A_0：外気導入口面積（mm^2）

　　　　A_i：隙間面積（mm^2）

　　　　K：隙間比

　　　　C_0：外気導入口の流量係数

（ⅱ）外気導入口の設計

　外気導入口は，前述の考え方に基づいて必要な面積が設けられていても，その設置箇所や形状により期待どおりの効果が得られないことがある．設計にあたっては，次の項目について十分に検討することが必要である．

①外気導入口は，水膜が生じ期待どおりに外気の導入ができないことがあるので，直接，雨水のあたらない所に設置するか，水膜の影響を受けにくくするなどの検討が必要である．

②外気導入口を縦目地に設けた場合，導入口から雨水が流入しやすくかつ排水が難しいので，原則として横目地に設ける．

③外気導入口は，原則として数か所に分けて設ける．万一不具合が生じても，複数の導入口があれば直接大きな漏水につながる可能性は少ない．よって，安全性，確実性を考慮して2〜4か所に分けて設置することが望ましい．一般的に1か所の場合には，等圧空間の断面積が大きくなり，それに伴い部材断面も大きくなる．

④確実に外気を導入することが可能な大きさ，形状とする．表面張力による水膜の形成がないように排水口と兼ねる場合においては，十分に注意を払う．

　d．等圧空間面積の設定

　等圧区画内全体が外部の圧力と連動して瞬時に等圧になるためには，外気導入口から導入された外気が，接合部断面の等圧空間を経路として等圧区画内の隅々まで瞬時にゆきわたる必要がある．そのためには，(6.2.6) 式によって，経路となる等圧空間の断面積を確保しておく必要があり，障害物があったり急に狭くなる部分がないように設計しなければならない．一般的に等圧空間の断面積は，外気導入口面積以上とする．

$$A_a = A_0／C_a \tag{6.2.6}$$

ここに，A_a：等圧空間の断面積（mm^2）

　　　　A_0：外気導入口面積（mm^2）

　　　　C_a：等圧空間内の流量係数

【等圧設計事例】

　解説図 6.2.13 のようなカーテンウォールの1スパン・1フロア単位で区画された目地について，水密性能（上限圧力差）2500 Pa を満足させるための等圧設計を行う．

①ウインドバリアの隙間面積の算出

$$A_i = d_n \cdot L_n \cdot C_i$$
$$= 0.05 \times 5800 \times 1$$
$$= 290 \text{ mm}^2$$

②隙間比の算出

$$K = \sqrt{(\Delta P / (P_0 - \Delta P))}$$

$$= \sqrt{(50 / (2500 - 50))}$$

$$= 1/7$$

③レインバリアの必要外気導入口面積の確認

$$A_0 = A_i \cdot 1/C_0 \cdot 1/K$$

$$= 290 \times 1/1 \times 7$$

$$= 2030 \text{ mm}^2$$

④外気導入口の箇所数と面積（外気導入口面積）の確認

$$A = 4 \times a$$

$$= 4 \times 600$$

$$= 2400 \text{ mm}^2 > A_0 = 2030 \text{ mm}^2$$

⑤等圧空間（経路）面積の確認

　a 部等圧空間必要面積の算出

$$A_a = A_0 \times 1/C_0 \times 1/C_a$$

$$= 2030 \times 1/1$$

$$= 2030 \text{ mm}^2 < S_a = 3300 \text{ mm}^2$$

　b 部等圧空間必要面積の算出

$$A_b = A_a \times L2 / (L1 + L2) \times 1/C_a$$

$$= 2030 \times 4000 / (1800 + 4000)$$

$$= 1400 \text{ mm}^2 < S_b = 3300 \text{ mm}^2$$

ここに，A_i：隙間面積（mm^2）

　　　　　d_n：隙間幅（mm）$d_n = 0.05$ とする

　　　　　L_n：隙間長さ（mm）

　　　　　C_i：流量係数 $C_i = 1$ とする

　　　　　K：隙間比

　　　　　ΔP：水滴飛散限界圧力差（Pa）

　　　　　$\Delta P = 50$ Pa とする

　　　　　P_0：水密性能設定値（Pa）$P_0 = 2500$（Pa）

　　　　　A_0：外気導入口面積（mm^2）

　　　　　C_0：導入口の流量係数 $C_0 = 1$

　　　　　a：導入口 1 か所あたりの面積（mm^2）

　　　　　$a = 15 \times 40 = 600$ mm^2

　　　　　C_a：等圧空間内の流量係数 $C_a = 1$

　　　　　S_a：a 部の等圧空間面積（mm^2）

$S_a = 55 \times 60 = 3300\ \mathrm{mm}^2$

S_b：b 部の等圧空間面積（mm^2）

$S_b = 55 \times 60 = 3300\ \mathrm{mm}^2$

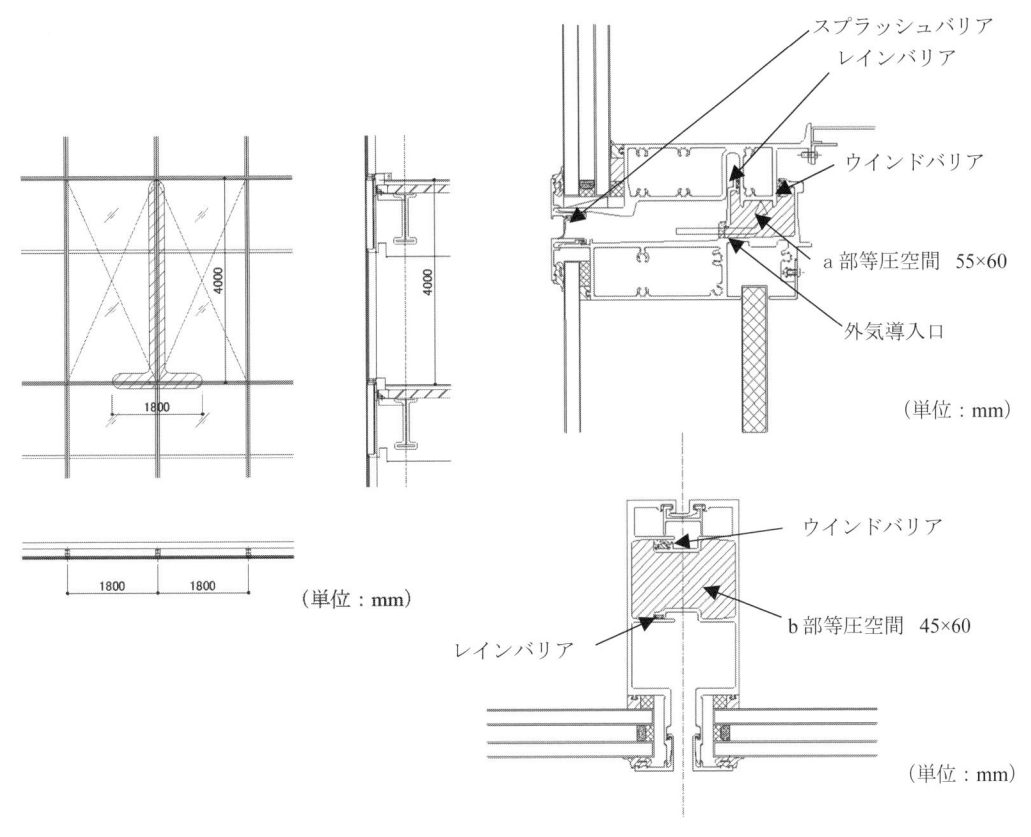

解説図 6.2.13　等圧設計事例

6.2.4　性能確認試験

> a．水密性能の確認が必要な場合は，JIS A 1414-3：2010（建築用パネルの性能試験方法—第 3 部：温湿度・水分に対する試験）に準じて水密試験を行う．
> b．水密試験では，等圧空間部の水の浸入状況の観察，外気圧と等圧空間内気圧との圧力差の測定を行う．

（1）実大水密試験法

　水密試験では，実際の建物で生じる降雨状態をできるだけ再現する必要がある．そのため，試験体は実際の構法と同じ実大のもので，水密性の弱点となりやすい水平と垂直の接合部の交点等を含んだものが望ましい．

　オープンジョイント構法の実大水密試験は，JIS A 1414-3：2010（建築用パネルの性能試験方法—第 3 部：温湿度・水分に対する試験　5.7）に準ずる大型の圧力箱式の水密性試験装置に，通常，水平方向に 2 から 4 パネル（2〜4 スパン），鉛直方向に 2 から 3 パネル（2〜3 フロアー）分の試験

体を取り付けて行い，その試験内容は次のとおりである．

①実大の水密試験は，耐風圧試験，層間変位追従試験などと同一の試験機および試験体で実施し，これらの試験は一連の試験プログラムとして行われることが多い．

②水密試験は，通常初期状態，耐風圧試験履歴後，層間変位追従試験履歴後に実施する．

（2）オープンジョイント構法固有の試験法

　前記（1）で解説した水密試験は，フィルドジョイント構法のカーテンウォールでも一般的に行われる試験法であり，オープンジョイント構法固有の試験法として，さらに次に示す「等圧性能確認試験」は多くの場合に行う方法である．また，「強制漏気試験」，「低圧長時間水密試験」，「排水経路確認試験」を取捨選択して行うこともある．

（ⅰ）等圧性能確認試験

　1）等圧空間内の圧力測定

　　等圧空間内と外気との圧力差を測定し，設計で検討した圧力バランスになっているか否かを評価する．この試験結果より，外気導入口の大きさが適正であるか確認する．

　2）等圧空間内の水の浸入状況の観察

　　等圧空間の一部を板ガラスなどの透明材にするか，またはファイバースコープなどを使用して，等圧空間内の水の挙動を目視観察する．この試験の結果を見て，外気導入口の位置・形状，スプラッシュバリアの位置およびウインドバリアの隙間面積が適正か確認する．

（ⅱ）強制漏気試験

　カーテンウォール等の接合部やグレイジング部においては，前出の解説表6.2.1，6.2.2に示されるようにウインドバリア部やグレイジング部にさまざまな要因で隙間が発生することが想定されている．この隙間が生じた場合においても，要求水密性能を確保する必要がある．そのため，強制的にウインドバリア部やグレイジング部に隙間を作り水密試験を行う．

　強制漏気にはウインドバリア部やグレイジング部に強制的に隙間を作る（強制漏気させる）ための部品（スリット材，エンボス材等）が挿入される．シーリング材部には確実に隙間が生じるようスリット材が用いられる場合が多い．

　また，隙間幅，隙間長さについてはJIS，「JASS 14　カーテンウォール工事」等に定められていないため，前出の解説表6.2.1および6.2.2を参考に個々に設定する．隙間を作るための部品の挿入箇所は，外気導入孔や排水孔等の位置を考慮して決定する．

（ⅲ）低圧長時間水密試験

　豪雨というほどではないが，雨が長時間の降雨が発生することがある．これに対する性能を評価するために低圧長時間水密試験が行われる場合がある．

　ウインドバリアの劣化後を想定して，ウインドバリア部に剥離や隙間等を設けて低圧・長時間の水密試験を行う．

【低圧長時間水密試験の例】

　　　散水量：$2 \, l/m^2 \cdot min$（水密性能試験の1／2）

　　　圧力差：水密要求性能値（平均圧力差の1／2）

　　低圧長時間水密試験は JIS,「JASS 14　カーテンウォール工事」等に記載されていないので，物件ごとの検討が必要とされる．

（iv）排水経路確認試験

　　一連の試験の最終段階で，完成後のカーテンウォールが遭遇する可能性のある，等圧空間内への浸入水が，水抜き孔から外部に適切に排水されるかを確認する．

（3）現場散水試験

　　現場施工後の外壁の水密性を確認する試験であり，ドライビングレインの降雨状態を想定して接合部に直接に散水するもので，施工の不良を発見できる．

　　米国では，解説表 6.2.3 で示す試験方法（AAMA 501.2[2]）が規定され，同様な試験は，日本をはじめとするアジア諸国で実施されている．

解説表 6.2.3　現場散水試験の試験法事例

現場散水試験：Field Water Test

項　目	AAMA 501.2（アメリカ）
水　圧	207〜242 kPa（30〜35 psi）
散水時間	接合部 1.524 m につき 5 分
距　離	300 mm
仕　様	ホース径 19 mm ノズル径 12.7 mm

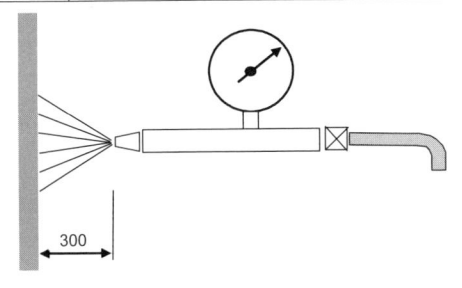

300

　　外壁において同様の納まりが多数採用されている場合に不具合があると，一様に漏水が発生するリスクがある．現場散水試験は，そのリスク回避のため，工事中または竣工後漏水が発生した場合に，漏水箇所の特定および原因解明のため実施される場合がある．

　　ダブルシールジョイント構法等の止水部が二重になっている場合は，施工完了後では室内側の止水部の確認が困難なため，室内の施工による内部止水部の隠蔽前に行う必要があるので注意する．

　　現状，現場散水試験要領については，JIS,「JASS 14　カーテンウォール工事」等に定められておらず，個々に検討されている．

　　現場散水試験では，高圧散水機等によるものが考えられる．また，海外では AAMA 501.2[2]が規定されている．参考に国内で実施された高圧散水機での例を示すので参考にするとよい．なお，散水による受圧面の圧力と試験部位で要求される水密性を把握しておくことが望ましい．

（4）参考資料

ⅰ）実大試験法事例

　国内で実際に実施されている実大試験法の傾向は，解説表 6.2.4 のとおりである．

解説表 6.2.4　国内でのカーテンウォール実大水密試験法の調査結果

調査項目	主な実施内容（回答の傾向）
1．水密試験の種類および試験法の基本型	・実大カーテンウォール試験 ・JIS A 1414-3：2010（建築用パネルの性能試験方法―第 3 部：温湿度・水分に対する試験）に準ずる試験法 ・JIS A 1517：2020（建具の水密性試験方法）に準ずる試験法 ・脈動圧が標準的である．
2．水密試験装置・測定システムの概要	・大型の圧力箱式試験機 　水平方向に 2 から 4 パネル（ユニット） 　鉛直方向に 2 から 3 パネル（ユニット） ・水噴霧能力は全面（毎分 4 l/m^2） ・脈動圧測定（動圧測定）
3．水密試験の項目	・初期水密試験 ・耐風圧性試験履歴後の水密試験 ・層間変位追従性試験履歴後の水密試験 ・低圧長期水密試験 ・排水経路確認試験
4．オープンジョイント構法固有の試験項目・内容	・等圧性能確認試験 　等圧空間内の圧力測定 　（ウインドバリア部の強制漏気による圧力測定も実施） 　等圧空間内の水の浸入具合の観察
5．その他特殊事項等	4.項を除き，一般のフィルドジョイント構法のカーテンウォール実大試験と試験方法はほとんど同じである．

ⅱ）部分試験法事例

　実物大の大型試験に対して，目地部の一部を試験体とした部分試験も国内で行われている．試験方法は，JIS A 1517：2020（建具の水密性試験方法）に準ずるもので，試験体の寸法は試験機に準じたサイズで行い，カーテンウォールの目地の交差部または横目地・縦目地の一部分を対象にした試験である．

　通常，目地部の寸法および形状は実物大のもので，試験体の目地部の一部を透明材にしたり，目地寸法を各種変化させたりして，実大試験よりも目地各部の雨水浸入防止効果を詳細に評価することが可能であり，目地材や目地構造の設計および開発に利用されている．解説図 6.2.14 に部分試験法の事例を示す．

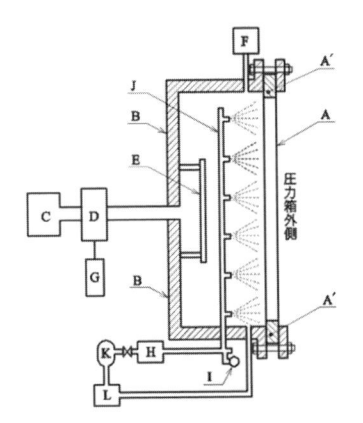

A ：試験体
A′：試験体取付枠
B ：圧力箱
C ：送風機
D ：圧力調節機
E ：整圧板（じゃま板）
F ：圧力差測定器
G ：脈動圧発生装置
H ：水量計
I ：水圧計
J ：水噴霧装置
K ：水ポンプ
L ：貯水槽

（a）水密性試験装置 JIS A 1414-3：2010 試験方法の概要

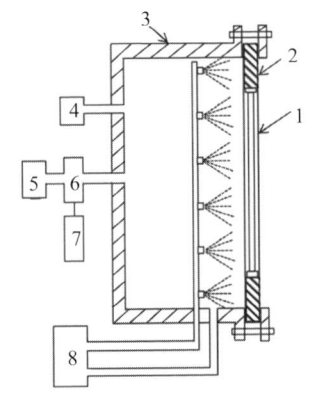

1 試験体
2 試験体取付枠
3 圧力箱
4 圧力差測定器
5 送風機
6 圧力調節機
7 脈動圧発生装置
8 水噴霧装置

（b）試験装置 JIS A 1517：2020 試験方法の概要

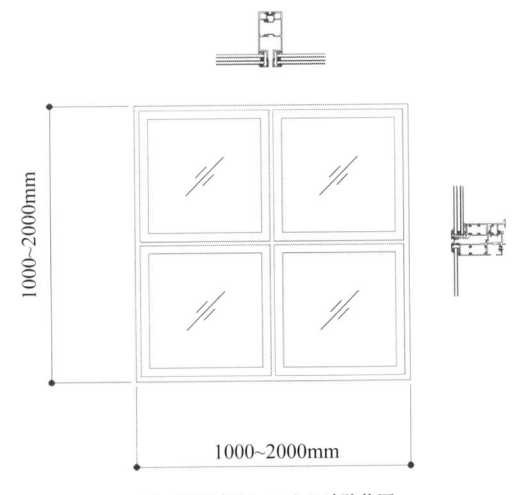

（c）部分試験における試験体図

解説図 6.2.14　部分試験法の事例

iii）現場散水試験方法の例

・高圧散水機

　使用機器：（例）製造所：ケルヒャー（形式：K2.025）

・散水範囲および散水順序

　1）散水前に噴射角度，壁面までの距離を確認する．散水は散水対象面に対して垂直にする．製品の破損を防ぐため，ノズルから散水される水の噴射角度を 10 度以上とし，距離も 700 mm 程度から始めて 500 mm 以内とするときは，十分に注意する．（解説図 6.2.15）

　2）散水順序は，必ず下部→上部の順で行う．

　　例えば，解説図 6.2.16 で示すように

　　　①→②→…→⑨の順に行う

　3）散水は固定せずに揺らしながら行う．

　　（φ250 mm 程度の円を想定し，その中に万遍なく掛けるように行う．）

　4）1 か所に連続で 5〜10 分間散水をしながら観察し，その後は水を止めて観察をする．

　　［注］漏水があったら，観察後水をふき取って次の場所の散水をする．全ての部分が終わってから再度，漏水経路を推定し，適宜，部分的に養生をして当該部分に散水し，漏水箇所を絞り込む．

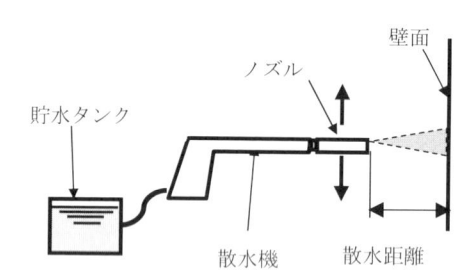

解説図 6.2.15　散水範囲の例

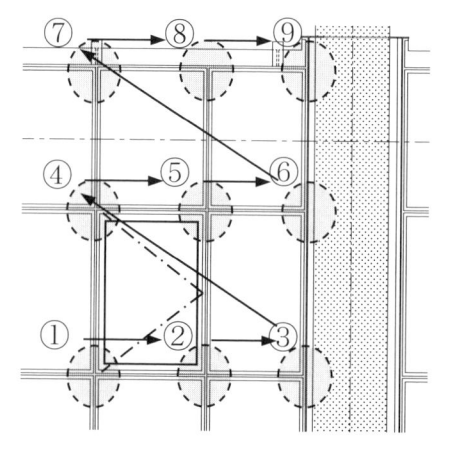

解説図 6.2.16　散水順序の例

6.3　材　　料

6.3.1　レインバリア

> レインバリアは JIS A 5756：2025（建築用ガスケット）に適合するもの，またはこれに準ずる品質のガスケットや金属などとする．

　レインバリアの主成分は，金属系と合成ゴム系のものが使用されているが，現在ではそのほとんどが合成ゴム系のものである．ここでは，合成高分子系のガスケットのレインバリアを取り扱うこととする．なお，昨今では，レインバリアにスプラッシュバリアの機能を付与したものもある．

　ガスケットのタイプ，種類，耐久性グレードを解説表 6.3.1 に示す．シリコーンゴム系（SR 系），エチレン・プロピレンゴム系（EPDM 系）の軟質系のものが使用されているが，最近の事例では，EPDM 系軟質系のヒレ形状または中空形状のものが多く使用されている．

　なお，現在，JIS A 5756 は 2025 年の改正が予定されているため，本章では JIS A 5756：2025（建築用ガスケット）と表記した．

6.3.2　バ リ ア 材

> シーリング系ウインドバリアとしては，耐久性グレード SA および SB の材料を使用する．
> ガスケット系ウインドバリアとレインバリアは，JIS A 5756：2025（建築用ガスケット）に適合する材料を使用する．

（1）バリア材の種類と耐久性

　ウインドバリアには，温度ムーブメント，層間変位ムーブメントへの追従性および部材の製作・施工精度の吸収という観点から，伸縮追従性に優れる合成高分子系のガスケットとシーリング材が使用されている．シーリング材系バリア材とガスケット系バリア材について，その種類，耐久性グレードおよび主な用途をまとめて解説表 6.3.1 に示す．

　シーリング材系ウインドバリアとしては，耐久性グレード SA のシリコーン系，シリル化アクリレート系および耐久性グレード SB のシリコーン系，変成シリコーン系およびポリサルファイド系が対象となる．一方，ガスケット系ウインドバリアは，軟質系の SR 系，EPDM 系，発砲系の SR系が使われている．また，ガスケット系レインバリアは，軟質系の EPDM 系とクロロプレンゴム系（CR 系）が使われている．

　シーリング材とガスケットの耐久性グレードは，「3.2.2　c　材料の耐久性」の解説表 3.2.16，3.2.17による．また，ガスケットの耐久性グレードはについては付録「3. ガスケットに関連する性能評価試験方法　G1 目地のムーブメントを考慮したガスケットの圧縮永久ひずみ試験」も参考にするとよい．

解説表 6.3.1　バリア材の種類，耐久性グレードおよび主な用途

(a) シーリング材

JIS 耐久性の区分	耐久性グレード	対象材料	バリア材としての主な用途
10030	SA	シリコーン系	ウインドバリア
		シリル化アクリレート系	
9030	SB	シリコーン系，変成シリコーン系	
		ポリサルファイド系	
8020	SC	変成シリコーン系，ポリサルファイド系	使用していない
	―	アクリルウレタン系，ポリウレタン系	

(b) ガスケット

JIS 性状の区分	JIS 使用温度範囲の区分	耐久性グレード	対象材料	バリア材としての主な用途
軟質系	T2，T4	GA，GB	SR 系	ウインドバリア
		GB，GC	EPDM 系	
		GC，GD	EPDM 系，CR 系	レインバリア
発泡系	T2，T4	GA，GB	SR 系	ウインドバリア

（2）オープンジョイント構法のライフサイクル設計

①メンテナンスフリーのオープンジョイント構法を設計する場合には，建物の目標耐用年数を満足するように，長寿命設計を実施する必要がある．

具体的な設計方法としては，本指針巻末の評価試験の結果に基づいて耐久性に優れるガスケットやシーリング材を選定・使用するか，十分な施工実績を有するガスケット成形品を使用することが望ましい．

また，工場での取付け状況，現場でのカーテンウォールの施工状況が目地におけるガスケットの性能，寿命を大きく左右することになるので，併せて十分な検討が必要である．

②ウインドバリアは，太陽光および降雨水に直接さらされず，有害ガスの作用も少ないので，外部側に使用するよりも耐用年数が長くなる．また，シーリング材をウインドバリアとして使用した場合の耐用年数の向上の手法として，設計伸縮率を小さくする，層間変形角をやや大きく設定する，高耐久シーリング材を使用するなどの対策を講じて，長寿命化を図ることは有効である．

解説図 6.3.1 は，ガスケットの熱劣化寿命を地域・壁方位別に予測した結果の一例であり，より温暖な条件，または日照の多い南壁面では寿命が短くなるが，これとは逆に北海道や北面では，寿命が長くなることが明らかである．

各種ガスケットについて，さまざまな環境条件下での圧縮永久ひずみは，CR 系および EPDM 系の発泡体に比べて SR 系発泡体は圧縮永久ひずみが小さい．ガスケットは圧縮などの変形を加えた時の復元力で水密・気密性を確保する材料であり，圧縮永久ひずみが小さいものは，長期の

耐用年数を実現することができる.

　一方，解説図 6.3.2 は，シーリング材の疲労寿命の予測結果であり，設計伸縮率と壁方位（温度ムーブメントと目地幅の大小）が寿命の長短に大きく影響しており，耐久設計を進める上で，負荷軽減を図ることの有効性を示しているとともに，日照を受けない室内側のウインドバリアは耐久性の上で有利であることを裏付けている.

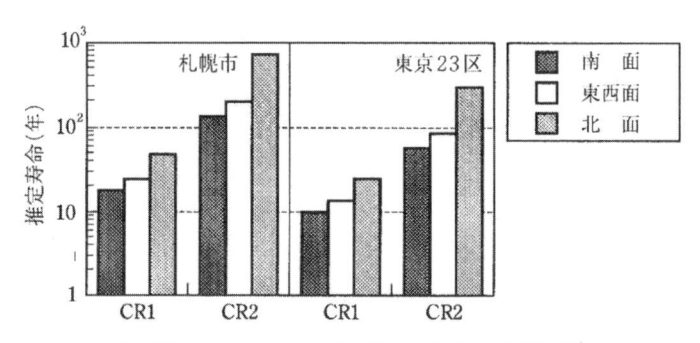

解説図 6.3.1　ガスケットの熱劣化寿命の予測結果[3]

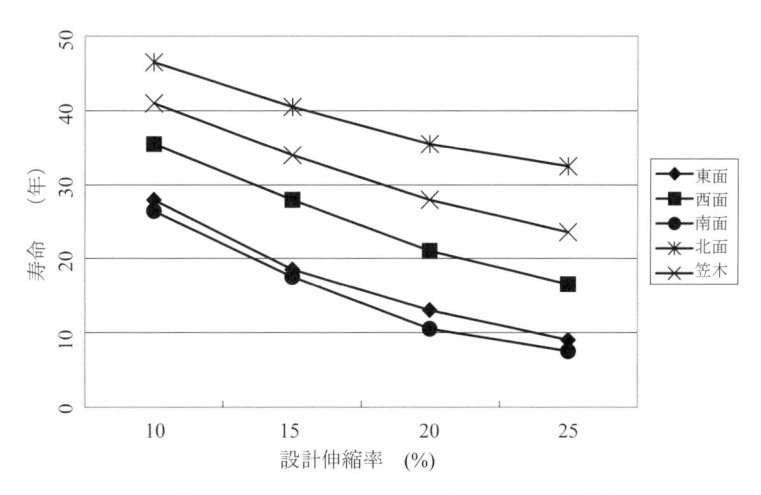

解説図 6.3.2　シーリング材の疲労寿命の予測結果[4]

6.3.3　その他の材料

ａ．バリア材用接着剤
　高分子系バリア材（レインバリア，スプラッシュバリア，ウインドバリア等）の固定に用いる接着材は，ガスケット製造者の指定するものとし，あらかじめ接着強度が確認されているものを選定する．また，有効期限を過ぎたものを使用してはならない.
ｂ．区　画　材
　区画材は，等圧空間を適切に区画できるような形状をしたもので，その品質は，JIS A 5756：2025（建築用ガスケット）に適するものを使用する.

　ａ．バリア材用接着剤

　プレキャストコンクリートパネルに取り付けるバリア材は，合成ゴム系接着材あるいはシリコー

ン系シーリング材を用いて張り溝に接着して固定するか，または嵌合溝に嵌合と接着の併用で固定する．固定が不十分である場合，バリア材が剥がれて隙間が生じることになる．特にウインドバリアの隙間は，漏気や漏水の原因となるため，接着・固定状況の確認が重要である．解説表 6.3.2 は，バリア材をカーテンウォール部材に接着・固定する接着材一覧である．

　CR 系，EPDM 系のバリア材の固定は，主にクロロプレンゴム系の接着剤を使用する．ただし，EPDM 系のバリア材は，クロロプレンゴム系に比べ接着しにくい性質なので，事前に接着性が確認されているシーリング材を併用し，確実な接着を施す．SR 系のバリア材の固定にシリコーン系シーリング材を使用する場合，アミノキシ系はガスケットのゴム状弾性を損ねるので使用しない．

解説表 6.3.2　バリア材の接着・固定に用いる接着剤一覧

バリア材質	固定用接着材
クロロプレンゴム系（CR 系）	クロロプレンゴム系接着剤
エチレン・プロピレンゴム系（EPDM 系）	クロロプレンゴム系接着剤 事前に接着性が確認されているシーリング材
シリコーンゴム系（SR 系）	シリコーン系シーリング材 （脱アミノキシ硬化形は不可）

b．区 画 材

　区画材は，部材に合わせた形状とし，その材料は，部材間のムーブメントに影響しないものとしてゴム系のものが使用される．一般的には発泡系や軟質系の成形されたものが使用される．成型の区画材は，等圧空間内部に浸入した水を収集し排水するキャッチパンと兼用されることが多い．メタルカーテンウォールの区画材の例を解説図 6.3.3 および解説図 6.3.4 に，プレキャストカーテンウォールの区画材の例を解説図 6.3.5 に示す．

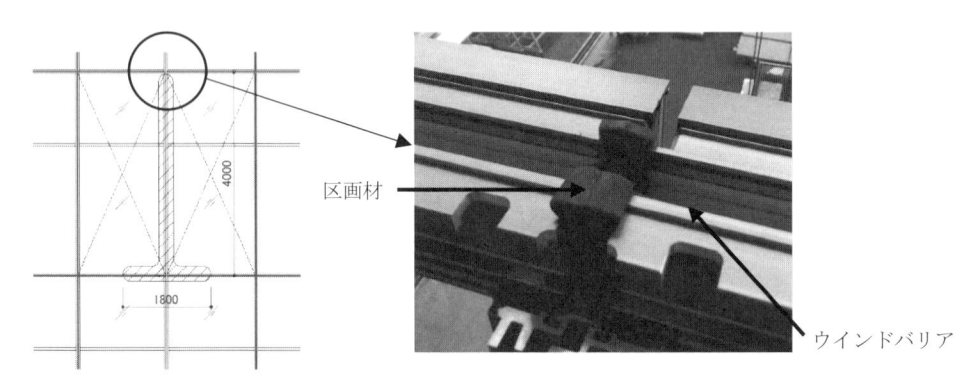

解説図 6.3.3　メタルカーテンウォールの区画材の例（1）

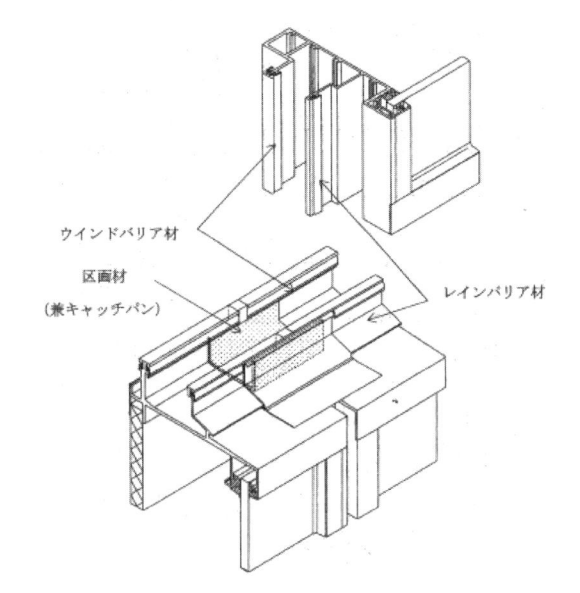

ユニットの交差部の区画材
はユニット上枠のウインド
バリアのジョイントと縦枠
ウインドバリアを交差させ
るクロスジョイントの役目
を兼ねる.

解説図 6.3.4　メタルカーテンウォールの区画材の例（2）

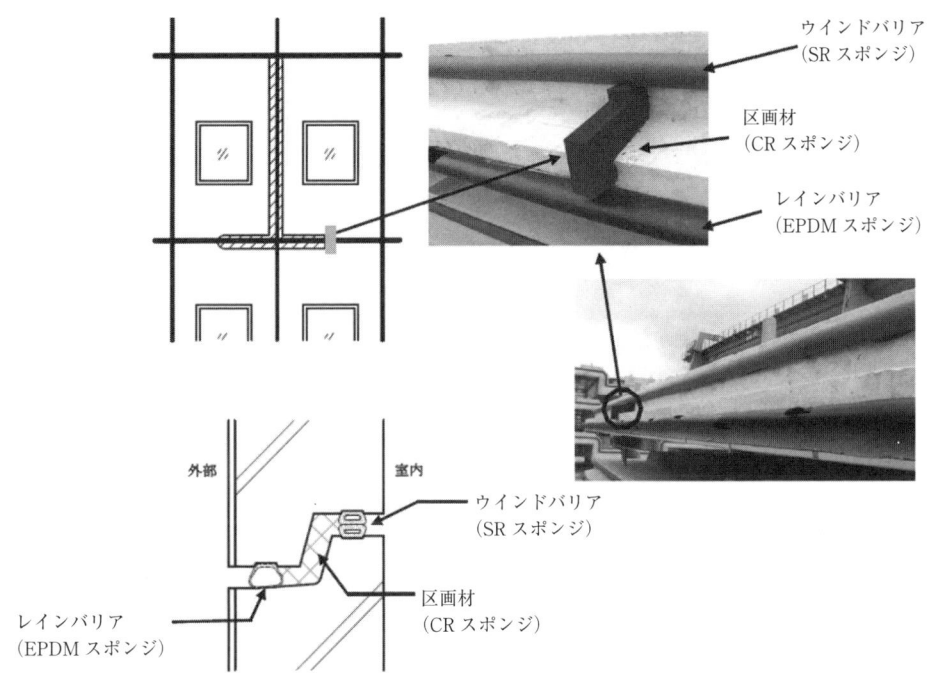

解説図 6.3.5　プレキャストコンクリートカーテンウォールの区画材の例

6.4　施　　工

6.4.1　施 工 計 画

> 施工に先立って，施工図・施工要領書を作成し，それに基づいてガスケットの施工および構成部材の施工を行う．

施工図・施工要領書を作成し，それに基づいてガスケットの施工および構成部材の施工を行う．

オープンジョイント構法を採用したカーテンウォールの施工にあたって，設計の詳細に基づいた取付け図と管理方法が示された施工図および施工要領書を作成する．

（1）工場施工の前には，ガスケットの形状，寸法，材質について，指定のものであることを確認する．ガスケットは，類似の形状のものが多数あり，また，ウインドバリアのようにコーナーを一体化し，枠状に成形したものは断面形状が確認できないので，注意を要する．

　　工場施工では，バリア材や区画材等のガスケットの取付け状態について施工要領書に基づき検査し，その検査記録を保管する．

（2）カーテンウォール部材の施工に関しては，接合部の目地寸法の管理・精度が重要であり，その一般的な取付け基準は「JASS 14　カーテンウォール工事」では，解説表 6.4.1 のように示されており，これを遵守する．

　　バリア材を取り付けたカーテンウォール部材を構造体に取り付ける場合のバリア材の管理方法は，プレキャストコンクリートパネル，サッシ・メタルカーテンウォール等の施工要領書に記載する．この管理項目は，各バリア材によじれ，ずれ，隙間およびめくれ等がないように目視・確認することであり，特に，ウインドバリアの被着面への密着状態は，目視・指触で確認することが必要である．不具合が確認できた場合には，すみやかに修復しなければならない．

解説表 6.4.1　カーテンウォール部材の取付け位置の寸法許容差の標準

	メタル カーテンウォール	アルミニウム合金 鋳物製 カーテンウォール	プレキャスト コンクリート カーテンウォール
目地幅の許容差[1]	±3	±5	±5
目地心の通りの許容差[2]	2	3	3
目地両側の段差の許容差[3]	2	4	4
各階の基準墨から各部材までの距離の許容差[4]	±3	±5	±5

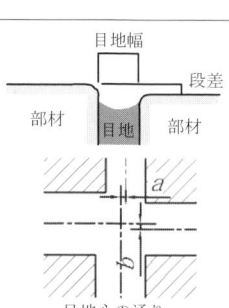

目地幅

段差

部材　目地　部材

目地心の通り

［注］　1）右図の上の部分を参照
　　　　2）目地の交差部でチェックする．右・下図の a，b 寸法
　　　　3）右図の上の部分を参照
　　　　4）部材の出入りに関して部材の内面または外面の一定の位置を決めてチェックする．
　　　　　左右方向は部材の中心を基準にする．
　　　　　上下方向（レベル）は窓台の高さなどを基準とする．

6.4.2　バリア材の施工

---

　a．新築時の施工
　　ウインドバリアの施工は，支障なくできて監理者が施工状況を確認できるものとする.
　b．改修時の施工
　　改修時のバリア材の施工は，改修計画に基づいて適切な止水方法にて改修を行う.

---

　a．新築時の施工

　バリア材の施工は，部材製作工場で施工する場合と現場で施工する場合がある. 現場施工の場合には作業に困難な箇所での作業性に問題が生じやすいため，工場施工部分をできるだけ多くし，現場施工の部分はやむを得ない部分のみとすることが望ましい.

　目地ガスケットの部材への装着にあたり，納まり図，部材製作図，ガスケット加工図などの施工図面を参照し，形状・寸法・材質および取付け部位，部品記号などを確認する. また，装着しようとするガスケットの材質に適合する接着剤についても確認を行う. ガスケットには運搬時の巻き癖などの癖がついていることがあるので，あらかじめ癖取りなどを行う. ガスケットは柔らかく，損傷しやすいため，取扱い時はガスケットに過度な力が作用しないように注意する. バリア材がそれぞれの機能・性能を発揮するためには，嵌合方式では，バリア材を保持するだけでなく，嵌合部の気密性，水密性が保たれるように嵌合形状詳細を設計する必要がある. また，輸送，揚重中はもちろんのこと，取付け状態でも長期にわたって各ムーブメントに対して外れや変形が生じないようにカーテンウォール部材へ固定されなければならない.

　工場施工のバリア材には，合成ゴム系のガスケットが使用され，レインバリア，スプラッシュバリア，ウインドバリアのそれぞれに適した材料と形状のものを使用する. バリア材がそれぞれの機能・性能を発揮するためには，輸送，揚重中はもちろんのこと，取付け状態でも長期にわたる各ムーブメント，温度変化，風雨などの作用に対して外れや変形が生じないようにカーテンウォール部材へ固定されなければならない.

　目地ガスケットの施工を現場で行う場合には，降雨・降雪あるいはそのおそれがある場合には，施工を避ける. また，気温についても著しく低いあるいは高い場合には，材料の取扱い，施工方法に十分に注意する.

　目地ガスケットの施工を行う場合には，あらかじめ材料および材質，相互被着面の汚れ，油，水分などの付着状況，必要となる工具等に問題がないことを確認し，施工にあたり，目視，指触などにより納まり状況の確認を行い，不具合のある場合には，すみやかに修正を行う.

　使用材料，工具等の保管および取扱いにあたっては，消防法，労働安全衛生法などの関連法規に従い，雨水や直射日光に当たらない場所に保管する. また，施工に用いる工具などについては，いつでも使用できる状態に保管する.

（1）バリア材の工場先付け施工

　プレキャストコンクリートカーテンウォールにバリア材を工場先付け施工する場合は，接着剤によるのが一般的で接着が重要となるため，その方法を次のように示す.

ⅰ）接着剤

　使用する接着剤は，解説表 6.3.2 による

ⅱ）プレキャストコンクリートカーテンウォールのガスケットの接着手順

　シーリング材を使用した場合の手順を解説表 6.4.2 に示す．

解説表 6.4.2　プレキャストコンクリートカーテンウォールのガスケットの接着手順[5]

	作業手順	作業要領
ⅰ	プレキャストコンクリートカーテンウォール部材の確認	・プレキャストコンクリートカーテンウォール部材の接着面が乾燥していることを確認する
ⅱ	ガスケットおよびプレキャストコンクリートカーテンウォール部材における接着面の清掃	・ガスケットおよびプレキャストコンクリートカーテンウォール部材の接着面に付着したほこりなどの汚れを乾燥したウエスなどで拭き取る ・特に汚れが著しい場合は，接着面を侵さないことを確認のうえ溶剤清掃を施す
ⅲ	プライマーの塗布 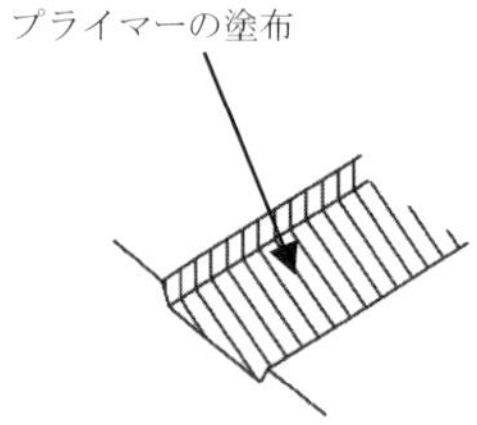 プライマーの塗布	・プレキャストコンクリートカーテンウォール部材の接着面にプライマーを塗布する ・プライマーは接着面全体に塗り残しのないようにまんべんなく塗布する ・プライマーは硬化時間が短いため，塗布の際にプライマーの缶のふたを開けたまま作業をしないよう注意する〔硬化時間については，使用する製造所に確認する〕
ⅳ	ガスケットの装着 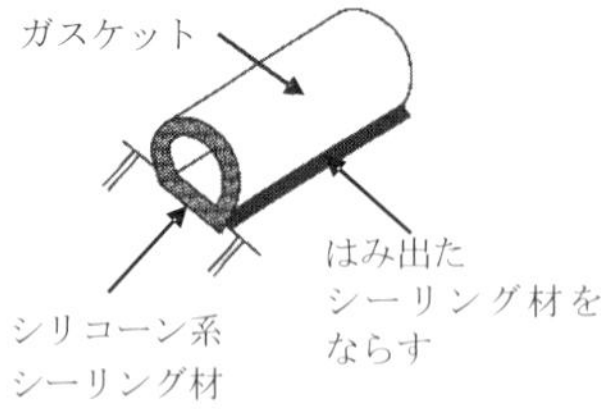 ガスケット はみ出たシーリング材をならす シリコーン系シーリング材	・プライマーが十分に硬化（乾燥）したことを確認する ・シリコーン系シーリング材を，ガスケットまたはプレキャストコンクリートカーテンウォール部材の接着面に塗布し，ガスケットをプレキャストコンクリートカーテンウォール部材に押し付けるようにして接着する ・シリコーン系シーリング材が，ガスケットの脇まではみ出す様にガスケットを十分に押し付けて接着する
ⅴ	貼付け手順 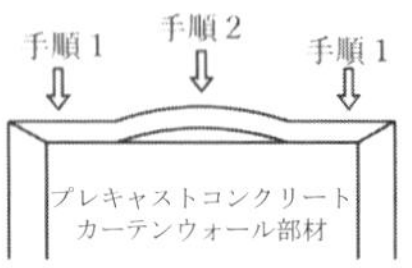 手順1　手順2　手順1 プレキャストコンクリートカーテンウォール部材	・ガスケットは，左図のようにまず両コーナーを押さえて接着し，次に中央を押さえて接着する ・ガスケットの浮き・はずれ等が出た箇所は，テープ等で仮止めをする
ⅵ	養生	・シリコーン系シーリング材が硬化するまで，十分な期間，養生を行う

ⅲ）接着剤を使用する場合の手順は次による．

　①接着剤の塗布：接着剤は適切な量をむらのないように均一に塗布し，可使時間内に接着を終了する．

　②ガスケットの装着：部分的なゆるみがないように先に両端部，次に中央部と平均的に装着し，局部的なひずみが生じないように全体的に装着する．また必要に応じ，テープなどで仮止めを行う．

③養生：接着剤を使用した場合には，接着剤が硬化しガスケットとの接着強度が確保できるよう，十分な養生期間を取る．

（2）バリア材の現場後付け施工

①目地状況の確認：あらかじめガスケットを装着しようとする部材間目地の，奥行き寸法や目地幅などのばらつきが，所定の許容範囲であることを確認する．また，プレキャストコンクリートカーテンウォールの場合は装着面の状態も大きく性能に影響するため，大きな気泡，欠けや汚れ，湿潤の程度などを点検する．

降雨時，降雪時あるいはそのおそれのある場合や気温が著しい低温・高温時の施工は，十分注意する．

②目地への装着：部分的なゆるみがないように，先に両端部，次に中央部と平均的に装着し，局部的なひずみが生じないように全体的に装着する．

③点検：目視により所定の位置に，ねじれなどなく装着されていることを確認する．特にガスケットどうしが交差する場合には，横または縦の一方を通し，他の一方を切断してガスケットどうしを接着する．また，必要に応じてシーリング材などを併用する．

④端部の処理：端部はガスケットどうしを接着する．また，必要に応じてシーリング材などを併用する．

⑤点検：目視により所定の位置に，ねじれなどなく装着されていることとクロス部の接合状況を確認し，不具合が確認されれば直ちに修正する．

b．改修時の施工

ウインドバリア材を改修して所定の気密性を回復するためには，ガスケットタイプでは，新品のガスケットに交換するか，シーリング材を充填する方法が考えられる．また，シーリング材タイプでは，同様にシーリング材で改修する方法が考えられる．

（1）オープンジョイント構法を維持した改修

①オープンジョイント構法の改修を計画する場合，ウインドバリアの劣化状況が確認でき，改修，保全の作業スペースが確保されていることが前提となる．ウインドバリアの劣化状況の確認は，目視・指触および物性変化などで行われるが，その劣化状況を確認するためには，天井ボード，カーテンボックス，柱型パネルおよびボード類などを除去しないと確認ができない場合が多い．新築時にウインドバリアの改修方法を検討し，改修しやすい内装仕上げやウインドバリアの目地設計を行うことが重要である．

②既存のガスケットタイプウインドバリアを新品のガスケットで改修する場合，既存ガスケットを完全に除去し，新規ガスケットが装着できるような仕組みに設計しておく必要がある．また，既存のウインドバリアがガスケットであり，改修材料がシーリング材の場合，既存のガスケットを除去しないで，その上の目地にシーリング材を充填施工したり，オーバーブリッジ工法にて改修する方法も考えられる．

既存のウインドバリアがシーリング材であり，改修材料がシーリング材の場合，既存シーリング材を完全に除去することが難しい場合は，オーバーブリッジ工法にて改修する方法もあ

る.

　上記のいずれかを選定する場合でも，改修材料の選定，施工性および耐久設計などに対して十分な検討を行う必要がある.

　オープンジョイント構法のウインドバリアの改修方法は，大変難しい．そのため，メンテナンスフリーの条件設定による耐久設計，等圧設計および施工性について，設計の初期段階から十分に検討されることがオープンジョイント構法には望まれる．また，新築の設計時にその改修方法を検討し，改修時にはフィルドジョイント構法への変更も視野に入れておくことも必要である.

（2）フィルドジョイント構法として改修

　オープンジョイント構法としての改修を断念し，フィルドジョイント構法に変更して改修する場合に，レインバリアの外側にあらかじめ設けておいた1次シール施工用目地部にシーリング材を充填施工し改修することとなる.

　この場合，改修後の性能の設定と耐久設計の検討が重要であり，「4章　シーリングジョイント構法の設計および施工」を適用して工事を進める.

6.4.3　運　　搬

> 　部材の運搬にあたっては，部材各部に損傷を与えないように行う必要があり，必要に応じて保護養生を行い，専用の輸送機材を使用する.

　工場で製作されたカーテンウォール部材は，輸送時に変形や損傷しないように保護養生方法や専用のコンテナなどを検討する必要がある．製品の外観上の損傷はもちろんのこと，バリア材などの部品の変形や損傷は直接性能に影響するために注意が必要である．損傷や変形があった場合には，交換が可能な場合には交換し，交換できず改修する場合は，シーリング材を併用するなど追加処置が必要となる.

　解説図 6.4.1 には，プレキャストコンクリートカーテンウォール部材の運搬時の荷姿例を示す．この時，特に最上段の部材などは同図に示すような角当て養生を行い，締付けワイヤーなどによりバリア材に無理な力が作用し，変形や傷などが生じないように注意する.

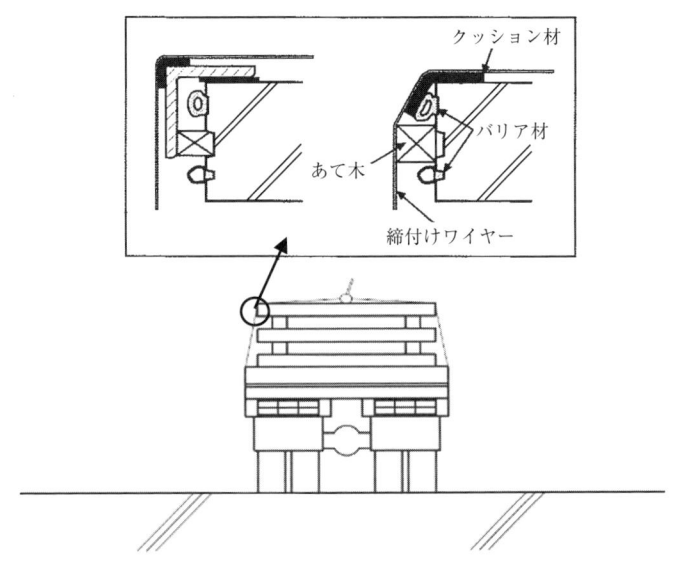

解説図 6.4.1　プレキャストコンクリートカーテンウォール運搬中のガスケットの保護

　工場からの輸送時には陸上輸送が主となり，カーテンウォールは一般的には非常に大きな形状の
ものが多く，輸送行程での法規上の制限がある．また，気象状況や路面状況も影響するため，事前
に輸送ルートの確認や専用輸送機材の計画を行う必要がある．

　プレキャストコンクリートカーテンウォールの場合は，現場に搬入された後，荷降しされて建屋
の外周へ仮置きストックすることを原則とする．この間，目視による荷受け検査が行われ，特にバ
リア材については，運搬中に欠落，はがれ，つぶれ，よじれ，破断等のないことを確認する．

　メタルカーテンウォールの場合は，現場で荷下ろしされて場内搬送されて取付け階まで運ばれ
る．このときは，場内搬送が可能な専用のラックが使用される．また，専用のラックは使用後，解
体したり折りたたんで少量化し搬出する．

6.4.4　揚重・取付け

> 部材の揚重・取付けは施工計画書に準じた手順・取付け方法で行い，損傷が生じない方法で行う．

　揚重方法には，建物の内部または外部より揚重する 2 通りある（解説図 6.4.2）．揚重機材は，一
般に多くの工事と共用されるため，施工計画書に従い，使用期限，日時などについて事前に調整・
打合せを行わなければならない．

　内部揚重は，建物内部の開口を建設用リフト等を利用して揚重する方法であり，天候に左右され
ないので，比較的揚重計画が立てやすい利点を持っている．

　外部揚重は，建設用リフト，タワークレーン等により揚重する方法である．クレーン等の使用で
は，天候の影響を受けやすいので作業計画に変動が生ずることがあるが，揚重効率は内部揚重に比
べ優れている．

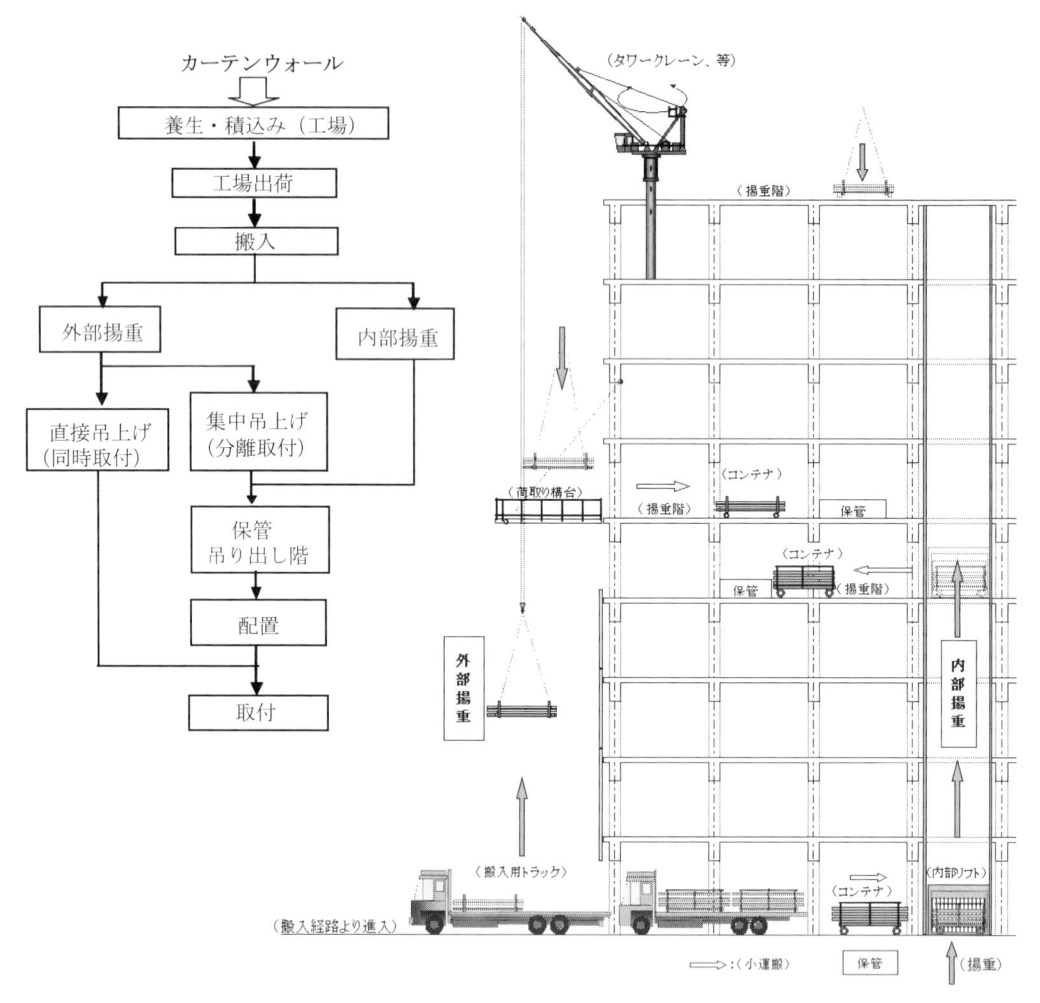

解説図 6.4.2　カーテンウォール部材の揚重[6]

　プレキャストコンクリートカーテンウォールでは，外部揚重してそのまま取付けを行うことが多い．このとき，吊上げ用の金物でバリア材を損傷することのないように注意を要する．解説図 6.4.3 にはオープンジョイント構法におけるウインドバリア保護に配慮した吊上げ用金物の例を示す．

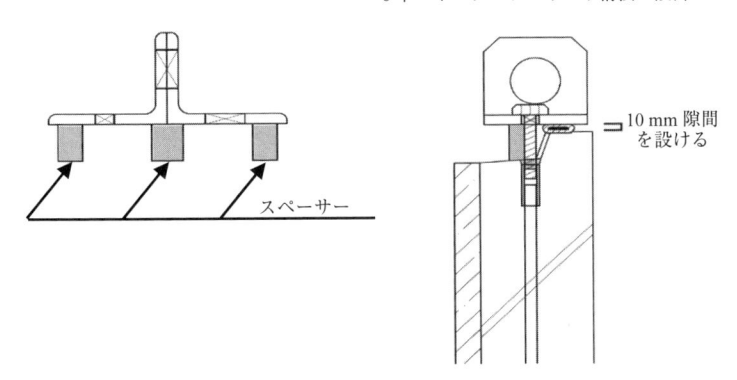

10 mm 隙間
を設ける

スペーサー

解説図 6.4.3 プレキャストコンクリートカーテンウォール用吊り治具の例

　メタルカーテンウォールの場合は，一旦製品を取り込むための構台を設置することが多く，この構台は設置階での製品取込み終了後，上階へ移設して繰り返し使用される．

　取付け工事は，カーテンウォール全体の精度を左右する重要な作業であり，カーテンウォールの工法，システムごとに取付けの詳細を検討する必要がある．プレキャストコンクリートカーテンウォールの場合の取付けの標準作業を解説図 6.4.4 に示す．

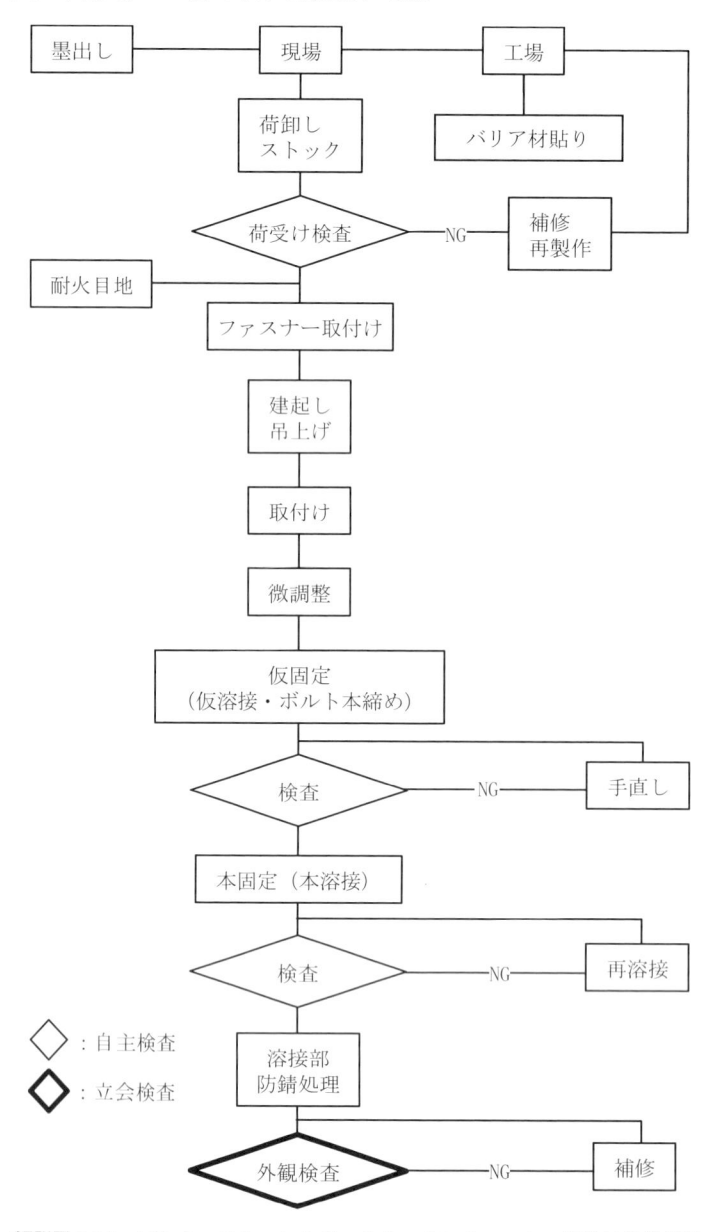

解説図 6.4.4　プレキャストコンクリートカーテンウォールの取付け作業標準

参 考 文 献

1）何　弘安，吉池祐一，寺内　伸：目地ガスケットの気密性に関する実験研究（その1），日本建築学会大会学術講演梗概集，pp.75-76，1999.9

2）AAMA501.2：Quality Assurance and Diagnostic Water Leakage Field Check of Installed Storefronts, Curtain Walls, and Sloped Glazing Systems

3）小野　正，名知博司：建築用ガスケットの耐久性に関する研究　その4　熱劣化寿命の予測，日本建築学会大会学術講演梗概集，pp.287-288，1998.8

4）小野　正，渡部　保：接合部におけるシーリング材の寿命推定に関する研究　その9　寿命推定の結果，日本建築学会大会学術講演梗概集，pp.1299-1300，1995.8

5）プレコンシステム協会技術部会：プレキャストコンクリート・カーテンウォール　目地設計の手引き　PCaカーテンウォールの目地，2002.6

6）カーテンウォール・防火開口部協会：メタルカーテンウォール施工要領，p.30，2004.5

付　　録

目　　次

付録1　シーリング材を使用した目地防水における性能設計指針（案）

　1．総　則 …………………………………………………………………………… 357

　2．性能設計の方針と手順 ………………………………………………………… 360

　3．シーリング材の設計耐用年数の評価 ………………………………………… 368

　4．シーリング材の適合性評価 …………………………………………………… 373

　5．要求性能を満足していることの確認 ………………………………………… 375

　6．耐久性評価および適合性評価の試験 ………………………………………… 375

　7．設計耐用年数の算定例 ………………………………………………………… 385

付録2　シーリング材に関連する性能評価試験方法

　S1　シーリング材と外壁材との接着性評価試験 ……………………………… 390

　S2　温水伸長試験によるシーリング材の接着性評価試験 …………………… 395

　S3　屋外暴露によるシーリング材の成分による外壁材目地周囲の汚染性評価試験 …… 400

　S4　マーキング法によるシーリング材の成分による外壁材目地周囲の汚染性評価試験 … 406

　S5　石材の可塑剤移行による汚染性評価試験（石材汚染Ⅰ法） ……………… 409

　S6　石材目地におけるシーリング材の成分による汚染性評価試験（石材汚染Ⅱ法） …… 413

　S7　シーリング材の硬化途上における耐ムーブメント性評価試験（案） …… 427

　S8　層間変位ムーブメントに対するシーリング材のせん断耐疲労性試験（案） ………… 432

　S9　応力緩和型シーリング材の耐疲労性試験（案） ………………………… 437

付録3　ガスケットに関連する性能評価試験方法

　G1　目地のムーブメントを考慮したガスケットの圧縮永久ひずみ試験 ………………… 439

付録1 シーリング材を使用した目地防水における性能設計指針（案）

1 総 則

1.1 適 用 範 囲

　本指針（案）は，建築物の外壁において水密性を確保するためにシーリング材を充填した目地の耐久性を性能設計により行う場合に適用する．

　シーリング材の耐久性は JIS A 5758：2022（建築用シーリング材）に規定されるシーリング材の種類での耐久性区分で評価し，シーリング材の種類の選択は部位とシーリング材の種類の組合せによる適材適所表により行い，目地幅の設計はシーリング材の種類により規定される一律の設計伸縮率と設計せん断変形率によって行われている．また，シーリング材の耐用年数の予測は，「建築物の耐久性向上技術の開発（耐久性総プロ）」で採用されている標準的耐用 10 年を基準に，シーリング材の種類ごとの係数を考慮した算出方法により行われている．

　本指針（案）で定める性能設計は，シーリング材の種類ではなく，シーリング材の耐久性を左右する性能を評価し，長寿命化が可能な目地幅設計を実現するものである．シーリング材の耐用年数を左右する最大の外的要因は，繰返し変形の大きさと作用する温度，および雨水や紫外線などの気象条件であり，材料性能としては耐疲労性と耐候性である．この二つの性能の評価を，シーリング材を充填する目地の性能設計に適用することで，シーリング材の耐用年数を算定し，目地種類と接合部の構成材に対応した目地幅を決定する性能設計方法を指針として提示している．さらに本指針（案）では，性能を満足することができれば，1 成分形のシーリング材であってもワーキングジョイントに適用しうるという考え方も導入している．

　また，シーリング材の耐用年数にも影響を及ぼす因子と考えられる接着信頼性や汚染防止性の適合性評価をシーリング材の選定において適用する．

　本指針（案）のシーリング材を使用した目地の性能設計は既往の研究[1]~[5]を整理しなおし，さらに検討を加えてまとめたものである．本指針（案）で対象とする目地は，1 次シールにシーリング材を充填したフィールドジョイントのうち，ワーキングジョイントを原則する．ノンワーキングジョイントは，本指針（案）の性能設計法を参考に，目地のムーブメントがほとんどない状態に相当する設計伸縮率の設計レベル（設計レベル係数）を選定して設計耐用年数を設定してもよい．

　本指針（案）の適用範囲とする外壁接合部を表 1.1 に示す．

　フィールドジョイントのうち，ガラス回り目地，ガスケットのみを使用した接合部および窯業系サイディングパネル間目地は適用対象外とする．本指針（案）では，シーリング材の耐久性を主に伸縮方向の温度ムーブメントを考慮し評価しているため，せん断方向のムーブメントが主体になるガラス回り目地を適用対象から除外した．また，窯業系サイディングパネル間目地は，経年で目地幅が拡張する傾向にあるため応力緩和性の高いシーリング材を適用するが，本指針（案）で規定している性能設計において採用する耐疲労性試験は，応力緩和性の高いシーリング材の耐疲労性を適切に評価しきれないため，本指針（案）の適用範囲外とする．

　なお，本指針（案）に記載がない事項は，「建築工事標準仕様書・同解説　JASS 8　防水工事」[6]（以下，JASS 8 という）と「外壁接合部の水密設計および施工に関する技術指針・同解説」[7]（以下，水密設計技術指針という）を参照する．

表 1.1　本指針（案）が適用できる外壁材の種類と接合部・目地の種類

外壁材の種類	主な接合部・目地の種類
メタルカーテンウォール	ノックダウン工法の方立・無目ジョイント ユニット工法の部材間目地 異種部材間目地[*1]
プレキャストコンクリート カーテンウォール	パネル間目地 異種部材間目地[*1] 窓枠回り目地（先付け，後付け）[*2]
各種外壁パネル	金属パネル間目地[*3] 金属断熱サンドイッチパネル間目地[*3] ALC 厚形パネル間目地 ALC 薄形パネル隅部等目地 押出成形セメント板間目地 窓枠回り目地 GRC パネル間目地 ALC 薄形パネル間目地
金属建具	建具用部材間目地[*4] 建具回り目地 水切・皿板目地
笠　　木	金属笠木目地 石材笠木目地 プレキャスト鉄筋コンクリート笠木目地
鉄筋コンクリート壁	プレキャスト鉄筋コンクリート部材間目地 ひび割れ誘発目地 打継ぎ目地 窓枠回り目地 タイル目地 石目地

［注］　*1　カーテンウォール部材や外装パネル部材が異なる種類の部材や構造躯体などと取り合う接合部や目地．
　　　　*2　先付けは金属建具を取付け後にコンクリートを打設する工法で，後付けは金属建具をプレキャストコンクリート部材製作後に取り付ける工法．両工法とも金属建具の熱による変形を考慮する．
　　　　*3　一般的な部材の横張りでは縦目地をシールし，横目地をかん合とする．部材の縦張りの場合は横目地をシールする．
　　　　*4　連窓形式の方立構法などの接合部や目地．

1.2　用　　語

本指針（案）で使用する用語は，次のように定義する．

（1）性能設計	建築物またはその部分が要求耐用年数の期間内は要求性能を満足するように，構造体および部材が所要の（耐久）性能を保有するよう材料・工法などを定める設計行為．
（2）要求耐用年数	建築物の設計に際して，建築物の所有者や使用者，あるいは社会から要求される建築または部分の耐用年数．
（3）設計耐用年数	建築物の設計に際して，要求耐用年数を基に設定される設計の目標とする建築または部分の耐用年数．
（4）接合部	外壁を構成する部材と部材をつなぎ合わせた部分で，部材間の隙間を含む部分．
（5）目地防水	シーリング材を充填または，シーリング材の充填と同時にガスケットを装着して，接合部の水密性を確保すること．
（6）シーリングジョイント	シーリング材を充填することにより水密性と気密性を確保する接合部．シーリングジョイントを用いた水密接合構法をシーリングジョイント構法という．
（7）シーリング材	目地に充填し，硬化後部材に接着して水密性と気密性を確保する不定形材料．
（8）ガスケット	目地に装着し，水密性と気密性を確保する定形材料．
（9）ムーブメント	接合部や目地に生じる挙動またはその量．
（10）ワーキングジョイント	ムーブメントの大きい目地．
（11）ノンワーキングジョイント	ムーブメントを生じないか，またはムーブメントが非常に小さい目地．
（12）温度ムーブメント	目地構成部材の温度変化によって接合部や目地に生じる挙動またはその量．
（13）層間変位ムーブメント	地震時の層間変位によって接合部や目地に生じる挙動またはその量．

2　性能設計の方針と手順

2.1　設　計　方　針

　本指針（案）で提示する性能設計方法は，通常の目地設計と同様に，設計条件の整理から開始する．ここでは，建築物の維持保全や修繕の考え方に沿って，要求耐用年数が決定される．目地に対する要求性能を整理し，要求耐用年数を実現できるかの判断を行う．そのための部材寸法，目地幅，納まりなどの目地の設計条件を整理する．

　シーリング材の耐用年数は，まず目地の構成材料の温度域区分とシーリング材の疲労試験時の圧縮加熱温度と伸縮率による評価区分との組合せによる耐疲労性の耐久年数を評価する．次に，耐疲労性の耐久年数に目地幅可変型試験体を用いた耐候性評価試験による耐候性の評価区分の係数を乗じてシーリング材の耐久年数を評価する．

　さらに，標準的な目地の設計伸縮率と設計せん断変形率のほかに長寿命を期待できるより小さな設計伸縮率と設計せん断変形率を採用することにより，設計耐用年数を設定する．

　なお，1成分形シーリング材においては，耐久年数の評価をするとともに，硬化途上ムーブメントの影響を評価することにより，適用可否を判断する．

　シーリング材の耐用年数の算定と同時に，被着体との接着性および目地とその周辺の汚染防止性の適合性を評価する．

　最終的には，設計耐用年数が要求設計年数を満足していること，また，接着適合性と汚染防止性の適合性が満足していることを確認する．

2.2　性能設計の手順

　性能設計は次に示す手順で行うことを標準とする．性能設計のフローを図2.1に示す．

　　1）設計条件の整理

　　2）接合構法の選定

　　・長期水密信頼性レベルの設定

　　・要求性能項目の整理と確認

　　3）接合構法や止水・排水方法が適切かの確認

　　4）目地の設計条件と要求性能の整理と算出

　　5）シーリング材の選定

　　6）設計耐用年数の評価とシーリング材の適合性評価

　　7）シーリング材の耐用年数の評価

　　　　7.1）シーリング材の耐久性（DF_0）の評価

　　　　7.2）耐用年数の影響係数（$FactorX$）の設定

　　　　7.3）耐用年数（ESL）の評価

　　　　7.4）目地設計レベル係数（S_0）の設定

　　　　7.5）設計耐用年数（DSL）の評価

　　8）シーリング材の汚染防止性の適合性評価

8.1）汚染防止性の評価

8.2）汚染防止性が要求性能を満足するかの確認

8.3）汚染の防止を納まり・材質・維持管理等で対応できるかの確認

9）シーリング材の接着信頼性の適合性評価

9.1）接着信頼性の評価

9.2）接着信頼性が要求性能を満足するかの確認

10）設計耐用年数が要求耐久年数を満足していることの確認

2.3　設計条件の整理

立地条件，建物規模，建物用途，構造形式，外装構法，維持保全条件，改修周期などの建築物の与条件と建築主や発注者の要望を整理する．

2.4　要求耐用年数（*SL*）の設定

要求耐用年数（*SL*）は，発注者の要望と建築物に要求される設計上の供用年数，さらに建築物の主要構造体，外壁材と外装構法などを加味して総合的に判断して決定する．

2.5　要求性能項目の整理と確認

要求性能項目として，水密性，長期水密信頼性，ムーブメント追従性，気密性，耐風圧性，汚染防止性，施工性，保全性，環境負荷低減性，耐用性，経済性などを考慮する．

本指針（案）の対象とする外壁接合部・目地に対する要求性能を表 2.1 に示す．

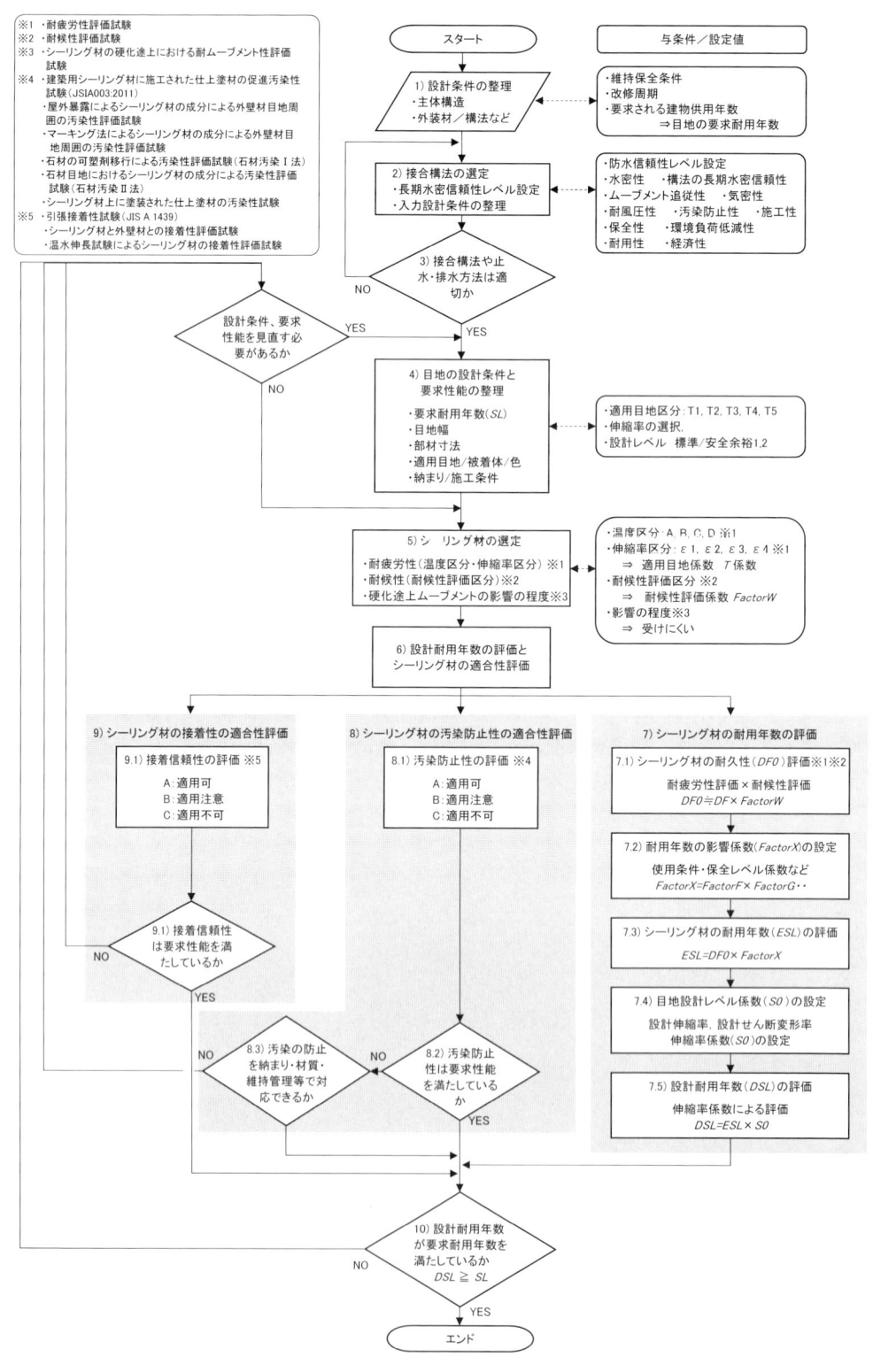

図 2.1　性能設計のフロー図

表 2.1　本指針（案）の対象とする接合部・目地に対する要求性能

外壁材の種類	主な接合部・目地の種類	目地防水に要求される性能							
		水密性	長期水密信頼性	汚染防止性	層間変位ムーブメント追従性	温度ムーブメント追従性	風によるムーブメント追従性	湿気ムーブメント追従性	硬化収縮ムーブメント追従性 炭酸化収縮ムーブメント追従性
メタルカーテンウォール	ノックダウン工法の方立・無目ジョイント ユニット工法の部材間目地 異種部材間目地*1	○	○	○	○	○	—	—	—
プレキャストコンクリートカーテンウォール	パネル間目地 異種部材間目地*1	○	○	○	○	○	—	—	—
	窓枠回り目地（先付け，後付け）*2	○	○	○	—	○	—	—	—
各種外装パネル	金属パネル間目地*3 金属断熱サンドイッチパネル間目地*3 ALC 厚形パネル間目地 ALC 薄形パネル隅部等目地 押出成形セメント板間目地 窓枠回り目地	○	○	○	○	○	—	—	—
	GRC パネル間目地	○	○	○	○	○	○	○	—
	ALC 薄形パネル間目地	○	○	○	—	—	—	—	—
金属建具	建具用部材間目地*4 建具回り目地	○	○	○	○	—	—	—	—
	水切・皿板目地	○	○	○	—	—	—	—	—
笠　木	金属笠木目地 石材笠木目地 プレキャスト鉄筋コンクリート笠木目地	○	○	—	○	—	—	—	—
鉄筋コンクリート壁	プレキャスト鉄筋コンクリート部材間目地 ひび割れ誘発目地 打継ぎ目地 窓枠回り目地 タイル目地 石目地	○	○	○	—	—	—	—	—

［凡例］○：考慮する　　△：構法によって考慮することもある　　—：一般的に考慮しない
［注］　*1～*4　表 1.1 と同じ

2.6　接合構法と長期水密信頼性レベルの設定

　接合構法として，シングルシール構法またはダブルシール構法でシーリング材を充填した目地または，シーリング材とガスケットを併用した目地の構法から選定する．接合構法の選定において考慮しなければならない構法の特徴と長期水密信頼性レベルを表 2.2 に示す．

表 2.2　フィルドジョイント構法の特徴と長期水密信頼性（水密設計技術指針[7]，解説表 2.2.4）

項目／構法	シングルシール ジョイント構法 《排水機構なし》	シングルシール ジョイント構法 《排水機構あり》	ダブルシール ジョイント構法 《排水機構なし》	ダブルシール ジョイント構法 《排水機構あり》
代表的な目地の略図				
適用される目地・接合部	建具回り目地 笠木目地 外装パネル目地 鉄筋コンクリート壁の目地 など	笠木目地 建具回り目地 ガラス回り目地 など	外装パネル目地 建具回り目地 ガラス回り目地 など	カーテンウォールの目地 GRC パネルの目地 など
長期水密信頼性	シール材の故障がすぐ漏水につながる．	シールから漏水した水は水受けや水抜き穴から排水し，すぐに漏水につながらない．	1 次シールから漏水した水は 2 次シールに達しやすいが，2 次シールが故障しなければ漏水につながらない．2 次シールの設計には十分注意する．	1 次シールから浸入した水は 2 次シールに達しにくい．2 次シールが故障してもすぐに漏水につながらない．
排水機構	なし	水受けや水抜き穴により排水されるが，重力による排水であり信頼性はやや低い．	水抜き穴が設置されている場合もあるが，排水の信頼性は低い．	減圧空間や水返しのための立上りなど積極的な排水機構がある．
止水ライン	シール	シール	2 次シール	2 次シール
施工性	現場施工	現場施工	1 次シールは現場施工，2 次シールがガスケットジョイントの場合は工場施工	1 次シールは現場施工，2 次シールがガスケットジョイントの場合は工場施工
経済性	イニシャルコストは低い 定期的な補修が必要でランニングコストが高い	イニシャルコストはやや高い 1 次シールの寿命まで放置でき，ランニングコストはやや低い	イニシャルコストはやや高い 1 次シールの寿命まで放置でき，ランニングコストはやや低い	イニシャルコストは比較的高い ランニングコストは低い
保全性	容易	容易	1 次シールはメンテナンスが容易，2 次シールは困難	1 次シールはメンテナンスが容易，2 次シールは困難
ジョイントの構成	シーリングジョイントまたはガスケットジョイント	シーリングジョイントまたはガスケットジョイント	シーリングジョイントまたはガスケットジョイント	シーリングジョイントまたはガスケットジョイント

2.7　目地の設計条件と要求性能の整理と算出

　要求耐用年数（SL）に対して，これを満足できると想定される目地幅，部材寸法，適用目地と被着体の種類と色，納まりと施工条件などを検討する.

　この検討結果に基づき，表2.3に示す適用する部材に想定される最大の温度によって分類される適用目地区分（T1，T2，T3，T4，T5）を選択する.

　次に，設計伸縮率や設計せん断変形率の設計レベルを表2.4に示す標準設計レベル，安全余裕設計レベル1および安全余裕設計レベル2の中から設定する. 安全余裕設計レベルは，標準的な設計伸縮率や設計せん断変形率より小さな設計値を採用することで目地幅を大きくとり，シーリング材に作用する疲労性を緩和する設計レベルであり，これにより耐用年数をより長期とすることが可能となる.

表2.3　部材の想定温度による適用目地区分

適用目地区分	想定温度別の適用部位・部材
T1	（明色）石・タイル外壁・GRC・押出成形・コンクリート笠木・ALC　など （明暗色）コンクリートパネル・CW　など
T2	（暗色）石・タイル外壁・GRC・押出成形・ALC・コンクリート笠木　など
T3	（明色）金属製建具・金属パネル外壁・CW　など
T4	（暗色）金属製建具・金属パネル外壁・CW（明色）金属笠木　など
T5	（暗色）金属笠木　など

表2.4　設計レベルの種類

設計レベル	内　容
標準設計レベル	シーリング材の耐疲労性試験結果から設定した標準的な設計レベル.
安全余裕設計レベル1	標準設計レベルのおよそ0.8〜0.9の伸縮率・せん断変形率の設定により，シーリング材の疲労性を緩和し，標準設計レベルより長寿命化ができる設計レベル.
安全余裕設計レベル2	標準設計レベルのおよそ0.7〜0.75の伸縮率・せん断変形率の設定により，シーリング材の疲労性を緩和し，安全余裕設計レベル1より長寿命化ができる設計レベル.

2.8　シーリング材の選定

　目地設計において，シーリング材の設計伸縮率を大きく設定すれば耐疲労性は低下して耐用年数は短くなり，一方で，設計伸縮率を小さく設定すれば耐疲労性は向上して耐用年数は長くなる. また，シーリング材の耐用年数は，使用されている環境の違いに左右される. 例えば，耐用年数はシーリング材に作用する温度に影響を受け，雨水や紫外線は，被着体との接着を劣化させ，ひび割れなどの外観の低下を招くことにより耐久性を低下させる.

　このため，目地条件と要求性能を満足する耐疲労性および耐候性を有するシーリング材を選択する. ただし，1成分形シーリング材を選択する場合は，硬化途上ムーブメントの影響評価も加えて

判断する．シーリング材の耐疲労性は合格した試験時の圧縮加熱温度［120，100，90，80］（℃）
と伸縮率［10，20，30，40］（％）により表示される．例えば，［耐疲労性区分　10030］のように
表記され，「6.1　耐疲労性評価試験」により区分される．

　また，シーリング材の耐候性は，耐候性試験の評価結果であるQ値，W値，D値およびDfの
評価値による耐候性区分（S，A，B，C，D，E）により表示される．例えば，［耐候性区分　S］
のように表記され，具体的には，「6.2　耐候性評価試験」により区分される．

　1成分形シーリング材についても，耐疲労性および耐候性の区分により選定するが，別途ワーキ
ングジョイントに適用し得るかどうかを元に選定する．1成分形シーリング材は，わが国において
は硬化途上におけるムーブメント追従性が懸念されるため，ワーキングジョイントへの適用が避け
られてきた．しかし，昨今の省人化・省力化のニーズや将来の自動化施工などを鑑みて，簡便な取
扱いや可搬性，硬化不良のリスク低減などの優位性をもった1成分形シーリング材をワーキング
ジョイントへ適用することが求められている．そこで，本指針（案）においては，硬化途上ムーブ
メントの影響を受けにくいと判断された1成分形シーリング材を選定できることとした．

　1）耐疲労性区分の選択

　　適用する部材の種類と目地幅などの目地条件およびムーブメントに対する要求性能を満足する
　と想定される温度区分（A，B，C，D）および伸縮率区分（ε1，ε2，ε3，ε4）のシーリング材を
　選択する．これらは，「6.1　耐疲労性評価試験」に示す耐疲労性試験の試験時最高圧縮加熱温度
　と試験時最大伸縮率により，それぞれ分類，設定されている．

　　耐疲労試験時の圧縮加熱温度と温度区分（A，B，C，D）との対応を表2.5に，試験時の伸縮
　率と伸縮率区分（ε1，ε2，ε3，ε4）との対応を表2.6にそれぞれ示す．

　　この温度区分（A，B，C，D）と適用する部材に想定される最大の温度によって分類される適
　用目地区分（T1，T2，T3，T4，T5）との組合せを図2.2に示す．選択したシーリング材の温度
　区分の範囲の中でより低温域側の適用目地区分に適用する場合は耐用年数がより長く，一方で，
　高温域側の適用目地区分に適用の場合は耐用年数が短くなる．

　　また，選択したシーリング材の伸縮率区分（ε1，ε2，ε3，ε4）に対応する設計時の標準設計伸
　縮率や標準設計せん断変形率が標準設計レベルである．標準設計レベルより小さな設計値である
　安全余裕設計レベル1や安全余裕設計レベル2の設計値を採用することで，耐用年数を長く設定
　できる．

表 2.5　シーリング材の温度区分

温度区分	試験時最高圧縮加熱温度　（℃）
A	120
B	100
C	90
D	80

表 2.6　シーリング材の伸縮率区分と伸縮率

伸縮率区分	試験時最大伸縮率（％）	標準設計伸縮率（％）
$\varepsilon1$	10	7
$\varepsilon2$	20	15
$\varepsilon3$	30	20
$\varepsilon4$	40	30

図 2.2　適用目地区分とシーリング材の温度区分の関係

適用目地区分

中温度目地←　　　→高温度目地

シーリング材の温度区分	T1	T2	T3	T4	T5
A	石張り・タイル張り外壁　明色／GRC・押出成形セメント板　明色／コンクリートパネル・CW　明色・暗色／ALCパネル　明色／コンクリート笠木　明色	石張り・タイル張り外壁　暗色／GRC・押出成形セメント板　暗色／ALCパネル　暗色／コンクリート笠木　暗色	金属製建具　明色／金属パネル外壁　明色／CW　明色	金属製建具　暗色／金属パネル外壁　暗色／CW　暗色／金属笠木　明色	金属笠木　暗色
B					
C					
D					

［注］　網掛け部分が標準的な適用範囲

2）耐候性区分の選択

1）で選定されたシーリング材の中から，要求性能を満足する耐候性区分に対応するシーリング材を選択する．表 2.7 に耐候性区分ごとの耐候性評価係数（*Factor* W）を示す．耐候性評価係数（*Factor* W）は，「6.2　耐候性評価試験」に示す JIS A 1439：2022（建築用シーリング材の試験方法）「5.21　動的耐候試験」に準拠した試験により判定される．

なお，シーリング材の表面に塗装する場合は *Factor* W ＝ 0.9 を採用してもよい．この場合，塗装材はムーブメントに追従可能な弾性系仕上塗材を使用し，適合性を事前に確認する．また，シーリング材と仕上塗材の適合性については，変形追従性の他にシーリング材による仕上塗材の汚染，シーリング材に対する仕上塗材の密着性を確認する必要がある．

表 2.7　シーリング材の耐候性区分と耐候性評価係数

耐候性区分	S	A	B	C	D	E
Factor W	1.0	0.9	0.8	0.7	0.5	0.3
Q 値	0	1〜5				
W 値	0	1	2	3	4	5
D 値	0	1	1〜2	1〜3	2〜3	2 以上
被着体近傍の損傷深さ（Df）	5.0 mm 未満					

［注］　シーリング材表面の亀裂の状態の評価値；
　　　Q 値：亀裂の量（0〜5），W 値：亀裂の幅（0〜5）
　　　D 値：亀裂または凝集破壊の深さ（0〜5）

3）1 成分系シーリング材の選択

目地に充填されたシーリング材には，硬化中に少なからず温度ムーブメントを主体とするムーブメントが作用する．性能設計では，シーリング材の選定においてシーリング材の硬化途上に作用するムーブメントに対する影響の程度が耐久性を左右する一因となる．

したがって，1 成分形シーリング材を採用する際には，「6.3　シーリング材の硬化途上における耐ムーブメント評価性試験」によって硬化途上ムーブメントの影響を受けにくいと判定されたシーリング材を選択する．

3　シーリング材の設計耐用年数の評価

3.1　適用目地係数（*T* 係数）と耐疲労性の評価年（*DF*）

耐疲労性試験では，長期使用の疲労劣化を加速するために高温圧縮加熱の劣化ステップ履歴後に繰返し伸縮変形回数が 6000 回の疲労試験を実施する．1 日に 1 回の伸縮繰返し回数とすると約 20 年相当分になることから，ここで提案する耐疲労性試験の高温圧縮加熱履歴後の変形繰返し試験の劣化ストレスは，20 年分の耐疲労性評価年数（*EL*）として設定される．

温度区分（A，B，C，D）と伸縮率区分（$\varepsilon 1$，$\varepsilon 2$，$\varepsilon 3$，$\varepsilon 4$）との関係から，適用目地の温度帯と，その目地材料・種類の特性の相違が耐疲労性に及ぼす影響を耐疲労性試験結果や既往の疲労試験結

果を基に，シール材技術者によるエキスパートジャッジによって設定した適用目地係数（T 係数）を表 3.1 に示す．これは，図 2.2 で示した適用目地区分と温度区分の関係における各領域の耐疲労性に与える影響度を数値化したものである．最も高温で疲労試験（A）に合格するシーリング材を劣化温度が低い目地（T1）に適用した係数の場合では最大の 3.4 となり，逆に最も低温で疲労試験（D）に合格するシーリング材を劣化温度が高い目地（T5）に適用した係数 0.1 が最小となる．

　耐疲労性評価年数（EL）に適用目地係数（T 係数）を乗じた値を耐疲労性の評価年（DF）とする．

$$DF = EL \times T \text{ 係数} \tag{1}$$

ここで，DF：耐疲労性の評価年数（年）

　　$EL = 20$（年）

　　T 係数：表 3.1

表 3.1　適用目地区分係数（T 係数）

耐疲労性温度区分　＼　適用目地区分	T1	T2	T3	T4	T5
A	3.4	2.6	1.9	1.3	0.8
B	2.1	1.6	1.15	0.8	0.5
C	1.4	1.0	0.7	0.45	0.3
D	1.0	0.7	0.45	0.25	0.1

3.2　シーリング材の耐久性評価年（*DFW, DF0*）の算定

　シーリング材の耐久性評価は，耐疲労性評価年に耐候性評価（*Factor* W）を乗じて算定した耐久性評価年（*DFW, DF0*）とする．

$$DFW = DF \times Factor\ W \tag{2}$$
$$\fallingdotseq DF0 \tag{3}$$

ここで，*DFW*：シーリング材の耐久性評価年（年）

　　Factor W：シーリング材の耐候性評価係数（表 2.7）

　　DF0：表 3.2（年）

　（2）式を用いて実務的に耐久性評価年（*DFW*）を適用するため，$DF \times Factor$ W（S，A，B，C，D，E）を整数値にした *DF0* を適用目地区分（T1，T2，T3，T4，T5）ごとに表 3.2 に示す．*DF0* の整数値化は最大値を 50 年とし，10 年以上の場合は 5 単位に切り捨て，10 年未満の場合は 1 年単位に切り捨て，3 年未満の場合を適用外とした．50 年を最大値とした理由は，シーリング材の使用経過年数の実績を考慮した結果による．今後の調査研究成果による見直しが期待される．

表3.2　シーリング材の耐久性評価年 *DF0*（*DF*×*Factor* W を整数値化した値）

単位：（年）

適用目地区分	耐疲労性温度区分	耐候性評価区分					
		S	A	B	C	D	E
T1 （明色）石・タイル外壁・GRC・押出成形・コンクリート笠木・ALC　など （明暗色）コンクリートパネル・CW　など	A	50	50	50	45	30	20
	B	40	35	30	25	20	10
	C	25	25	20	15	10	8
	D	20	15	15	10	10	6
T2 （暗色）石・タイル外壁・GRC・押出成形・ALC・コンクリート笠木　など	A	50	45	40	35	25	15
	B	30	25	25	20	15	9
	C	20	15	15	10	10	6
	D	10	10	10	9	7	4
T3 （明色）金属製建具・金属パネル壁・CW　など	A	35	30	30	25	15	10
	B	20	20	15	15	10	6
	C	10	10	10	9	7	4
	D	9	8	7	6	4	—
T4 （暗色）金属製建具・金属パネル外壁・CW　など （明色）金属笠木　など	S	25	20	20	15	10	7
	B	15	10	10	10	8	4
	C	9	8	7	6	4	—
	D	5	4	4	3	—	—
T5 （暗色）金属笠木　など	A	15	10	10	10	8	4
	B	10	9	8	7	5	3
	C	6	5	4	4	3	—
	D	—	—	—	—	—	—

［注］　―：適用外

1 ）その他の影響係数（*Factor* X）

　そのほか必要な場合は，耐用年数評価年に本会編「建築物・部材・材料の耐久設計手法・同解説」[8]に掲載の推定耐用年数算定式における使用条件係数（*Factor* F）や保全レベル係数（*Factor* G）などの係数を当事者間で協議の上，乗じてもよい．

　その他の影響係数を考慮しない場合は，*Factor* X ＝ 1.0 とする．

$$Factor\ \mathrm{X} = Factor\ \mathrm{F} \times Factor\ \mathrm{G} \times \quad \cdots\cdots \tag{4}$$

ここで，*Factor* X：その他の影響係数

　　　　　Factor F：使用条件係数

　　　　　Factor G：保全レベル係数

3.3　シーリング材の耐用年数（*ESL*）の算定

　シーリング材の耐用年数（*ESL*）は，シーリング材の耐久性評価年（*DF0*）にその他の影響係数（*Factor* X）を乗じた値とする．

$$ESL = DF0 \times Factor\ X \tag{5}$$

　ここで，　*ESL*：シーリング材の耐用年数（年）

　　　　　　DF0：シーリング材の耐久性評価年（年）

　　　　Factor X：その他の影響係数

3.4　シーリング材の伸縮率・せん断変形率と設計レベル係数（*S0*）の設定

　選定したシーリング材の伸縮率区分と設定した設計伸縮率および設計せん断変形率の設計レベルから，設計伸縮率と設計せん断変形率ならびに設計レベル係数（*S0*）を決定する．表3.3にシーリング材の設計伸縮率と設計レベル係数（*S0*）を，表3.4にシーリング材の設計せん断変形率と設計レベル係数（*S0*）をそれぞれ示す．なお，標準レベルと安全余裕レベル2の中間でその他の設計伸縮率・設計せん断変形率，設計レベル係数を設定してもよい．

　そして，決定した設計伸縮率と設計せん断変形率によって目地設計を行う．目地設計の流れを図3.1に示す．ここで，ムーブメント（δ），目地幅の施工誤差（*We*），目地深さ（*D*）の設定は水密設計技術指針やJASS 8のほか「建築工事標準仕様書・同解説　JASS 14　カーテンウォール工事」[9]などを参照する．

表 3.3　シーリング材の設計伸縮率 ε と設計レベル係数 SO

ムーブメント		M_1（温度ムーブメント）			M_2（層間変位ムーブメント）		
設計レベル		標準	安全余裕1	安全余裕2	標準	安全余裕1	安全余裕2
伸縮率区分（%）	$\varepsilon 1$	7	—	—	10	8	—
	$\varepsilon 2$	15	12	10	20	18	15
	$\varepsilon 3$	20	18	15	30	25	20
	$\varepsilon 4$	30	25	20	40	35	30
設計レベル係数 SO		1.0	1.2	1.5	1.0	1.2	1.5

［注］　—：適用外

表 3.4　シーリング材の設計せん断変形率 ε と設計レベル係数 SO

ムーブメント		M_1（温度ムーブメント）			M_2（層間変位ムーブメント）		
設計レベル		標準	安全余裕1	安全余裕2	標準	安全余裕1	安全余裕2
せん断変形率区分（%）	$\varepsilon 1$	10	8	—	20	15	10
	$\varepsilon 2$	20	18	15	40	35	30
	$\varepsilon 3$	30	25	20	60	50	40
	$\varepsilon 4$	40	35	30	80	70	60
設計レベル係数 SO		1.0	1.2	1.5	1.0	1.2	1.5

［注］　—：適用外

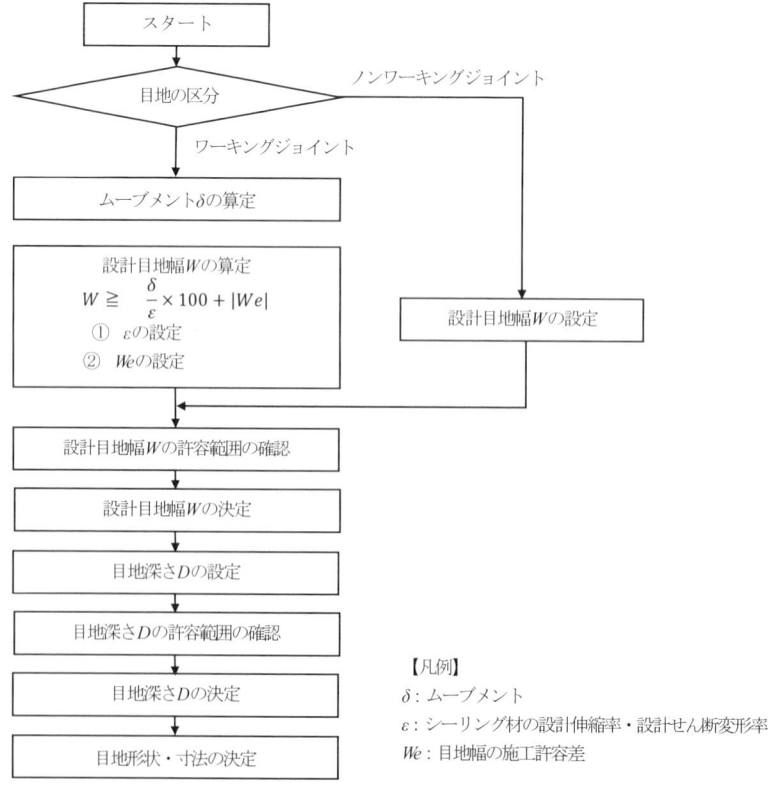

図 3.1　目地設計の流れ（水密設計技術指針[7]，解説図 4.2.9）

3.5　シーリング材の設計耐用年数（*DSL*）の評価

シーリング材の設計耐用年数（*DSL*）は，シーリング材の耐用年数評価年（*ESL*）に設計レベル係数（*S0*）を乗じる．

なお，ノンワーキングジョイントの場合は *S0*＝1.5 を代用してもよい．

$$DSL = ESL \times S0 \tag{6}$$

ここで，*DSL*：シーリング材の設計耐用年数（年）

　　　　ESL：シーリング材の耐用年数評価年（年）

　　　　S0：設計レベル係数（＝1.0，1.2，1.5）（表 3.3，表 3.4）

4　シーリング材の適合性評価

4.1　接着信頼性の適合性評価

接着信頼性の評価は，引張接着性試験（JIS A 1439：2022），シーリング材と外壁材との接着性評価試験（ナイフカットピール試験）（水密設計技術指針　付録 2　S1），および温水伸長試験によるシーリング材の接着性評価試験（水密設計技術指針　付録 2　S2）の結果を総合的に判断してから行う．

　1）各種接着性評価試験の特徴

温水伸長試験は，定伸長と温水浸漬を複合させた手法であり，シーリング材に変形を与えた状態で接着面に負荷を与えることができ，従来法とは異なる特徴を有している．各種接着性評価試験の特徴をまとめると，表 4.1 のとおりとなる．

表 4.1　各種接着性評価試験の特徴

引張接着性試験 （JIS A 1439：2022 5.20）	特　徴	・荷重−変位曲線により，引張応力や伸び率が測定できる． ・破壊モードにより接着性の判定も可能．
	測定項目	・50％引張応力（M_{50}），最大引張応力（T_{max}），最大荷重時の伸び率（E_{max}），破壊状態
シーリング材と外壁材との接着性評価試験（ナイフカットピール試験）（水密設計技術指針　付録 2　S1）	特　徴	・シーリング材や接着面に切込みを入れるため，接着界面には瞬間的に大きな負荷がかかる．
	測定項目	・破壊状態
温水伸長試験によるシーリング材の接着性評価試験（水密設計技術指針　付録 2　S2）	特　徴	・シーリング材に変形を与えた状態で温度，水浸漬による負荷を一定時間与えられる．
	測定項目	・界面破壊やシーリング材破壊の有無

　2）適用範囲

温水伸長試験は，安定した高信頼の評価が可能であり，特にワーキングジョイントに対して有効であると考えられる．

表 2.3 や図 2.2 に記載の適用目地区分を参考にすると，金属笠木や金属カーテンウォール，金属パネル外壁など適用目地区分が T3〜T5 の高温度目地については，温度によるムーブメントが大きく，接着界面には高い負荷がかかりやすいため，引張接着性試験に加えて温水伸長試験やナ

イフカットピール試験を併用することにより，高信頼の評価を行うことが望ましいと考えられる．

4.2　汚染防止性の適合性評価

汚染防止性の評価は，外装部材の種類や想定される汚染を考慮し，適切な評価試験を実施する．

シーリング材の表面を塗装する場合は，建築用シーリング材に施工された仕上塗材の促進汚染性試験方法（日本シーリング材工業会規格　JSIA003：2011），シーリング材の表面に塗装などの仕上げを施さずに露出で使う場合は，屋外暴露によるシーリング材の成分による外壁材目地周囲の汚染性評価試験（水密設計技術指針　付録2　S3），またはマーキング法によるシーリング材の成分による外壁材目地周囲の汚染性評価試験（水密設計技術指針　付録2　S4），石材の周辺にシーリング材を使用する場合は，石材の可塑剤移行による汚染性評価試験（石材汚染Ⅰ法）（水密設計技術指針　付録2　S5），または石材目地におけるシーリング材の成分による汚染性評価試験（石材汚染Ⅱ法）（水密設計技術指針　付録2　S6）をそれぞれ実施するとよい．これらの試験方法の概要を表4.2に示す．また，代表的な汚染の例を写真4.1に示す．

各試験方法に示された判定例または判定基準をもとに，当事者間で適用の可否を判断する．

表4.2　汚染防止性の適合性評価の方法の概要

建築用シーリング材上に塗装された仕上塗材の促進汚染性試験方法（JSIA003：2011）	促進試験方法により，シーリング材と塗料・仕上塗材との適合性を評価する方法
屋外暴露によるシーリング材の成分による外装パネル目地周辺の汚染発生評価試験（水密設計技術指針　付録2　S3）	シーリング材成分が目地周辺や流下水部において外壁材表面を伝播し，その部分に大気中の浮遊物質や雨水中の汚染物質が付着して発生する汚染を事前に屋外暴露試験により評価する方法
マーキング法によるシーリング材の成分による外装パネル目地周囲の汚染発生評価試験（水密設計技術指針　付録2　S4）	シーリング材からの溶出物質に大気中の汚染物質が付着して発生する汚染を，促進耐候性試験機とカーボンブラックを含有するマーキング剤成分を用いることにより，簡便に評価する方法
石材の可塑剤移行による汚染性評価試験（石材汚染Ⅰ法）（水密設計技術指針　付録2　S5）	実際に使用予定の石材と可塑剤を使用し，可塑剤の移行に伴う石材の汚染の危険性を評価する方法
石材目地におけるシーリング材の成分による汚染性評価試験（石材汚染Ⅱ法）（水密設計技術指針　付録2　S6）	プライマー有無の条件で実際に使用するシーリング材を実際に使用予定の石材に打設し，液状成分の移行に伴う汚染を評価する方法

石目地における汚染

仕上塗材の汚染

外壁材表面付着汚染

写真 4.1　シーリング材による汚染の例

5　要求性能を満足していることの確認

　設計耐用年数（DSL）が要求耐用年数（SL）を満足していることを確認する．併せて「4.1　接着信頼性の適合性評価」および「4.2　汚染防止性の適合性評価」が適用可能であるかを確認する．いずれも要求性能を満足している場合に目地防水の性能設計を終了する．

　「4.2　汚染防止性の適合性評価」が適用不可の場合は，納まりや材質の変更あるいは維持管理などでの対応が可能かを判断に加える．

　設計耐用年数（DSL），接着性の適合性，汚染防止性の適合性いずれかが要求性能を満足しない条件下で，設計条件や要求性能を見直す必要がある場合は，「2.7　目地の設計条件と要求性能の整理と算出」から再設計を行い，設計条件や要求性能の見直しが必要ない場合は，「2.8　シーリング材の選定」から目地防水の再設計を行う．

6　耐久性評価および適合性評価の試験

6.1　耐疲労性評価試験

　耐疲労性の評価は，温度ムーブメントに対する伸縮耐疲労性試験方法[10),11)]によって行う．

　1）試験方法

　試験は，JIS A 1439：2022 の「5.22　耐疲労性試験」に準拠して行う．

　被着体は，JIS A 1439：2022 の 5.12.1　a）に規定されたアルミニウム被着体とする．試験体の形状・寸法・養生条件は，JIS A 1439：2022 の「5.12　耐久性試験」に準拠する．試験体は3体とする．

　試験の手順を表6.1に示す．表6.1の工程3の終了後，試験体の状況（接着破壊または凝集破棄）および破壊の深さを測定し記録する．

　試験の条件を表6.2に示す．この試験方法は，長時間に及ぶ耐疲労性試験の簡便化を図った文献[12)]を基に設定され提案されたものである．ここで，繰返し試験に入る前段階の圧縮加熱試験は，文献 10)，12）および文献 13）などにおいて，目地シーリング材が高温圧縮加熱を受けた際の残留ひずみが大きいとその後のムーブメント追従性が低下すること，残留ひずみの大小には，圧縮加熱温度が大きく影響すること等の知見が得られていることを受けて設定された試験条件であ

る.

　試験体は，圧縮加熱温度と変形率の組合せによる耐疲労性区分ごとに 3 個とし，3 個の試験体が合格した場合，その耐疲労性区分に合格したものとする.

　圧縮加熱時の温度を 80，90，100，120 ℃の 4 水準と，圧縮変形率を 10，20，30，40 ％の 4 水準として合計 16 条件を原則とするが，シーリング材の適用目的に応じて圧縮加熱時温度と圧縮変形率の組合せを選択する.　ただし，最低でも 4 温度×3 伸縮率＝12 区分の試験を実施することを推奨する.

　図 6.1 に示す伸縮繰返し疲労試験後の損傷深さが 2 mm 以内の場合は，合格とする.

表 6.1　温度ムーブメントに対する伸縮耐疲労性試験手順

	工　　程	試験手順
1	圧縮加熱	圧縮固定用スペーサーを用いて，規定の圧縮変形率に固定し，耐疲労性区分ごとに規定された温度に 24 時間静置する.
2	目地幅の固定解除	目地幅の固定を解除し（23±2）℃・（50±10）%RH に 24 時間静置する.
3	目地幅の拡大・縮小繰返し（5±1 回/min）	繰返し試験機に試験体を設置し，目地幅を 12 mm に固定する.　耐疲労性区分ごとに規定された目地幅の拡大・縮小率で，繰返しを 6000 回行う.　目地幅の拡大・縮小繰返しは 23±2 ℃雰囲気下で行う.

表 6.2　温度ムーブメントに対する伸縮耐疲労性試験の条件

試験体作製	試験体形状	JIS A 1439：2022　耐久性試験体（アルミニウム被着体）
	n 数	3
初期養生	1 成分形	（23±2）℃，（50±10）%RH×14 日 +（30±2）℃×14 日
	2 成分形	（23±2）℃，（50±10）%RH×7 日 +（50±2）℃×7 日
圧縮加熱試験	圧縮加熱温度（℃）	（80±2），（90±2），（100±2），（120±2）
	圧縮変形率（%）	10，20，30，40
	圧縮加熱時間（時間）	24
繰返し疲労試験	繰返し伸縮時の温度（℃）	（23±2）
	繰返し伸縮率（%）	両方向で圧縮加熱時と同変形率
	繰返し伸縮回数（回）	6000
合否判定		亀裂の最大深さが 2 mm 以内の場合を合格（図 6.1）

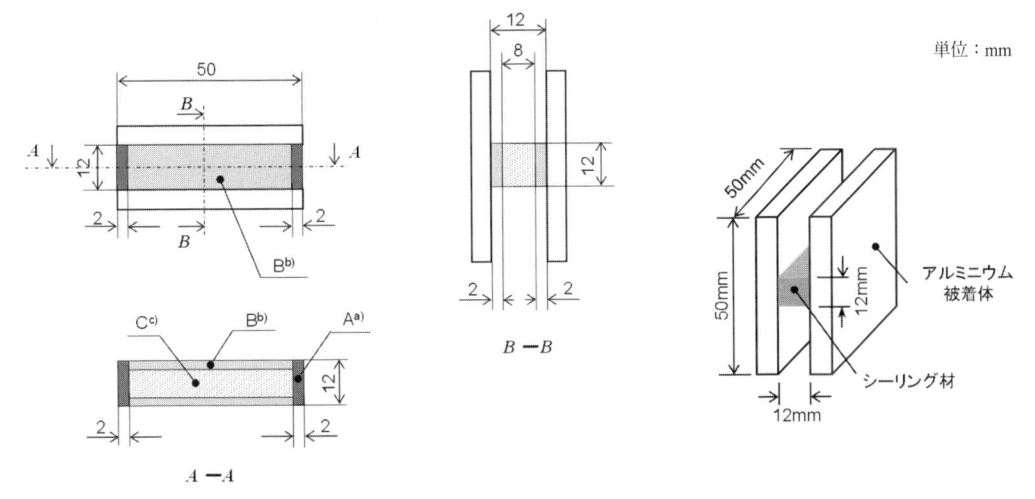

[注]　a）　A 部分（両末端 12 mm×12 mm×2 mm）での欠陥：合否判定の対象外
　　　b）　B 部分（深さ 2 mm）でとどまる欠陥：合格
　　　c）　C 部分に達する欠陥：不合格

図 6.1　耐疲労性試験の合否判定

2）耐疲労性区分，伸縮率区分の判定方法

　各試料における合格値の採用条件は，以下とする．

①圧縮加熱時の温度が残留ひずみおよびムーブメント追従性に与える影響が大きいことを考慮し，最高圧縮加熱温度を優先する．

②伸縮率が同じで圧縮加熱時の温度が高い方が合格で低い方が不合格，または圧縮加熱時の温度が同じで伸縮率の大きい方が合格で小さい方が不合格の場合，これらの試験結果は変質等の可能性があるため，不採用とする．

　シーリング材の耐疲労性の表示方法は，耐疲労性試験で合格した圧縮加熱温度と伸縮率の組合せによって（圧縮加熱温度）（伸縮率）とする．圧縮加熱温度 100 ℃，伸縮率 30 ％の場合の表示は，図 6.2 のように［耐疲労性区分 10030］となる．

　耐疲労性区分は，表 6.3 に示す 16 区分とする．シーリング材製造者は，製品ごとにどの耐疲労性区分に合格するかを使用者に示す．

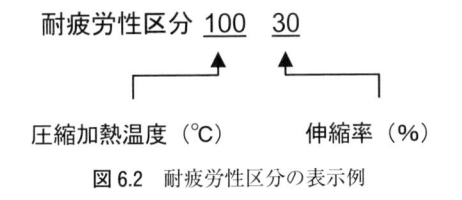

図 6.2　耐疲労性区分の表示例

表6.3　耐疲労性区分マトリックス

試験時最高圧縮加熱温度（℃）		温度区分記号				
	120	A	12010	12020	12030	12040
	100	B	10010	10020	10030	10040
	90	C	9010	9020	9030	9040
	80	D	8010	8020	8030	8040
			10	20	30	40
			試験時最大伸縮率（％）			

6.2　耐候性評価試験

１）試験方法

　耐候性評価試験は JIS A 1439：2022（建築用シーリング材の試験方法）「5.21　動的耐候性試験」
に準拠して行う．試験条件を表6.4に示す．試験は，目地幅可変型試験体を用いて，実験室光源
暴露試験装置に暴露し，168時間ごとに引張状態と圧縮状態を切り替えながら暴露を行う．試験
工程を図6.3に示す．

表 6.4　耐候性評価試験の条件

項　目	条　件
試験方法	JIS A 1439：2022　5.21　動的耐候性試験による
試験時間*1	1）WX-A 法（キセノン）で暴露する場合 　　積算照射時間＝168 時間×18 回＝3024 時間 　　（動的耐候性試験サイクル数：3 サイクル） 2）WS−A 法（オープンフレーム）で暴露する場合 　　積算照射時間＝168 時間×12 回＝2016 時間 　　（動的耐候性試験サイクル数：2 サイクル）
検　査	1）試験後に左右の伸縮率 15 ％の範囲を検査する． 2）亀裂の量，亀裂の幅，亀裂または凝集破壊の深さ，被着体近傍の損傷深さを評価または計測する． 3）左右で評価計測した最大値を，亀裂の量の評価値，亀裂の幅の評価値，亀裂または凝集破壊の深さの評価値，被着体近傍の損傷深さとする． 4）被着体近傍の損傷深さが 5.0 mm を超えた場合の試験結果は不採用とする．
結果の記録	①使用した実験室光源暴露試験装置 ②積算照射時間（動的耐候性試験サイクル数） ③亀裂の量（Q）の評価値 ④亀裂の幅（W）の評価値 ⑤亀裂又は凝集破壊の深さ（D）の評価値 ⑥被着体近傍の損傷深さ（0.5 mm 単位）

[注]
＊1　実験室光源暴露試験装置と試験時間設定の考え方を次に示す．
　①光源を 1 種類に限定しないこと，材種ごとの耐候性の違いが判定できる試験時間であること，過去の暴露試験の結果から妥当な試験時間であること，JIS ならびに ISO 規格との整合が保たれていることを考慮して決定した．
　②表 6.5-1～6.5-3 に示す既往の耐候性評価結果によれば，WX-A 法（キセノン）3000 hr，WS-A 法（オープンフレーム）2000 hr，銚子 7 年後の各材種の耐候性区分は概ね一致していた．また，この試験時間であれば各材種の耐候性の違いが判定できていることから，光源ごとの試験時間を次のように設定した．
　　　　WX-A 法（キセノン）で暴露する場合：
　　　　　積算照射時間＝168 時間×18 回
　　　　　　　　　　　＝3024 時間（動的耐候性試験サイクル数：3 サイクル）
　　　　WS-A 法（オープンフレーム）で暴露する場合：
　　　　　積算照射時間＝168 時間×12 回
　　　　　　　　　　　＝2016 時間（動的耐候性試験サイクル数：2 サイクル）
　なお，キセノン　3024 時間は，動的耐候性試験の対応国際規格である ISO 11617：2022（Building and civil engineering sealants − Determination of changes in cohesion and appearance of elastic weatherproofing sealants after exposure of statically cured specimens to artificial weathering and mechanical cycling）の標準試験条件である．

表 6.5-1　キセノン暴露後の QWD 値と表 2.7 による耐候性区分（伸縮率 15 %部分）

試料名	キセノン 1000 時間後				キセノン 2000 時間後				キセノン 3000 時間後			
	Q	W	D	耐候性区分	Q	W	D	耐候性区分	Q	W	D	耐候性区分
SR-2	0	0	0	S	0	0	0	S	0	0	0	S
MS-1a	0	0	0	S	0	0	0	S	5	2	1	B
MS-1b	0	0	0	S	0	0	0	S	5	2	1	B
MS-2a	4	3	1	C	5	3	2	C	5	3	2	C
MS-2b	5	2	1	B	5	3	1	C	5	3	2	C
PS-2	5	1	1	A	5	1	1	A	5	3	2	C
IB-2	0	0	0	S	0	0	0	S	0	0	0	S
PU-1	0	0	0	S	5	1	1	A	5	3	1	C
PU-2	5	4	2	D	5	5	3	E	5	5	4	E
UA-2	5	1	1	A	5	2	1	B	5	3	1	C

表 6.5-2　オープンフレーム暴露後の QWD 値と表 2.7 による耐候性区分（伸縮率 15 %部分）

試料名	オープンフレーム 1000 時間後				オープンフレーム 2000 時間後				オープンフレーム 3000 時間後			
	Q	W	D	耐候性区分	Q	W	D	耐候性区分	Q	W	D	耐候性区分
SR-2	0	0	0	S	0	0	0	S	0	0	0	S
MS-1a	0	0	0	S	5	2	1	B	5	3	2	C
MS-1b	0	0	0	S	5	2	1	B	5	3	1	C
MS-2a	5	3	1	C	5	4	2	D	5	4	3	D
MS-2b	5	3	1	C	5	3	2	C	5	3	2	C
PS-2	4	2	1	B	5	3	2	C	5	3	2	C
IB-2	0	0	0	S	2	1	1	A	3	2	1	B
PU-1	5	1	1	A	5	3	1	C	5	3	1	C
PU-2	5	4	2	D	5	5	3	E	5	5	3	E
UA-2	4	2	1	B	5	3	1	C	5	3	1	C

表 6.5-3　銚子暴露後の QWD 値と表 2.7 による耐候性区分（伸縮率 15 %部分）

試料名	銚子暴露 3 年後				銚子暴露 7 年後				銚子暴露 10 年後			
	Q	W	D	耐候性区分	Q	W	D	耐候性区分	Q	W	D	耐候性区分
SR-2	0	0	0	S	0	0	0	S	0	0	0	S
MS-1a	5	1	1	A	5	2	2	B	5	3	2	C
MS-1b	5	2	2	B	5	3	2	C	5	4	2	D
MS-2a	5	2	2	B	5	3	2	C	5	3	3	C
MS-2b	5	2	2	B	5	3	2	C	5	5	2	E
PS-2	5	4	2	D	—	—	—	—	—	—	—	—
IB-2	5	2	1	B	5	3	2	C	5	3	2	C
PU-1	5	1	1	A	5	3	2	C	5	5	3	E
PU-2	5	4	3	D	5	5	3	E	5	5	3	E
UA-2	5	3	1	C	5	3	2	C	5	4	3	D

［注］

1) —：被着体近傍で深さ 5 mm 以上の破壊（界面はく離または凝集破壊）が発生したため，評価対象外とした.

2) 表 6.5-1，表 6.5-2，表 6.5-3 の出典：2021 年度第 4 回シール目地防水性能向上小委員会資料　4-4　耐候性区分の検討_20211223.

3) 試料名：JIS A 5758：2022 による主成分および製品形態区分で示した．MS-1a は通常タイプの 1 成分形変成シリコーン系，MS-1b は高耐候性タイプの 1 成分形変成シリコーン系，MS-2a は通常タイプの 2 成分形変成シリコーン系，MS-2b は応力緩和タイプの 2 成分形変成シリコーン系である.

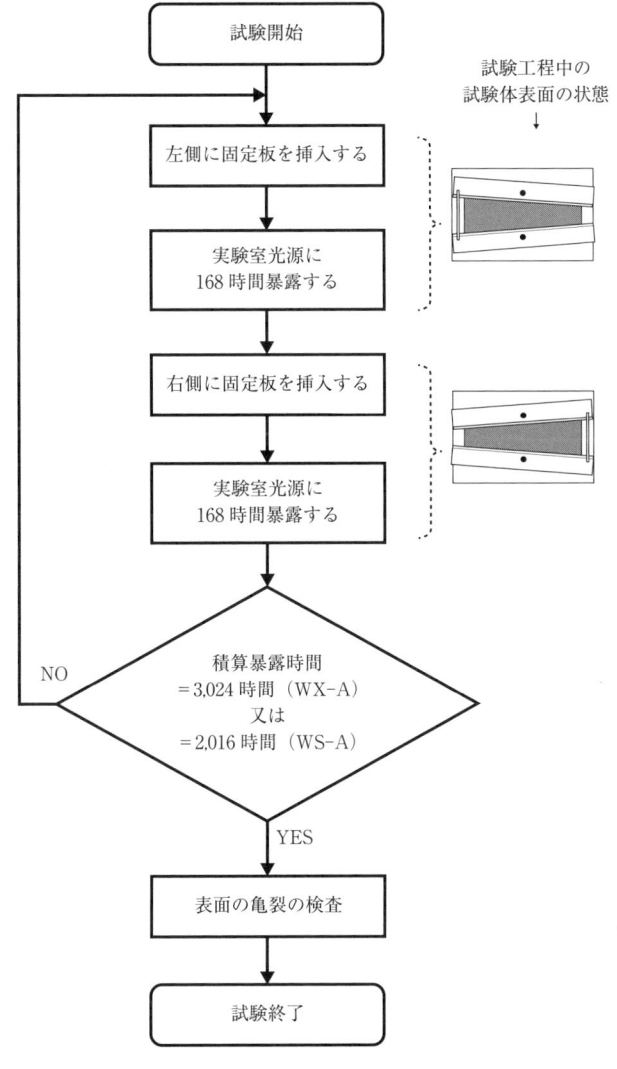

図 6.3　耐候性試験工程

2）検査方法

サイクル終了ごとにシーリング材本体の亀裂の検査と被着体近傍の損傷深さ計測を行う.

（1）シーリング材本体の亀裂の検査

検査は目地の左右それぞれで，図 6.4 に示した伸縮率 15 ％の範囲で行う.

①亀裂の量は，表 6.6 の判定基準に従って目視で行い，目地の左右で観測された最大の亀裂の量の評価値を記録する. 判定にあたっては，図 6.5 に示す亀裂の量のスケール図を参考にする.

②亀裂の幅は，ゲージ付き 10 倍ルーペを用いて表 6.7 の判定基準に従って目視で行い，目地の左右で観測された最大の亀裂幅の評価値を記録する.

③亀裂または凝集破壊の深さは，深さ測定器具を用いて表 6.8 の判定基準に従って行い，目地の左右で観測された最大深さの評価値を記録する.

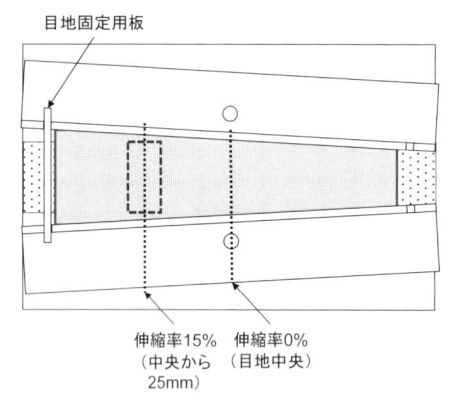
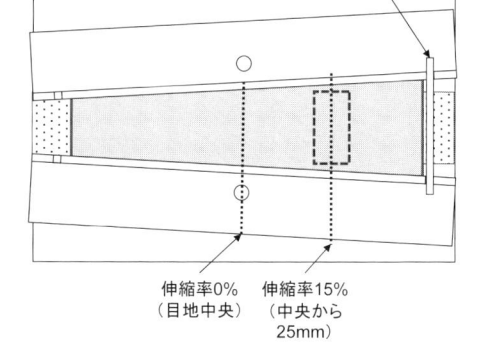

（a）目地の左側の検査範囲　　　　　　　　　　（b）目地の右側の検査範囲

図 6.4　シーリング材本体の亀裂の検査範囲

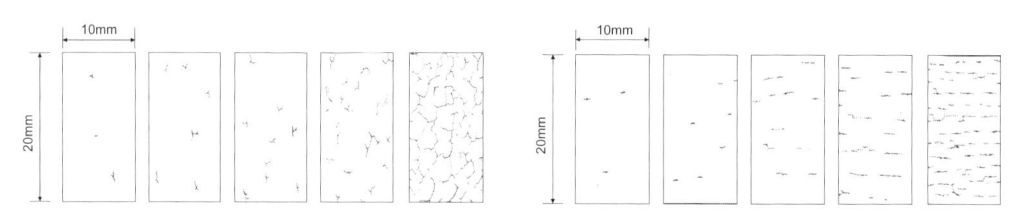

（a）方向性がない亀裂　　　　　　　　　　（b）方向性がある亀裂

（それぞれ左から評価値 1, 2, 3, 4, 5）

図 6.5　亀裂の量のスケール図

表 6.6　亀裂の量（Q）の判定基準

評価値	判定基準 （亀裂の量のスケール図を用いて判定する）
0	なし
1	ごくわずかにある
2	わずかにある
3	若干ある
4	多数ある
5	隙間なくある

表6.7　亀裂の幅（W）の判定基準

評価値	判定基準
0	10倍に拡大しても見えない
1	10倍に拡大すれば見える
2	正常に補正された視力でやっと見える（幅＜0.1 mm）
3	正常に補正された視力ではっきり見える（幅≧0.1 mm，＜0.5 mm）
4	大きな亀裂　（幅≧0.5 mm，≦1 mm）
5	非常に大きな亀裂　（幅＞1 mm）

表6.8　亀裂または凝集破壊の深さ（D）の判定基準

評価値	判定基準
0	10倍に拡大しても見えない
1	表面の浅い深さ　（深さ＜0.1 mm）
2	表面の中程度の深さ（深さ≧0.1 mm，≦1 mm）
3	表面の顕著な深さ（深さ＞1 mm，≦3 mm）
4	表面の非常に顕著な深さ（深さ＞3 mm，≦10 mm）
5	凝集破壊（深さ＞10 mm）

（2）被着体近傍の損傷深さ（Df）測定

　図6.6に示した伸縮率15％で目地を直交する線上の被着体近傍の両側で損傷深さを測定する．測定は目地の左右それぞれで行い，最大値を0.5 mm単位で記録する．

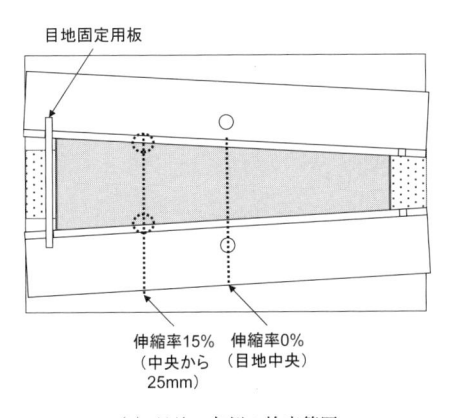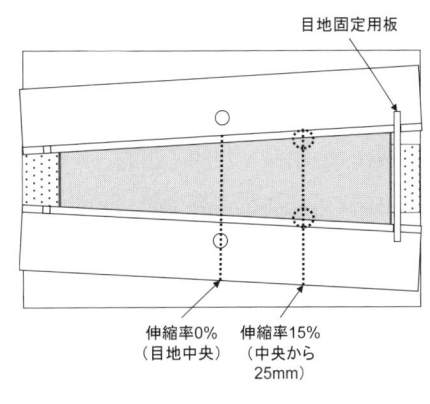

（a）目地の左側の検査範囲　　　　　　　　　（b）目地の右側の検査範囲

図6.6　被着体近傍の損傷深さ（Df）測定位置

3）耐候性区分の判定方法

　試験結果のQ値，W値，D値およびDfの評価値により表6.8に示す耐候性区分と *Factor* W に区分する．ただし，被着体近傍の損傷深さ（Df）が5.0 mmを超えるシーリング材の結果は使

用しない.

　シーリング材の耐候性表示方法は,表6.9の耐候性区分とする.

表 6.9　シーリング材の耐候性区分と耐候性評価係数

耐候性区分	S	A	B	C	D	E
Factor W	1.0	0.9	0.8	0.7	0.5	0.3
Q 値	0	1～5				
W 値	0	1	2	3	4	5
D 値	0	1	1～2	1～3	2～3	2 以上
被着体近傍の損傷深さ（Df）	5.0 mm 未満					

［注］　シーリング材表面の亀裂の状態の評価値:
　　　　Q 値:亀裂の量（0～5）　　　W 値:亀裂の幅（0～5）　　　D 値:亀裂または凝集破壊の深さ（0～5）

6.3　シーリング材の硬化途上における耐ムーブメント性評価試験

　硬化途上のムーブメントに対する影響の程度を評価する試験は,水密設計技術指針の付録2「S7 シーリング材の硬化途上における耐ムーブメント性評価試験方法（案）」に従う.その試験概要を次に示す.この評価試験方法は,既往の研究成果[14]～[18]を参考として取りまとめたものである.

（1）試験の目的

　硬化途上におけるシーリング材が,外壁接合部に作用するムーブメントに影響を受けにくいかどうかを,形状の変化や欠陥の程度により評価する.

（2）適用範囲

　温度ムーブメントが生じるワーキングジョイントに充填されるシーリング材に適用する.

（3）試験体

　a）被着体

　　試験には,JIS A 1439:2022（建築用シーリング材の試験方法）の4.1に規定された陽極酸化被膜処理アルミニウム合金製（5 mm×12 mm×75 mm）の被着体を用いる.

　b）形状・寸法

　　試験体の形状・寸法は,図6.7による.アルミニウム被着体とバックアップ材を用いて幅12 mm×深さ12 mm×長さ50 mmの容量のシーリング材充填スペースを設ける.糊付きバックアップ材は,片側のアルミニウム被着体（固定側被着体）に接着させ,他方の被着体（可動側被着体）を自由に動かせるようにする.固定側被着体は,マスキングテープ等で底面の試験体固定用バックアップ材に固定し,動かないようにする.試験体数は3体とする.

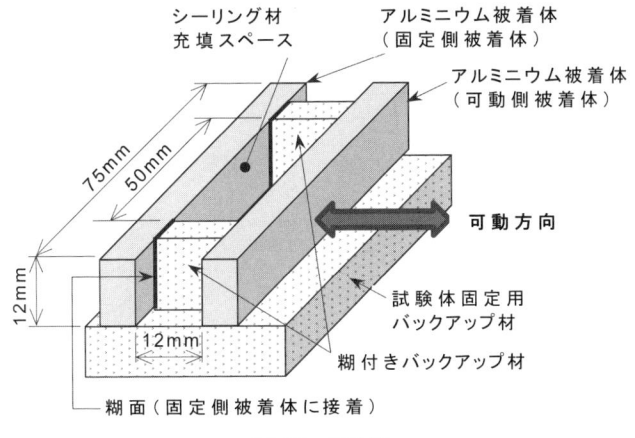

図 6.7　試験体

（4）試験方法

　試験は，(23 ± 2) ℃・(50 ± 10) %RH の環境下で行う．試験体作製用スペーサーを糊付きバックアップ材の両外側に設置し，専用プライマーを被着体に塗布し所定のオープンタイムを取った後，シーリング材を充填して表面を平滑にならし，試験を開始する．

　ただちに試験体作製用スペーサーを外し，目地両側に 10 %拡大用スペーサー（幅 13.2 mm）を挿入して目地幅を拡大した後，3 時間保持する．次に目地両側に 10 %縮小用スペーサー（幅 10.8 mm）を挿入して目地幅を縮小した後に 3 時間保持し，初期の目地幅（12 mm）に戻す．この ±10 %の目地幅拡大・縮小作業を手動で 2 回行った後に 12 日間静置養生する．

　シーリング材の外観および内部の欠陥の有無を目視で観察し，表面および裏面の変形の有無と最大変形深さ，横断面の内部欠陥の有無および縦断面の内部欠陥の有無と大きさを記録する．

（5）試験結果の判定

　3 個の試験体全てにおいて，外観および内部に著しい欠陥が観察されない場合は，硬化途上ムーブメントの影響を受けにくいと判定する．なお，著しい欠陥が生じた場合は，他の硬化途上ムーブメントの影響評価試験[14)~18)]の実施，シーリング材の使用環境に応じた条件での本試験の実施，本試験後の試験体を用いて耐疲労性試験や引張接着性試験などを行い，これらの結果を総合的に勘案したうえで，硬化途上ムーブメントの影響を受けにくいかどうかについて判断してもよい．

7　設計耐用年数の算定例

1）事例 1

＜条件＞

　・要求耐用年数：10 年（$SL=10$）

　・シーリング材：耐疲労性区分　10030　　　　　（耐疲労性温度区分　B，伸縮率区分　$\varepsilon3$）

　　　　　　　　　耐候性区分　A　　　　　　　　（$Factor$ W $=0.9$）

　・適用目地：適用目地区分　T5　　　　　　　　（暗色の金属笠木）

　・その他の影響係数　　　　　　　　　　　　　（$Factor$ X $=1.0$）

・設計レベル：標準レベル　　　　　　　　　　　　（設計レベル係数　$SO=1.0$）

【計算手順】

①耐久性の評価年（$DF0$）の設定

　　　　$DF0=9$：表 3.2　適用目地区分 T5 の耐疲労性温度区分 B・耐候性評価区分 A から

②耐用年数（ESL）の算定

　　　　$ESL=DF0×Factor\ \text{X}=9$

③設計レベル係数の設定

　　　　標準レベル　⇒　設計レベル係数　$SO=1.0$（表 3.3）

④設計伸縮率・設計せん断変形率（$ε$）の設定

　　設計伸縮率：$M_1=20$ %，$M_2=30$ %（表 3.3　伸縮率区分　$ε3$―標準）

　　設計せん断変形率：$M_1=30$ %，$M_2=60$ %（表 3.4　伸縮率区分　$ε3$―標準）

⑤設計耐用年数（DES）の算定

　　　　$DSL=ESL×SO=9×1.0=9$（年）

⑥判定

　　　　DSL（9 年）$<SL$（10 年）　⇒　設計条件，要求性能の見直し

2）事例 2

＜条件＞

　・要求耐用年数：15 年（$SL=15$）

　・シーリング材：耐疲労性区分　10020　　　　　　（耐疲労性温度区分　B，伸縮率区分　$ε2$）

　　　　　　　　　耐候性区分　C　　　　　　　　　（$Factor$ W $=0.7$）

　・適用目地：適用目地区分　T3　　　　　　　　　（明色の金属パネル）

　・その他の影響係数　　　　　　　　　　　　　　（$Factor$ X $=1.0$）

　・設計レベル：安全余裕レベル 1　　　　　　　　（設計レベル係数　$SO=1.2$）

【計算手順】

①耐久性の評価年（$DF0$）の算定

　　　　$DF0=15$：表 3.2　適用目地区分 T3 の耐疲労性温度区分 B・耐候性評価区分 C から

②耐用年数（ESL）の算定

　　　　$ESL=DF0×Factor\ \text{X}=15$

③設計レベル係数の設定

　　　　安全余裕レベル 1　⇒　設計レベル係数　$SO=1.2$（表 3.3）

④設計伸縮率・設計せん断変形率（$ε$）の設定

　　設計伸縮率：$M_1=12$ %，$M_2=18$ %（表 3.3　伸縮率区分　$ε2$―安全余裕 1）

　　設計せん断変形率：$M_1=18$ %，$M_2=35$ %（表 3.4　伸縮率区分　$ε2$―安全余裕 1）

⑤設計耐用年数（DSL）の算定

　　　　$DSL=ESL×SO=15×1.2=18$（年）

⑥判定

DSL（18 年）＞SL（15 年）　⇒　設計終了

3）事例 3

＜条件＞

・要求耐用年数：20 年（$SL=20$）

・シーリング材：耐疲労性区分　10020　　　　（耐疲労性温度区分　B，伸縮率区分　$\varepsilon2$）

　　　　　　　　　耐候性区分　D　　　　　　　（$Factor$ W $=0.5$）

・適用目地：適用目地区分　T1　　　　　　　（明色のコンクリートパネル）

・その他の影響係数　　　　　　　　　　　　（$Factor$ X $=1.0$）

・設計レベル：標準レベル　　　　　　　　　（設計レベル係数 $SO=1.0$）

【計算手順】

①耐久性の評価年（DFO）の算定

　　　$DFO=20$：表 3.2　適用目地区分 T1 の耐疲労性温度区分 B・耐候性評価区分 D から

②耐用年数（ESL）の算定

　　　$ESL=DFO \times Factor$ X $=20$

③設計レベル係数の設定

　　　標準レベル　⇒　設計レベル係数　$SO=1.0$（表 3.3）

④設計伸縮率・設計せん断変形率（ε）の設定

　　設計伸縮率：M$_1=15$ ％，M$_2=20$ ％（表 3.3　伸縮率区分　$\varepsilon2$―標準）

　　設計せん断変形率：M$_1=20$ ％，M$_2=40$ ％（表 3.4　伸縮率区分　$\varepsilon2$―標準）

⑤設計耐用年数（DSL）の算定

　　　$DSL=ESL \times SO=20 \times 1.0=20$（年）

⑥判定

　　　DSL（20 年）$=SL$（20 年）　⇒　設計終了

4）事例 4（ノンワーキングジョイントの例）

＜条件＞

・要求耐用年数：15 年（$SL=15$）

・シーリング材：耐疲労性区分　9010　　　　（耐疲労性温度区分　C，伸縮率区分　$\varepsilon1$）

　　　　　　　　　耐候性区分　C　　　　　　　（$Factor$ W $=0.7$）

・適用目地：適用目地区分　T1　　　　　　　（明色のコンクリートパネル）

・その他の影響係数　　　　　　　　　　　　（$Factor$ X $=1.0$）

・設計レベル：ノンワーキングジョイント相当として安全余裕レベル 2

　　　　　　　　　　　　　　　　　　　　　（設計レベル係数　$SO=1.5$）

【計算手順】

①耐久性の評価年（DFO）の算定

　　　$DFO=15$：表 3.3　適用目地区分 T1 の耐疲労性温度区分 C・耐候性評価区分 C から

②耐用年数（$ESLC$）の算定

$$ESL = DF0 \times Factor \text{ X} = 15$$

③設計耐用年数（DSL）の算定

$$DSL = ESL \times S0 = 15 \times 1.5 = 22 \text{（年）}$$

④判定

$$DSL \text{（22 年）} > SL \text{（15 年）} \quad \Rightarrow \quad 設計終了$$

参 考 文 献

1）シール材性能設計研究小委員会：シンポジウム「外壁接合部の目地防水における性能設計に向けて」資料集，2012

2）杉山茂樹，山田人司，小野　正，高橋敏文，久住　明，添田智美：シーリング材における性能設計の考え方の提案，日本建築学会大会学術講演梗概集，pp.919-920，2013.8

3）添田智美，伊藤彰彦，岩崎　功，小野　正，梶山武夫，久住　明，高橋愛枝，坪田篤侍，鳥居智之，中島　亨，八田泰志，宮内博之，山田人司：シーリング材の耐疲労性評価方法に関する研究　その5　耐疲労性区分に基づく耐用年数設定方法に関する一提案，日本建築学会大会学術講演梗概集，pp.1223-1224，2015.9

4）伊藤彰彦，山田人司：シーリング材の耐疲労性区分に基づく耐用年数設定方法の提案，第8回防水シンポジウム資料集，pp.37-56，2015

5）山田人司，添田智美，宮内博之，伊藤彰彦，八田泰志，鳥居智之，高橋　明，志村重顕，高橋愛枝，中島　亨，樋口　豊，川端芳英，松尾隆士，佐々木哲也，本郷雅也：シーリング材の耐疲労性評価方法に関する研究　その6　耐疲労性区分と耐候性評価に基づく耐用年数設定の提案と試算例，日本建築学会大会学術講演梗概集，pp.1353-1354，2016.8

6）日本建築学会：建築工事標準仕様書・同解説　JASS 8　防水工事，2022

7）日本建築学会：外壁接合部の水密設計および施工に関する技術指針・同解説，2025

8）日本建築学会：建築物・部材・材料の耐久設計手法・同解説，2003

9）日本建築学会：建築工事標準仕様書・同解説　JASS 14　カーテンウォール工事，2012

10）廣瀬　徹，久住　明，高橋敏文，小野　正，岩崎　功：シーリング材の耐疲労性評価方法に関する研究　その1　温度ムーブメント追従性，日本建築学会大会学術講演梗概集，pp.917-918，2011.8

11）久住　明，高橋敏文，岩崎　功，梶山武夫，廣瀬　徹，小野　正：シーリング材の耐疲労性評価方法に関する研究　その4　性能設計を考慮した耐疲労性試験方法（案），日本建築学会大会学術講演梗概集，pp.923-924，2013.8

12）牧野雅彦，岩田克博，滝澤俊樹，近藤健介，山田人司，小野　正：シーリング材の耐疲労性評価方法に関する研究，日本建築学会大会学術講演梗概集，pp.97-100，2007.8

13）松本洋一，小野　正，丸一俊雄：不定形シーリング材の耐久性に関する研究（第1報）―圧縮セットについて―，清水建設研究所報　第27号，pp.1-10，1976

14）山下浩平，中島　亨，伊藤彰彦，宮内博之，添田智美，山田人司，鳥居智之，小野　正：硬化途上ムーブメントを考慮したシーリング材の接着性・耐疲労性評価試験方法の検討，日本建築学会大会学術講演梗概集，pp.1347-1348，2016.8

15）山下浩平，宮内博之，中島　亨，伊藤彰彦，添田智美，片山大樹，梶山武夫，高橋愛枝，坪田篤侍，鳥居智之，八田泰志，西谷　久，桐林　亨，山田人司：硬化途上ムーブメントを考慮したシーリング材の接着性・耐疲労性評価試験方法の検討　その2．耐疲労性に影響を及ぼす要因検証，日本建築学会大会学術講演梗概集，pp.901-902，2017.7

16）山下浩平，宮内博之，添田智美，伊藤彰彦，牛尼伸也，桐林　亨，片山大樹，坪田篤侍，西谷　久，八田泰志，小倉寛之，山田人司：硬化途上ムーブメントを考慮したシーリング材の接着性・耐疲労性評価試験方法の検討　その3．ムーブメントの引張・圧縮開始の条件と環境温度の影響，日本建築学会大会学術講演梗概集，pp.993-994，2018.7

17）山下浩平，宮内博之，添田智美，伊藤彰彦，八田泰志，桐林　亨，片山大樹，坪田篤侍，西谷　久，楠木孝治，山田人司，中島　亨：硬化途上ムーブメントを考慮したシーリング材の接着性・耐疲労性評価試験方法の検討　その4．1成分形シーリング材のワーキングジョイントへの適用性検討，日本建築学会大会学術講

演梗概集，pp.787-778，2020.9

18）伊藤彰彦，道信貴雄，山下浩平，中島　亨，八田泰志，宮内博之：硬化途上ムーブメントを考慮したシーリング材の接着性・耐疲労性評価試験方法の検討　その5　手動による硬化途上ムーブメントの影響評価試験法の開発，日本建築学会大会学術講演梗概集，pp.1149-1150，2022.7

付録2　シーリング材に関連する性能評価試験方法

S1　シーリング材と外壁材との接着性評価試験

（1）試験の目的

　シーリング材と外壁材との接着性を評価することを目的とする．本試験は，より接着性について精査した結果を得る場合に，JIS A 1439：2022（建築用シーリング材の試験方法）の引張接着性試験および簡易接着性試験と並行して行う．なお，この試験方法はナイフカットピール試験とも呼ばれる．

（2）試　験　体

　試験には原則として3個の試験体を作製する．試験体の形状・寸法は，施工対象の外壁材と同じ仕上げの50〜150 mm角程度の被着体に，幅10 mm，厚さ5 mm，長さ50〜150 mmのビード状にシーリング材を施工した図1に示すものとする．

　試験体の養生は，JIS A 1439：2022（建築用シーリング材の試験方法）の5.12.4　表1に規定された養生条件とする．養生終了後のものおよび，養生終了後に50±2 ℃の温水に7日間浸せきしたものを接着性評価用の試験体とする．

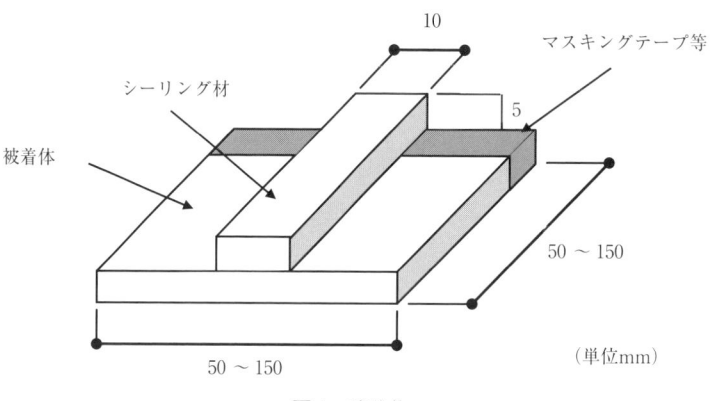

図1　試験体

（3）試　験　方　法

　試験体端部のシーリング材を180°の角度に手で折り曲げ，そのまま押さえる．シーリング材と被着体の間にカッターナイフにより約45°の角度で斜めに切り込みを入れる．このときの，シーリング材のはく離の有無，はく離した場合の破壊状況を確認する．はく離しない場合は，この操作を3回まで繰り返す．3回の操作ではく離しない場合は，「外壁接合部の水密設計および施工に関する技術指針・同解説」解説図4.3.8と同様に180°の方向に引っ張り，破壊状態を記録する．

（4）試験結果の考え方

　シーリング材が被着体である外壁材から養生後に全て界面はく離した場合は，外壁材に対する接着信頼性が不足していると判断される．また，温水浸せき後に全て界面はく離した場合は，外壁材に対する長期的な接着信頼性が不足していると判断される．

　養生後に一部界面はく離がみられた場合は，接着信頼性が不足している可能性が高いと判断される．また，温水浸せき後に一部界面はく離が見られた場合は，長期的な接着信頼性が不足している可能性が高いと判断される．その場合には，外壁材が使用される部位やムーブメントの大きさや他の試験結果等も併せて当事者間で検討する．

　養生後にシーリング材の凝集破壊あるいは薄層凝集破壊の場合は，接着信頼性があると判断される．

　また，温水浸せき後にシーリング材の凝集破壊あるいは薄層凝集破壊の場合は，長期的な接着信頼性があると判断される．

　被着体である外壁材自体が破壊された場合は，接着信頼性が評価できなかったと判断される．その場合には，従来行われている引張接着性試験や簡易接着性試験等の試験を行う等，他の試験結果も併せて当事者間で検討する．

【解説】

（1）試験の目的

　シーリング材の外壁材に対する接着性は，JIS A 1439：2022（建築用シーリング材の試験方法）の引張接着性試験および簡易接着性試験等により評価されてきたが，外壁材の種類やその仕上げが高耐候化に伴い難接着化傾向にあるため，より検出能力の高い接着性試験方法が求められている．

　本試験方法は，従来法よりもシーリング材の接着性をより高い検出能力で評価し，はく離防止を図ることを目的とする．なお，この試験方法はナイフカットピール試験とも呼ばれる．

（2）試験体

　被着体は，施工対象の外壁材と同じ仕上げの部材を使用し，その大きさは50～150 mm角程度とする．試験体の形状・寸法は，図1に示すとおりとする．プライマーを用いるときは，シーリング材製造業者指定のものを用いる．試験体の概要を解説図1に示す．

　試験体の養生は，2成分形シーリング材の場合は前養生を23±2℃・（50±10）%RHで7日間行い，次に後養生として50±2℃で7日間行う．1成分形シーリング材の場合は，前養生を23±2℃・（50±10）%RHで14日間行い，次に後養生として30±2℃で14日間行う．

　養生終了後のものおよび50±2℃の温水に7日間浸せきしたものを試験体とする．なお，浸せきに使用する温水の温度条件については，50±2℃に限らず試験体の種類および使用される環境に応じて当事者間で協議することが望ましい．

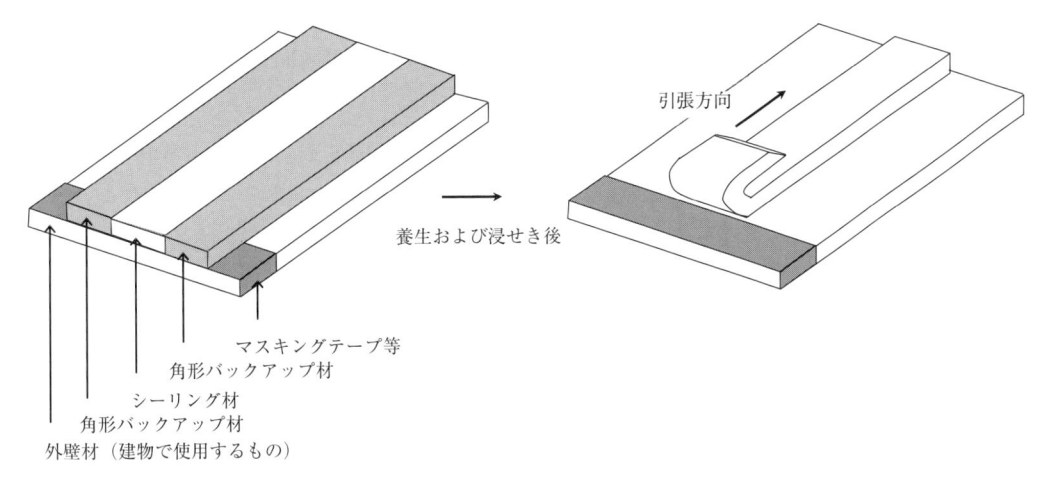

養生および浸せき後

引張方向

マスキングテープ等
角形バックアップ材
シーリング材
角形バックアップ材
外壁材（建物で使用するもの）

解説図1　試験体の概要

（3）試験方法

　解説図2に示すように手でシーリング材の端部を180°の角度に折り曲げ，そのまま押さえる．シーリング材と被着体の間にカッターナイフにより約45°の角度で斜めに切り込みを入れる．シーリング材に応力が発生している状態で切り込みを入れることで，新しい接着界面に瞬間的なはく離強さが加わるため，接着性の検出能力が高まると考えられる．このとき，シーリング材のはく離の有無，はく離した場合の破壊状況を確認する．はく離しない場合は，この操作を3回まで繰り返す．3回の操作ではく離しない場合は，本編4章の解説図4.3.8と同様に180°の方向に引っ張り，破壊状態

を記録する.

　なお，カッターナイフを使用する際には保護具を着用するなど，安全に対する十分な配慮が必要である.

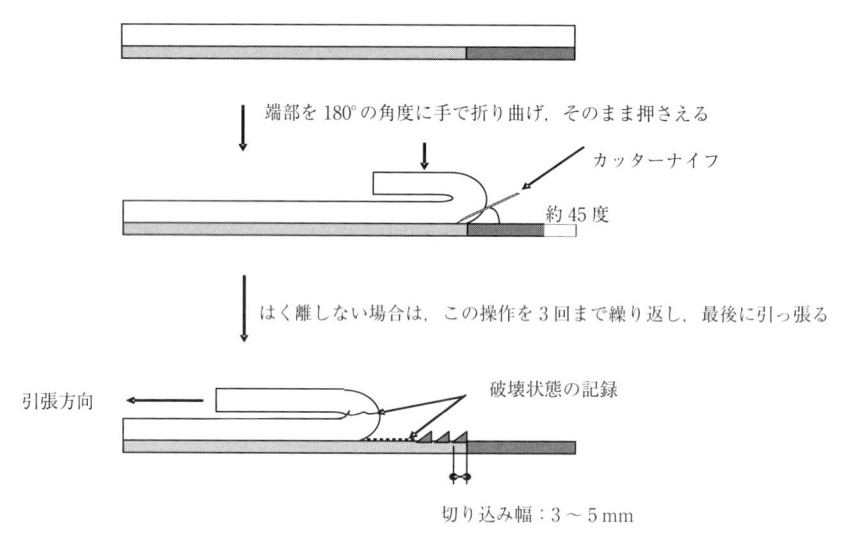

　端部を180°の角度に手で折り曲げ，そのまま押さえる

カッターナイフ

約45度

　はく離しない場合は，この操作を3回まで繰り返し，最後に引っ張る

引張方向

破壊状態の記録

切り込み幅：3〜5mm

解説図2　試験方法の概要

　解説表1に，JIS A 1439：2022（建築用シーリング材の試験方法）に基づくH型引張接着性試験，「外壁接合部の水密設計および施工に関する技術指針・同解説」の解説図4.3.8に基づく180°はく離試験および本試験方法による試験結果の例を示す.

　接着性の検出能力の差は，高温焼付ふっ素等の難接着被着体に対する一部の試験体で認められ，これらの試験体では，本試験方法が最も高い検出能力を示した．検出能力の差が見られない試験体もあるが，本試験方法は接着性を確実に評価するという観点から，適切な試験方法であると考えられる.

解説表 1　本試験方法による試験結果の例

被着体	養生・老化	評価方法	SR-2		MS-2			PS-2	
			A	B	C	D	E	F	G
ポリエステル粉体塗装	養生後	引張接着性	◎	◎	◎	◎	◎	○	◎
		180°はく離	◎	◎	◎	◎	◎	◎	◎
		本試験方法	◎	◎	◎	◎	◎	◎	◎
	温水浸せき後	引張接着性	◎	◎	◎	◎	◎	○	◎
		180°はく離	◎	◎	◎	◎	◎	◎	◎
		本試験方法	◎	◎	◎	◎	◎	◎	◎
高温焼付ふっ素樹脂塗装	養生後	引張接着性	◎	◎	◎	◎	◎	◎	◎
		180°はく離	◎	◎	◎	◎	◎	◎	◎
		本試験方法	◎	◎	◎	◎	◎	◎	×
	温水浸せき後	引張接着性	◎	◎	◎	◎	○	△	◎
		180°はく離	◎	◎	◎	◎	◎	○	◎
		本試験方法	◎	◎	△	◎	◎	×	△
ウレタン樹脂焼付塗装	養生後	引張接着性	◎	◎	◎	◎	◎	◎	◎
		180°はく離	◎	◎	◎	◎	◎	◎	◎
		本試験方法	◎	◎	◎	◎	◎	◎	◎
	温水浸せき後	引張接着性	◎	◎	◎	◎	○	○	◎
		180°はく離	◎	◎	◎	◎	◎	◎	◎
		本試験方法	◎	◎	◎	◎	◎	◎	◎
中温焼付ふっ素樹脂塗装（難接着特注品）	養生後	引張接着性	◎	◎	◎	◎	◎	○	◎
		180°はく離	◎	◎	◎	◎	◎	◎	◎
		本試験方法	◎	◎	◎	◎	◎	◎	×
	温水浸せき後	引張接着性	◎	◎	◎	◎	◎	○	◎
		180°はく離	◎	◎	◎	◎	◎	◎	◎
		本試験方法	◎	◎	△	◎	◎	×	×

［注］　凡例　◎：凝集破壊　　○：薄層凝集破壊　　△：一部界面はく離　　×：界面はく離

　　　　SR-2：2成分形シリコーン系　　　　MS-2：2成分形変成シリコーン系

　　　　PS-2：2成分形ポリサルファイド系

　　　　養生後：23 ℃×7 日＋50 ℃×7 日　　温水浸せき後：養生後＋50 ℃温水中×7 日

（4）試験結果の考え方

　　シーリング材が被着体である外壁材から養生後に全て界面はく離した場合は，外壁材に対する接着信頼性が不足していると判断される．また，温水浸せき後に全て界面はく離した場合は，外壁材に対する長期的な接着信頼性が不足していると判断される．

　　養生後に一部界面はく離が見られた場合は，接着信頼性が不足している可能性が高いと判断される．また，温水浸せき後に一部界面はく離が見られた場合は，長期的な接着信頼性が不足している可能性が高いと判断される．その場合には，外壁材が使用される部位やムーブメントの大きさや他の試験結果等も併せて当事者間で検討する．

　　養生後にシーリング材の凝集破壊あるいは薄層凝集破壊の場合は，接着信頼性があると判断される．

　　また，温水浸せき後にシーリング材の凝集破壊あるいは薄層凝集破壊の場合は，長期的な接着信頼性があると判断される．

　　被着体である外壁材自体が破壊された場合は，接着信頼性が評価できなかったと判断される．その場合には，従来行われている引張接着性試験や簡易接着性試験等の試験を行う等，他の試験結果も併せて当事者間で検討する．

　　本試験方法は，カッターナイフの刃による被着体の破壊を伴うものであり，建築物に取り付けられた部材に適用することは好ましくない．したがって，事前の接着性確認試験として，従来行われている引張接着性試験や簡易接着性試験に加え，より接着性について精査した結果を得る場合に適用する．

　　本試験方法は，シーリング材の接着性に関し，より検出能力の高い評価方法について示したものである．ただし，本試験方法はプライマーの種類やシーリング材の引き裂き性によりバラツキが生じやすいので，今後の精査が必要である．したがって，この評価方法と劣化養生条件を組み合わせることによって接着耐久性のグレーディングは可能と考えられるが，今回はそこまでは検討していない．また，本評価試験で良好な結果が得られても，十分な接着性を得るためには，部材の表面状態や清掃程度，気温・湿度・降雨・結露等の自然条件，シーリング施工精度，部材の取付け精度など，接着性に関わる他の要因についても十分に留意することが必要である．

S2　温水伸長試験によるシーリング材の接着性評価試験

（ 1 ）試験の目的
　シーリング材と外壁材との接着性について，安定した高信頼の評価を目的とする．
（ 2 ）適 用 範 囲
　ワーキングジョイントに充填されるシーリング材に適用する．
（ 3 ）試 験 体
　a ）被着体
　　被着体は 50 mm 角で，施工対象の外壁材と同じ材質とする．
　b ）試験体の形状・寸法
　　試験体の形状および寸法は，JIS A 1439：2022（建築用シーリング材の試験方法）5.12.2 に基づく耐久性試験体（H 型試験体）とする．なお，試験体作製数（n）は 5 とする．
（ 4 ）試 験 方 法
　a ）試験体作製後，JIS A 1439：2022（建築用シーリング材の試験方法）5.12.3 による養生を行う．
　b ）養生後の試験体を図 1 に示すように 60 ％の伸び率（19.2 mm）になるまで伸長し，スペーサーを用いて 60 ％伸長の状態を保持した後，ただちに 50±2 ℃に加温した温水の中へ浸漬する．
　c ）60 ％伸長・50 ℃水浸漬の状態で 24 時間静置後，試験体を温水から取り出し，ただちに伸長を解除する．
　d ）図 2 に示すように，被着体の一端が接触するまで他端を開く操作を交互に行い，シーリング材およびシーリングと被着体との接着面の状態（NF/CF/TCF/AF※ の割合）を調べる．
　［注］　※ NF：破壊なし，CF：シーリング材の凝集破壊，TCF：シーリング材の薄層凝集破壊，AF：シーリング材の界面破壊

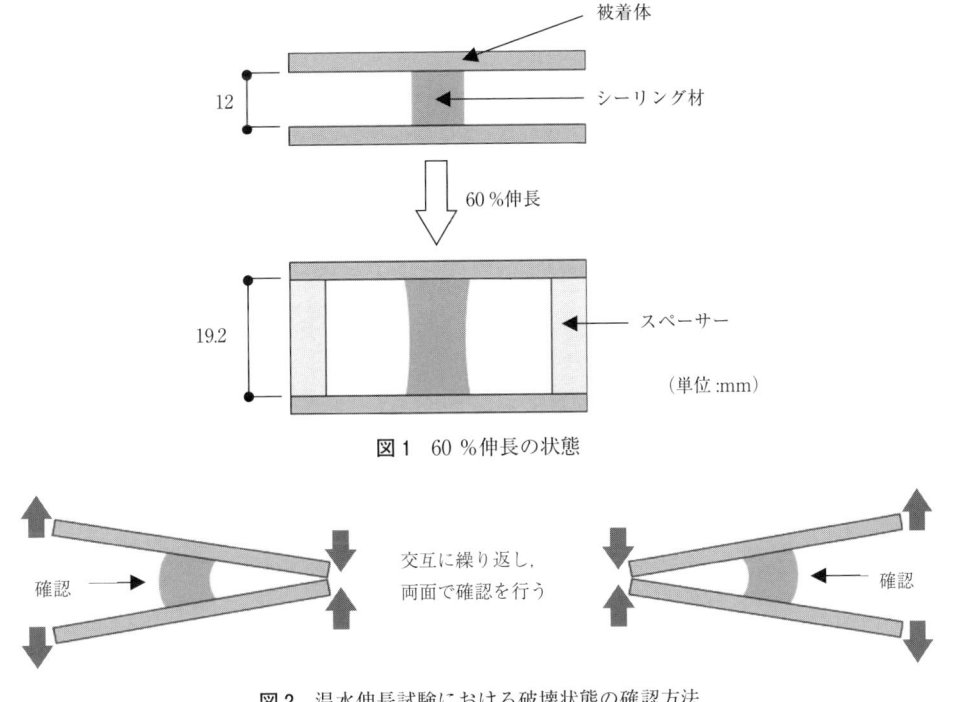

図 1　60 ％伸長の状態

図 2　温水伸長試験における破壊状態の確認方法

（ 5 ）試験結果の判定
　5 個の試験体すべてで界面破壊が確認されない場合には，接着信頼性が高いと判定する．

【解説】

（1）試験の目的

シーリング材の接着性を確認するための方法として，一般的には JIS A 1439：2022（建築用シーリング材の試験方法）に規定されている引張接着性試験や「JASS 8　防水工事」に記載されている簡易接着性試験などが用いられ，接着性の判断基準としてきた．しかしながら，シーリング故障の実態を調査してみるとはく離故障が最も多いことが確認されており，長期的な劣化条件や被着体の表面状態を適正に評価できる簡便で高信頼の評価方法が求められている．

本試験方法は，定伸長と温水浸せきを複合させた手法である[1)~9)]．シーリング材に変形を与えた状態で温度と水浸せきによる一定時間の負荷を与えることができ，はく離の検出力も高い．この方法を用いることで，シーリング材と外壁材との接着性について，安定した高信頼の評価実施を目的とする．

（2）適用範囲

本試験方法は，特にワーキングジョイントに充填されるシーリング材対して有効であると考えられる．例えば，金属笠木やメタルカーテンウォール，金属パネル外壁などの目地については温度によるムーブメントが大きく，接着界面には高い負荷がかかりやすいため，高信頼の評価を行うことが望ましい．

（3）試験体

被着体は 50 mm 角で，施工対象の外壁材と同じ材質とする．また，厚さは金属部材で 3 mm 以上，多孔質部材で 10 mm 以上を目安とする．

また，試験体の形状および寸法は，解説図 1 に示す JIS A 1439：2022（建築用シーリング材の試験方法）5.12.2 に基づく耐久性試験体（H 型試験体）とする．なお，試験体作製数（n）は，被着体の表面処理によるバラツキを考慮して $n=5$ としている．

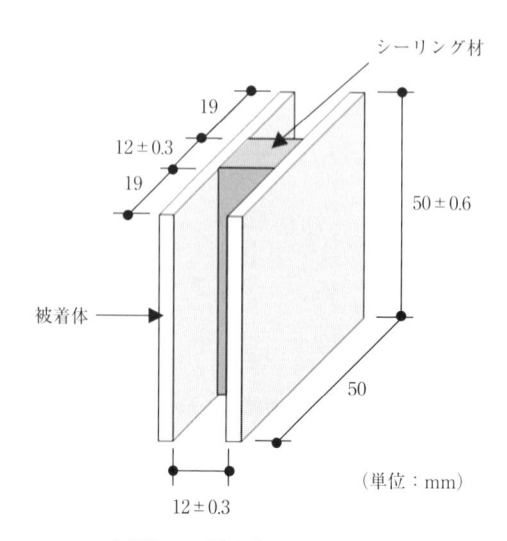

解説図 1 温水伸長の試験体形状

（4）試験方法

　試験体作製後，JIS A 1439：2022（建築用シーリング材の試験方法）5.12.3 による前養生および後養生（解説表 1 参照）を実施する．さらに，図 1 に示すように 60 ％の伸び率（19.2 mm）になるまで伸長し，スペーサーを用いて 60 ％伸長の状態を保持した後，ただちに 50±2 ℃に加温した温水の中へ浸せきする．

　60 ％伸長・50 ℃水浸漬の状態で 24 時間静置後，試験体を温水から取り出し，ただちに伸長を解除する．図 2 に示すように，被着体の一端が接触するまで他端を開く操作を交互に行い，シーリング材およびシーリングと被着体との接着面の状態（NF/CF/TCF/AF[※] の割合）を調べる．

［注］　※ NF：破壊なし，CF：シーリング材の凝集破壊，TCF：シーリング材の薄層凝集破壊，AF：シーリング材の界面破壊

解説表 1　試験体の養生条件

シーリング材	前養生	後養生
1 成分形	23±2 ℃・(50±10) ％RH×14 日間	30±2 ℃×14 日間
2 成分形	23±2 ℃・(50±10) ％RH×7 日間	50±2 ℃×7 日間

（5）試験結果の判定

　5 個の試験体すべてで界面破壊が確認されない場合には，接着信頼性が高いと判定する．本試験方法では，界面破壊率の大きさに寄ることなく，すべての試験体で界面破壊のないことを接着信頼性の基準としている．

　また，シーリング材の種類によっては，試験体に凝集破壊または薄層凝集破壊が発生することも想定される．JIS A 5758：2022（建築用シーリング材）の「6.9　水浸せき後の定伸長下での接着性」等の評価基準を参考とした場合には試験体が破壊しないことを求められるが，シーリング材と外壁材の接着性を評価する本試験方法においては，凝集破壊または薄層凝集破壊が発生した場合も信頼性は低いと判定しない．ただし，この点については，当事者間で協議することが望ましい．

　解説表 2 に，2 成分形変成シリコーン系シーリング材で実施した温水伸長試験の結果を引張接着性試験およびナイフカットピール試験の結果と併せて示す．熱可塑形ふっ素樹脂塗装アルミニウムや SUS310S においては界面破壊が確認されており，温水伸長試験が検出力の高い試験方法であることが確認できる．この温水伸長試験を引張接着性試験やナイフカットピール試験と併用・活用することにより，建築現場などにおいてより安定した高信頼の接着性評価を得ることができると考えられる．

解説表2　温水伸長試験をはじめとする各評価試験の結果

シーリング材	被着体	評価方法		
		温水伸長	引張接着性	ナイフカットピール
MS21	アクリル電着塗装	○	○	○
	熱可塑形ふっ素樹脂塗装	×	○	○
	SUS310S	×	○	×
MS22	アクリル電着塗装	○	○	○
	熱可塑形ふっ素樹脂塗装	×	×	×
	SUS310S	×	○	×
MS23	アクリル電着塗装	○	○	○
	熱可塑形ふっ素樹脂塗装	○	○	○
	SUS310S	×	○	×
MS24	アクリル電着塗装	○	○	○
	熱可塑形ふっ素樹脂塗装	○	○	○
	SUS310S	○	○	×
MS25	アクリル電着塗装	○	○	○
	熱可塑形ふっ素樹脂塗装	○	○	×
	SUS310S	×	○	×

［注］　判定基準　○：すべての試験体で界面破壊なし　　×：界面破壊が確認される被着体あり
　　　・温水伸長試験：$n=5$ で実施
　　　・引張接着性試験：50℃温水浸漬7日間後の評価，$n=5$ で実施
　　　・ナイフカットピール試験：50℃温水浸漬7日間後の評価，$n=4$ で実施

参 考 文 献

1）八田泰志，小野　正，久住　明，高橋　明，宮内博之，山田人司：シーリング材の接着性評価方法に関する研究（その1　伸長率と水浸漬の影響について），日本建築学会大会学術講演梗概集，pp.1215-1216，2015.9

2）高橋　明，小野　正，八田泰志，樋口　豊，宮内博之，山田人司：シーリング材の接着性評価方法に関する研究（その2　形状係数の違いが接着性に与える影響），日本建築学会大会学術講演梗概集，pp.1217-1218，2015.9

3）八田泰志，宮内博之，伊藤彰彦，高橋　明，山田人司ほか：シーリング材の接着性評価方法に関する研究（その3　温水伸長試験による接着信頼性評価），日本建築学会大会学術講演梗概集，pp.891-892，2017.8

4）八田泰志，本郷雅也，宮内博之，伊藤彰彦，井原健史ほか：シーリング材の接着性評価方法に関する研究（その4　温水伸長試験の判定基準および適用範囲について），日本建築学会大会学術講演梗概集，pp.989-990，2018.9

5）八田泰志，本郷雅也，宮内博之，山田人司，高原英之ほか：シーリング材の接着性評価方法に関する研究（その5　屋外暴露後の温水伸長試験），日本建築学会大会学術講演梗概集，pp.1037-1038，2019.9

6）高原英之，八田泰志，本郷雅也，宮内博之，山田人司ほか：シーリング材の接着性評価方法に関する研究（その6　屋外暴露後の温水伸長試験—1年暴露後の評価—），日本建築学会大会学術講演梗概集，pp.1039-1040，2019.9

7）八田泰志，宮内博之，伊藤彰彦，山田人司，添田智美ほか：シーリング材の接着性評価方法に関する研究（その7　屋外暴露後の温水伸長試験—2年暴露後の評価—），日本建築学会大会学術講演梗概集，pp.783-784，2020.9

8）八田泰志，宮内博之，伊藤彰彦，添田智美，井原健史ほか：シーリング材の接着性評価方法に関する研究（その 8　屋外暴露 4 年後の温水伸長試験をはじめとした接着性評価），日本建築学会大会学術講演梗概集，pp.1009-1010，2023.9

9）防水工事運営委員会：第 9 回防水シンポジウム「建築防水分野における新たな取り組み」，2017.10

S3　屋外暴露によるシーリング材の成分による外壁材目地周囲の汚染性評価試験

（1）試験の目的

　シーリング材成分が外壁材の目地周辺や流下水部に移行し，その部分に大気中の汚染物質が付着して発生する汚染を事前に屋外暴露試験で確認する．

（2）試　験　体

　試験体は，施工対象の外壁材と同じものを使用し，縦300 mm×横300 mmを標準サイズとする．汚染性評価のための試験体としては，図1に示すように角度30度の逆八の字型形状にシーリング材を打設するものと，図2に示すL字型にシーリング材を打設するものを標準的試験体とした．

　シーリング材の打設は，マスキングテープ，バックアップ材を使用して所定の目地を作製し，シーリング材メーカー指定のプライマーを塗布した後，シーリング材を確実に充填して行う．シーリング材を充填後，23±2℃，50±10 %RHの環境下で7日間養生を行った後，目地作製のために使用したバックアップ材とマスキングテープを除去して屋外暴露試験に供する．

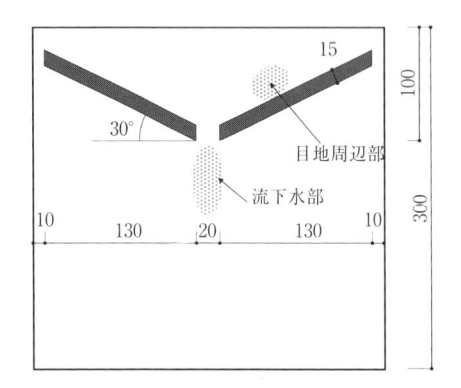

図1　逆八の字型試験体

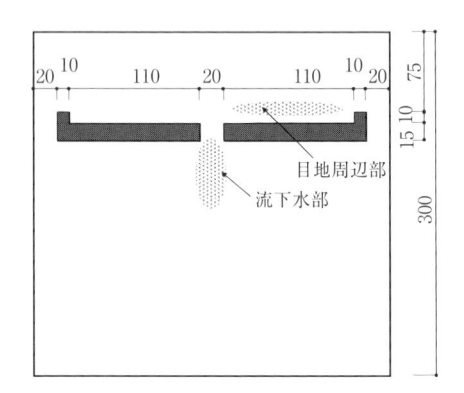

図2　L字型試験体

（3）試　験　方　法

　図1または図2に示す汚染性評価試験体を太陽光や降雨が十分に当たる場所（暴露場や建物屋上など）に南向き45度に設置する．汚染性の評価は，暴露開始後1か月，3か月，6か月，12か月の時期に定期的に行う．

　汚染性の評価は，目視観察および明度差（ΔL^*）測定により行う．目視観察は，暴露試験体から約2 m離れたところから試験体を観察し，パネル全体ならびに目地周辺の汚染状況，そして試験面全体と流下水部との汚染性の差を目視にて観察する．

　また，明度差（ΔL^*）は，試験面の最も汚染が少ない部分，目地周辺部，流下水部を測定して，暴露初期との明度差，暴露試験面中の最も汚染が少ない部分と流下水部との明度差（ΔL^*）を測定する．

　なお，明度差（ΔL^*）の測定は，JIS Z 8105：2022（色に関する用語）に規定する$L^*a^*b^*$表色系における2つの物体色のCIE1976明度の差とし，次のとおり算定する．

$$\text{明度差}\quad \Delta L^* = L_1^* - L_2^*$$

　ここで，汚染が目立つ位置の測定値　　　：L_1^*

　　　　　汚染が目立たない位置の測定値：L_2^*

（4）結果の判定

　目視観察は，試験面全体ならびに目地周辺の汚染状況，そして試験面全体と流下水部との汚染性の差を目視にて観察し，表1を例に，汚染を認識できない状態，汚染を認識可能な状態，明らかな汚染状態，著しい汚染状態という4段階に分類して評価を行う．

表1　雨筋汚れ汚染評価等級と明度差

等　級	目視観察状態	明度差
A	汚染を認識 できない状態	0以上，2未満
B	汚染を認識 可能な状態	2以上，4未満
C	明らかな 汚染状態	4以上，7未満
D	著しい 汚染状態	7以上

【解説】

（1）試験の目的

　シーリング材が用いられる外壁目地周辺は，シーリング材に起因する汚染を生じる場合がある[1]～[5]．これらの汚染の発生原因のうち，シーリング材から溶出した成分が外壁材表面を覆い，大気中の汚染物質がこの溶出成分を介して外装材表面に付着して発生する汚染が少なくない．本試験法は，降雨や結露などの環境因子によりシーリング材から溶出した成分がシーリング材目地周辺部や流下水部が集中する場所を被覆し，その部分に大気中の汚染物質が付着して発生する雨筋汚染について，事前に屋外暴露試験で確認することを目的としている．

　シーリング材の汚染としては，シリコーン系シーリング材を使用した場合に発生するはっ水汚染が知られているが，その他のシーリング材種や新たに開発された新規シーリング材などが汚染に及ぼす影響は必ずしも明確ではない．また，昨今，低汚染型塗料や環境に配慮した水系塗料などさまざまな塗料を用いた外壁材が使用されるようになってきており，シーリング材と塗料の組合せを考慮した汚染性評価を簡便に行う重要性が増してきている．

　本試験法は，そうした背景のもと，シーリング材施工を行うにあたり，事前に汚染性を確認することにより，シーリング材に起因する目地周辺汚染を避けることを期待して提案したものである．

（2）試験体

　試験体は，施工対象の外壁材を使用し，縦300 mm×横300 mmを標準サイズとする．

　また，シーリング材種ごとの汚染性の評価を目的とする場合は，汚染度を明度変化で評価することを考慮して白色，または淡色系の色調のものを用いることが好ましい．

　汚染性評価のための試験体としては，図1に示すように角度30°の逆八の字型形状にシーリング材を打設する試験方法と，図2に示すL字型にシーリング材を打設する試験方法を標準的試験方法とした．図1に示す逆八の字型形状試験では，降雨をシーリング材の傾斜に沿って流下させ，シーリング材から溶出した成分を逆八の字中央部の流下水部に集中させて汚染部を顕在化させることにより，汚染性を評価する方法である．

　図2に示すL字型形状試験は，水平部に降雨を一時的に貯めることにより，降雨とシーリング材との接触時間を長くすることで溶出を十分に行い，さらに溶出成分を中央部の流下部から流下さ

せることにより，汚染部を顕在化させて汚染性を評価する方法である．

　シーリング材の打設は，マスキングテープ，バックアップ材を使用して所定の目地を作製し，シーリング材製造所指定のプライマーを塗布した後，シーリング材を確実に充填して行う．シーリング材を充填後，23±2 ℃，50±10 ％RH の環境下で 7 日間養生を行った後，目地作製のために使用したバックアップ材とマスキングテープを除去して屋外暴露試験に供する．

（3）試験方法

　図 1 または図 2 に示す汚染性評価試験体は，太陽光や降雨が十分に当たる場所（暴露場や建物屋上など）に南向き 45°に設置する．太陽光を考慮したのは，光や熱がシーリング材から溶出する成分に影響を与える可能性を考慮したためである．また，試験体の設置においては，降雨の飛散が近接の試験体に影響しないように個々の試験体を極力離して設置することが好ましい．汚染性の評価は，暴露開始後 1 か月，3 か月，6 か月，12 か月といった時期に定期的に評価を行うことが好ましい．

　汚染性の評価は，目視観察，明度差（ΔL^*）測定により行う．目視観察は，暴露試験体から約 2 m 離れたところから試験体を観察し，パネル全体ならびに目地周辺の汚染状況，そして試験面全体と流下水部との汚染性の差を目視にて観察することとした．また，明度差（ΔL^*）測定は，目地周辺部や流下水部などの汚染が目立つ位置の明度と，試験面中央上部などの最も汚染が目立たない位置の明度を測定することとし，両者の明度差を算定することとした．

　なお，暴露初期との明度差を比較することもできるが，本試験方法は，外壁材自体の汚染発生性ではなくシーリング材に起因する汚染発生性を評価することを主眼としているため，初期との明度差は評価の対象から除外した．

　実際に，角度 30°の逆八の字型形状にシーリング材を打設する試験方法と L 字型にシーリング材を打設する試験方法により暴露試験を行った結果の例を解説図 1 と解説図 2 に示す[3]．

　汚染は，3 か月程度で顕著になっており，その後はほぼ汚染状況が一定になる材料と汚染が進行する材料に分類された．典型的な汚染の経時変化を解説写真 1，2 に示す．

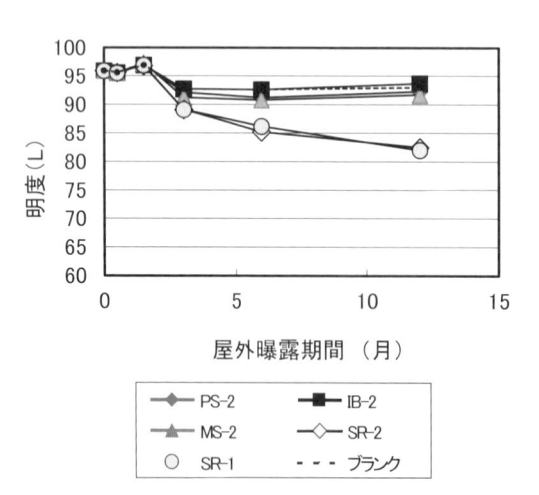

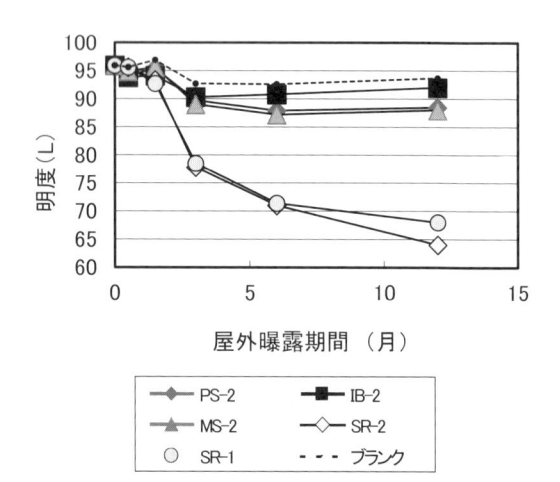

解説図 1　目地周辺部の明度の経時変化[3]　　　　解説図 2　流下水部の明度の経時変化[3]

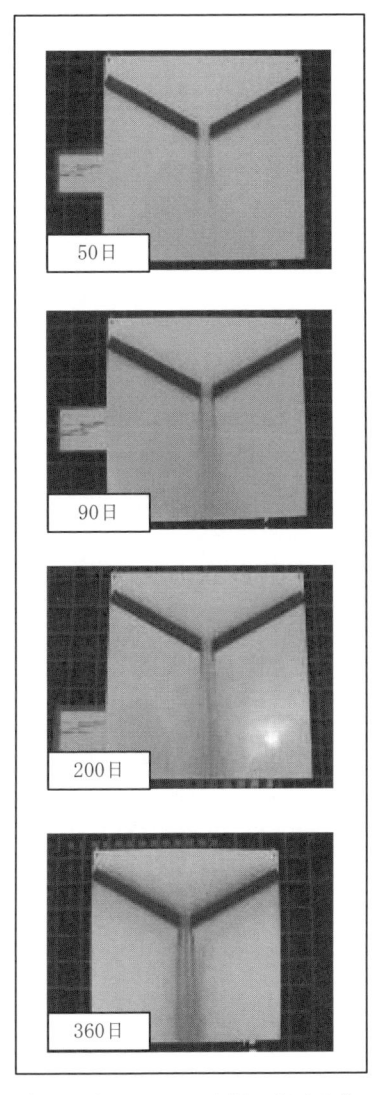

解説写真1　SR-1の汚染の経時変化

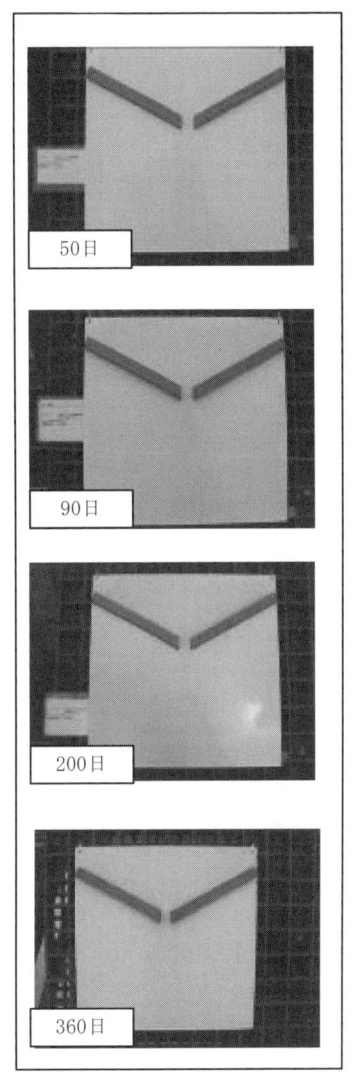

解説写真2　MS-2の汚染の経時変化

（4）結果の判定

　評価等級を解説表1に示す.

　目視観察は，試験面全体および目地周辺の汚染状況，そして試験面全体と流下水部との汚染性の差を目視にて観察し，汚染を認識できない状態，汚染を認識可能な状態，明らかな汚染状態，著しい汚染状態という4段階に分類して評価を行う.

解説表1　本指針での評価等級と汚染状況の例

等級	目視観察状態	明度差	汚染状況の例
A	汚染を認識できない状態	0以上，2未満	
B	汚染を認識可能な状態	2以上，4未満	
C	明らかな汚染状態	4以上，7未満	
D	著しい汚染状態	7以上	

参 考 文 献

1）成瀬義幸，竹下　輝，小川　游：各種外装仕上げ材料のシーリング材による汚染性評価に関する研究（その1：研究概要および屋外暴露試験 1 年経過までの外観変化），日本建築学会大会学術講演梗概集，pp.501-502，1998.9

2）椿　泰徳，竹下　輝，高柳敬志，成瀬義幸，横田幹男：常乾型フッ素樹脂塗装 PC 板の各種機能性材料との相性に関する実験的研究（その 10　各屋外暴露試験地の飛来汚染物質の分析結果），日本建築学会大会学術講演梗概集，pp.875-876，1997.9

3）滝澤俊樹，添田智美，杉島正見，竹本喜昭，小野　正，千葉文彦，山田人司：外壁接合部の耐久設計法に関する研究　その 3　シーリング材による外壁汚染の評価方法に関する研究，日本建築学会大会学術講演梗概集，pp.1115-1116，2004.8

4）杉島正見，添田智美，滝澤俊樹，竹本喜昭，千葉文彦，小野　正，山田人司：シーリング材による外壁汚染の評価方法に関する研究，日本建築仕上学会大会学術講演会要旨集，pp.207-210，2004.10

5）滝澤俊樹，添田智美，山田人司，杉島正見，千葉文彦，牧野雅彦：外壁接合部の耐久設計法に関する研究　その 5　シーリング材による外壁汚染の評価方法に関する研究，日本建築学会大会学術講演梗概集，pp.897-898，2006.9

S4　マーキング法によるシーリング材の成分による外壁材目地周囲の汚染性評価試験

（1）試験の目的

シーリング材からの溶出物質に大気中の汚染物質が付着して発生する汚染を簡便に評価する.

（2）試　験　体

図1に示すように，70 mm×150 mm の対象とする外壁材面に，逆八の字型にシーリング材を幅10 mm，厚さ10 mm で打設し，試験体とする．シーリング材の養生条件は，23±2 ℃，50±10 %RH の環境下で7日間とする.

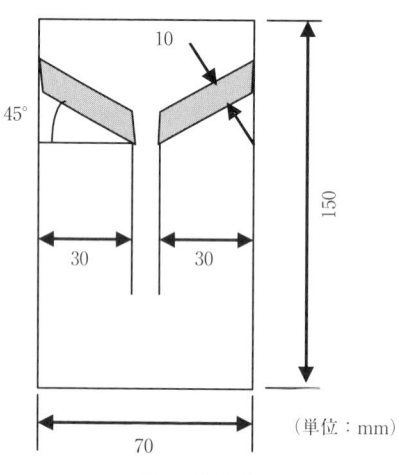

図1　試験体

（3）試　験　方　法

試験体をオープンフレームカーボンアークランプ式耐候性試験機 WS-A〔JIS A 1415：2013（高分子系建築材料の実験室光源による暴露試験方法）6.2　オープンフレームカーボンアークランプによる暴露試験方法〕で150時間促進劣化させる．促進劣化後，標準状態でパネルを水平にし，その表面にマーキング剤（カーボンブラック分散水性ペーストまたはカーボンブラック懸濁液）をスポイトで数滴を滴下し，パネル全体に液滴が転がるように左右および前後に傾けた後，軽く水洗する．はっ水汚染がある場合，汚染部がマーキングされ，容易に汚染部を可視化できる.

（4）結果の表示および判定の例

結果は汚れの目立ち具合を目視で評価し，「汚染がある」，「汚染がない」を記録する．判定例として，写真1を参照する.

汚染がない　　　　　　　　　　汚染がある

写真1　試験後のパネル汚染状況と評価例

【解説】

（1）試験の目的

　この試験方法は，シーリング材が用いられる外壁材パネルのシーリング材起因の汚染を簡便に短期間で評価することを目的とする[1],[2]．屋外暴露試験をする場所と評価期間の確保が困難な場合，本試験を活用することを期待して提案した．

（2）試験体

　促進耐候性試験を行うため，70 mm×150 mm の外装材パネルを標準サイズとする．塗装パネルを対象とする場合のパネルへの塗装と乾燥は，実際に適用される塗料を用いメーカーの指定する方法にて行う．色調は白または淡彩色系のものを用いる．シーリング材の打設は，マスキングテープ，バックアップ材を使用して所定の目地を作製し，シーリング材メーカー指定のプライマーを塗布した後，シーリング材を確実に充填して行う．屋外暴露試験に比べてパネルサイズが小さいので，シーリング材の打設角度は 45°とし，打設量が多くなるようにした．シーリング材を充填後，23±2 ℃，50±10 %RH の環境下で 7 日間養生を行った後，目地作製のために使用したバックアップ材とマスキングテープを除去して試験に供する．

（3）試験方法

　シーリング材から溶出する成分に光，水，温度の影響が高いと推定されることから，その促進試験として，オープンフレームカーボンアークランプ式耐候性試験機 WS-A［JIS A 1415：2013（高分子系建築材料の実験室光源による暴露試験方法）　6.2］を採用した．促進試験機種，試験時間について詳細には検討はしていないが，キセノンアーク光源法 WX-A（JIS A 1415：2013 の 6.1）でも同様な評価が可能と考えられる．

　マーキング剤は，シーリング材から溶出する成分の可視化のために用いる．都市型汚染の油溶性汚れに対応する目的から，油溶性の高いカーボンブラックを分散したカラーペーストまたはカーボンブラック懸濁液を用いることを推奨する．マーキング剤の成分例を解説表 1 に示す．塗膜表面によっては滴下したマーキング剤が転がらないで濡れ広がる場合は，数箇所に滴下した後，流下水で軽く水洗する．

　汚染性の評価は目視観察で行う．

解説表 1　マーキング剤の成分例

成　分	配合量（wt %）
カーボンブラック	15〜30
アクリル系分散樹脂	2〜6
エチレングリコール	3〜10
水	50〜80
その他添加剤	1〜3
合　計	100

（4）結果の判定

　目視にてパネル全体，目地周辺および流下水部との汚染状態を観察し，汚染の有無を2段階で評価する．シーリング汚染の観点から，対象とする外装材パネルに適したシーリング材を選定する．この方法は簡便法なので，汚染に影響する物質がシーリング材から溶出するかが判定できればよく，詳細な汚染状況を確認するには，屋外暴露試験による確認が必要である．

参 考 文 献

1）滝澤俊樹，添田智美，杉島正見，竹本喜昭，小野　正，千葉文彦，山田人司：外壁接合部の耐久設計法に関する研究　その3　シーリング材による外壁汚染の評価方法に関する研究，日本建築学会大会学術講演梗概集，pp.1115-1116，2004.8

2）杉島正見，添田智美，滝澤俊樹，竹本喜昭，千葉文彦，小野　正，山田人司：シーリング材による外壁汚染の評価方法に関する研究，日本建築仕上学会大会学術講演会要旨集，pp.207-210，2004.10

S5 石材の可塑剤移行による汚染性評価試験（石材汚染Ⅰ法）

（1）試験の目的

　シーリング材中に含まれる可塑剤成分による石材汚染の危険性を確認する．

（2）試 験 体

　試験体概要を図1に示す．試験体として用いる石材は，実際に使用予定の石材種および表面仕上げとする．石材サイズは幅100 mm×高さ100 mm×厚さ20～30 mm 程度とする．石材の100 mm×100 mm の面のうちの一方を仕上げ面とし，この面を評価面とする．

　試験に供する可塑剤として，DINP（Diisononyl phthalate・フタル酸ジイソノニル）を用いることを標準とする．なお，関係者間の協議で標準可塑剤である DINP 以外の液体成分を選定してもよい．

　可塑剤を含浸させるために，耐油性を有する連続気泡のスポンジ（メラミンスポンジ等）を用いる．スポンジは，石材を直立状態で保持した際に石材の重量により石材が沈下しない強度のものとし，その厚さは 10 mm 程度とする．

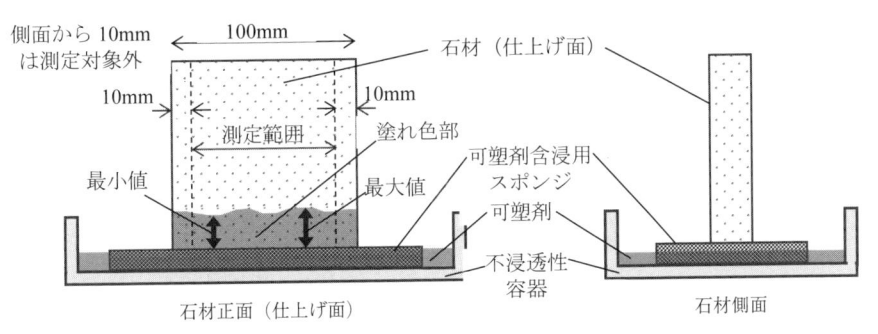

図1　石材の可塑剤移行による汚染危険性評価試験方法の概要

（3）試 験 方 法

　①可塑剤等の液体が漏出しない不浸透性のポリプロピレン製等の容器にスポンジを設置し，可塑剤をスポンジに飽和状態になるまで十分に含浸させ，常にスポンジ内部が可塑剤で飽和状態になるようにする．

　②シーリング材の被着面となる石材の小口をスポンジ上面に接地させ，石材が倒れないように直立状態となるように保持する．

　③試験体を 23±2 ℃，50±10 %RH で 7 日間放置する．

　④浸透した可塑剤によって，石材仕上げ面の目視で確認できる塗れ色になった部分の幅を測定し，最大と最小の幅を記録する．測定にあたっては，0.2 mm 単位の目盛付 10 倍拡大ルーペを用いるとよい．なお，石材両端部の 10 mm 以内は測定対象から除外する．塗れ色箇所の最大および最小の幅より，可塑剤の浸透幅を式（1）により求める．

$$浸透幅（mm）＝〔（最大値＋最小値）÷2〕 \tag{1}$$

（4）結果の判定

　試験結果から，表1の基準で石材の可塑剤移行による汚染危険性を判定する．

表1　石材の可塑剤移行による汚染危険性の判定基準

基準（浸透幅）	判　　定
≦2.0 mm	可塑剤移行による汚染の危険性が小さい
>2.0 mm	可塑剤移行による汚染の危険性がある

　［注］　浸透幅が 2.0 mm を超える場合は，「S6　石材目地におけるシーリング材の成分による汚染性評価試験（石材汚染Ⅱ法）」の評価を確実に行う．

【解説】

（1）試験の目的

本試験（石材汚染Ⅰ法）は，シーリング材中に含まれる可塑剤成分による石材汚染の危険性を確認することを目的とする．

シーリング材に含有する可塑剤などの液状成分の移行による石材目地の濡れ色汚染は，防水上の問題はないものの，解説写真1に示すとおり，意匠上の不具合として問題となることが多い．不具合を起こすと対処が非常に困難となるため，事前に確認試験により汚染による不具合を未然防止することが重要となる．本会編「外壁接合部の水密設計および施工に関する技術指針・同解説」（2008年版）においても，既往の成果[1]を基に，実際の石材により構成された目地を用いた試験方法が提案されていた．その後，本会防水工事運営委員会シール材性能設計研究小委員会（当時）の研究成果[2]〜[5]が得られたことから，これらの結果を基に，石材単体の評価として石材汚染Ⅰ法（S5　石材の可塑剤移行による汚染性評価試験）およびシーリング材を打設して評価を行う石材汚染Ⅱ法（S6　石材目地におけるシーリング材の成分による汚染性評価試験）を新たな試験方法として更新した．

なお，参考文献1）および参考文献2)〜5）の概要を，それぞれ「シーリング材による石目地汚染の評価・予測方法に関する研究　その1」および「シーリング材による石目地汚染の評価・予測方法に関する研究　その2」として，「S6　石材目地におけるシーリング材の成分による汚染性評価試験」の解説（5）に示すので参考にするとよい．

解説写真1　石材目地汚染の例

（2）試験体

石材汚染Ⅰ法では，代表的な可塑剤として，標準可塑剤としてDINP（Diisononyl phthalate，フタル酸ジイソノニル）を用いることとしたが，使用予定のシーリング材に含有される液状成分が明

確な場合は，関係者間の協議により DINP 以外の材料を適用することも可能である.

　石材は，産地，種類によって物性に差異があり，同系統の石材種でも産地や表面仕上げ方法が異なると濡れ色汚染にも差が出ることが考えられるため，試験には建物に実際に使用される石材種および表面仕上げを適用する必要がある.

（3）試験方法

　石材試験体の小口面を，可塑剤が飽和状態になるまで含浸されたスポンジ上に設置させ，小口からの DINP 等の可塑剤の浸透幅を計測することで，石材の汚染危険性を評価することとした.

　試験中は，石材の直立状態を維持するため，解説写真 2 に示すように石材上部を冶具等で固定し，転倒防止措置を施すことが望ましい.

　浸透幅は，目視で確認できる濡れ色の幅を計測することとし，0.2 mm 単位の目盛付 10 倍拡大ルーペを用いると便利である．0.2 mm 程度の精度を有している測定方法であれば，他の方法を用いても構わない.

　石材仕上げ面の塗れ色になった箇所の最大と最小の幅を記録し，その平均を浸透幅とする．側面から 10 mm までの範囲は，切断小口の影響も考えられるため，測定の対象外とすることとした.

　石材の石目による影響を考慮したい場合は，石目と直行方向と平行方向のそれぞれで評価するとよい.

　解説写真 3 に本試験（石材汚染 I 法）による浸透状況の例を示す.

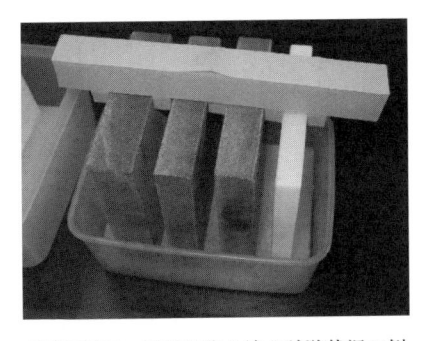 

解説写真 2　石材汚染 I 法の試験状況の例　　　　**解説写真 3**　石材汚染 I 法による浸透状況の例

（4）結果の判定

　本試験（石材汚染 I 法）の浸透幅の評価基準値は，既往の研究成果[2]~[4]を基に，2.0 mm 以下とした．浸透幅が 2.0 mm 以下の場合，石材の性質として可塑剤の影響を受けにくいものと判断できる．浸透幅が 2.0 mm を超える場合は，「S6　石材目地におけるシーリング材の成分による汚染性評価試験（石材汚染 II 法）」により，実際に使用予定のシーリング材を用いた評価を確実に行うことが望ましい.

参 考 文 献

1）添田智美，滝澤俊樹，竹本喜昭，杉島正見，小野　正，山田人司：外壁接合部の耐久設計法に関する研究
　　その 4　シーリング材による石目地汚染の評価・予測方法に関する基礎的検討，日本建築学会学術講演梗概

集，pp.1117-1118，2004.8
2）添田智美，榎本教良，廣瀬　徹，竹本喜昭，久住　明：シーリング材による石目地汚染の評価・予測に関する研究　その1　各種石材とシーリング材の組合せによる暴露試験および促進試験，日本建築学会大会学術講演梗概集，pp.913-914，2011.8
3）榎本教良，廣瀬　徹，添田智美，竹本喜昭，久住　明：シーリング材による石目地汚染の評価・予測に関する研究　その2　石材に対する可塑剤浸透性評価結果，日本建築学会大会学術講演梗概集，pp.915-916，2011.8
4）日本建築学会防水工事運営員会シール材性能設計研究小委員会：シンポジウム「外壁接合部の目地防水における性能設計に向けて」，2012.11
5）添田智美，伊藤彰彦，山田人司，宮内博之：シーリング材による石目地汚染の評価・予測方法に関する研究　その3　屋内暴露10年後の試験結果と促進試験結果および可塑剤浸透試験結果との関係，日本建築学会大会学術講演梗概集，pp.871-872，2021.9

S6 石材目地におけるシーリング材の成分による汚染性評価試験（石材汚染Ⅱ法）

（1）試験の目的

　本試験は，実際に使用するシーリング材および石材を用いて，シーリング材成分による石材への汚染発生性を評価する試験である．

（2）試　験　体

　試験体概要を図1に示す．試験体として用いる石材は，実際に使用予定の石材種および表面仕上げとする．石材サイズは幅100 mm×高さ100 mm×厚さ20〜30 mm 程度とする．石材の100 mm×100 mm の面のうちの一方を仕上げ面とし，この面を評価面とする．厚さ3〜5 mm のフレキシブル板上に，汚染に影響を与えない接着剤を用いて，評価面を上にして石材を張り付ける．石材の周囲は，バックアップ材を用いて幅15 mm×深さ15 mm の目地を構成する．なお，目地底は，シーリング材中の液状成分の移行を防ぎ，かつ所定のシール厚が確保できるよう，バックアップ材またはボンドブレーカーを用いる．

　目地に充填するシーリング材は，実際に使用予定のシーリング材を選定する．石材の4辺のうち，2辺をプライマー塗布あり，残りの2辺をプライマー塗布なしとし，プライマー有無による汚染発生の違いを把握する．プライマーは，使用するシーリング材および石材に応じて適宜選定する．

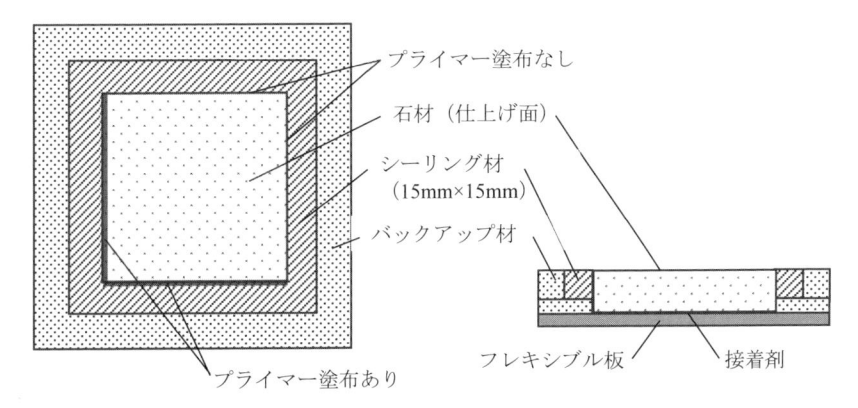

プライマー塗布なし
石材（仕上げ面）
シーリング材
（15mm×15mm）
バックアップ材
プライマー塗布あり
フレキシブル板
接着剤

図1　石材の可塑剤移行による汚染危険性評価試験方法の概要

（3）試　験　方　法

①23±2 ℃，50±10 %RH の条件下で，石材周囲表面および対となるバックアップ材表面にマスキングテープを確実に張る．なお，石材表面は目地際に浮き等がないよう注意する．石材左側および下部の小口に評価シーリング材の専用プライマーを塗布し，石材右側および上部小口はプライマー無塗布とする．プライマーを所定時間乾燥後，シーリング材を充填して表面を平滑に均し，マスキングテープを除去する．

②試験体を23±2 ℃，50±10 %RH で3日間養生した後，表1の条件に基づき試験を実施する．なお，供試石材数が許す限り，いずれの条件でも評価を行うことが好ましい．

③試験終了後の試験体を23±2 ℃，50±10 %RH×6 時間放置後，0.2 mm 単位の目盛付10 倍ルーペ等を用い，それぞれの辺において，辺端部から25 mm，50 mm，75 mm の3か所において，液体成分によって濡れ色に変色した浸透幅を測定する．プライマー塗布部6か所およびプライマー無塗布部6か所の各平均値を汚染浸透幅とする．

表1　石材目地におけるシーリング材の成分による汚染発生評価条件

試験方法		試験条件
暴露試験（雨掛りなし）		23±2 ℃，50±10 %RH×1 か月 （時間的に余裕があれば2か月）
促進試験	加熱試験	80±3 ℃×28 日
	サイクル試験	〔(80±3 ℃×5 日)＋(0±2 ℃×1 日) ＋(50±3 ℃温水×1 日)〕×4 サイクル

（4）結果の判定

　暴露試験および促進試験のそれぞれの試験結果において，表2の基準で石材目地におけるシーリング材の成分による汚染発生性を判定し，最も厳しい評価を最終判定結果とする．

表2　石材目地におけるシーリング材の成分による汚染発生評価の判定基準

汚染幅基準	判　定
プライマーあり・なしとも≦1.0 mm	適用可（汚染しにくい）
プライマーあり≦1.0 mm　かつ　プライマーなし>1.0 mm	適用注意（プライマーの塗布を確実に行うことで汚染しにくくなる）
プライマーあり・なしとも>1.0 mm	適用不可（汚染しやすい）

【解説】

（1）試験の目的

　本試験（石材汚染Ⅱ法）は，実際に使用するシーリング材および石材を用いて，シーリング材成分による石材への汚染発生性を評価することを目的とする．

　シーリング材に含有する可塑剤などの液状成分の移行による石材目地の濡れ色汚染は，防水上の問題はないものの，解説写真1に示すとおり，意匠上の不具合として問題となることが多い．不具合を起こすと対処が非常に困難となるため，事前に確認試験により汚染による不具合を未然防止することが重要となる．本会編「外壁接合部の水密設計および施工に関する技術指針・同解説」（2008年版）においても，既往の成果[1]を基に，実際の石材により構成された目地を用いた試験方法が提案されていた．その後，本会防水工事運営委員会シール材性能設計研究小委員会（当時）の研究成果[2]~[5]が得られたことから，これらの結果を基に，石材単体の評価として石材汚染Ⅰ法（S5　石材

解説写真1　石材目地汚染の例

の可塑剤移行による汚染性評価試験）およびシーリング材を打設して評価を行う石材汚染Ⅱ法（S6石材目地におけるシーリング材の成分による汚染性評価試験）を新たな試験方法として更新した.

　なお，参考文献1）および参考文献2）～5）の概要を，それぞれ「シーリング材による石目地汚染の評価・予測方法に関する研究　その1」および「シーリング材による石目地汚染の評価・予測方法に関する研究　その2」として，後述「（5）石目地汚染の評価方法に関する既往の研究」に示すので参考にするとよい.

（2）試験体

　石材は，産地，種類によって物性に差異があり，同系統の石材種でも産地や表面仕上げ方法が異なると濡れ色汚染にも差が出ることが考えられるため，試験には建物に実際に使用される石材種および表面仕上げを適用する必要がある.

　また，シーリング材も使用する材料に含まれる成分によって汚染発生の程度が変わるため，実際に使用候補のシーリング材を選定する.

　「プライマーあり」と「プライマーなし」の両方の場合を実施することとしているが，「プライマーなし」は，特に屋内の石目地を想定している．屋内の石目地で水密性を確保する必要がない場合には，意匠的に目地幅を3 mmとするなど小さく設計することが多い．そこにシーリング材を打設する場合には，プライマーを十分に塗布することができずに，直接シーリング材と石材が接触するケースが多々ある．文献1）では，石目地汚染に対するプライマーの効果が確認されているが，すべての目地においてプライマーを十分塗布することは現実的には難しい．本試験においてプライマーなしの状態での評価を行うことで，シーリング材の選定において安全側の評価ができることとなる.

（3）試験方法

　暴露試験では長期の評価期間を必要とするため，短期間で行うことができる加熱促進試験とサイクル促進試験も実施することとした.

　石材目地は建物の外壁以外に室内目地にも多く適用されるが，雨がかり場所での暴露試験結果では降雨等の影響により汚染状態の変化やばらつきが大きくなることが確認されたため[2]，暴露場所は雨がかりがない室内環境とした.

　汚染幅の測定は，それぞれの辺において，辺端部から25 mm，50 mm，75 mmの3か所において，液体成分によって濡れ色に変色した目視で確認できる汚染幅を測定することとした．測定にあたっては，0.2 mm単位の目盛付10倍拡大ルーペを用いると便利である．0.2 mm程度の精度を有している測定方法であれば，他の方法を用いても構わない.

　暴露試験の期間を1か月としたが，可能な限り長期間の暴露試験結果により判定することが望ましい.

（4）結果の判定

　本試験（石材汚染Ⅱ法）における判定基準は1 mmとした．プライマーを塗布することで，プライマーなしよりも汚染抑制効果が出る場合も多いが，石材とシーリング材の組合せによっては，プライマーの塗布の有無によらず，汚染が生じてしまう場合もある[5]．暴露試験または促進試験の

それぞれにおいて，プライマーなしの場合でも汚染が発生しない組合せについては，汚染発生がしにくいものとして，「適用可」と判定することとした．プライマーを塗布することで汚染幅が1 mm 以下と抑制できる組合せについては，プライマーの塗布効果が期待できるものとして，確実なプライマーの塗布をすることを前提に，「適用注意」と判定することとした．プライマーを塗布しても1 mm を超える汚染幅が確認される組合せについては汚染しやすいと判断できるため，「適用不可」と判定することとした．最終的には，暴露試験および促進試験の結果のうち，最も厳しい判定を最終判定として採用することとした．なお，汚染の目立ちやすさは，汚染幅だけではなくその濃さも影響すると考えられる．試験を実施した上で汚染状況を観察し，当事者間で採否を判定することもできる．

（5）石目地汚染の評価方法に関する既往の研究

　　a）シーリング材による石目地汚染の評価・予測方法に関する研究　その1[1]

　　　1）研究目的および研究概要

　　　石材目地に充填されたシーリング材の含有成分の影響で生じる石目地汚染の評価試験方法の提案に有効な知見を得ることを目的として，複数の石材およびシーリング材の組合せによる暴露試験を実施した．

　　　2）試験方法

　　　石材を5種類，シーリング材を7種類ずつ用意し，各組合せにおける汚染の室内暴露試験を実施した．シーリング材の石目地汚染要因として可塑剤の影響が考えられたため，変成シリコーン系とポリサルファイド系のシーリング材に関しては，標準的な可塑剤量の配合以外に，意図的に可塑剤量を増減した配合も用意した．試験体の形状は解説表1に示すとおりとし，目地長さの半分を「プライマーあり」，残りを「プライマーなし」の状態でシーリング材を打設した．打設および養生は，室内の一般的な環境条件のもとで行った．汚染の程度は，目地際からの汚染の染みだし幅を測定した値（以下，汚染幅という）で判断することとした．

解説表1　石目地汚染試験概要

	種類	色調	サイズ（mm）	仕上げ
石　材	花崗岩 A	白黒色	150×150×t30 溝加工 20×8	本磨き
	花崗岩 B	黒色		
	大理石 A	白色		
	大理石 B（石目あり）	乳白色		
	ライムストーン A	薄茶色		
	シーリング材の種類	可塑剤	可塑剤量（wt%）	記号
シーリング材	1成分形シリコーン系	なし	—	SR1
	2成分形変成 シリコーン系	少	16.2	MS2-L
		標準	20.0	MS2-N
		多	24.5	MS2-H
	2成分形 ポリサルファイド系	少	9.3	PS2-L
		標準	11.2	PS2-N
		多	14.9	PS2-H
プライマー	あり　，　なし （各シーリング材基材において専用のものを使用，3面接着）			
試験体 形状・寸法	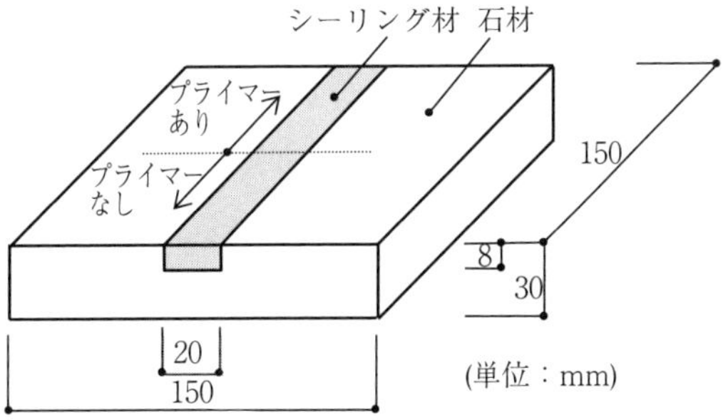 （単位：mm）			
環境条件	直射日光の当たらない室内の一般的な環境に静置			
汚染の判断	目地際からの汚染の染み出し幅（汚染幅）を測定			

3）試験結果

　28日経過後の汚染幅の測定結果を解説表2に示し，石目地汚染状況の例を写真1に示す．

解説表2 石目地汚染の状況（28日経過後の汚染幅）

シーリング材		石　材				
種類	プライマー	花崗岩 A	花崗岩 B	大理石 A	大理石 B	ライムストーン A
SR1	あり	—	—	—	—	—
	なし	—	—	—	—	—
MS2-L	あり	—	—	—	—	—
	なし	1.5	—	1.5	—	—
MS2-N	あり	—	—	—	—	—
	なし	1.8	—	1.7	—	—
MS2-H	あり	—	—	—	—	—
	なし	2.0	—	2.0	—	—
PS2-L	あり	—	—	—	—	—
	なし	—	—	—	—	—
PS2-N	あり	—	—	—	—	—
	なし	0.4	—	0.4	—	—
PS2-H	あり	—	—	—	—	—
	なし	1.1	—	1.0	—	—

[注] —：汚染なし（単位：mm）

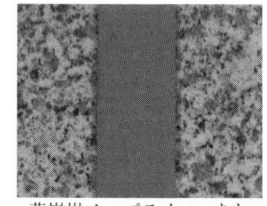

花崗岩 A，プライマーなし

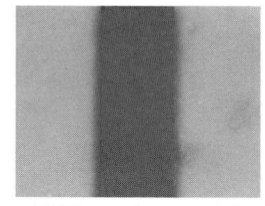

大理石 A，プライマーなし

解説写真2 石目地汚染状況の例

　打設後28日まででは，「プライマーなし」の花崗岩 A および大理石 A のみに汚染が確認された．「プライマーあり」の場合には，いずれのシーリング材においても汚染は発生せず，PS2-L および SR1 では，「プライマーなし」でも汚染は発生しなかった．

　解説図1に，花崗岩 A および大理石 A における汚染幅の経時変化を示す．花崗岩 A と比べて大理石 A の方が初期の立上りが大きいことがわかった．また，いずれの石材でも，汚染幅の序列とシーリング材の可塑剤量の序列は同じであることがわかった．解説図2に可塑剤量と28日経過後における汚染幅との関係を示す．シーリング材の種類によらず，可塑剤量が増加するに従って汚染幅も大きくなる傾向があり，可塑剤量が，石目地汚染に影響を及ぼすシーリング材側の要因として重要であることが確認された．

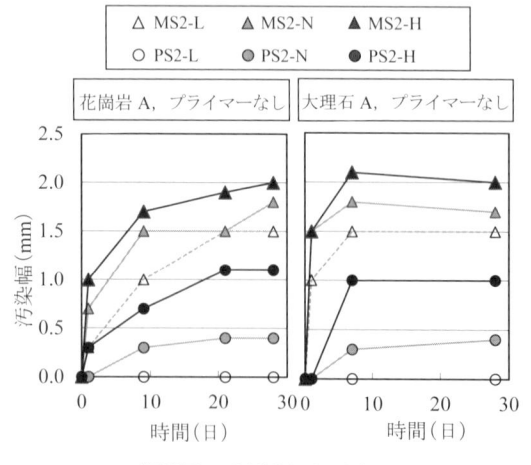

解説図1 汚染幅の経時変化

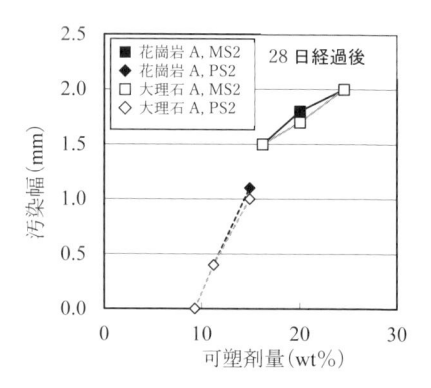

解説図2 可塑剤量と汚染幅との関係

石目地汚染に影響を及ぼす可能性のある石材側の物性値を把握するため，解説図3に示す石材の初期透水速度試験および解説図4に示す可塑剤浸透試験を実施した．可塑剤浸透試験では，可塑剤の浸透量と浸透幅を測定した．測定結果を解説表3および解説図5に示す．解説図5において，大理石Aは浸透量が小さく浸透幅が大きいのに対し，ライムストーンAは浸透量が大きいにもかかわらず，浸透幅は花崗岩や大理石Aほどではない．物性値を検討する際には，可塑剤の浸透量と浸透幅に相関がないことを考慮する必要がある．

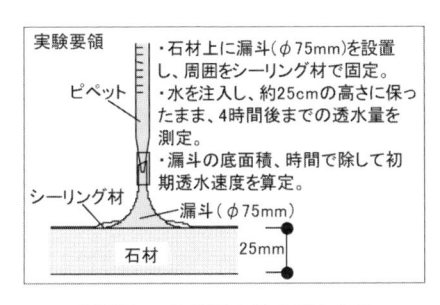

解説図3 初期透水速度測定方法

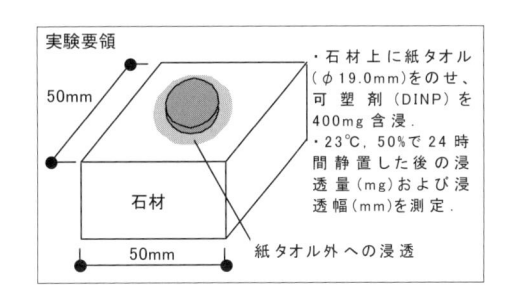

解説図4 可塑剤を施した際の浸透量および浸透幅の測定方法

解説表3 初期透水速度測定結果

石　材	透水速度 (ml/hr·m²)
花崗岩 A	34.0
花崗岩 B	17.0
大理石 A	73.6
大理石 B	22.6
ライムストーン A	402.0

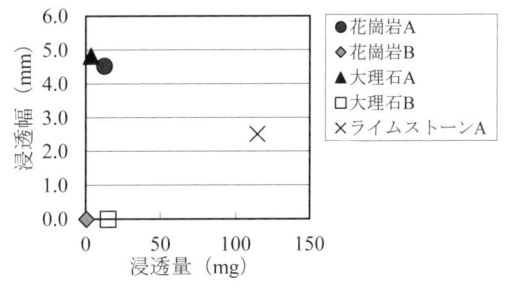

解説図5 可塑剤浸透量と浸透幅の関係

　解説図6に，測定した各物性値と暴露試験での汚染幅との関係を示す．解説図6①，②から，初期透水速度の小さい花崗岩Bおよび大理石Bでは汚染が発生しなかったが，初期透水速度および可塑剤浸透量が非常に大きいライムストーンAでも汚染が発生しておらず，初期透水速度または可塑剤浸透量以外の物性値を検討すべきことがわかる．大理石Bの可塑剤染浸透量が花崗岩A，Bおよび大理石Aよりも大きい理由として，大理石Bが有する石目に可塑剤が集中的に浸透したことが考えられる．解説図6③の可塑剤浸透幅と汚染幅との関係では，可塑剤浸透幅が大きな花崗岩Aおよび大理石Aで実際の汚染も発生する傾向が確認できる．可塑剤浸透幅を用いることで，石目地汚染を評価できる可能性があると考えられる．

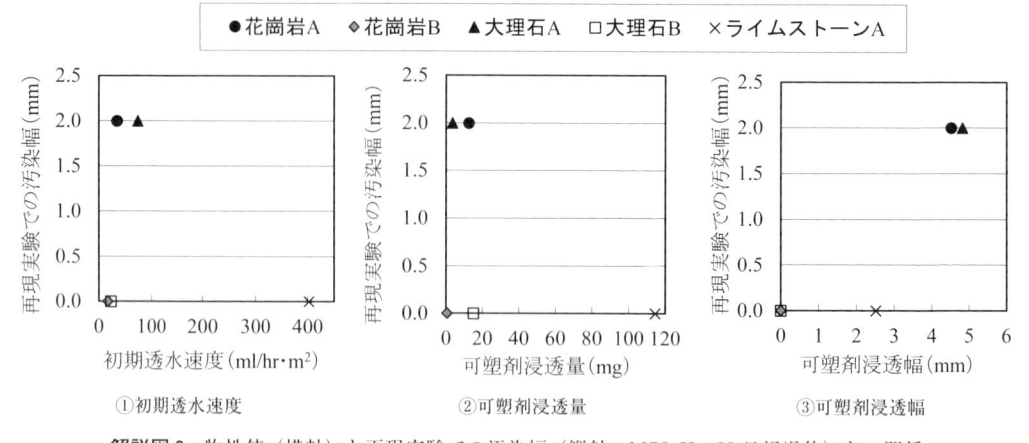

●花崗岩A　　◆花崗岩B　　▲大理石A　　□大理石B　　×ライムストーンA

①初期透水速度　　②可塑剤浸透量　　③可塑剤浸透幅

解説図6　物性値（横軸）と再現実験での汚染幅（縦軸，MS2-H，28日経過後）との関係

b ）シーリング材による石目地汚染の評価・予測方法に関する研究　その2[2]〜[5]

1 ）研究目的および研究概要

　石材目地に充填されたシーリング材の含有成分の影響で生じる石目地汚染の評価試験方法の提案に有効な知見を得ることを目的として，複数の石材およびシーリング材の組合せによる暴露試験および促進試験を実施した．

2 ）試験方法

　使用した石材およびシーリング材の仕様を解説表4および解説表5に示す．屋内暴露および促進試験に供した試験体および試験方法の概要を解説表6に示す．可塑剤浸透試験に供した試験体および試験方法の概要を解説表7に示す．可塑剤浸透試験における可塑剤接触面へのプライマー塗布はなしの状態とした．

解説表4　使用石材

材　種	記　号	色　　調	仕上げ	記　号
花崗岩	GA	ベージュ地に茶点	本磨き	P
			水磨き	R
	GB	白地に黒点	本磨き	P
			水磨き	R
	GC	黒地	本磨き	P
			水磨き	R
			ジェットバーナー	B
大理石	MD	白地にグレー斑	本磨き	P
	ME	白地	本磨き	P
	MF	ベージュ地に石目（柾目）	本磨き	P

解説表5　使用シーリング材

シーリング材種	記号	プライマー	
1成分形シリコーン系	SR-1	あり（p）	なし（np）
2成分形変成シリコーン系	MS-2	あり（p）	なし（np）
1成分形変成シリコーン系	MS-1	あり（p）	なし（np）
2成分形ポリサルファイド系	PS-2	あり（p）	なし（np）
1成分形ポリサルファイド系	PS-1	あり（p）	なし（np）

解説表6　暴露および促進試験体および試験方法の概要（石材汚染II法）

暴露および促進試験体の形状および測定方法	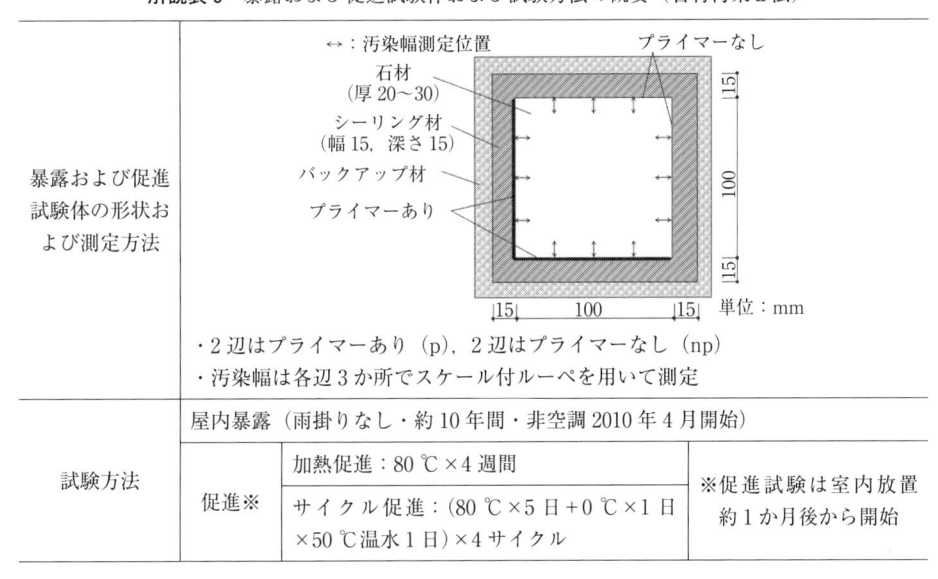 ・2辺はプライマーあり（p），2辺はプライマーなし（np） ・汚染幅は各辺3か所でスケール付ルーペを用いて測定		
試験方法	屋内暴露（雨掛りなし・約10年間・非空調 2010年4月開始）		
	促進※	加熱促進：80℃×4週間	※促進試験は室内放置約1か月後から開始
		サイクル促進：(80℃×5日+0℃×1日×50℃温水1日)×4サイクル	

解説表7　可塑剤浸透試験方法の概要（石材汚染I法）

可塑剤種類	DINP（フタル酸ジイソノニル）
	EPS（4,5-エポキシシクロヘキサン-1,2-ジカルボン酸ジ2-エチルヘキシル）
	PPG（ポリプロピレングリコール）
放置条件	23℃，50%RH×6日
測定部位	「表面」の浸透幅を測定
試験概要	・可塑剤接触面へのプライマー塗布なし ・メラミン製スポンジに可塑剤を含浸させ石材を小端立てして静置 ・浸透幅＝(最大値＋最小値)/2

3）試験結果

ⅰ）屋内暴露後の汚染幅

　　屋内暴露10年後の汚染幅の測定結果をバーチャートとともに解説表8に，経時変化の一部を解説図7に示す．また，汚染状況の例を解説写真3に示す．

　　GA-Pのように，プライマー塗布による汚染防止効果が期待できる石材もあるが，GC-B，MD-P，ME-P（解説写真3　右）のように汚染防止効果が期待できない石材もあった．また，GCは同石種でも本磨きのGC-Pは10年後も全く汚染が出ないのに対し，ジェットバーナー仕上げのGC-Bは，表層の毛細管現象と考えられる汚染が大きく発生することが確認された（解説写真3　左）．石材とシーリング材との組合せによっては，10年経過後に非常に汚染幅の大きくなる場合があることが確認された．

解説表8　屋内暴露10年後の汚染幅

（単位：mm）

シーリング材	プライマー	石材									
		花崗岩 GA		花崗岩 GB		花崗岩 GC			大理石 MD	大理石 ME	大理石 MF
		本磨き	水磨き	本磨き	水磨き	本磨き	水磨き	バーナー	本磨き	本磨き	本磨き
		GA-P	GA-R	GB-P	GB-R	GC-P	GC-R	GC-B	MD-P	ME-P	MF-P
SR-1	あり (p)	0.0	0.0	0.0	6.0	0.0	3.4	6.0	3.2	0.0	0.0
	なし (np)	4.9	0.0	0.0	8.2	0.0	2.5	8.2	6.1	8.5	0.0
MS-2	あり (p)	0.0	1.1	0.0	0.0	0.0	3.7	3.8	9.8	21.3	0.0
	なし (np)	8.0	6.9	5.5	11.3	0.0	10.0	4.3	16.5	20.2	0.0
MS-1	あり (p)	0.0	0.0	0.0	0.0	0.0	3.2	2.8	0.0	50.0	0.0
	なし (np)	20.1	0.0	19.0	15.7	0.0	12.8	5.2	30.0	50.0	0.0
PS-2	あり (p)	0.0	0.0	0.0	0.0	0.0	4.3	1.3	0.0	50.0	0.0
	なし (np)	1.9	0.0	0.0	0.0	0.0	17.0	3.8	2.5	50.0	0.0
PS-1	あり (p)	0.0	0.0	0.0	0.0	0.0	11.5	16.3	16.3	14.8	0.0
	なし (np)	14.3	0.0	0.0	0.0	0.0	12.4	23.8	19.3	27.7	0.0

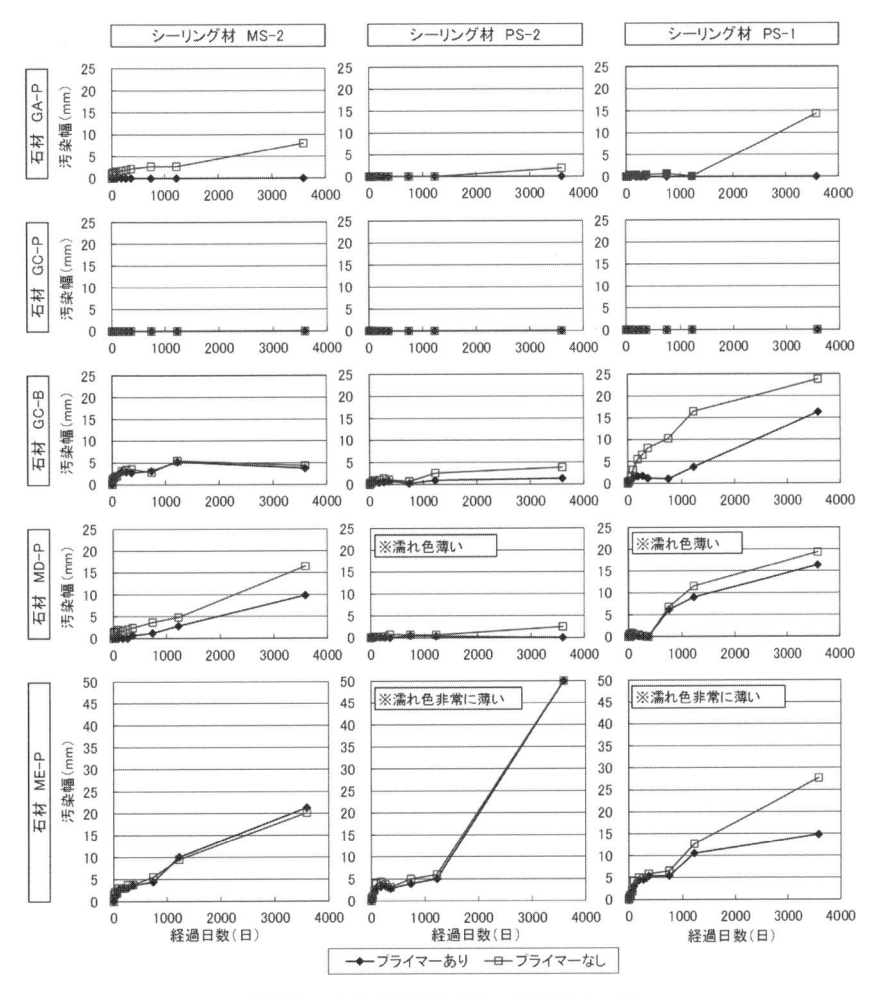

解説図 7　屋内暴露 10 年後の汚染幅（一部）

［石材 GC-B］［シーリング PS-1］

［石材 ME-P］［シーリング MS-2］

解説写真 3　屋内暴露 10 年後の石材汚染状況の例

ⅱ）可塑剤浸透試験後の浸透幅

　可塑剤浸透試験（石材汚染Ⅰ法）7日後の浸透幅の測定結果をバーチャートとともに解説表9に示す．可塑剤の中でDINPが最も浸透幅が大きく，EPS，PPGの順で汚染幅が小さくなる傾向であった．この結果を基に，石材汚染Ⅰ法ではDINPを標準可塑剤として選定した．

　解説表9において測定箇所で内部とあるのは，試験終了後に試験体を割裂し，内部における浸透幅を計測したものである．表面および内部の浸透状況の例を解説写真4に示す．花崗岩GA，花崗岩GBは，仕上げの種類によらずに表面も内部もほぼ同程度の浸透幅であるのに対し，花崗岩GCでは，水磨き（GC-R）とジェットバーナー仕上げ（GC-B）では，内部では浸透が見られないのに対して，表面で大きく浸透している．石材種と表面仕上げによっては，表層部のみで可塑剤が移行する場合もあることがわかる．

解説表9　可塑剤浸透試験後の浸透幅

（単位：mm）

可塑剤	測定箇所	石材									
		花崗岩 GA		花崗岩 GB		花崗岩 GC			大理石 MD	大理石 ME	大理石 MF
		本磨き	水磨き	本磨き	水磨き	本磨き	水磨き	バーナー	本磨き	本磨き	本磨き
		GA-P	GA-R	GB-P	GB-R	GC-P	GC-R	GC-B	MD-P	ME-P	MF-P
DINP	表面	26	31	27	24	0	19	31	30	44	1
EPS	表面	26	23	21	18	2	13	18	16	30	3
PPG	表面	12	10	13	10	1	7	14	8	16	2
DINP	内部	24	33	31	23	0	0	0	32	46	1
EPS	内部	30	24	21	18	0	1	0	18	32	1
PPG	内部	12	11	10	10	0	1	0	10	16	0

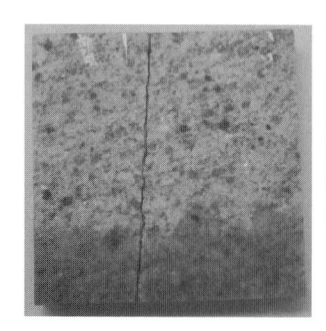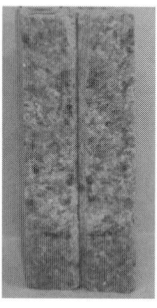

表面　　　　　　　　　内部　　　　　　　　　　　表面　　　　　　　　　内部

花崗岩 GA　水磨き（GA-R）　　　　　　　　　花崗岩 GC　水磨き（GC-R）

解説写真4　表面および内部の可塑剤浸透状況の例

iii）屋内暴露後の汚染幅と促進試験の汚染幅の関係

　屋内暴露試験 9 か月時点の汚染幅と促進試験の汚染幅との関係を解説図 8 に示す．暴露 9 か月時点では，促進試験のうちサイクル試験の方が雨がかりなしの暴露試験結果に近い傾向を示したが，シーリング材種や石材によってばらつきがみられた．

　屋内暴露試験 10 年の汚染幅と促進試験の汚染幅との関係を解説図 9 に示す．加熱およびサイクルによる促進試験では，10 年にわたる長期暴露による汚染幅を予測することが難しいことがわかるが，早期の汚染を少しでも回避するために実施するとよいと考えられる．

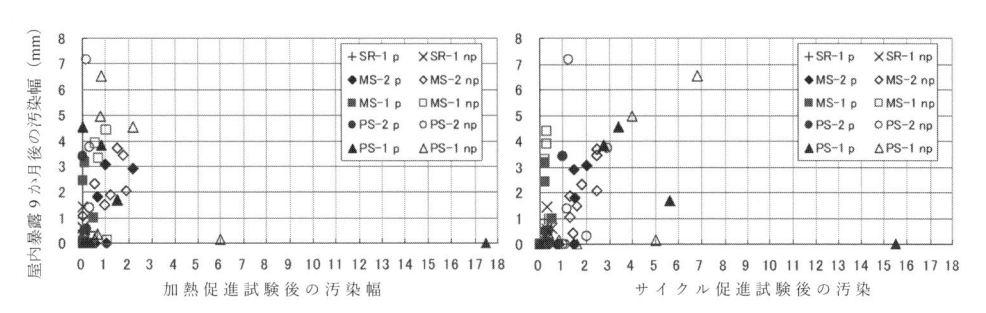

解説図 8　屋内暴露 9 か月後と促進試験の汚染幅の関係

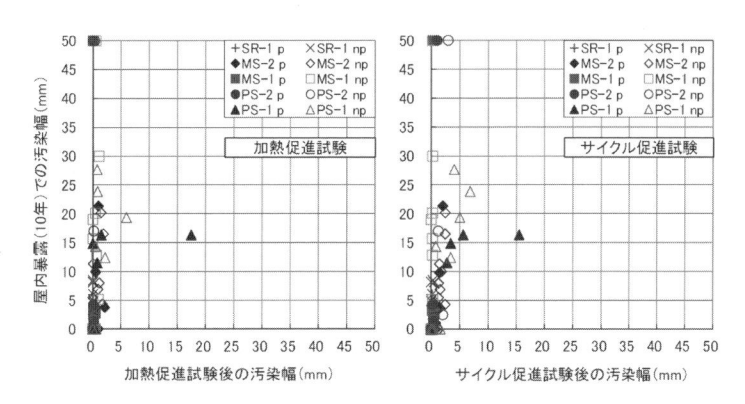

解説図 9　屋内暴露 10 年後と促進試験の汚染幅の関係

iv）屋内暴露 10 年後と可塑剤浸透試験の汚染幅の関係

　屋内暴露 10 年後の汚染幅と可塑剤浸透幅との関係を解説図 10 に示す．今回の暴露試験で使用したシーリング材は市販品を用いており，含有されている可塑剤の種類は明らかにされていないが，屋内暴露 10 年後の汚染幅との関係では，汚染幅を過大評価してしまうものもあるものの，プライマーなしの 10 年間の長期暴露に近い結果が得られたものも確認された．シーリング材を用いた暴露試験では可塑剤浸透試験と比べて含まれる可塑剤の絶対量が少ないことや石材の色調などから，必ずしも目立つ汚染幅として認識されないケースも想定される．すべての石材において明確に予測することは困難であるが，可塑剤浸透試験は石目地汚染のリスクを安全側でスクリーニングする手法としては有効であると思われる．

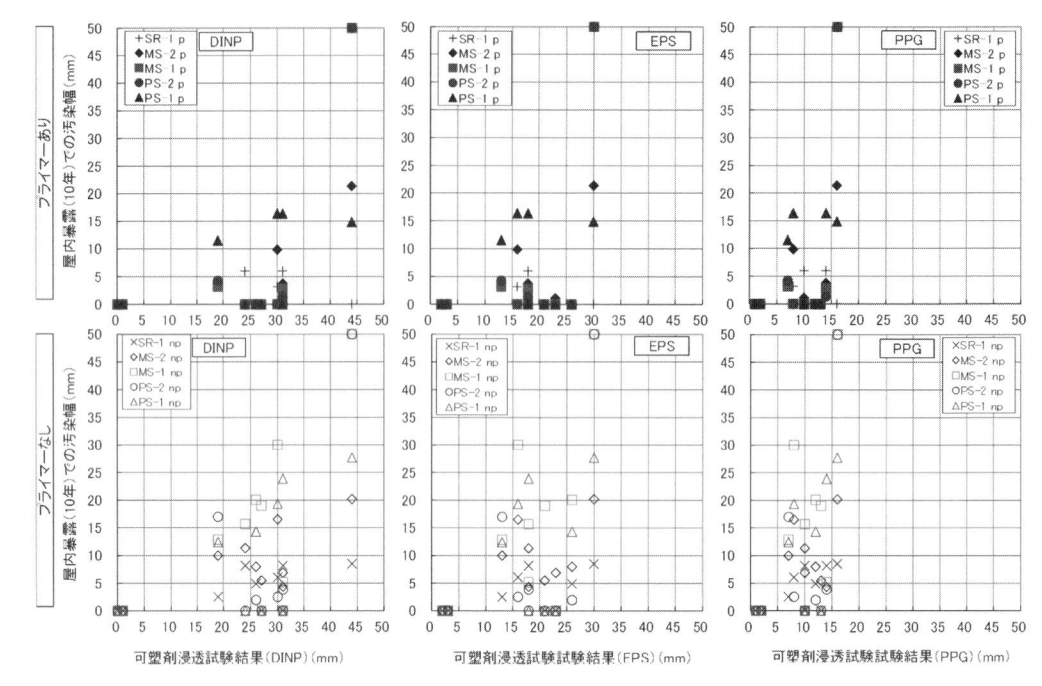

解説図 10　屋内暴露 10 年後の汚染幅と可塑剤浸透試験の浸透幅の関係

参 考 文 献

1 ）添田智美，滝澤俊樹，竹本喜昭，杉島正見，小野　正，山田人司：外壁接合部の耐久設計法に関する研究　その 4　シーリング材による石目地汚染の評価・予測方法に関する基礎的検討，日本建築学会大会学術講演梗概集，pp.1117-1118，2004.8

2 ）添田智美，榎本教良，廣瀬　徹，竹本喜昭，久住　明：シーリング材による石目地汚染の評価・予測に関する研究　その 1　各種石材とシーリング材の組合せによる暴露試験および促進試験，日本建築学会大会学術講演梗概集，pp.913-914，2011.8

3 ）榎本教良，廣瀬　徹，添田智美，竹本喜昭，久住　明：シーリング材による石目地汚染の評価・予測に関する研究　その 2　石材に対する可塑剤浸透性評価結果，日本建築学会大会学術講演梗概集，pp.915-916，2011.8

4 ）日本建築学会防水工事運営員会シール材性能設計研究小委員会：シンポジウム「外壁接合部の目地防水における性能設計に向けて」，2012.11

5 ）添田智美，伊藤彰彦，山田人司，宮内博之：シーリング材による石目地汚染の評価・予測方法に関する研究　その 3　屋内暴露 10 年後の試験結果と促進試験結果および可塑剤浸透試験結果との関係，日本建築学会大会学術講演梗概集，pp.871-872，2021.9

S7　シーリング材の硬化途上における耐ムーブメント性評価試験（案）

（1）試験の目的

　硬化途上におけるシーリング材が外壁接合部に作用するムーブメントに影響を受けにくいかどうかについて，形状の変化や欠陥の程度により評価する．

（2）適用範囲

　温度ムーブメントが生じるワーキングジョイントに充填されるシーリング材に適用する．

（3）試験体

　a）被着体

　　試験には，JIS A 1439：2022（建築用シーリング材の試験方法）の4.1に規定された陽極酸化被膜処理アルミニウム合金製（6 mm×12 mm×75 mm）の被着体を用いる．

　b）形状・寸法

　　試験体の形状・寸法は，図1による．アルミニウム被着体とバックアップ材を用いて幅12 mm×深さ12 mm×長さ50 mmの容量のシーリング材充填スペースを設ける．糊付きバックアップ材は，片側のアルミニウム被着体（固定側被着体）に接着させ，他方の被着体（可動側被着体）を自由に動かせるようにする．固定側被着体は，マスキングテープ等で底面の試験体固定用バックアップ材に固定し，動かないようにする．試験体数は3体とする．

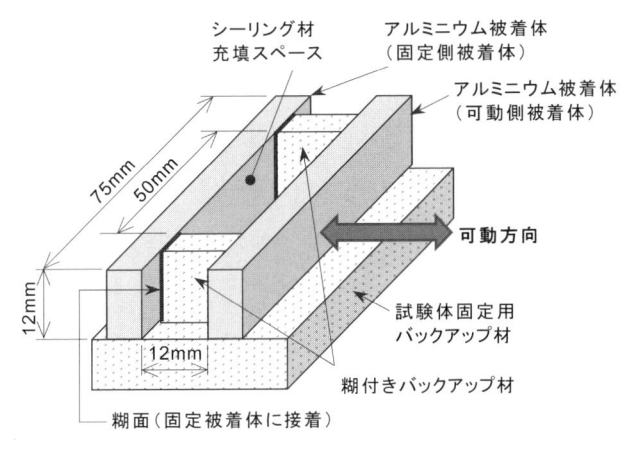

図1　試験体

（4）試験方法

　試験は，23 ± 2 ℃・(50 ± 10) ％RHの環境下で行う．試験体作製用スペーサーを糊付きバックアップ材の両外側に設置し，専用プライマーを被着体に塗布し所定のオープンタイムを取った後，シーリング材を充填し表面を平滑にならし，試験を開始する．

　ただちに試験体作製用スペーサーを外し，目地両側に10 ％拡大用スペーサー（幅13.2 mm）を挿入して目地幅を拡大した後，3時間保持する．次に目地両側に10 ％縮小用スペーサー（幅10.8 mm）を挿入して目地幅を縮小した後に3時間保持し，初期の目地幅（12 mm）に戻す．この±10 ％の目地幅拡大・縮小作業を手動で2回行った後に12日間静置養生する．

　シーリング材の外観および内部の欠陥の有無を目視で観察し，表面および裏面の変形の有無と，最大変形深さ，横断面の内部欠陥の有無および縦断面の内部欠陥の有無と大きさを記録する．

（5）試験結果の判定

　3個の試験体全てにおいて，外観および内部に著しい欠陥が観察されない場合は，硬化途上ムーブメントの影響を受けにくいと判定する．

【解説】

（1）試験の目的

　シーリング材の性能に関する試験方法は，JIS A 1439：2022（建築用シーリング材の試験方法）などにより規定されているが，それらの多くは硬化したシーリング材の性能を評価するものであり，硬化途上に外壁接合部や目地に作用するムーブメントの影響を評価する試験方法は規定されていない．一方，既往の研究では，特に1成分形シーリング材は，硬化途上にムーブメントを受けると，形状の変化や内部に空隙などの欠陥を生じることが報告されている[1]~[6]．このような変形や欠陥が生じた場合，その後のムーブメント追従性にも影響があり，シーリング材がより短期間で破断するおそれがある．すなわち，硬化途上における耐ムーブメント性能は，シーリング材に求められる重要な性能の一つである．

　本試験は，打設直後の硬化途上にあるシーリング材が，ワーキングジョイントに作用するムーブメントの影響を受けやすいかどうかについて，ムーブメント付与後の形状の変化および内部の欠陥の発生状況により評価する．本試験により同一の市販シーリング材を複数者で評価試験を行ったところ，概ね同一の結果が得られたことが報告されている[7]．このことより，本試験は，特殊な試験装置を用いた他の方法よりも汎用性があり，より簡便な試験である．

　なお，本試験以外の硬化途上のシーリング材にムーブメントを付与する試験方法としては，シーリング材の耐久性試験などに用いられる疲労試験機を使用してムーブメントを近似正弦波で付与する試験方法や[8]~[11]，アルミ鋼材やアクリル樹脂の熱膨張を利用した屋外動的暴露装置を用いた試験方法などが知られている．

（2）適用範囲

　温度ムーブメントが大きいワーキングジョイントに適用するシーリング材を対象とする．ムーブメントを生じないか，またはムーブメントが非常に小さいノンワーキングジョイントに適用するシーリング材は対象としない．

（3）試験体

　被着体は陽極酸化被膜処理アルミニウム合金製とし，その大きさは 6 mm×12 mm×75 mm とする．バックアップ材は通常の目地に用いる材質であればよいが，一般的には独立発泡のポリエチレン製発泡体を用いるとよい．試験体固定用バックアップ材は，幅 12 mm×深さ 12 mm×長さ 50 mm の容量のシーリング材充填スペースを確保できる大きさのものを用いる．被着体間に用いる2個の糊付きバックアップ材は，幅 12 mm×深さ 12 mm とし，スペーサーを被着体間に挿入できる間隔を確保できる任意の長さとする．

　一方の被着体（固定側被着体）を試験体固定用バックアップ材に固定する際は，マスキングテープなどを用いる．他方の被着体（可動側被着体）は手動で自由にスライドできるようにし，両端部の糊付きバックアップ材は，固定被着体に糊付け面を接着させる．

（4）試験の方法

　建築現場での使用環境，目地の構成・形状および目地に作用するムーブメントの大きさや時間はさまざまであり，これらの組合せは無数に存在する．それらすべてを網羅できる試験条件を設定す

ることは容易ではなく，複数の試験条件を取り入れることは非合理的である．これより，本試験では，他のシーリング材の評価試験方法を参考に標準的な試験条件としての試験環境，試験体の構成・形状およびムーブメントの付与条件を設定した．したがって，個々の施工条件を考慮したシーリング材の硬化途上におけるムーブメントの影響を評価する場合は，想定している施工環境（温度や湿度など），目地の構成（形状や寸法など），あるいは目地に作用するムーブメント（大きさや時間など）の条件を設定した試験が有効である．

　試験時の温湿度条件は，他のシーリング材の評価試験方法と同様に，23 ± 2 ℃・(50 ± 10) ％RH とした．試験体の構成および寸法は，JIS A 1439：2022（建築用シーリング材の試験方法）5.3　引張特性試験（アルミニウム被着体）と同様とし，初期の目地幅と目地深さをそれぞれ 12 mm とした．シーリング材を充填する際，気泡が噛みこまないように十分に注意する．余分なシーリング材を除去すると同時に表面を平滑にならし，試験を開始する．被着体の上部や糊付きバックアップ材の上部にはみ出したシーリング材を除去できるように，あらかじめマスキングテープ等で保護してもよい．

　試験開始後，スペーサーにより目地幅を変更してムーブメントを付与するが，シーリング材の幅がスペーサーの幅と同じになるように強力なクリップ等で固定する．また，目地幅の変更に要する時間は概ね 30 秒以内を目安とする．

　ムーブメントの付与条件は既往の研究報告などに基づき設定した．最初に目地幅が拡大するムーブメントが付与されると，縮小ムーブメントが付与された時よりもシーリング材の形状変化が大きくなることが報告されている[10),11)]．そのため，本試験ではシーリング材を充填し表面を平滑にした後に，ただちに目地幅を 13.2 mm（初期目地幅に対し+10 ％）に拡大させるムーブメントを付与することとした．また，温度ムーブメントによる外壁材の伸縮は 1 日 1 回とみなされることから，+10 ％の拡大ムーブメントを与えて 3 時間その目地幅を維持した後に目地幅を 10.8 mm（初期目地幅に対し−10 ％）に縮小させ，その目地幅を 3 時間維持し，初期目地幅に戻す操作を行う．

　建築現場における目地に作用するムーブメントは，目地を構成する外壁材等の部材種・取付け方法，シーリング材を充填する季節，地域，方角，時間帯などによっても異なることが想定される．また，温度ムーブメントを想定したシーリング材の設計伸縮率は耐久性区分によって設定されており，その標準値は最大で 20 ％である（「外壁接合部の水密設計および施工に関する技術指針・同解説」解説表 4.2.8 参照）．年間に ±20 ％の温度ムーブメントが作用する目地の場合，1 日の温度ムーブメントとしては ±10 ％程度と見積もることができる．そのため，本試験では ±10 ％のムーブメント付与条件を設定した．なお，寒暖差の大きな春秋期や，年間の温度ムーブメントが ±20 ％を超える目地の場合は，より大きなムーブメントがシーリング材の硬化途上に作用することが想定される．

　また，本試験では，シーリング材が深部まで硬化する期間を概ね 2 日間と想定し，試験開始後の伸縮ムーブメントを付与する期間を 2 日間（2 サイクル）とした．しかし，硬化の遅いシーリング材や硬化が遅くなる条件（低温など）の場合，2 日間のムーブメントの付与では硬化途上の影響の確認が難しく，耐ムーブメント性を評価できないこともあるため注意が必要である．ただし，全体

が硬化するまでに長期間を要するシーリング材は，使用すべきではない．

　目地幅拡大・縮小作業を手動で 2 回行った後，シーリング材の内部まで硬化させるため，（23±2）℃・（50±10）％RH の環境下で 12 日間静置養生する．

　硬化養生後（試験開始から 14 日後），固定用バックアップ材と糊付きバックアップ材を慎重に取り除く．3 つの試験体を用い，シーリング材の表面および裏面の外観を観察し，表面および裏面の変形の有無と，最大変形深さを記録する．カッターナイフ等で被着体からシーリング材を接着面から切り離し，断面形状を観察する．また，カッターナイフ等でシーリング材の縦断面の中央付近および横断面の中央付近を切断し，シーリング材内部の欠陥の有無を目視で観察し，欠陥の大きさを記録する．

　最大変形深さおよび内部欠陥の長さの測定は，解説図 1 を参考にするとよい．硬化後のシーリング材表面の最高高さと表面の最低高さの差を最大（表面）変形深さとする．裏面についても同様に最大（裏面）深さを測定し，より大きな深さを最大変形深さとする．内部欠陥は，シーリング材の内部に生じた空隙や亀裂であり，断面におけるその最大長さを測定する．

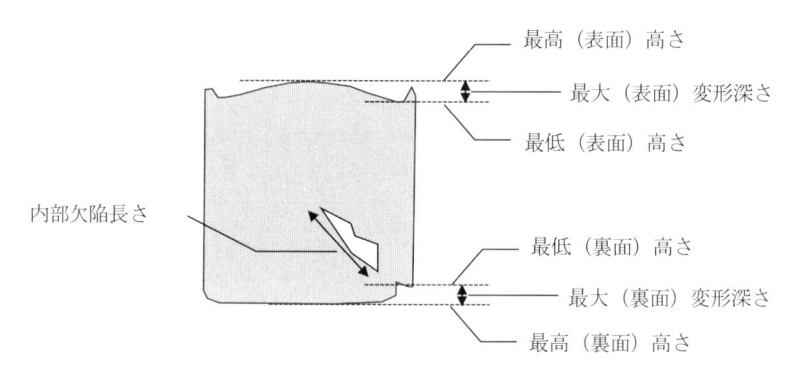

解説図 1　シーリング材の断面観察における最大変形深さと内部の欠陥長さ

（5）試験結果の判定

　硬化途上におけるシーリング材の耐ムーブメント性は，外観形状および内部の欠陥によって判定する．シーリング材の外観および内部に著しい欠陥が生じていない場合は，硬化途上のムーブメントに影響を受けにくいと判断できる．

　著しい欠陥とは，表面および裏面の凹凸，窪み，筋状の溝，亀裂，ひび割れなどの深さがおおよそ 2 mm を超えるものとする．外観および内部に著しい欠陥が生じていない場合，シーリング材の耐久性が大きく損なわれないと考えられる．

　本試験において著しい欠陥が生じた場合は，他の硬化途上ムーブメントの影響評価試験[8]〜[11]の実施，シーリング材の使用環境に応じた条件での本試験の実施，本試験後の試験体を用いて耐疲労性試験や引張接着性試験などを行い，これらの結果を総合的に勘案した上で，硬化途上ムーブメントの影響を受けにくいかどうかを判断してもよい．

　なお，本試験における欠陥の大きさと供用時のシーリング材の耐久性との関係を把握することは今後の課題であり，今後の研究によっては，試験条件や判定基準を見直すことも考えられる．

参 考 文 献

1 ）松本洋一，小野　正，丸一俊雄：不定形シーリング材の耐久性に関する研究，日本建築学会大会学術講演梗概集，pp.431-432，1980.9

2 ）小野　正，松本洋一，丸一俊雄：シーリング材の動的曝露試験，日本建築学会大会学術講演梗概集，pp.407-408，1983.9

3 ）吉池佑一，加藤正守：硬化途中にムーブメントを受けた場合のシーリング材の性能に関する研究　その 1　実験室実験でのシミュレーション及び性能の検討，日本建築学会大会学術講演梗概集，pp.487-488，1993.9

4 ）王　亮，吉池佑一，加藤正守：硬化途中にムーブメントを受けた場合のシーリング材の性能に関する研究　その 2　繰返しの影響について，日本建築学会大会学術講演梗概集，pp.1285-1286，1994.9

5 ）吉池佑一，加藤正守，王　亮：硬化途中にムーブメントを受けた場合のシーリング材の性能に関する研究　その 3　変形率及び圧縮時の温度の影響について，日本建築学会大会学術講演梗概集，pp.1287-1288，1994.9

6 ）小野　正：目地ムーブメントが硬化過程にあるシーリング材に及ぼす影響，日本建築学会大会学術講演梗概集，pp.953-954，2003.9

7 ）伊藤彰彦，道信貴雄，山下浩平，中島　亨，八田泰志，宮内博之：硬化途上ムーブメントを考慮したシーリング材の接着性・耐疲労性評価試験方法の検討　その 5　手動による硬化途上ムーブメントの影響評価試験法の開発，日本建築学会大会学術講演梗概集，pp.1149-1150，2022.9

8 ）山下浩平，中島　亨，伊藤彰彦，宮内博之，添田智美，山田人司，鳥居智之，小野　正：硬化途上ムーブメントを考慮したシーリング材の接着性・耐疲労性評価試験方法の検討，日本建築学会大会学術講演梗概集，pp.1347-1348，2016.8

9 ）山下浩平，宮内博之，中島　亨，伊藤彰彦，添田智美，片山大樹，梶山武夫，高橋愛枝，坪田篤侍，鳥居智之，八田泰志，西谷　久，桐林　亨，山田人司：硬化途上ムーブメントを考慮したシーリング材の接着性・耐疲労性評価試験方法の検討　その 2　耐疲労性に影響を及ぼす要因検証，日本建築学会大会学術講演梗概集，pp.901-902，2017.8

10）山下浩平，宮内博之，添田智美，伊藤彰彦，牛尼伸也，桐林　亨，片山大樹，坪田篤侍，西谷　久，八田泰志，小倉寛之，山田人司：硬化途上ムーブメントを考慮したシーリング材の接着性・耐疲労性評価試験方法の検討　その 3　ムーブメントの引張・圧縮開始の条件と環境温度の影響，日本建築学会大会学術講演梗概集，pp.993-994，2018.9

11）山下浩平，宮内博之，添田智美，伊藤彰彦，八田泰志，桐林　亨，片山大樹，坪田篤侍，西谷　久，楠木孝治，山田人司，中島　亨：硬化途上ムーブメントを考慮したシーリング材の接着性・耐疲労性評価試験方法の検討　その 4　1 成分形シーリング材のワーキングジョイントへの適用性検討，日本建築学会大会学術講演梗概集，pp.787-788，2020.9

S8　層間変位ムーブメントに対するシーリング材のせん断耐疲労性試験（案）

S8-1　圧縮およびせん断変形加熱後のシーリング材のせん断変形繰返し試験（案）

（1）試験の目的

　経年後を想定したシーリング材のせん断変形に対する追従性評価を目的する.

（2）適 用 範 囲

　ワーキングジョイントに充填されるシーリング材に適用する.

（3）試 験 体

　a）被 着 体

　被着体は，JIS A 1439：2022（建築用シーリング材の試験方法）4.1 に規定された陽極酸化皮膜処理アルミニウム合金製とする.

　b）試験体の形状・寸法

　試験体の形状および寸法は，JIS A 1439：2022（建築用シーリング材の試験方法）5.12.2 に基づく耐久性試験体（H 型試験体）とする. なお，試験体作製数（n）は 3 とする.

（4）試 験 方 法

　a）試験体作製後，JIS A 1439：2022（建築用シーリング材の試験方法）5.12.3 による養生を行う.

　b）対象とする目地にかかるムーブメントの種類により，圧縮変形加熱後のせん断変形繰返し試験，またはせん断変形加熱後のせん断変形繰返し試験から選択する.

　c）試験手順は表 1 による. 工程 3 の終了後，試験体の状態とシーリング材に発生した亀裂やはく離の損傷深さを測定し記録する. なお，試験条件は表 2 とする.

表 1　層間変位ムーブメントに対するせん断疲労性試験手順

工　程		試験手順
1	変形加熱	試験体の目地幅を圧縮またはせん断方向に規定の変形率で拘束し，耐疲労性区分ごとに規定された温度に 24 時間静置する. その後，圧縮またはせん断変形の拘束を解除して 23±2 ℃で 24 時間静置後，目地幅を測定し，これをせん断変形繰返し試験用の試験体とする.
2	目地幅の固定解除	圧縮またはせん断変形の拘束を解除して 23±2 ℃で 24 時間静置後，目地幅を測定し，これをせん断変形繰返し試験用の試験体とする.
3	目地幅のせん断繰り返し（5±1 回/min）	繰返し疲労試験機に目地幅 12 mm でセットし，規定のせん断変形率で 6000 回（繰返し速度 4～6 回/分）のせん断変形繰返し試験を行う. 試験は，23 ℃ ±2 ℃で行う.

表 2　層間変位ムーブメントに対するせん断耐疲労性試験の条件

変形加熱試験	変形加熱温度（℃）	80，90，100，120，140
	圧縮変形率（%）	10，20，30，40
	せん断変形率（%）	30
	変形加熱時間（時間）	24
繰返し疲労試験	繰返しせん断変形率（%）	両方向で 20，30，40，60

（5）試験結果の判定

　せん断変形繰返し疲労試験後の損傷深さが 2 mm 以内の場合を合格とする. ただし，シーリング材両末端の 12 mm×12 mm×2 mm の部位での損傷は対象外とする.

【解説】

（1）試験の目的

　地震による層間変位ムーブメントは日常的に発生するものではなく，日間および年間のムーブメントとしてシーリング材に常時作用するのは温度ムーブメントである．そのため，層間変位ムーブメントについて検討する場合は，温度ムーブメントと組み合わせて検討する必要がある．

　本試験は，圧縮またはせん断方向への変形を与えた後に耐疲労性試験を行う手法であり，経年後を想定したシーリング材のせん断変形に対する追従性評価を目的としている[1]．

（2）適用範囲

　本試験は，ワーキングジョイントに充填され，地震発生時にせん断ムーブメントが作用するシーリング材に適用する．

（3）試験体

　被着体は，JIS A 1439：2022（建築用シーリング材の試験方法）の4.1に規定された陽極酸化皮膜処理アルミニウム合金製とする．また，試験体の形状および寸法は，JIS A 1439：2022の5.12.2に基づく耐久性試験体（H型試験体）とする．なお，試験体作製数（n）は，3とする．

（4）試験方法

　試験体作製後，2成分形シーリング材の場合は前養生を23±2℃・（50±10）%RHで7日間行い，次に後養生として50±2℃で7日間行う．1成分形シーリング材の場合は，前養生を23±2℃・（50±10）%RHで14日間行い，次に後養生として30±2℃で14日間行う．

　対象とする目地にかかるムーブメントの種類により，解説表1に示す圧縮変形加熱後のせん断変形繰返し試験，またはせん断変形加熱後のせん断変形繰返し試験から試験方法を選択する．

　試験手順は表1による．工程3の終了後，試験体の状態とシーリング材に発生した亀裂やはく離の損傷深さを測定し記録する．

　なお，試験条件は表2とする．変形加熱時の温度を80，90，100，120，140℃の5水準と，伸縮変形率を10，20，30，40%の4水準として，合計20水準を原則とするが，シーリング材の適用目的に応じて加熱温度140℃または伸縮変形率40%は実施しなくてもよい．

　また，試験時の温度と伸縮変形率および繰返し変形率は，対象とする目地に期待される数値を解説表2および解説表3の中からそれぞれ選択する．

解説表 1　目地に発生するムーブメントの方向と試験の種類

試験の種類	圧縮変形加熱後のせん断変形繰返し試験		せん断変形加熱後の せん断変形繰返し試験
対　象	普段は，伸縮ムーブメントが卓越して作用するが，地震の時にはせん断ムーブメントが卓越して作用する目地に使用される場合		普段からせん断ムーブメントが作用し，地震の時にもせん断ムーブメントが作用する目地
目地の分類	一般目地	ガラス回り目地	ガラス回り目地
対象目地の例	・金属外装パネルのパネル間目地 ・プレキャストコンクリートカーテンウォールのパネル間目地 ・ユニットカーテンウォールのユニット間目地 ・乾式パネル構法のパネル間目地	・ガラススクリーン構法の面ガラス間目地	・連窓のガラス—サッシ間目地 ・ガラススクリーン構法のサッシ—ガラス間目地 ・大板ガラスのサッシ—ガラス間目地

解説表 2　温度ムーブメントに対する設計許容伸縮・せん断変形率と試験時の変形率

温度ムーブメントの発生方向	設計許容伸縮率， 設計せん断変形率	試験時の変形率
伸縮方向	10 %以下	10 %圧縮変形
	15 %以下	20 %圧縮変形
	20 %以下	30 %圧縮変形
	25 %以下	40 %圧縮変形
せん断方向	30 %以下	30 %せん断変形

解説表 3　層間変位ムーブメントに対する設計せん断変形率と試験時の繰返し変形率

層間変位ムーブメントの 発生方向	設計せん断変形率	試験時の繰返し変形率
せん断方向	20 %以下	両方向 20 %せん断変形
	30 %以下	両方向 30 %せん断変形
	40 %以下	両方向 40 %せん断変形
	60 %以下	両方向 60 %せん断変形

（5）試験結果の判定

伸縮繰返し疲労試験後の損傷深さが 2 mm 以内の場合を合格とする．ただし，シーリング材両末端の 12 mm×12 mm×2 mm の部位での損傷は対象外とする．

S8-2　グレイジングビード拘束を受けたシーリング材のせん断変形繰返し試験（案）

（1）試験の目的

　グレイジングビードの拘束がシーリング材のせん断変形追従性に与える影響評価を目的する.

（2）適 用 範 囲

次のようなガラス回り目地に使用するシーリング材に適用する.

　a）シーリング材の硬さに比べて硬い詰め物を目地底に配置した上にシーリング材を施工する目地

　b）ゴム系グレイジングビードを使用した目地

　c）硬質バックアップ材を使用した目地

（3）試 験 体

　a）被 着 体

　　被着体は，JIS A 1439：2022（建築用シーリング材の試験方法）4.1 に規定された陽極酸化皮膜処理アルミ
ニウム合金製とする.

　b）形状・寸法

　　試験体の形状および寸法は，JIS A 1439：2022（建築用シーリング材の試験方法）5.12.2 に基づく耐久性試
験体（H型試験体）とし，図1による. 試験体の作製においては耐シリコーン汚染 EPDM（硬度70度）製の
グレイジングビードにプライマーを塗布あるいは未塗布のものを目地底に設置する. なお，試験体作製数（n）
は3とする.

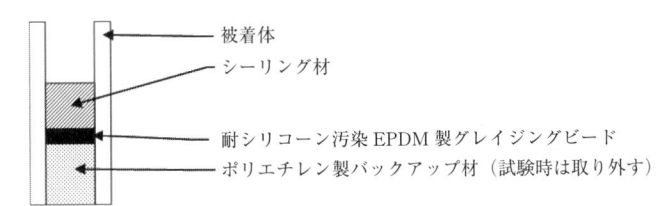

　被着体

　シーリング材

　耐シリコーン汚染 EPDM 製グレイジングビード

　ポリエチレン製バックアップ材（試験時は取り外す）

図1　試験体形状

（4）試 験 方 法

　a）試験体作製後，JIS A 1439：2022（建築用シーリング材の試験方法）5.12.3 による養生を行う.

　b）養生後の試験体を繰返し疲労試験機に目地幅12 mm でセットし，両方向30 ％の変形率でせん断方向に
　　6000 回（繰返し速度4〜6回/分）の変形繰返し試験を行う. なお，試験は23℃±2℃で実施する.

　c）せん断変形繰返し試験終了後，ただちに試験体のシーリング材に発生した亀裂などの損傷深さを調べる.
　　シーリング材をアルミニウム被着体との接着界面でカットした後，長さ方向に直交する面で3か所切断して
　　断面を観察し，シーリング材に発生した亀裂などの損傷深さを記録する.

（5）試験結果の判定

　繰返しせん断変形試験後の損傷深さが2 mm 以内の場合を合格と判定する. ただし，シーリング材両末端の
12 mm×12 mm×2 mm の部位での損傷は対象外とする.

【解説】

（1）試験の目的

　本試験は，シーリング材が目地底のグレイジングビードによって拘束された場合にせん断変形追
従性へ与える影響について評価することを目的としている[1].

（2）適用範囲

　本試験は，ガラス回り目地に使用するシーリング材に適用する. シーリング材の硬さに比べて硬
い詰め物を目地底に装填配置した上にシーリング材を施工する目地，ゴム系グレイジングビードを
使用した目地，硬質バックアップ材を使用した目地を対象としている. なお，シーリング材の硬さ
と同等以下の硬さの詰め物は対象外とする.

（3）試験体

被着体は，JIS A 1439：2022（建築用シーリング材の試験方法）4.1 に規定された陽極酸化皮膜処理アルミニウム合金製とする．また，試験体の形状は，JIS A 1439：2022　5.12.2 に基づく耐久性試験体（H 型試験体）とし，図 1 による．試験体の作製においては，耐シリコーン汚染 EPDM（硬度 70 度）製のグレイジングビードにプライマーを塗布，あるいは未塗布のものを目地底に設置する．なお，試験体作製数（n）は，3 とする．

（4）試験方法

試験体作製後，2 成分形シーリング材の場合は前養生を 23±2 ℃・(50±10)%RH で 7 日間行い，次に後養生として 50±2 ℃で 7 日間行う．1 成分形シーリング材の場合は，前養生を 23±2 ℃・(50±10)%RH で 14 日間行い，次に後養生として 30±2 ℃で 14 日間行う．

養生後の試験体を繰返し疲労試験機に目地幅 12 mm でセットし，両方向 30 %の変形率でせん断方向に 6000 回（繰返し速度 4〜6 回/分）の変形繰返し試験を行う．試験は，23 ℃±2 ℃で行う．疲労試験機に試験体をセットする際は，グレイジングビードとアルミニウム被着体の摩擦により過度な応力が発生しないよう，厚さ 0.1 mm 程度のスペーサーを疲労試験機のホルダーとアルミニウム被着体の間に挟み，クリアランスを設けるとよい．せん断変形繰返し試験終了後，ただちに試験体のシーリング材に発生した亀裂などの損傷深さを調べる．シーリング材をアルミニウム被着体との接着界面でカットした後，長さ方向に直交する面で 3 か所切断して断面を観察し，シーリング材に発生した亀裂などの損傷深さを記録する．

（5）試験結果の判定

繰返しせん断変形試験後の損傷深さが 2 mm 以内の場合を合格と判定する．ただし，シーリング材両末端の 12 mm×12 mm×2 mm の部位での損傷は対象外とする．

参 考 文 献

1）高橋敏文，岩崎　功，廣瀬　徹，久住　明，小野　正：シーリング材の耐疲労性評価方法に関する研究（その 2：層間変位ムーブメント追従性），日本建築学会大会学術講演梗概集，pp.919-920，2011.8

S9 応力緩和型シーリング材の耐疲労性試験（案）

（1）試験の目的

　応力緩和型シーリング材の耐疲労性評価を目的とする．

（2）適用範囲

　本試験は，応力緩和性を有するシーリング材に適用する．

（3）試験体

　a）被着体

　　被着体は，JIS A 1439：2022（建築用シーリング材の試験方法）4.1 に規定された陽極酸化皮膜処理アルミニウム合金製とする．

　b）試験体の形状・寸法

　　試験体の形状および寸法は，JIS A 1439：2022（建築用シーリング材の試験方法）5.12.2 に基づく耐久性試験体（H 型試験体）とする．なお，試験体作製数（n）は 2 とする．

（4）試験方法

　a）試験体作製後，JIS A 1439：2022（建築用シーリング材の試験方法）5.12.3 による養生を行う．

　b）養生後，試験体を 20 ％伸長してスペーサーを挿入した後，23 ℃で 48 時間保持する．

　c）スペーサーを取り外した後，繰返し試験機に試験体を 20 ％伸長位置で固定する．

　d）初期目地幅に対して伸縮率 ±30 ％で 6000 回の繰返し疲労試験を実施する．

　e）（5）の判定基準で損傷がない場合には，同一試験体を用いて試験を継続する．初期目地幅に対し，試験体を 40 ％伸長してスペーサーを挿入した後，23 ℃で 48 時間伸長状態を保持する．

　f）スペーサーを取り外した後，繰返し試験機に試験体を 40 ％伸長位置で固定する．

　g）初期目地幅（12 mm）に対して伸縮率 ±30 ％で 6000 回の繰返し疲労試験を実施する．

　h）（5）の判定基準で損傷がない場合には，同様の試験を初期目地幅の 60 ％伸長で継続する．

（5）試験結果の判定

　変形繰返し試験後の亀裂深さが 2 mm 以内の場合を合格とする．ただし，シーリング材両末端の 12 mm×12 mm×2 mm の部位での欠陥は対象外とする．

【解説】

（1）試験の目的

　窯業系サイディングでは，部材自身が収縮するために，その目地には応力緩和型シーリング材が使用される．そのため，カーテンウォール等のワーキングジョイントを想定した場合とは異なり，耐疲労性を評価する際には，応力緩和性を考慮した試験方法が必要となる．

　本試験方法は，応力緩和型シーリング材の耐疲労性について評価することを目的とする[1]．

（2）適用範囲

　本試験は，応力緩和性を有するシーリング材に適用する．なお，応力緩和型とは，オートグラフ法またはスペーサー法のいずれかの方法で測定した 30 ％伸長拘束 48 時間後の応力緩和率が 50 ％以上となることを目安とする．

（3）試験体

　被着体は，JIS A 1439：2022（建築用シーリング材の試験方法）4.1 に規定された陽極酸化皮膜処理アルミニウム合金製とする．また，試験体の形状および寸法は，JIS A 1439：2022（建築用シーリング材の試験方法）5.12.2 に基づく耐久性試験体（H 型試験体）とする．なお，試験体作製数（n）は，2 とする．

（4）試験方法

　試験体作製後，2成分形シーリング材の場合は前養生を 23 ± 2 ℃・(50 ± 10) %RH で7日間行い，次に後養生として 50 ± 2 ℃で7日間行う．1成分形シーリング材の場合は，前養生を 23 ± 2 ℃・(50 ± 10) %RH で14日間行い，次に後養生として 30 ± 2 ℃で14日間行う．

　養生後の試験体を20％伸長してスペーサーを挿入し，23℃で48時間，20％伸長した状態を保持する．スペーサーを取り外した後，繰返し試験機に試験体を20％伸長位置（14.4 mm）で固定する．20％伸長を基準に初期目地幅に対して ±30 ％の伸縮率（3.6 mm）で6000回の繰返し疲労試験を実施する．

　（5）の判定基準により，20％伸長基準での疲労試験で損傷がない場合には同一試験体を用い，初期目地幅基準で40％伸長してスペーサーを挿入し，23℃で48時間伸長状態を保持する．スペーサーを取り外した後，繰返し試験機に試験体を40％伸長位置（16.8 mm）で固定する．40％伸長を基準に初期目地幅に対して ±30 ％の伸縮率で6000回の繰返し疲労試験を実施する．

　（5）の判定基準により，40％伸長基準での疲労試験で損傷がない場合には，さらに同一試験体を用い，初期目地幅基準で60％伸長して同様の操作を行う．スペーサー取り外した後，60％伸長を基準に初期目地幅の ±30 ％で6000回の繰返し疲労試験を実施する．

　なお，試験を中断する場合は6000回の繰返し疲労試験が終了した時点とし，中断時の目地幅は疲労試験前の伸長率とする．再開の際は $+20$ ％伸長を48時間保持した後に実施する．

（5）試験結果の判定

　変形繰返し試験後の亀裂深さが2 mm 以内の場合を合格とする．ただし，シーリング材両末端の 12 mm×12 mm×2 mm の部位での欠陥は対象外とする．

参 考 文 献

1）梶山武夫，高橋敏文，久住　明，岩崎　功，廣瀬　徹，小野　正：シーリング材の耐疲労性評価方法に関する研究　その3：応力緩和型シーリング材の評価方法について，日本建築学会大会学術講演梗概集，pp.921 -922，2013.8

付録 3　ガスケットに関連する性能評価試験方法

G1　目地のムーブメントを考慮したガスケットの圧縮永久ひずみ試験

（1）試験の目的

　長期間にわたり圧縮拘束される目地ガスケットの復元力性能を圧縮永久ひずみにより評価し，目地ガスケットの耐久性の確認を目的とする．

（2）適用範囲

　建築用ガスケットのうち，合成ゴム系の目地ガスケットについて適用する．

　材料による区分は，クロロプレンゴム系（CR系），エチレン・プロピレンゴム系（EPDM系），シリコーンゴム系（SR系）とする．

（3）試験方法

1）試験体

　評価するガスケット試験体は，目地に装着する材料による区分，形状の製品から採取した，長さ 100 ± 2 mm のものとする．

　コンクリート部材の目地に装着するガスケット試験体では，繊維強化セメント板などに接着剤あるいは両面テープで貼り付けたものとし，アルミパネル目地に嵌合装着するガスケット試験体は嵌合溝の付いたアルミニウム合金板などに固定する．試験体数は 3 体とする．

2）圧縮拘束の方法

　圧縮拘束は，そのガスケットの想定する標準の目地幅（圧縮率）で行う．

　圧縮拘束に使用する治具は，加熱時に変形や破損しない材質のものを選定する．加圧板，拘束板，スペーサーなどは JIS A 5430：2024（繊維強化セメント板）に規定される繊維強化セメント板などが適している．

3）試験条件

① 試験温度

　圧縮拘束時の試験温度は表 1 とする．試験温度は材料による区分ごとに表 1 の範囲の 1 条件とする．

表 1　圧縮拘束時の試験温度

材料による区分	試験温度
クロロプレンゴム系（CR系）系	50 ℃
エチレン・プロピレンゴム系（EPDM系）	60〜80 ℃
シリコーンゴム系（SR系）	100〜140 ℃

② 圧縮拘束期間

　累積で 3，7，14 および 28 日間拘束した試験体において圧縮永久ひずみを測定する．

　拘束期間は，試験を同一試験体で実施し，圧縮拘束と圧縮残留ひずみの測定を繰り返し行い，この間の拘束日数を累積した日数とする．

③ 恒温槽

　加熱時に使用する恒温槽は，JIS K 6257：2017（加硫ゴム及び熱可塑性ゴム―熱老化特性の求め方）の 4 に規定する強制循環形熱老化試験機を原則とする．

④ 圧縮永久ひずみの測定

　拘束前のガスケット試験体の高さ 3 点の平均値と，所定の日数を拘束した後のガスケット試験体の高さ 3 点の平均値から下式により圧縮永久ひずみ（%）を算定する．測定は，所定日数の拘束後，ただちに開放し常温（23 ± 2 ℃）の環境下に 12 時間以上，24 時間以内放置した後に行う．

$$CS = (t_0 - t_1)/(t_0 - t_2) \times 100 \quad : シングルガスケットの場合 \tag{1}$$

$$CS = (t_0 - t_1)/(t_0 - t_2/2) \times 100 : ダブルガスケットの場合 \tag{2}$$

ここに，CS：圧縮永久ひずみ（%）

　　　　t_0：拘束前の試験体全高さ（mm）

t_1：所定日数拘束後の試験体全高さ（mm）

t_2：圧縮後の目地幅（mm）

　測定は，所定日数の拘束後，ただちに開放し常温（23±2℃）の環境下に12時間以上，24時間以内放置した後に行う．

（4）試験結果の表示および判定

　圧縮永久ひずみが50％となる耐久性指数（DI）により表2に示す耐久性グレードとする．

　耐久性指数（DI）は下式により算定する．

$$DI = d_{50} \times 2^{[(T-50)/10]}$$

(3)

　ここに，DI：耐久性指数

　　　　　d_{50}：圧縮永久ひずみ50％となった加熱日数（日）

　　　　　T：試験温度（℃）

表2　耐久性の評価

耐久性グレード	耐久性指数 DI	圧縮変形グレード
GA	5000 超	CS5000
GB	1000 超～5000 以下	CS1000
GC	100 超～1000 以下	CS100
GD	～100 以下	CS10

【解説】

（1）試験の目的

　プレキャストカーテンウォールやメタルカーテンウォールのパネル間目地に装着されるガスケットは，目地内で適切な幅で圧縮されることでゴム状の弾性変形能力により，目地内への雨水の浸入を防止する水密性や建物内部への気流を防止する気密性を負担している．なかでも，オープンジョイント構法におけるウインドバリアの気密性は，この構法の水密性を確保する上で重要な性能に位置づけられる．

　ガスケットを用いた目地の水密性や気密性は，ガスケットのゴムとしての変形性能に依存していることから，この変形性能の経年劣化が目地の水密性や気密性の低下につながることになる．

　目地ガスケットに作用する劣化因子のうち，支配的と考えられる物理的な圧縮拘束と熱を複合的に与えることによって，目地ガスケットにおける変形・復元能力の経年劣化を評価し，目地の耐久設計に反映するデータを得ることが本試験の目的である．

　目地ガスケットの材質としては，クロロプレンゴム系（CR系），エチレン・プロピレンゴム系（EPDM系）およびシリコーンゴム系（SR系）が，形状は中空やヒレの形状が一般的である．これらの材質とその形状はゴムの反発力をより有効に引き出し，水密性や気密性を向上させるために工夫されている．そこで，本評価試験方法は，これら材質と形状の相違が変形・復元能力の経年劣化に及ぼす効果を評価し，目地設計に反映できるデータを得られることを考慮した．

　圧縮拘束と熱を複合的に与えた目地ガスケットの変形・復元能力は，拘束を開放しても残存する形状的な劣化と所定の目地幅に圧縮された時の反発力の低下で評価できる．実際に使用されている目地ガスケットの耐久性の評価には，実際と同じく中空あるいはヒレ形に製品化されて目地に装着された状態の再現が不可欠である．

（2）適用範囲

　プレキャストコンクリートカーテンウォールやメタルカーテンウォールのパネル間目地に装着されるガスケットは，主にクロロプレンゴム系（CR系），エチレン・プロピレンゴム系（EPDM系），シリコーンゴム系（SR系）が使用されているので，本評価試験方法の適用範囲はこの3種類を対象とした.

　種類はソリッドと発泡体に，また形状は中空タイプ，ヒレタイプに適用できる.

（3）試験方法

　a）試験体

　　試験体は，製品から抜き取った長さ 100 mm とした.

　　プレキャストコンクリートカーテンウォールの目地用のガスケットの試験体は，JIS A 5430：2024（繊維強化セメント板）に規定される厚さ 3 mm 程度の繊維強化セメント板などに試験体を接着あるいは耐熱性両面シリコーン粘着テープまたはシリコーン系シーラント両面テープなどで貼り付けたものとする. 接着剤や両面テープは耐熱性を有するもの（耐熱性粘着テープ商品例：スリーエムジャパン(株)ポリイミド基材シリコーン両面粘着テープ 4390 など）を使用する.

　　メタルカーテンウォールの目地用ガスケットでは，アルミ型材の嵌合溝に押し込んで取り付ける方式が一般的であるので，ガスケットの寸法に合致したアルミ製嵌合溝の付いた固定板を使用すること望ましい.

　　コンクリートパネル目地に装着するガスケット試験体の例を解説図1に，アルミパネル目地に嵌合装着するガスケット試験体の例を解説図2に示す.

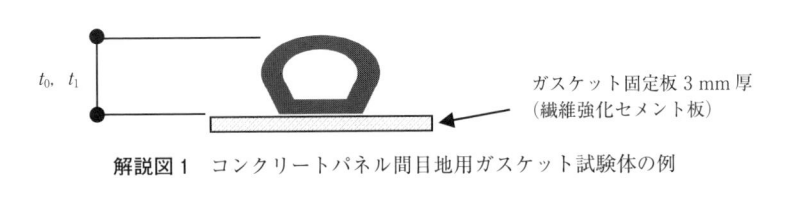

t_0, t_1　　　　　　　　　　　　ガスケット固定板 3 mm 厚
　　　　　　　　　　　　　　　　（繊維強化セメント板）

解説図1　コンクリートパネル間目地用ガスケット試験体の例

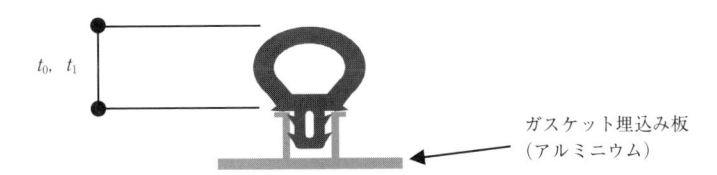

t_0, t_1　　　　　　　　　　　　ガスケット埋込み板
　　　　　　　　　　　　　　　　（アルミニウム）

解説図2　アルミパネル間目地用ガスケット試験体の例

　b）圧縮拘束の方法

　　プレキャストコンクリートカーテンウォール目地に装着するガスケット試験体の圧縮拘束の固定方法の例を解説図3に，メタルカーテンウォール目地に嵌合装着するガスケット試験体の圧縮拘束の固定方法の例を解説図4に示す.

　　圧縮拘束ための治具は，28日間高温下に静置しても変形や緩みが生じないものとする.

　拘束時の目地幅は，加熱時に変形や破損しない材質のスペーサーを使用して標準目地幅で固定する．なお，プレキャストコンクリートカーテンウォールでは通常3.2 mm 程度の深さの取付け部溝にガスケットを接着するため，圧縮拘束時の目地幅（t_2）は，標準目地幅にこの溝の深さを加えた幅となる．

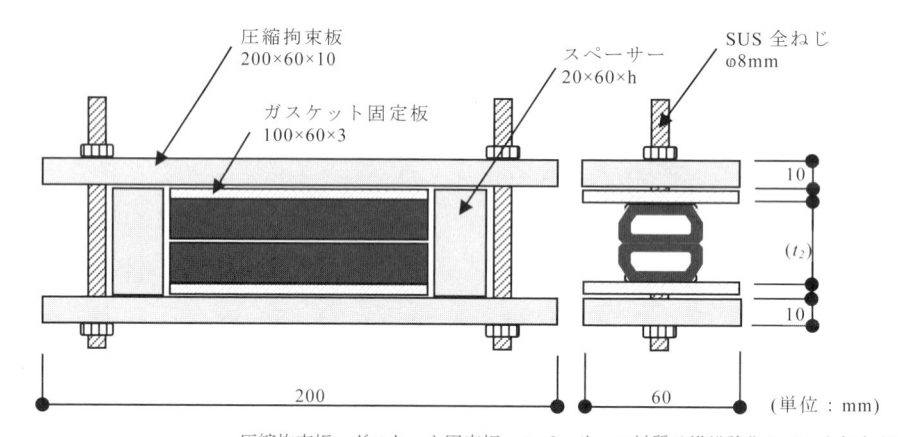

圧縮拘束板，ガスケット固定板，スペーサーの材質は繊維強化セメント板など

解説図 3　プレキャストコンクリート間目地用ガスケット試験体の圧縮拘束方法の例

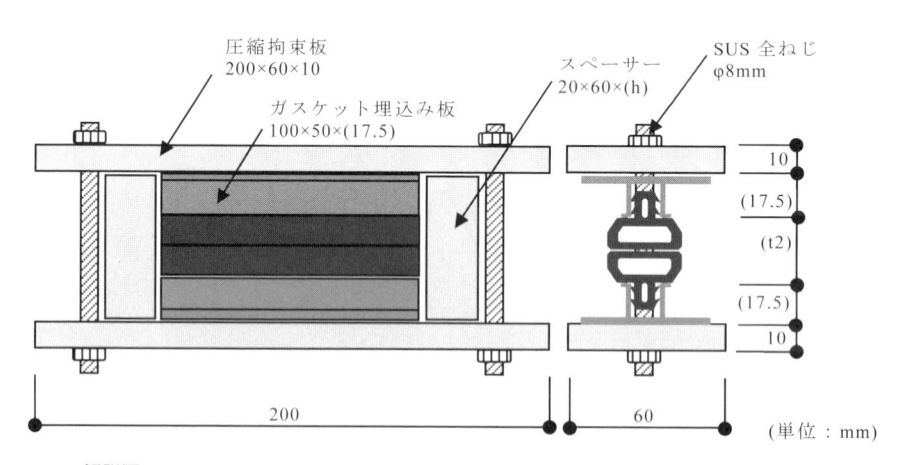

解説図 4　メタルカーテンウォール間目地用ガスケット試験体の圧縮拘束方法の例

c）試験条件

　1）試験温度と圧縮拘束期間

　　圧縮拘束時の試験温度は，ガスケットの材質に化学的に影響を及ぼさない範囲の温度で，28日間以内で圧縮永久ひずみが50 %程度となる温度の範囲を設定した．

　　試験温度の違いによる圧縮永久ひずみの測定例[1]を解説図5に，熱劣化温度ごとの圧縮永久ひずみの変化を解説図6に示す．

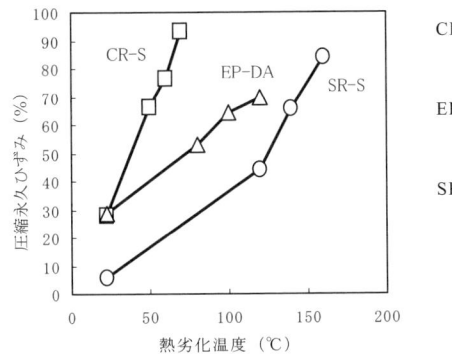

CR-S：
　　クロロプレンゴム系
　　発泡系（スポンジ）シングル
EP-DA：
　　エチレン・プロピレンゴム系
　　軟質系（ソリッド）ダブル
SR-S：
　　シリコーンゴム系
　　発泡系（スポンジ）シングル

解説図5　熱劣化温度と圧縮永久ひずみの測定例（熱劣化期間28日）[1]

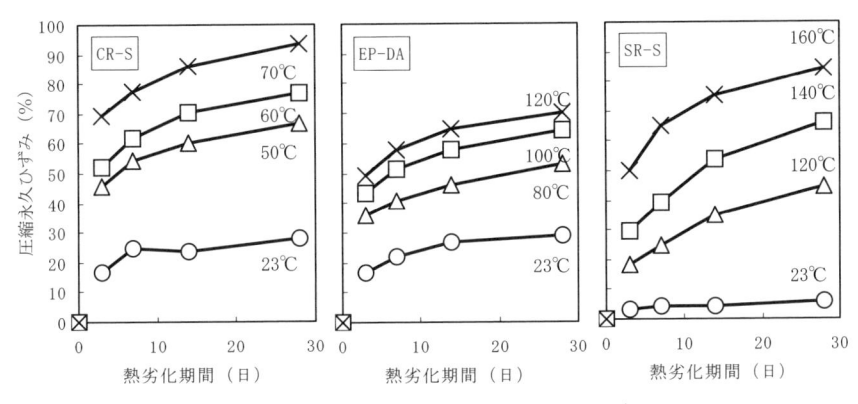

解説図6　圧縮永久ひずみの経時変化の例[1]

2）圧縮永久ひずみの測定

　拘束前のガスケット試験体の高さ3点の平均値と，所定の日数拘束した後のガスケット試験体の高さ3点の平均値から下式により圧縮永久ひずみ（％）を算定する．

$$CS = (t_0 - t_1)/(t_0 - t_2) \times 100 \quad ：シングルガスケットの場合 \tag{1}$$

$$CS = (t_0 - t_1)/(t_0 - t_2/2) \times 100：ダブルガスケットの場合 \tag{2}$$

ここに，CS：圧縮永久ひずみ（％）

　　　　　t_0：拘束前の試験体全高さ（mm）

　　　　　t_1：所定日数拘束後の試験体全高さ（mm）

　　　　　t_2：圧縮拘束時の目地幅（mm）

　測定は，所定日数の拘束後に冷却のためただちに開放し，常温（23±2℃）の環境下に12時間以上，24時間以内放置した後に行うこととした．

　圧縮拘束後のガスケットは，試験体の端部の圧縮が不均等になりやすいので，ガスケットの高さの測定は，試験体の中央部とその前後20 mmの3か所での測定が望ましい．したがって，シングルガスケットの場合は3か所で3測定点，ダブルガスケットの場合は3か所で6測定点となる．また，ガスケットを固定するために使用した接着剤や両面テープの厚さを測定，把握しておく必要がある．

（4）試験結果の表示および判定

圧縮拘束試験を実施した温度における圧縮永久ひずみが 50 ％に達する加熱日数と，これに下式より求めた耐久性指数により圧縮変形グレードを評価する．耐久性指数は，50 ℃を基準の試験温度とした場合の 10 ℃半減則[2]を適用した劣化速度係数に相当する．

$$DI = d_{50} \times 2^{[(T-50)/10]} \qquad\qquad (3)$$

ここに，DI：耐久性指数

$\qquad\quad d_{50}$：圧縮永久ひずみ 50 ％となった加熱日数（日）

$\qquad\quad T$：試験温度（℃）

文献 1 ）の測定例では，圧縮永久ひずみが 50 ％となった日数は，CR は劣化温度 50 ℃で 7 日，EPDM は 80 ℃で 28 日，SR は 140 ℃で 14 日であった．それぞれの耐久性指数は，7 日，224 日，7168 日となる．耐久性指数による圧縮変形グレードは，この測定例を参考に 4 段階にとした．

東京の夏季における目地内部の温度シミュレーションの結果例が 48 ℃あったことから，基準温度は 50 ℃とした．

圧縮永久ひずみが 50 ％とは，目地幅 25 mm のシングルガスケットの場合で，高さ 40 mm のガスケットが 34.1 mm に変形し，ガスケットの圧縮量が 5.9 mm となった状態である．また，メタルカーテンウォール用のダブルガスケットでは，元の高さ 19 mm+19 mm が約 15.75 mm+15.75 mm に変形し，ガスケットの圧縮量が 3.25 mm ずつとなった状態である．したがって，上記のシングル例で 5.9 mm，ダブルの例で 6.5 mm 目地の幅が変動すると，ガスケットの気密性が保持できなくなることを意味している．通常のカーテンウォールの目地では，温度変化などによる目地幅の変動や施工誤差などを考慮すると，ガスケットの圧縮量は目地幅の 25〜30 ％程度が必要といわれており，目地幅が 25 mm では 6.25〜7.5 mm の圧縮量が必要となる．圧縮永久ひずみ 50 ％は，ガスケットの必要圧縮量を確保できる限界の変形量とした．

参 考 文 献

1 ）小野　正，上野　至，山田人司，宮内博之：建築用ガスケットの耐久性試験方法の提案　その 1 ：製品試験体による熱劣化試験方法の提案，日本建築学会大会学術講演梗概集，pp.199-200，2005.9
2 ）塩見　弘：信頼性工学入門，p.25，丸善，1982

外壁接合部の水密設計および施工に関する技術指針・同解説

2000 年 7 月 1 日　第 1 版第 1 刷
2008 年 2 月 5 日　第 2 版第 1 刷
2025 年 3 月 5 日　第 3 版第 1 刷

編　集
著作人　一般社団法人日 本 建 築 学 会
印 刷 所　昭和情報プロセス株式会社
発 行 所　一般社団法人日 本 建 築 学 会

108-8414　東京都港区芝 5-26-20
電話・(03) 3456-2051
FAX・(03) 3456-2058
http://www.aij.or.jp/

発 売 所　丸 善 出 版 株 式 会 社
101-0051 東京都千代田区神田神保町 2 - 17
神田神保町ビル
電話・(03) 3512-3256

ISBN978-4-8189-1105-5 C3052